Ray Coleman, der enge Freund John W. Lennons und langjähriger Herausgeber der bekannten Musikzeitschrift *Melody Maker,* hat die erste umfassende Biographie dieses genialen Multitalents geschrieben. Darüber hinaus zeigt Colemans Buch nicht nur weit über einhundert bisher unbekannte Fotos, sondern auch viele der skurrilen Zeichnungen, mit denen Lennon sich selbst und seiner Umwelt immer wieder einen bizarren Spiegel vorhielt.

Vollständige Taschenbuchausgabe 1987

Titel der Originalausgabe »John Lennon Volumes I and II«

Umschlaggestaltung Adolf Bachmann, Reischach
Umschlagillustration Christian Dekelver, Stuttgart
Druck und Bindung May + Co, Darmstadt
Printed in Germany 5 4 3 2 1
ISBN 3-426-02360-1

# Ray Coleman:
# John W. Lennon

Eine Biographie

Mit zahlreichen Abbildungen

Aus dem Amerikanischen von Uschi Gnade

Knaur

# *Inhalt*

John Winston Lennon
*Teil I*
*1940–1966*



John Ono Lennon
*Teil II*
*1967–1980*

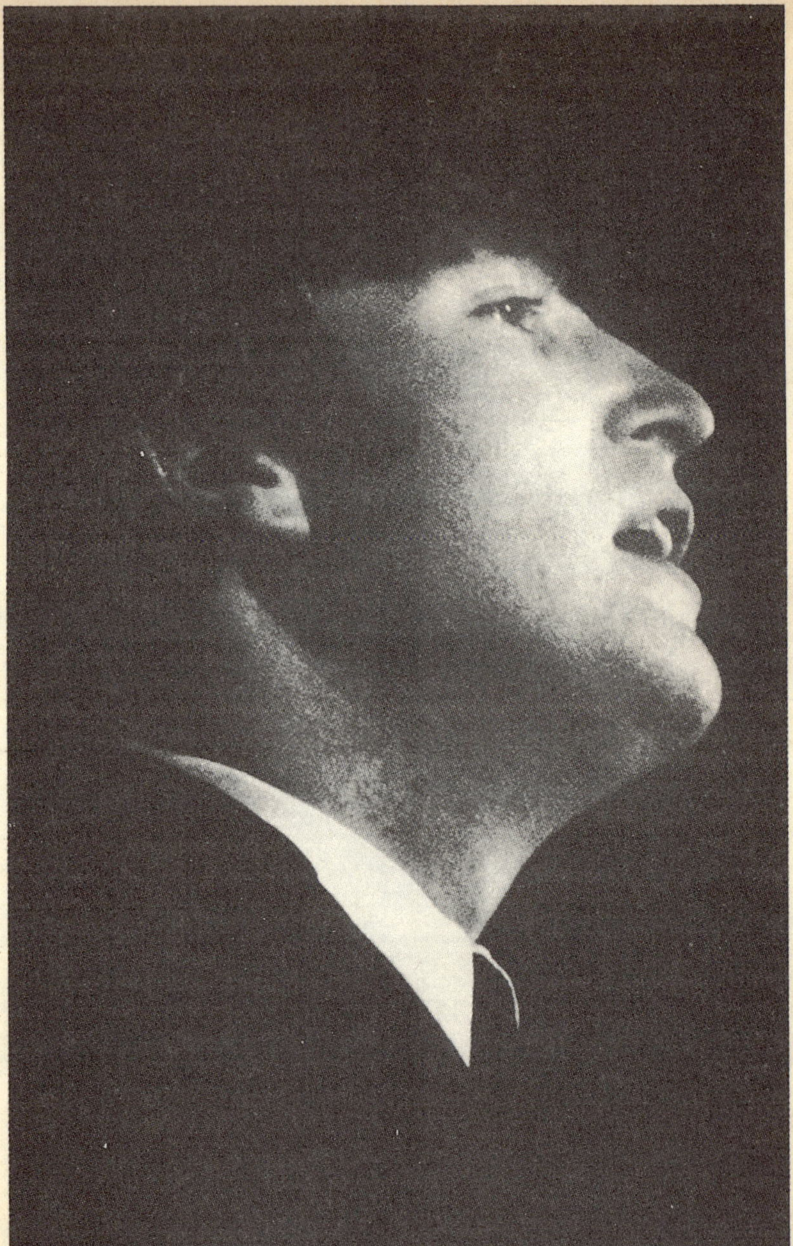

# *Anmerkung des Autors*

Als Johns bester Freund Stuart Sutcliffe im Alter von nur einundzwanzig Jahren starb, sagte John zu Stuarts Verlobter, Astrid Kirchherr, die außer sich war: »Entscheide dich. Entweder du stirbst mit ihm, oder du lebst dein eigenes Leben weiter.« Es wäre Johns Wunsch, daß die, die ihn überlebt haben, sich an diese Mahnung halten. Sein Blick war stets eher nach vorn als über die Schulter zurück gerichtet. Dennoch haben seit dem Mord an John Lennon am 8. Dezember 1980 viele Menschen den Rückblick auf sein Leben als eine Bereicherung empfunden. Er wird als einer der größten Streiter für den Frieden in die Geschichte des zwanzigsten Jahrhunderts eingehen. Jugendlicher Rowdy, Popstar, rebellischer Student, Propagandist für den Frieden, Poet, bildender Künstler, Komponist, Musiker, Bandleader, Erfinder von Slogans, Philosoph, geistreicher Spaßvogel, liebender Ehemann und vernarrter Vater – all das und noch mehr war Lennon. Als Begründer und wichtigstes Mitglied der Beatles wurde er zum Idol einer ganzen Generation.

Ohne ihn hätte es die Beatles nie gegeben, ganz zu schweigen davon, daß sie die großen Stars der Popmusik nur durch ihn wurden. Ohne ihn hätte ihnen die Eindringlichkeit, das Gewissen und die Originalität gefehlt. Die sechziger Jahre und die Menschen dieser Zeit wären anders und kühler gewesen, wenn es John Lennon nicht gegeben hätte.

Ich war achtzehn Jahre lang mit ihm bekannt, aber niemand konnte ihn wirklich kennen. Er schlüpfte einem durch die Finger. »Er war ein einfacher, komplizierter Mensch«, sagt seine Witwe, Yoko Ono. Hier soll, wie in jeder Biographie, von seinen guten und seinen schlechten Seiten die Rede sein.

Ich habe ihn als jungen Mann in Liverpool gesehen. Damals hatten die Beatles es noch nicht zu Ruhm gebracht. Dann sah ich ihn wieder in Garderoben, Aufnahmestudios, Hotelzimmern, Limousinen und Flugzeugen und Zügen auf der ganzen Welt. Ich erlebte ihn während seiner Ehe mit Cynthia, dann während seiner Ehe mit Yoko. Es ist eine außergewöhnliche Tatsache, daß die vielen Frauen, die es in seinem Leben gegeben hat, ob abgewiesene Freundin oder geschiedene Frau, ob trauernde Witwe oder Tante, ihn immer noch sehr lieben.

Bei meinen Vorarbeiten zu diesem Buch waren mir Johns Freunde und Verwandte eine unerschöpfliche Quelle von Inspirationen, Informationen und Illustrationen. Diese Biographie ist keine wohlklingende Geschichte, sondern die ungeschminkte Berichterstattung über einen Menschen aus dem Munde seiner Bekannten. Ihre Erinnerungen werden es dem Leser erlauben, sich ein eigenes Bild von einem oft mißverstandenen Künstler zu machen.

Mein ganz besonderer Dank gilt Johns Tante Mimi für ihre Geduld während unserer stundenlangen Gespräche; Johns erster Frau Cynthia für ihre vollkommene, oft schmerzliche Offenheit und für ihre Erlaubnis, aufschlußreiche Briefe und Fotografien von John erstmals zu veröffentlichen; seinem Sohn Julian für sein Interesse und seine Informationen; und Astrid Kirchherr für

ihre detaillierten Darstellungen der Zeit in Hamburg und auch dafür, daß sie mir Stuart Sutcliffes Zeichnungen von John zur Verfügung gestellt hat, die hier erstmals veröffentlicht werden.
Außerdem möchte ich Pamela, Miles und Mark dafür danken, daß sie mich während meiner zweijährigen Nachforschungen unterstützt haben.
Die Korrektheit der hier beschriebenen Geschehnisse ist durch die Mitarbeit von Mark Lewisohn garantiert. Der bestinformierte und unermüdlichste Forscher Großbritanniens in Sachen Beatles hat ein unglaubliches Maß an Energie und Enthusiasmus darauf verwendet, Fakten zu überprüfen, Bilder zu vergleichen und eine Chronologie von John Lennons Leben zu erstellen. Ihm gilt mein wärmster Dank. Seine Hilfe war mir von unschätzbarem Wert.
Ferner bin ich vielen Menschen, vor allem in Liverpool, zu Dank für ihre großzügige Hilfe verpflichtet: Helen Anderson für ihre praktischen Anregungen; Onkel Charles Lennon für seine Erinnerungen; Michael Isaacson für eine denkwürdige, informative Nacht; Tony Barrow, Don Short und Brian Southall von EMI Records; William Pobjoy, Johns Direktor in der Quarry Bank High School; Eric Odlman, einem von Johns Lehrern; Dick und Stephen James; George Martin; George Melly; Victor Spinetti; Rod Davis; Ron King; Helen Shapiro; Johnny Beerling; Billy J. Kramer; Richard Lester; Clive Epstein; Kenny Lynch; Gerry Marsden; Cilla Black; Arthur Howes; Hilary Williams; Liz und Jim Hughes im Cavern Mecca, Liverpool; Bob Wooler; Bill Harry; Joe Flannery; Michael McCartney; Janet Webb; June Furlong; Ann Mason; Thelma Pickles; Phyllis McKenzie; Derek Taylor und Neil Aspinall.
Ich danke meinem Agenten David Grossman für seine ständige Ermunterung und Carol Beerling für die Abschrift vielstündiger Tonbandinterviews.
Doch allen voran gilt mein Dank John Lennon – für wertvolle Erinnerungen. Ihn zu kennen, hieß ihn zu lieben.

Ray Coleman
Shepperton, England
Februar 1984

# *John Winston Lennon*

## Teil I
## 1940–1966

*Für Julian Lennon*

# Prolog

Tante Mimi, bei der er aufwuchs, schlug ihn nie; doch sie hatte es schon längst aufgegeben, ihre Streitigkeiten mit ihm zu zählen. Gewöhnlich ging es um seine Hausaufgaben oder um sein Verhalten in der Schule. In ihrem Haus läutete zwei- bis dreimal wöchentlich vormittags gegen zehn das Telefon.

»O Gott«, sagte sie atemlos, wenn sie in der Menlove Avenue 251, Woolton, Liverpool, den Hörer abnahm, »was hat er denn jetzt wieder angestellt?« Sie wußte, daß der Anruf vom Sekretariat der Quarry Bank High School kam.

»Der Hauptgrund, weshalb ich mir solche Sorgen um ihn gemacht habe, als er heranwuchs, war der, daß ich wußte: Der Junge hat etwas. Er wußte das auch. Aber er wußte nicht, was er mit seinem Talent anfangen sollte oder wohin es ihn führen konnte.«

Immer wieder bekam er Verweise, und wenn Tante Mimi mit ihm schimpfte, sagte John etwas wie: »Ich weiß, was ich will, und das kommt nicht von den Lehrern. Es ist hier drin.« Er schlug sich auf die Brust.

Mimi wußte, daß er recht hatte, aber sie machte sich Sorgen, daß er die Schule ohne ein gutes Abschlußzeugnis verlassen müßte. Auch diesmal hatte sie recht.

Schon im Alter von zehn Jahren widersetzte sich Lennon jeglicher Autorität. Der herkömmliche Schulunterricht interessierte ihn nicht. »Ich lasse mir nicht von Leuten über die Schulter schauen, meine Sachen ausradieren und mir sagen, daß sie nicht gut sind«, sagte er zu seiner Tante. Doch Mimi Smith setzte ihm mehr Widerstand entgegen als jeder Lehrer. Sie liebte John in einem Maß, das er erst wesentlich später erkennen sollte, und gerade deshalb ließ sie es nicht zu, daß ihr zehnjähriger Neffe seine Zukunft gefährdete.

Er klagte über den langweiligen Unterricht. Gut war er in Englisch, Kunsterziehung und Französisch, besonders schlecht in Mathematik, und Mühe gab er sich in keinem Fach. »Geh in dein Zimmer, John! Mach deine Hausaufgaben!«

John blieb in der Tür stehen. Sie bewohnten eine Doppelhaushälfte in einem der besseren Vororte. Mimi hielt das gut eingerichtete Haus makellos sauber. »Warte nur«, sagte er, »eines Tages werde ich berühmt, und dann wird es dir noch leid tun, daß du so zu mir warst.«

»Gut, John, aber bis es soweit ist, gehst du nach oben. Elvis Presley mag ein netter Mensch sein, aber ich will ihn nicht zum Frühstück, zum Mittagessen und zum Abendessen haben.«

Dreizehn Jahre später kehrte John Lennon als erfolgreicher Beatle, dessen Gesicht, dessen Musik und dessen Persönlichkeit auf der ganzen Welt berühmt waren, in dieses Haus zurück. Mimi kochte ihm sein Lieblingsessen: Pommes frites mit Spiegelei und Tee.

»Erinnerst du dich noch?« sagte er zu ihr. »Ich habe dir gesagt, daß ich berühmt werde.«

Mimi war gar nicht beeindruckt. »Meine Sorge war immer die, daß du mehr berüchtigt als berühmt wirst«, sagte sie. »So war es schon, als du ein Kind warst. Denk nur an den Kummer, den ich mit dir hatte. Wenn die Beatles dir nicht über den Weg gelaufen wären...«

»Ach, Mimi, wenn die Beatles nicht zustande

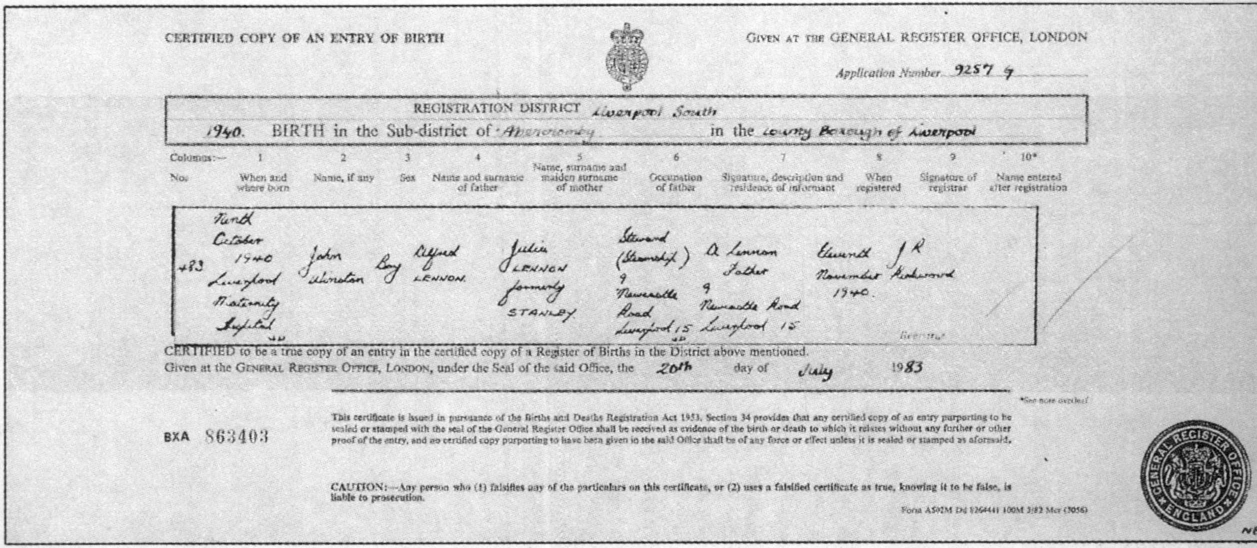

CERTIFIED COPY OF AN ENTRY OF BIRTH

GIVEN AT THE GENERAL REGISTER OFFICE, LONDON

Application Number 9257 G

REGISTRATION DISTRICT Liverpool South

1940. BIRTH in the Sub-district of Abercromby in the County Borough of Liverpool

| Columns:— 1 | 2 | 3 | 4 | 5 | 6 | 7 | 8 | 9 | 10* |
|---|---|---|---|---|---|---|---|---|---|
| No. When and where born | Name, if any | Sex | Name and surname of father | Name, surname and maiden surname of mother | Occupation of father | Signature, description and residence of informant | When registered | Signature of registrar | Name entered after registration |
| 483 Ninth October 1940 Liverpool Maternity Hospital | John Winston | Boy | Alfred LENNON | Julia LENNON formerly STANLEY | Steward (Steamship) 9 Newcastle Road Liverpool 15 | A. Lennon Father 9 Newcastle Road Liverpool 15 | Eleventh November 1940 | J R Kirkwood Registrar | |

CERTIFIED to be a true copy of an entry in the certified copy of a Register of Births in the District above mentioned.
Given at the GENERAL REGISTER OFFICE, LONDON, under the Seal of the said Office, the 20th day of July 1983

*See note overleaf

BXA 863403

This certificate is issued in pursuance of the Births and Deaths Registration Act 1953. Section 34 provides that any certified copy of an entry purporting to be sealed or stamped with the seal of the General Register Office shall be received as evidence of the birth or death to which it relates without any further or other proof of the entry, and no certified copy purporting to have been given in the said Office shall be of any force or effect unless it is sealed or stamped as aforesaid.

CAUTION:—Any person who (1) falsifies any of the particulars on this certificate, or (2) uses a falsified certificate as true, knowing it to be false, is liable to prosecution.

Form A502M Dd 8264441 100M 3/82 Mcr (3056)

GENERAL REGISTER OFFICE ★ ENGLAND ★

NB

gekommen wären, hätte ich immer noch malen oder zeichnen können.«
Sie erinnerte ihn an ihren früheren Standardsatz, wenn sie ihn mit der Gitarre, die sie ihm widerstrebend für siebzehn Pfund bei Hessy's in Liverpool gekauft hatte, in den Wintergarten verbannte. Mit sechzehn war er ihr mit der Bettelei so lange auf die Nerven gegangen, daß sie ihm das Instrument schließlich kaufte.
»Als Hobby ist die Gitarre schön und gut, John, aber deinen Lebensunterhalt wirst du dir damit nie verdienen können.«
Als er ein Popstar geworden war und über den Tadel seiner Tante lachte, sagte er zu ihr: »Eigentlich hast du wirklich recht gehabt, Mimi. Als Solosänger oder als Gitarrist hätte ich es nie geschafft. Dazu war ich nie gut genug. Aber ich hatte immer das Gefühl, daß sich etwas ergeben würde. Und ich habe Paul kennengelernt, und wir haben George kennengelernt – und es ist doch etwas Tolles dabei rausgekommen, findest du nicht, Mimi?«

# 1.
# *Der Rebell*

»O Gott, Buddy Holly ist tot.«

Sie mochte ihn sehr, aber daß seine Haare und seine Kleider nach Frittierfett stanken, machte sie verrückt. *Liverpool scallops* waren Kartoffelscheiben, die mit einem fetten Teig paniert und in Fett ausgebacken wurden. Nach diesen Dingern war John Lennon süchtig, und während seiner Studienzeit an der Kunstakademie von Liverpool kaufte er sie sich in der Imbißbude an der Falkner Street und ernährte sich von ihnen. Er nahm sie mit in eins der Klassenzimmer und aß sie dort, zwischendurch auf der Gitarre herumklimpernd. Manchmal lockte die Musik andere Studenten an. Die Zartheit seines Spiels stand in krassem Gegensatz zu seiner aufsässigen Art. Auf viele Studenten übte dieser unbändige Siebzehnjährige eine magnetische Anziehungskraft aus – trotz seines Gestanks. »Sein ganzer Körper, seine Haare und seine Kleidung rochen nach dem Fett der *scallops*«, erinnert sich Helen Anderson, eine der Studentinnen, die das »liebenswerte Ferkel« anbeteten, das sich wie ein Teddy Boy kleidete. Immer wieder nörgelte sie an ihm herum, er solle sich die Pomade aus den Haaren waschen und sich von seiner Entenarsch-Frisur trennen. »Zieh Leine«, fauchte Lennon zurück. Mit seiner Frisur, seinen Koteletten, seinen Jacketts und Hosen, seinen Schuhen mit den Kreppsohlen und seinen schäbigen karierten Hemden über den Röhrenhosen orientierte er sich an Elvis Presley, der für ihn der Größte war. In dieser Aufmachung setzte er sich gegen seine Mitstudenten ab; nichts war ihm wichtiger als Individualität.

Helen Anderson hatte einen einzigartigen Direktzugang zu John Lennons Gedanken: Er vertraute ihr seine Liebesangelegenheiten an. Sie war eine geduldige Zuhörerin, die seinen Witz bewunderte, und da nie zur Diskussion stand, daß die beiden sich ineinander verlieben könnten, wurde sie für Lennon eine platonische Freundin und Vertraute.

John war von dem Umstand fasziniert, daß Helen mit sechzehn Jahren einen damaligen Popstar kennengelernt hatte – Lonnie Donegan, den sie für das astronomische Honorar von fünfzig Guineen in Öl gemalt hatte. Ihre künstlerische Begabung war durch die Zeitungen gegangen. »He, bist du die Puppe, die Lonnie Donegan gemalt hat?« hatte John sie am ersten Tag in der Kunstakademie gefragt. Er war tief beeindruckt.

Mit seinem ständigen Herumblödeln störte John laufend den Unterricht. Er schlich sich von hinten an seine Mitschüler heran und brüllte ihnen seinen Lieblingssong, den Hit von Screaming Jay Hawkins »I Put A Spell On You«, ins Ohr. Besiegelt wurde die ungewöhnliche Freundschaft zwischen John und Helen, als er anfing, ihr regelmäßig seine Hosen mitzubringen, damit sie sie in Röhrenform umarbeitete. Diese schwarzen Hosen, die Helen ihm am nächsten Morgen einge-

Oktober 1950.
Der zehnjährige John vor dem mittelständischen Haus in der Menlove Avenue, Woolton, in dem seine Tante Mimi ihn aufzog.

näht wieder mitbrachte, trug John unter seinen »vorschriftsmäßig« geschnittenen Hosen, aus denen er an der Bushaltestelle auf dem Weg zur Kunstakademie schlüpfte. Mit diesem und ähnlichen Tricks entzog sich John Tante Mimis Zorn über sein ungepflegtes Äußeres.

Diejenigen, die gemeinsam mit John die Akademie besuchten, waren einhellig der Meinung, daß es ihm bestimmt war, entweder mit seinen einzigartigen Talenten triumphalen Ruhm zu erlangen oder es zu nichts zu bringen und der Gesellschaft zur Last zu fallen. Ein Mittelding kam für diesen ungewöhnlichen Teenager nicht in Frage.

»Schon mit sechzehn wußte ich, daß er zu etwas Großem bestimmt war«, sagte Helen Anderson. »Während der ersten sechs Monate an der Kunstakademie waren seine Gemälde wild und aggressiv. Es waren dunkle Bilder mit kräftigem Strich. Abgebildet war grundsätzlich das Innere eines Nachtclubs, und immer saß ein blondes Mädchen an der Bar, das Ähnlichkeit mit Brigitte Bardot hatte. Auf Johns frühen Zeichnungen kamen immer Musiker vor. Mir haben seine Bilder gefallen. Anfangs nahm fast niemand seine Arbeiten zur Kenntnis.«

Die Lehrer sahen in John einen üblen Störenfried und eine Gefahr. Seine Bilder waren da noch das kleinste Übel. Weil ihnen sein Verhalten so sehr mißfiel, bezogen sie bald Gegenpositionen zu John, ganz so, wie es schon in der Quarry Bank High School in Woolton, Johns bisheriger Schule, gewesen war. Je mehr sie ihn langweilten mit ihren orthodoxen, vorhersagbaren, unergiebigen Lehrmethoden, die er verabscheute, desto mehr bemühte er sich, einen eigenen Weg zu finden. »Die Lehrer hatten keinerlei Interesse an ihm«, sagt Helen Anderson. Er war ein Ärgernis für die gesamte Akademie, und jeden, der etwas lernen wollte, lenkte er vom Unterricht ab.

Lennon war es egal, was die anderen von ihm dachten. Er hatte seine eigene Clique, Anhänger wie Geoff Mohammed und Tony Carricker und andere, die fast pausenlos über seine Unflätigkeiten lachten. June Furlong gehörte auch dazu, das siebenundzwanzigjährige Aktmodell der Akademie. Schon damals zeigte sich, daß John selbst dann – oder gerade dann –, wenn er große Sorgen hatte, andere zum Lachen bringen konnte.

Während einer Sitzung, in der die Studenten Aktzeichnen lernen sollten, gab John seinem Lehrer Teddy Griffiths eine Zeichnung ab, auf der von June selbst gar nichts gezeichnet war, sondern ausschließlich der einzige Gegenstand, den sie auf ihrem Körper trug – ihre Armbanduhr.

Johns Dreistigkeit und Originalität erstaunten seine Mitschüler immer wieder. Er fiel schon allein durch sein exzentrisches Verhalten und seine unkonventionelle Kleidung auf; doch zugleich zeigte sich an ihm bald nach seinem Eintritt in die Akademie ein irrationaler, beunruhigender Charakterzug: ein bizarres Interesse zu Krüppeln, Spastikern, Menschen mit Krücken, an jeglicher Form von Mißbildung des menschlichen Körpers. Eine besondere Faszination übten Warzen auf ihn aus. Diese eigenartige Vorliebe sollte sich mit zunehmendem Ruhm noch deutlicher manifestieren, doch der Ansatz dazu lag in seiner Studienzeit. Immer wieder tauchten in seinen Bildern Mißbildungen auf. Dazu kam ein trockener, schwarzer Humor, einer seiner hervorstechendsten Charaktermerkmale. Personen, die er porträtierte, hatten immer ein körperliches Leiden, gewöhnlich eine Warze, die seitlich aus dem Kopf herauswuchs. Die Frage nach dem Grund tat John mit einem Achselzucken ab, das besagen sollte: Wer Fragen stellen muß, kann nicht auf einer Wellenlänge mit mir sein. Womit sich jede Diskussion erübrigte.

Schon 1958 war John hoffnungslos kurzsichtig; trotzdem trug er seine schwarze Hornbrille, deren Bügel mit Heftpflaster angeklebt waren, nur im äußersten Notfall. Geld hatte er selten, und er lieh es sich ständig von Kumpeln aus. Seine Ziga-

John in der vertrauten gekrümmten Haltung, wie sie seine Studienkollegin Ann Mason festhielt, als er ihr im März 1958 länger als zwei Stunden für dieses Gemälde saß.

retten schnorrte er sich zusammen – er brachte es auf zehn bis zwanzig Woodbines am Tag. Im Ye Cracke, der Studentenkneipe in der Rice Street, trank er häufig zuviel Bier, und weil er nicht viel vertrug, war sein Benehmen oft widerwärtig oder sogar aggressiv. Laufend verlor er seinen Zeichenbedarf und mußte Tante Mimi ständig bitten, ihm Geld für diese Dinge zu geben.

Er war ein außergewöhnlich talentierter, nonkonformistischer Künstler, aber er war so faul, daß selbst ein enger Freund unter seinen Studienkollegen, der ernste, intellektuelle Stuart Sutcliffe, ihn nicht zum Arbeiten anhalten konnte. Für Lennon zählte nur die Musik – der Rock'n'Roll, Elvis Presley, Chuck Berry, Little Richard. Ihm ging es um die Mittagspausen, in denen er mit zwei Studenten des Liverpool Institute, das in der Nähe lag und einen höheren akademischen Anspruch hatte, Musik machte. Die beiden hießen Paul McCartney und George Harrison.

Am 4. Februar 1959 betrat John würdevoll und gemessen das Klassenzimmer. Er war sichtlich bewegt. Es kam nur selten vor, daß andere Studenten John Lennon verletzbar, erschüttert oder unglücklich erlebten. »O Gott, Buddy Holly ist tot«, murmelte er. Buddy Holly, einer der Pioniere des frühen Rock'n'Roll, zählte zu Johns Idolen. Er war in Amerika bei einem Flugzeugabsturz ums Leben gekommen. Im Gegensatz zu vielen anderen Studenten weinte John nicht über diese Neuigkeiten, sondern er verbrachte den Tag stumm, bis er sich von seinem Schock erholt hatte. Lennon trug seine Gefühle nie offen zur Schau.

Er war erst achtzehn, und doch war dies bereits der dritte Todesfall, der John persönlich naheging. Sieben Monate vor Buddy Hollys Tod war Julia Lennon, Johns Mutter, auf dem Heimweg von Tante Mimis Haus von einem Auto angefahren worden und augenblicklich tot gewesen. Im Alter von elf Jahren hatte der Tod von Onkel George, Mimis Mann, John tief erschüttert. Onkel George, der ihn verhätschelt hatte und ihm in seiner Kindheit ein warmherziger, liebevoller Ersatzvater gewesen war. Und jetzt, da John begonnen hatte, sich von Buddy Holly inspirieren zu lassen und die wunderbaren Klänge des amerikanischen Rock'n'Roll gierig aufzusaugen, war es wie ein weiterer Todesfall im Familienkreis.

Nach achtzehn Jahren, in denen seine Gefühle oft verletzt worden waren, schien es für diesen Teenager nur eine Möglichkeit zu geben, mit dem Leben fertig zu werden. Er spann sich in einen Kokon aus kampflustigem Auftreten, Aggression, krankhafter Phantasie und schwarzem Humor ein. Seine Äußerungen waren oft verletzend, aber er schoß seine Pfeile nur auf Menschen ab, die er nicht respektieren konnte. 1959 machte John Lennons Persönlichkeit einen schnellen Wandel durch, doch er war noch unbekannt. Wer ihn bis dahin kannte, wird das, was ihn damals und im Lauf seines weiteren Lebens kennzeichnete bezeugen: Man konnte ihn verabscheuen oder ihn ins Herz schließen. Eine neutrale Gleichgültigkeit ihm gegenüber war undenkbar. Noch undenkbarer war es, ihn zu ignorieren.

Cynthia Powell merkte, daß sie sich hoffnungslos in John Lennon verliebt hatte, als sie eines Tages im Hörsaal der Kunstakademie beobachtete, wie eine ihrer besten Freundinnen, Helen Anderson, John übers Haar strich. Cynthia bebte vor Eifersucht, als sie sah, daß ein anderes Mädchen ihn berührte.

Bis heute glaubt Cynthia, daß eine Romanze das mindeste war, was John und Helen miteinander verband. Helen streitet das ab. Sie empfand sich seinem Freundeskreis und somit seinem Publikum zugehörig. Helen behauptet, sie habe Johns Haar nicht gestreichelt, sondern nur versucht, seine ihr verhaßte Frisur in Unordnung zu bringen.

Die ernste, förmliche Kunststudentin, die ein Jahr älter war als John, erschien den Mitstudenten als die theoretisch unwahrscheinlichste Wahl, die der Störenfried und Rowdy treffen konnte, der zu Zeiten, als Worte wie Beatnik oder Bohémien noch Vorstellungen von einem gefährlichen Leben heraufbeschworen, Aufsehen in der

Kunstakademie erregte. Doch Cynthia hatte in viererlei Hinsicht eine Anziehungskraft, der sich John nicht entziehen konnte. Erstens besaß sie in seinen Augen das »Potential«, eine äußere Ähnlichkeit mit Brigitte Bardot erlangen zu können, seinem Schwarm Nummer eins. Viele seiner vorherigen Freundinnen hatten sich seiner Forderung beugen müssen: »Laß dir die Haare so lang wachsen wie Brigitte.« Er fertigte Zeichnungen an, damit seine Freundinnen wußten, wie er sich ihr Aussehen erwartete. Zweitens kam Cynthia aus dem versnobten Hoylake und sprach dialektfrei. Lennon glaubte, für einen Typ aus Woolton sei sie nicht zu haben. Drittens war sie so in ihn verknallt, daß sie alles getan hätte, um ihm zu gefallen, und sei es, ihr braunes Haar blond zu färben und wachsen zu lassen. Der vierte – und wichtigste – Punkt: Sie war ernst, ruhig und kühl. Erst achtzehnjährig, strahlte sie eine Gelassenheit aus, die sie von allen ihren Mitschülern unterschied. Lennon, den Unruhestifter, der sich sein Leben lang von dem Motto *vive la différence* inspirieren ließ, langweilte das Orthodoxe, das Vorhersehbare; doch in zwischenmenschlichen Beziehungen und im Familienleben hing er den herkömmlichen Werten an.

Cynthia und John waren zwei entscheidende Dinge gemeinsam: Sie hatten beide keinen Vater mehr. Cynthias Vater, ein Handlungsreisender war ein Jahr zuvor gestorben, und ebenso gut wie John kannte sie die Schwierigkeiten eines Teenagers, der nur noch einen Elternteil hat. Dazu kommt, daß Cynthia ebenso hoffnungslos kurzsichtig war wie John und eine Brille trug. Zu Beginn seiner Studienzeit ließ sich John nichts von der Anziehungskraft anmerken, die Cynthia auf ihn ausübte. Er knüpfte platonische Beziehungen mit anderen Studentinnen.

Die Nachmittage vertrieb er sich mit zwei Studienkolleginnen, Helen Anderson und Ann Sherwood, auf der Fähre von Pier Head nach Seacombe. Auf dieser Route war die Fahrt am billigsten. Wenn sie angekommen waren, gingen sie auf der drei Meilen langen Promenade spazieren, oder sie liefen am Strand entlang nach New Brighton. John übernahm bei diesen Ausflügen die Rolle des Alleinunterhalters. »Sag etwas Komisches, John!« – »Sing uns was vor, John!« baten sie ihn. John, der seine Gitarre umgehängt hatte, spielte mit Vergnügen für Helen und Ann den Clown, den Star. Die Mädchen hatten pflichtschuldig ihre Hausaufgaben erledigt, und die Nachmittage standen zu ihrer freien Verfügung. John dachte nicht daran, sich mit solchen Dingen abzugeben, und daher brauchte man ihn nicht erst lange zu überreden, einen Nachmittag mit Musik und Spaß am Meer zu verbringen.

Sein musikalisches Repertoire war originell, aber dürftig. »Eigentlich hat er immer nur ein paar Takte geklimpert. Ein guter Gitarrist kann er damals noch nicht gewesen sein«, sagt Helen Anderson. Er spielte Songs von Buddy Holly und Little Richard, leicht mit Elvis Presley versetzt. Spielerisch ließ er Phrasen aus dem alltäglichen Sprachgebrauch einfließen, und er verwandelte bestehende Songs. Seine Clique jauchzte vor Vergnügen, wenn er loslegte mit:

I like New York in June, how about you?
I like a Lennon tune, how about you?
Holding Rabbis in the movie show,
when all the lights are low,
may not be new,
but I like it, how about you?

Dazu erklärt Helen Anderson: »Er hatte es eindeutig mit Juden; bei jeder Gelegenheit hat er sich über sie lustig gemacht. Wenn es irgend ging, hat er sie in seinen Songs untergebracht und sich einen Spaß daraus gemacht. Aber das war nicht annähernd so grausam wie das, was er mit Krüppeln und Behinderten gemacht hat.«

1958 wirkte sich das Weltgeschehen in hohem Maß auf die Jugend aus. Das Großbritannien der Nachkriegszeit machte den Wandel von allgemeiner Unsicherheit zu einer neuen Blüte durch. Chruschtschow wurde sowjetischer Ministerpräsident. Der Kalte Krieg begann. Zum erstenmal wurden transatlantische Linienflüge angeboten. In München stürzte ein Flugzeug beim Start ab; dreiundzwanzig Passagiere kamen um, darunter acht Spieler des Fußballvereins Manchester Uni-

Eine der frühsten Fotografien, auf der John und seine zukünftige Frau Cynthia zusammen zu sehen sind, noch ehe sich Cynthia auf Johns Wunsch hin das Haar blond färbte. Das Foto wurde im Oktober 1958 in der kleinen Gasse neben Johns Stammkneipe zu Akademie-Zeiten, dem Ye Cracke in der Rice Street, aufgenommen. Vorne sitzen von links nach rechts die Studenten June Harry, Pat Jordon, Jim Reynolds und Hazel Dorothy.

ted. Im Londoner Stadtteil Notting Hill kam es erstmals zu Aufständen der farbigen Bewohner. Magische Namen tauchten am Pop-Himmel auf: Elvis Presley (»Jailhose Rock«), Jerry Lee Lewis (»Great Balls of Fire«), die Everly Brothers (»All I Have To Do Is Dream«) und die Teddy Bears (»To Know Him Is To Love Him«). Unter der Bettdecke lauschten die Fans dem kaum hörbaren, aber abenteuerlich gewagten Sender Radio Luxemburg.

Im Jahr darauf läutete der Bau der M1, der ersten Autobahn Großbritanniens, eine neue Ära von Tempo und Reisen ein. Bei EMI, dem Schallplattengiganten, wurde die Produktion von 78er-Platten zugunsten der 45er-Singles eingestellt. Zehntausend Sympathisanten der Kampagne für Atomwaffenabrüstung marschierten von Aldermaston nach London – die bis dahin größte Demonstration ihrer Art. Musikalisch gab man Lennon und seinen Freunden jede Menge Anregungen, die in Gesprächen gründlich durchgekaut wurden, darunter Buddy Hollys »It Doesn't Matter Any More« und Elvis Presleys »I Got Stung«. Lennon übernahm diese Musik und entwickelte gleichzeitig einen instinktiven Haß auf das, was er als die hohle, antiseptische Musik neuer britischer Stars wie Cliff Richard, Adam Faith und Craig Douglas ansah.

Der Lennon jener Jahre, innerlich von einem kaputten Familienleben zerrissen, stürmte eilig voran, ohne sein Ziel zu kennen. Augenblicklich erkannte er jedoch, was Liebe war. Er hatte glühende Beziehungen mit anderen Mädchen gehabt, ehe er Cynthia Powell kennenlernte. Sie hatten sich ihm unterworfen und noch über seine schwächsten Witze gelacht, ihn ermuntert, in einer Zeit, als Sex unter Teenagern tabu war, alles zu erkunden, was damit in Zusammenhang stand. Cynthia jedoch hatte ihm wesentlich mehr zu bieten als diese attraktiven Offerten, an die er gewöhnt war. Sie hatte ihm zusätzlich Intelligenz zu bieten, und nur sie konnte in ihm die Leidenschaft wecken, die die beiden acht Jahre lang unzertrennlich machte. John erwiderte ihre Liebe und ihr Verständnis, denn der Tod seiner Mutter und das Verschwinden seines Vaters ließen ihn einen Halt im Leben suchen, den die meisten seiner Freunde, die ihn als Hofnarren ansahen, nicht als tiefliegendes Bedürfnis bei ihm vermutet hätten. Er brauchte nichts weiter als Liebe, Musik und einen Ausweg aus einer Zukunft, die aus Routine, Alltagseinerlei und Gelderwerb bestand und von vielen seiner Zeitgenossen als unvermeidbar hingenommen wurde. Schon mit siebzehn war für John Lennon nichts unvermeidlich. Er empfand sich als etwas Besonderes, und seine Art, diesem Gefühl Ausdruck zu verleihen, diente nur dazu, seine rauhe Schale zu bewahren. Cynthias innere Ruhe bot sich als hilfreiches Gegenmittel für seine exzessive Art geradezu an. Sie war die perfekte Frau für ihn.

»Was mich an ihm interessiert und zu ihm hingezogen hat, war anfänglich seine absolute Faulheit«, sagt Cynthia. »Das Studium war ihm völlig egal, und ich als gewissenhafter Mensch habe mir Sorgen gemacht, daß er Ärger bekommen und von der Akademie verwiesen werden könnte. Alle wußten, daß er dort nur geduldet wurde. Bis auf Arthur Ballard, der in John ein künstlerisches Potential gesehen hat, wollte ihn keiner der Lehrer haben. Ich habe mir größere Sorgen um seine Zukunft und seine Arbeit gemacht als er. Ich habe große künstlerische Talente in John schlummern sehen, aber was hätte er tun sollen, wenn man ihn rausgeworfen hätte? Und diese Möglichkeit war recht wahrscheinlich. Von der Vernunft her gesehen, war ich wesentlich älter als er.«

Die Geschichte ihrer ersten Annäherungen klingt romanhaft, aber sie ist wahr. Im zweiten Jahr ihres Studiums gehörte Cynthia zu einem Dutzend Studenten, die zweimal wöchentlich an einem Kurs in Kalligraphie teilnahmen. Alle fanden das Thema gut – bis auf John Winston Lennon. Er war in diesen Kurs abgeschoben worden, weil einige Lehrer, denen seine Albernheiten endgültig zuviel geworden waren, ihn für ihre Kurse abgelehnt hatten. Für den Kalligraphie-Kurs hatte sich Lennon nicht beworben, und er war dort auch fehl am Platz.

Aber nur in diesem Kurs hatte Cynthia Gelegenheit, John Lennon zu sehen. Die übrigen Wochenstunden verbrachten sie in verschiedenen Kursen, und sie streifte häufig durch die Gänge, um wenigstens einen Moment lang den Jungen zu sehen, von dem sie besessen war. All das war zuviel für ein konventionelles Mädchen aus Hoylake, das bereits einen festen Freund hatte, der für eine gemeinsame Zukunft sparte.

Lennon war so berüchtigt, daß es nicht gefahrlos war, sich in ihn zu verlieben. »Er kam immer zu spät zu den Kursen, bis zu einer halben Stunde«, sagt Cynthia. »Er sah furchtbar aus, ganz auf Halbstarker aufgemacht. Aber trotz seines Zuspätkommens hatte er oft eine verrückte Zeichnung unter dem Arm, die er dem Lehrer vorlegte. Damit hat er sich gewissermaßen aus der Klemme gezogen. Arthur Ballard hat seine Zeichnungen hochgehalten und gesagt: ›Seht euch das an. Das ist die Art von origineller Idee und Inspiration, um die es uns geht.‹« Die Tatsache, daß Lennons Zeichnungen in keinem Zusammenhang mit kunstvollen Buchstaben standen, spielte keine Rolle. Lennon hatte schnell einen Weg gefunden, das System zu überlisten.

»Nachdem ich John zum erstenmal in diesem Kurs erlebt hatte, konnte ich ihn mir nicht mehr aus dem Kopf schlagen«, sagt Cynthia. Sie kam immer als erste, um sich in die Nähe des Platzes zu setzen, auf dem er in der letzten Stunde gesessen hatte. Was die beiden schließlich zusammenführte, war ein Test, den eines Morgens alle Studenten zum Spaß miteinander machten. Es ging um die Sehkraft. »Wir waren im selben Maß kurzsichtig, und wir haben uns darüber unterhalten, was wir nicht sehen – zum Beispiel den Bus, wenn er kommt –, und schon war es um uns geschehen«, sagt Cynthia. Größere Romanzen sind auf merkwürdigeren Erlebnissen aufgebaut worden, doch Cynthia Powell betrachtete ihre Kurzsichtigkeit von da an als einen Segen.

Dennoch glaubte sie, mit ihrer kurzen braunen Dauerwelle, ihrem Tweedrock, ihrem Twinset und dem Hoylake-Image zu propper für Lennon zu sein. Sie lieh ihm während der Stunden Stifte, und sie sah vergleichbar schlecht, und ihr gegenüber war er immer eine unbedeutende Kleinig-

Auf diesem Akademie-Foto, das Thelma Pickles, eine von Johns Freundinnen, im September 1958 aufgenommen hat, zeigt Johns zurückgekämmte, eingefettete Frisur seinen Hang zu Elvis Presley. Die Studenten auf diesem Bild, das vor dem Liverpool College of Art aufgenommen wurde, sind (in der hinteren Reihe von links nach rechts) John Lennon, Carol Balfour, John Wild, Jeff Cane, Gill Taylor, Peter Williams, (sitzend von links) Marcia Coleman, Ann Preece, Violet Upton, Helen Anderson, Diane Molyneux, (vordere Reihe von links) Ann Curtis, Sheila Jones.

keit höflicher als zu anderen Studentinnen. Aber das war auch schon alles. Es schien, als sollte ihre große Jugendliebe unerfüllt bleiben.

Doch das Schicksal meinte es gut mit ihr. Vor den Sommerferien 1958 wurde eine nachmittägliche Party veranstaltet. Die Studenten erhielten die Erlaubnis, den kleinsten Raum der Akademie für dieses Fest zu nutzen. Einer der Studenten brachte einen Plattenspieler mit, und man spielte Platten wie »All I Have To Do Is Dream« von den Everly Brothers, »It's Only Make Believe« von Conway Twitty und »Tom Dooley« vom Kingston Trio. Bei dieser Party ließ Cynthia ihren Schwarm Lennon kaum aus den Augen. Als er auf sie zukam und sie zum Tanzen aufforderte, einen langsamen Tanz zu dem Song »To Know Him Is To Love Him« von den Teddy Bears, wurde sie vor Aufregung fast ohnmächtig. »Ich glaube, daß John auch ein bißchen verlegen war, und das war für ihn sehr ungewöhnlich«, sagt sie. »Vielleicht wußte er, was mit uns los war.« Die anderen Studenten starrten das ungleiche Paar entgeistert an. Als sich die Party auflöste, fragte John Cynthia, ob sie eine feste Beziehung mit einem anderen Mann habe. Er sagte, er wolle sie gern außerhalb der Akademie sehen.

»Es tut mir schrecklich leid«, sagte Cynthia. »Ich bin mit einem Typen aus Hoylake verlobt.«

Darauf gab John zurück: »Ich habe dich schließlich nicht gefragt, ob du mich heiraten willst, oder?«

Cynthia glaubte schon, sie hätte sich ihre Chance entgehen lassen, denn Lennons Antwort erschien ihr beißend und endgültig. Aber er gab nicht so schnell auf, wie sie befürchtet hatte. Er sagte zu Cynthia und ihrer besten Freundin, Phyllis McKenzie: »Gehen wir noch einen trinken.«
Cynthia und Phyllis waren beide noch nie in der Studentenkneipe Ye Cracke gewesen. Hier trank Lennon, umgeben von seinen Anhängern, so manchen Mittag einige Gläser Bier und rauchte Woodbines. Cynthia und Phyllis hatten im Anschluß an den Unterricht noch nie etwas anderes getan, als in den Zug oder in den Bus nach Hause zu steigen; jetzt verstand Cynthia plötzlich, wie das Studentenleben gedacht war. Lennon stand jedoch die ganze Zeit weit von ihr entfernt, umringt von seiner Clique, und unternahm keinen Versuch, mit ihr ins Gespräch zu kommen. Cynthia wollte nach Hause gehen. Sie dachte, der Tanz mit John und der anschließende Drink seien der Anfang und das Ende ihrer Beziehung gewesen.
Als sie auf die Tür zuging, dröhnte Lennons Stimme durch den Raum und übertönte alle Kneipengespräche: »Habt ihr denn wirklich noch nicht gewußt, daß Miss Powell eine Nonne ist?« Es war ein typischer Lennon-Scherz auf ihre Kosten; sie wirbelte herum. Ihre Blicke trafen sich, und sie ging zu ihm. Er überredete sie, zu bleiben. Beide hatten zuwenig gegessen und zuviel getrunken. Während sich das Trinkgelage in die Länge zog, wurde deutlich, daß Lennon und Cynthia Powell zusammen gehen würden.
Am späten Abend verließen sie gemeinsam die Studentenkneipe und verbrachten die ganze Nacht zusammen in der Einzimmerwohnung von Johns bestem Freund, Stuart Sutcliffe, nur zwei Minuten zu Fuß von der Akademie gelegen. Lennon wandte sich an Stuart, wenn er sein studentisches Publikum satt hatte, das nichts weiter von ihm wollte, als sich von ihm unterhalten zu lassen. Die beiden jungen Männer freundeten sich immer enger an. Es stand nie zur Diskussion, welche Gemeinsamkeiten sie hatten. Sie fühlten sich rein intuitiv zueinander hingezogen. Beide waren von Natur aus talentiert, und sie steigerten sich in Höhenflüge hinein, weil beide dieselbe Ruhelosigkeit und dieselbe Schnelligkeit des Denkens hatten. Der Unterschied bestand darin, daß Stuart seine Begabung gezielt umzusetzen versuchte.
Der drei Monate ältere Stuart war ein mustergültiger Student, ein Spitzenschüler, und er wollte ein berühmter Maler werden. Vor allem seine Zeichnungen von Schädeln und Skeletten waren herausragend und sprachen Johns Neigung zum Makabren an. Stuart hatte sein Studium ein Jahr eher als John begonnen, und seine Schwerpunkte lagen auf Malerei und Bildhauerei. Er arbeitete hart und ausdauernd. »Die Bügel seiner Hornbrille waren einfach angeklebt, ganz wie bei John«, erinnert sich Cynthia. »Was das Studium betraf, war er das genaue Gegenteil von John, denn er hat sich ganz seiner Malerei gewidmet und sich zu Tode geschuftet. Er hat selten etwas Anständiges gegessen und nie viel mit Mädchen gehabt. Das Wichtigste war ihm seine Arbeit.«
Als sich Stuart und John näher anfreundeten, wurde Sutcliffe für Lennon eine Art ausgleichendes Element. »John hat Stuart wirklich dringend nötig gehabt«, sagt Cynthia. »Mit Tony Carricker und Geoff Mohammed ist er ziemlich versumpft, und wahrscheinlich hat er das selbst gemerkt, denn schließlich war er nicht dumm. Stuart hat John dazu gebracht, sich mehr auf die Kunst zu konzentrieren und weniger rumzulungern. John hat sich von Stuarts Sachen inspirieren lassen. Er hat angefangen, selbst wesentlich ernsthafter zu malen und sich an großen Leinwänden zu probieren. Vorher hat er meist Cartoons gezeichnet und sich auf kleine Formate beschränkt. Stuart hat plötzlich angefangen, ihn immer häufiger in die Räume zu schleppen, in denen großformatig mit Öl gemalt wurde, und endlich hatte John jemanden, der ihm den Weg wies. Er war immer vorsichtig mit Farbe umgegangen und hatte nur auf Einzelheiten geachtet. Stuart hat seine Malerei mit Spaß betrieben, und die beiden waren genau richtig füreinander. John hat zu ihm aufgeblickt, und es wäre Stuart sicherlich gelungen, aus John einen »guten Maler zu machen«.

Doch es war zu spät, John noch von dem zurückzuhalten, was sein Hauptinteresse werden sollte: die Musik.

Stuart gab sich alle Mühe, John zu ernsthafter Arbeit zu bewegen, aber Lennon hatte inzwischen den Punkt erreicht, an dem eine Umkehr nicht mehr möglich war. Wenn auch nur ein Tag ohne seine Streiche vergangen wäre, hätten die anderen ihn für krank gehalten. »Es gab niemanden, über den er sich nicht lustig gemacht hat«, sagt Helen Anderson. »Und dabei ist er nicht davor zurückgeschreckt, beleidigend oder ausfallend zu werden. Wir wußten immer schon vorher, wenn ihm etwas Gelungenes einfiel, das er gleich herausplärren würde. Seine Nasenflügel und seine Backen blähten sich dann. Er war so geistreich, daß alle in der Akademie von ihm beeindruckt waren.«

Die Geschichten von seinem befremdlichen Verhalten im College sprachen sich herum. Jedes Jahr gab es einen Tag, an dem sich die Studenten verkleideten, durch die Stadt liefen und mit Sammelbüchsen klapperten, um für bedürftige Menschen zu sammeln. Sieben Studenten taten sich zusammen, um sich zu verkleiden. John scharrte Paul McCartney und George Harrison vom Liverpool Institute, Ann Priest, Rod Murray, Helen Anderson und Mona Harris um sich. John schlug vor, daß er, Paul und George sich als Vikare verkleideten. Sie besorgten sich gelbe Sweatshirts, die sie falsch rum trugen, die Beine in den Ärmeln, und dazu schwarze Fräcke mit Schwalbenschwanz und steifem Kragen. Lennons Plan bestand darin, in allen Cafés und Geschäften Liverpools »einzufallen«. Sie marschierten mit klappernden Büchsen in den Raum, und alle drehten sich zu ihnen um. Dann stellten John, Paul und George sich auf einen Tisch und begannen sich lauthals zu streiten, um noch mehr Aufmerksamkeit auf sich zu ziehen. Jedesmal wurden sie feierlich rausgeworfen – aus jedem Laden und jedem Lokal –, aber nicht, ehe sie allein schon durch den Lärm und das Aufsehen, das sie hervorriefen, ein paar Pfund eingenommen hatten.

Im späteren Verlauf des Tages gingen die Studenten ins Adelphi Hotel, und John überredete die Hotelangestellten, ihm einen Eimer und einen Schrubber zu leihen. Eine Menschenmenge von mehreren hundert Leuten versammelte sich vor dem Hotel, um Lennon zuzusehen, der, immer noch als Vikar verkleidet, laut singend den Zebrastreifen schrubbte. Er war der Star, dem die anderen lautstark und erfolgreich moralische Unterstützung zukommen ließen, während sie mit ihren Büchsen rasselten.

Das Studentenleben übte einen großen Reiz auf John aus. Es gab ihm die Chance, sich als junger Erwachsener zu benehmen. Dazu kamen die hübschen Mädchen und Arthur Ballard, der sein Äußerstes gab, um John Mut zu machen. John hatte die Sicherheit seiner Clique und schließlich gab es auch noch Cynthia, und diese Liebe entwickelte sich schnell weiter.

»Vor mir«, sagt Cynthia, »gab es ein Mädchen, das er mir gegenüber erwähnt hat und mit dem es ihm ziemlich ernst gewesen war. Sie hieß Beth, und ihre Eltern konnten John nicht ausstehen. Immer wieder hat er zu mir gesagt: ›Mach dir keine Sorgen, die haben mir ohnehin verboten, sie zu sehen, weil sie mich für einen Taugenichts halten. Da kann ich mich gar nicht blicken lassen.‹« Lennon hatte sie mit fünfzehn kennengelernt, als er noch Schüler der Quarry Bank High School gewesen war. Die Tatsache, daß er offen über sie sprach, erboste Cynthia im ersten Stadium ihrer Beziehung, und ihre Wut kam voll zum Ausbruch, als er eines Abends nicht zu einer Verabredung erschien. »Er hat gleich zugegeben, daß er Beth gesehen hat, weil er wissen wollte, ob zwischen ihnen alles zu Ende war, und es war eindeutig alles aus, und wir waren zusammen.«

Was Cynthia nicht weiß, ist, daß es vor ihr andere Mädchen in Johns Leben gegeben hat und daß John sich an manchen Nachmittagen aus der Akademie weggestohlen hat, um sich mit ihnen zu treffen. Einer aus seiner Clique deckte ihn, indem er Geschichten darüber erfand, wohin

John verschwunden war. Manchmal ging Lennon mit einer seiner Freundinnen Arm in Arm zur Akademie zurück und geriet plötzlich bei Cynthias Anblick in Panik. Wenn sie ihn gesehen hätte, wäre er um die nächste Ecke geflohen. Bei aller Scharfzüngigkeit und aufgesetzten Grobheit wollte Lennon Cynthia, die er schnell in Cyn umtaufte, nicht verletzen. Sie hatte mehr Stil als die anderen Mädchen, mit denen er Seitensprünge machte, und nichts wollte er weniger riskieren, als daß Cynthia hinter seine Untreue kam. Cynthia weiß bis heute nicht, daß es für John während der gemeinsamen Studienzeit andere weitergehende Verhältnisse gegeben hat – und genau das wollte John sie glauben machen.

Der Schlüssel zum Verständnis von Johns Psyche liegt in seiner Kindheit. Jahre später sollte er den Schmerz jener Jahre in Songs einfangen, die die Qualen seiner frühen Kindheit in eine Form umsetzen, die einem Schauer über den Rücken jagt.

Johns Vater, Alfred Lennon, war bei der Geburt seines Sohnes nicht in Liverpool. Er arbeitete als Schiffsstewart, und seine abenteuerliche, romantische Arbeit in Verbindung mit seiner sorglosen Haltung dem Leben gegenüber war es, was Johns Mutter zu ihm hinzog. Seine Arbeit auf Passagierdampfern brachte ihn nach New York und an andere weit entfernte Orte. Alfred Lennon – für seine Freunde Freddy – wurde am 14. Dezember 1912 als Sohn eines Reedereiarbeiters in der Copperfield Street 57 in Toxeth Park geboren. Er hatte vier Brüder und eine Schwester.

Johns Mutter Julia – von ihrer Familie Juliet genannt – wurde am 12. März 1914 als jüngste der fünf Töchter von George Ernest Stanley und Annie (geborene Millward) geboren. Julia war Platzanweiserin in einem Kino, ehe sie am 3. Dezember 1938 Freddy heiratete.

John wurde nach seinem Großvater väterlicherseits und nach dem britischen Premierminister benannt. In seine Herkunft spielt deutlich das irische Erbe hinein. Lennon ist die anglisierte Form von O'Leannain, einem Klan, der vor allem in Galway, Fermanagh und im südlichen Irland um Cork stark vertreten war. Johns Großvater zog wie viele andere Iren um die Mitte des neunzehnten Jahrhunderts nach Liverpool. Sie rechneten sich in England, wo die Industrialisierung schneller fortschritt, bessere Arbeitsmöglichkeiten aus. John Lennon, dem man den Spitznamen Jack gegeben hatte, war in den fünfziger Jahren in Dublin geboren worden. Er hatte mehrere Jahre als Sänger einer Musikantentruppe in Amerika verbracht. 1921, im Alter von neun Jahren, wurde Freddy Lennon Waise, als sein Vater an einer Lebererkrankung starb. Freddy kam in das Bluecoats-Waisenhaus in Liverpool.

Julias und Mimis Vater war Bergungsarbeiter bei der Glasgow und Liverpool Salvage Company und unternahm oft Reisen, um U-Boote vom Grunde des Atlantiks zu bergen. Sein Vater war Musiker gewesen. Julias Mutter, Annie, war die Tochter eines Kanzleigehilfen. Angesichts der Arbeitslosigkeit im Liverpool der dreißiger Jahre war eine solche Familie für Julia und Mimi etwas, worauf sie stolz sein konnten. Im Vergleich zu Tausenden von Anwohnern der Merseyside war ihre Herkunft privilegiert.

Die schlanke, lebhafte Julia mit dem kastanienbraunen Haar fühlte sich vor allem durch eine Eigenschaft zu Freddy hingezogen, die sie beide gemeinsam hatten: Sie waren sorglos und wollten ihr Leben genießen. Ein Jahr nach ihrer Eheschließung im Standesamt von Mount Pleasant befand sich Freddy als Oberkellner auf hoher See. Das Schiff sollte in New York vor Anker gehen. »Freddy war damals Schiffsstewart auf Truppenschiffen, die Soldaten zwischen Liverpool, Southampton und Frankreich beförderten«, erzählt Charles Lennon, Freddys Bruder und Johns Onkel. »Diese Schiffe fuhren auch nach Kanada, um Truppen zurückzuholen.« Er kehrte noch im selben Jahr rechtzeitig für Weihnachten zurück, doch schon bald war er wieder fort. Er wurde ins Gefängnis gesteckt, als das Schiff, auf dem er arbeitete, Nordafrika erreichte und er beschuldigt wurde, eine Flasche Wodka gestohlen zu haben. In unregelmäßigen Abständen schrieb er Julia, es ginge ihm gut und er singe bei Mannschaftskonzerten Lieder wie »Begin The Beguine«. Doch seine Abwesenheit während der harten Kriegsjahre setzte die Ehe großen Spannungen aus. Es existiert ein Brief, in dem er Julia schreibt, das Datum seiner Rückkehr sei ungewiß, und sie solle ausgehen und sich ihres Lebens freuen, statt zu Hause zu sitzen und Trübsal zu blasen.

Genau das tat Julia auch, denn sie sah Gewitterwolken am Ehehimmel aufziehen. 1942 ging sie davon aus, daß Freddy sie endgültig verlassen hatte, und zog mit einem anderen Mann zusammen, einem Kellner, namens John Dykins, der in einem Hotel arbeitete. John gab ihm später den Spitznamen Twitchy, da er an einem Tic litt. Julia schrieb Freddy und bat ihn, sich scheiden zu lassen, doch Freddy lehnte ab. Sie wurden nie geschieden.

Julia hatte drei uneheliche Kinder. John Dykins war der Vater der beiden ersten, Johns Stiefschwestern: Julia Dykins, geboren in Liverpool zwischen Januar und März 1947, und Jacqueline Dykins, geboren in Liverpool zwischen Oktober und Dezember 1949. Der Vater des dritten Kindes war ein norwegischer Kapitän. John lernte seine beiden Stiefschwestern bei seinen gelegentlichen Besuchen in Twitchys Haus kennen.

Charles Lennon sagt: »Fred hat Julia angebetet, und er hat mir gesagt, er würde ihr nie die Genugtuung einer Scheidung geben. Als die Ehe in die Brüche ging, hat es ihm das Herz gebrochen. Er hätte alles getan, um sie zurückzugewinnen, aber sie hat nur immer wieder gesagt, daß ihre Ehe in die Brüche gegangen sei, als sie Dykins kennenlernte. Als Fred und Julia noch zusammen waren, hatten sie einen ausgeprägten Hang zur Musik. Er sang, und sie spielte die Ukulele. Ich höre jetzt noch, wie er sie in der Newcastle Road mit diesen italienischen Liebesliedern umworben hat.« Der Grund für ihre endgültige Trennung ist strittig. Manche Leute sagen, Freddy habe zwar fast damit gerechnet, daß sie ihn verlassen würde, aber er habe auf eine Wiederaufnahme der Beziehung nach seiner Rückkehr von der See gehofft. Charles Lennon hält an der Auffassung fest, daß Julia sich bereits fest mit ihrem neuen Freund Twitchy zusammengetan hatte, als Freddy zurückkehrte, und daß somit keine Chance für eine Neuaufnahme der Beziehung bestand. Freddy Lennon ist 1973 in Brighton gestorben.

Von seinen ersten Lebenstagen an schlossen Mimi und ihr Mann George ihren Neffen ins Herz. Sie hatten keine eigenen Kinder. Onkel George leitete gleich um die Ecke eine Molkerei, und Mimi, die John ein solides Zuhause bieten konnte, war wesentlich geeigneter als ihre Schwester, wenn es darum ging, ein Kind aufzuziehen. Durch die Trennung von Freddy standen Julia die wöchentlichen Zahlungen von der Schiffahrtslinie, für die er arbeitete, nicht mehr zu. Julia lebte weiterhin bei ihren Eltern in Wavertree, eine kurze Busstrecke von Mimis Haus entfernt. John wurde immer häufiger in Mimis Obhut gegeben, und Mimi brauchte man nicht gut zuzureden, damit sie ihn tage- und wochenlang bei sich behielt. Onkel George nahm John gelegentlich am frühen Morgen mit, damit er zusehen konnte, wie die Kühe gemolken wurden. Die Jahre vor Schulbeginn verliefen recht idyllisch für John.

Als Julia bereits mit Twitchy zusammengezogen war und John sechs Jahre alt war, tauchte Freddy Lennon plötzlich wieder auf. Er unternahm einen Versuch, seine Ehe zu flicken und seinen Sohn für sich zu beanspruchen. Eines Tages erschien er gegen Mimis Willen in ihrem Haus und überredete sie und John, ihn seinem Sohn einen Tag lang Blackpool zeigen zu lassen. Während sie in Blackpool am Strand spazierengingen, fragte sein Vater, was John werden wolle, wenn er groß war. »Premierminister«, antwortete John, »oder ich will zur Bühne.«

Freddy hatte vage Pläne, ihn nach Neuseeland

Tante Mimi, die sich Johns Liebe und Achtung erwarb. Diese Fotografie, die im März 1971 aufgenommen wurde, zeigt sie mit ihrem Kater, den John auf der Straße aufgelesen hatte.

mitzunehmen und dort ein neues Leben zu beginnen, aber das ganze Unternehmen ging entsetzlich daneben. Als Freddy nach etlichen Tagen immer noch nicht mit John zurückgekommen war, fand Julia heraus, wo er war und traf ohne Vorankündigung in Blackpool ein. Sie sagte deutlich, daß sie John wiederhaben wolle. Sie habe sich mit einem neuen Mann ein neues Heim geschaffen, und, darauf beharrte sie, sie könne John eine schönere Kindheit bieten als Freddy. Die Unsicherheit des Seemannslebens seines Vaters sei kein Ersatz für das, was Mimi und sie zu bieten hätten. Die darauffolgende Szene in Blackpool wurde für den Sechsjährigen zu einem traumatischen Erlebnis. Inzwischen hatte er sich an ein häusliches Familienleben gewöhnt. Er lebte bei Mimi, die darauf bestand, für ihn zu sorgen, da Julia sich mit Twitchy eingelassen hatte, doch Julia besuchte ihren Sohn täglich in der Menlove Avenue. Ganz allmählich hatte er angefangen, die Situation zu verstehen und damit zurechtzukommen. Er hatte eine Beziehung zu seiner überschwenglichen Mutter hergestellt und eine große Zuneigung zu Mimi gefaßt, die auf Gegenseitigkeit beruhte. »Mimi« und »Mummy« als die beiden Frauen seiner Kindheit ließen sich gut miteinander vereinbaren. Onkel George war ein kinderlieber, freundlicher Mann, eine Art Vaterersatz.

Als sich jetzt seine richtigen Eltern vor seinen Augen darum stritten, wer ihn bekommen sollte, wurden die Gefühle des Jungen stark mitgenommen. Er hatte immer gehofft, daß sein Vater zurückkommen würde, und mit »Pater«, wie er ihn nannte, hatte er in Blackpool viel Spaß gehabt. Doch seine Mutter war die bisherige Konstante seines Lebens.

Sein Vater war es, der John in eine absolut hoffnungslose Lage brachte. »Du mußt dich entscheiden, ob du bei mir bleiben willst oder bei Mummy.«

John antwortete unter Tränen: »Ich bleibe bei dir.«

Julia mischte sich ein. »Bist du ganz sicher, John? Willst du mit ihm in ein fremdes Land gehen, oder willst du mit mir hierbleiben?«

»Mit Daddy gehen«, schluchzte John tränenüberströmt.

Freddy sagte triumphierend zu seiner Frau: »Das genügt, Julia. Da hast du deine Antwort.«

Trotz ihres inneren Aufruhrs und der Tränen, die in ihr aufstiegen, kam Julia zu dem Entschluß, daß alles aus war. Sie drehte sich um und ging. Sie hatte ihren Sohn verloren.

Als die Tür geschlossen wurde, konnte John die Endgültigkeit des Abschieds von seiner Mutter und die Unsicherheit einer Zukunft mit seinem Vater nicht fassen. Er lief heulend hinter seiner Mutter her und fand sie schließlich auf der Straße. »Mummy, Mummy, geh nicht, geh nicht!« Sie fielen einander um den Hals, und Julia brachte ihn nach Liverpool zurück. Sie lieferte ihn bei ihrer Schwester Mimi ab, die sich gewissenhaft, streng und mit glühender Liebe um ihn kümmerte. Mimis Leben und ein großer Teil von Onkel Georges Leben drehte sich jetzt ausschließlich um den kleinen Jungen, der soviel durchgemacht hatte.

Ein Teil von Johns Aufsässigkeit, seiner Abwehrreaktion gegen Autoritäten, seiner Aggressivität und seines ausgeprägten Unabhängigkeitsstrebens kann vielleicht auf diesen entsetzlichen Streit seiner Eltern in Blackpool zurückgeführt werden, auf die Tatsache, daß sie ihn so jung vor eine so unmögliche Entscheidung gestellt hatten.

# 2.
# *Die Kindheit*

»Ich war entweder ein Genie oder ein Irrer.«

Schon als Kleinkind war John immer der Anführer. Wenn er im Garten von Mimis Haus mit anderen Kindern Cowboy und Indianer spielte, mußten die anderen immer die Cowboys sein. Er war der Indianer. Und zwar immer. Und wenn er ihnen sagte, daß sie tot waren, waren sie auch tot. »Verstellt euch wenigstens anständig«, sagte er zu ihnen.

Tante Mimi neigte nicht zu Nostalgie, aber bei ihrem Lieblingsthema macht sie eine Ausnahme: John Lennon. Sie sitzt in dem Bungalow in Sandbanks, Dorset, den John ihr 1965 gekauft hat. Das war das Jahr, in dem ihr klar wurde, daß sie die ständige Anwesenheit der Fans, die sich in Horden vor dem Haus in Liverpool versammelten, nicht bei geistiger Gesundheit überstehen würde. »Nicht nur, daß die Fans die ganze Nacht in der Auffahrt geschlafen haben... sie haben aus aller Welt angerufen, aus Amerika, aus Australien, von überall her. So oft wir uns auch eine neue Telefonnummer geben ließen, die Fans haben sie jedesmal herausbekommen. Bei der Post hat man mir gesagt, man hätte bald keine neuen Nummern mehr für mich.«

»Du mußt wegziehen«, sagte John eines Tages zu ihr, als sie ihn in Weybridge besuchte. »Wo möchtest du leben?«

»Bournemouth würde mir gefallen«, sagte Mimi.

»Na, dann los«, sagte John.

Sie fuhren in seinem chauffierten Rolls-Royce nach Süden, und er kaufte ihr den schönen Bungalow oberhalb von Poole Harbour. Es dauerte nicht lange, bis ganze Reisegruppen daran vorbeifuhren. Mimi, die dort Abgeschiedenheit und Anonymität gesucht hatte, stöhnte. »Warum lassen die mich nicht in Ruhe?« 1983 zog sie nach einer Krankheit wieder in den Norden, wenige Meilen von ihrem früheren Zuhause entfernt, zu ihrer Schwester Anne.

John wollte, daß sie ihr altes Haus in Liverpool behielt, obwohl sie auszog. »Ich will nicht, daß das Haus, in dem ich aufgewachsen bin, jemand anderem gehört.«

Mimi war dagegen. Sie stritten sich wie in alten Zeiten, und das Ergebnis war, daß das Haus verkauft wurde, ursprünglich an Ärzte. Heute befindet sich am Eingang ein Schild mit der Aufschrift: »Official Notice, Private. No Admission, Merseyside Country Council.«

Noch heute ist dieses Haus eine Attraktion für Touristen aus aller Welt.

Mimi erinnert sich an alles, von Johns Geburt an. John hätte bereits Ende September auf die Welt kommen sollen. »Julia war überfällig, und ich habe alle fünf Minuten im Krankenhaus angerufen«, sagte Mimi. »Jedesmal habe ich dieselbe Frage gestellt, die man dort schon nicht mehr hören konnte: ›Hat Mrs. Lennon das Baby schon bekommen?‹ – ›Nein, noch nicht.‹«

Am 9. Oktober gegen achtzehn Uhr dreißig hieß es: »Mrs. Lennon hat gerade einen Jungen geboren.«

Mimi lief sofort ins Krankenhaus. Es dämmerte – die Zeit, in der die Luftangriffe gewöhnlich einsetzten. In jener Nacht bombardierte die deutsche Luftwaffe Liverpool in einem der heftigsten Angriffe. »Ich bin so schnell gelaufen, wie mich meine Beine trugen, und habe mich zwischendurch in Hauseingänge gekauert«, erzählt Mimi. »Die öffentlichen Verkehrsmittel fuhren nicht mehr, weil die Bombardierung immer in der Dämmerung begann. Granatsplitter sind vom Himmel gefallen, und Geschützfeuer war zu hören, und als es einen Moment lang ruhiger war, bin ich ins Krankenhaus gerannt, und da war dieses wunderbare kleine Baby. Aber man hatte ihn in eine rauhe Decke gewickelt, und ich habe sofort gesagt: ›Ziehen Sie die Decke von seinem Gesicht, sie ist zu rauh.‹ Als ich ihn gerade hochhob, ging die nächste Sirenenwarnung los, und die Besucher wurden aufgefordert, entweder in den Keller oder nach Hause zu gehen. John hat man wie die anderen Babys aus Sicherheitsgründen unter das Bett gelegt. Ich bin nach Hause gerannt. Es dauerte keine Woche, bis Julia und das Baby aus dem Krankenhaus entlassen wurden und in die Newcastle Road 9 in Wavertree zogen. Er war ein mustergültiges Kind, aber schon früh zeigten sich Anzeichen für seine Entschlossenheit. Er wollte lieber selbst essen, als sich füttern zu lassen. Mit zehn Monaten ist er schon gelaufen, wankend, aber er hat sich sehr bemüht.«

Als Julia beschlossen hatte, ihren Sohn von seiner Tante Mimi aufziehen zu lassen, wurde George zu einer wichtigen Bezugsperson für John. Mit viereinhalb lernte John von seinem Onkel Lesen und Schreiben. George nahm ihn jeden Abend auf seine Knie und ging das *Liverpool Echo* mit ihm durch, Silbe für Silbe. John konnte in dem Alter natürlich noch nicht buchstabieren, aber er konnte entziffern, was ihn interessierte.

Vielleicht ist es auf diese Gewohnheit zurückzuführen, daß John sein Leben lang Zeitungen gierig verschlungen hat. Während der Jahre mit den Beatles hat er mir erzählt, viele seiner Ideen für seine Songtexte kämen ihm beim Zeitunglesen. Die Eigenarten der verschiedenen Zeitungen deckte er immer schnell auf, und die neusten Nachrichten über das Tagesgeschehen interessierten ihn brennend.

In Johns Leben gab es kein Spielzeug – am nächsten kam dem noch eine Plastikente, die er mit in die Badewanne nahm. Seine Leidenschaft galt den Büchern, vor allem der Reihe *Just William* von Richmal Crompton. Zu seinen Lieblingsbüchern gehörte auch *Alice im Wunderland.* Er las es immer wieder, bis er ganze Stellen auswendig konnte. An Spielen oder Spielsachen zeigte er nie auch nur das geringste Interesse, sagt Mimi. »Ich besaß eine zwanzigbändige Sammlung der besten Erzählungen der Welt. John hat sie immer wieder gelesen, vor allem Balzac. Ich hatte später den Eindruck, daß viel Balzac in seinen Songtexten steckte.«

John war als Kind nicht krank – abgesehen von Windpocken, die er mit acht bekam. »Bis auf gelegentliche Erkältungen war er nicht einen Tag lang wirklich krank«, sagt Mimi. Sie erzog ihn, wie sie erzogen worden war. Mit Kino war nichts. »Als er klein war, hat er mir nie Ärger gemacht, und er hatte auch nie große Ansprüche. Ich finde es falsch, wenn Leute ihren Kindern Geld in die Hand drücken und sie ins Kino schikken, um sie los zu sein. Er hatte nur drei Interessen: malen und zeichnen, Umgang mit Freunden seines Alters und das Lesen.«

George hatte in Johns Zimmer einen Lautsprecher angebracht. Dort hörte John stundenlang Radio und war mit seinen Malbüchern und Stiften vollkommen ruhig und zufrieden. Zu seinen Lieblingssendungen gehörten *Dick Barton, Special Agent*, die Krimiserie, die jeden Abend um dreiviertel sechs ausgestrahlt wurde, und *The Goon Show.* Er wurde manchmal totenbleich, wenn Dick Barton in der Klemme saß. Er war zu unruhig, um stillzusitzen, und George und Mimi durften kein Wort sagen. Mit seiner ständigen Imitation der verschiedenen Akzente der Goons machte er Mimi fast wahnsinnig.

John durchschaute schnell die Vorzüge seines Lebens mit Onkel und Tante. Mimi bestand auf Disziplin, aber George war gutmütig, sprach ihm Mut zu und strich ihm liebevoll über den Kopf, wenn er Sorgen hatte,

»George hat John, als er klein war, jeden Wunsch erfüllt«, erzählt Mimi. »Die beiden haben einander angebetet. Fast jeden Abend hat George ihn strahlend ins Bett gebracht.«

September 1947. Mit sieben Jahren als Schüler der Dovedale Primary School, Allerton.

Zur Schlafenszeit mußte George ihm gewöhnlich einen Kinderreim vortragen; die praktischere Mimi war mehr damit befaßt, ihm die Knie zu schrubben. Immer wieder redete Mimi ihrem Mann freundlich, aber entschieden ins Gewissen: »Du verhätschelst ihn, George. Du bist zu gutmütig. Zieh mir nicht ein zweites großes Kind heran!« John bekam alles von seinem Onkel. Wenn Mimi ihn schimpfte oder zurechtwies, nickte George ihm zu und gab ihm einen Wink, in sein Zimmer zu gehen und unter seinem Kopfkissen nachzuschauen. George, den bevorstehenden Ärger witternd, hatte Süßigkeiten für John bereitgelegt.

Als John fünf Jahre alt war und eingeschult werden sollte, suchte Mimi nicht irgendeine Schule, sondern die bestmögliche für ihn aus. Sie entschied sich schließlich für die Dovedale Primary School, in der Nähe der Penny Lane, rund fünf Kilometer entfernt. John fuhr jeden Tag im Bus am Bau der Heilsarmee in den Strawberry Fields vorbei.

Von den ersten Schultagen an wurde John gelobt und für intelligent gehalten. Der erste Elternabend fand statt, es ging um die Fortschritte, die die Kinder in der Schule machten. Der Rektor, Mr. Bolt, sagte zu Mimi: »Um den brauchen Sie sich keine Sorgen zu machen. Er hat einen messerscharfen Verstand. Aber er wird nie etwas tun, wozu er keine Lust hat.«

Lennons Individualität kristallisierte sich in den Grundschuljahren schnell heraus. Doug Freeman, heute Farmer im Lake District, war mit John in Dovedale. »Mit fünf oder sechs ist er mir schon ganz anders als die anderen erschienen. Wenn in der Schule etwas nicht Alltägliches los war, dann stand er im Mittelpunkt. Man konnte ihn nicht übersehen. Er war auf einer völlig anderen Wellenlänge als die anderen, und trotz des Ärgers, den er manchmal auslöste, kam kein Lehrer wirklich dahinter, was ihn eigentlich von den anderen unterschied. Aber man konnte den Unterschied eine Meile weit riechen. Kein Lehrer konnte ihn zu etwas zwingen.«

Zu den Lieblingsspielen der Jungen gehörten das Schlittenfahren auf den kleinen Hügeln des Schulgeländes und das Murmelspielen, aber Lennon beteiligte sich nicht an diesen gemeinsamen Vergnügungen. Er zog als Bandenführer seiner eigenen Horde los. »Wir haben uns alle ein bißchen vor ihm gefürchtet«, erinnert sich Doug Freeman, »und die Mütter haben ihn immer so angesehen, als wollten sie sagen: ›Gebt euch nicht mit dem ab.‹«

Die Kunsterziehung wurde schnell Johns Lieblingsfach. Er kam in allen Fächern gut mit, aber er zeigte schon damals eine sichtliche Schwäche in Mathematik. John war zehn Jahre alt, als eine Zeichnung von ihm bei einer Ausstellung im Schulgebäude etliche Schüler verblüffte: Er hatte ein Bild gemalt, auf dem viele der Jungen Jesus Christus erkannten – an sich bereits eine gewagte Angelegenheit. Zwanzig Jahre später wies Johns bärtiges Gesicht, wenn er seine Nickelbrille gerade nicht trug, eine erstaunliche Ähnlichkeit mit dieser Jesus-Darstellung auf. »Es war wirklich verrückt. Die Ähnlichkeit zwischen der Zeichnung und dem langhaarigen John, den wir später gesehen haben, war geradezu unheimlich«, sagt Doug Freeman. Später hat John im Rückblick auf seine problemreiche Kindheit gesagt: »Ich hatte das Gefühl, entweder ein Genie oder ein Irrer zu sein. Jetzt weiß ich, daß ich kein Irrer war. Also muß ich ein Genie gewesen sein.«

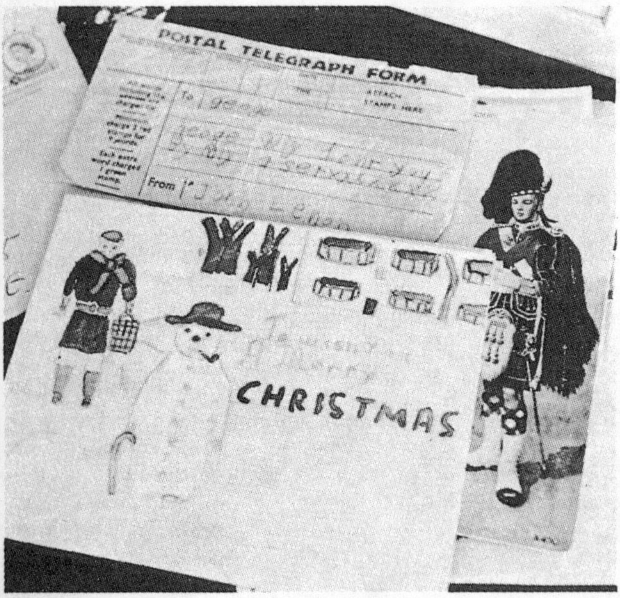


Eine Kinderzeichnung von John, eine Notiz an Mimis Mann George auf einem Telegrammformular und eine Postkarte von Johns Tante Elizabeth aus Schottland.

Mai 1948. John im Alter von sieben Jahren vor Mimis Haus. Er steht vor dem Wintergarten, in den seine Tante ihn immer verbannte, wenn sie sein Gitarrespiel nicht mehr hören konnte.

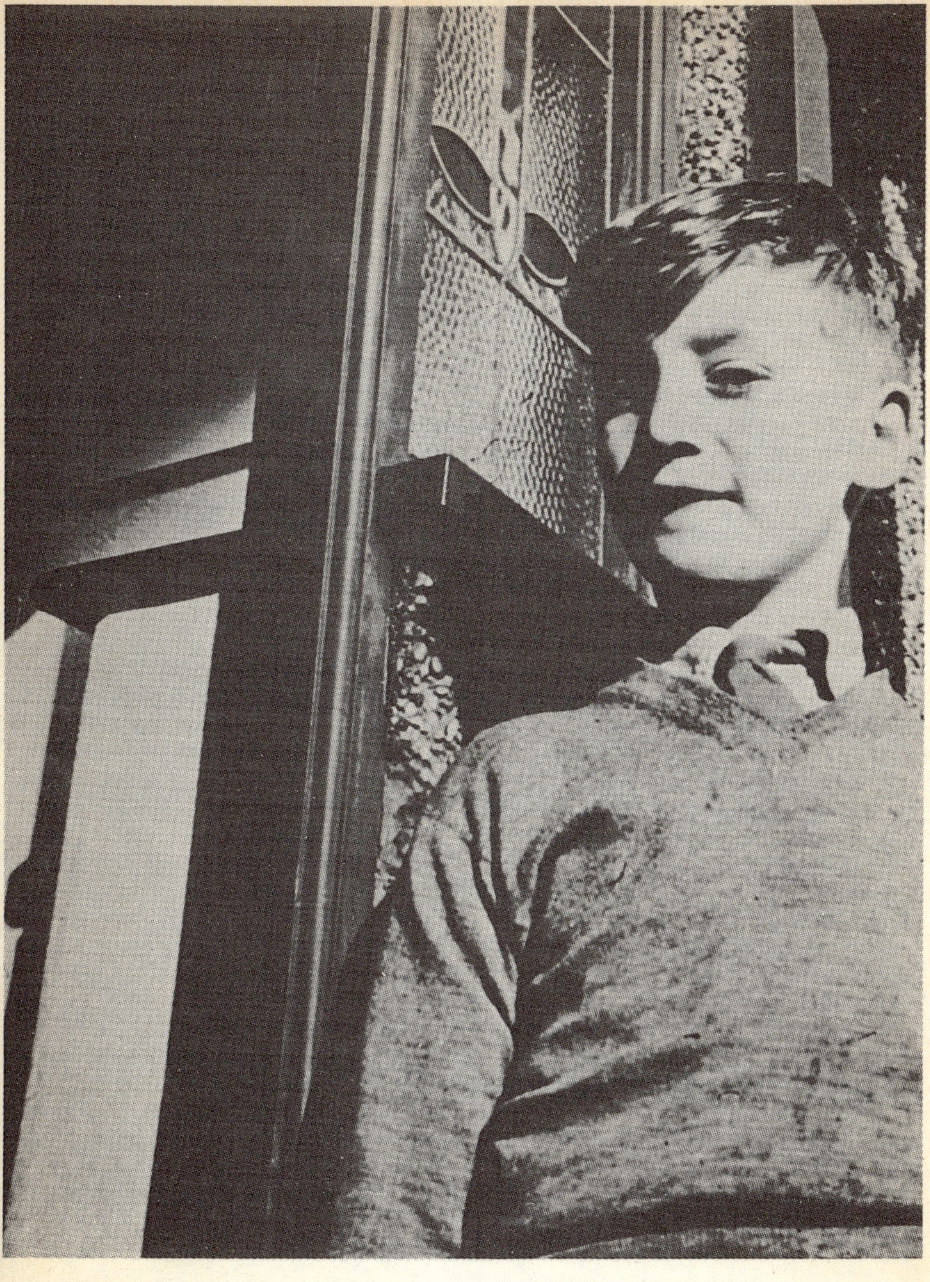

John war elf, als George an einem Blutsturz starb. Eines Tages kam John von der Schule nach Hause und erfuhr durch Mimi vom plötzlichen Tod seines Onkels. Er lief rot an und stürzte in sein Zimmer. Nach der Trennung seiner Eltern war das der zweite harte Schlag. Bei den immer wiederkehrenden Streitigkeiten mit Tante Mimi, in denen es um Johns mangelnde Disziplin gegangen war, hatte sich Onkel George stets auf seine Seite geschlagen. Sie hatten gemeinsame Spaziergänge unternommen. Er hatte diesen sanften, gutmütigen Mann verehrt. Der Tod ihres Mannes, der nicht einen Tag lang krank gewesen war, brach Mimi das Herz. Sie setzte trotzdem eine tapfere Miene auf, doch sie blieb tagelang stumm. Es ergab sich, daß John seine Mutter jetzt öfter sah. Mit Twitchy, dem neuen Mann, der in ihr Leben getreten war, wohnte Julia nur wenige Bushaltestellen entfernt in der Blomfield Road 1, Spring Wood, Allerton. Abgesehen davon, daß er sich zu ihr als seiner Mutter hingezogen fühlte, gefiel John, daß Julia einen krassen Gegensatz zu der autoritären Mimi darstellte. Julia war überschäumend, strahlend und voller Lebensfreude. Außerdem hatte sie Sinn für Streiche. Besonders wichtig war es John, daß sie dazu neigte, jede Autorität zu verspotten.

Ein Jahr vor Georges Tod hatte John mühelos die Aufnahmeprüfung für die höhere Schule bestanden. Beiläufig hatte er seiner Tante mitgeteilt: »Ich hab's geschafft – ich werde umgeschult.« Mimi überraschte dies nicht. John war froh, die Dovendale Primary School hinter sich lassen zu können. Er spürte, daß er über diese Schule hinausgewachsen war. Gegen die vorgeschriebene Schuluniform hatte er schon lange aufbegehrt.

Michael Isaacson, heute Chef einer sehr erfolgreichen Werbeagentur in London, ist ein Jahr älter als John und hat die absolut einzigartige Erfahrung gemacht, John beim Eintreffen in allen drei Schulen zu erleben: in der Dovedale Road Primary, der Quarry Bank High und dem Liverpool College of Art.

»Rein schulisch gesehen hat er sich in der Dovedale nicht übermäßig gut gemacht. Mit Sicherheit hat niemand seinen Eifer in irgendeinem Fach gelobt, obwohl oft Zeichnungen von ihm ausgestellt wurden, wie von anderen Jungen auch. Mein Eindruck in Dovedale war, daß er sich nicht gerade bemühte. Aber er war offensichtlich begabt, denn damals war die Aufnahmeprüfung für die höhere Schule nicht gerade leicht. Nur eine kleine Minderheit hat sie bestanden. Man konnte ihm ansehen, daß er kein Dummkopf war. Ich kann mir vorstellen, daß er ein ausgezeichneter Akademiker geworden wäre, wenn er es gewollt hätte.«

In der Quarry Bank High School ging es anders zu. Bald nach seiner Einschulung im September 1952 mußte John feststellen, daß er hier mit weitaus mehr Autorität, Strenge und Vorschriften konfrontiert wurde. Die Schule versuchte sich wie eine Privatschule zu geben. Es war nicht leicht für ihn, sich hier auf Raufereien einzulassen, denn er hätte es gegen größere Jungen aufnehmen müssen.

Das Motto der Quarry Bank High School lautete *Ex Hoc Metallo Virtutem* (Aus diesem rohen Erze schmieden wir die Tugend). In seinem schwarzen Blazer mit dem rot-goldenen Abzeichen fuhr John täglich mit dem Fahrrad zur Schule. Wie in den meisten Schulen wurden die Schüler auch hier auf verschiedene Häuser verteilt, die nach dem Stadtbezirk benannt waren, aus dem die jeweiligen Jungen kamen. Jungen aus mittelständischen Verhältnissen und Jungen aus härteren Vierteln wurden abgetrennt. Woolton, Johns Haus, stand in der Hackordnung auf Platz drei. Die Häuser mit den härteren Sitten waren Wavertree und Aigburth. Von John, der in einem mittelständischen Haus untergebracht war, erwartete man, daß er sich diszipliniert verhielt.

Was er jedoch nicht tat. »Vom ersten Tag an hat er in der Schule rumgebrüllt«, erzählt Michael Isaacson. »Er war ein gewaltiger Krachmacher, aufgehetzt und unterstützt von seinem Freund Pete Shotton, der ein Engelsgesicht hatte, aber ein kleiner Teufel war.« Mit Shottons Unterstützung stellte John jede Menge Unfug an, und in einer Schule, die im Ruf stand, brillante Studenten an die Universitäten zu liefern, wurden seine Untaten legendär.

John entschloß sich ziemlich bald dazu, vor den meisten Lehrern keinen Respekt zu haben und seine Leistungen sackten ab. Er war intelligent, aber jetzt begann er im Unterricht unkonzentriert zu sein, machte selten Hausaufgaben und war bereits im dritten Schuljahr auf den Durchschnitt abgesunken. Am Ende des vierten Jahres wurde er zwanzigster in den C-Kursen, dem anspruchslosesten Unterricht. »Auf dem besten Weg, ein Versager zu werden... ein hoffnungsloser Fall ...der Clown der Klasse...«, so lauteten die Bemerkungen in seinen Zeugnissen. Mimi war besorgt. Sie ging mit ihm zum Augenarzt. John las anstelle einer 8 eine 5. Der Junge brauchte eine Brille. »Aber er weigerte sich, ein Krankenkassengestell zu tragen. Ich mußte ihm eine schwarze Hornbrille kaufen, und schon damals hat er zur Bedingung gemacht, daß er Kontaktlinsen bekommt, wenn er erwachsen ist«, sagt Mimi. John haßte es, die Brille zu tragen, und der Umstand, daß er ohne Brille nicht lesen konnte, was auf der Tafel stand, kann durchaus dazu beigetragen haben, daß er sich in der Quarry Bank gar nicht mehr wirklich bemüht hat.

Mimi versuchte allmorgendlich, ihm klarzumachen, daß seine Zukunft auf dem Spiel stand, während er seinen schicken Blazer anzog, den sie ihm hatte maßschneidern lassen. John gelang es immer, so in der Schule anzukommen, daß seine Uniform laut Michael Isaacson aussah, »als hätte sie den Ersten Weltkrieg überstanden«.

Er bekam so oft den Stock zu spüren, daß er einen Rekord aufstellte. Dabei spielt natürlich auch eine Rolle, daß die Lehrer sich damit behalfen, im Zweifelsfall einen so berüchtigten Jungen wie John herauszugreifen, ob er nun schuld war oder nicht. Die Schläge waren wirkungslos; er gewöhnte sich daran. Wenn *das* das Schlimmste war, was einem blühen konnte, wenn man sich solche Freiheiten in der Schule herausnahm, dann war sein Verhalten diesen Preis wert. Pete Shotton, der oft direkt nach Lennon drankam, wenn Schläge mit dem Stock verteilt wurden, sah John, der grinsend auf ihn zukam, lächelte zurück und bekam eine noch größere Tracht Prügel, weil er die Sache nicht ernstnahm.

Im nahegelegenen Calderstones Park veranstalteten die Schüler der Quarry Bank High School Langläufe. Michael Isaacson führte die Riege an und stand auch dem Woolton-Haus vor, zu dem Lennon gehörte. »John und seine Horde haben mir das Leben ziemlich vergällt. Er tat alles, um die Organisation der Geländeläufe zu Fall zu bringen. Im Sport war Lennon eine Null. Die meisten der Jungen sind nach Leibeskräften gerannt, aber einige hatten so viel Speck, daß das Laufen für sie wirklich eine große Anstrengung darstellte. Natürlich waren es diese Dickerchen, über die Lennon und Shotton verbal hergefallen sind und die sie fertig gemacht haben, wenn sie in der Nähe waren. Sie standen da, rauchten, fluchten, verspotteten die Dicken und stellten ihnen nach Möglichkeit ein Bein. Ich habe gemerkt, daß es gefährlich war, sie bei sportlichen Betätigungen in der Nähe zu haben, und ich habe ihnen gesagt, daß sie sich nicht blicken lassen sollen. Die beiden waren darauf aus, Ärger zu machen.«

Auch das Stehlen wurde zur Gewohnheit. In den Süßigkeitenläden von Woolton und Allerton fragte Lennon die Ladenbesitzer nach Süßigkeiten, die schwer zu erreichen waren. Die Zeit, die der Verkäufer brauchte, um das Glas herunterzuholen, nutzte Lennon, um unbeobachtet eine Tafel Schokolade einzustecken, die in Reichweite lag.

Während John sich in der Schule immer mehr langweilte und gleichzeitig immer schlechter wurde, blieb sein aufflackerndes Interesse an der Kunst, das sich schon in Dovedale gezeigt hatte, bestehen. Er bewunderte Michael Isaacsons Können, das diesem im Alter von neunzehn Jahren bei einem Wettbewerb der Zeitung *New Statesman* den überregionalen Titel Jung-Cartoonist des Jahres einbringen sollte.

»Ich war nie ein Kumpel von John Lennon, aber wir sind immer miteinander klargekommen. Er wußte, daß er mir nichts anhaben konnte, und er hat es nie versucht«, sagt Isaacson. »Ich hatte das Gefühl, daß er künstlerisch was drauf hatte. Wenn ich Cartoons gezeichnet habe, kam er rein, und wir haben uns unterhalten. Cartoons waren meine Stärke. Mein Sinn für Humor war dem seinen ähnlich. Meine Zeichnungen waren im-

John mit seiner Mutter Julia im Garten des Hauses ihrer Schwester (Johns Tante Anne) in Rock Ferry, Juli 1949.

mer satirisch. Er hat zwar viel Ärger gemacht, aber ich mochte ihn trotzdem, und er war ausgesprochen witzig. Ich hatte selbst genug Ärger mit der Schule, in der eine stark antisemitische Einstellung herrschte, und somit hatten wir wenigstens den Ärger gemeinsam. Ich wollte etwas beweisen und nahm mir vor, besser als alle anderen zu sein, ein Sport-As zu werden. Johns Haltung gegenüber der Schule war: ›Zum Teufel mit dem ganzen Haufen!‹ Ich würde sagen, ich war konstruktiv, und er war destruktiv.«

Je tiefer der Graben wurde, den er um sich grub, desto aggressiver wurde er. Je erschreckender seine Noten wurden, desto unweigerlicher zog er sich Mimis beharrliche Schelte zu. Sie war besonders deshalb böse auf John, weil sie selbst die personifizierte Gewissenhaftigkeit war. Lange bevor der Ausdruck »Schlüsselkind« erfunden wurde, hielt Mimi es für ihre Pflicht, immer zu Hause zu sein, wenn John von der Schule kam. Er kam nie in ein leeres Haus zurück.

Seine Mutter besuchte er jetzt häufiger, vor allem an den Wochenenden. Julia konnte ein bißchen Banjo spielen und versuchte ihm ein paar Griffe beizubringen. Schon mit vier Jahren hatte er von ihr eine Gitarre für vier Pfund bekommen. Er kam seiner Mutter immer näher, und ihre lässige Lebensart in Verbindung mit ihrem Sinn für Streiche und für Humor war etwas Großartiges für einen Jungen, der bei einer Tante lebte, die ihn liebevoll umsorgte, aber streng war.

Mimi besaß drei Katzen: Tich, die senfgelbe Halbperserkatze, Tim, die John als streunende Katze auf der verschneiten Straße aufgelesen hatte, und Sam. Außerdem war da noch Sally, eine Promenadenmischung. John lief oft mit dem Hund durch Woolton. Als kleiner Junge war John in die Katzen vernarrt. Täglich fuhr er mit dem Fahrrad zu Mr. Smith, dem Fischhändler von Woolton, um Fisch für sie zu kaufen. Später, als Beatle, rief er Mimi von Tourneen aus an, um zu fragen, wie die Katzen ohne ihn zurechtkämen.

Mimi erinnert sich in erster Linie daran, daß dieses Kind nicht eine Minute Zeit vergeudet hat. »Immer wollte er etwas tun oder etwas lesen. Er war ein sehr aktives Kind. Er hat gern darüber geredet, was sein würde, wenn er erwachsen war, und er wollte wissen, warum ich soviel Wert auf Disziplin legte.« Insbesondere schien ihn zu interessieren, warum sie darauf achtete, immer zu Hause zu sein, wenn er gegen vier von der Schule kam.

»Weil es meine Pflicht ist, dazusein, John«, antwortete sie.

»Es ist aber doch nicht nötig.«

»Ach was«, sagte Mimi, »wenn du erst älter bist, wirst du das verstehen.« Sie sagt, daß er es später wirklich verstanden und oft betont hat, daß das Haus nie leer war, wenn er von der Schule kam.

St. Peter, die Kirche von Woolton, war die Kirche, in die Mimis Familie seit Generationen zur Messe ging. Mit acht Jahren wurde John dort in die Sonntagsschule geschickt, und er sang im Chor. Gewissenhaft achtete er darauf, daß Mimi ihm genug Geld gab, damit er jeden Sonntag etwas für die Kollekte der Kirche spenden konnte. John bezeichnete sich im Lauf der Jahre Mimi gegenüber immer wieder als gläubig. »Jemand da oben hört uns zu«, sagte er.

Er war acht oder neun Jahre alt, als er in Mimis Küche kam und ihr mitteilte: »Ich habe gerade Gott gesehen.«

»So?« sagte Mimi. »Und was hat er getan?«

»Er hat am Kamin gesessen«, erwiderte John.

»Ach«, sagte Tante Mimi. Sie nickte nachdenklich. »Wahrscheinlich hat er ein bißchen gefröstelt.«

Die Jahre mit den Beatles leitete John bei Tante Mimi ein, indem er Brian Epstein zu ihr einlud. Mimi war von dem »charmanten, angenehmen Mann« beeindruckt, der sagte, daß er enorme Hoffnungen in die Zukunft dieser Gruppe setze. Er versicherte ihr außerdem, Johns Talent sei etwas so Besonderes, daß ihr Neffe es immer schaffen würde, ganz gleich wie groß die Erfolge der Beatles wären.
Brian blieb zweimal über Nacht in Mimis Haus und sprach von seinen großen Plänen, einen Plattenvertrag für die Beatles zu beschaffen. »Das war sein Traum«, sagt Mimi. »Ich habe zu ihm gesagt: ›Das ist alles schön und gut für Sie, Mr. Epstein. Sie haben schon Karriere gemacht, aber diese Jungen nicht. Und was passiert, wenn es Ihnen nicht gelingt, den Jungen zu einer Karriere zu verhelfen? Was passiert dann?«
Auf solche Dinge ging Epstein gar nicht ein. »Sie brauchen sich keine Sorgen zu machen, Mrs. Smith. Die Jungen sind so talentiert...« Nach jedem Besuch schickte er Mimi eine Topfpflanze. Diese Höflichkeit nahm sie für ihn ein.
Als John jedoch 1962 mit einem Demoband ihrer ersten Single »Love Me Do« nach Hause kam, sah Mimi keinen Anlaß, ihre Skepsis aufzugeben. »Wenn du glaubst, daß du damit dein Glück machen kannst, dann mußt du dir bald was Neues ausdenken«, sagte sie nicht ohne Schärfe. Ihre Auffassung bestätigte sich; die Platte erreichte

Juni 1964. Mimi in Sidney, Australien. Sie erlebt erstmals die Beatlemania.

nur Platz siebzehn der Hitparade. Als nächstes erschienen John und Brian mit »Please Please Me«. Mimi war im oberen Stock, als sie die Platte auflegten. »Das ist schon besser«, rief sie nach unten. »Das könnte etwas werden.«

»Mimi«, sagte John, »die Platte schafft es auf den ersten Platz!«

Mimi erinnerte sich an die Besuche seiner Freunde während der Schulzeit. »Als Paul zum ersten Mal ins Haus kam, hatte er Schuhe mit Schnallen an. So etwas hatte John noch nie gesehen. Dann kam George Harrison mit seinem rosa Hemd.« Mimis mißbilligender Blick sprach Bände. »Mimi«, sagte John, »kann ich auch solche Sachen wie Paul und George haben, du weißt schon, Hemden, Schuhe...«

»Ganz bestimmt nicht«, sagte Mimi, womit die Diskussion beendet war.

Als er schließlich nach London zog, vermißte Mimi ihn schrecklich. »Ich habe es ihm nie gesagt, wenn er mich besucht hat. Ich war entschlossen, mich nicht an ihn zu klammern.«

Während der ersten Welle der Beatlemania blieb Mimi ganz im Hintergrund. »Ich fand, es sei nicht meine Sache, ins Rampenlicht zu kommen und Interviews zu geben.« John sagte ihr später, wie dankbar er war, daß sie sich nicht in diesen Sog hatte hineinreißen lassen. Mimi ließ sich von Johns Ruhm nicht einschüchtern und änderte ihr Verhalten ihm gegenüber nie.

Während der Beatles-Jahre war Mimis Haus von Fans umzingelt. »Ich bin rausgegangen und habe ihnen gesagt, daß jedes Warten zwecklos ist, aber sie kannten seine Gewohnheiten und beharrten darauf, daß er auftauchen würde«, sagt Mimi. Manche waren Hunderte von Kilometern getrampt, um das Haus zu sehen, in dem John Lennon seine Kindheit verbracht hatte, und sie standen da und fotografierten. Um manche Fans, die offensichtlich kein Geld hatten, machte sich Mimi Sorgen, und sie lud sie zu Tee und belegten Broten ins Haus ein. »Sie haben mich angefleht, ihnen Johns Tasse zu geben. Ich habe ihnen gesagt, daß er wahllos alle Tassen benutzte. Sie haben vor Begeisterung gequietscht.«

Wenn sie nach oben ging, während sie »open house« für die Fans veranstaltete, mußte sie die Küchentür abschließen. »Ich hätte sonst kein Geschirr mehr gehabt.« Sie machte sich Sorgen um die Jugendlichen, die bei strömendem Regen im Freien standen. Sie bat sie ins Haus, um ihre Kleider zu trocknen. »Ich hatte keine Kleidung für Mädchen im Haus. Deshalb mußte ich den Mädchen alte Pullover von John geben. Die wurden fast ohnmächtig.«

Johns Zimmer war unglaublich unordentlich. Er verteilte seine Kleidungsstücke im ganzen Raum. Manchmal baten die Mädchen darum, sein Zimmer sehen zu dürfen. Im allgemeinen schlug sie diese Bitte ab, aber einmal führte sie die Mädchen nach oben, um ihnen das Durcheinander zu zeigen, das John hinterlassen hatte –»nur um John einen Denkzettel zu verpassen«. Die Mädchen waren aber nicht entsetzt, sondern versuchten, etwas an sich zu reißen.

1964 gaben die Beatles in ganz Australien und Neuseeland vor zweihunderttausend Fans zweiunddreißig Konzerte. John rief Mimi zwei Wochen vor der Abreise an und sagte: »Du machst jetzt mit mir Ferien. Pack deinen Kram.«

»Es war ein einziges Fest«, erinnert sie sich. Auf dem Flug über den Fernen Osten sorgte John dafür, daß ihr besondere Aufmerksamkeit geschenkt wurde. »Ich habe immer wieder gesagt: ›Keine Sonderbehandlung, John!‹« Als sie in Wellington, Neuseeland, landeten, bestand Mimi darauf, daß der erschöpfte John mitten im Trubel eine Cousine und einen Cousin zweiten Grades begrüßte, die er nie gesehen hatte. Es waren die Kinder der nach Neuseeland ausgewanderten Schwester von Mimis Mutter, John und Ann. Endlich lernten sie den Helden ihrer Familie kennen.

Als amerikanische Zeitschriften Mimi aufforderten, ihre Memoiren zu schreiben, sagte John: »Sag es ihnen! Nimm das Geld, Mimi! Sag ih-

nen, daß ich ein jugendlicher Krimineller war, der laufend alte Frauen zusammengeschlagen hat.«

Sie erinnert sich an eine Pressekonferenz, bei der John gefragt wurde, wie es ihm mit seinen fehlenden mathematischen Kenntnissen möglich sei, sein Geld zu zählen. »Ganz einfach – ich wiege es«, antwortete er.

Wenn er zu Hause saß und Texte schrieb, knüllte er immer wieder Zettel zusammen und sagte zu Mimi: »Du solltest diese Zettel aufheben, denn eines Tages werde ich berühmt, und dann sind sie viel wert.« Als sie ihm den Dialekt für seine Beatles-Karriere ausreden wollte, sagte er: »Die Fans erwarten, daß ich genau so rede.«

# 3.
# *Die Schulzeit*

»Einfach laufen lassen.«

Der Direktor der Quarry Bank High School während der ersten fünf Jahre, in denen John diese Schule besuchte, E. R. Taylor, sieht in ihm jemanden, der »keinerlei positiven Beitrag zum Schulleben geleistet hat, weder im Sport noch in seinen geistigen Bemühungen«.

William Ernest Pobjoy war ein energiegeladener Fünfunddreißigjähriger, als er Direktor der Quarry Bank wurde und die Nachfolge des unduldsamen, autoritären E. R. Taylor antrat. Mr. Pobjoys erstes Jahr an der Schule fiel mit Lennons fünftem und letztem Jahr zusammen. Die berüchtigte »Lennon-Shotton-Achse« war zu diesem Zeitpunkt schwer zu durchbrechen. »Ich hatte einen üblen Störenfried übernommen, der bereits legendär war. Er und sein Freund Shotton wurden mir als dringlichstes Problem dargestellt«, erinnert sich Mr. Pobjoy, ein freundlicher, aber strenger Mann, der sich sehr bemüht hat, menschlich mit John Lennon zurechtzukommen, statt das Problem mit Gewalt anzugehen. »Zu Beginn des neuen Schuljahrs haben alle Lehrer es noch einmal mit ihm versucht. Schließlich führte man ihn als letzte Zuflucht mir als Direktor vor. Bei dieser Gelegenheit habe ich ihm drei Schläge mit dem Rohrstock verpaßt, was damals die übliche Praxis war.« Kurz darauf schaffte Pobjoy jede körperliche Züchtigung an der Quarry Bank High School ab, und sie wurde auch nie wieder eingeführt. »Schläge helfen nicht gegen schlechtes Benehmen. Das wurde mir schnell klar. Ob mit Stock oder ohne – Lennon hat sich weiterhin schlecht benommen.

Wenn John nicht zum Nachsitzen erschien, so kann man das heute als gängigen Schuljungenstreich auffassen, aber leider kam noch etwas anderes hinzu: Er nutzte die Schwächen der anderen. Er war außerordentlich grausam.« Es kam zu Zwischenfällen zwischen John und einigen der Lehrer, die das ganze Lehrerzimmer in Schrekken versetzten. Lennon setzte Lehrern, die nicht wußten, wie sie mit ihm umgehen sollten, oft brutale Roheit entgegen. Er hob seine Fäuste in die Luft und weigerte sich, Anweisungen zu befolgen.

»Als ich ihn dieses eine Mal geschlagen habe«, sagt Pobjoy, »habe ich neben dem üblichen ›Mir tut das mehr weh als dir‹ versucht, mit ihm ruhig zu sprechen. Aber damit war nicht mehr viel zu erreichen. Zu dem Zeitpunkt, als ich an die Schule kam, war John bereits festgefahren in seinem Verhalten, und seine Haltung zur Schule im Positiven zu ändern, wäre eine Lebensaufgabe gewesen.

Ich habe Mrs. Smith häufig gesprochen. Sie hat John nicht als ihr Problem angesehen, sondern als das der Schule. Ich erinnere mich, daß sie sagte: ›Da muß eben die Schule etwas unternehmen.‹« Es kam sogar dazu, daß Mr. Pobjoy John mehrere Tage vom Unterricht suspendieren ließ. »Ich ha-

Johns Vorstellung von einer kirchlichen Trauung. Eine von zwei Karikaturen, die er einer Studienkollegin in der Kunstakademie schenkte.

'I DO'

be ihm immer wieder gesagt, daß er mit seinen Fähigkeiten viel erreichen kann, wenn er sich bemüht. Aber in der Schule war er ein Versager, weil sie ihn einfach nicht interessierte. Einen Englischlehrer, Philip Burnett, der in seinen Lehrmethoden, seinen Vorstellungen und seiner Lebensweise sehr fortschrittlich war, mochte er besonders gern. John interessierte sich sehr für Lyrik und schrieb auch selbst Gedichte.«

Eric Oldman, Johns Chemielehrer, sagt: »Sein Verhalten hatte oft mehr mit Courage als mit Gehässigkeit zu tun. Er hat meine Zeit mehr beansprucht als die anderen, weil er sich nicht anpassen wollte. Er schien entschlossen, sich nicht an die Vorschriften zu halten.«

Mimi war entsetzt über Johns Abschlußnoten, aber sein künstlerisches Talent war in der Quarry Bank durchaus Gesprächsstoff gewesen. Gegen Ende des letzten Schuljahres unterhielt sich Mr. Pobjoy mit John über dessen Zukunftsaussichten, und zwar noch vor den katastrophalen Prüfungsergebnissen. Er hatte auch eine lange Unterredung mit Mimi, die er bereits als »eine resolute, informierte und teilnahmsvolle Frau« kannte. Das Gespräch mit ihr war spannungsgeladen wie immer.

»Nun, Mrs. Smith, wie stellen Sie sich Johns Zukunft vor?«

»Was werden denn *Sie* dazu beitragen?« fragte Mimi heiser. »Sie haben ihn fünf Jahre lang gehabt. Sie sollten längst eine Zukunft für ihn geplant haben.«

Mr. Pobjoy sagte, in Englisch, Literatur und Lyrik sei er überdurchschnittlich begabt, aber für die Kunst scheine er ein ganz spezielles Talent zu haben, das gefördert werden sollte. Falls er sich bemühte, Johns Aufnahme in die Akademie zu bewirken – sei Mimi dann bereit, sein erstes Jahr dort zu finanzieren, da er sich nach Ablauf dieses Jahres um ein Stipendium bewerben könne?

»Ja«, sagte Mimi. »Mir ist jeder Anker recht.«

»Ich habe an sein Talent geglaubt«, erzählt Mr. Pobjoy, »und ich fand, daß man ihn fördern sollte, aber die Frage war die: Würde er sich auf der Akademie besser benehmen? Natürlich tat er es nicht.«

Sein guter Strich, sein Blick fürs Detail und vor allem sein grotesker Humor kamen in der Mappe, die John vorlegte, deutlich zum Ausdruck. Meistens wurden seine Lehrer zu Opfern seines satirischen Spotts. Die Lehrer gaben allerdings in ihrem alltäglichen Verhalten so viel her, daß John seine Phantasie nicht übermäßig zu bemühen brauchte, um sie so bizarr, wie sie waren, darzustellen.

Schon früh erfand John die phantasievollsten Wortspiele. Vieles weist bereits auf seine beiden Bücher hin: *In seiner eigenen Schreibe* und *Ein Spanier macht noch keinen Sommer*. Mit fünfzehn setzte er den Schülern und Lehrern der Quarry Bank High School Gedichte wie dieses vor:

Owl George ee be a farmer's lad
With mucklekak and cow
Ee be the son of 'is owl Dad
But why I don't know how

Ee tak a fork and bale the hay
And stacking-stook he stock
And lived his loif from day to day
Dressed in a sweaty sock

One day maybe he marry be
To Nellie Nack the Lass
And we shall see what we shall see
A-fucking in the grass

Our Nellie be a gal so fine
All dimpled wart and blue
She herds the pigs, the rotten swine
It mak me wanna spew!

Somehaps perchance ee'll be a man
But now I will unfurl
Owl George is out of the frying pan
'Cos ee's a little girl.

Selbst die Lehrer, die sich bei Lennon gern jedes Lächeln verkniffen hätten, grinsten. Sie reichten Johns Karikaturen im Lehrerzimmer herum und wunderten sich, wie gut sie getroffen waren.

John lehnte sich zwar während seiner Schulzeit gegen die Schule auf, doch in seinem späteren Leben dachte er an diese Jahre nicht ohne einen Anflug von Fröhlichkeit zurück. 1967 schrieb Stephen Bayley, ein Schüler der Quarry Bank High School, an John. Die Kontroverse um die Beatles und um Drogengeschichten hatte ihren Höhepunkt erreicht, als sie ihr bahnbrechendes neues Album, *Sgt. Pepper's Lonely Hearts Club Band* herausbrachten. Ohne wirklich mit einer Antwort zu rechnen, stellte der Junge ein paar Fragen zu den Songs und berichtete als Postscriptum von den Neuerungen, die sich an Johns alter Schule durchgesetzt hatten, wie zum Beispiel die Aufnahme von Russisch in den Lehrplan.

Ganz gleich, was er schreibt – Johns handschriftliche Antwort beweist sein Interesse an seiner alten Schule und seine Geduld mit jemandem, der wirklich etwas über seine Arbeit erfahren wollte:

Lieber Stephen,
da die Quarry Bank nie eine allzu *hohe* Schule war, klingen die Veränderungen (?) brauchbar.... Alles, was ich schreibe, war immer dazu gedacht, Leuten Spaß zu machen oder sie zum Lachen zu bringen oder wie Du es auch nennen willst. Das ist der Hauptgrund, weshalb ich schreibe. Was die Leute hinterher daraus machen, muß man gelten lassen, aber es entspricht nicht notwendigerweise dem, was ich mir denke. Okay? Das gilt für alle Bücher, sonstigen Schöpfungen, Kunst, Lyrik, Songs etc. Das Geheimnisvolle und der Quatsch, der sich um alle Formen von Kunst rankt, gehört ohnehin zerschlagen. Das müßten die Trends von heute deutlich gezeigt haben. Genug davon.

Der Song über Mr. Kite ist fast wörtlich einem alten Zirkusplakat entnommen, auch die Hendersons.

Ist Mr. Burton* [sic] (Englisch) noch da? Wenn ja, dann grüß ihn von mir. Er war einer der wenigen Lehrer, die mich mochten und umgekehrt.

Russisch, so? Nicht zu meiner Zeit. Welcher Fortschritt! Erzähl mir bloß nicht, daß sie Dich um der Erfahrung und des Lernprinzips willen inzwischen ins Calder** reinlassen? Ich glaube, man hat vor Jahren mal bei mir angefragt, ob ich gerne noch mal zurückkommen und es mir ansehen würde, aber ich habe genug gesehen, solange ich dort war. Ich denke gern, wenn auch keinesfalls allzu gern daran zurück. Das Schreiben macht mir dieselben Schwierigkeiten wie Dir, aber die Antwort lautet: Einfach laufen lassen.
Herzlichst – John Lennon.

PS: Ich möchte nicht, daß eine Flut von Briefen von kleinen Quarrymen auf mich einströmt – also sieh das ganz cool, wie man in Swinging London sagt. Aber grüß ruhig die Lehrer von mir – wobei Lehrer wohl nicht ganz das richtige Wort ist. Sogar Pobjoy kannst Du grüßen, der mich an die Akademie gebracht hat, damit ich auch da durchfallen konnte. Ich kann ihm gar nicht genug danken.

Aus der Quarry Bank High School sind viele herausragende Gestalten des öffentlichen Lebens hervorgegangen, darunter William Rodgers und Peter Shore, die später als Minister der Labour Party ins Kabinett einzogen; der Gewerkschaftsführer David Basnett; der Schauspieler Derek Nimmo; außerdem prominente Industrielle, darunter der Vorsitzende von Ford Europa. William Pobjoy denkt lächelnd an Lennons Schulzeit in der Quarry Bank zurück, aber eine Sache erbost ihn doch: »Während seiner Zeit als Beatle hat John einmal gesagt: ›Seht mich heute an. Ich bin um die ganze Welt gereist und habe interessante Dinge getan. Ich lebe in den besten Verhältnissen, und gleichzeitig gibt es Leute, die mich in der Quarry Bank High School unterrichtet haben und heute *immer noch dort sitzen*!‹ Er schien zu glauben, daß die Tatsache,

* John meinte Philip Burnett, den progressiven Englischlehrer, mit dem er sich gut verstanden hatte.
** Calder (Calderstones Park) ist die Mädchenschule neben der Quarry Bank, in die sich Lennon öfter einschlich, um mit den Mädchen anzubandeln.

immer noch hier an diesem einen Ort zu sein, ein Zeichen für Versagen ist. Damals ist er offensichtlich gar nicht auf die Idee gekommen, daß es so etwas wie Berufung gibt und daß materielle Angelegenheiten in dem Fall wenig zählen. Aber ich halte es für wahrscheinlich, daß er diese Ansicht später geändert hat.«

Tatsächlich hat John, der auch sentimental sein konnte, seine abfälligen Ansichten über seine alte Schule geändert. 1965 traf Tante Mimi in Woolton auf der Straße Mr. Pobjoy, der sie fragte, wie es John gehe. Die Antwort auf diese Frage lag auf der Hand, denn die Beatlemania hatte ihren Höhepunkt erreicht: John war ein weltberühmter Star. Doch Mimi überraschte den Direktor mit ihrer Antwort: »John fürchtet sich, noch einmal in diese Schule zu kommen, aber er schläft mit einem Bild dieser Schule über dem Bett!«

# 4.
# *Elvis!*

»Ich muß mich davon freimachen, Mimi.«

Es kann kein Zufall gewesen sein, daß ausgerechnet Johns letzte Jahre in der Quarry Bank High School mit zwei Filmen zusammenfielen, die ein echtes Spiegelbild seiner eigenen Sicht des Lebens waren; eine neue Kraft trat in sein Leben, die ihn retten und sein weiteres Leben bestimmen sollte.

*Denn sie wissen nicht, was sie tun* mit James Dean war das erste Aufbegehren der Jugend gegen das Establishment. Noch bedeutsamer war *Blackboard Jungle* (Saat der Gewalt), weil es sich hier um Schüleraggression drehte und eine neue Musik in die Welt geschleudert wurde. Diese Musik war eindringlich und aufwühlend, und die Botschaft des Films hätte für Lennon persönlich bestimmt sein können. Doch der Star, Bill Haley, war nicht überzeugend. Er hatte kein wirkliches Charisma, und die rohe Direktheit seiner Songs wie »Rock Around The Clock« ging seiner Persönlichkeit restlos ab. Dennoch waren die Würfel gefallen; die alte Hitparaden-Garde, zu der Balladensänger wie Jimmy Young, Tony Bennett, Dickie Valentine und Tennessee Ernie Ford zählten, hatte einen gefährlichen Rivalen bekommen. Was hier in den Geburtswehen lag, nannte sich Rock'n'Roll.

1956 – John Lennon war sechzehn Jahre alt – lief in Großbritannien der Film an, der die Popmusik in eine völlig neue Richtung treiben sollte. *Rock Around The Clock*, mit Bill Haley und den Comets in den Hauptrollen, Diskjockey Alan Freed, den Platters und Freddie Bell und den Bellboys, war, selbst am damaligen Maßstab gemessen, kein guter Film. Es gab keine schlüssige Handlung, sondern der ganze Film war nur ein Konstrukt, das es der Band erlaubte, die neue Musik, Rock'n'Roll, zu spielen. In Amerika fand der Film keine Beachtung. In Großbritannien löste er das aus, was man seitdem den »Generationskonflikt« nennt. Entsetzte Eltern mußten zusehen, wie ihre Söhne und Töchter sich mit dieser ungestümen Musik und ihrem Aufruf zur Auseinandersetzung identifizierten. Das Schönste für die Jugend war, daß die Erwachsenen diese Musik gar nicht als Musik akzeptierten. Es war auch in der Tat nicht nur Musik – eine ganz neue Weltanschauung stand dahinter. Der Rock'n'Roll wurde die internationale Hymne der Jugend.

Die amerikanischen Teenager eiferten ihren Leinwandhelden nach, dem mürrischen, nuschelnden Marlon Brando und dem hageren gequälten James Dean, indem sie die Kleidung – Jeans und T-Shirts – von ihnen übernahmen. In Großbritannien verlief diese Entwicklung krasser: In die Stirn gekämmte Pomadefrisuren, Koteletten, Röhrenhosen, knallige Socken, Schuhe mit dicken Kreppsohlen und lange Jacketts waren ein Muß. Jeder hörte den schwer zu empfangenden Sender Radio Luxemburg, der nonstop Popmusik spielte, und sogar der schlechte Empfang trug zum Zauber des Gehörten bei.

Lennon brauchte nicht lange auf den Rattenfänger zu warten, der ihn mitreißen sollte. Auf diesem Sender hörte er eines Abends die weltbewegende neue Hymne des Rock'n'Roll, »Heartbreak Hotel«. »Danach«, erzählte John mir 1962, »war alles anders. Sie haben es für mich getan, Elvis und Lonnie Donegan.«

Elvis hatte drei Trümpfe in der Hand: seine starke Stimme, seine revolutionären Songs und sein Aussehen. Elvis war eine amerikanisierte Ausgabe des britischen Halbstarken. Er brauchte keine Uniform, doch sein Aussehen, seine Lautstärke und seine Anzüglichkeiten trugen ihm schnell den Titel »King of Rock'n'Roll« ein. Seine Art, die Hüften zu bewegen, wurde als Bedrohung der Moral gebrandmarkt. Presley stellte für viele die Demarkationslinie zum Partisanentum dar: Man hatte sich zu entscheiden, auf welcher Seite man stand. Es ging um »wir« und »die anderen«, die Erwachsenen und die Jugendlichen. Je mehr die Erwachsenen über Elvis seufzten, je lauter die Zeitungen gegen ihn wetterten, desto mehr liebten ihn Lennon und Tausende von anderen Sechzehnjährigen. Mimi erinnert sich nur zu gut an die Zeit, als John nur Elvis hörte und über nichts anderes als Elvis sprach.

Elvis' Musik und das, was er verkörperte, bestimmte Johns Leben ebenso entscheidend, wie nur zehn Jahre später er selbst Millionen von jungen Leben bestimmen sollte.

Elvis Presley wurde schnell gefolgt von Little Richard, Jerry Lee Lewis, Buddy Holly, den Coasters, Carl Perkins und den Everly Brothers. Hier fand Lennon Zunder für eine Auflehnung gegen Autoritäten. Elvis hatte John Lennon aufgerüttelt, doch Lonnie Donegan sollte ihn ebenso sehr beeinflussen. Diesmal war das Idol keine ferne, unmäßig maskuline Gestalt, die Millionen von Teenagern den Rock'n'Roll ins Gesicht schleuderte und sie mit dieser Musik vollpumpte. Donegan kam aus der Jazz-Szene, hatte einen ordentlichen Haarschnitt und trat förmlich in Anzug und Krawatte auf. Seine Stimme war nasal, er spielte Gitarre und Banjo, aber er hypnotisierte eine ganze Nation mit einer seltsam britischen Interpretation der Songs der großen amerikanischen Folksänger Woody Guthrie und Huddie »Leadbelly« Ledbetter. Donegan, der vom traditionellen Jazz der Chris Barber Band kam, begeisterte die britische Jugend mit einer Platte mit dem Titel »Rock Island Line« für seine Musik, die sich Skiffle nannte. Donegans Einfluß auf die britische Popmusik war deshalb so groß, weil seine Musik leicht nachgespielt werden konnte. Tausende von jungen Leuten versuchten sich selbst daran. Skiffle-Gruppen schossen aus dem Boden.

Das Jazzpublikum kannte den Skiffle bereits, da die Splittergruppen, die von Chris Barber und Ken Colyer kamen, in den Clubs von London und in einigen bekannteren Clubs der Provinz auftraten, darunter die Liverpooler Clubs Cavern und Iron Door. Ursprünglich kannte Lennon nur »Rock Island Line«. Selbst die BBC spielte diese Platte. Wenn diese Bastion der Respektabilität nicht vor dieser Musik zurückschreckte, dann mußte Skiffle die Chance zum großen Durchbruch sein.

John bat sowohl Julia als auch Mimi, ihm eine Gitarre zu kaufen. Julia kam jeden Nachmittag, und täglich wurde sie mit dieser Bitte konfrontiert, aber sie wollte Mimi, die dann mit einer Gitarre im Haus leben mußte, nicht in den Rükken fallen. Schließlich trug Mimi die Hauptverantwortung für John, und Julia wußte, daß Johns schulische Leistungen, die schon jetzt Anlaß zu Sorge gaben, endgültig katastrophal würden, wenn er erst eine Gitarre in der Hand hatte.

Als die beiden Frauen ihm nicht halfen, zu einer Gitarre zu kommen, entschloß sich John, auf eigene Faust eine zu bestellen. Bei einem Versand, der in der *Daily Mail* inseriert hatte, bestellte er für fünf Pfund eine Gitarre, die mit »garantiert bruchsicher« angepriesen wurde. Er war so schlau, sie an Julias Adresse schicken zu lassen, denn dort war die Gefahr einer Strafpredigt geringer. Er nahm die Gitarre erst später in Mimis Haus mit und erzählte seiner Tante, Julia habe sie ihm besorgt.

Die Anschaffung von Platten kam im allgemeinen nicht in Frage, weil sie sechs Shilling kosteten. Für eine 78er-Platte von Donegans »Rock Island Line« allerdings gab er das Geld ausnahmsweise aus. Derjenige, an den er die Platte für zwei Shilling Sixpence verkaufte, nachdem er sie auf Julias altem Plattenspieler völlig abgespielt hatte, sollte später in der Gruppe mitspielen, die John in der Schule zusammenstellte. Rod Davis, ein eifriger, sehr guter Schüler der Quarry Bank, hatte

nur dadurch Kontakt zu Lennon, daß er auch in Woolton wohnte. Das Mittelstück der Platte, die Lennon dem Jungen aufschwatzte, war kaputt. Davis fühlte sich reingelegt, als er dahinterkam, warum John ihm die Platte verkauft hatte.
Rod Davis hatte sich, von der Donegan-Welle inspiriert, für fünf Pfund ein Windsor-Banjo gekauft. Einem seiner Klassenkameraden, Eric Griffiths, erzählte er in seiner Begeisterung: »Ich habe mir gestern ein Banjo gekauft.« Man gab ihm zu verstehen, daß er keineswegs der erste war: Lennon und Griffiths hatten bereits Gitarren, und Pete Shofton lernte gerade Waschbrett zu spielen – essentieller Bestandteil jeder Skiffle-Formation. »Warum versuchen wir es nicht am Donnerstag mal zusammen?« sagte Griffiths. »Gründen wir eine Skiffle-Gruppe!«

Der sechzehnjährige John wurde von der Musik förmlich mitgerissen. Selbst William Pobjoy, dem Direktor, fiel die Leidenschaft des jungen Lennon, des Schreckens der Schule, für den Skiffle auf. Er empfand es als gutes Zeichen, daß es wenigstens *etwas* gab, dem Lennon positiv gegenüberstand.
Außerdem freute sich Mr. Pobjoy darüber, daß die Musik Johns Großzügigkeit zutage brachte. Andere Amateurgruppen, die sich aus Schülerkreisen rekrutierten, wollten Geld für ihre Auftritte haben. »John bot die Dienste seiner Gruppe immer äußerst höflich an, und er hätte nie Geld verlangt«, sagt sein früherer Direktor, der 1982 in Pension gegangen ist. »Manche Jungen haben sogar unmäßige Summen gefordert, aber John war dankbar für jede Gelegenheit, umsonst spielen zu dürfen.« Auf diesen Charakterzug wies Mr. Pobjoy auch die Lehrer hin, die an John verzweifelten.
Die neue Musik von Lonnie Donegan und Elvis Presley war inzwischen Schulgespräch geworden, und so ergab sich automatisch die Formation einer offiziellen Skiffle-Gruppe der Schule, und natürlich bot sich John Lennon als Bandleader geradezu an. Die ursprüngliche Formation bildeten John (Gitarre), Rod Davis (Banjo), Eric Griffiths (Gitarre) und Colin Hanton (Schlagzeug). Die erste Probe fand bei Eric Griffiths statt. Als John seiner Mutter von der Gruppe erzählte, schlug sie ihm vor, die Jungen sollten nach der Schule in ihrem Haus üben. Von da an probten sie in Julias Bad. Einer der Spieler stellte sich in die Badewanne, um den blechernen, hallenden Klang eines Verstärkers zu erzeugen. »Johns Mutter hat es wirklich Spaß gemacht, wenn wir bei ihr gespielt haben, und sie hat uns oft ermutigt«, sagt Rod Davis.
»John war aus zwei Gründen der unbestrittene Bandleader. Erstens beherrschte er einen Griff mehr als wir. Seine Mutter hatte ihm nämlich einige Banjo-Akkorde beigebracht, die er jetzt auf der Gitarre umsetzte. Ich glaube, wir haben alles in C gespielt – jedenfalls erinnere ich mich, daß ich entsetzliche Schwierigkeiten hatte, F-Akkorde auf dem Banjo zu spielen. Zweitens wollte John gern singen, und das konnten wir anderen nie besonders gut. Wir haben im Hintergrund gesungen, aber John war der Leadsänger.«
Ihre ersten Songs waren »Don't You Rock Me, Daddy-O«, »Love Is Strange«, »Rock Island Line«, »Cumberland Gap«, »Freight Train«, der große Hit, den Chas McDevitt und Nancy Whiskey berühmt gemacht hatten, Johnny Duncans »Last Train to San Fernando« und »Maggie Mae«.
Die Gruppe nannte sich Blackjacks, wurde jedoch von Lennon bald in Quarry Men umgetauft. Zwei Neulinge wechselten sich am Baß ab, Ivan Vaughan und Nigel Whalley, die beide in andere Schulen gingen. Die Formation änderte sich ständig, und zwischendurch spielte auch ein Klassenkamerad Johns, Bill Smith, den Baß. Er erschien oft nicht zu den Proben, und schließlich fiel der Baß an Len Garry.
Nigel Whalley, der systematisch vorging und seinen Ehrgeiz in die Gruppe setzte, überredete Ladenbesitzer in Woolton, Zettel in ihre Schaufenster zu hängen: »Country, Western, Rock'n' Roll, Skiffle, The Quarry Men, Termine frei.«
Ihre ersten Auftritte fanden im Childwall Golf-

club, im Pfarrhaus St. Barnabas in der Penny Lane und im Jugendheim der Kirche St. Peter statt. Ihr Debüt hatte die Gruppe auf der Ladefläche eines Lastwagens bei einer Veranstaltung in der Rosebery Street, Liverpool 8, gegeben.
Damals fing John an, Bier zu trinken. Für die Auftritte gab es nur wenige Pfund, doch trinken konnte die Gruppe oft auf Kosten des Hauses. Bei Tanzveranstaltungen kamen die ersten Anfragen, ob die Gruppe nicht Rock'n'Roll anstelle des gemäßigteren Skiffle spielen könne. Diese Bitte verfehlte ihre Wirkung auf Lennon nicht. Die Quarry Men nahmen an einigen Skiffle-Wettbewerben teil, ohne sich auch nur plazieren zu können. John zeigte sich besonders bestürzt über eine Gruppe aus Rhyl, die im Liverpool Empire die Carroll Levis Discoveries Night gewann.
»Der Gitarrist brauchte die ganze Bühne, und es war wirklich die totale Show«, erinnert sich Rod Davis. »Wir waren vergleichsweise völlig zahm. In dieser Nacht hat John viel gelernt.« Nur im Rock'n'Roll sahen sie nun den Weg zum Erfolg. Lonnie Donegan hatte ihnen den Wunsch eingegeben, selbst zu spielen, doch Elvis war der Quell jeder Musik.
»Keiner von uns hätte geglaubt, daß wir es über eine gute Schülergruppe rausbringen«, sagt Rod Davis. Aber Lennon sah den Fall anders und wandte sich mehr dem Rock'n'Roll zu. Seine Lieblingssongs, »Jailhouse Rock« und »Blue Suede Shoes« erlaubten es ihm, seine Persönlichkeit auf der Bühne voll zu entfalten. Innerhalb von einer Woche harter Arbeit brachte ihm seine Mutter nach der Schule die Griffe von Buddy Hollys »That'll Be The Day« bei. Es war der erste Song, den John richtig spielen und exakt singen konnte. Das zunehmende Rock-Element, das John einbrachte, führte zu Unstimmigkeiten

Johns Besessenheit von körperlichen Anomalitäten kommt deutlich in dieser Zeichnung zum Ausdruck, die er mit achtzehn Jahren anfertigte.

innerhalb der Gruppe. Nigel Whalley sicherte den Quarry Men einen der begehrtesten Auftritte in einer Jazz-Hochburg im Zentrum von Liverpool, dem Cavern in der Mathew Street. Lennon hatte etwas gegen Jazzfans, weil er sie für elitär hielt. In diesem Club, in dem Skiffle als Ableger des Jazz geduldet, Rock'n'Roll dagegen verpönt war, übernahm sich Lennon mit seiner Eigenwilligkeit.

Rod Davis stritt sich mit ihm auf der Bühne. Rock-Songs seien erstens untragbar für dieses Publikum und hätten zweitens nichts mit der Idee zu tun, die ursprünglich hinter den Quarry Men stand. John beharrte darauf, daß er als einziger Sänger der Gruppe darüber entscheiden könne, was gesungen wurde. Und außerdem sei das Skiffle-Repertoire eine Einengung und überhaupt ziemlich langweilig. Es sei an der Zeit, sich weiterzuentwickeln. Wie nicht anders zu erwarten, buhte das Jazz-Publikum Lennons Rock-Songs aus.

Seine billige Gitarre war diesen öffentlichen Auftritten nicht gewachsen. »Er hat ununterbrochen gebettelt, daß ich ihm eine ›richtige‹ Gitarre kaufen soll«, sagt Mimi. »Ich fand, er solle lieber mehr für die Schule arbeiten, aber er hat nicht lockergelassen: ›Ich muß mich davon freimachen, der Musik freien Lauf lassen, die in mir ist.‹«

Eines Sonntagmorgens ging sie mit ihm in die bekannte Musikalienhandlung Hessy. »Überall hingen Gitarren an den Wänden, und John wußte nicht, welche er nehmen sollte. Schließlich deutete er auf eine, und der Verkäufer nahm sie von der Wand. John spielte darauf und sagte: ›Die nehme ich.‹ Ich habe siebzehn Pfund auf den Tisch gelegt. Auf der Heimfahrt war er überglücklich.«

Als Mimi nicht mehr hören konnte, wie er mit dem Fuß auf der Decke über ihr den Takt schlug, verbannte sie ihn in den Garten. Dort war er ohnehin mit der Akustik zufriedener. Eines Tages, als sie ihn wieder aus dem Haus geschickt hatte, rief sie ihm zu: »Die Gitarre ist ja schön und gut, aber deinen Lebensunterhalt wirst du dir damit nie verdienen!«

Merkwürdigerweise sollte sich die bedeutendste Entscheidung im Berufsleben des John Lennon als Resultat eines der feinsten Auftritte ergeben, die es in der Laufbahn der Quarry Men gab. Es geht um Johns erstes Zusammentreffen mit Paul McCartney.

Die Gruppe bekam ein Engagement für einen Auftritt beim Gartenfest von St. Peter in Woolton für den Nachmittag des 6. Juli 1957. Es war ein sonniger Tag, und die Voraussetzungen waren ideal für die Quarry Men – die sich an jenem Tag aus John Lennon, Pete Shotton, Eric Griffiths und Len Garry zusammensetzten –, um auf einem erhöhten Podium inmitten eines von der Kirche etwas entfernten Feldes ihr begrenztes Repertoire vorzutragen. John schätzte den großen Tag als einen Anlaß ein, »groß herauszukommen« und einen Eindruck zu hinterlassen. Zum ersten Mal kleidete er sich wie ein echter Halbstarker: Röhrenhosen, die so eng waren, daß nichts der Phantasie überlassen blieb, ein Jackett mit dicken Schulterpolstern, ein blau-weißkariertes Hemd und die unvermeidliche Pomadefrisur.

Mimi geriet außer sich, aber John ließ sie einfach stehen und ging aus dem Haus. Er bereitete sich auf das große Gartenfest vor, das einen entscheidenden Tag für die Gruppe darstellen konnte, indem er sich ansäuselte, aber nicht betrank. Sein Leben lang sollte ihm das Trinken immer wieder zum Problem werden. Er genoß es, sich zu entspannen oder etwas zu feiern, aber er vertrug nie viel, ohne die Wirkung des Alkohols zu spüren. Und wenn John fröhlich war, wurde er aggressiv.

An jenem schicksalhaften sonnigen Samstag wußte Tante Mimi nicht, daß John mit seinen Quarry Men beim Gartenfest von Woolton auftrat, und John wußte nicht, daß sie mit ihrer Schwester zu diesem Fest gehen wollte. »Es war ein wunderbarer Tag«, erzählt Mimi. »Die jungen Frauen kamen in rückenfreien Kleidern und mit Sommerjäckchen.« Es waren Stände aufgebaut, an denen selbstgebackener Kuchen, Obst und Gemüse verkauft wurden. Der Geistliche, Reverend Maurice Pryce-Jones, drehte seine Runden und begrüßte die Band, die am Nachmit-

tag Skiffle spielen sollte – für eine Veranstaltung der Kirche eine besonders fortschrittliche Attraktion.
»Ich stand da und unterhielt mich mit jungen Leuten bei einer Tasse Tee, als plötzlich dieser Lärm über die Felder drang«, sagt Mimi. »Alle waren ganz aufgerüttelt. Die jungen Leute haben ihre Stände verlassen und sind auf das Feld gelaufen. Ich habe gesagt: ›Wohin gehen die alle?‹, und meine Schwester hat gesagt: ›Da muß eine Band spielen, gehen wir doch auch hin.‹«
Mimi blieb wie versteinert stehen. Sie sah John zum ersten Mal in voller Aktion. »John hat übers ganze Gesicht gestrahlt. Als er sah, wie ich langsam auf ihn zukam, hat sich sein Ausdruck leicht verändert. Ich weiß nicht, wieso, aber ich habe mich gefreut wie ein kleines Kind, ihn dort oben stehen zu sehen.« Lennon dagegen, der vom Alkohol leicht benebelt war, erinnerte sich an Mimis Wutausbruch vom Vormittag und fürchtete ihren neuerlichen Zorn. Er fing an, den Text zu improvisieren: »And Mimi's coming down the path, oh-oh.« Unter den Songs, die sie an jenem Nachmittag spielten, waren »Cumberland Gap«, »Railroad Bill«, »Maggie Mae« und »Come Go With Me«. Ganz typisch für John war, daß er den Text des letzten Songs – ganz unpassend im Rahmen einer kirchlichen Veranstaltung – in die anzüglichere Wendung »Come little Darling, come and go with me« veränderte. Auf diese Taktik sollte er noch oft zurückkommen.
Johns Schreck über Mimis Anblick ließ nach, als er sah, daß sie nach jedem Song als erste mit dem Applaus begann. Aber das sollte nicht der einzige bedeutsame Teil des Tages sein. Unter dem Publikum befand sich ein fünfzehnjähriger Junge aus Allerton, der sich gebannt diese Musik anhörte, die er als äußerst primitiv empfand: Paul McCartney. John und er hatten einen gemeinsamen Freund, Ivan Vaughan, der ganz in der Nähe von Mimis Haus wohnte und mit John in die Dovedale Primary School gegangen war. Als John in die Quarry Bank High School umgeschult worden war, kam Ivan in das schicke Liverpool Institute neben der Kunstakademie. Ivan hatte sich mit Paul McCartney, einem Mitschüler, angefreundet. Als Ivan Pauls Interesse am Rock bemerkte, fand er, es wäre gut, wenn Paul sich die Quarry Men anhörte und John kennenlernte. »Du mußt dir diesen Jungen anschauen, diesen John Lennon«, sagte Ivan zu Paul. »Du wirst gut mit ihm auskommen.«
Paul stand neben Ivan und sah und hörte sich John an, der auf der Bühne stand und ganz eindeutig der beherrschende Bandleader war. Rein musikalisch strahlten John und die Quarry Men mehr Energie und Enthusiasmus als Talent aus, aber schon das war ansteckend genug. Paul McCartney beeindruckte vor allem, daß diese Schuljungen, die nur wenig älter waren als er, tatsächlich eine Gruppe auf die Beine gestellt hatten. Er kam aus einer musikalischen Familie, und im Vergleich zu John war er auf der Gitarre ein Wunderkind, doch er hatte kein Ventil, das ihn seine Fähigkeiten freisetzen ließ.
Nach dem Auftritt der Quarry Men stellte Ivan Vaughan Paul die Band vor. In einem herzlichen und amüsanten Vorwort zu Johns erstem Buch, *In seiner eigenen Schreibe*, schildert Paul das Ereignis so: »Bei einer Fete in Woolton traf ich ihn. Ich war ein fetter Schuljunge, und als er sich mit einem Arm auf meine Schulter stützte, merkte ich, daß er betrunken war. Wir waren damals zwölf [sic], aber trotz seiner Koteletten wurden wir bald dicke Freunde. Tante Mimi, die sich seiner angenommen hatte, als er noch soo klein war, hat mir immer wieder gesagt, er sei gescheiter, als er täte ...«
Aber an diesem Tag in Woolton war es der gescheite junge McCartney, der die Trümpfe in der Hand hielt. Erstens fand John es umwerfend, daß Paul tatsächlich eine Gitarre stimmen konnte, und zweitens konnte Paul ihm den Text eines Songs aufschreiben, der zu Johns liebsten Rock'n'Roll-Songs gehörte: Eddie Cochrans »Twenty Flight Rock« aus dem Film *The Girl Can't Help It* (Das Mädchen kann nichts dafür). Anschließend entzückte er John mit einer Darbietung, die für den Skiffler, der sich um eine Erweiterung seines musikalischen Könnens bemühte, reinste Virtuosität war.
John hatte nie Minderwertigkeitskomplexe ge-

habt, aber dieser Tag im Juli 1957 sollte für ihn einen Wendepunkt darstellen. Kurz nach dem Zusammentreffen mit Paul McCartney verließ er die Quarry Bank High School, nachdem er kläglich durch die Abschlußprüfung gefallen war, ohne sich deshalb große Sorgen zu machen. Die Quarry Men dagegen waren John trotz ihres amateurhaften Spiels wichtig. Nachdem ihm jeder schulische Erfolg entglitten war, wollte er auf einer anderen Ebene erfolgreich sein. Die Skiffle-Gruppe hatte nur die Wahl, über sich hinauszuwachsen oder sich aufzulösen. Als er in jener Nacht nach dem abendlichen Auftritt wieder ausgenüchtert war, quälte den Bandleader der Quarry Men eine Frage: Sollte er Paul McCartney, der längst mit dem Fahrrad nach Hause in die Forthlin Road 20 in Allerton gefahren war, auffordern, der Band beizutreten? Er war ein besserer Gitarrist als John, und er wußte mehr über Rock'n'Roll-Songs. Er spielte phantastisch und würde das Niveau der Quarry Men deutlich anheben, aber zugleich würde damit auch Johns Vorherrschaft bedroht sein. Die Alternative war, jeden Wettbewerb zu scheuen und weiterhin bei einer Schülergruppe zu spielen, die es nicht weiter bringen würde als Tausende von Skiffle-Gruppen in ganz England.

Erst schien die Entscheidung schwer zu fällen, aber dann kristallisierte es sich als ganz logisch heraus, Paul die Chance zu geben, mitzuspielen. Erstens holte sich John auf diese Weise einen talentierten Verbündeten, der es ihm ermöglichte, den Skiffle hinter sich zu lassen und die Gruppe zu einer Rock'n'Roll-Band zu machen. Zweitens setzte er so viel Zuversicht in seine eigene Dominanz, daß er glaubte, einem zwei Jahre Jüngeren problemlos überlegen zu sein. Und drittens brauchte die Gruppe frisches Blut.

Pete Shotton überbrachte Paul McCartney die große Neuigkeit. »John will dich in der Gruppe haben«, sagte er zu Paul, als sie auf ihren Fahrrädern über den Golfplatz von Allerton fuhren. McCartney reagierte erfreut, aber zurückhaltend. Er blieb cool. Zwei Monate sollte es dauern, bis er zu den Quarry Men kam; erst wollte er die Lage auskundschaften.

# 5. Der Kunststudent

»Ich will reich und berühmt werden.«

Am entscheidenden Tag, an dem über seine Aufnahme in die Kunstakademie bestimmt wurde, ergänzten Johns gepflegtes Äußeres und sein nüchternes Auftreten die freundliche Empfehlung William Pobjoys.

Tante Mimi begleitete ihn zu diesem Aufnahmegespräch. Wie bei allen Busfahrten mit ihr saß er allein oben, während sie unten saß – eine typische Teenager-Verlegenheit, weil man sich nicht »in der Obhut« eines Verwandten blicken lassen wollte.

Das rußgeschwärzte Gebäude des Liverpool College of Art lag nur wenige Häuser entfernt vom Liverpool Institute, in das Paul McCartney, sein Bruder Michael und Johns alter Freund Ivan Vaughan gingen.

John erschien mit einer eindrucksvollen Mappe, die seine Arbeiten aus der Zeit in der Quarry Bank High School enthielt. Diese Mappe bekräftigte in den Augen des Rektors der Kunstakademie Mr. Pobjoys Empfehlung, der in seiner Beschreibung von Lennon großzügig ein Auge zugedrückt hatte. Mr. Stevenson fand, man sollte diesem Jungen eine Chance geben. Im September 1957 wurde John in die Akademie aufgenommen.

Die Quarry Men machten weiter, aber im Vergleich zu früher traten sie halblang. Die Gruppe war dadurch zurückgeworfen worden, daß Pete Shotton ausgestiegen war, um zur Polizei zu gehen. Nigel Whalley hielt die Gruppe durch regelmäßige Auftritte zusammen. Und alle mußten sie sich an neue Umgebungen und neue Alltagsabläufe gewöhnen. Für John kam die Ablenkung durch die Mädchen der Akademie hinzu. Er brauchte jetzt nicht mehr über die Mauern der Calderstones-Park-Schule zu klettern, um Schulmädchen anzugaffen und anzumachen. Im Herbst 1957 saßen in jedem Raum der Kunstakademie von Liverpool hübsche Mädchen. Die Zeit der Beatniks brach gerade aus. Das bedeutete ein wachsendes Selbstbewußtsein und wachsende Individualität unter den Teenagern in Verbindung mit der erst kürzlich erfolgten Aufrüttelung der Jugend, die Elvis Presley, Lonnie Donegan und der Skiffle mit sich gebracht hatten, James Dean und das bärbeißige Auftreten des großartigen neuen jungen Schauspielers Marlon Brando in *Der Wilde*. In einer solchen Zeit konnte sich John Lennons Individualismus ideal entwickeln.

Eine Studentin, die John schon in den ersten Akademie-Tagen kennenlernte, war Phyllis McKenzie. Sie fuhren jeden Morgen mit der Buslinie 72 von Woolton zur Canning Street in Liverpool 8, nicht weit von der Akademie. Während dieser ersten Busfahrten interessierte es John zwar noch nicht, aber Phyllis war die beste Freundin einer anderen Studentin, Cynthia Powell, die sie schon kannte, seit beide mit zwölf Jahren in dieselbe Schule gekommen waren.

Phyllis erinnert sich, daß man Lennon in diesem Bus nicht übersehen konnte. Er trug oft eine schwarze Lederjacke und saß immer oben, damit er rauchen konnte. Er hielt seine Woodbine zwischen Daumen und Zeigefinger, stützte sie mit dem Daumen ab und schloß seine übrigen Finger über der Zigarette.

»Er wirkte vielleicht verlottert, aber er war immer sauber«, sagt Phyllis. »Er hat mir meistens angeboten, meinen Fahrschein zu bezahlen, acht alte Pence, weil er wußte, daß ich auch sehr wenig Geld hatte – wie er.« Im Lauf der Monate achtete John immer mehr darauf, was er Phyllis erzählte, denn er mußte damit rechnen, daß sie als Cynthias beste Freundin es weiterberichtete. »Er hat immer gesagt, wenn es um die Aufmerksamkeit geht, die Cynthia anderen schenkt, sei ich seine Rivalin.«

Unter der Jugend von Liverpool war der Ruf der Kunstakademie legendär. »Man wußte einfach, daß man es sich dort gutgehen lassen kann«, sagt Michael Isaacson, »aber es war verzwickt, reinzukommen und sich zu etablieren, weil viele Studenten älter waren als John und ich. Damals war Krieg in Korea, und viele ältere Männer, die von dort zurückgekehrt waren, bekamen ein Stipendium.« Alle Neuzugänge mußten im ersten Jahr Malerei studieren und konnten sich anschließend Spezialgebiete aussuchen wie Illustration, Bildhauerei, Gebrauchsgraphik oder Kalligraphie.

Die Kontroverse zwischen John und Michael Isaacson nahm ähnliche Formen an wie schon in der Quarry Bank. Michael hatte sich vorgenommen, unter allen Studenten der gepflegteste zu sein. »Ich fand einen Laden in der London Road, der unglaubliche Herrenwesten aus Seidenbrokat herstellte. Ich hatte nicht viel Geld, aber ich habe mir einen ganzen Packen von diesen Westen in verschiedenen Farben gekauft, und ich muß ein bißchen nach Wyatt Earp ausgesehen haben. Johns Aufmachung war das genaue Gegenteil. Immer wieder haben wir uns angesehen und uns gegenseitig taxiert. Er hat meine Individualität bewundert.« John hatte immer Respekt vor Menschen, die aus dem Rahmen fielen.

Andere ehemalige Studenten sagen, Isaacson habe John verachtet, doch das bestreitet er. »Natürlich habe ich über alles, was er getan hat, die Stirn gerunzelt. Über seine Arbeit, über seine Einstellung, aber wir sind gut miteinander ausgekommen. Man kann mit absoluter Respektlosigkeit, aber auch voller Respekt auf jemanden heruntersehen.«

Lennons Anerkennung wuchs, als er Michaels Fähigkeiten erkannte. Der ein Jahr ältere und sichtlich ehrgeizigere Isaacson wurde schnell zu dem Künstler der Akademie, dessen Sachen ausgiebig abgedruckt wurden, erst von der Zeitung des Studentenverbandes der Universität und später von der *Liverpool Daily Post*. »John hat mich durchaus zur Kenntnis genommen. Er hat meinen Erfolg mit den Worten kommentiert: ›Du hast Erfolg, weil du ihn tierisch gern haben willst, stimmt's?‹«

Am krassesten gerieten Isaacson und Lennon, keinesfalls unerwartet, in puncto Musik aneinander. Isaacson, der führende Rollen begierig annahm, wenn immer sich Gelegenheit dazu bot, hatte es auf sich genommen, den Musikclub der Kunstakademie zu leiten, und versorgte sein Publikum mit einer Jazz-Diät, deren namhafteste Vertreter Miles Davis und das Modern Jazz Quartet waren.

Lennon, der bei seinem Eintritt in die Akademie restlos auf Elvis abfuhr, sprach Isaacson eines Tages an: »Was spielst du bloß für einen verdammten Mist. Warum spielst du nicht mal was Anständiges – Little Richard oder Chuck Berry oder Elvis Presley?«

Isaacsons Erwiderung war eine Herausforderung. »Was weißt du denn davon? Den meisten Leuten hier gefällt das. Wenn du wirklich was tun willst, dann schleif deine Gruppe zur nächsten Tanzveranstaltung hierher und beweise, was du kannst. Von mir aus könnt ihr hier auftreten.« Die Gruppe trat auf und wurde nur mit mäßigem Beifall bedacht. Isaacson sagt, der Sound sei wirklich dünn gewesen.

Alle ambitionierten Studenten der Kunstakademie waren von der glühenden Sehnsucht beherrscht, aus Liverpool rauszukommen. »Lennon hat mir damals recht offen gesagt, daß er reich und berühmt werden will. Das war damals unser aller

Johns scharfe Gesichtszüge dominieren diese Bilder von Stuart Sutcliffe, seinem besten Freund...

Antriebskraft, und daran liegt es auch, daß es in Liverpool Ende der fünfziger und Anfang der sechziger Jahre so turbulent zuging. Es war einfach was los. Wir wollten alle so schnell wie möglich die Stadt verlassen und unglaubliche Erfolge feiern.« Isaacson ging nach London, hatte Erfolg als politischer Karikaturist bei den Medien und machte schließlich seine eigene Werbeagentur auf. »Ich glaube, wenn er keinen Erfolg gehabt hätte, hätte weit mehr als nur ein Penner aus ihm werden können«, sagt Isaacson über John Lennon. »Er hätte durchaus zu Scheußlichkeiten in der Lage sein können. Das ist alles nur hypothetisch, aber ich fürchte, sein Zorn hätte sich in eine andere Richtung wenden können. Wären seine Energien nicht in die Musik als etwas Kreativem eingeflossen, so hätten sie sich auch destruktiv äußern können. Für ihn gab es wirklich keinen Mittelweg zwischen dem Alles-oder-Nichts.«

Keiner seiner Studienkollegen an der Akademie hielt John für ein tiefgründiges Wesen. Man sah ihn eher als Tatenmensch denn als Denker an. Er hatte wenig Zeit für lange Diskurse, solange sie sich nicht um Musik oder um Cynthia Powell drehten. Sobald sich John ihrer Liebe sicher war, wurde er maßlos besitzergreifend. Er ließ zwar selbst die Blicke schweifen, aber wenn Cynthia es wagte, auch nur flüchtig in die Richtung eines anderen Mannes zu sehen, brauste Johns Zorn auf, und er nahm sie ins Kreuzverhör. »Sie war sehr hübsch und hatte etwas von der Bardot«, sagt Isaacson. Eine andere Studentin, Ann Mason, erzählt, Cynthia sei so attraktiv gewesen, daß sie die Freundin der meisten Jungen in der Akademie hätte sein können, doch ihre Leidenschaft für Lennon sei einfach unglaublich gewesen. »Es war wirklich erstaunlich, daß ein Mädchen wie Cynthia sich von diesem Scheißtyp hat einfangen lassen«, sagt Isaacson. »Die beiden haben einander mit anbetenden Blicken angesehen. Sie waren total aufeinander fixiert.«

Ann Mason hatte kein Verhältnis mit John, aber sie hatte sich einen Nachmittag lang mit einem anderen Studenten, Stuart Sutcliffe, eingelassen, der Johns bester Freund war, und über einen wesentlich längeren Zeitraum hinweg war sie mit Geoff Mohammed aus Johns Clique befreundet. John erkannte in Stuarts Sanftmut seinen eigenen wahren Charakter wieder. Der Unterschied bestand darin, daß Johns eigentlich lernbegierige Natur unter einer Grobheit begraben lag, die sich oft als reine Aggression auswirkte. Stuart war das Gegenteil: äußerlich weich, innerlich hart. Die Spannung zwischen diesen Polen führte zu Stuarts schrecklichen Kopfschmerzen mit Sehstörungen, die fatal für ihn waren.
»John hat den starken Mann nur gespielt«, sagt Michael McCartney, Pauls jüngerer Bruder, der selbst Lieder schrieb und sang und die dynamische Partnerschaft zwischen John und Paul von Anfang an miterlebte. Durch die täglichen Sessions nach der Mittagspause in Arthur Ballards Unterrichtsraum bildeten sich starke musikalische Verknüpfungen zwischen John und Paul heraus. John hatte auch eine nicht auf der Musik basierende Freundschaft mit einem anderen Studenten aufgebaut, dem die Konzentration auf seine Arbeit ebenfalls schwerfiel.
Geoff Mohammed war fünf Jahre älter als John, wesentlich kräftiger gebaut; er kam aus Manchester. Sein Vater war Inder, seine Mutter Französisch-Italienerin. Geoff war dunkelhäutig und sah gut aus. Was John zu ihm hinzog, war, daß ihm jeder Bezug zu regelmäßiger Arbeit fehlte und er selten die Konzentration aufbrachte, ein Bild fertigzumalen. Geoff starb wenige Jahre vor Lennon. Er hatte die Akademie verlassen und war in seinem Geburtsort Manchester Aufseher in der Whitworth Art Gallery geworden.

»Stuart hat diese Bilder drei Monate vor seinem Tod im Haus meiner Mutter gemalt«, sagt Astrid Kirchherr. »Er hat Menschen nie so gemalt, wie sie tatsächlich aussahen, immer nur seine Eindrücke.«

Ann beschreibt ihren früheren Freund im Rückblick als »intelligent und weitaus sensibler als John«. Seine Selbstironie war erstaunlich. Tante Mimi erinnert sich, daß John eines Tages nach Hause kam und sich vor Lachen über eine Geschichte bog, die Geoff und er erlebt hatten. Sie waren in einem Café gewesen, in dem viele Schwarze saßen. Der dunkelhäutige Geoff hatte sie alle in schallendes Gelächter ausbrechen lassen, indem er die Tür des Cafés aufriß und schrie: »Los, raus mit den Ausländern!« Von diesem Sinn für das Abwegige fühlte sich John angesprochen. 1959 zogen die beiden an einem Tag, an dem sie beide eine Rate ihres Stipendiums ausbezahlt bekamen, gemeinsam durch die Stadt und kehrten identisch gekleidet zurück: dunkelgrüne Wildlederschuhe, dunkelgraue Hosen und beige Arbeitskittel. Sie prahlten zudem damit, daß sie sich beim Friseur hatten rasieren lassen – die reinste Verschwendung für Studenten, die knapp bei Kasse waren. Dies nur als unschuldiges Beispiel für ihren Drang, alles mögliche zu tun, um Aufsehen zu erregen.

»Ich habe mich vor John gefürchtet, weil er so gemein sein konnte«, sagt Ann Mason. »Aber sein Sarkasmus hat sich nie gegen mich gerichtet. Vielleicht war ich deshalb vor ihm sicher, weil ich Geoffs Freundin war. John konnte durchaus amüsant sein, doch die meisten Leute haben unterschwellig immer Angst gehabt, er könnte eine Kehrtwendung machen und seinen geistreichen Sarkasmus, über den sie lachten, plötzlich gegen sie einsetzen. Interessant war die Beziehung zwischen John und Geoff dadurch, daß John Geoff respektiert hat und Geoff sich nicht wie viele andere vor John fürchtete.« Geoff interessierte sich brennend für das Handlesen, und auch das faszinierte John.

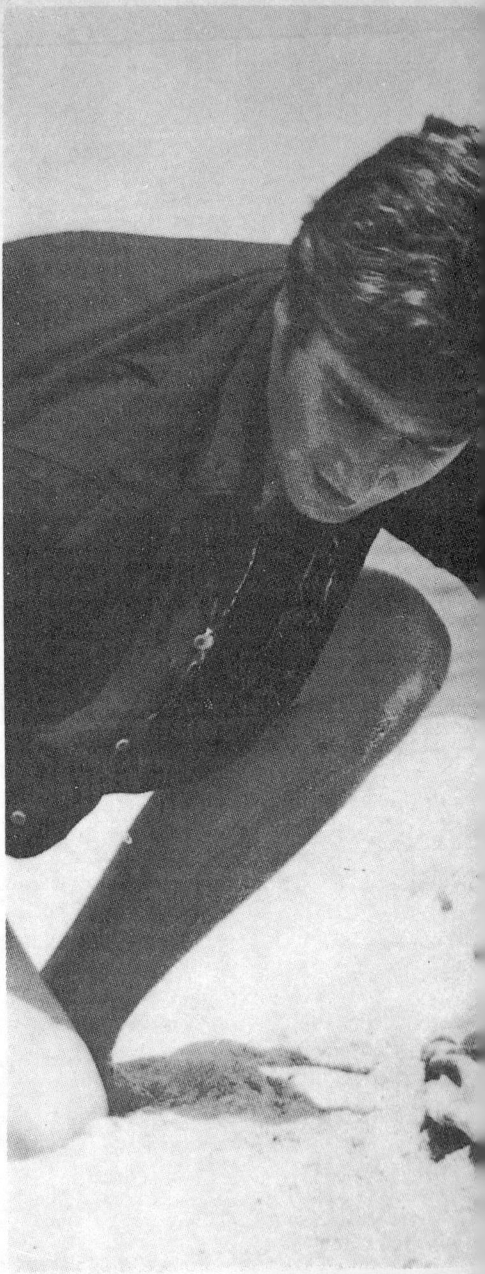

»John und Stuart liebten die Tage, die wir gemeinsam am Meer verbrachten, und sie hatten viel Spaß daran, Bilder in den Sand zu malen«, sagt Astrid, die dieses Foto im Juli 1961 an einem Strand nahe Hamburg aufnahm.

Als Geoff einen größeren Streit mit Ann Mason hatte, zogen John und er abends los und betranken sich. Bei dem Anblick, den die Mensa am nächsten Morgen bot, wußten alle, was passiert war. Die beiden waren spät nachts noch einmal in die Akademie zurückgekommen und hatten dort alles abgeladen, was sie in den schnieken Läden um die Bold Street geklaut hatten – Straßenschilder, Wegweiser, Plakate, Parkuhren und sogar Teile von Autos und Fahrrädern. Sie wurden vom Rektor verwarnt, doch beide lachten in sich hinein. Daß Geoff den Ärger mit seiner Freundin so voll hatte ausleben können, war sowohl den Rüffel als auch den Kater wert.

Der Gitarrist Len Gary schloß sich in den Mittagspausen oft in Raum 21, Arthur Ballards Raum, Paul McCartney und George Harrison an. Er gehörte zu den Quarry Men. Etwa zwanzig Studenten erschienen als Publikum, während die Musiker eine Stunde lang Songs von Buddy Holly und den Everly Brothers spielten. Beendet wurde ihr Auftritt täglich mit »When You're Smiling«, dem britischen Evergreen, den Lennon sang. Oft ließ er die Namen von verschiedenen Lehrern in seine Texte einfließen, und das mit einem Zynismus, der die Studenten begeisterte.

»Er war ein Original, und da ich selbst eines bin, erkannte ich das schnell«, sagt June Furlong, die sich von Anfang an mit Lennon verstand. »Ich habe ihn beim Aktzeichnen und vor dem Ye Cracke gesehen, und ich kann mich genau erinnern, daß ich mir gesagt habe: ›Wohin wird diesen Siebzehnjährigen sein echtes Talent führen? Das ist kein Durchschnittsstudent... der wird etwas Ungewöhnliches zuwege bringen.«

June Furlong war ein siebenundzwanzigjähriges Aktmodell. Wenn sie die nackte June zeichneten, war John meistens konzentriert bei der Sache. »Er war ein ganz bezauberndes, charmantes und hundertprozentig anständiges Wesen. Kein Mensch auf Erden hätte ihn übers Ohr hauen können, aber wenn er gemerkt hat, daß jemand es ernst gemeint hat und sich intelligent mit ihm unterhalten wollte, konnte man stundenlang mit ihm reden. Und das haben wir auch getan«, sagt June Furlong. »Er war nie frivol, und für oberflächliche Unterhaltungen hat er sich keine Zeit genommen.«

John hatte eine Phase, in der er nach den Abendkursen im Aktzeichnen darauf bestand, andere Studenten zu überreden, mit ihm ins Liverpool Empire zu gehen, um sich Komiker wie Robb Wilton, Keppel und Betty, Morecambe und Wise anzusehen. Und natürlich auch den berühmten stets betrunkenen Komiker Jimmy James. Je traditioneller der Komiker war, desto mehr genoß es John, ihn zu imitieren. Trotz seines merkwürdigen Verhaltens und seines Drangs, zum Bahnbrecher des Rock'n'Roll zu werden, war Lennons Hang zum traditionellen britischen Humor ganz der übliche.

Was Johns Freundschaft mit Stuart Sutcliffe betrifft, so erzählt June Furlong: »Ich habe nie zwei Teenager gesehen, die sich so gut miteinander verstanden haben. John war so extrovertiert, daß er viele introvertierte Typen mitreißen konnte. Er brauchte keine größeren Gemeinsamkeiten mit seinem besten Freund, um ihn als seinen besten Freund anzusehen.« Alle wußten, daß Stuart ein Meisterschüler werden würde, und er besaß die grüblerische Glaubwürdigkeit, nach der sich John insgeheim sehnte. Die beiden waren unzertrennlich, und keine von Johns anderen Freundschaften ließ sich mit der Freundschaft vergleichen, die ihn mit Stuart verband. »Er war sein einziger Freund«, sagt Mimi. »Er war der einzige Junge, mit dem er gern über längere Zeit zusammen war.«

Stuarts Aktzeichnungen von June waren verblüffend. »Ich frage mich, was aus diesen Zeichnungen wohl geworden ist«, sagt June heute. »Er hat mich gern und mehrfach in einer bestimmten Pose gezeichnet.« Normalerweise machte sie sich nicht die Mühe, sich damit auseinanderzusetzen, wie die Studenten ihre Posen interpretierten, aber Stuarts Zeichnungen waren so gut, daß sie ein besonderes Interesse an seiner Arbeit hatte.

Lennon achtete und respektierte ihre Nacktheit. »Ich habe mich zu ihm hingezogen gefühlt«, sagt June Furlong. »Nicht körperlich, sondern auf eine Art, die viel mit Liverpool zu tun hat. Sehen Sie sich doch an, wer es geschafft hat, und bei denen, die aus Liverpool kommen, liegt es teils daran, *daß* sie aus Liverpool kommen. John hatte keine überragende künstlerische Begabung, aber wie er reden konnte! Ganz gleich, ob er über Tante Mimis Strenge gespottet oder vom Kabarett des Vorabends erzählt hat.«

John reagierte immer ganz ausgeprägt auf sein Gegenüber oder auf die Art, wie man ihn behandelte. Wenn ihm, wie nur zu oft während der Beatlemania, irgendein Idiot dumme Fragen stellte, war seine Reaktion verletzend bis vernichtend. Wenn man ihn dagegen einfühlsam behandelte und ihn in ein ernsthaftes Gespräch verwikkelte und wenn sein Gegenüber offen und begeistert war, ging John geduldig und detailliert auf ihn ein. »Er hat viele Leute verletzt«, sagt June Furlong, »aber ich kenne niemand anderen, der seine Mitmenschen so schnell durchschaut hat.«

# 6.
# *Rock'n'Roll*

»Hütet euch vor diesem John Lennon.«

Lennon, der jede Situation schnell analysierte, stellte fest, daß die Akademie ihm nicht in erster Linie dazu diente, malen zu lernen, ihm dafür aber zu anderen gewaltigen Errungenschaften verhalf, darunter seine starke Bindung an Cynthia und seine Freundschaft mit Stuart. Was die ansteckende Atmosphäre der Umgebung, in der die Akademie lag, betrifft, so konnte man sie ohne Übertreibung mit der des linken Seineufers in Paris vergleichen. Nirgends hätte John den mittelständischen Lebensbedingungen von Woolton leichter entkommen können. Die Studentenkneipen dieser Gegend, das Ye Cracke, das Philharmonic und die Jacaranda Coffee-Bar in der Slater Street 23 boten sich dazu an, dort rumzuhängen und erwachsen zu werden. Verstandesmäßig war Lennon seinem Alter immer voraus, und er suchte sich Menschen, die möglichst schnell mit ihm voranstürmten. Ein vierter Nutzen, den er aus der Kunstakademie zog, war die Musik, die er mit Paul dort machte. Die Popmusik griff immer mehr auf sein Leben über. John und Paul entwickelten ein musikalisches Einfühlungsvermögen füreinander. Die Freundschaft der beiden war ausschließlich auf ihrer Musik begründet. Lennons Unsicherheit, ob er Paul bei den Quarry Men mitspielen lassen sollte, nahm laufend zu, doch im Hinblick auf Pauls unbestreitbares Talent blieb ihm kaum etwas anderes übrig, und er stand vor einem *fait accompli*.

Mit George Harrison war es etwas anderes. Er war drei Jahre jünger als John, doch für sein Alter ein begabter und akkurat spielender Gitarrist. Paul brachte ihn gelegentlich mit, wenn sie in der Mittagspause spielten, und John war von seinem technischen Können beeindruckt. George fand schon bald, der ältere, respektlose und rundum erwachsene John sei toll. John und Cynthia ärgerten sich über Georges ständige Anwesenheit, denn fast immer, wenn sie gemeinsam aus der Akademie kamen, wartete George schon auf sie. Er war so jung, daß er nicht merkte, wenn die beiden leidenschaftlich Verliebten allein sein wollten.

George verehrte John in diesem Stadium wie einen Helden. Als John ihn eines Tages in die Menlove Avenue einlud und Mimi ihn sah, stieg Johns Achtung für George, den Sohn eines Busfahrers, während Mimi ihrer Mißbilligung krassen Ausdruck verlieh. »Ein *rosa* Hemd hatte er an«, erinnert sie sich. »Und diese Schuhe! So was kam bei mir nicht in Frage.« Diese Ablehnung reichte aus, um die Entscheidung herbeizuführen: John akzeptierte George als vollgültiges Mitglied der Quarry Men.

Pauls Mutter, Mary, eine Krankenschwester, war am 31. Oktober 1956 an Brustkrebs gestorben, neun Monate ehe John und Paul sich kennengelernt hatten. Paul war damals vierzehn gewesen. Pauls familiärer Hintergrund ähnelte dem Johns insofern, als beide ohne Mutter lebten, doch Pauls Vater Jim hatte großen Einfluß auf seinen Sohn. Er arbeitete in der Baumwollindustrie, ein liebenswürdiger Mann, der streng an den herkömmlichen englischen Wertvorstellungen festhielt. Jim McCartney war zudem ein guter Pianist, der früher seine eigene traditionelle

Jazzband hatte. Durch das Haus der McCartneys hallten die einprägsamsten Klänge jener Zeit. Jims Lieblings-Song war »Stairway To Paradise«, und Paul war von klein auf eine musikalische Vielfalt gewöhnt, die von Musicals bis zum Hot Jazz reichte.

Der größte Unterschied in der Einstellung, die Paul und John zur Musik hatten, lag in ihren Familien begründet. Lennon hatte sich zentimeterweise auf seinem Weg vorankämpfen müssen, um Mimi zu zeigen, daß er die Musik ernstnahm, und sie schließlich dazu zu bringen, daß sie ihm eine Gitarre kaufte. Im Gegensatz dazu war McCartney immer ermutigt worden, Musik zu machen. Familienfeste bei den McCartneys wurden zu Hauskonzerten, bei denen alle mitsangen und Jim am Klavier saß. Außerdem spielte er in diversen Bands Trompete. Paul und Michael bekamen Klavierunterricht, und als Paul die Everly Brothers, Lonnie Donegan und Buddy Holly hörte und sich für die Popmusik erwärmte, machte sein Vater nicht die leisesten Schwierigkeiten, sondern kaufte ihm augenblicklich eine Gitarre. »Er hat sich wirklich sehr gefreut«, sagt Michael. »Er hat so getan, als wollte er Schwierigkeiten machen, weil er schließlich zahlen mußte – das war seine Art, Paul dazu zu bringen, daß er das, was er tat, auch wirklich zu schätzen wußte. Aber in Wirklichkeit war er ganz außer sich, daß sein ältester Sohn anfangen wollte, Musik zu machen. Die einzige Sorge, die er hatte, war Pauls Partner, John der Halbstarke.«

Paul entstammte der Arbeiterklasse. John war von seiner Herkunft her der deutlich mittelständischste von allen späteren Beatles. McCartney konnte John jedoch musikalisch so viel beibringen, daß diese Unterschiede keine Rolle spielten. »Paul hat seine Gitarre sehr ernst genommen«, sagt sein Bruder Michael. »Er wollte sie von Grund auf kennen und jede nur mögliche Variante aus ihr herausholen. Griffe, von denen er nie etwas gehört hatte und die er in keinem Buch finden konnte, brachte er sich selbst bei. Er hatte es natürlich sehr mit dem Rock'n'Roll, aber das ging nicht so weit, daß er deswegen andere Musik abgelehnt hätte. Er hat sich nie von etwas abgewandt, bloß weil es nicht Elvis Presley oder Little Richard war, so sehr er die beiden auch mochte.« Die Vielseitigkeit von Pauls musikalischem Geschmack machte später die Stärke der Beatles aus und bildete den »Hexenkessel« für das Songwriter-Team John und Paul. In den kommenden Jahren führte diese Eigenschaft jedoch auch zu künstlerischen Differenzen zwischen beiden.

John gestand Paul immer zu, daß er sein Instrument besser beherrschte, und er brüstete sich nie mit seinen eigenen Fähigkeiten als Gitarrist. Paul hatte zu Hause genug Druck; sein Vater sah in Lennon einen unerwünschten Einfluß auf das Leben seines Sohnes, der nicht auch noch Ermutigung von der Seite der Halbstarken gebrauchen konnte. Jim McCartney wollte, daß Paul eine »anständige berufliche Laufbahn« ins Auge faßte, »zum Beispiel Lehrer oder Buchhalter«.

Doch für Paul war ein Rock'n'Roll-Begeisterter wie John genau das richtige. Er hatte sich Johns Achtung nicht nur durch sein gutes Gitarrenspiel erworben, sondern auch durch die Tatsache, daß er wirklich angefangen hatte, eigene Songs zu schreiben. Ein paar Monate nachdem sie sich kennengelernt hatten, fanden John und Paul einen Weg, sich heimlich und ohne die Einmischung anderer Studenten zu treffen: Während Jim McCartneys Arbeitszeit zogen sie sich in das Wohnzimmer von Pauls Vater zurück und fingen an, gemeinsam Songs zu schreiben. Oft rauchten sie auch Gras und schalteten einfach nur von der Schule ab, ohne viel zu tun.

Zwischen diesen beiden Persönlichkeiten knisterte es, doch es gelang ihnen, diese Elektrizität kreativ auszuwerten. John war mit siebzehn sarkastisch, zynisch, selbstbewußt und ungestüm. Paul war schon damals eher ruhig und diplomatisch, und auf sein Gesicht flogen die Mädchen. Er war ein guter Schüler, führte ein ordentliches Leben. Er wollte seinem verwitweten Vater Freude bereiten. Theoretisch hätte Lennon ihn verachten müssen, aber beiden war klar, daß sie einander in dieser Phase ihres Lebens brauchten, um eine gemeinsame Leidenschaft auszuleben: die Musik.

Michael McCartney, Pauls zwei Jahre jüngerer

Bruder, war oft Zeuge der nachmittäglichen Zusammenkünfte, aus denen die bedeutendste Texter- und Komponisten-Teamarbeit der modernen Popmusik hervorgehen sollte. Die McCartneys waren so konservativ erzogen worden, daß ihr Vater, schon wenige Tage nachdem Paul ihm John vorgestellt hatte, seine beiden Söhne warnte: »Hütet euch vor diesem John Lennon. Er könnte euch in Schwierigkeiten bringen.« Auf die beiden Brüder hatte diese Warnung den üblichen Effekt: »Paul und ich sind daraufhin sofort auf John geflogen wie Motten zum Licht.« Eine deutliche Parallele zu den Banden, die Tante Mimi unfreiwillig zwischen George Harrison und John geknüpft hatte, indem sie George völlig ablehnte, ist nicht von der Hand zu weisen.
John wurde Michael McCartneys Idol und Held. »Später habe ich gemerkt, daß nichts an ihm echt war«, sagt Michael McCartney. »Es war nur einfach so, daß er allem, was er aufgesetzt oder angenommen hat, mehr Echtheit und Realität verleihen konnte als jeder andere.« Das sengende Feuer, das in John loderte, ließ nicht zu, daß er eine Richtung, die er eingeschlagen hatte, allzu lange und konsequent beibehielt. Halbstarker, Beatnik, Friedensfreak, Poet – all das waren Hüllen, in die er eine Zeitlang schlüpfte, um sie dann wieder abzulegen; in verschiedenen Stadien seines Lebens fielen sie seiner chamäleonartigen Persönlichkeit zum Opfer. Aber als achtzehnjähriger Schulschwänzer hatte er so sehr den Wunsch, aus der Musik mehr als nur ein Hobby zu machen, daß er fieberhaft an seiner Partnerschaft mit Paul arbeitete.
Berechnung spielte mit hinein. Mit knapper Not

Zwei Jungen aus Liverpool komponieren im Wohnzimmer eines Gemeindewohnhauses Musik, die die Welt bewegen sollte. Zu Hause bei Paul in der Forthlin Road, Allerton, im September 1962. Ein bebrillter Lennon und der linkshändige Gitarrist McCartney mühen sich mit den Griffen und dem Text von »I Saw Her Standing There« ab, beides in Pauls Notizbuch aufgezeichnet.

war er in die Akademie aufgenommen worden, und inzwischen war er ziemlich sicher, daß die Kunst ihm nicht die Möglichkeit bot, Karriere zu machen. Angesichts seiner düsteren Zukunftsaussichten klammerte sich Lennon an die Musik und an McCartney wie an einen lebenden Strohhalm.

Doch auch er hatte Paul viel zu bieten. McCartney kannte von der Ballade bis zum Jazz die meisten Musikrichtungen, aber John glich seine technische Unterlegenheit durch seinen direkten Draht zum Rock'n'Roll aus.

»Mein Vater wollte es nicht wahrhaben, aber auch er hat gemerkt, daß die beiden voneinander abhängig waren, wenn sie musikalisch etwas erreichen wollten.« Manchmal fluchte er laut auf Johns äußere Erscheinung. »John hat es nicht gewagt, darauf etwas zu erwidern, weil er meinen Vater als einen guten Kerl akzeptiert hat, der sich um Paul und mich kümmerte. Aber einmal hat Paul etwas zu Johns Verteidigung vorgebracht, und mein Vater hat gesagt: ›Zum Teufel, du bekommst keine so engen Hosen wie er! Und merk dir gleich, daß du solche Hosen nicht nur in diesem Haus nicht tragen wirst, sondern überhaupt nicht! Punkt aus. Das tut man nicht!‹« Paul war diplomatisch genug, um zu wissen, wann es besser war, den Mund zu halten. Die nachmittäglichen Zusammenkünfte und die Chance, neue Songs zu üben, zu singen und zu schreiben und Hits nachzuspielen, die Eddie Cochran und die Everly Brothers berühmt gemacht hatten, war zu kostbar, um sie sich zu verscherzen, indem er es sich mit seinem Vater verdarb. Sie konnten auch in Speke, Upton Green 25, bei George Harrison Zuflucht suchen, aber sie trafen sich am liebsten bei Paul, und das auch, weil die Fahrt von Woolton her kürzer war.

Mimi fand, daß Paul »ein netter, höflicher Junge« war, aber John wußte, daß sie es nie geduldet hätte, wenn sie in ihrem Haus Rock'n'Roll gespielt hätten. Also fragte Paul seinen Vater ganz nebenbei, wann er in der nächsten Zeit arbeitete, und John kam zu den vereinbarten Zeiten, zu denen Pauls Vater außer Haus war.

Manchmal drückten sie Michael zwei Shilling in die Hand und schickten ihn ins Kino, wenn sie nicht nur Songs schreiben wollten. »Moment mal«, sagte Michael dann zu Paul. »Du hast mir noch nie was umsonst gegeben. Was ist los?«

»Nichts weiter«, sagte Paul. »John kommt vorbei... und ein paar Mädchen. Du weißt doch selbst, was Mädchen sind, Mike? Aber du bist noch zu jung. Mit Mädchen macht man Sachen, die du noch nicht verstehst. Das ist nur was für große Jungen.«

Für Michael war es ein Dilemma: Sollte er bleiben und warten, bis die Mädchen kamen, oder sollte er das Geld von Paul annehmen und schleunigst ins Kino gehen? Paul beendete derartige Diskussionen immer damit, daß er drohte, mit John woandershin zu gehen, und dann hätte sich sein kleiner Bruder um das Geld *und* um die Chance gebracht, etwas zu erleben. Also nahm Michael das Geld und verschwand. Alles in allem war der Hobbyfotograf Michael schon froh, wenn ihn die beiden Musiker Aufnahmen von sich machen ließen.

Zu den ersten Songs, die John an diesen Nachmittagen schrieb, gehören »One After 909« und die nie aufgenommene Nummer »Winston's Walk«. Manchmal trug er seine Hornbrille, wenn er das Haus in der Forthlin Road betrat. »Wenn es sich irgend vermeiden ließ, hat er sich nicht mit seiner Brille blicken lassen«, erzählt Michael. »Aber ohne Brille war er stockblind. Er ist mit zusammengekniffenen Augen rumgelaufen und hat die Leute nicht erkannt.« Brillen seien zu »schwul«, sagte John zu mir, als die Beatles auf ihrem Höhepunkt angekommen waren. Er trug Kontaktlinsen, und auf der Suche nach seinen Linsen krochen wir zusammen auf Hotelzimmerteppichen und in Garderoben von Cheltenham über München bis New York herum.

Als Johns Freundschaft mit Paul die ersten Früchte im Sinne von künstlerischer Kreativität trug und ein eigener Stil Gestalt annahm, sah John seine Mutter wieder öfter.

Die Entscheidung, ihrer Schwester die Erziehung ihres Sohnes zu überlassen, war Julia nicht leichtgefallen, aber das Familienleben mit Johns Vater Fred auf See wäre für das Kind nicht gut gewesen. Tante Mimi und Onkel George hatten keine Geldsorgen, aber sie brüsteten sich auch nicht mit dem Geld, das Onkel George mit harter Arbeit in der Molkerei von Woolton verdient hatte. Pauls übertriebene Behauptung, Johns Familie gehöre »fast ganz Woolton«, kommt daher, daß George und Mimi finanziell deutlich besser standen als die Eltern der anderen Beatles.

John besuchte seine Mutter immer häufiger, aber er gab sich kaum mit ihrem Freund Twitchy ab. Er hatte eine große Schwäche an ihm entdeckt: Twitchy gab ihm ohne Anlaß zuviel Taschengeld. John sah darin einen Versuch, um die Gunst von Julias Sohn zu werben. Das verabscheute er als ein Zeichen von Schwäche und Unsicherheit. Doch er nahm das Geld an; es kam ihm gelegen, um sich bessere Zigaretten zu kaufen als sonst – Senior Service statt der billigeren Park Drives oder Woodbines.

Julia war für John mehr eine Freundin als eine Mutterfigur. Sie kleidete sich farbenfroh und war die erste und einzige Frau in der ganzen Straße, die Hosen trug – eine Seltenheit bei Frauen Anfang der fünfziger Jahre unseres Jahrhunderts.

An einem warmen Juliabend 1958 erwartete John seine Mutter in ihrem Haus in Spring Wood. Julia war gerade auf eine Tasse Tee und einen Plausch zu Mimi gegangen. Die beiden Schwestern hatten sehr unterschiedliche Temperamente, doch Julia liebte Mimi wegen ihrer Belesenheit und ihrer Weltklugheit, und Mimi bewunderte an Julia den Sinn für Humor und ihre Wärme. Julia besuchte Mimi fast täglich und hörte sich verständnisvoll nickend Mimis Aufzählung von Problemen an, die Johns Erziehung mit sich brachte.

Manchmal begleitete Mimi ihre Schwester abends noch zur zweihundert Meter entfernten Bushaltestelle, aber an jenem Abend sagte Mimi: »Heute begleite ich dich nicht, Julia – wir sehen uns morgen.«

Julia überquerte eine Spur der zweispurigen Fahrbahn, die durch eine Hecke unterteilt war. Sie trat aus der Hecke und wollte die zweite Spur überqueren, um zur Bushaltestelle zu kommen, da wurde sie von einem Fahrzeug angefahren und in die Luft geschleudert. Sie war augenblicklich tot, im Alter von vierundvierzig Jahren.

Ein Polizist überbrachte John und Twitchy die Nachricht von dem Unfall. Gemeinsam fuhren sie ins Sefton General Hospital, in das sich John fünf Jahre später freudestrahlend wieder begeben sollte, um seine Frau Cynthia und seinen Sohn Julian, der dort geboren worden war, zu besuchen. Erst als sie im Krankenhaus eintrafen, wurde ihnen die entsetzliche Wahrheit von einem Arzt mitgeteilt: »Es tut mir leid, aber sie ist tot.« Twitchy war John keine Hilfe: Er brach tränenüberströmt zusammen.

John war fassungslos. Die Frau, in der er gerade seine beste Freundin entdeckt hatte, war ihm grausam entrissen worden. Erst das Verschwinden seines Vaters, und nun der Tod seiner Mutter.

Julia wurde als Mrs. Lennon auf dem Friedhof von Allerton beigesetzt. Die Qualen zogen sich durch ein Gerichtsverfahren in die Länge. Am Steuer des Wagens, durch den Julia gestorben war, hatte ein Polizist gesessen, der nicht im Dienst gewesen war. Man erhob Anklage gegen ihn, aber er wurde freigesprochen.

John litt sehr, aber er ließ es sich nicht anmerken. Er lebte seinen Kummer in Mimis Haus aus, und in der Kunstakademie kam es nur selten vor, daß er allein in einem Klassenzimmer saß und anderen Studenten seine untypische Stummheit auffiel, während die Tränen in ihm hochstiegen. Ann Mason sagt: »Die meisten von uns wußten vom Tod seiner Mutter, aber er schirmte sich dagegen ab, darüber reden zu müssen. Wir wußten, daß dieses Thema nicht angesprochen werden durfte.« Zwölf Jahre später sollte John sein Leid in eindringlichen Songs wie »My Mummy's Dead«, »Mother« und »Julia« zum Ausdruck bringen. Aber die Unmittelbarkeit der Tragödie überstieg die Kräfte eines jungen Menschen, der bereits genug Traumata hinter sich hatte.

Lennon nahm schon früh Zuflucht im Trinken.

Die Atmosphäre des achten Bezirks von Liverpool verführte dazu, sich als Künstler, Dichter oder Schriftsteller zu geben. Er suchte Trost in den Studentenkneipen, und oft kam er nachmittags betrunken mit Geoff Mohammed in Arthur Ballards Klasse. Die meisten Studenten und Lehrer, die den Grund für Johns Verhalten kannten, drückten ein Auge zu.

Nur ein Mensch konnte Johns Leiden restlos nachvollziehen: Paul McCartney hatte der Verlust seiner Mutter zwei Jahre zuvor ähnlich hart getroffen. »Wir haben nicht über den Tod unserer Mütter gesprochen, aber wir hatten es noch ziemlich lange mit einem ruhigeren und ernsteren John zu tun«, sagt Michael McCartney. »Gleichzeitig verband Paul und John plötzlich etwas, das über die Musik hinausging.«

Die Quarry Men – die sich später Johnny und die Moondogs nannten – änderten im Lauf des Jahres 1958 mehrfach ihre Formation. George Harrison kam fest dazu. Die Veranstaltungen in Jugendclubs und Vereinen, vor allem in Woolton und der Umgebung – der Gegend, in der sie sich einen Namen gemacht hatten –, sorgten dafür, daß sie aktiv blieben. Für John war das eine willkommene Ablenkung. Später, während der Zeit der Beatles, sagte John über diese unkomplizierten Jahre, in denen sie für ein Bier und eine Mahlzeit spielten: »Damals haben wir zum Spaß gespielt. Heute ist es ein Job.«

Johns Einstellung zu seiner Arbeit in der Kunstakademie machte ihn nicht gerade beliebt bei den Lehrern. Nur Arthur Ballard sah ein großes Potential in ihm und stellte eine Beziehung zu ihm her, die teils auch dadurch zustande kam, daß sie gemeinsam in den Mittagspausen im Ye Cracke tranken. Diese Sprache verstand John, der inzwischen vom leichten Ale auf das dunkle Bier umgestiegen war. Er kam morgens zu spät in die Akademie und wartete ohnehin nur auf die Mittagspause. Es interessierte ihn mehr, in der Mensa zu sitzen und mit Paul und George zu spielen, als sich die Vorlesungen anzuhören. Auch nachmittags tauchte er nur unregelmäßig zum Unterricht auf, und er entfernte sich zunehmend von den meisten Studenten und Lehrern.

Stuart Sutcliffe gab später eine sehr treffende Schilderung des John Lennon jener Zeit:

Manchmal sprach ihn ein Student oder eine Studentin auf seine abrupten Stimmungswechsel an, fragte ihn, warum er so charmant und von einem Moment zum nächsten so abscheulich sein konnte. Seine Antwort war immer dieselbe, falls er sich überhaupt dazu herabließ, zu antworten. Wenn er das tat, empfand er im allgemeinen kein Mitgefühl für den Fragesteller und sagte: »Ich hasse dich. Warum also solltest du mich mögen, Charme ist nur künstlich aufgesetzt, und er läßt sich leicht als oberflächlich entlarven.« Wir wußten, daß unter der Reserviertheit, die er in solchen Momenten um sich türmte, ein menschliches Herz schlug. Ein Herz, wie es freundlicher und sanfter nicht denkbar ist. Es war ihm wirklich verhaßt, andere Menschen zu verletzen, und er haßte sich dafür, daß er es tat. Er sah seine Mitmenschen als ein Komplott von Schurken an, die danach trachteten, persönliche Einsicht in sein Verhalten zu gewinnen.

So stellt sich John Lennons Zynismus entblößt und schematisch aufgegliedert der Sicht eines Menschen dar, der ihn kannte und liebte.

# 7.
# *Jugendlieben*

»Laß es nicht an mir aus, daß deine Mutter tot ist!«

He, John, ich hab gehört, daß deine Mutter von einem Polizeiwagen angefahren worden ist und gestorben ist.« Die kalte, klinische Begrüßung, die John 1958 nach den Sommerferien von einer Studentin zu hören bekam, ließ die Studenten stutzen, die Schlange standen, um sich für das neue Semester in die Kurse einzutragen. So taktlos diese Begrüßung war, so teilnahmslos war Johns Reaktion. »Ja, stimmt.«

Thelma Pickles war fassungslos. Sie wurde John von Helen Anderson vorgestellt. Thelma wußte nicht, wie sie sich in der peinlichen Situation verhalten sollte, die das Mädchen hervorgerufen hatte. Ihre Sorge war überflüssig. Jede Reaktion blieb aus. Er schluckte nicht an dieser brüsken Begrüßung. Es war, als hätte jemand zu ihm gesagt: »Du hast dir gestern die Haare schneiden lassen, stimmt's?« oder etwas Vergleichbares.

Thelma, die sich auf Anhieb zu John hingezogen fühlte, lernte ihn im Lauf der nächsten sechs Monate besser verstehen. Die ein Jahr jüngere Thelma sollte die Hauptrolle in einer von Johns glühendsten Liebesgeschichten spielen, ehe er Cynthia kennenlernte. Auf dem Weg zur Bushaltestelle in der Castle Street kam die Freundschaft zwischen den beiden in einer denkwürdigen Unterhaltung zur Blüte. Beide hatten es nicht eilig, nach Hause zu kommen, und sie setzten sich auf die Stufen des Denkmals der Königin Victoria, um sich zu unterhalten. »Ich wußte, daß seine Mutter tot war, und ich habe ihn gefragt, ob sein Vater noch am Leben ist«, erzählt sie. »Wieder reagierte er wie ein teilnahmsloser Außenstehender: ›Nein, er hat sich verpißt und mich sitzen lassen, als ich noch ein Baby war.‹ Ich war plötzlich sehr nervös und hatte ein ganz komisches Gefühl. Mein Vater hatte uns verlassen, als ich zehn war. Das belastete mich sehr, denn damals gab man nicht offen zu, daß zu Hause etwas nicht in Ordnung war. Man konnte mit niemandem darüber reden, und Menschen wie ich, die diese Schande geheimhielten, entwickelten unglaubliche Ängste. Deshalb war es eine derartige Erleichterung für mich, als er das sagte. Zum ersten Mal in meinem Leben konnte ich zu jemandem sagen: ›Ja, meiner hat es genauso gemacht.‹«

Thelmas erster Eindruck war, daß seine Kindheit ohne Vater ihm nichts ausmachte. »Als ich ihn besser kennenlernte, habe ich gemerkt, daß es ihm einiges ausgemacht hat. Aber was mir schnell klar wurde, war, daß wir dem Leben beide mit einer gewissen Aggression entgegentraten, die voll und ganz unserem kaputten Familienleben entsprang.«

Ihre Freundschaft entwickelte sich nicht so zart wie eine normale Jugendliebe; auch hier merkte man, daß beide eine Last mit sich herumtrugen. »Er hat in erster Linie auf dem Weg zum Bus meine Schulsachen getragen, und im übrigen sind wir zusammen ins Kino gegangen, ehe aus unserer Freundschaft eine sexuelle Beziehung wurde.« Als sie John kennenlernte, hätte er über Menschen gelacht, die Arm in Arm spazierengingen. »Es war keine verträumte, schwärmerische junge Liebe. Wir fühlten uns durch ähnliche Kindheitserlebnisse miteinander verbunden, und wir lehnten jede Einengung ab, die uns von außen aufgezwungen werden sollte. Wir rebellierten beide gegen die herrschenden Auffassungen. Als sechzehnjähriges Mädchen mußte man früh zu Hause sein und durfte sich nicht schminken. Ein Junge durfte keine hautengen Hosen tragen. Man schrieb uns immer vor, was wir alles nicht durften. Das war für uns beide mit unserem Hang, sich aufzulehnen, besonders gräßlich. Wir konnten es gar nicht abwarten, erwachsen zu werden und allen zu sagen, daß sie uns nichts mehr zu sagen hatten. Mimi haßte seine engen Hosen, und meine Mutter haßte meine schwarzen Strümpfe. Es war schrecklich, ausgerechnet damals jung zu sein!«

Lennons Sprache war für die fünfziger Jahre ziemlich deftig. Eines Abends nach dem College baute sich John im Ye Cracke in Anwesenheit von etlichen Studenten vor Thelma auf und sagte ihr irgendwelche Grobheiten ins Gesicht. Sie hat vergessen, was genau er damals gesagt hat, aber sie erinnert sich noch an ihren beißenden Gegenangriff: »Laß es nicht an mir aus, daß deine Mutter tot ist!«

Dieser Abend sollte einen Wendepunkt darstellen. John schwieg, aber vor dem Mädchen, das seine Gehässigkeit mit einer gleichwertigen Offensive beantworten konnte, hatte er von da an Respekt. »Die meisten Leute trauten sich nicht, ihm etwas entgegenzusetzen«, sagt Thelma. »Aber an mir hatte er jemanden mit ähnlichem Hintergrund, der genauso bissig sein konnte wie er. Wir sind gut miteinander ausgekommen, aber seine verbalen Grausamkeiten habe ich nicht geschluckt.«

Nicht zuletzt verband sie auch ein schwarzer Humor. »Da wir beide kein Erbarmen mit uns selbst hatten, empfanden wir bei verunstalteten Menschen wirklich mehr Abneigung als Mitgefühl«, sagt Thelma. »Vielleicht hatte es auch etwas damit zu tun, daß wir eine künstlerische Ader und den damit verbundenen Hang zu unbedingter Ästhetik hatten.«

In den fünfziger Jahren bestand in Großbritannien Wehrpflicht für alle Männer über achtzehn, die vom medizinischen Standpunkt her tauglich waren. Diesen Umstand nutzte John dazu, sich über körperlich behinderte Menschen lustig zu machen. »Ach, du versuchst wohl nur, dich vor dem Militär zu drücken«, verspottete er Männer, die in Rollstühlen saßen. »Wie hast du deine Beine verloren, auf der Jagd nach deiner Frau?« Er lief hinter gebrechlichen alten Frauen her und ließ sie vor Schreck zusammenzucken, indem er ihnen »Buh!« ins Ohr schrie. »John hat jeden ausgelacht, der gehinkt hat, bucklig war oder verkrüppelt war. Ich habe mit ihm gelacht, aber ich habe mich dabei ganz schrecklich schlecht gefühlt«, sagt Thelma. »Ich war ein dankbares Publikum, aber er hat es nicht meinetwegen getan.« Zunehmend häufiger zeichnete er grotesk verwachsene Kinder mit unförmigen Gliedern.

»Er war erbarmungslos«, sagt Thelma Pickles. Er gestand ihr, daß ihn Menschen erbitterten, die es leicht im Leben hatten. »Auf mich übte er eine magnetische Anziehungskraft aus«, sagt Thelma, »weil er so vieles widergespiegelt hat, was in mir war, aber ich wäre nie so dreist gewesen, es auszusprechen.«

»Thel«, wie John sie nannte, bekam durch die gemeinsamen Kinobesuche heraus, daß John kurzsichtig war. Er trug seine Brille nicht einmal im Kino. Das Tragen einer Brille sei ein Zeichen von Schwäche. »Wir haben daher immer ganz vorn gesessen, und dann ging es los: ›Was tut sich da gerade, Thel?‹ ›Wer ist das, Thel?‹ Er konnte dem Geschehen auf der Leinwand nicht folgen, aber seine Brille hat er trotzdem nicht aufgesetzt.«

Sie mochte seine »sehr gerade, schöne römische Nase«, die er noch durch seine Gewohnheit betonte, den Kopf zurückzuwerfen. Diese Haltung wurde für ihn auch als Beatle auf der Bühne typisch. Auch das sollte ihm oft als Arroganz ausgelegt werden, doch diese Kopfhaltung entsprang an sich nur seiner Kurzsichtigkeit. »Es dauerte Ewigkeiten, bis er durchschaut hatte, was

Thelma Pickles auf einem Foto, das während ihrer heftigen Beziehung mit John Lennon aufgenommen wurde, die im September 1958 in der Kunstakademie von Liverpool begann.

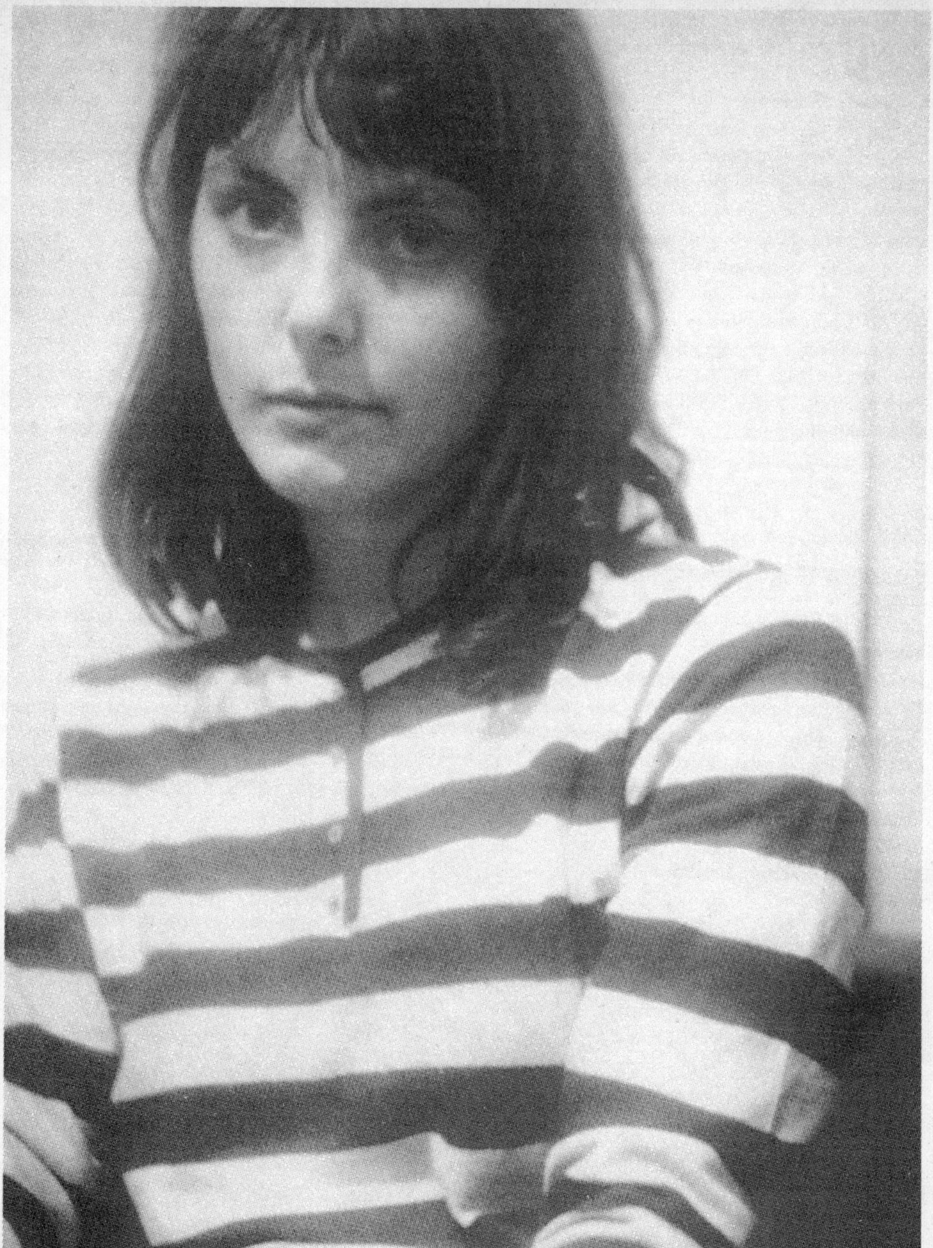

und wer in einem Raum war«, erinnert sich Thelma. »Er fragte: ›Wer ist das in der Ecke?‹, selbst wenn es sich um jemanden handelte, den er sofort hätte erkennen müssen.«

Es war kein großer Schritt von ihren Kinobesuchen und dem Verspotten anderer Menschen zu einer weitergehenden Beziehung.

An den Abenden, an denen Tante Mimi Bridge spielte, trafen sich Thelma und John auf dem Golfplatz gegenüber von Mimis Haus. Wenn sie sahen, daß Mimi aus dem Haus ging und die Luft rein war, gingen sie hinein.

»Seine Haltung zur Sexualität war absolut nicht romantisch«, sagt Thelma. »Er hat Sex mit einem Fünftausendmeterlauf verglichen, und so was hatte ich noch nie gehört. Mädchen, die mit ihm zu tun haben wollten, aber nicht mit ihm schlafen wollten, stand er ausgesprochen verächtlich gegenüber.

›Das sind Bettkantenjungfrauen‹, sagte er.

Ich sagte: ›Was heißt das?‹

Er sagte: ›Sie spielen mit bis zur Bettkante, und dann vollenden sie nicht, was sie angefangen haben.‹

Wer mit ihm ins Schlafzimmer ging, um Händchen zu halten, den wollte er lieber gar nicht erst kennen. Damit verscherzte man sich seine Freundschaft. Wenn man von vornherein klar und deutlich ›nein‹ sagte, war es in Ordnung. Dann spielte er Gitarre, oder wir hörten uns Platten an, oder wir gingen ins Kino. Aber *versucht* hat er immer, seine Überredungskünste einzusetzen. Die anderen waren auch nicht anders, aber er ließ sich nicht an der Nase herumführen.«

Ende der fünfziger Jahre war die Kunstschule eine Brutstätte der Promiskuität. »Auf dem Klo wurde viel geheult«, sagt Thelma. »Wir wußten mit sechzehn herzlich wenig, und vieles ging daneben. Plötzlich kam es zu einer Woge von Schwangerschaften – in einem Jahr wurden fünf Studentinnen schwanger. Sie mußten von der Akademie abgehen. Ganz gleich, aus welchen Kreisen man kam – das war indiskutabel.«

John sprach nie über die Gefahren einer Schwangerschaft. »Auf solche Gedanken kam er gar nicht erst.«

Thelma war sechs Monate mit John befreundet. »Die Beziehung ist einfach im Sand verlaufen«, sagt sie. »Keiner von uns beiden hat Schluß gemacht. Wir blieben beide in derselben Clique. Als wir nicht mehr näher miteinander zu tun hatten, hat er mich in Gesellschaft gemeiner behandelt als vorher. Ich habe es ihm entsprechend zurückgezahlt. Nur so konnte man von John respektiert werden.«

Sie beschreibt ihren früheren Freund als »innerlich sehr warmherzig und gefühlvoll. Er konnte sehr zart und liebevoll sein. Wenn wir allein waren, war er zärtlicher und behutsamer als in Gesellschaft. Physisch ist er nie roh mit mir umgegangen – es war eine rein verbale Aggression, und er wußte, wie man andere verletzen kann. Er hat sich zwar manchmal geprügelt, aber eigentlich hat er physische Gewalttätigkeit abgelehnt.«

Der unkeusche Rebell, der ungepflegt wirkte und sich laufend schlecht benahm, faszinierte schließlich auch eine andere Studentin – Cynthia Powell. Eines Tages erzählte John Tante Mimi beim Tee von Cynthia. »Weißt du was, Mimi – da ist ein Mädchen, das läßt mir in der Mensa Schokoladenkekse und Kaffee an den Tisch bringen!«

Mimi sagte darauf: »Das nimmst du doch nicht etwa an, John?«

»Wenn sie so blöd ist, mir das Zeug bringen zu lassen«, sagte John, »dann esse ich es auch.«

Das Mädchen vom vornehmeren Ufer des Mersey sprach sehr leise, trank nicht, rauchte nicht und benahm sich mustergültig. Sie hatte zwei ältere Brüder und war sehr streng erzogen worden. Wie John hatte sie nur einen Elternteil, ihre Mutter Lilian. Ihr Vater war zwei Jahre zuvor an Krebs gestorben. Damals war sie so alt gewesen wie John, als seine Mutter starb, nämlich siebzehn.

Man könnte die Beziehung zwischen den beiden leicht analysieren, indem man Cynthia als Johns Muttersersatz und John als Cynthias Zugeständnis an ein abenteuerliches Leben ansieht. Aber es war von Anfang an für beide mehr als nur ein Abenteuer. Es dauerte nicht lange, bis John und Cynthia Nachmittage und Nächte in Stuart Sutcliffes Wohnung verbrachten. Das war eine gefährliche Angelegenheit, die von beiden Seiten Lügen erforderte. Sie erzählte ihrer Mutter, daß sie über Nacht bei einer Freundin geblieben war, und John erfand für Mimi Geschichten über Auftritte der Quarry Men, die so weit außerhalb stattfanden, daß er hinterher nicht nach Hause kommen konnte. Viele Monate lang wußten weder Lilian Powell noch Tante Mimi von dieser Affäre, geschweige denn von deren Intensität.

Cynthia beschreibt John in den ersten Stadíen ihrer Beziehung als »einen ungeschliffenen Rohdiamanten mit einem goldenen Herz«. Aus ihrer Sicht waren nur zwei Dinge an ihm problematisch: seine Grausamkeit und seine unglaubliche Eifersucht. Er stellte sich auf den typisch chauvinistischen Standpunkt, daß es sein Recht sei, mit anderen Mädchen anzubandeln, solange Cynthia nicht dahinterkam. Heute belächelt sie den Umstand, daß er sie streng beaufsichtigte, selbst jedoch andere Freundinnen hatte. »Für mich hat nur gezählt, daß ich für alles andere blind war, wenn John bei mir war. Dann hat er mir alles gegeben, und größere Versicherungen brauchte ich nicht.« In einer Umgebung, in der jeder jeden kennt, ist es schwer, Geheimnisse zu haben, aber John machte seine Sache gut. Sein Vorteil war, daß man ihn nicht vermißte, wenn er einen Kurs nicht besuchte.

Es gab noch ein anderes Mädchen, das Johns Aufmerksamkeit durchaus nicht entging. »Sie hat furchtbar oft dagesessen und seinetwegen geweint«, sagt Thelma Pickles. »Sie war sehr verliebt in ihn, aber statt Mitleid zu haben und etwas Freundliches zu ihr zu sagen, hat er sie verbal fertiggemacht.« Ein öffentliches Zurschaustellen von Gefühlen duldete John nicht. Er verachtete das Mädchen, weil es etwas *zeigte*, was er als Schwäche ansah.

Thelma hörte während einer Zeit, in der sie vorübergehend nicht auf die Akademie ging, daß John und Cynthia sich zusammengetan hatten. »Ich war verblüfft, aber es hat mich gefreut. Ich dachte, daß sie ihm guttun und seine Aggressionen zügeln würde. Ich wußte, daß sie sich für ihn nach Bardot-Manier zurechtmachen mußte. Ich kann mich noch erinnern, daß ich dachte: ›Und wieder mal hat er bekommen, was er wollte.‹«

Cynthia glaubt, daß die meisten Lehrer sich vor John fürchteten. Das hatte gegenseitige Verachtung zur Folge, weil John auch darin eine Form von Schwäche sah. »Wenn Arthur Ballard nicht gewesen wäre, hätte es wahrscheinlich eine Katastrophe gegeben«, sagt sie.

Eines Tages machte John eine Kehrtwendung und verblüffte seine Mitschüler damit, daß er von einem Tag zum anderen nur noch in Onkel Georges braunen Tweedjacketts und grauen Hosen zur Schule kam. »Seine sich wandelnden Moden waren nur dazu dagewesen, einen Wall um ihn herum aufzurichten«, sagt Cynthia. »Er hat sich durch seine Freundschaft mit Stuart und mit mir verändert. Er hat festgestellt, daß kein Anlaß mehr für ihn bestand, ständig Rollen zu spielen.«

Innerhalb des ersten Jahres mit Cynthia wandelte sich Johns Erscheinung noch einmal grundlegend. Er kleidete sich jetzt als »Künstler«; er trug Schals, ganz normale schwarze Jacketts und Hosen und kämmte sein Haar zu einer normalen Frisur. Das was sein Zugeständnis an Cynthias konventionelle Erscheinung und auch ein Hinweis darauf, daß die Liebesgeschichte zwischen den beiden ihm viele Gründe nahm, seine Optik auf dramatische Effekte aufzubauen. Cynthia, die sich bewußt war, wie fanatisch John für Brigitte Bardot und Juliette Greco schwärmte, machte eine noch radikalere Verwandlung durch. Sie setzte einen Schmollmund auf und trug Strumpfgürtel, schwarze Netzstrümpfe mit Naht und enge Röcke, alles Dinge, die John von ihr verlangte. Dazu kam, daß sie, die mit rötlichbraunem Haar in die Kunstschule gekommen war, ihr Haar zunehmend aufhellte, bis es schließlich leuchtend goldblond gefärbt war. Die Umwandlung war abgeschlossen: John hatte sich seine Brigitte-Bardot-Imitation zugelegt.

Während dieser Jahre vor der Ära der Beatles war Cynthia der einzige Mensch, dem John seine tief-

Das Anfangsstadium einer Jugendliebe aus Johns Sicht. Diese Weihnachtskarte zeichnete er 1958 für Cynthia.

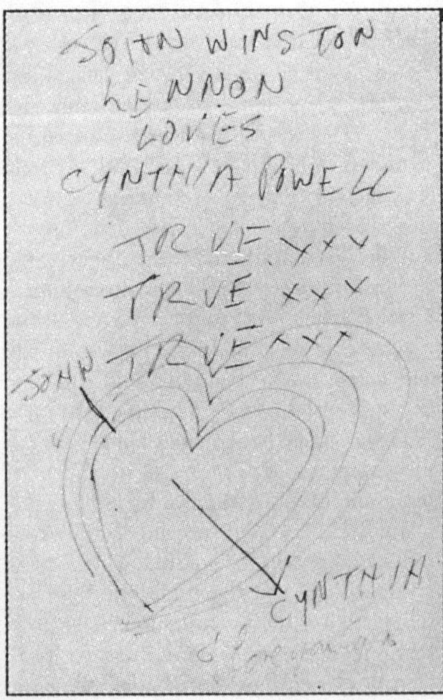


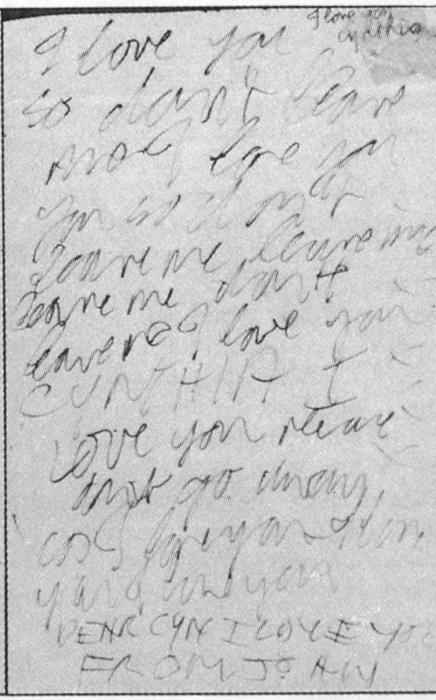

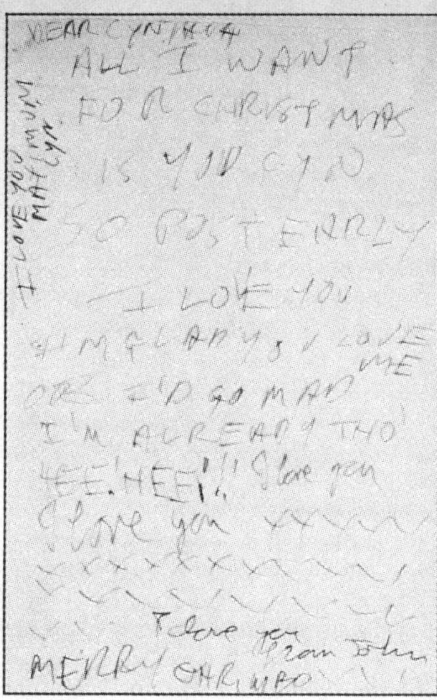
DEAR CYNTHIA
ALL I WANT
FOR CHRISTMAS
IS YOU CYN
SO POST EARLY
I LOVE YOU
SIMPLY, U LOVE ME
OR I'D GO MAD
I'M ALREADY THO'
HEE HEE!!! I love you
I love you XX
I LOVE YOU MAD CYN.
I love you from John
MERRY CHRIMBO

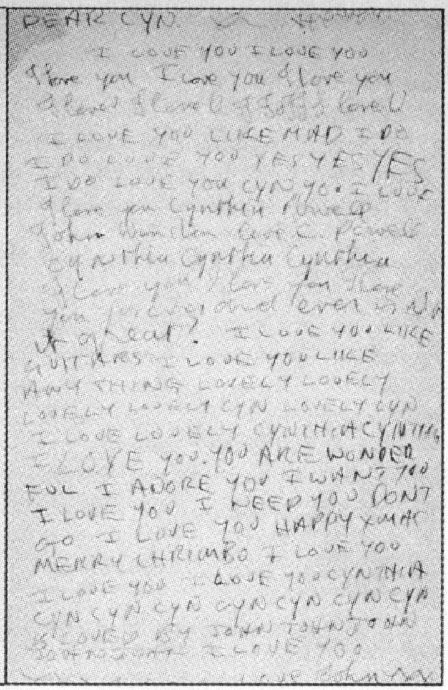
DEAR CYN
I LOVE YOU I LOVE YOU
I love you I love you I love you
I love U I love U I love U I love U
I LOVE YOU LIKE MAD I DO
I DO LOVE YOU YES YES YES
I DO LOVE YOU CYN YOU I LOVE
I love you Cynthia Powell
John Winston love C. Powell
Cynthia Cynthia Cynthia
I love you I love you I love
you for ever and ever is n't
it great? I LOVE YOU LIKE
GUITARS I LOVE YOU LIKE
ANYTHING LOVELY LOVELY
LOVELY LOVELY CYN LOVELY CYN
I LOVE LOVELY CYNTHIA CYNTHIA
I LOVE YOU. YOU ARE WONDER
FUL I ADORE YOU I WANT YOU
I LOVE YOU I NEED YOU DONT
GO I LOVE YOU HAPPY XMAS
MERRY CHRIMBO I LOVE YOU
I LOVE YOU I LOVE YOU CYNTHIA
CYN CYN CYN CYN CYN CYN CYN
IS LOVED BY JOHN JOHN JOHN
JOHN JOHN I LOVE YOU
love John

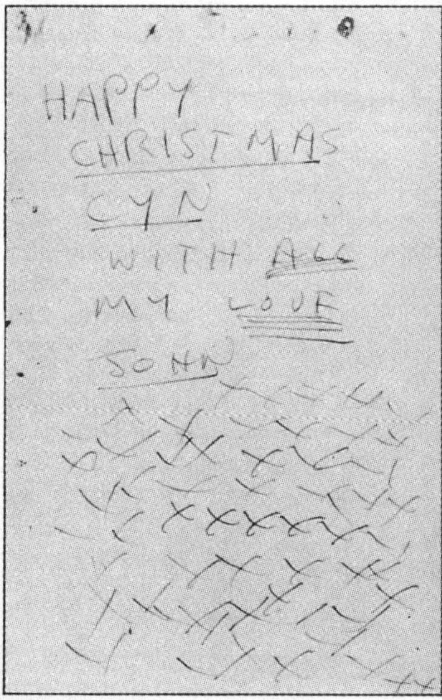
HAPPY
CHRISTMAS
CYN
WITH ALL
MY LOVE
JOHN

sten Gefühle anvertraute. Abgesehen von der allgegenwärtigen Tante Mimi spielten in den Gesprächen mit ihr, die sich um seine Familie drehten, drei Menschen eine Rolle. Einer von ihnen war Onkel George, den John sehr vermißte. Wenn er eines von Georges alten Jacketts trug, wies er Cynthia stolz darauf hin. Die Jacketts paßten ihm nicht, aber das störte ihn nicht. Sein Vater dagegen war als Thema tabu. John hatte sich ein Bild von ihm gemacht, das er Cynthia anvertraute: Er sah ihn als großartigen Seemann mit einer prächtigen Singstimme vor sich, »einen Helden in der Ferne«, der nicht für ihn da war, weil er fortgehen mußte, um auf See bedeutende Arbeit zu leisten. Es tat John weh, daß es so war, aber er hatte die Existenz seines Vaters endgültig aus seinen Gedanken verbannt. Nummer drei war natürlich seine Mutter, der Schmerz über ihren nicht weit zurückliegenden unnatürlichen Tod.

»Er hat mit niemandem außer mir über seine Mutter gesprochen«, sagt Cynthia. »Ihr Tod hat sein ganzes Leben durcheinandergebracht. Er hat oft gesagt, wie schrecklich es war, sie gerade zu dem Zeitpunkt zu verlieren, als sie dabei war, seine beste Freundin zu werden. Viel mehr hat er nie gesagt. Es muß für ihn sehr schmerzlich gewesen sein, sich anderen Menschen gegenüber zu öffnen. Ich bin sicher, daß das der Grund dafür ist, daß er sich in der Akademie so verrückt benommen hat und unter Alkoholeinfluß aggressiv geworden ist. Als er als Beatle Erfolg hatte, ist er ein ganz anderer Mensch geworden. Sein Gleichgewicht war wiederhergestellt. Er wurde sanfter. Er hat nach wie vor getrunken, aber er wurde nicht mehr so aggressiv.«

Johns Eifersucht und seine Besitzansprüche auf Cynthia gingen fast zu weit. Wenn sie die Nacht nicht mit ihm verbringen konnte, bestand er darauf, daß sie mit ihm in Liverpool blieb, bis um dreiundzwanzig Uhr zwanzig der letzte Zug nach Hoylake abfuhr. Mit diesem Zug kam sie direkt vor dem kritischen Punkt, Mitternacht, zu Hause an. »Das hat er nur getan, um sicherzugehen, daß ich keinen anderen Mann sah.« Nach dem Unterricht trafen sie sich entweder in Stuarts Wohnung, oder sie gingen ins Kino oder etwas trinken. »Er wollte mich vollkommen an sich binden, und das habe ich gern hingenommen«, sagt Cynthia. Von den acht Shilling, die ihr pro Tag zur Verfügung standen, versorgte Cynthia John mit billigen Zigaretten, da er selbst laufend pleite war.

»Wenn John andere Affären hatte, dann hat er nicht viel Zeit für sie gehabt«, sagt Cynthia. »Was soll da schon gewesen sein? Er hat fast jede freie Minute mit mir verbracht. Später, als es die Beatles gab und er oft weg war, ja, das war etwas anderes. Aber Liebe macht blind.«

Als ihre Verlobung beschlossene Sache war und sie es nicht mehr aushielten, nicht ständig zusammen zu sein, beschlossen John und Cynthia, jeder solle die Familie des anderen kennenlernen. »Nach ein paar Monaten bin ich zu Tante Mimi gegangen und habe mich gut mit ihr verstanden«, erzählt Cynthia. »Das einzige, was wir vor ihr geheimhielten, war der Umstand, daß John und ich manchmal die Nacht gemeinsam in Stuart Sutcliffes Wohnung verbrachten. Sie muß mich für ein nettes junges Mädchen gehalten haben. Sie hatte ja keine Ahnung.« Cynthia kam oft zu Besuch und übernachtete anschließend bei ihrer besten Freundin, Phyllis McKenzie, die auch in Woolton wohnte.

John seinerseits kam seltener in die Trinity Road in Hoylake. Schon bei seinem ersten Besuch war er mit Cynthias Mutter aneinandergeraten. »Meine Mutter hat im klargemacht, daß sie sich nicht über seine Erscheinung aufregt, aber es wäre ihr wesentlich lieber gewesen, wenn ich mir einen ordentlichen Büromenschen ausgesucht hätte.« John kam nur dreimal zu Cynthia nach Hause. Er sollte sich nie gut mit Cynthias Mutter verstehen, auch später nicht. Als sie in seiner Villa in Weybridge lebte, sah er sie als unerwünschten Eindringling an.

Das Jahr 1959 war für John ein entscheidendes Jahr. Erstens unternahm er den zögernden Versuch, bei Tante Mimi auszuziehen und Woolton zu verlassen; er zog mit Stuart in die Gambier Terrace. Es war ein Haus mit Blick auf die anglikanische Kirche, die damals gerade gebaut wurde. Es wäre eine Übertreibung, Stuarts Unterkunft als Wohnung zu bezeichnen: ein Zimmer mit Gemeinschaftstoilette im Flur eines großen georgianischen Hauses. Matratzen auf dem Fußboden dienten als Betten, Farbtuben, Teekessel und andere Accessoires des Studentenlebens waren chaotisch über den Fußboden verstreut. Gerade von dieser Unordnung fühlte sich John angesprochen. Außerdem war dies der Ort, an dem er mit Cynthia übernachten konnte. »Unsere Familien wußten zwar, daß wir viel Zeit miteinander verbrachten, aber damals redete man nicht offen über ein Zusammenleben«, sagt Cynthia. »John und ich stellten uns auf den Standpunkt, daß unsere Angehörigen sich keine Sorgen über Dinge machen konnten, von denen sie nichts wußten.« Cynthia zog nicht aus Hoylake aus, aber ihrer Mutter fiel auf, daß sie immer häufiger ihre Nächte bei Phyllis McKenzie in Woolton verbrachte. Cynthias Alibi war perfekt. Aber Mimi war erbost darüber, daß John in die »dreckige« Gambier Terrace gezogen war. »Bitte, Cynthia, versuch du, ihn dazu zu bringen, daß er aus dieser Wohnung auszieht. Dort ist es schmutzig, und es ist ungesund für ihn.«

»Ich kann nicht viel machen, Mimi«, sagte Cynthia. »Er will bei Stuart sein.«

John streute Salz in Mimis Wunden, indem er gar nicht wirklich aus Woolton auszog. Er brachte ihr ständig schmutzige Wäsche und holte von ihr gewaschene ab. Mimi tröstete sich damit, daß sie ihn auf diese Weise wenigstens regelmäßig sah und dafür sorgen konnte, daß er ein anständiges Essen vorgesetzt bekam.

Das Zusammenleben mit Stuart hatte eine stabilisierende Wirkung auf John. Bis spät in die Nacht hinein unterhielt er sich mit dem Freund, den er mehr als jeden anderen bewunderte, und Stuart ermutigte John, sich an Ölfarben zu versuchen. Als Gegenleistung für die künstlerische Unterweisung versuchte John, Stuart beizubringen, Baßgitarre zu spielen. Stuart war nie ein guter Musiker, aber aus persönlicher Zuneigung und Anhänglichkeit nahm John ihn bei den Quarry Men auf und brachte ihn auch mit zu den Beatles. Stuart spielte wirklich nicht gut und verschleierte diese Tatsache, indem er bei den Auftritten mit dem Rücken zum Publikum stand, damit man seine technischen Schwächen nicht so deutlich sehen konnte, aber er hatte den Vorteil, daß er bei den Mädchen zog. Seine stille Verletzlichkeit ließ viele Herzen schneller schlagen. Optisch, wenn auch nicht musikalisch, war er zu einer Zeit, zu der sie jeden Fan gebrauchen konnten, ein weiteres Plus für die Band.

John konnte damals gar nicht genug üben. Er war besessen von der Musik. Die Möglichkeiten, Räume zum Üben zu finden, waren jetzt besser. Trotz des Todes seiner Mutter hatte John den Kontakt zu Twitchy aufrechterhalten, und wenn sie Abwechslung von Pauls Zuhause brauchten, trafen sich John, Paul und Cynthia in Twitchys Haus in Spring Wood, um dort Jam Sessions zu veranstalten oder Songs zu schreiben. »Wenn Twitchy da war, hat er uns reingelassen, und wenn er nicht zu Hause war, sind wir durch ein Fenster gestiegen, haben die Speisekammer geplündert und sind nach unseren Jam Sessions, die zwei bis drei Stunden dauerten, wieder abgezogen«, sagt Cynthia. »John hat Twitchy ausgenutzt. Die beiden waren höflich zueinander, aber das war es auch schon. Aber sein Haus kam uns gelegen.«

Paul, der damals wie auch heute ein großer Systematiker war und einen genauen Blick für Einzelheiten hatte, trug ständig ein Notizbuch mit sich herum, in das er die Texte zu den Songs schrieb, an denen er und John arbeiteten. Per Händedruck einigten sie sich auf eine Abmachung, die ihrer beider Namen in die Geschichtsbücher bringen sollte: Jeder Song, egal ob sie ihn gemeinsam geschrieben hatten oder ob einer von ihnen ihn allein geschrieben hatte, sollte beide Namen in der folgenden Form tragen: »Lennon-McCartney«.

»Es war eine wunderbare Zeit«, sagt Cynthia im

Rückblick. »Sie wurden nicht nur von einer musikalisch begründeten Notwendigkeit zusammengehalten. Sie wirkten, als seien sie schon seit Jahren befreundet. Es beruhte auf Intuition. George, der jünger war und keine Songs schrieb, war aus dieser Kommunikation ausgeschlossen, aber John und Paul konnten es nicht lassen, so oft wie möglich zusammen zu spielen, die Griffe des neusten Elvis-Songs zu üben und sich in ihrer Zuversicht zu bestärken, daß es den Versuch lohnte, sich ihre Texte selbst zu schreiben. Bei diesen Proben habe ich wie hypnotisiert dagesessen. Ihre Harmonien waren so schön. John hatte das Image des harten Machers, aber in seiner Musik zeigte sich das, wovon wir alle wußten, daß es unter seinem rauhen Äußeren verborgen war.

Bei den Sessions mit Paul wollte er kein Publikum haben. Wenn sie in der Mittagspause in der Akademie spielten, war es ein Glück für das Publikum, daß John seine Brille nicht trug und daher nicht sah, wie viele Menschen sich um sie versammelt hatten. Ich erinnere mich, daß andere Studenten oft gesagt haben: ›Meine Güte, das ist ja ein völlig anderer John Lennon.‹ Wenn sie ihn zarte, melodische Stücke spielen hörten, erkannten sie, daß wirklich viel mehr in ihm steckte, als sie bis dahin geahnt hatten.«

Geld, Ruhm und musikalischer Ehrgeiz waren für John zweitrangig im Vergleich zu seiner Liebe zu Cynthia und dem selten eingestandenen Wunsch, Tante Mimi Freude zu machen. »Ich glaube nicht, daß John mit neunzehn auch nur den blassesten Schimmer hatte, daß er es zu Reichtum und Erfolg bringen würde«, sagt Cynthia. »Paul war ein fleißiger Schüler, aber John war ganz anders. Ihn machte es glücklich, das zu tun, was ihm Spaß machte. Er war sorglos.« Unter Johns äußerer Gleichgültigkeit steckten ganz konventionelle Wünsche. Als die Quarry Men mit ihren Auftritten ein paar Pfund verdienten, genoß John den Spaß, Mimi ab und zu ein Bündel Scheine in die Hand zu drükken. »Von Zeit zu Zeit hat er ihr zehn Pfund gegeben. Ich habe seinen Gesichtsausdruck gesehen, der sagen sollte: ›Schau, wir haben es geschafft!‹ Er hatte es zwar keineswegs geschafft, aber er wollte Mimi das Gefühl geben, daß er seine Sache gut machte. ›Das ist das Geld für meinen Unterhalt‹, hat er zu seiner Tante gesagt.«

Jeder von Lennons Studienkollegen hat eine andere Anekdote über ihn zu berichten. Aber in einem entscheidenden Punkt sind sich alle einig: Ohne den Erfolg mit den Beatles hätte John durchaus auf die schiefe Bahn kommen können. Cynthia sagt, wenn er nicht Paul McCartney gehabt hätte, der ihm gut zuredete, ihren gemeinsamen Sohn Julian, der ihn motivierte, Geld zu verdienen, und später Brian Epstein als Manager der Beatles, der ihn antrieb, »hätte er als Penner geendet. Nach dem, was inzwischen geschehen ist, klingt das komisch, aber es wäre so gekommen. Ich wäre arbeiten gegangen, denn er hätte für keinen Beruf irgendwelche Voraussetzungen gehabt, es sei denn, Mimi hätte ihn dazu gebracht, ein Handwerk zu lernen oder noch einmal eine Ausbildung zu machen, nachdem es in der Kunstakademie danebengegangen war. Er wäre hoffnungslos versumpft.«

# 8.
# *Hamburg*

## »Trinken wir was. Wir sind von der Akademie geflogen!«

Wie vorherzusehen gewesen war, fiel Lennon bei der Prüfung in Kalligraphie durch. Selbst Cynthias und Thelmas gemeinsame Bemühungen – beide fertigten Arbeiten für ihn an – konnten ihm nicht mehr helfen. Man wollte ihn von der Akademie ausschließen. Arthur Ballard kam ihm zu Hilfe und bewirkte eine Art Probezeit für ihn. Geoff Mohammed jedoch wurde endgültig rausgeworfen und John ging mit ihm feiern. Michael McCartney kam in die Kneipe, in der die beiden saßen, und fand das Paar bei bester Laune vor. »He, Mike, setz dich zu uns und trink was. Wir sind von der Akademie geflogen!« In Johns Fall entsprach das nicht ganz den Tatsachen, aber es hätte durchaus so sein können. Lennon dachte mit neunzehn gar nicht daran, das Vertrauen, das Arthur Ballard in ihn setzte, zu rechtfertigen, und auch Ballards Komplimente ließen ihn kalt. Er erschien immer seltener zum Unterricht. John sah sich nicht als regulären Studenten, sondern eher als einen zeitweiligen »Besucher« an.

Das Glück kam ihm zu Hilfe. In der Zeit, in der sich immer deutlicher abzeichnete, daß man ihn von der Akademie werfen würde, reiste er als Musiker nach Deutschland, und diese Reise sollte sein ganzes Leben verändern.

John verbrachte jetzt tagsüber die meiste Zeit im Jacaranda, einem Club in der Slater Street, beim Kaffeetrinken. Die Zeitung *Sunday People* druckte Fotos von dem Chaos ab, in dem John und Stuart lebten. Der Artikel trug die Überschrift: »Das ist der Beatnik-Horror.« John hatte sich von Mimis Fesseln befreit und fühlte sich innerlich und äußerlich frei. Er lebte seine Wunschvorstellungen aus.

Das »Jac« war eine Coffeebar, die von Allan Williams geleitet wurde, einem geborenen Waliser, der die Popszene interessiert verfolgte. Er erwies sich als ein Meilenstein auf dem Weg der Beatles zum Erfolg. Williams verstand sich gut mit Sutcliffe, den er bewunderte, und daher wurde er von Lennon ständig verfolgt, er sollte die Quarry Men im Keller des »Jac« auftreten lassen, wenn die Gruppen, die sonst dort spielten – zum Beispiel Cass and the Casanovas, Derry and the Seniors und Rory Storm and the Hurricanes (bei denen Ringo Starr Schlagzeuger war) – ihn versetzten oder gerade keine Zeit hatten.

Williams ließ sich erweichen. John zog Stuart als Bassisten hinzu; der hatte sich das Instrument von dem Geld gekauft, das er bei einem Wettbewerb mit einem seiner Kunstwerke gewonnen hatte. Stuarts zarte Künstlerhände waren innerhalb von Tagen völlig kaputt. Lennon sah inzwischen im Rock'n'Roll den einzigen Weg, der ihm noch offenstand, und er bemühte sich sogar, von der Kleidung her bei Williams' Sessions einen guten Eindruck zu machen. Die Gruppe trug Pullover von Marks and Spencer, dunkelblaue Jeans und weiße Turnschuhe.

Paul war der bessere Musiker, und er sang die poppigeren Melodien (»You Are My Sunshine«, »Home« und »You Were Meant For Me«), während John die Songs sang, die mehr in Richtung Beat gingen wie »Ain't She Sweet«. Doch Lennon war nach wie vor der unbestrittene Bandleader. Als darüber diskutiert wurde, die Gruppe

umzubenennen, brachte John als Alternative immer wieder seinen Namen ein. Long John Silver, eine Parodie auf seinen eigenen Namen sowie auch eine Gestalt aus dem beliebten Kinderbuch *Die Schatzinsel*, wurde schnell verworfen. Das klang zu sehr nach der Popmusik von Cliff Richard, Frankie Vaughan und Craig Douglas, der John jetzt den Krieg erklärt hatte.
Es gelang der Band, sich einen neuen Schlagzeuger an Land zu ziehen. Er war zwar schon sechsunddreißig, aber er beherrschte sein Instrument. Tommy Moore, ein Gabelstaplerfahrer, war technisch gesehen der beste Musiker, den John, Paul und George in jenen Jahren hatten. Was ihm an jugendlicher Überschwenglichkeit fehlte, glich er dadurch aus, daß er der Band klanglich eine größere Dichte gab. John hatte wenig Geduld mit Moore, der ihm zu langsam dachte und nichts überstürzte, aber er sah in ihm ein Mittel zu dem Zweck, das musikalische Niveau der Gruppe anzuheben.
Der letzte Auftritt der Quarry Men unter ihrem alten Namen spielte sich in einem Club in West Derby, einem Vorort von Liverpool, ab. Diesen Club leitete Mona Best, die Mutter des zukünftigen Schlagzeugers der Beatles, Peter. Im August 1959 spielten sie bei der Eröffnung des Clubs, und im Lauf der nächsten drei Jahre sollten sie unter den verschiedensten Namen noch etwa hundertzwanzigmal dort auftreten.
Die Verbindung zu Allan Williams und dem Jacaranda sowie zum Wyvern Social Club in der Seel Street 108, der sich später Blue Angel nannte und ebenfalls Allan Williams unterstand, erwies sich für die Beatles als wichtig. Larry Parnes, der in London einen Namen hatte, stand in dem Ruf, Topstars des britischen Pop groß rauszubringen und ihnen Namen zu geben, die in einer verwässerten Popszene einen guten Eindruck machten. Er hatte in der Coffeebar 2 I's in Soho Tommy Steele entdeckt und Parnes Marty Wilde, Vince Eager, Duffy Power, Johnny Gentle und Dickie Pride herausgebracht. Ende der fünfziger Jahre war Parnes jemand, den man nicht umgehen konnte, wenn man es in der Popmusik zu etwas bringen wollte.
Durch Allan Williams' Vermittlung durfte Johns Gruppe, die sich damals Silver Beetles nannte, bei Larry Parnes vorspielen. Die Gruppe, die Larry Parnes am besten gefiel, sollte einen anderen Sänger aus Parnes' Stall, Bill Fury aus Liverpool, auf einer landesweiten Konzerttournee begleiten. Die Silver Beetles konnten sich für diese Tournee nicht qualifizieren, aber sie bekamen ein vergleichbar attraktives Angebot – die beachtliche Summe von achtzehn Pfund wöchentlich, wenn sie einen von Parnes' weniger bekannten Sängern, Johnny Gentle, auf eine Tournee durch den hohen Norden Schottlands begleiteten. John und Stuart waren begeistert. Ihnen erschien es simpel, eine Woche lang Unterricht zu schwänzen. Paul war gleichfalls entschlossen, sich bei seinen Examensvorbereitungen eine kleine Pause zu gönnen. Nur mit Hilfe seines Bruders Michael gelang es ihm, seinen Vater davon zu überzeugen, daß ihm diese Unterbrechung guttun würde. Mit Tommy Moore, George und Stuart brachen die Silver Beetles auf und kosteten zum ersten Mal in ihrem Leben eine Woche lang das Tourneeleben, Autogrammjäger und ein Publikum aus, das nicht aus Liverpool kam. Die Bezahlung war nicht direkt angemessen, aber dieses Leben war eine neue Form von Freiheit.
Zwei Menschen sollten Johns Grausamkeit auf dieser Schottland-Tournee zu spüren bekommen, und beide waren nicht darauf vorbereitet. Er genoß es, Stuart zu verspotten, dessen Versuche, sich musikalisch auf das Niveau der anderen zu schwingen, über seine Fähigkeiten hinausgingen. John schien überhaupt nicht klar zu sein, daß er selbst es war, der den widerwilligen Stuart dazu gebracht hatte, Baß zu spielen. Jetzt mußte Stuart sich von seinem besten Freund vorwerfen lassen, daß er nicht mithalten konnte. Auch Lennons Ungeduld mit Tommy Moore brach kaltblütig durch. Als der Bus mit den Musikern, den Johnny Gentle fuhr, mit einem anderen Wagen zusammenstieß und Moore ins Krankenhaus kam, suchte Lennon ihn dort auf und bestand darauf, daß er rechtzeitig zum Auftritt am Abend das Krankenhaus verließ.

Auf John übte Schottland eine nachhaltigere Wirkung aus als auf die drei anderen. Nach ihrer Rückkehr verließ Tommy Moore, der die altersbedingte Kluft zwischen sich und den anderen klar erkannt hatte, sofort die Gruppe. Paul und George gingen wieder ins Liverpool Institute, und Cynthia hatte in der Zwischenzeit erfahren, daß John bei der Prüfung in Kalligraphie durchgefallen war. John geriet so kraß wie nie mit Mimi aneinander.

Er setzte Allan Williams wieder zu, ihnen mehr Engagements zu beschaffen. Die wöchentlichen Auftritte in Mona Bests Casbah Club, das zeitweilige Einspringen im Jac und die gelegentliche Begleitung einer Stripperin im New Cabaret Artistes Club reichten ihm nicht. Die richtige Konzert-Tournee durch Schottland hatte John angefeuert, und er lechzte danach, allabendlich aufzutreten. Allan Williams begann an die Fähigkeiten der Band zu glauben. Sie stellte jetzt eine echte Konkurrenz für die lokalen Favoriten dar, Derry and the Seniors und Gerry and the Pacemakers. Williams war ebenso enthusiastisch wie die Silver Beetles selbst, aber er mußte sich um ganze Scharen von anderen Bands kümmern. Daher löste er später seine Bande mit der Gruppe, und Brian Epstein wurde Manager der Beatles. Zwölf Jahre später schrieb Allan Williams ein Buch über seine Erlebnisse mit den Beatles. Es trug den Titel *The Man Who Gave the Beatles Away*. Nachdem Lennon es gelesen hatte, sprach er von Allan nur noch als dem »Mann, der die Beatles nicht hergeben konnte«.

Allan Williams war es auch, der die Beatles nach Hamburg brachte. Die Royal Caribbean Steel Band, die regelmäßig im Jacaranda auftrat, fuhr nach Hamburg und schrieb ihm, dort sei ein guter Markt für britische Popgruppen. Etwa zu der Zeit hatten die Silver Beetles das »Silver« aus ihrem Namen gestrichen. Seit einem Auftritt im Juni 1960 waren sie die Beatles. Andere Gruppen in Liverpool lachten sie wegen ihres Namens aus. Die Kühnheit, ein so neues Wort wie »Beat« in einen Namen einfließen zu lassen, war noch nie dagewesen.

Als erstes wurden die Beatles durch Williams' Vermittlung von einem Club an der Reeperbahn gebucht. Der Manager des Kaiserkellers, Bruno Koschmider, engagierte sie für den August 1960. John war das nur allzu recht. Die Kunstakademie hatte er abgeschrieben. Er wurde nie offiziell von der Schule verwiesen wie sein Freund Geoff Mohammed, da Arthur Ballard sich unermüdlich für ihn einsetzte. Während in der Akademie darüber diskutiert wurde, ob Lennon bleiben durfte oder gehen mußte, kam das Hamburg-Angebot, und der Fall war entschieden. Lennon stieg aus, und das teilte er jedem mit. Selbst Tante Mimi konnte keine Argumente gegen Johns stolze Behauptung vorbringen, jeder von ihnen würde hundert Pfund in der Woche verdienen. »Ich habe das Schlimmste befürchtet«, sagt Mimi. »Aber schließlich war er kein Kind mehr, und ich konnte ihm nichts mehr vorschreiben, sondern ihm nur noch raten. Ich habe in den Auftritten in Deutschland keine Zukunft gesehen, aber John hat mir gesagt, die Bezahlung sei gut.«

Aber vorher brauchten sie noch einen Schlagzeuger. Im Casbah Club hatte Mona Bests Sohn, ein sehr introvertierter Junge, der Peter hieß, oft mit John, Paul, George und Stuart zusammengesessen. Sie hatten wenig gemeinsam, was über die Musik hinausging, aber das reichte. Er war ein guter Schlagzeuger. Innerhalb der Gruppe kamen Unstimmigkeiten auf, weil Paul laufend Stuarts Baßspiel kritisierte. George wurde immer besser, er war eindeutig zum Leadgitarristen avanciert, und die Rollen der einzelnen mußten jetzt klarer definiert werden. John war ein fähiger Rhythmusgitarrist, aber sie brauchten keine zwei Rhythmusgitarristen. McCartney hätte gern selbst anstelle von Stuart Baß gespielt. Außerdem kam es zu Eifersüchteleien um Lennons Gunst. McCartney konnte nicht verstehen, wie John, der sonst so hart war, wider besseres Wissen darauf bestehen konnte, daß sein bester Freund trotz seiner offensichtlichen Inkompetenz in der Gruppe blieb. Dazu kam, daß Stuart Paul Konkurrenz

machte, wenn es um die Wirkung auf die Mädchen ging, und das paßte Paul gar nicht.
Es tauchten Schwierigkeiten auf, weil John seine Geburtsurkunde, die unerläßlich war, wenn er sich einen Paß für die Reise nach Deutschland ausstellen lassen wollte, nicht finden konnte. Es gab keine Eltern, die unterschreiben konnten, und erst im letzten Moment tauchte das Dokument auf. Lennon gewann auch die schwierige Schlacht, die Eltern aller anderen Mitglieder der Band von der Wichtigkeit dieser Reise zu überzeugen.
Am 16. August 1960 begann die erste Reise der Beatles – John, neunzehn, Paul, achtzehn, und George, siebzehn – nach Hamburg. Die Hamburg-Erfahrung, wie sie es später nannten, lehrte sie das Überleben und brachte sie erstmals mit Aufputschmitteln in Berührung.
Die Trennung von Cynthia für unbestimmte Zeit war schmerzlich. Vier Monate lang hielt sich John an sein Versprechen, ihr täglich zu schreiben. In seinen Briefen stand, wie sehr er sich nach ihr sehnte – vor allem sexuell –, wie sehr er sie brauchte und vermißte, aber auch, wie gut in Hamburg alles klappte, obwohl Bruno Koschmider sie ausnützte, sie hart arbeiten ließ und ihnen als Unterkünfte nur drei schmuddelige Zimmer mit Feldbetten zur Verfügung stellte. Er schrieb auch, daß die sanitären Verhältnisse erschrekkend seien und daß ihre Zimmer hinter einer Kinoleinwand lägen. Cynthia machte sich trotzdem Sorgen wegen der Mädchen, die John im promiskuitiven, gefährlichen Hamburg haben konnte – »seine Briefe waren so voller Liebe und Wärme, daß ich mich ganz wunderbar und elend zur gleichen Zeit gefühlt habe«, gibt sie zu.
Direkt nach Johns Abreise stellte Cynthia fest, daß John und sie keine Fotos voneinander hatten. Daher ging sie wöchentlich zu einem Fotoautomaten bei Woolworth. Sie kämmte sich sorgsam das Haar, zog sich besonders schön an und setzte ihren verführerischsten Schmollmund auf. Sie hoffte, ihn damit von den deutschen Blondinen abzuhalten.
Sie bat John, ihr ebenfalls Fotos zu schicken. Das Ergebnis war typisch Lennon: Er schickte Cynthia Fotos von sich in verzerrten Posen, mit entstelltem Gesicht, mimte einen Buckligen, schielte schrecklich und ließ sich jedesmal eine größere Scheußlichkeit einfallen.
Der Indra Club, in dem sie kurz nach ihrem Eintreffen in Deutschland spielten, war ein schäbiger kleiner Keller. Das Publikum bestand zunächst nur aus etwa einem halben Dutzend Zuhörern, aber Bruno Koschmider hatte die Beatles ja gebucht, um etwas Leben in dieses Lokal zu bringen. Sie sollten für das Indra tun, was ihre Rivalen aus Liverpool, Derry and the Seniors, für den Kaiserkeller getan hatten: Sie sollten ein größeres Publikum anlocken und somit die Einnahmen steigern.
Das Indra war vorher ein Stripschuppen gewesen und hatte eine winzige Bühne. Als eine Frau, die in einer Wohnung über dem Club wohnte, die Polizei anrief und sich über den Lärm beschwerte, entschloß sich Koschmider, die Energien der Gruppe in dem wesentlich größeren Kaiserkeller zu nutzen. Derry and the Seniors hatten dort vor gestopft vollem Haus gespielt. In Deutschland wurden meist keine Eintrittsgebühren verlangt, aber die Gäste sollten Getränke konsumieren, und zwar möglichst viele, und dadurch kam es oft zu Schlägereien.
Koschmider forderte die Beatles ständig dazu auf, eine richtige Show abzuziehen, damit Publikum angelockt wurde. Sie waren vertraglich verpflichtet, von acht Uhr abends bis zwei Uhr morgens mit gelegentlichen viertelstündigen Pausen zu spielen. Das bedeutete etwa achtmal fünfundvierzig Minuten pro Abend, was die Gruppe an die Grenzen ihres Repertoires brachte und nur minimale Abweichungen von Auftritt zu Auftritt ermöglichte.
Es ging ums Überleben. Das Publikum ließ den Musikern Bier hinstellen und äußerte gelegentlich Wünsche. John war in diesen Hamburger Zeiten oft betrunken, aber nie außerstande, einen harten Rock'n'Roll hinzulegen. Die Roheit, mit der die Kellner mit Betrunkenen, Gangstern und Prostituierten im Publikum umgingen, und nicht zuletzt auch die Sprachbarriere trugen dazu bei, daß sich die Teenager aus Liverpool wie

in einer fremden Welt fühlten. Gäste, die sich danebenbenahmen, wurden von den Rausschmeißern oft mit Totschlägern und Schnappmessern bedroht. John sagte später: »In Hamburg bin ich erwachsen geworden, nicht in Liverpool.«
Preludin war ein leichtes Aufputschmittel, das John und die anderen meistens von den Kellnern zugesteckt bekamen. John bekam es außerdem von einer Bedienung, mit der er sich angefreundet hatte. Es waren eigentlich Abmagerungstabletten, die erst in Verbindung mit Bier die gewünschte Wirkung hervorriefen, die etwa zwölf Stunden anhielt. Während dieser Zeit konnte man kaum stillsitzen. Der Adrenalinausstoß war gewaltig, und jedes Hungergefühl wurde abgetötet.
Eine weitere Wirkung der Prellys war, daß sie grundloses Selbstvertrauen gaben. Wenn genug Krach war, daß ihn ohnehin niemand hören konnte, pöbelte John von der Bühne herunter das Publikum an und beschimpfte die Leute als Nazis. Er weigerte sich beharrlich, Deutsch zu lernen, während sich Paul, George und Stuart einen begrenzten Wortschatz zulegten. Pete Best hatte Deutsch in der Schule gelernt. John kostete die Hamburg-Erfahrung wie Hunderte von wichtigen Phasen seines Lebens voll aus, nutzte sie fur sich und tat sie dann ab.
Die jungen Mädchen, die in den Clubs und Kneipen an der Reeperbahn nach Männern Ausschau hielten, fanden die fünf gutaussehenden, vergleichsweise unschuldigen jungen Engländer attraktiv, empfanden sie als erfrischende Abwechslung von den matten Geschäftsmännern und den nach Sex ausgehungerten Matrosen. Neben der Arbeit, dem Schlaf und dem Kartenspiel blieb ihnen nicht viel Zeit. Während dieses ersten viermonatigen Aufenthalts in Hamburg hatte John wie die anderen Beatles auch gelegentliche Geschichten mit Mädchen. Das Bild von den fünf Teenagern, die in Orgien schwelgten, das bedauerlicherweise damals zum Mythos der Beatles beitrug, ist auf Gerüchten und Übertreibungen aufgebaut.
Ein Mädchen sollte bei den Beatles einen unauslöschlichen Eindruck hinterlassen, insbesondere bei Stuart und John. Astrid Kirchherr, geboren 1938, Tochter des Verkaufsleiters von Ford in Deutschland, paßte auf den ersten Blick überhaupt nicht in den schäbigen Kaiserkeller, in dem die Beatles sieben Abende pro Woche spielten. Sie kam durch ihren Freund Klaus Voormann in diesen Club. Astrid hatte sich von früher Kindheit an sehr für Kunst interessiert, und sie entwarf sich alle ihre Kleider selbst. Ihre Freundschaft mit dem in Berlin geborenen Sohn eines Arztes hatte in einer privaten Kunstschule begonnen, der Meisterschule in Hamburg. Klaus war ein großer Rock'n'Roll-Fan, und als Illustrator wünschte er sich nichts sehnlicher, als Covers für Pop-Platten zu entwerfen. Astrids eigentliche Begabung jedoch war die Fotografie. Sie ließ sich in dieser Kunst ausbilden, nachdem sie das Modezeichnen als Berufsausbildung aufgegeben hatte.
Klaus bewohnte ein Zimmer des Hauses in Altona, in dem Astrid mit ihrer Mutter lebte. Astrids Vater war gestorben, als sie siebzehn war. Beim Eintreffen der Beatles in Hamburg war sie dreiundzwanzig und strahlte eine kühle, unabhängige Selbstsicherheit aus, die durchaus zu ihrem guten Aussehen paßte. Mit ihrem kurzgeschnittenen blonden Haar, ihrer reinen weißen Haut und ihren großen ausdrucksvollen Augen erinnerte sie John wieder einmal an sein Idol Brigitte Bardot.
Ein Streit mit Klaus führte Astrid 1960 an einem Sommerabend auf die Reeperbahn. Ein paar Tage zuvor war Klaus nach einem Streit aus dem Haus gegangen, hatte sich einen Film angesehen und war dann in St. Pauli gelandet. Klaus lechzte nach den Klängen des Rock'n'Roll und fühlte sich von den Lauten angezogen, die aus der Großen Freiheit drangen. Er ging der Musik nach und setzte sich, ohne es zu wissen, zu den Beatles, die sich die gerade spielende Gruppe anhörten. Es war ebenfalls eine Gruppe aus Liverpool, Rory Storm and the Hurricanes mit Ringo Starr am Schlagzeug.
Klaus erinnert sich lebhaft an diese Nacht. »Ich konnte gar nicht glauben, wie die Jungen aussa-

hen, neben denen ich saß. Wir haben auch nicht viel miteinander geredet, weil sie kein Deutsch konnten. Aber als die Beatles aufgetreten sind, hat mich ihre Musik begeistert.« Er wollte sich mit der Gruppe unterhalten und stufte Lennon als Bandleader ein. Nach der Session wandte er sich an ihn und sprach ihn auf Entwürfe für Plattenhüllen an. Lennon verwies Klaus an Stuart. »Zeig ihm das, er ist unser Künstler.«

Am nächsten Abend ging Klaus Voormann wieder in den Club. Er wollte sich die Beatles von Anfang bis Ende anhören. Er war vor allem von Stuarts Erscheinung fasziniert, denn wenn es Stuart auch an überragendem musikalischem Können fehlte, so wirkte er doch wie der Künstler, der er war, zerbrechlich, scheu, dunkle Brille und ein Hauch von James Dean.

Klaus kam keinen Moment lang auf den Gedanken, daß er das Ende seiner Liebesgeschichte einleitete, indem er Astrid drei Nächte nach seiner Entdeckung überredete, mitzukommen. Doch in dem Moment, als Astrid den Kaiserkeller betrat, während die Beatles auf der Bühne standen, fiel ihr Blick schon auf Stuart. Sie war weit entfernt von allem, was die Beatles bisher auf der Reeperbahn gewohnt waren, und Stuart fühlte sich magnetisch von ihr angezogen.

Astrid hatte eine gewaltige Wirkung auf die Beatles. Bei den vier weiteren Hamburg-Aufenthalten der Band in den kommenden zwei Jahren bot sie ihnen weit mehr als die Wärme, die Spiegeleier, Steaks und Pommes frites, die sie so sehr vermißten. Sie sollte nicht nur ihre engste Freundin in Deutschland werden, sondern sie war es auch, die ihnen einen eigenen Stil gab und sie in eine Richtung wies, die die Welt aufrütteln sollte. Astrid und ihre Freunde waren Existentialisten – die vorderste Reihe der Avantgarde. Sie lehnten alle universellen Werte ab und drückten allem, von der äußeren Erscheinung bis zu ihrer Weltanschauung, ihren eigenen Stempel auf. Die »Exis« hatten in der Kunst, der Mode, der Musik und in ihrem persönlichen Auftreten einen starken Unabhängigkeitsdrang. In erster Linie ging es ihnen darum, die Freiheit der Jugend auszuleben.

Als Stuart und Astrid sich wenige Nächte später zusammenfanden, blieb erstaunlicherweise jeder Groll von Klaus' Seite aus. Astrid, Klaus und einer ihrer Freunde, Jürgen Vollmer, gehörten bald zur Clique der Beatles. Sie saßen nicht nur bei jedem ihrer Auftritte im Club, sondern waren auch tagsüber unzertrennlich. Astrid überredete die Beatles, sich fotografieren zu lassen, und nach ein paar Wochen zog Stuart bei den Kirchherrs ein. Astrids Mutter sorgte sich um den schmächtigen Stuart und beschloß, ihn zu verpflegen und sich um ihn zu kümmern.

Astrid und Klaus waren die ersten intellektuellen Beatles-Fans. Astrid gab ihnen einen Einblick in ihre persönliche Note und in ihre Individualität, die sie in ihrem ganz in Schwarz gehaltenen Schlafzimmer durch deckenhohe Seidentücher und riesige Spiegel zum Ausdruck brachte.

Astrid lebt heute noch in ihrem geliebten Hamburg; ihre Erinnerungen an Stuart und John sind unauslöschlich. John und Stuart haben ihr die Plektren ihrer Gitarren geschenkt, und sie trägt beide im rechten Ohr als Ohrring. Ihre Erinnerungen an die Beatles vor ihrem kometenhaften Aufstieg sind sichtlich von ihrer Liebe zu Stuart und John gefärbt.

»Als ich ihn kennenlernte«, sagt sie, »wußte John unheimlich viel über das, was um ihn herum vorging, weil er besonders intelligent war. Aber er hatte nicht viel Erfahrung, und er war unglaublich neugierig. Hinter alles wollte er kommen. Ständig hat er Fragen gestellt – zur Kunst, zur Kleidung, zu den Deutschen, die ihn faszinierten. Natürlich hat er uns mit seinem ›Bloody Krauts!‹ aufgezogen und mit all diesem Zeug. Aber ich habe ihn als einen zarten, einfühlsamen Jungen kennengelernt, der es immer schrecklich eilig hatte, hinter alles zu kommen. Mit Stuart

Das elegante Liebespaar: Stuart Sutcliffe und Astrid Kirchherr im Haus der Kirchherrs im November 1961, fünf Monate vor Stuarts Tod. Stuarts Kleidung nimmt auf geradezu unheimliche Weise die Uniform vorweg, die Brian Epstein sich wesentlich später für die Beatles ausdenken sollte.

war es dasselbe, aber er war von Natur aus intelligenter als John. Wenn die zwei zusammen waren, ist bei beiden viel abgelaufen.«

Die Beatles hatten es bis dahin noch nie mit einem professionellen Fotografen zu tun gehabt. Als Astrid sie in den Parks und auf Rummelplätzen fotografierte, waren sie »unglaublich aufgeregt«. »Ich habe große Abzüge gemacht«, sagt sie, »und ich habe ihren ganz natürlichen Ausdruck aufgenommen. Ich habe sie nicht aufgefordert, sich in Pose zu stellen, und sie waren völlig außer sich. So was hatten sie in ihrem ganzen Leben noch nicht gesehen. Jürgen Vollmer hat auch Aufnahmen von ihnen gemacht.« 1975, vierzehn Jahre später, suchte Lennon eines dieser Fotos, auf dem er in Hamburg in einem Hauseingang steht, als Cover für sein Album *Rock'n'Roll* aus.

Astrid sagt, daß ihre Clique hauptsächlich Wildleder oder Samt trug, ausschließlich schwarz mit weißen Kragen, und sie selbst trug oft einen kurzen Lederrock. »Sie hatten noch nie jemanden gesehen, der so aussah wie wir.« Noch unvertrauter war ihnen die Frisur von Klaus. Astrid hatte Klaus seit Jahren die Haare selbst geschnitten. Sie kämmte sie ihm zur Seite und ließ sie immer länger als die damals akzeptierte Haarlänge. »Die Beatles trugen diese spitzen Schuhe, die wir in Hamburg noch nie gesehen hatten. Diese Schuhe faszinierten uns genauso, wie sie von unseren Sachen fasziniert waren«, sagt Astrid. »Und dann natürlich ihre knallengen Hosen und diese winzigen grauen Jacketts. Sie hatten natürlich nicht viel zum Anziehen. Sie trugen das Haar zurückgekämmt und hatten Koteletten wie Halbstarke.«

Stuart, der sich als erster von Astrid die Haare schneiden und frisieren ließ, zog sich Johns Spott zu, als er eines Abends im Club mit einer Frisur erschien, die später als Beatles-Frisur bekannt werden sollte. »John hat sich kaputtgelacht«, sagt Astrid. »Er hatte nicht den Mumm zu sagen: ›He, das sieht ja toll aus‹, aber das hat er sich eigentlich gedacht. John war ein komplizierter Mensch, wenn es darum ging, seine Gefühle zu zeigen. Er verbarg jede Gefühlsregung. Er hat es einfach nicht fertiggebracht, das zu sagen, was er eigentlich gedacht hat, und daher hat er vieles überspielt und andere damit verletzt.«

»Stu war damals wirklich verrückt auf sie«, erinnert sich Paul McCartney. »Wir standen alle ein bißchen auf sie, aber er drückte wirklich so was aus wie: ›Hände weg, mir ist es ernst, ich will sie für mich ...‹ Wir haben viel mit ihren Freunden geredet. Klaus, Jürgen und Astrid, das war die Clique, und meistens waren noch ein paar andere Kumpel von ihnen von der Kunstschule dabei. Sie hingen im Club rum und mochten unsere Band besonders, weil wir anders waren als alle anderen Gruppen. Wir hatten es mehr mit schwarzem Leder und schwarzen Polohemden. Das war damals was Neues, wie später New Wave oder Punk. Astrid und ihre Freunde waren großartig. Sie waren wie eine andere Menschenrasse, weil sie sich völlig anders kleideten. Astrid hat wirklich toll ausgesehen.«

Astrid und Klaus waren zwei Jahre lang zusammengewesen, aber bei Stuart und ihr wurde es nach zwei Wochen ernst. »Es war für uns alle sehr schwierig«, erzählt Astrid. »Klaus mochte Stuart sehr, und Stuart hatte Gewissensbisse, weil er sich in mich verliebt hatte und Klaus weh tun mußte. Für John und Stuart war unsere Liebe kein Problem – wir gehörten auf gewisse Weise alle zusammen.«

Paul, der immer bewußter als die anderen auf sein Äußeres achtete, war der nächste, der Astrid bat, ihm eine neue Frisur zu machen. John tat es als letzter. Nur Pete Best lehnte den neuen Haarschnitt ab. Er wollte seine bisherige Erscheinung, von der sich die Mädchen angezogen fühlten, beibehalten. »Dasselbe war es mit den kragenlosen Jacketts, die ich entworfen habe«, erinnert sich Astrid. »Stuart war der erste, der ein solches Jackett trug, und alle haben ihn ausgelacht. John

Um Johns zwanzigsten Geburtstag herum, im Oktober 1960. George, Stuart und John auf einem Hamburger Rummelplatz, auf dem sie oft spielten, um ihr Einkommen aufzubessern.

hat immer gesagt, daß er meine Lederhose und mein Jackett toll findet, aber erst als alle diese Jacketts trugen, war John auch dazu bereit. Bei Kleidern und dergleichen Äußerlichkeiten war er trotzig. Es paßte ihm nicht, etwas mitzumachen, was sich vor ihm schon jemand ausgedacht hatte.«

Astrid war es, die den Beatles in ihrer Frisur und ihrer Kleidung einen eigenen Stil verpaßte. Es gehe nicht nur darum, was sie trugen und wie sie aussahen, erklärte sie ihnen; es gehe um ihr Gesamtauftreten, um ihre Art, sich zu bewegen, ob auf der Bühne oder nicht. Als sie internationale Stars waren, verstanden sie nachträglich, was gemeint war, und sie wurden sich bewußt, wie sehr sie Astrid und den Zeiten in Hamburg verpflichtet waren.

»John hat Stuart wirklich im besten Sinne des Wortes geliebt«, sagt Astrid, »aber er hat Stuart diese Liebe nie spüren lassen, und Stuart hat sich darüber viele Sorgen gemacht. John hat immer den starken Mann gespielt und Stuart aufgezogen. Stuart hat das alles hingenommen und als hochintelligenter, sensibler Mensch nie viel darauf erwidert. Irgend etwas, was ganz tief in John begraben war, hat ihn davon abgehalten, Stuart die Hand auf die Schulter zu legen und zu sagen: ›He, ich mag dich sehr.‹ Obwohl es so war. Ich glaube, daß John in Stuart geistig einen Rivalen gesehen hat.«

Stuart machte weniger Hehl aus seiner Freundschaft mit John. Wenn sie nicht arbeiteten, verbrachten die beiden die meiste Zeit gemeinsam. John ging zwar schon ziemlich rauh mit Stuart um, aber Paul stürzte sich nun mit der Ungeduld eines schon lange leidenden Perfektionisten auf Stuart. Paul spielte häufig zwischen Little-Richard-Songs Klavier. Wenn der schmächtige Stuart nach vorn trat, um ein Solo zu singen, die Ballade »Love Me Tender« von Elvis Presley, war Paul McCartney wütend. Astrid sagt, daß Paul nach den Rock-Nummern diesen Song nicht leiden konnte. Wahrscheinlicher ist, daß Paul mit seiner Liebe zu Balladen nur nach einem Vorwand suchte, um gegen Stuart zu hetzen.

Stuart nahm Johns Steitenhiebe gegen seinen schwachen Gesang hin, aber Pauls Gehässigkeiten trafen ihn tief. Er fühlte sich zu recht unterlegen. »Er wußte, daß er nicht gut spielte, und Kritik von Paul war mehr, als er ertragen konnte«, sagt Astrid. »Paul spielte besser Baß als Stuart, Paul spielte besser Klavier als Stuart und John, Paul spielte so gut wie John Gitarre, und Paul spielte Schlagzeug. Er hatte sich mit Herz und Seele der Musik verschrieben. Paul stritt sich oft mit Stuart. Er mochte seinen Gesang nicht sehr. Aber Paul war auch in einer schwierigen Lage. John war auf der Bühne der Bandleader. Paul konnte ein noch so guter Musiker sein, John strahlte diese Überlegenheit einfach aus. Und John wollte Stuart in der Gruppe haben. Das mußte zwangsläufig zu Spannungen führen.«

Paul erinnert sich an Stuart als »einen großartigen Kerl, einen ausgezeichneten Maler, auf dem wir alle rumgehackt haben«. Und was die Streitigkeiten betrifft: »Eins der Hauptprobleme war, daß er nicht allzugut Baß spielen konnte. Wenn Fotos gemacht wurden, mußten wir ihm sagen, daß er sich umdrehen und über die Schulter gucken soll, weil wir nicht wollten, daß jemand sieht, was er da eigentlich tut. Jeder, der Ahnung hat, hätte nämlich sofort gemerkt, daß er nicht spielen konnte. Er hat seinen Verstärker einfach ganz leise eingestellt und irgendwelche Klänge fabriziert. Das war gar nicht schlecht. Aber die meiste Zeit wußte er nicht, in welcher Tonart wir spielten. Er hat uns mit einem Haufen Baß unterstützt und gewissermaßen geblufft, viel mit dem Fuß aufgestampft und so.«

Astrids Erinnerungen an ihre Drogenerfahrungen mit ihm geben einen Einblick in den zwanzigjährigen Lennon: »Ich war John immer nah, aber er hat nie jemanden wirklich an sich rangelassen. Nur wenn wir dieses Zeug geschluckt haben, hat er sich etwas mehr geöffnet.« Um klarzustellen, worum es geht, sagt sie: »Drogen? Die Geschichten, daß die Beatles bei ihren Hamburg-Besuchen völlig gedopt waren, sind der reine Blödsinn. Wir waren junge Leute. George war ein Kind von siebzehn Jahren. Das einzige, was wir uns leisten konnten, war Bier, weil es am billigsten war, und dann hat einer von uns diese Preludintabletten entdeckt. Es waren Aufputschtabletten, und wenn man sie geschluckt hat, hatte man keinen Hunger mehr. Wir haben sie Schlankheitstabletten genannt. Wir sind dahintergekommen, daß man sich großartig fühlt, wenn man sie mit Bier schluckt. Man wurde nicht betrunken, sondern unheimlich speedy, und wir haben wie verrückt drauflos geredet. Sie haben fünfzig Pfennig das Stück gekostet, und meine Mutter hat sie uns in der Apotheke besorgt – sie waren verschreibungspflichtig, aber meine Mutter kannte jemanden in der Apotheke. Mehr als vielleicht eineinhalb pro Nacht haben wir nicht genommen. Sie haben sieben bis acht Stunden gewirkt. Diese Aufputschtabletten haben zu meinen besten Gesprächen mit John geführt. Nur dann hat er über seine Gefühle gesprochen. Ohne diese Tabletten wäre er nie so offen gewesen, aber die Behauptung, daß er sich in Hamburg nur von diesen Tabletten hat antreiben lassen, ist Quatsch. Etwas, was tief in ihm lag, hat ihn angetrieben«, sagt Astrid mit Nachdruck.

Die Beatles-Legende stellt sie als fünf verdorbene Kleinstädter in der Großstadt hin, Alkoholiker und Rauschgiftsüchtige, die Orgien feierten, sich auf der Reeperbahn herumtrieben und laufend mit Prostituierten zu tun hatten. Astrid, die der Band näher stand als jeder andere, sagt, daß diese Geschichten im Lauf der Jahre zu reinen Hirngespinsten ausgeartet sind. »Prostituierte!« sagt sie lachend. »Erstens hätten sie Angst gehabt, ihnen auch nur in die Nähe zu kommen, und zweitens hatten sie gar kein Geld dafür. Drittens und vor allem brauchten sie gar keine Prostituierten. Es gab Mädchen, die im Club rumsaßen und nur darauf warteten, daß John oder Paul oder George mit ihnen schlafen würde. Es hat keine Orgien gegeben. Sie hatten alle ihre kleinen Geschichten in Hamburg laufen, aber 1960 hatten sogar die Teenager eine vollkommen andere Einstellung zur Sexualität. Die Mädchen waren keine Prostituierten. Sie waren siebzehn oder achtzehn Jahre alt, und offiziell durften sie gar nicht in den Club, wenn sie noch keine achtzehn waren. Es waren Verkäuferinnen oder Arbeiterinnen oder Studentinnen wie ich. Die Beatles waren fünf bezaubernde, unschuldige junge Männer, und sie konnten gar nicht glauben, daß die Mädchen auf sie flogen. Ja, sie hatten gelegentlich kleine Affären, aber es hat keine wüsten Gelage gegeben.« Paul war in der Beliebtheit bei den Mädchen im Publikum führend. Aber unter den Studentinnen, mit denen Astrid sie zusammenbrachte, hatten John und Stuart größere Erfolge zu verzeichnen.

Was ihr Verhältnis zu John betrifft, über das viele Spekulationen angestellt worden sind, sagt sie: »Er hat sich zu mir hingezogen gefühlt und ich mich zu ihm, aber es war mehr geistig als sexuell. Gelegentlich haben wir Händchen gehalten, aber selbst das ist ihm schwergefallen, denn er hätte niemals etwas getan, was seinen besten Freund Stuart verletzt hätte. John hat mich immer als deutsche Brigitte Bardot bezeichnet, und er hat mein langes blondes Haar und meine schmale Taille bewundert. Ich habe mich damals auf eine Art gekleidet, die er phantastisch fand – immer wieder hat er von meinem schwarzen Lederzeug geschwärmt.

Seine Mentalität hat mir gelegen, und mir ging es nicht darum, ob er sexy war. Das war von meiner Seite aus Stuart vorbehalten. Außerdem hat John mir erzählt, daß er zu Hause in Liverpool eine Freundin hatte, und somit war alles klar.«

Als einziger Beatle trottete John jede Woche zum Postamt, um Cynthia die fünfunddreißig Pfund zu schicken, die er schließlich im Star Club verdiente. »Ich konnte es nicht glauben«, sagt Henry Henroid, der für den Club arbeitete und oft mit John zur Post ging. »›Wenn du das jede Woche tust – wovon lebst du dann eigentlich?‹ habe ich ihn gefragt.

Er hat gesagt: ›Ich kann mir ein paar Mark dazuverdienen, wenn ich nachmittags für die Stripperin in der Seitenstraße spiele.‹ Es war unglaublich – ein sehr verantwortungsbewußtes Verhalten für einen Jungen in seinem Alter. Alle Musiker schienen ihr Geld zu versaufen. John schickte es möglichst schnell nach Liverpool.«

Johns grenzenlose Neugier zeigte sich besonders stark, wenn er bei Astrid zu Hause war. Er

durchforstete ihre Bücher und interessierte sich ganz besonders für die Werke des Marquis de Sade. »Solche Bücher liest du?« fragte er sie. »Das ist doch unanständig.«
»Immer wenn wir uns sahen, habe ich ihm von Büchern erzählt, die ich gerade las«, sagt Astrid. »Von Jean Cocteau und anderen, und er wollte alles ganz genau wissen. Am Schluß ging es so weit, daß ich ihm die Bücher auf englisch gekauft habe, und sie waren oft nicht leicht zu finden.«
Astrids Plattensammlung setzte sich weitgehend aus Klassik zusammen; dazwischen fand sich vereinzelt Nat King Cole. Paul hat sich manchmal ihre Strawinsky-Platten angehört, aber John hat immer geschrien: »Nimm die Platte runter!«

Die Beatles kamen nach der Arbeit oft erst im Morgengrauen ins Bett und schliefen bis Mittag. Oft holte Astrid sie am frühen Nachmittag ab. Sie fielen über das englische Frühstück her, das Astrid oder ihre Mutter ihnen zubereitete: Speck, Eier, Bohnen und Toast. John schloß Astrids Mutter besonders ins Herz. »George und Paul haben ihr zur Begrüßung die Hand gegeben, und das war alles. John hat sie immer in den Arm genommen und ihr einen Kuß gegeben. Meiner Mutter war John nach Stuart der liebste.«
Sie hatten ständig Geldsorgen, aber darüber schrieb John seiner Tante nichts. »John hat davon geträumt, so berühmt zu werden wie Elvis Presley«, sagt Astrid. »George hat gesagt, daß es ihm schon reicht, so bekannt zu werden wie Cliff Richard. Stuart hat gesagt: ›Wenn ich erst ein berühmter Maler bin, kaufe ich dir einen Rolls-Royce.‹ Ich habe gesagt: ›Wenn ich mein erstes Bild von euch allen an *Life* verkauft habe, kaufe ich euch allen neue Lederjacken.‹«
Die Beatles erwarben sich einen gewissen Ruf in Hamburg. Peter Eckhorn, ein namhafter Veranstalter, der mit seinem größeren Club Top Ten dem Kaiserkeller Konkurrenz machte, lud die Band zu sich ein, damit sie sich einen anderen Engländer anhörte, Tony Sheridan, der als Solosänger auftrat. Die Beatles wußten nicht, daß Koschmider einen Freund hatte, der ihm die verhängnisvolle Wahrheit überbrachte: Die Beatles waren mit Tony Sheridan aufgetreten, hatten auf der Bühne eine Jam Session veranstaltet – und das war ihnen von Koschmider vertraglich strikt untersagt worden. Er fürchtete, die Beatles könnten, wie vor ihnen Tony Sheridan, den Kaiserkeller verlassen und zum Top Ten Club überlaufen. In Hamburg bekriegten sich die Clubs untereinander fast so stark wie ihr Publikum, wenn eine Streiterei ausbrach. Koschmider zahlte den Beatles ihren Verrat auf verheerende Weise heim: Er rief die Polizei. George Harrison, der damals siebzehn war, wurde festgenommen und kam einen Tag lang ins Gefängnis, weil er als Minderjähriger im Ausland gearbeitet hatte. Dann deportierte man ihn nach England. Paul und Pete Best wurden von Koschmider rausgeworfen, nachdem sie angeblich mit Kerzen einen kleinen Brand in ihrer schäbigen Unterkunft hinter der Kinoleinwand verursacht hatten. John Lennon machte sich allein auf den Heimweg und ließ Stuart bei Astrid zurück. Die beiden hatten sich verlobt, und Stuart wollte in Hamburg weitermalen.
John hatte keinen Penny. Seine Träume von großen Reichtümern waren illusorisch geblieben. Sie hatten nicht annähernd so viel verdient, wie sie erwartet hatten, und das, was sie verdient hatten, war für Klamotten, Bier, Aufputschtabletten und Essen draufgegangen. Niedergeschlagen kehrte John zurück. Cynthia war über seine Rückkehr erfreut und betrübt zugleich. Mimi, der die unglückliche Wendung der Ereignisse wieder einmal recht gab, mußte das Taxi zahlen, mit dem John vorfuhr. »Was ist denn aus den hundert Pfund pro Woche geworden, von denen du gesprochen hast?« fragte sie John.
Johns Antwort war nur zu typisch: »Alles ausgegeben, Mimi.«
Er war zerknirscht. »Aber wenn er sich einmal etwas in den Kopf gesetzt hatte«, sagt Mimi, »ließ er sich von nichts und niemandem davon abbringen. Er war niedergeschlagen, aber er war nicht am Ende.«

# 9.
# *Liverpool*

»Na gut, Brian, dann manage uns mal.«

Es war schon schlimm, schmählich und ohne einen Penny und mit ungewissen Zukunftsaussichten aus Hamburg zurückzukommen. Die Rückkehr zu Tante Mimi nach dem freien Leben in der Gambier Terrace und den verbotenen Nächten mit Cynthia, von dem wilden Leben in Hamburg ganz zu schweigen, war eine Blamage. Sein bester Freund war bei Astrid geblieben. Lennon hatte einen psychischen Tiefpunkt erreicht.

Aber er lebte wieder in einem gemütlichen Haus, Mimi kochte für ihn, und Cynthia klopfte an die Tür. Und es gab zwei weitere Tröstungen. Beide waren musikalischer Natur.

Erstens besaß John jetzt eine Rickenbacker-Gitarre, die Mimi ihm gekauft hatte und auf die er sehr stolz war. Zweitens war der Ruf, den sich die Beatles in Hamburg erworben hatten, bis nach Liverpool gedrungen. Derry and the Seniors hatten verbreitet, daß die Beatles den Kaiserkeller im Sturm erobert hätten und nur aus Gründen der Rache eines einzelnen aus Deutschland rausgeworfen worden seien.

Ihr Spiel hatte sich in Hamburg bis zur Unkenntlichkeit verbessert, und ihr Repertoire war doppelt so groß wie vor der Abreise. Nur eines fehlte ihnen jetzt noch zum Durchbruch: Glück.

Anfang 1961 wurde der Konkurrenzkampf unter den Gruppen in Liverpool immer härter, und das größte Problem bestand, wie schon immer, darin, Arbeit für die Beatles zu finden. Mona Best hieß sie in der Casbah in West Derby mit einem triumphierenden Plakat an der Tür ihres Clubs willkommen: »The Fabulous Beatles Are Back!« Die Colas im Casbah Club waren nichts gegen Hamburg, und auch im Jacaranda war die Stimmung schlecht, denn Allan Williams leckte seine eigenen Hamburg-Wunden. Doch in dieser Coffeebar lernten die Beatles den Mann kennen, der ihre Karriere vorantreiben und bestimmen sollte.

Der sechsundzwanzigjährige Bob Wooler, ein früherer Eisenbahnbeamter, war jetzt Diskjokkey. Er kannte die Beatszene Liverpools wie kein anderer, und er verließ sich auf seine Spürnase: Er verschaffte ihnen einen Auftritt für sechs Pfund in der Litherland Town Hall. Der Veranstalter, Brian Kelly, sah in ihnen einen Kassenschlager. »Ich habe nach ihrem Auftritt Rausschmeißer vor ihrer Garderobe aufgestellt, damit kein anderer Veranstalter sie mir wegschnappt«, sagt er. »Dann bin ich in die Garderobe gegangen und habe sie für Monate im voraus fest engagiert.«

Die Litherland-Auftritte waren wichtig für die Beatles, aber Wooler hatte seinen Trumpf noch nicht ausgespielt. Er drängte Ray McFall, den Besitzer des Cavern Clubs, einer Hochburg des Jazz im Zentrum von Liverpool, ihnen eine Chance zu geben.

Cynthia ging noch auf die Kunstakademie, und in Mimis Augen war auch John noch Student, obwohl er seit der Reise nach Hamburg abgeschlossen hatte mit der Akademie. Er entschloß sich jedoch, Mimi erst dann vor vollendete Tatsachen zu stellen, wenn er Erfolg hatte.

Das Cavern erwies sich als der entscheidende Wendepunkt für John und die Beatles. Von ihrem ersten Auftritt an lockten sie nicht nur ihre

Fans aus West Derby dorthin, sondern auch die Aintree-Fans und die Litherland-Fans. Die Sekretärinnen aus der North John Street und Whitechapel bildeten ein neues, schnell anwachsendes Heer von Beatles-Fans.
Mit seinen schlechten Belüftungsmöglichkeiten, der entsetzlichen Akustik, den Wänden, von denen die Feuchtigkeit tropfte, der abgestandenen Luft und den beengten Bühnenverhältnissen stellte der Cavern Club selbst die enthusiastischten jungen Musiker auf eine harte Probe. Seine Geschichte ähnelte der von Dutzenden anderer Kellerclubs in England Ende der fünfziger Jahre. Es war eine Brutstätte des traditionellen Jazz, und die Lieblinge Liverpools traten dort auf – die Merseysippi Jazz Band und die Saints aus Manchester, und zwischendurch große Namen aus London wie Acker Bilk und Kenny Ball. Das Jazz-Publikum kam Lennon überheblich vor, es urteilte den Rock'n'Roll snobistisch ab.
In den kommenden zweieinhalb Jahren spielten die Beatles zweihundertzweiundneunzigmal im Cavern. Sie spielten mittags und abends und bekamen pro Auftritt etwa fünfundzwanzig Shillings. Für John stellte das Cavern mehr als nur den Erfolg der Beatles dar, nämlich einen Kreuzzug gegen den Jazz und alles, wofür er in Lennons Augen stand.
Zu dem Jazzsänger George Melly, der mit der Mick Mulligan Band im Cavern aufgetreten war, sagte John: »Ihr seid das Pack, das daran schuld ist, daß wir nicht früher in Cavern und in andere Clubs reingekommen sind. Dieser ganze Jazz-Mist hat uns Zeit gekostet.« Als die Rock'n'Roll-Bands, angeführt von den Beatles, anfingen, die Studenten anzulocken – bisher das »natürliche Jazzpublikum« –, war »für uns alles vorbei«, wie Melly es ausdrückt. Lennon kostete diesen Todesstoß genüßlich aus.
Jeden Tag gegen elf Uhr fünfundvierzig warfen Dutzende von Schulmädchen flehentliche Blicke auf die Uhr und packten ihre Sachen zusammen, um beim Läuten loszustürmen. Eine von ihnen, die zu den Mittags-Stammgästen gehörte, war Liz Hughes, ein vierzehnjähriges Schulmädchen aus Rock Ferry auf der anderen Seite des Mersey. »Wenn wir die erste Fähre verpaßt haben, sind wir erst um zwanzig vor eins oder um eins im Cavern gewesen«, erzählt sie. »Aber das war es wert. Für viele meines Alters grenzte es damals fast an Religion, ins Cavern zu gehen und die Beatles, die Big Three und die Clayton Squares zu sehen.«
Heute erhalten Liz Hughes und ihr Mann Jim – auch ein ehemaliger Stammgast im Cavern – den Glauben Liverpools an die Beatles aufrecht. 1978 eröffneten sie den Magical Mystery Store, und 1981 folgte das Cavern Mecca in der Mathew Street: Ein Beatles-Museum in einer Nachbildung des alten Cavern. Die Musik der Beatles wird nonstop gespielt, als sei die Zeit stehengeblieben. Liz und Jim sind die stolzen Hüter und Bewahrer dessen, was für Millionen die entscheidendste Phase der Popmusik war.
Liz beschreibt Johns Ausstrahlung so: »Es war, als wollte er ausdrücken: ›Ich kann euch jederzeit sitzenlassen. Ich bin hier, weil das genau das ist, was ich tun will, und ich tue es nicht für das Geld, sondern ich tue euch einen Gefallen.‹«
Auch Liz beschreibt Paul als den anständigen, gepflegten Jungen, den viele Mädchen gern ihren Müttern vorgestellt hätten, und John als das animalischere Wesen. »John hat Paul ganz schön abgespeist und das meiste an sich gerissen. George war sehr ruhig. Viele Mädchen haben gesagt, daß er nicht auf der Bühne stehen sollte, weil er dort so verlegen wirkte. George war so verletzbar. John wirkte wie die Art von Mann, die einen in einen Hauseingang zerrt, sich bedankt, wenn er sein Vergnügen gehabt hat, und das war's. Die Mädchen haben sich vor ihm in acht genommen.«
John unterschied sich in erster Linie dadurch von allen anderen Musikern, die die niedrige Bühne des Cavern betraten, daß ihm jegliche Professionalität abging. Es kam vor, daß er ohne jeden Grund einen Song in der Mitte abbrach und sich mit Paul unterhielt. Er zündete sich eine Zigarette an, kündigte einen neuen Song an und machte ohne jede Erklärung weiter. »Es hatte oft Probencharakter, aber John war jemand, von dem man seinen Blick nicht losreißen

konnte«, sagt Liz Hughes. »Meine Freundin Deidre war vollkommen verrückt nach ihm, aber wenn er sie angesprochen hätte, wäre sie weggelaufen. Diese Reaktion war typisch. Ihre Bewunderung war mit Angst vor John durchsetzt. Er war allen Mädchen gefährlich, und das hat ihn so attraktiv gemacht.

Die Männer im Publikum mochten ihn. Sie haben in ihm einen richtigen Mann gesehen.« Jim Hughes stimmt zu. »Manche haben ihm nachgeeifert. Sie haben versucht, seine Körperhaltung bis ins Detail nachzuahmen.«

Solche Musik hatte man damals in England noch nie gehört. Johns Favoriten waren inzwischen »What'd I Say«, »Boys«, »Will You Love Me Tomorrow«, »Wooden Heart«, »C'mon Everybody«, »Twenty Flight Rock«, »Hallelujah, I Love Her So«, »Mailman«, »Red Sails In The Sunset«, »Crying, Waiting, Hoping«, »Over The Rainbow«, »Mean Woman Blues«, »Lucille«, »Hey Good Looking«, »Blue Moon of Kentucky«, »Love Me Tender« und »Corinne Corinna«.

Im Cavern gab es keinen Alkohol, und das war gar nicht schlecht, denn eines Tages entschloß sich Tante Mimi, mittags dorthin zu gehen. John hatte ihr immer noch nicht gesagt, daß er nicht mehr auf die Kunstakademie ging. Er vertrödelte seine Tage in Plattenläden, spielte im Cavern oder traf sich mit Paul, um neue Songs zu schreiben. Ganz untypischerweise verschlug Johns Anblick in dieser Umgebung Mimi die Sprache. John wollte seinen Arm um ihre Schultern legen, aber sie stapfte wütend davon.

Bald waren die Beatles so beliebt, daß sie dreimal wöchentlich mittags und zweimals abends spielten. Selbst Mimi mußte widerstrebend zugeben, daß John ein Ziel vor Augen hatte.

Lennon und McCartney wetteiferten nicht um die Gunst des Publikums. Sie wußten, daß sich zu jedem von ihnen gänzlich andere Menschen hingezogen fühlten. Zwischen Paul und seinen Fans entwickelte sich eine herzliche Freundschaft, wogegen Lennon dazu neigte, Distanz zu halten und seine geheimnisvolle Aura zu bewahren. Durch seine fortschreitende Kurzsichtigkeit wurde diese distanzierte Haltung erleichtert.

Es entstand schnell eine Clique von acht Mädchen zwischen vierzehn und siebzehn Jahren, die den engsten Kreis der Fans bildeten. Sie wünschten sich Songs, holten den Jungen Cola und wurden nach den abendlichen Auftritten in dem blauen Transporter der Beatles, den Pete Bests Freund Neil Aspinall fuhr, heimgebracht und vor der Haustür abgesetzt, um den Eltern zu demonstrieren, daß ihren Töchtern nichts Böses zustieß, ganz gleich, um welche Uhrzeit.

Hilary Williams, die mit sechzehn zu diesen engsten Anhängerinnen der Beatles gehörte (sie ist heute Krankenschwester), lernte den berüchtigten John von einer anderen Seite kennen. Sie konnte es kaum fassen, als er ihr einmal eine Tasse Tee auf den Tisch stellte, weil sie ihm gestanden hatte, daß sie sich eigentlich den Eintritt für das Cavern kaum leisten konnte.

Selbst sechzehnjährige Mädchen konnte 1961 Johns deutlich sexuelle Ausstrahlung nicht entgehen. Hilary Williams betont, daß John ihr und ihren jungen Freundinnen gegenüber einen Ehrenkodex aufrechterhalten hat. »In den sechziger Jahren gab es entweder anständige Mädchen aus gutem Hause oder Flittchen. Er wußte, daß wir keine Flittchen waren, und er hat uns freundlich behandelt und ist vorsichtig mit uns umgegangen.«

Wenn die Beatles ins Grapes weiterzogen, um Bier zu trinken, zogen ihre Fans, die noch zu jung waren, in die Kardomah Coffeebar weiter. John und Paul folgten ihnen später und luden sie zum Tee ein. Lennons Mittagessen bestand meistens aus einem Sandwich mit Käse, gefolgt von einer seiner Leibspeisen: rotem Gelee. Zu ihren beiden Brüdern, die sie immer wieder warnten, sich nicht mit diesen verlotterten Kerlen aus dem Cavern abzugeben, sagte Hilary Williams: »Wartet es nur ab, eines Tages werden sie berühmt!«

Das Hauptproblem der Mädchen im Cavern war Cynthia Powell. Die besitzergreifenden Beatles-Anhängerinnen liefen vor Eifersucht und Verlegenheit knallrot an, wenn sie das Cavern auch nur betrat. Nach außen hin waren sie freundlich zu der Zweiundzwanzigjährigen, aber sie konnten sie nicht ausstehen. »Sie hatte langes blondes Haar und trug schwarze Lederkleidung«, sagt Hilary Williams. »Gegen sie hatten wir keine Chance. Sie hatte uns unseren John weggeschnappt!«

1961 breitete sich die Popularität der Beatles in Liverpool aus wie eine Seuche.

»Für uns war das schrecklich«, sagt Hilary Williams. »Wir hatten sie nicht mehr für uns. Andere Mädchen kamen und jubelten den Beatles zu. Ihre ersten Fans haben nicht geschrien. Aber die neuen haben lautstark Stellung für den Beatle bezogen, den sie am tollsten fanden.«

Eine besondere Rivalität bestand zwischen den Beatles und Gerry and the Pacemakers. »Es gab einen ständigen Wettbewerb, wer die beste Band von Liverpool war«, sagt Gerry Marsden. »Aber wir haben uns nie gegenseitig die Songs weggeschnappt. Wir hatten mehr Raum für Songs von der Jerry-Lee-Lewis-Sorte, denn die Beatles hatten keinen Pianisten. Wir haben uns gegenseitig bei unseren Auftritten zugeschaut, aber keiner hat dem anderen was weggeschnappt. Es waren Tauschgeschäfte. John hat gefragt: ›He, können wir »Jambalaya« haben, wenn wir euch »Some Other Guy« überlassen?‹«

Ich habe mehr Zeit mit John verbracht als mit den anderen Beatles, weil er sich für alles interessiert hat und immer für etwas Neues zu haben war.«

Die Beatles und Gerry and the Pacemakers bekamen vergleichbar viele Engagements, und in einer denkwürdigen, verrückten Nacht in der Litherland Town Hall taten sie sich sogar einmal zu den Beatmakers zusammen.

Marsden, früher Lastwagenfahrer bei der Bahn, und Lennon, dessen Zynismus sogar Gerrys Scharfzüngigkeit übertraf, freundeten sich an. Ihre Beziehung hatte sich in Hamburg entwickelt, als Gerrys Gruppe im Top Ten Club gespielt hatte, während die Beatles im Kaiserkeller auftraten. »Daher kamen wir in Hamburg nie dazu, sie auf der Bühne zu sehen. Wir haben hinterher zusammen gegessen und getrunken.« Nach der Rückkehr der Beatles aus Deutschland sah Gerry sie sich sofort im Cavern Club an. »Zu meinem Bruder Fred, der in meiner Gruppe Schlagzeug spielte, habe ich gesagt: ›John und Paul kommen noch ganz, ganz, ganz groß raus. Egal, was aus den Beatles wird, die beiden sind nicht aufzuhalten.‹ Ich konnte es kaum fassen, wie gut sie waren. Ich dachte mir: ›Das ist die erste Band aus Liverpool, die es schaffen wird.‹ John hat nie behauptet, ein großartiger Gitarrist zu sein«, sagt Gerry. ›Ich bin ein *cinéma-vérité*-Spieler‹, hat er einmal gesagt.« Er war auch kein guter Pianist, obwohl er oft auf dem Klavier geklimpert hat, wenn niemand dabei war. »Aber sein Sound war unverkennbar. Das konnte kein anderer! Und diese Stimme.«

Unter den Stammgästen, die mittags ins Cavern kamen, war auch Priscilla Maria Veronica White. Wenn sie pleite war, fragte sie den Türsteher, ob er sie umsonst reinlassen könnte, wenn sie ihm als Garderobiere aushalf. Sie wurde später unter dem Namen Cilla Black eine Sängerin und Komikerin in der Tradition von Gracie Fields.

Oktober 1962. Hinter geschlossenen Türen spielt John im Liverpooler Cavern Club Mundharmonika, während Paul auf dem Klavier probt. McCartneys Stuhl ist aus dem Hamburger Star-Club »ausgeliehen«. Neben dem Klavier steht Pauls Bruder Mike.

Cilla sagt: »Ich habe die Wirtschaftsschule geschwänzt, um mittags die Beatles zu sehen. Damals habe ich als Semiprofi bei Bands aus Liverpool gesungen. Ich war ›Swingin Cilla‹. Und dann bekam ich zum ersten Mal die Gelegenheit, mit den Beatles zu singen.

›Wie heißt du, Kleine?‹ hat John gefragt.

Nachdem ich es ihm gesagt hatte, hat er geschrien: ›Habt ihr das gehört, Jungs? Die hat einen Jungennamen. Das ist Cyril, und sie hat

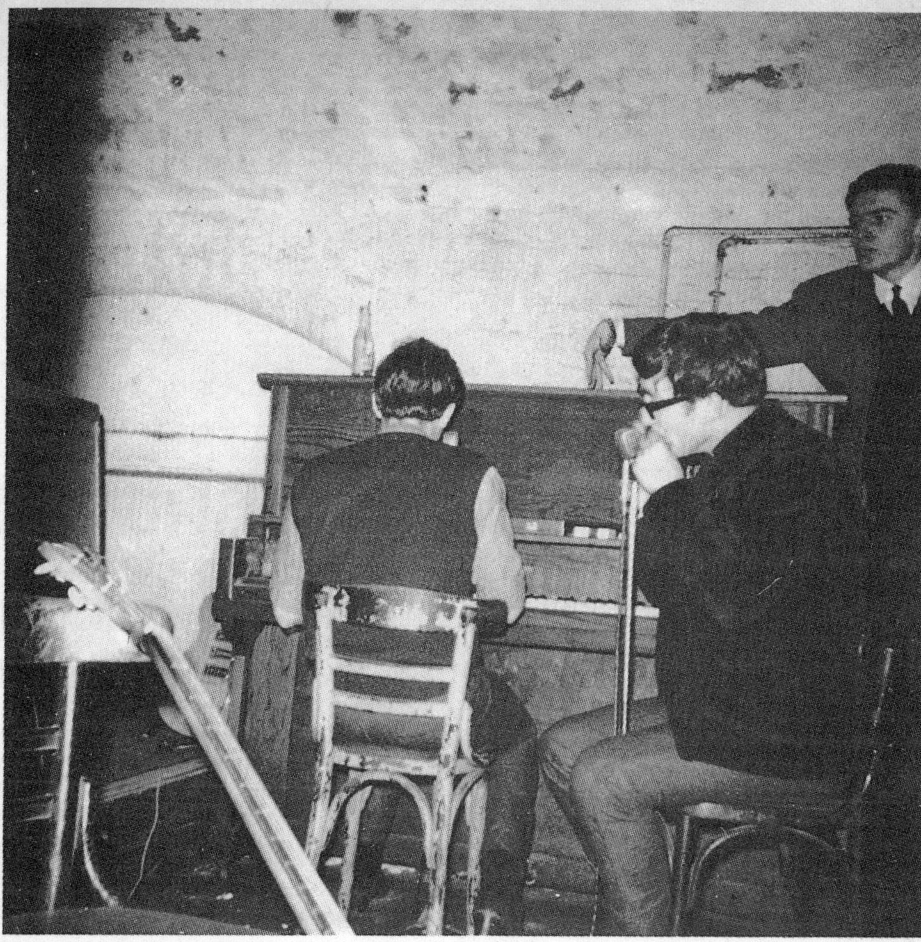

Bock, was mit uns zu singen.‹ Dann fragte er mich: ›In welcher Tonart singst du, Cyril?‹
Ich habe gesagt, ich hätte keine Ahnung – weil ich nie im Leben Unterricht bekommen hatte. Die Gruppe war gerade frisch aus Hamburg zurückgekommen, und sie trugen Klamotten, die sie sich in Deutschland gekauft hatten. John hatte damals wesentlich längeres Haar, als Brian Epstein es später je zugelassen hätte. Es war nicht zurückgekämmt, sondern in die Stirn, und darauf saß ein riesiger rosa Lederhut. Er hatte eine schwarze Lederhose an, die mit rotem Satin eingefaßt war, und hohe schwarze Stiefel. Auf den ersten Blick dachte ich nur: ›O mein Gott!‹
Als John mir Ende 1961 Brian Epstein vorstellte, dachte ich, das sei nur wieder einer seiner Witze. Ich konnte nicht glauben, daß dieser elegante Mann wirklich ihr Manager war.
John hat Brian überredet, mich anzuhören, und er hat ihm gesagt, daß er mich unter Vertrag

nehmen soll. Beim Vorsingen haben mich die Beatles begleitet. Ich muß furchtbar gewesen sein, denn ich war sehr nervös. Brian hat kein Wort gesagt, und ich wollte ihn nicht fragen, was er von mir hält. Acht Monate später hat er mich unter Vertrag genommen. Ich kann mich erinnern, daß ich mich vor John zu Tode gefürchtet habe, obwohl er mir mehr geholfen hat als jeder andere. Er hatte diese Aura von Superintelligenz. Ich war nicht gern mit ihm allein. Einmal hat er zu mir gesagt: ›Was ist los mit dir, Mädchen? Magst du mich nicht?‹

›Ich habe Angst vor dir, John‹, habe ich gestanden.

Er ist in schallendes Gelächter ausgebrochen. ›Und ich dachte schon, du seist ein Snob.‹«

John haßte Menschenmengen. Auf der Höhe des Beatles-Ruhms erzählte er mir, während er von einem Hotelbalkon in München aus Tausenden von Fans zuwinkte: »Eine schreckliche Vorstellung, zwischen diesen Menschen zu stehen. Ich würde es nicht ertragen, in diesem Gedränge zu stecken.« Auch die brodelnde Menge im Cavern ließ ihn an Klaustrophobie leiden.

Wenn der Rock'n'Roll Anfang der sechziger Jahre in Liverpool zur Religion erhoben wurde, dann war Bob Wooler der Hohepriester. Bis der alte Cavern Club am 27. Mai 1973 der U-Bahn weichen mußte, führte Wooler viele Menschen dorthin und ließ die alten Zeiten wiederaufleben.

Wooler sagt, daß McCartney der perfekte Ausgleich für Lennon gewesen sei. Paul entschuldigte sich, wenn John andere beleidigte. »Ich habe selten einen anderen Menschen gesehen, der in dem Maße Jugend verkörpert hat wie Lennon in jenen Zeiten. Ich habe ihm gesagt, daß er mich an Kirk Douglas erinnert. Er hatte dasselbe Grübchen im Kinn, das den Mädchen so gut gefiel. Aber er wurde auch von Männern angehimmelt.«

Wooler hat John als »nur aus Schwarz und Weiß

Oktober 1962. John macht sich wieder einmal über eine körperliche Mißbildung lustig – eine spontane Alberei hinter der Bühne des Cavern. Paul ist ihm mit einer Hand behilflich, und auch der Besitzer des Cavern, Ray McFall, macht mit, während Cynthia in die Kamera schaut.

bestehend« in Erinnerung. »Im Cavern hieß es: Liebt uns, oder verachtet uns, ruhig drauflos, Schwarz oder Weiß, aber nichts dazwischen.«

John war sehr verletzbar; Wooler schiebt das auf seine Einsamkeit. Er führt als Beispiel für Johns Verhalten den Tag an, an dem Mimi mittags im Cavern auftauchte. »Es war Brauch, wenn ein naher Verwandter wie Jim McCartney kam, um sich die Band anzusehen, ihm oder ihr einen Song zu widmen. Aber John bestand darauf, daß niemals ein Song für Mimi gespielt werden durfte. Ich glaube, sie hätte sich sehr gefreut, aber das Publikum hätte den Eindruck gewinnen können, John sei ein ›Softie‹, und dieses Image wollte er keinesfalls haben.«

Als die Beatles berühmt wurden, war es für John ein Problem, wirklich mitzukriegen, was sich eigentlich abspielte. »Paul war soweit, aber John hat es umgehauen«, sagt Bob Wooler. »Lennon hatte eine Haßliebe zum Cavern. Er konnte gar nicht schnell genug aus diesem Club rauskommen. Es war keine Undankbarkeit, denn das Cavern hatte viel für sie getan. Es lag daran, daß John jede Form von Regelmäßigkeit sehr schnell als Monotonie empfand. Sobald eine Sache ins Rollen gekommen war, wollte Lennon weiterziehen; er suchte die nächste Inspiration, eine neue Herausforderung, ein Abenteuer. Daher wollte er dem Cavern entkommen.

Viele Leute, die sich 1961 in Liverpool aufhielten, könnten für sich in Anspruch nehmen, den Beatles bei ihrem Durchbruch geholfen zu haben. Bill Harry, der mit John auf die Kunstakademie gegangen war und die Beatles oft im Cavern gesehen hatte, ermutigte John zu schreiben und brachte Brian Epstein ins Cavern. Außerdem war er der erste, der Johns Texte veröffentlichte.

Bill Harry begann – mit großer Voraussicht – eine Zeitung zu publizieren, die sich *Mersey Beat* nannte. Er hatte sich im Ye Cracke mit Lennon über Lyrik unterhalten. Lennon hatte ihm erzählt, daß er gelegentlich Gedichte schrieb, und Bill hatte sich ein paar Rohfassungen zeigen lassen. »Es hat mir gefallen, und zwar vor allem, weil es keine Nachahmung der Lyrik der Beat-Generation war«, sagt Bill. »Auch hier kam seine Individualität zum Ausdruck.

Als ich 1961 mit den Vorarbeiten zum *Mersey Beat* begann, sind mir Johns Gedichte wieder eingefallen, und ich schlug ihm vor, er solle für die Zeitung arbeiten. Als erstes wollte ich von ihm eine Biographie der Beatles haben. Wir haben uns im Jacaranda getroffen, und er hat mir zwei Blätter über den Tisch geschoben, die aus einem Heft gerissen waren. Die Sache schien ihm peinlich zu sein. Was er geschrieben hatte, unterschied sich grundlegend von der Biographie jeder anderen Band, und als ich ihm sagte, ich würde den Text mit Vergnügen abdrucken, hat er schrecklich gelacht.« Johns erster veröffentlichter Text hatte folgenden Wortlaut:

*Being a short Diversion on the Dubious Origins of Beatles*

Translated from the John Lennon.

Once upon a time there were three little boys called John, George and Paul, by name christened. They decided to get together because they were the getting together type. When they were together they wondered what for after all, what for? So all of a sudden they all grew guitars and fashioned a noise. Funnily enough, no one was interested, least of all the three little men. So-o-o on discovering a fourth little even littler man called Stuart Sutcliffe running about them they said, quote ›Sonny get a bass guitar and you will be alright‹ and he did – but he wasn't alright because he couldn't play it. So they sat on him with comfort 'til he could play. Still, there was no beat, and a kindly old man said, quote ›Thou hast not drums!‹ We had no drums! they coffed. So a series of drums came and went and came.

Suddenly, in Scotland, touring with Johnny Gentle, the group (called the Beatles called) discovered they had not a very nice sound, – because they had no amplifiers. They got some. Many people ask what are the Beatles? Why Beatles? Ugh, Beatles how did the name arrive? So we will tell you. It came in a vision – a man appeared on a flaming pie and said unto them ›From this day on you are Beatles with an A‹. Thank you, Mister Man, they said, thanking him.

But before we could go we had to grow a drummer, so we grew one in West Derby in a club called Some Casbah and his trouble was Pete Best. We called ›Hello Pete, come off to Germany!‹ ›Yes!‹ Zooooom. After a few months, Peter and Paul (who is called McArtrey, son of Jim McArtrey, his father) lit a Kino (cinema) and the German police said, ›Bad Beatles, you must go home an light your English cinemas.‹ Zooooom, half a group. But even before this, the Gestapo had taken my friend little George Harrison (of Speke) away because he was only twelve and too young to vote in Germany: but after two months in England he grew eighteen, and the Gestapoes said ›you can come.‹ So suddenly back in Liverpool Village were many groups playing in grey suits and Jim said ›Why have you no grey suits?‹ ›We don't like them, Jim‹ we said speaking to Jim. After playing in the clubs a bit, everyone said ›Go to Germany!‹ So we are. Zooooom. Stuart gone. Zoom zoom, John (of Woolton) George (of Speke) Peter and Paul zoom zoom. All of them gone. Thank you club members, from John and George (what are friends).*

Bill Harry bekam begeisterte Leserbriefe und forderte John auf, als Kolumnist regelmäßige Beiträge zu leisten. »Er kam mit einem Packen wirrer Papiere ins Büro, und beim Durchblättern haben

*Gedacht als kleine Abwechslung über Die zweifelhaften Ursprünge von Beatles.
Hat der John Lennon übersetzt.
Es waren einmal drei kleine Jungen, die hießen John, George und Paul, getauft auf diese Namen. Sie beschlossen, sich zusammenzutun, weil sie von der Sich-Zusammentu-Sorte waren. Als sie zusammen waren, fragten sie sich: Wozu das Ganze, wozu? Also ließen sie sich alle urplötzlich Gitarren wachsen und brachten einen Lärm in Mode. Komischerweise interessierte sich niemand dafür, am allerwenigsten die drei kleinen Männer. Unnnd als sie dann einen vierten kleinen, sogar noch kleineren Mann entdeckten, der Stuart Sutcliffe hieß und sich um sie herumtrieb, sagten sie, Zitat: »Schätzchen, leg dir eine Baßgitarre zu und alles ist klar«, und das tat er auch – aber nichts war klar, weil er nicht darauf spielen konnte. Also beknieten sie ihn, machten es sich auf ihm bequem und trösteten ihn, bis er spielen konnte. Aber es fehlte ihnen immer noch der Beat, und ein gütiger alter Mann sagte, Zitat: »Du sollst nicht ohne Schlagzeug spielen!« Wir hatten kein Schlagzeug! machte man uns an. Also kam und ging und kam eine Reihe von Schlagzeugen.
Auf einer Schottland-Tournee mit Johnny Gentle fand die Gruppe (genannt die Beatles genannt) plötzlich heraus, daß ihr Sound nicht gerade sehr schön war – weil sie keine Verstärker hatten. Sie legten sich welche zu. Viele Leute fragen, was sind die Beatles? Wieso Beatles? Eh, Beatles, wie kam es zu diesem Namen? Also, wir sagen es euch jetzt. Er kam in Form einer Vision – ein Mann erschien auf einer flammenden

mich die seltsamen Geschichten, Zeichnungen, Kurzgeschichten und politischen Satiren bezaubert.« Als Fan der Kolumne »Beachcomber« im *Daily Express* beschloß Bill Harry, Johns Kolumne unter »Beatcomber« laufen zu lassen.
Lennons erster Beitrag als Beatcomber trug die Überschrift SMALL SAM und lautete:

> Once upon a Tom there was a small little Stan, who was very small. ›You are very small, Stan‹, they said. ›I am only little‹, replied Stan answering, feeling very small. Who could blame him, for Stan was only small. ›You must be small, Stan‹, people were oft heard to cry, noticing how extremely small Stan was in fact. But being small (Stan was small) had its condensations. Who else but Stan (the small) could wear all those small clothes?
> Stan was highly regarded by everyone (for Stan was small and little). However, one day Stan saw an adverse in the Mersey Bean for ›Club you quickly grow your boots.‹ So on that very day Small Stan (by name called) purchased a pair of the very same. So now when Stan passes by, folks say, ›Is that not small Stan wearing a pair of those clubs you quickly grow you boots?‹ And it is.*

Als Satire auf den Plattenhit »The Lion Sleeps Tonight« von den Tokens hatte Johns Beatcomber-Kolumne eines Tages eine Safari zum Thema:

> *On Safairy With Whide Hunter*
> In the jumble... the mighty jumble... Whide Hunter sleeps tonight. At the foot of the bed, Otumba kept wogs for poisonous snacks such as the deadly Cobbler and Apple Python.
> Otumba awoke him with a cup of teeth, and they lit up towards the jumble.
> ›Aint't dat Elepoon Pill?‹ said Wipe Hudnose, ›wearing his new Basuti?‹
> ›Could be the flying Docker on a case.‹
> ›No he's walking‹, said Otumba in swahily which is not arf from here as the crowbarks. All too soon they reached a cleaner in the jumble and set up cramp.‹ Jumble Jim, whom shall remain nameless, was slowly, but slowly asking his way through the underpants (underware he was being washed by Whide Hunter).
> ›Beat the bus Otumbath!‹ commanded Whide Hunter.
> ›No, but mayble next week it will be my turn to beat the bus now standing at platforbe nine.‹

Pastete und sprach zu ihnen herab: »Von diesem Tag an seid ihr Beatles mit A.« Danke, Herr Mann, sagten sie und dankten ihm.
Aber bevor wir loslegen konnten, mußten wir uns einen Schlagzeuger wachsen lassen, und daher ließen wir uns in einem Club in West Derby, der sich Irgendwas Casbah nannte, einen wachsen, und seine Sorge war Pete Best. Wir riefen: »Hallo, Pete, komm mit nach Deutschland!« »Ja!« Zooooom. Nach ein paar Monaten steckten Peter und Paul (der sich McArtrey nennt, Sohn von Jim McArtrey) ein Cinema (Kino) an, und die deutsche Polizei sagte: »Böse Beatles, ihr müßt nach Hause gehen und eure englischen Kinos anstecken.« Zooooom, nur noch eine halbe Gruppe. Aber schon vorher hatte die Gestapo meinen Freund, den kleinen George Harrison (aus Speke) geholt, weil er erst zwölf war und noch zu jung, um in Deutschland zu wählen; aber nach zwei Monaten in England war er achtzehn, und die Gestapos sagten: »Du kannst kommen.« Als wir wieder in Liverpool Village waren, waren plötzlich viele Gruppen da, die in grauen Anzügen spielten, und Jim sagte: »Warum habt ihr keine grauen Anzüge?« »Die gefallen uns nicht, Jim«, sagten wir zu Jim zurück. Nachdem wir ein bißchen in den Clubs gespielt hatten, sagten alle: »Geht nach Deutschland!« Das machen wir auch. Zooooom. Kein Stuart mehr. Zoom, zoom, John (aus Woolton), George (aus Speke), Peter und Paul zoom zoom. Keiner mehr da.
Unseren Dank, Clubmitglieder, von John und George (wo Freunde sind).

*Es war ein Mähr ein kleiner winziger Stan, der sehr klein war. »Du bist sehr klein, Stan«, sagten sie. »Ich bin nur winzig«, erwiderte Stan als Antwort drauf, und er kam sich sehr klein vor. Wer konnte ihm das vorwerfen, denn Stan war ja nur klein. »Du mußt aber klein sein, Stan«, konnte man die Leute oftmals hören, wenn sie feststellten, wie extrem klein Stan tatsächlich war. Aber wenn man klein war (Stan war klein), konnte man das kondensieren. Wer sonst als Stan (Stan war klein) konnte all die kleinen Kleider tragen?
Stan war bei allen hoch angesehen (denn Stan war klein und winzig). Eines Tages jedoch sah Stan einen Zeiger im Mersey Bier für »Eins in die Fresse ist halb gewachsen Schuhe«.
Und noch am selben Tag erwarb Klein Stan (beim Namen genannt) ein Paar von eben diesen. Und wenn Stan jetzt vorbeigeht, sagen die Leute: »Ist das nicht der kleine Stan, der ein Paar von diesen Eins in die Fresse ist halb gewachsen Schuhe trägt?
Und genauso ist es.

John mit Paul und dem Schlagzeuger Pete Best im Juli 1962. Auf dem Schiff *Royal Isis* treffen sie Vorbereitungen für eine Riverboat Shuffle auf dem Mersey. Die Topgruppe der Riverboat Shuffle war Acker Bilks Jazzband.

Jumping Gym, who shall remain Norman, spotted Whit Monday and the Barking Doctrine shooting some rhinostrills and hippost-humous and Otumbark.
›Stop shouting those animoles!‹ But it hab no influence upod them. They carried on shotting, alligarters, wild boats, garriffes, lepers and Uncle Tom Cobra and all... Old Buncle Ron Gabble and all... Bold Rumple Bom Dobby and all... Bad Runcorn Sad Toddy and all.*

Eines Tages erschien John im Büro des *Mersey Beat*, um gegen Bezahlung die folgenden fünf Anzeigen aufzugeben, aber er bestand darauf, daß sie unter keinen Umständen untereinander abgedruckt werden durften, sondern zwischen den anderen Anzeigen verstreut:

HOT LIPS, missed you Friday, RED NOSE
RED NOSE, missed you Friday, HOT LIPS
ACCRINGTON welcomes Hot Lips and Red Nose
Whistling Jock Lennon wishes to contact Hot Nose
RED SCUNTHORPE wishes to jock HOT ACCRINGTON'**

In Johns frühen Texten zeichnet sich bereits klar die Entwicklung hin zu seinen Büchern *In seiner eigenen Schreibe* und *Ein Spanier macht noch keinen Sommer* ab. Seinen Texten haftete etwas typisch Englisches an, so daß sie sich deutlich von der amerikanischen Strömung der Beatpoeten absetzten, beispielsweise von der Stream-of-Consciousness-Technik eines Allen Ginsberg. John kann als Begründer der Beatliteratur Liverpools angesehen werden, und wie in seiner Musik, so gab er auch in seiner »Schreibe« den Anstoß, sich von dem amerikanischen Einfluß jener Zeit zu lösen.
*Mersey Beat* konnte sich noch jemanden zulegen, der gelegentlich Beiträge lieferte: Brian Epstein. Er war siebenundzwanzig und leitete die Plattenabteilung des NEMS-Ladens in Whitechapel. Auf Bill Harrys Bitte hin hatte er die Zeitung dort ausgelegt. Die Aktivität der ansässigen Beatgruppen faszinierte ihn, und er las die Zeitung von Anfang bis Ende. Von der ersten Ausgabe wurden in Epsteins Abteilung zwölf Stück verkauft; von der zweiten Ausgabe verkaufte er zweihundertvierzig Stück. »Es war ein musikali-

*Auf Safairy mit »White Hunter«
Tief im Schunkel... im dichten Schunkel... schläft Waidhamster heut nacht.
Zu Füßen seines Lagers sitzt Otumba und patzt auf gichtige Schwangen auf, z. B. die tödliche Coca oder die schmächtige Rüschenschlampe. Er war ganz und gar nicht darauf vorbereitet, daß in den pfühlen Morgenstumpen des volkententages würglich eine wahre Geschichte passieren sollte.
Otumba erweckte ihn mit einer Tasse Teer, und sie begabten sich sodreist in den Schunkel.
»Ist das nicht Elefantutti Pill dort hinten in seinem neuen Basuti?« sagte Veith Harnteer.
»Könnte der fliegende Doktor im Einsatz sein.«
»Nein, er geht ja zu Fuß«, sagte Otumbach auf Swahelisch, kaum einen Krähenpfiff von hier entwärmt. Nur zu bald stießen sie auf eine Lichtpause im Schunkel und brauten ihre Selter auf.
Schunkel Jim, wo hier nicht genannt werden soll, fragte sich all und mählich seinen Weg durch das Unterhosengestrüpp (ohne zu melken, daß Weißunter ihn schon verspätet hatte).
»Du bist jetzt raus«, befahl Schweißhumper.
»Nein, aber viehlaicht komme ich nächstes Mal in die Vorentscheidung zur Endrunde.«
Schammel Gin, der anonym bleiben soll, ertrappte Feist Andersch und den ziegenden Doktor, wie sie einige Rhinirösser und Schlußpferde schossen, und Otumbart. »Höhnen Sie auf, auf diese Türe zu schließen!« Albert es war zwerglos. Sie fuhren fort auf Grogottielien zu schließen, auf Wildzeune, auf Gariffen, Cleoparden und Hammel Rosse Sphiny und Hahn, alle Tiere alle... Mamsell Bosse Drink und Zahn, alle Tiere alle... Trampel Flosse Zink und Wahn.

**HEISSE LIPPE, habe dich am Freitag verpaßt, ROTE NASE
ROTE NASE, habe dich am Freitag verpaßt, HEISSE LIPPE
ACCRINGTON heißt Heiße Lippe und Rote Nase willkommen
PFEIFENDER RÜTTEL-LENNON wünscht Kontakt mit Heißer Nase aufzunehmen
ROTES SCUNTHORPE wünscht HEISSES ACCRINGTON zu rütteln.

sches Wunderland vor der eigenen Tür, das er vorher nicht wahrgenommen hatte, und er fragte an, ob er Plattenbesprechungen beitragen könne«, erzählt Bill Harry. »Er hat mich jede Woche angerufen, und wir haben uns in seinem Büro getroffen und über die Liverpooler Musikszene geplaudert.« *Mersey Beat* konnte seine Auflage so sehr steigern, daß man in neue Büros umzog. Bei diesem Umzug gingen viele von Johns Gedichten verloren. Als er erfuhr, weinte er sich an der Schulter von Bill Harrys Frau Virginia aus.

Es gab wohl kaum jemanden, der auf den ersten Blick weniger zu den Beatles gepaßt hätte als Brian Epstein. Seine Sprechweise war sehr artikuliert – was von den Beatles natürlich als »schnieke« aufgefaßt wurde. Er kleidete sich makellos – Anzug und Krawatte –, und er hatte immer eine Aktentasche bei sich. Er war entsetzlich schüchtern und machte schon beim kleinsten gegen ihn gerichteten Seitenhieb schlapp. Außerdem entstammte er einer angesehenen mittelständischen jüdischen Familie.

Es war weniger die Liebe zur Popmusik als vielmehr Ehrgeiz und peinliche Genauigkeit, was Brian Epstein zu den Beatles führte. Sein musikalisches Interesse galt in erster Linie Sibelius. Aber als Geschäftsmann wollte er auch alle Teenager unter seinen Kunden zufriedenstellen. Er hielt sich viel darauf zugute, jede Platte, die er nicht vorrätig hatte, auf Anfrage hin besorgen zu können.

Als am 28. Oktober 1961 Raymond Jones, ein Stammkunde in der Plattenabteilung von NEMS, in den Laden kam und nach »My Bonnie« von den Beatles fragte, stand Brian Epstein ziemlich belämmert da. Er hatte nie von dieser Gruppe auch nur gehört, ihren eigentümlichen Namen hätte er nicht einmal buchstabieren können, und auch die Platte war ihm gänzlich unbekannt. Jones erklärte, daß es sich um eine Gruppe aus Liverpool handle und die Platte in Hamburg produziert worden sei. Epstein versprach, der Sache nachzugehen, und schrieb auf seinen Notizblock: »My Bonnie, The Beatles. Montag drum kümmern.«

Am Montag ließ sich durch ein paar Telefonate einiges klären. Die Platte, auf der die Beatles jemanden begleiteten, war bei Polydor erhältlich. Und nicht nur, daß die Gruppe noch existierte, nein, sie spielte sogar regelmäßig nur zweihundert Meter entfernt in einem Kellerclub, dem Cavern, von dem er noch nie gehört hatte. Plötzlich ging ihm auf, daß er die Namen aus dem *Mersey Beat* kannte, und er bat Bill Harry, einen Besuch in diesem Club für ihn zu arrangieren.

Der Mann, der der Manager der Beatles werden sollte, war eine komplexe Persönlichkeit. Er kam zwar aus konservativen, viel feineren Verhältnissen als die Beatles, aber er war im Alter von zehn Jahren »wegen Unaufmerksamkeit und unterdurchschnittlicher Leistungen« vom Liverpool College verwiesen worden. Der Eklat, der seinen Verweis von der Schule zur Folge hatte, brach während einer Mathematikstunde aus, als er unter seinem Tisch ein Programm entwarf, in dem tanzende Mädchen angekündigt wurden. »Meine Eltern sind im Lauf der Jahre oft an mir verzweifelt, und das kann ich ihnen nicht vorwerfen«, schrieb Epstein später. Mit zehn war er bereits in drei Schulen gewesen und in keiner der drei zurechtgekommen. Er war der Klassenbeste in Kunsterziehung, aber in Mathematik und den Naturwissenschaften war er schlecht. Nachdem er durch die Aufnahmeprüfungen vieler öffentlicher Schulen gefallen war, nahm ihn das Wrekin College in Shropshire auf. Er besuchte die Royal Academy of Dramatic Art, bis er sich die Meinung zulegte, Schauspieler seien zu narzißtisch. Daraufhin kehrte er nach Liverpool zurück und stieg nach einer Lehre als Verkäufer bei Times Furnishing in der Lord Street in das Geschäft seiner Familie ein.

Schon ehe er ins Cavern kam, hatte Epstein die Beatles gesehen, ohne es zu wissen. Sie waren mehrfach nachmittags in seinen Plattenladen gekommen, und er hatte sie als schäbige Rumlungerer abgetan und gehofft, sie würden bald wieder gehen. »Die häufigen Besuche einer Gruppe von ungepflegten Jungen, die einen Haarschnitt nötig hatten, machten mir schon Sorgen. Sie flözten am Ladentisch rum, hörten Platten und schwätzten mit den Mädchen. Den Mädchen im Laden habe ich gesagt, ich fände, die Jugend von Liverpool könne ihre Nachmittage wirklich woanders vertrödeln, aber die Mädchen haben mir versichert, daß die Jungen sich gut benahmen und manchmal auch Platten kauften. Außerdem sagten die Mädchen, die Burschen könnten eine gute Platte durchaus von einer schlechten unterscheiden. Ich wußte es zwar nicht, aber die vier Kerle waren die Beatles. Einen Teil der langen Nachmittage, die zwischen dem mittäglichen und dem abendlichen Auftritt in den Beatkellern lagen, verbrachten sie in meinem Laden.«

Brian war der Besuch im Cavern aus zwei Gründen peinlich. Erstens hatte er das Gefühl, als gutgekleideter Erwachsener aufzufallen zwischen den Schülern, die bei Cola und Schinkenbrötchen eine ganz eigene Sprache sprachen. Zweitens begrüßte Bob Wooler, der Diskjockey des Cavern, Brian mit der gebieterischen Ankündigung, »Mr. Epstein von NEMS« sei im Publi-

kum, und die Menge solle ihn begrüßen. Brian errötete.
»So was wie die Beatles hatte ich noch auf keiner Bühne gesehen«, erinnerte sich Epstein später. »Sie rauchten und aßen und unterhielten sich, während sie auf der Bühne standen. Sie wandten dem Publikum den Rücken zu, schrien es an und lachten über Witze, die nur sie verstanden.« Die unbändige Gruppe, die ungeschliffenes Talent ausstrahlte, verwirrte und hypnotisierte Epstein. Er konnte seine Augen nicht von dem Geschehen auf der Bühne dieses dunklen Verlieses losreißen.
Brian Epstein hatte zwar mehrere Freundinnen, aber er war homosexuell. Es hieß oft, er sei vom ersten Augenblick an auf John fixiert gewesen. Da heute beide tot sind und keiner von ihnen sich zu Lebzeiten zu diesem Thema geäußert hat, haben wir es in dieser Hinsicht mit einer reinen Mutmaßung zu tun. John hat eine große Faszination auf Brian ausgeübt, aber er war ein extrem aktiver Heterosexueller, der Homosexuellen mit der damals üblichen Verachtung begegnete. Homosexualität war damals ein Tabu, und die Betroffenen hielten ihre Vorlieben geheim. Brian wollte nicht, daß seine Umgebung etwas davon wußte, nicht einmal seine Familie. Die Behauptung mancher Kommentatoren, Brians ehrgeizige Pläne für die Beatles seien in seiner Liebe zu Lennon begründet gewesen, ist eine unsinnige Spekulation.
Ich kannte Brian Epstein gut genug, um zu wissen, daß er die Beatles als Gesamtheit liebte. Sein Ehrgeiz, sein Wille, sie zu beschützen, und die Hingabe, mit der er sie zur bekanntesten Popgruppe auf Erden machte, erstreckten sich auf alle vier. Diese Hingabe ging weit über irgendwelche sexuellen Vorlieben hinaus.
»Wenn ich heute so hier sitze«, sagte Epstein eines Abends Anfang 1962 in einem Restaurant in Liverpool zu mir, »dann ist mir völlig unklar, wieso ich das Cavern nicht nach wenigen Minuten wieder verlassen habe. Ich kann mich noch genau an diese vier Jugendlichen mit den ungepflegten Haaren erinnern, die sich von ihrer schlechtesten Seite zeigten.« Brian hatte mich als Autor von *Melody Maker*, der wöchentlich erscheinenden Musikzeitschrift, nach Liverpool eingeladen. Ich war der erste Musikjournalist aus London, der nach Liverpool fuhr, um etwas über die Beatles zu hören. Er erzählte mir von den großen Hoffnungen, die er in die Gruppe setzte, und sprach davon, welches Glück ich hätte, die bevorstehende Explosion mitzuerleben. Ich war interessiert, aber nicht frei von Zynismus. Die britische Popszene, die so lange von Amerika beherrscht worden war, entwickelte langsam eine eigene Identität. Diese Entwicklung brachte eine neue Gattung von aufschneiderischen Managern mit sich, die täglich mich und viele andere Redakteure anriefen, um uns Sensationen anzupreisen. Auf Elvis Presley und Cliff Richard waren Acker Bilk mit »Stranger on the Shore«, Frank Ifield mit »I Remember You« und der Number One Hit der Tornados, »Telestar«, gefolgt. John Lennon stand unter dem Einfluß einer amerikanischen Single, »Hey Baby« von Bruce Channel – dieser Song inspirierte ihn zum Mundharmonikaspielen. Ich war skeptisch, aber Epstein, der Charme und tadellose Manieren hatte, blieb beharrlich: »Bleiben Sie da, und lernen Sie die Jungen morgen in meinem Büro kennen!«
Brian erzählte mir, daß er die Beatles ein paar Monate zuvor eines Nachmittags in seinen Laden eingeladen hatte. Er hatte zwar keine festen Vorstellungen davon, wie eine gemeinsame Arbeit mit ihnen aussehen sollte, aber »die Idee, daß ich das Management in die Hand nehme, kam von beiden Seiten auf«. Sie hatten Bob Wooler in den NEMS-Laden mitgebracht, als wollten sie den Ernst dieses Zusammentreffens betonen. Lennon brach das Eis, indem er sagte: »Das ist mein Dad«, als er Wooler vorstellte.
Von Wooler, der den Aufschwung der Gruppe miterlebt hatte, war Epstein bereits früher anvertraut worden, daß die Beatles enorm beliebt waren, es ihnen aber an regelmäßiger Arbeit fehlte. Brian sprach nun sehr allgemein und vage über ihre Zukunft und über Verträge und lud sie ein, in einer Woche wiederzukommen. Diesmal kam er klar auf das Thema zu sprechen. »Ihr braucht schlicht gesagt einen Manager. Wollt ihr, daß ich das übernehme?«

Einen Moment lang sagte niemand etwas, doch dann platzte John mit leiser, heiserer Stimme heraus: »Ja.«
Die anderen nickten. Paul, der immer auf der Hut war, fragte: »Bedeutet das für uns einen großen Unterschied? Ich meine, es ändert doch nichts daran, wie wir spielen?«
Epstein versprach ihnen, daß sich an ihrer Musik nichts ändern sollte, und er betonte seinen Enthusiasmus. Dann saßen die fünf Männer ein paar Minuten lang da, sahen einander an und wußten nicht, was sie als nächstes sagen sollten.
Wieder brach Lennon das Schweigen. »Also gut, Brian, dann manage uns mal, und zwar gleich. Wo ist der Vertrag? Ich unterschreibe.«

Am Tag nach dem Abendessen mit Brian Epstein lernte ich die Beatles kennen. Es war eine kurze Begegnung in Brians Büro. John und George stürmten rein und fragten nach Zigaretten. »Love Me Do« war gerade herausgekommen. Sie waren fröhlich, optimistisch und keineswegs ungepflegt. John ließ einen kurzen Seitenhieb gegen *Melody Maker* einfließen – »die schreiben immer nur über Jazz« –, aber er sagte es mit einem zynischen Lächeln, das selbst dann liebenswert wirkte, wenn er gerade besonders ätzend war. Ich erinnere mich, daß es mir schwerfiel, diese gepflegten jungen Männer mit dem Bild in Einklang zu bringen, das Brian mir von ihnen gezeichnet hatte.

Bei einem London-Besuch von Liverpool aus im Januar 1963 kaufen die Beatles bei Austin Reed in der Regent Street Stiefeletten, die dann ganz groß in Mode kommen sollten.

Januar 1963. Kurz vor dem großen Durchbruch der Beatles zu nationalem Ruhm trägt John widerwillig einen glänzenden Showbiz-Anzug, der nach Brian Epsteins Anweisungen von dem Londoner Schneider Doug Millings angefertigt worden ist. Die Show fand in den Grafton Rooms in Liverpool statt.

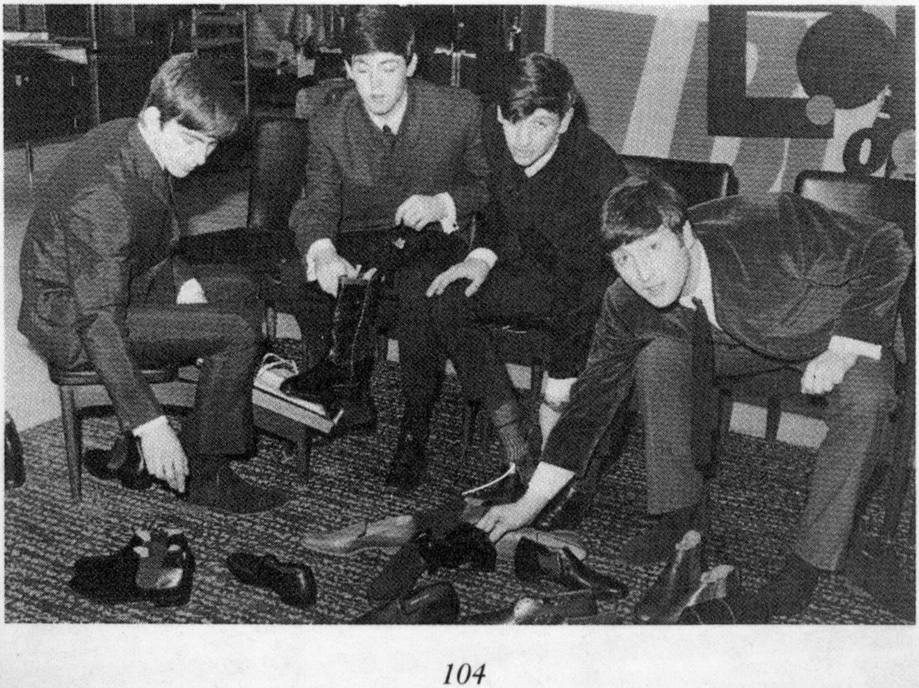

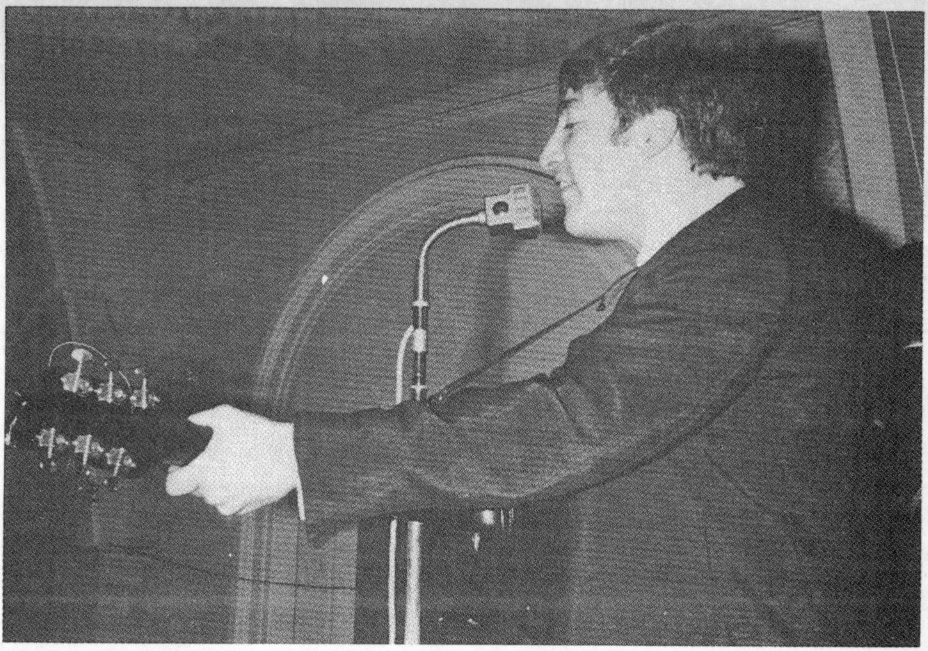

Ehe sich Brian auf die lange, frustrierende Suche nach einer Plattenfirma machte, die die Beatles unter Vertrag nahm, führte er formlos ein paar Regeln für die Gruppe ein: Pünktlichkeit und eine Straffung der Auftritte, keine Colas und Sandwiches mehr auf der Bühne, kein Anpöbeln des Publikums. Die Auftritte sollten auf ein Maximum von einer Stunde gekürzt werden, und die Band sollte sich ein festes Repertoire zusammenstellen. Die Hamburg-Erfahrung, rein nach Gehör zu spielen, mußte aufgegeben werden. Das war der sichere Weg, ihre Talente in eine Richtung zu lenken, die ihnen bei der breiten Masse Popularität verschaffte.

John akzeptierte Epsteins Vorstellungen mit leisem Widerwillen. In einem Café traf er zufällig das Aktmodell June Furlong, und sie fragte ihn, wie es mit der Gruppe laufe. Er erzählte ihr von den radikalen Veränderungen, die Brian Epstein für sie mit sich brachte. »Er schien unsicher zu sein, ob das eine gute Sache war«, sagt June Furlong. »Ich habe zu ihm gesagt: ›Mach die Sache mit, John. Was hast du zu verlieren?‹ Er hat gebrüllt vor Lachen: ›Ja, June, wie wahr. Was haben wir zu verlieren?‹«

Er suchte auch die Büros von *Mersey Beat* in der Renshaw Street auf, um einige seiner krasseren Texte von Bill Harry zurückzufordern, damit sie nicht veröffentlicht wurden. Er glaubte, sie könnten sich mit dem anständigen neuen Image beißen, das Brian Epstein den Beatles verpassen wollte.

Mit seinem nächsten Schachzug jedoch schokkierte Epstein John bis ins Mark. Er bestand als erfolgreicher Geschäftsmann darauf, daß die Beatles Anzüge, Hemden und Krawatten trugen, damit sie sich besser verkauften. Brian stellte ihnen die Shadows als ein Beispiel für Erfolg hin. Die Gruppe, die Cliff Richard begleitete, war für John der Inbegriff des sterilen Pop, den er verabscheute. Ihre Musik sollten die Beatles weiterhin selbst bestimmen, aber die Gestaltung ihres

Images sollten sie ganz Brian überlassen. Es verstieß gegen Johns Instinkte, die Gruppe in diese Richtung modellieren zu lassen. John und George rebellierten gegen die »Superverpakkung«, während sich Paul entschieden hinter Epstein stellte.
Clive Epstein, Brians Bruder, sagt, daß John ein häufiger Gast bei den Epsteins war, ehe die erste Single aufgenommen wurde: »Brian und John haben lange, ernsthafte Gespräche darüber geführt, wie man die Gruppe groß rausbringen kann.« Lennon wollte unbedingt etwas von Brians Marketing-Strategien lernen, einem Gebiet, das ihm völlig fremd war. »Brian hat mir gesagt, daß er John für ein Genie hält, und natürlich hat er meinen Eltern versichert, die Beatles würden größer rauskommen als Elvis Presley, und das, ehe sie auch nur einen unbedeutenden Hit mit ihrer ersten Single gelandet hatten. Brian hat John entschieden nähergestanden als den anderen. Zwischen ihnen hat eine geistige Beziehung bestanden, die ganz phantastisch und wirklich entscheidend für die Zukunft der Gruppe war.«
Lange nachdem die Euphorie der Beatlemania abgeebt war, sagte John gegenüber dem *Melody Maker*: »Zu Beginn war es ein ständiger Kampf zwischen Brian und Paul auf der einen und George und mir auf der anderen Seite. Brian hat

März 1964. John und Brian Epstein sehen die Fanpost durch.

uns in ordentliche Anzüge und Hemden gesteckt, und Paul hat sich voll hinter ihn gestellt. Mir hat das nicht gepaßt, und ich habe versucht, George aufzuhetzen, damit er sich mit mir auflehnt. Ich habe zu George gesagt: ›Schau mal, wir brauchen diese Anzüge nicht. Werfen wir sie doch einfach aus dem Fenster.‹ Meine Rebellion hat sich dann aber nur darauf erstreckt, daß ich mit loser Krawatte und einem offenen obersten Hemdknopf erschienen bin, aber Paul hat das immer wieder in Ordnung gebracht.
Bei unserem allerersten Fernsehfilm sind die Leute von Granada gekommen, um uns zu filmen, und wir standen in Anzügen und so weiter da. Das waren einfach nicht wir, und als ich den Film sah, wußte ich, daß das der Punkt war, von dem an wir uns verkauft haben.«
Das sagte er im Rückblick; aber 1962 fand sogar

John, daß der Zweck die Mittel heilige. Epsteins Logik war unangreifbar – der Weg zum großen Erfolg führte 1962 in England über die Hitparaden.
Die Emigration seines besten Freundes nach Deutschland gab Lennon ein Gefühl der Isolation. Er vermißte Stuart. Astrid, Stuarts Verlobte, arbeitete in ihrem Fotostudio in Hamburg, während Stuart in Hamburg im Haus ihrer Mutter auf dem Dachboden malte und lange Briefe an John nach Liverpool schrieb.
John schrieb Stuart mit einer Offenheit und Eindringlichkeit, die er normalerweise Cynthia vorbehielt. In seinen zwanzigseitigen Briefen an Stuart beklagt er die Zustände auf der Welt; nur selten berichtet er über das Fortkommen der Beatles. In allen diesen Briefen ist zwischen den Zeilen die Ruhelosigkeit zu lesen, mit der er dem

Leben begegnete; John hatte endlich das Gefühl, seine tiefsten Empfindungen freilegen zu können.

Einmal schrieb er an Stuart:

Ich kann mich an nichts erinnern ohne eine Traurigkeit,
die so tief sitzt, daß ich sie kaum wahrnehme,
so tief, daß ihre Tränen mich zum Betrachter meiner eigenen Dummheit machen.

Epstein schlug jetzt schneller zu. Am 13. April 1962 sollten die Beatles bei der Eröffnung des Hamburger Star-Clubs spielen – ihr bis dahin entscheidendster Auftritt in der Stadt, die sie inzwischen als ihre zweite Heimat ansahen. Epstein behielt seinen Stil bei. Er bestand darauf, daß die Beatles nach Deutschland flogen, statt mit dem Zug und dem Schiff zu reisen. Er wollte sie mit seiner Freigebigkeit beeindrucken und ihnen Zuversicht geben, damit sie ihm glaubten, daß es ihm ernst war mit seinem Vorhaben, sie zu gigantischem Erfolg zu führen.

John wußte aus Stuarts Briefen von dessen sehr schlimmen Kopfschmerzen, aber nur Astrid und ihre Mutter hatten miterlebt, wie ernst es geworden war. »Es gab Tage, an denen der arme Stu vor Schmerzen in Krämpfen lag«, sagt Astrid. »Als ich an Weihnachten 1961 mit ihm nach Liverpool fuhr, haben alle gesagt, wie schlecht er aussieht. In der Kunstakademie ist er einmal ohnmächtig geworden, und wir fanden alle, daß es bei solchen Qualen besser war, wenn er zu Hause im Bett oder auf dem Dachboden blieb, damit wenigstens meine Mutter und ich in der Nähe waren, wenn er Hilfe brauchte.« Auch der Hausarzt der Kirchherrs konnte sich auf diese Weise um Stuart kümmern. Er schickte ihn zum Röntgen, aber die Aufnahmen zeigten nichts Ungewöhnliches.

Am 10. April, als das Flugzeug, das die Beatles von Manchester nach Hamburg bringen sollte, gerade startete, bekam Astrid einen Anruf von ihrer Mutter. Sie sagte, Stuart habe derart heftige Kopfschmerzen, daß es nicht in Frage komme, den Hausarzt zu holen. »Er muß sofort ins Krankenhaus.« Astrid eilte nach Hause und bestand darauf, ihren Verlobten im Krankenwagen zu begleiten. »Er ist auf dieser Fahrt in meinen Armen gestorben«, sagt Astrid. »Ich könnte nicht sagen, daß es völlig unerwartet kam, aber diese Plötzlichkeit...« Als Todesursache wurde Hirnparalyse angegeben.

Astrid fuhr vom Krankenhaus zum Flughafen, um John, Paul und Pete Best abzuholen. (George kam einen Tag später.) Sie wußten nichts von dem Drama, das sich an jenem Tag abgespielt hatte. »Ich weiß nicht, wie ich diesen Augenblick überstanden habe, nach dem, was geschehen war«, sagt Astrid. »Ich sehe noch vor mir, wie John das Flughafengebäude betrat. Er hat mich gesehen und ist winkend auf mich zugekommen. ›Hallo, ich bin da, wie geht's... oh, was ist los mit dir?‹

›Stuart ist gestorben, John. Er ist tot.‹

Als Reaktion darauf brach Lennon in Gelächter aus. Er hat kein Wort zu irgend jemandem gesagt. »Er hat nie geweint«, sagt Astrid. »Kein einziges Mal. Er ist in dieses hysterische Gelächter ausgebrochen und konnte nicht mehr aufhören. Das war seine Art, sich vor der Wahrheit zu verschließen. Dann ist er einen Moment lang tief in sich gegangen. Aber wir beide haben nicht viel über Stuart geredet. Ich wußte, daß Stuart und er einander wirklich geliebt haben. Beide haben es mir gesagt, wenn sie aus sich herausgegangen sind. Ich weiß, daß Stuart es vorgezogen hätte zu sterben, als weiterhin unter diesen Schmerzen zu leiden. Aber für mich und für jeden, der ihn kannte, war der Verlust groß, weil er ein Genie war, ein großer Geist und ein großes künstlerisches Talent. Wenn er weitergelebt hätte, wäre etwas Herausragendes aus ihm geworden. Wie John diese Zeit überstanden hat, werde ich nie erfahren.«

Lennons Methode, sich wieder zu fangen, war die gleiche, die er sich schon zugelegt hatte, als er vor

Diesen Brief, aus dem Cynthia Teile herausgeschnitten hat, schrieb ihr John wenige Tage nach Stuarts Sutcliffes Tod im April 1962. »Dot« war Dot Rhone, Paul McCartneys erste ernstzunehmende Freundin.

(1.)

STAR CLUB
39 GROSSE FREIHEIT
ALTONA-HAMBURG.

Dear Cyn

I love love love you and I'm missing you like mad where are you my little [illegible]

I wonder why all the newspapers wrote about Stu – especially the 'People' – and how the hell did they find out who could have told them as I wrote that I suddenly remembered: theres a fellow at the 'Jacaranda' who's a free lance journalist it could have been him 'cause Alan Williams has been helping mrs Sutcliffe or something. I haven't seen Astrid since the day we arrived I've thought of going to see her but I would be so awkward – and probably the others would come aswell and it would be even worse. I won't write any more about it 'cause its not much fun. I love you – I don't like the idea of Dot moving in permanently with you 'cause we could never be alone really – I mean when I come home – cant she have the other room or find another flat – imagine having her there all the time when we were in bed – and imagine Paul coming all the time – and especially when I wasn't there I'd hate the idea. I love you Cyn.

The club is massive and we only play 3 hrs one night and 4 the next – and we play an hour – then an hours break so it doesn't seem long atall really. The boss

of this place is a good skin – we're off
tomorrow 'cause its Good Friday and they can't
have music so the boss – (Manfred) is takeing us
and the other group out for the day in his car and
all the rest of them like Hörst are coming so it
will be a big mob in 4 or 5 cars. We're going somewhere
healthy like the Ost Sea (Stuart again).

God I'm knackered its 6 o'clock in
the morning and I want you (I've just found
out that theres no post tomorrow so I will pack in
good night I love you boo! hoo! I hate this place).

That was ~~Friday~~ Thursday night now its Sunday
afternoon, I've just wakened up and theres no post today
or tommorrow (Easter Monday I think) anyway happy
Easter Cyn. I love you. We went out but all we did
was eat and eat and eat (Good Friday) it was all
free so it was ok. We drove somewhere about 80 mls
away and ate.

My voice has been gone since I got here
(it was gone before I came if I remember rightly).
I can't seem to find it – ah well! I love you Cyn
Powell and I wish I was on the way to your flat with
the Sunday papers and chocies and a dribbler!
Oh yes! I forget to tell you I've got a GEAR suede
overcoat with a belt so I'll look just like you
now! Pauls leaping about on my head (he's in a
bunk on top of me and he's snoring!) I can hardly
get in a position to write its so cramped below
stairs captain. Shuttup McCartney! great great

I cant wait to see your new room it will be great seeing it for the first time and having chips and all and a ciggie (dont let me come home to a regular smoker please Miss Powell) Hmm I can just see you and Dot puffing away I suppose thats the least of my worries. I love you Cyn I miss miss miss you miss powell – I keep remembering all the parts of Hamburg that we went to together In fact I can't get away from you – especially on the way, and inside the Seamans Mission toilets! I love love love you. x

Did I tell you that we have a good bathroom with a shaver did I? did I tell you? well I've had ONE whole shaves aren't I a clean little rakes? hee! hee! I love you I haven't written to Mimi yet but I know how to send her money so it gets there in 2 hrs. xxx

– I can't think what to write now so I will pack in and write some tomorrow seeing as how like I can't POST IT anyway so good afternoon Cyn I love you. Yum Yum. Will you send me the words to "A SHOT OF RYTHM + BLUES" please? theres not many.

Its Monday night and we finished playing about ¾ hr ago (its 2 o'clock) I'm dead beat my sweet so I hope you wont mind if I

4

finish now and have lovely sleep (without you but it'll still be lovely – don't be hurt – but I'm so so so tired). I love you Cyn – I hope you realize why this letter took so long but there has been no post Fri Sat Sun Mon – and this one will go by the early morning Tuesday post 'cause I will nip downstairs and post it any minute (handy isn't it?). I love you I love you please wait for me and don't be sad and work hard and be a clever little Cyn Powell. I love you I love you I love you I love you I love you I love you, write soon ooh its a naughty old Hamburg we're living in ΣΣ.

All my Love for Ever and ever

from

John

XXXXX
XXXXX

PS. They're leather PANTIES not pants! (just in case y'know)!

I love You

Goodnight

X X X X X

der schrecklichen Wahl zwischen seiner Mutter und seinem Vater stand, dann Onkel Georges Tod bewältigen mußte und schließlich den Tod seiner Mutter. Seine Trauer trug er still und auf ganz persönlicher Ebene mit sich selbst aus. Er glaubte fest daran, daß es keine andere Möglichkeit gab, als einfach weiterzumachen.

Astrid litt monatelang unter starken Depressionen. »John hat mich gerettet«, sagt sie. Paul und vor allem George seien ganz reizend zu ihr gewesen, aber John habe gewußt, daß es aufgrund seiner Beziehung zu Stu an ihm lag, sich um Astrid zu kümmern. »Er hat sich auf seine rauhe Art ganz wunderbar verhalten, und er hat seine Methode, Dinge zu bewältigen, auf mich übertragen, ohne daß ich es merkte«, sagt Astrid. »Komm schon, entscheide dich, ob du leben oder sterben willst«, hat er zu ihr gesagt. »Du kommst heute abend mit uns in den Star-Club. Hör auf, zu Hause rumzusitzen – das bringt dir Stu nicht zurück.« Während Astrid in ihrem Fotostudio war, hatte ihre Mutter tagsüber oft das Schwerste mit Stuart durchgemacht. Lennon nahm sie oft in den Arm und drückte überschwenglich seine Gefühle für sie aus. Astrid sagt, John habe sie davor bewahrt, vergrämt und verbittert zu werden. Sie ging auch wirklich mit in den Star-Club, als die Beatles am 13. April dort auftraten. Sie spielten sieben Wochen lang.

Der Star-Club war für die Beatles ein Schritt nach oben; schließlich hatte man sie zur Eröffnung ausgesucht, und das gab Anlaß zu Optimismus. Horst Fascher vom Star-Club erinnert sich an John als denjenigen, dessen Benehmen während dieser sieben Wochen am bizarrsten war. »Am Eröffnungsabend sind die Beatles und andere Gruppen aufgetreten, und Brian Epstein war auch da. Es gab jede Menge zu trinken. Am nächsten Morgen sind wir alle in einen Club gegangen, Brian war leicht angetrunken, und John Lennon hat ihn von Kopf bis Fuß mit Bier begossen.«

Fascher kannte die Beatles schon von 1960, denn er hatte damals im Kaiserkeller gearbeitet, dem ersten Club, in dem die Beatles aufgetreten waren. Außerdem war er der Manager von Tony Sheridan, mit dem die Beatles in Hamburg ihre erste Platte, »My Bonnie«, aufgenommen hatten. Die exzentrische Art der Beatles belustigte ihn. »Eines Tages«, sagt er, »sind sie alle auf den Hamburger Fischmarkt gegangen und haben ein Schwein gekauft. Sie haben es an einer Leine auf der Reeperbahn spazieren geführt. Jemand hat sich darüber aufgeregt und die Polizei angerufen. Die Polizei hat ihnen das Schwein weggenommen und es schlachten lassen. Das ist ein ganz typisches Beispiel für ihr merkwürdiges Benehmen.«

John, Paul, George und Pete Best waren inzwischen zu Hause die Stars des Cavern, und sie wußten, daß sie sich auch in Hamburg einen Namen machen konnten. Sie wohnten in einer Wohnung über dem Star-Club. Der Besitzer des Clubs, Manfred Weißleder, reiste manchmal nach Afrika und kaufte dort Felle. Er schlug den Beatles vor, sie auf der Bühne zu tragen. So kam es, daß John eines Abends als Affe auf der Bühne des Star-Clubs erschien. Nach dem Auftritt verließ er den Club und ging in seinem Aufzug auf der Großen Freiheit und der Reeperbahn spazieren. Horst Fascher bekam einen Anruf von der Polizei. Man teilte ihm mit, die Beatles seien in einen Club gegangen und würden »die Leute zu Tode erschrecken«. Einige Gäste waren davongelaufen, ohne ihre Rechnung zu begleichen, und der Besitzer bestand darauf, daß die Beatles den Ausfall bezahlten. »Sie hatten kein Geld, also mußte ich zahlen.«

An einem Samstag abend spielten die Beatles im Star-Club bis kurz vor Einbruch der Morgendämmerung, und anschließend luden sie dreißig Leute zu einer Party in ihre Wohnung an der Großen Freiheit ein. Es gab nur ein Gemeinschaftsklo im fünften Stock, und John pinkelte über die Balkonbrüstung. »Wir waren alle nur ganz normale Menschen«, sagt Paul McCartney, der diesen Vorfall bestätigt. »Ich glaube, ich kann mich erinnern, daß John vom Balkon gepinkelt hat. Aber diese Geschichten sind alle ganz schrecklich aufgebauscht worden.« McCartney sagt, die Geschichte, daß John auf Nonnen gepinkelt haben soll, die gerade auf dem Weg zur katholischen Josephskirche waren, sei nicht wahr.

»Bei einem ganz anderen Anlaß haben wir ein paar Nonnen Sachen zugerufen wie: ›He, Schwester‹, wie es junge Leute manchmal tun. Aus den zwei Geschichten ist eine geworden, und dann kommt dieser Unsinn dabei raus. So ist es oft gewesen.«

Ein betrunkener John erschien einmal mit einer Klobrille um den Hals auf der Bühne des Clubs, aber es war gegen Ende des Auftritts, und das Publikum wollte, daß man ihm eine Show bot. John hat einfach mitgespielt. Doch während dieser Zeit in Hamburg hat sich John oft wirklich wüst benommen. Gerry Marsden, der im Top Ten Club auftrat und sich privat mit den Beatles traf, sagt dazu: »Man vergißt leicht, wie jung wir waren. Im Grunde genommen waren wir alle noch nie aus Liverpool rausgekommen. Plötzlich ist man frei von Eltern, Freunden, Leuten, die einen kennen, und man wird anständig bezahlt. John hat seine Freiheit ausgekostet, weil keine Tante da war, die sagte: ›Laß das!‹ John ist ein bißchen durchgedreht, wie wir alle.

Zuviel getrunken haben wir auch alle, John inbegriffen. Sie haben von sieben Uhr abends bis etwa zwei Uhr nachts gespielt. Ein großes Glas Cola mit Rum konnten wir uns in England nicht leisten. Nach Mitternacht hatten wir immer schon einiges getrunken. Und die Auftritte waren so wüst, daß der Adrenalinausstoß immer noch gewaltig war. Dann ist man eben essen gegangen bis vier oder fünf Uhr morgens, manchmal mit Horst Fascher und seiner Familie, und natürlich schläft man dann bis drei am nächsten Nachmittag. Dann ging es zur Seemannsmission am Hafen, und dort wurde deftig gefrühstückt. Nach diesem Schema haben alle Gruppen in Hamburg gelebt. John hat mir später oft gesagt, das sei eine Erfahrung gewesen, die er nirgends anders hätte machen können. Wenn man in Hamburg überlebt, das Publikum, das einem tierisch zusetzt, und die Anforderungen der Nacht, überlebt man sogar die Beatlemania. Dort hat John die wirklich harte Stimme hingekriegt, die dazu beigetragen hat, die Beatles berühmt zu machen. Es mußte jedem die Stimmbänder ruinieren, so lange an einem Stück zu singen, aber wenn man jede Nacht so sang und dem Publikum das erstbeste, was einem einfiel, entgegenschrie, dann gewann man an Stimmgewalt. John hat den ganzen Trubel genossen.«

Gerry Marsden schildert die schlimmste Szene, die er mit John in Hamburg erlebte: Sie spielten in der Wohnung über dem Star-Club Karten, und John war betrunken. Es kam zu einem Streit. »John ist aufgestanden und hat dem Kerl eine Flasche auf den Kopf geschlagen. Ich fand das wirklich nicht in Ordnung. Innerhalb von Sekunden war der Typ wieder auf den Beinen, und er hat John tierisch zusammengeschlagen. Wir standen alle nur rum und haben nicht eingegriffen, weil wir fanden, daß man nicht einfach hingehen und jemandem eine Flasche über den Schädel schlagen kann und dann erwarten, daß man davonkommt. Ich habe oft gesehen, daß John verprügelt worden ist, aber nie so schlimm. In der Nacht hat er es wirklich abgekriegt. Aber er hatte es selbst herausgefordert, und später hat er gesagt, es sei nur fair gewesen, denn das, was er getan hat, tue man wirklich nicht. Sagen wir es so: Ich hätte John nie als Leibwächter engagiert. So hart war er nicht.«

Auch heute noch gibt es Leute in Hamburg, die sich gut an diese Zeit erinnern. Rosa beispielsweise, die zwei Jahrzehnte später, im Alter von sechsundachtzig Jahren, immer noch die Toilettenfrau des Top Ten Clubs an der Reeperbahn ist. Sie tut noch heute ihre Liebe zu den Jungen kund, für die sie gekocht, gewaschen und die Betten gemacht hat. Auch das Hausboot ihres Mannes hat sie ihnen zur Verfügung gestellt. »John stand zu Recht in dem Ruf, ein Wilder zu sein«, sagt Rosa. »Wie ein Teufel ist er auf dieser Bühne rumgetobt. John war der Ehrgeizigste von ihnen. Er hat gesagt, eines Tages würden sie sehr berühmt. ›Mama‹, hat er zu mir gesagt, ›Mutti! Wir gehen nach Amerika, wir werden noch ganz groß, sehr berühmt, und wir machen haufenweise Geld!‹«

Oft habe er zuviel getrunken und sei dann weinend auf der Tanzfläche gelegen. »Manchmal war er wirklich wütend, aber die Leute haben geglaubt, das ist nur Schau. Was ihn wütend gemacht hat, war, wenn die Musik nicht so klang, wie er es haben wollte. Dann hat er zum Trost getrunken. Ich habe sie oft streiten gehört. Wenn sie sich gestritten haben, habe ich mir immer Sorgen gemacht wegen der Mengen, die John dann getrunken hat.«

Hamburg mit seinen brutalen physischen Anforderungen auf der Bühne, dem absurden Tagesablauf, dem unregelmäßigen Schlaf und Essen und der Streitsüchtigkeit des Publikums war Johns strapaziöse Lehrzeit. Immer wieder wurde er in dieser Stadt an den Tod seines besten Freundes erinnert, und gegen seine Traurigkeit legte er sich ein knallhartes Auftreten zu. Im Lauf der Jahre wurde dieser Charakterzug mit Roheit verwechselt. Das Seltsame ist, daß John mit zunehmendem Alter mehr und mehr von seiner Rauheit ablegte und immer menschlicher wurde.

Manchmal holte ihn seine Sentimentalität ein. In jenem Frühling in Hamburg, als John versuchte, Astrid und Stuarts Mutter, Millie Sutcliffe, zu trösten, bat er um den langen Wollschal, den Stuart in der Akademie oft getragen hatte. Dieser gestreifte Schal, marineblau, hellblau, gelb und beige, blieb ihm als wertvollstes Erinnerungsstück an seine Freundschaft zu Stuart. Er erinnerte ihn an ihre gemeinsamen Zeiten in der Gambier Terrace und in den kleinen Gassen des 8. Liverpooler Bezirks.

# 10.
# *Die Ehe*

»Mach dir keine Sorgen, Cyn. Wir heiraten.«

Johns Besessenheit von körperlichen Gebrechen und Behinderungen ist bereits mehrfach erwähnt worden. In einer Zeichnung, die er einer Studentin schenkte, fing John eine besonders grausige Gestalt ein: »Die Ehefrau«, eine klare Aussage, was ihn an der Rolle einer Frau in seinem Leben ängstigte: Es war eine anmaßende, beherrschende, grauenhaft häßliche Gestalt. Doch die erste Frau in seinem Leben, mit der es ihm ernst war, war das Gegenteil von dieser angsteinflößenden Zeichnung. Cynthia und er waren unzertrennlich, seit sie sich 1957 in der Kunstakademie kennengelernt hatten. Sie wurde während der Beatlemania seine Frau und die Mutter seines ersten Kindes. Am 8. April 1963 wurde ihr einziger Sohn, John Charles Julian Lennon, im Sefton General Hospital in Liverpool geboren.

Es war keine leichte Geburt. Cynthia sagt: »Ich war schon drei Tage vorher im Krankenhaus, und dann hatte er Gelbsucht, die Nabelschnur hatte sich um seinen Hals gewickelt und er hatte ein großes Muttermal auf dem Kopf. Vierundzwanzig Stunden lang durfte ich Julian nicht anrühren. Das hat mich alles ganz fertig gemacht. Aber die größte Sorge hat mir das Muttermal gemacht. Ich kannte Johns Horror vor Verunstaltungen, und ich war in absoluter Panik, wie er reagieren würde.« Bei Julians Geburt zogen die Beatles gerade kreuz und quer durch England, um ihren frischen Ruhm zu festigen. John rief im Krankenhaus an und erkundigte sich ganz aufgeregt nach seiner Frau und dem Baby, und er triumphierte, weil es ein Junge war.

Drei Tage später besuchte John sie im Krankenhaus. Cynthia hatte dafür gesorgt, daß der Kopf des Kindes auf einem Kissen lag, damit der Vater das Mal nicht entdecken konnte. »Als John reinkam, habe ich beschlossen, es doch nicht vor ihm zu verbergen. Ich habe gesagt: ›Er ist schön, John, er ist einfach wunderbar, aber er hat ein Muttermal auf dem Kopf.‹

John sagte darauf: ›Ach, das macht gar nichts. Die Haare wachsen ihm bald drüber.‹

Ich machte mir immer noch Sorgen, weil ich John ein perfektes Kind schenken wollte, aber er störte sich nicht im geringsten daran. Er war einfach hingerissen – der typische Vater.«

In den folgenden Wochen achtete Cynthia darauf, dem Kind bei jeder Möglichkeit den Kopf zu bedecken, damit Johns Aufmerksamkeit nicht auf das Muttermal gelenkt wurde. Die Vorstellung eines kleinen Lennon, der nicht absolut perfekt war, war ihr ein Greuel.

Julian Lennon wurde gezeugt in Cynthias Einzimmerwohnung, die sie für drei Pfund wöchentlich in der Garmoyle Road 93, einer Seitenstraße der Smithdown Road, nahe der Penny Lane, gemietet hatte, nachdem ihr Vater gestorben und ihre Mutter nach Kanada gezogen war. John und Cynthia hatten von Anfang an nie Maßnahmen zur Empfängnisverhütung getroffen.

»Die Pille gab es damals noch nicht. Wir dachten nur an uns und nicht an die Folgen. Was mich betrifft, so war unsere Unwissenheit ein Segen. Weder John noch ich haben auch nur die Möglichkeit einer Schwangerschaft in Betracht gezogen. Meine Eltern hatten mich nicht aufgeklärt,

und ich konnte meine Mutter auch nichts fragen, und ich bin sicher, daß John im Traum nicht darauf gekommen wäre, Mimi zu fragen. Wir haben nie an Verhütung gedacht, sondern uns so natürlich wie zwei Kinder genossen.
Aber als mir dann die Wahrheit dämmerte, war ich absolut schockiert. ›Mein Gott, was erzähle ich bloß meiner Mutter?‹
Er hat genauso reagiert: ›Was soll ich Mimi sagen?‹
Wir hatten Schuldgefühle. Wir respektierten unsere Eltern.«
1962 zwanzig zu sein, bedeutete nach heutigen Maßstäben ein Alter von sechzehn Jahren. »Wir waren praktisch beide noch Kinder.«
Als John von Cynthias Schwangerschaft erfuhr, war seine Reaktion: »Mach dir keine Sorgen, Cyn. Wir heiraten.«
»Ich glaube nicht, daß wir geheiratet hätten, wenn ich nicht schwanger geworden wäre«, sagt Cynthia. »Er war mit einundzwanzig kein Mann von der Sorte, die es aufs Heiraten abgesehen hat. Es kam alles so plötzlich, daß wir kaum kapierten, wie ernst es war: miteinander schlafen, schwanger werden, heiraten.
Eigentlich hatte ich vor, meine Abschlußprüfung als Kunsterzieherin zu machen. Dann hätte ich John unterstützen können, ganz gleich, was kam, denn damals hat er nur für die Musik gelebt, und ich habe darin keine Zukunft für ihn gesehen.«
Doch Cynthias Aufmerksamkeit litt unter ihrer Beziehung zu John. Sie fiel durchs Examen. »Eins steht fest«, sagte Cynthia. »Ich habe John nicht um seines Geldes willen geheiratet. Er hatte keins. Außerdem habe ich mir nichts aus Geld gemacht, und als John schließlich Geld hatte, war das gar nicht gut für mich. Am Anfang unserer Beziehung hatte ich mehr Geld als er, und ich habe ihm laufend welches zugesteckt. Wenn mir Geld wichtig gewesen wäre, hätte ich mir einen reichen Freund gesucht.«
An seine Rolle als Vater ging John heran wie an alles andere – seien es die Beatles, die Kunst, seine Heirat, seine Scheidung oder der Kauf von Häusern. Er ging nach demselben Prinzip vor, nach dem er sein Leben lang vorging: Entscheide erst, tu es dann, und mach weiter – stelle dich der nächsten Herausforderung. Er tat zwar alles, was er tat, mit ganzem Herzen, aber seine innere Ruhelosigkeit trieb ihn ständig voran. Lennon hatte viele glänzende Charakterzüge, aber Beständigkeit zählte nie dazu.
»Ich glaube, daß er ebensowenig reif für ein Kind war wie ich«, sagt Cynthia. »Er war nicht soweit, sich häuslich niederzulassen.« Als sie heirateten, war er einundzwanzig, sie zweiundzwanzig.
Johns instinktive Entscheidung, Cynthia zu heiraten, spiegelt deutlich die damalige Zeit – 1962 – wider. Sie hatten eine Affäre, aber niemand wußte davon, und Tante Mimi erfuhr zum ersten Mal, daß sie miteinander geschlafen hatten, als John nach Hause kam und sagte: »Cyn ist schwanger.«
Mimi explodierte. »John hat mir erzählt, sie hätte ihm die schlimmste Szene seines ganzen Lebens gemacht«, sagt Cynthia. »Mimi hat ihm alles an den Kopf geworfen, im Sinne von: ihr dummen Kinder, euch in diese Situation zu bringen! Wir hatten uns in diese Lage gebracht, und jetzt mußten wir sehen, wie wir da wieder rauskamen.«
Lennon wollte zu diesem Zeitpunkt mit Sicherheit nicht heiraten. Er erklärte mehreren Menschen, die ihm nahestanden, daß er Cynthia heiraten müsse, und Cynthia wird ihr Leben lang daran zweifeln, daß er sie geheiratet hätte, wenn sie nicht schwanger geworden wäre. Doch Cynthias beste Freundin während der Studienjahre und auch später noch, Phyllis McKenzie, stimmt nicht mit ihr überein. »Sie waren sehr gegensätzlich, aber sie waren genau richtig füreinander«, sagt sie. »Natürlich hätte es andernfalls länger gedauert, bis es zu einer Hochzeit gekommen wäre, aber es wäre dazu gekommen. Sie haben einander sehr geliebt.«
Sobald die Entscheidung getroffen war, geriet John in Panik. »Mein Gott«, sagte er zu Brian Epstein, »was soll ich bloß tun? Wie kann ich das alles in Ordnung bringen? Ich will es so schnell wie möglich hinter mir haben.«
Wenn John jemals Beweise brauchte, daß er den richtigen Manager hatte, dann war jetzt der Moment gekommen. Der geschickte, systematische

John und Cynthia an einem Strand nahe Hamburg im Mai 1962.

Epstein zeigte sich der Situation gewachsen. »Mach dir keine Sorgen, John. Ich bringe das in Ordnung.«

Tante Mimi zeigte erste Anzeichen, daß sie die Lage akzeptierte, als sie John das Geld für den Ehering gab. Er ging mit Cynthia in einen Juwelierladen wenige Häuser von Epsteins NEMS-Laden in Whitechapel entfernt, und sie suchte sich einen schlichten goldenen Ehering für zehn Pfund aus.

John hielt sich Cynthia gegenüber tapfer, doch am Abend vor der Hochzeit brach er bei Tante Mimi zusammen. »Ich will nicht heiraten«, sagte er, während er ruhelos auf und ab lief. Es fiel ihm schwer, die Tränen zurückzuhalten.

»Das habe ich dir gleich gesagt, John. Du bist noch zu jung. Aber was passiert ist, ist passiert.« Sie fand, Cynthia sei nicht intelligent genug für ihren brillanten Neffen. »So, John, jetzt habe ich es dir gesagt. Wenn dieser Ring erst auf ihrem Finger steckt, halte ich den Mund.« Sie weigerte sich, bei Johns Hochzeit zu erscheinen.

Brian Epstein erwirkte beim Standesamt von Mount Pleasant eine Sondergenehmigung für die Eheschließung. Er sorgte dafür, daß Cynthia, die völlig mit den Nerven herunter war, zu Hause abgeholt wurde. Sie trug ein rot-schwarz kariertes zweiteiliges Kleid. John dagegen erschien eher förmlich gekleidet. Man könnte auch sagen, daß er sich wie für ein Begräbnis angezogen hatte: schwarzer Anzug und Krawatte; seine Freunde Paul McCartney und George Harrison waren genauso gekleidet wie er. Anwesend waren außerdem Cynthias Bruder Tony mit seiner Frau Mar-

gery, die sich mit »James Paul McCartney« die Ehre teilte, als Trauzeuge auf dem Trauschein unterschreiben zu dürfen.
Die Stimmung, die bei dieser Hochzeit herrschte, war die einer in Schach gehaltenen Panik. John spielte nervös an seiner Krawatte und an seinem Haar herum. Während der dreiminütigen Zeremonie setzte draußen wie auf Kommando ein Preßlufthammer ein, als der Standesbeamte gerade mit seiner kurzen Rede beginnen wollte. Das Ereignis ging in diesem Lärm regelrecht unter; damit war das Eis gebrochen.
Unter nervösem Kichern traten sie in den strömenden Regen hinaus. Brian hatte vorgeschlagen, die Hochzeit mit einem Mittagessen im Restaurant Reece's zu feiern, das keine Konzession für den Alkoholausschank hatte. John wußte nicht, daß seine Eltern im selben Standesamt geheiratet und anschließend auch bei Reece's gefeiert hatten. Es war kurz nach zwölf, und die Beatles mußten Schlange stehen, ehe sie das feststehende Menü bekamen: Suppe, Hühnchen und Biskuittorte. Mit Wasser stießen sie auf das Brautpaar an. Die Rechnung belief sich auf fünfzehn Shilling pro Kopf. Epstein zahlte.
»Es war die reinste Hysterie. Wir haben uns benommen wie kleine Kinder, die zum Zahnarzt müssen. Wir haben völlig unkontrolliert über alles mögliche gelacht«, sagt Cynthia. »Wir haben nur gelacht, um zu zeigen, daß wir es nicht ernst nahmen. Ich glaube, ich war die einzige, die sich Gedanken über unsere Zukunft gemacht hat, weil ich wußte, worauf ich mich eingelassen hatte.«
Beim Mittagessen rückte Epstein mit seinem Geschenk für John und Cynthia raus – freie, uneingeschränkte Benutzung seiner Wohnung in der Falkner Street 36, fast gegenüber der Kunstakademie. Cynthia glaubt, Epsteins Beweggrund war, daß ihm der Gedanke nicht paßte, der Bandleader der Beatles könne in ihrer spartanischen Einzimmerwohnung in der Garmoyle Road leben – »das hätte dem Image schaden können«. Brians Wohnung war jedenfalls im Vergleich dazu luxuriös und lag in einer Gegend, die damals groß in Mode war.
In der Hochzeitsnacht traten John und die Beatles in Chester auf. Die frischgebackene Mrs. Lennon war erleichtert, daß einer der schwersten Tage ihres Lebens vorbei war. Sie zog mit ihrer spärlichen Habe von der Garmoyle Road in Brians Wohnung um und machte sich einen ruhigen Abend. Für John war die Geschwindigkeit, mit der sich die Ereignisse in seiner musikalischen Karriere überschlugen, eine willkommene Ablenkung von dem, was gerade geschehen war. Drei Monate vor Johns Hochzeit hatten Brian Epsteins Bemühungen, einen Plattenvertrag für die Beatles zu ergattern, zum Erfolg geführt. Zwölf Tage nach der Hochzeit nahm ein aufgeregter John in London mit den Beatles den McCartney-Song auf, der ihnen eine Berühmtheit einbringen sollte, die bis dahin nur Filmstars und Staatsmänner errungen hatten.
Während die Karriere der Beatles zu einem Höhenflug ansetzte, bereicherte Epstein Johns Arroganz um einen neuen Faktor: Vertrauen in eine spektakuläre Zukunft. Immer wieder erzählte »Eppy« jedem, der ihm zuhörte, »die Jungs« würden eines Tages größer als Elvis Presly rauskommen. Die zukünftigen Ereignisse sollten Epstein vollkommen recht geben, doch damals lachten sich die meisten Leute über seine Prophezeiung kaputt. Elvis war ein unnahbarer Gott. Zudem war er Amerikaner, und im Pop war Amerika immer führend gewesen. Britischen Künstlern blieb bestenfalls das Plagiat. Vier Rowdys aus Liverpool, die die Welt erobern wollten? Vergiß es, Brian!
Als George Martin Epstein mitgeteilt hatte, daß Pete Best als Schlagzeuger der Beatles ausgetauscht werden müsse, ehe er, Martin, einen Plattenvertrag unterzeichnete, reagierte John mit den Worten: »Okay, aber du sagst Pete, daß er ausgeschieden ist, und ich hole uns Ringo.« – Ringo Starr, den Drummer von Rory Storm and the Hurricanes. Am nächsten Abend rief John Ringo an, der gerade im Butlin-Ferienlager im Norden von Wales spielte. »Du bist drin, Ringo – aber die Koteletten kannst du dir abschminken.«
Johns Instinkte funktionierten schneller als die der anderen Beatles. Er wußte, daß sie unaufhalt-

bar waren, wenn sie erst einen Song aufgenommen hatten. Am Vertrauen auf seine eigenen Fähigkeiten hatte es ihm von frühester Kindheit an nicht gefehlt, der Unterschied bestand für ihn nur darin, daß seine Talente jetzt eine bestimmte Richtung eingeschlagen hatten.

Die Eigenschaften, die John an Paul McCartney bewunderte, waren exakt die Eigenschaften, an denen es ihm selbst fehlte. Paul war musikalisch und kreativ und genau der richtige Gegenspieler für John, aber er hatte noch eine weitere wertvolle Gabe: die Entschlossenheit, eine Sache auch zu Ende zu führen. Er beharrte darauf, daß alles bis in jede Einzelheit ausgefeilt wurde. Er gab sich lässig, aber seine äußere Erscheinung war immer so ordentlich, wie es auch in seinem Innern zuging.

Wenn John sich Cynthia gegenüber zu Paul äußerte, dann verlieh er stets seiner Ungläubigkeit Ausdruck, was Pauls strenge Disziplin betraf. Eine weitere Eigenschaft, die er an Paul bewunderte, war dessen Fähigkeit, Frauen auf sich aufmerksam zu machen, eine kurze Affäre mit ihnen zu haben und gleich weiterzuziehen. Diese Kunst meisterte John erst Jahre später. Abenteuerlust und der Drang weiterzuziehen, das traf auf John in jeder Hinsicht zu – mit Ausnahme von Liebesbeziehungen. Schon lange bevor seine Mutter starb, hatte er eine Affäre mit einem Mädchen aus Woolton, Barbara, mit der er zwei Jahre lang ging, bis ihre Eltern einschritten. Die Zeitdauer dieser Affäre und seine intensive Beziehung mit Cynthia zeigen, daß er nie halbe Sachen machte.

Nachdem John die Hochzeitsnacht in Chester verbracht hatte, reiste er erst nach London, dann nach Manchester und in andere Städte im Nordwesten – bizarre Flitterwochen! Die Beatles rutschten nun in die Hitparaden, und die Vorbereitungen für ihre erste richtige Konzert-Tournee mit Helen Shapiro beanspruchten Johns ganze Aufmerksamkeit.

»Wir waren beide gewissermaßen überrumpelt von der Tatsache, daß wir jetzt verheiratet waren«, sagt Cynthia. »Es war zwar völlig natürlich für uns, daß wir zusammengehörten, aber John hatte weder Gelegenheit, ein richtiger Ehemann, noch Gelegenheit, ein richtiger Vater zu sein. Er war zu beschäftigt, und so wie der Ball ins Rollen gekommen war und die Beatles eine Zukunft vor sich sahen, hat er aktiv an seinem Erfolg gearbeitet.«

Nach dreimonatiger Schwangerschaft drohte Cynthia eine Fehlgeburt. »Ich war allein, John war weg, und ich bin in Panik geraten.« Ihr Bruder Tony kam zu ihr, um sich um sie zu kümmern, und der Arzt verordnete drei Tage Bettruhe. Als John Cynthia anrief, erzählte sie ihm nichts davon, um ihn nicht von dem abzulenken, was zu diesem Zeitpunkt lebensnotwendig für ihn war: Erfolg für die Beatles.

»Als John nach Hause kam, habe ich ihm erzählt, was vorgefallen war, und daß meine Hauptangst die gewesen sei, daß niemand dagewesen wäre, um mir zu helfen, wenn ich Julian verloren hätte. Plötzlich habe ich gesagt: ›Warum gehen wir nicht zu Mimi und fragen sie um Rat?‹« John hatte Mimi seit der gräßlichen Szene vor der Hochzeit nicht mehr gesehen. Seit drei Monaten hatte er sich nicht mehr bei ihr gemeldet.

Cynthia wußte, daß Mimi John schrecklich vermißte und Frieden mit ihm schließen wollte, und auch, daß John Mimi vermißte. An einem sonnigen Tag stiegen sie in den Bus und fuhren nicht ohne Unbehagen zu Mimis Haus. John klopfte, es wurde geöffnet – und Mimi stand mit ausgebreiteten Armen in der Tür. Sie wurden wärmer willkommen geheißen, als sie zu hoffen gewagt hatten. Mimi kochte für sie und fragte die inzwischen sichtlich schwangere Cynthia, wie es ihr gehe. Cynthia erzählte ihr von der Gefahr einer Fehlgeburt.

»Ich mache mir große Sorgen um dich«, sagte Mimi. »Du kannst nicht allein in dieser Wohnung bleiben. Zieht zu mir. Ich ziehe nach oben, und du kannst mit John unten wohnen. Das ist billiger

Vor der Beatlemania. John in den Abbey Road Studios in London bei den Aufnahmen ihrer ersten EMI-Single, »Love Me Do«, im September 1962.

und besser für dich, denn solange du schwanger bist, brauchst du jemanden.«

Der Umzug in Mimis Haus war praktisch, aber für Cynthia erwies sich diese Entscheidung als katastrophal. Cynthia spürte, daß Mimi zwar eine Einladung ausgesprochen hatte, den Einzug der beiden aber trotzdem als ein Eindringen in ihr Haus empfand. Hinzu kam, daß sich Mimi und Cynthias Mutter schon lange miteinander überworfen hatten. Mimi sah John als etwas ganz Besonderes an, und Lilian Powell war der Archetyp einer Mutter, die die Tugenden ihrer Tochter in Schutz nimmt.

Cynthia zog bei Tante Mimi ein, und John war gleich wieder unterwegs. Cynthia fühlte sich unwohl, weil Mimi Bronchitis hatte und wegen ihr nach oben ziehen mußte. Ihre Anspannung erhöhte sich noch dadurch, daß John ihr gesagt hatte, Brian Epstein bestehe darauf, daß sie ihre Schwangerschaft geheimhielt, denn ein verheirateter Beatle sei schlecht für das Image der Band.

Damals erwartete man von Popstars, daß sie aus der Sicht der weiblichen Fans »zu haben« waren. Ein Beatle mit einer Frau – von einer schwangeren Frau ganz zu schweigen –, hätte sie die Teenager, die sich jetzt um sie scharten, als Fans kosten können. Vor Bühneneingängen, in Garderoben und auf der Fahrt zu ihren billigen Unterkünften wurden sie von Scharen von Mädchen belagert, die einen Blick auf ihren Lieblings-Beatle erhaschen wollten. Noch lieber war den Mädchen ein kleiner Plausch, und wenn daraus eine gemeinsame Nacht wurde – um so besser. Paul war der beliebteste, aber dann folgte gleich John. Cynthia hatte unter Verschluß zu bleiben.

Epsteins diesbezügliche Vorschriften kamen John nur zu gelegen. Sie entsprachen seiner Maxime, das, was gerade anstand, mit hundertprozentiger Konzentration zu betreiben. Jetzt standen die Beatles an, und die Ereignisse überstürzten sich.

Während Cynthias Schwangerschaft reiste John durch ganz England, denn die Beatles mußten den Plattenerfolg festigen, den sie mit »Love Me Do« errungen hatten. Von der Tournee mit Helen Shapiro rief John Cynthia regelmäßig an. Cynthia stand unter beträchtlichem Druck. Mimi nahm Studenten auf, die wußten, daß der Beatle John Lennon ihr Neffe war. Diese Studenten hatte sie jedes Jahr aufgenommen, und jetzt war sie stolz auf die ersten Erfolge der Beatles. Cynthia sagte, sie sei Johns Freundin und sie studiere Malerei – daher trage sie diese Kittel, die in Wirklichkeit nur ihre Schwangerschaft verbergen sollten.

John fand es aufregend, Vater zu werden. Es war ihm egal, ob es ein Junge oder ein Mädchen werden würde, solange es nur gesund war. Mimi dagegen sagte zu Cynthia: »Es muß einfach ein Junge werden, ein kleiner John.«

Die Wahl des Namens war schnell getroffen. John nach dem Vater, Julian nach Johns Mutter und Charles nach Cynthias Vater.

Das Verhältnis zwischen Cynthia und Mimi war immer schwierig. »Als John mich zum ersten Mal mit nach Hause nahm«, sagt Cynthia, »hat Mimi unsere Beziehung nicht ernst genommen. Wir waren achtzehn, und keine Tante hätte damit gerechnet, daß sich ihr Neffe in diesem Alter auf eine dauerhafte Beziehung einläßt. Im Lauf der Monate konnte ich erkennen, daß Mimi mich mit wachsender Besorgnis ansah. Sie hat nichts gesagt, aber ihre ganze Einstellung mir gegenüber kam deutlich heraus, je länger John und ich zusammen waren. Ich glaube, es hat ihr nicht gepaßt.«

Eines Nachmittags entlud sich Mimis aufgestauter Zorn. Zum ersten Mal hatte John mit den Quarry Men etwas Geld verdient, und er fragte Cynthia stolz, was sie sich von ihm wünsche. Es war die Zeit der Auftritte im Cavern 1961. Cynthia wünschte sich einen braunen Wildledermantel. John ging mit ihr zu C&A und kaufte für siebzehn Pfund einen dreiviertellangen Mantel. »Es war keine besonders gute Qualität, aber etwas Schöneres hätte ich mir damals gar nicht denken können«, sagt Cynthia.

Sie fuhren von der Innenstadt aus direkt zu Mimi, um ihr den Mantel zu zeigen. Cynthia fand, sie sollten Mimi auch eine Freude machen, und sie kauften ein gekochtes Huhn, das sie zum Abendessen mitbrachten.

»Gefällt dir Cyns neuer Mantel?« fragte John, als sie in den Flur traten.
Mimi tobte. Wie konnte John so etwas kaufen, wenn er nicht einmal einen anständigen Job hatte? »Wir haben dir ein gekochtes Huhn mitgebracht, Mimi.«
»Nehmt euer Huhn und haut ab, ihr Gangsterbande«, brüllte Mimi. »Kaum hast du ein bißchen Geld in der Tasche, schmeißt du es für die da raus!« Schließlich war sie in Tränen aufgelöst, und Cynthia versuchte sie zu beschwichtigen. Aber Mimi war untröstlich. Schluchzend schickte sie die beiden fort.
John und Cynthia gingen. Als John später zurückkam, nachdem er Cynthia nach Hause gebracht hatte, sagte Mimi kein Wort. Am nächsten Morgen war der Streit vergessen.
Doch John und Cynthia hatten deutlich zu spüren bekommen, wie empfindlich Mimi war, wenn es um die Freundin ihres Neffen ging.

# 11.
# *Der Ruhm*

»Ich habe ihm seine verdammten Rippen eingeschlagen.«

Eines Abends kehrte Brian Epstein mit schlechten Nachrichten aus London zurück. Die Plattenfirmen interessierten sich nicht für die Beatles. Sie trafen sich alle in Joe's Café in der Duke Street, wo man bis nachts um vier eine Tasse Tee bekam.

»Ich fürchte, es hat keinen Sinn. Ich habe mir ein klares Nein eingehandelt«, fing Epstein an. Die Decca hatte die Beatles abgewiesen – eine der legendärsten Fehlentscheidungen in der Geschichte der Musik! Auch Pye hatte nein gesagt. Während sie alle verdrossen Tee tranken und rauchten, brach John den Bann. Er schwang einen Löffel durch die Luft und sagte: »Na gut, dann probier es doch bei Embassy!« Embassy – die Woolworth gehörte – war damals eher ein schlechter Witz als eine Plattenfirma; sie produzierte einen flachen Abklatsch der gängigen Hits. Johns Bemerkung hätte aus *The Goon Show* stammen können, der Rundfunksendung, die er als Kind so gern mochte. Und tatsächlich sollte Brian wenig später mit dem Mann einen Plattenvertrag abschließen, der die Aufnahmen der Goons gemacht hatte.

George Martin, in der Guildhall School of Music als klassischer Pianist ausgebildet, künstlerischer Leiter und Aufnahmeleiter des Plattenlabels Parlophone von EMI. Mit Epstein verstand er sich zwar sofort, aber alles sprach dafür, daß die vier jungen Rock'n'Roller aus Liverpool seiner ganzen Einstellung und seinem musikalischen Geschmack völlig entgegenliefen.

Während des Aufenthalts der Beatles in Hamburg, gerade nachdem sie von Stuarts Tod erfahren hatten, traf ein Telegramm von Epstein ein: »EMI-VERTRAG UNTERSCHRIEBEN, ALLES FEST, VON UNGLAUBLICHER BEDEUTUNG FUER UNS ALLE. WUNDERBAR.« Sie drückten ihre Begeisterung in ironischen Anweisungen aus, die sie Brian per Postkarte schickten. Paul schrieb: »Bitte überweise telegrafisch 10000 Pfund Vorschuß auf die Tantiemen.« George schrieb: »Bestell bitte vier neue Gitarren.« Und John schrieb: »Wann werden wir Millionäre?«

»Love Me Do« war ihr erster Plattenhit. John spielte darauf Mundharmonika. Als die Beatles nach London zogen und die Rolling Stones kennenlernten, neckte Brian Jones, der auf den ersten Platten der Stones Mundharmonika spielte, John wegen dieses Solos. Bei einem Besuch im Crawdaddy Club in Richmond fragte er John während eines Auftritts der Stones: »Spielst du auf ›Love Me Do‹ eigentlich Mundharmonika oder Blues-Harfe?«

Lennon erwiderte: »Mundharmonika, du weißt schon, das Ding mit dem Knopf.«

Während der Jahre, in denen ich ihn kannte, blieb John felsenfest bei der Behauptung, daß am Rock'n'Roll und an dem, was er und die Beatles taten, nichts neu und originell war. Immer wieder erbosten ihn die Behauptungen der Musiker,

November 1963. Ausgelassenheit während einer Großbritannien-Tournee. John – mit einem Handtuch um den Kopf – und Paul spielen zum Vergnügen auf McCartneys beiden Hofner-Bässen.

die für sich Originalität in Anspruch nahmen. In seinen Augen war diese Musik nur abgeleitet. Elvis Presley, Buddy Holly und später die Miracles und Tamla Motown – das sei die wirkliche Musik, sagte er immer wieder. »Das ist die echte Musik. Sie kommt zu uns, und was wir tun, ist nichts weiter, als sie als Engländer zu interpretieren. Laßt euch bloß von niemandem zum Narren halten, der euch weismachen will, das sei originell. Es ist alles nur nachgemacht!«

Brian Epstein faßte die Ereignisse zusammen, die sich nach George Martins Angebot, Plattenaufnahmen zu machen, überstürzten. »Im Herbst 1962 fing es mit ›Love Me Do‹ an, und zwei Jahre später«, schrieb Epstein, »waren die Beatles die größten Entertainer der Welt. Sie hatten die Königinmutter und den Herzog von Edinburgh kennengelernt, ihre Bilder hingen an den Wänden der Schlafzimmer junger Aristokraten, und selbst Prinz Charles besaß alle ihre Platten. Sie spielten in der Hollywood Bowl. Ringo Starr war aufgefordert worden, Präsident der London University zu werden, und John Lennon war der größte Bestseller-Autor der Welt.«

In einem einzigen turbulenten Jahr hatten die Beatles sich einen aktiven und ambitionierten Manager zugelegt; hatten in London einen Termin zum Probespielen bekommen, und daraus war ein Plattenvertrag mit EMI entstanden; Johns bester Freund war in Hamburg gestorben; Pete Best war als Schlagzeuger gefeuert worden; John hatte Ringo zu den Beatles geholt; seine Freundin hatte ihm mitgeteilt, daß sie schwanger war, und sie hatten überstürzt geheiratet; und die Beatles hatten ihr Fernseh-Debüt gegeben, ehe sie zum fünften und letzten Mal nach Hamburg reisten, um dort in den Clubs zu spielen.

Ringo, Paul, John und George erwarten im Hafengebiet von Liverpool das Einlaufen ihres Schiffes. Sie werden von einer Horde von Fans beobachtet – ihre zweite Single, »Please Please Me«, ist gerade (im Januar 1963) erschienen.

Anfang 1963 buchte der Veranstalter Arthur Howes die Beatles für ihre erste große »Package Tour« durch Großbritannien. Diese Tournee fiel zeitlich mit dem Erscheinen von »Please Please Me«, ihrer zweiten Single, zusammen, die in den Verkaufslisten sofort auf Platz eins schoß. Die Spitzensängerin der Tournee war die sechzehnjährige Helen Shapiro, in jenem Jahr die beliebteste Sängerin Großbritanniens. Zwei Jahre vorher hatte sie als Schulmädchen ihren Durchbruch mit den bei EMI produzierten Platten »Don't Treat Me Like A Child«, »You Don't Know« und »Walkin' Back To Happiness« geschafft. Aufgrund ihrer Jugend wurde sie zu einem nationalen Phänomen.

Helen Shapiro war außer sich vor Aufregung, als sie hörte, daß die Beatles mit ihr auf Tournee gehen würden – wobei sie jedoch auf den Plakaten größer ausgedruckt wurde –, denn sie fuhr total auf John Lennon ab.

»Wahrscheinlich hat John gemerkt, daß ich total in ihn verknallt war, obwohl ich mich bemüht habe, es nicht zu zeigen«, sagt Helen. »Er hat mich ›Helly‹ genannt und sich als mein Beschützer gegeben. Ich war verrückt nach ihm, wirklich verrückt nach ihm. Auf der Fahrt zwischen zwei Städten habe ich einmal eine Nummer von *Melody Maker* aufgeschlagen und die Überschrift gelesen: ›Ist es mit Helen aus und vorbei!‹ John saß in dem Moment direkt hinter mir und hat mir über die Schulter geschaut. Ich war wirklich außer mir, aber John hat mich getröstet. ›Laß dich von diesen Schweinen nicht fertigmachen‹, hat er gesagt.«

In einem Hotelzimmer in Sheffield sah sich Helen mit John die Beatles im Fernsehen an. »Es hat ihn fasziniert, aber von seiner eigenen Erscheinung fühlte er sich eher abgeturnt. Er hatte seine bekannte Haltung eingenommen – die Gitarre quer über der Brust, die Knie leicht eingeknickt. Er war ziemlich entsetzt, aber gleichzeitig fand er es aufregend, sich selbst im Fernsehen zu sehen.

Johns arrogante Haltung: den Kopf leicht zurückgeworfen, die Gitarre quer über der Brust, die Beine leicht gespreizt. Diese Nahaufnahme ist bei einem EMI-Empfang entstanden, der in den Büros von EMI am Manchester Square in London gegeben wurde, um den Erfolg von »Please Please Me« zu feiern und das Album mit demselben Titel im April 1963 anzukündigen.

In den Abbey Road Studios, September 1963, bei den Aufnahmen von *With The Beatles*. John wirft einen prüfenden Blick auf George Martin im Kontrollraum.

Wir haben uns aus den Fenstern des Hotelzimmers gebeugt und Fotos von uns zwischen die Fans geworfen. Wenn man es im Rückblick betrachtet, war es eine unglaubliche Zeit.«
John umsorgte »Helly« auf eine Weise, die in krassem Gegensatz zu seinem Image stand. »Er hat sich liebevoll um mich gekümmert. Er hat meine Verknalltheit nie ausgenützt. Er hat dafür gesorgt, daß ich unterwegs anständig aß. Er hat seinen Arm um mich gelegt, um mich sicher über die Straße zu bringen. Von allen Beatles war er der höflichste.« In den Abbey Road Studios hatten die Beatles das Studio 2 mit Beschlag belegt. Helen, die gewöhnlich dort arbeitete, mußte sich mit Studio 3 begnügen. »John hat mir eine Tasse Tee gebracht und sich sozusagen entschuldigt, weil ihm zu Ohren gekommen war, daß man mich der Beatles wegen ausquartiert hatte«, sagt Helen. Während sie durch England zogen, unterhielt John die anderen Musiker, aber er brachte sie auch in Verlegenheit. Wenn sie durch belebte Straßen fuhren, schnitt er Grimassen und ahmte wie eh und je Krüppel und Spastiker nach. Besonders üble Grimassen schnitt er Nonnen. Eines Nachts in Sunderland schockierte er auch Helen. Sie wachte mitten in der Nacht in ihrem dunklen Hotelzimmer auf, und da stand John, mit Hut und Regenmantel.

Die Nachfrage nach Autogrammen und Fotografien der Beatles war 1963 noch nicht so groß, daß ihre Roadmanager die Unterschriften fälschen mußten, und für einen Zyniker war sich John erstaunlich klar darüber, was er seinen Fans schuldig war. Er gab, wenn auch nicht gerade mit Begeisterung, so doch relativ gewissenhaft, Autogramme. »Ich glaube, er hat sich mehr aus seinen Fans gemacht und sie mehr zu schätzen gewußt als die anderen Beatles«, sagt Helen Shapiro. Es entbehrt nicht einer gewissen Tragik, daß Johns Aufgeschlossenheit gegenüber den Fans einer der Gründe war, die seine Ermordung im Dezember 1980 ermöglichten. Sein Mörder hatte sich auf die Lauer gelegt, nachdem er einige Stunden vorher ein Autogramm von John bekommen hatte.

John hatte ein Foto von sich gesehen, auf dem er lächelte, und anschließend klagte er bei Helen Shapiro über seine schlechten Zähne. Er sagte ihr, sie solle mehr Songs von einer seiner Lieblingssängerinnen singen, Mary Wells, dem damals noch nicht entdeckten Star von Tamla Motown; als Mary Wells einen großen Hit mit »My Guy« landen konnte, nahmen die Beatles sie mit auf eine große England-Tournee. Im Ad Lib Club in Soho machte John sich immer über Helen lustig, wenn sie von der Toilette zurückkam. »Ha, Helly, wieder mal heimlich gepafft, was?« Helen rauchte damals heimlich, weil sie noch zu jung war, um es in der Öffentlichkeit zu tun. »Helly raucht heimlich«, schrie er dann quer durch das Lokal.

Im Herbst jenes Jahres hatte die Seuche der Beatlemania Großbritannien noch nicht in vollem Umfang gepackt, aber auf der Tournee mit Helen Shapiro waren bereits erste Anzeichen davon zu erkennen. Trotz Helens Popularität wurde John, Paul, George und Ringo mehr zugejubelt als ihr. Der Veranstalter, Arthur Howes, mußte die Reihenfolge der Auftritte umstellen, damit die Beatles mehr als die zwanzig Minuten bekamen, die man ihnen ursprünglich zugestanden hatte. Niemand wollte direkt vor den Beatles drankommen. Die Aufmerksamkeit, die diese vier relativ unbekannten Typen aus Liverpool auf sich zogen, paßte den anderen natürlich nicht. Kenny Lynch fiel die Rolle zu, vor den Beatles aufzutreten und sie allabendlich anzukündigen. Er war ein Londoner aus dem East End und derjenige unter den anderen Musikern, der den Beatles ihre Erfolge noch am wenigsten mißgönnte. Er freundete sich mit Lennon an.

Lennons Ambitionen während dieser ersten Tournee zeigen sich deutlich in einer Unterhaltung, an die sich Kenny Lynch genau erinnert. Sie standen auf der Bühne des A. B. C.-Kinos in Carlisle.

Kenny fragte John: »Was erwartest du dir eigentlich von der ganzen Sache?«

John erwiderte ohne zu zögern: »Wir wollen nichts weiter, als jeder eine Million verdienen, und dann treten wir ab.«

Lynch brach in schallendes Gelächter aus.

Damals, vor dem Ausbau des Autobahnnetzes in Großbritannien, dauerten die Fahrten von einem Auftritt zum nächsten länger als heute. Bei den »Pop Package Tours« ergab es sich daher von allein, daß kreative Menschen Stunden hintereinander auf engem Raum zusammen verbrachten. Abgesehen vom Schlaf und den Jam Sessions wurden die Fahrten häufig damit verbracht, neue Songs zu schreiben oder die Show auf der Bühne zu diskutieren.

»Ich erinnere mich, daß John und Paul einmal sagten, sie spielten mit dem Gedanken, gleichzeitig auf das Mikrofon zuzustürzen, die Köpfe zu schütteln und ›Whooooooooooo‹ zu singen. Das sollte eine wichtige und wahnsinnig populäre Stelle ihrer Show werden, wenn sie ›She Loves You‹ sangen. Aber als sie damals über diese Idee sprachen, ehe der Song auch nur geschrieben war, haben wir sie alle ausgelacht. Ich habe gesagt: ›Das könnt ihr nicht bringen. Man wird euch für schwule Spinner halten.‹ John hat zu mir gesagt, er finde die Idee großartig, und sie würden sie auf jeden Fall in ihre Bühnen-Show aufnehmen.«

Weniger erfreut war Lennon, als Kenny Lynch ihm seine Version von »Misery« vorspielte. Es war Johns Komposition; er hatte den Song für Helen Shapiro geschrieben, der er jedoch nicht gefiel – er klang ihr zu »trostlos«. »Dann nehme ich ihn eben«, hatte Lynch gesagt.

Doch als er John und Paul seine Aufnahme vorspielte, sagte Lennon: »Dein Gesang ist okay, aber wer spielt da im Hintergrund Telefon?«

Das war Lennons Art, dem Gitarristen den Todesstoß zu versetzen.

Lynch erwiderte: »Das ist nicht meine Schuld. Ich suche mir die Musiker nicht aus. Und außerdem ist der Typ okay. Es ist Bert Weedon.«

Weedon, der sich als Gitarrist der alten Schule fest etabliert hatte, war technisch ausgezeichnet, aber es fehlte ihm an Individualität. Er verkörperte exakt die Barriere, die stilistisch zwischen den Beatles und der alten Garde der britischen Musik bestand. »Ich habe gesagt, ich fände Bert okay, und damit habe ich alles nur schlimmer gemacht«, sagt Kenny Lynch. »Lennon hat mir noch wochenlang vorgehalten, daß ausgerechnet Bert Weedon mitspielen mußte, wenn jemand anders eine Nummer von ihm aufnahm.

In einer elfstündigen Aufnahme-Session entstand das erste Album der Beatles. Dabei erwiesen sich John und Paul als unglaublich einfallsreiche Songwriter, und Johns Ehrgeiz, bessere Texte zu schreiben, wurde immer deutlicher. Auf Tournee schrieb er während der Fahrten immer wieder Redewendungen und Gesprächsfetzen auf. »Als wir unterwegs waren, gab es keinen Alkohol und keine Drogen«, sagt Kenny Lynch. »Wir bekamen Eier und Pommes frites, Cola und Milch. John hat immer viel geraucht, aber ganz gleich, was in Hamburg war – auf der Tournee haben sich die Beatles nur von ihren Auftritten und ihren unglaublichen Publikumserfolgen in ganz England aufputschen lassen. Die künstliche Wirkung von Rauschmitteln war völlig überflüssig.«

Die Gegensätzlichkeiten von Lennon und McCartney wurden immer deutlicher sichtbar. Zwar zogen die Beatles als Gruppe Millionen weiblicher Fans an, doch diese Fans begannen sich in Lager aufzuspalten. »Paul war eigentlich der Sprecher, aber Johns Veto hatte Gewicht«, sagt Kenny Lynch. »John stand beispielsweise in der Garderobe und hörte Paul zu, der sagte: ›Wir tun das und das, und dann kommt das und das.‹ Plötzlich fiel ihm John ins Wort und sagte: ›So ein Quatsch, das tun wir nicht.‹ Also wurde es auch nicht so gemacht, wie Paul wollte. Johns Wort war das Gesetz. Es kam häufig zu diesen plötzlichen Einwürfen von Johns Seite, nachdem Paul versucht hatte, alles so zurechtzubiegen, wie er es haben wollte.« Später übernahm Paul bei Pressekonferenzen weitgehend die Rolle des Redners. Er drückte sich am klarsten aus, aber Johns Worte hatten mehr »Tiefgang«.

Drei der Beatles begeisterten sich damals für Filmkameras. John filmte auf der Tournee Pferde und Kühe auf den Weiden, aber es ist kein Zufall, daß er der erste war, der dieses Hobby wieder aufgab. Ron King, der Fahrer der Musiker auf dieser ersten Tournee, fand, daß das Interesse am geschriebenen Wort Lennon von den anderen Beatles unterschied. John vergrub sich in Zeitungen. »Ich erinnere mich, daß er mir gesagt hat, beim Lesen kämen ihm Ideen für seine Texte. Er hat im Hotel oder in seiner Garderobe ferngesehen, und plötzlich ist er aufgesprungen, hat sich sein Zigarettenpäckchen geschnappt und eine Formulierung draufgeschrieben, die er gerade gehört hatte. Solche Formulierungen tauchten dann in einem Song wie ›I Wanna Be Your Man‹ wieder auf. Ich habe ihn als sehr klug empfunden. Auf den Fahrten hat er immer Bücher, Zeitschriften oder Tageszeitungen bei sich gehabt. Manchmal haben wir ganz vergessen, daß er da war, bis wir plötzlich von hinten Johns Stimme hörten: ›Hat jemand eine Zigarette für mich?‹« Lennons Standardgetränk in den Garderoben war Tee.

Wenn 1962 für John ein turbulentes Jahr gewesen war – Stuarts Tod, seine eigene Hochzeit und der Durchbruch der Beatles –, dann sollte 1963 der absolute Tumult ausbrechen. Zur Geburt seines Sohnes kamen vier Tourneen durch Großbritannien hinzu. Bei einer der Tourneen reisten Peter Jay and the Jaywalkers mit. Ihre äußere Ähnlichkeit mit den Beatles war so groß, daß sie oft als Köder vorgeschickt wurden, damit die Menge glaubte, John, Paul, George und Ringo seien bereits angekommen. Eine halbe Stunde später konnten sich dann die richtigen Beatles in die Garderobe einschleichen, nachdem die Belagerung des Bühneneingangs aufgehoben worden war.

Die Beatlemania sollte zwar erst im Herbst von Großbritannien Besitz ergreifen, doch die Gruppe machte jetzt schon mehr von sich reden als jede andere britische Band. Es war ein Jahr, in dem es gesellschaftlich, politisch und musikalisch brodelte. Ein Mitglied der britischen Regierung, John Profumo, wurde wegen seiner Beziehungen zu Christine Keeler und Mandy Rice-Davies in einen Sex-Skandal verwickelt. In jenem Jahr wurde ein »heißer Draht« zwischen dem Weißen Haus und dem Kreml eingerichtet. Papst Johannes XXIII. starb im Alter von einundachtzig Jahren. Präsident Kennedy besuchte Berlin. In Jugoslawien kamen bei einem Erdbeben tausend Menschen ums Leben. Zwei Millionen Pfund wurden bei dem legendären Postraub erbeutet. Martin Luther King hielt eine flammende Rede, auf die hin sich die schwarzen Amerikaner miteinander verbündeten. Und am 22. November, an dem Tag, als die Beatles im Globe Cinema in Stockton tosende Erfolge feierten, wurde Präsident Kennedy in Dallas ermordet.

In dem Jahr sah ich die Beatles oft. *Melody Maker*, bei dem ich damals als Mitherausgeber fungierte, war im Jazz verwurzelt. Die Zeitschrift, die seit 1928 erschien, bewahrte die Tradition, »technisch gut gemachte Musik« zu besprechen. Popsänger, die »melodiös sangen« wie Frank Sinatra, hatten auch noch gewisse Chancen, genannt zu werden, aber der Pop der Teenager war bisher so verächtlich abgetan worden, als hätte er nichts mit Musik zu tun. Die Ereignisse jenes Jahres in Verbindung mit den Plattenverkaufszahlen, die plötzlich einen Trend hin zur neuen »Beatmusik« verzeichneten, zwangen die Zeitschrift jedoch, eine Kehrtwendung vorzunehmen und über diesen neuen Sound zu berichten. Die Beatles erschienen jetzt jede Woche auf den Titelseiten. Ich begleitete sie streckenweise auf ihren Tourneen und lag Brian Epstein ständig im Ohr, mir exklusiven Zugang zu den Beatles zu verschaffen und mich mit neuen Geschichten zu versorgen.

Einer der Gründe dafür, daß die Beatles von der alten Garde akzeptiert wurden und sogar bei den Jazz-Snobs ankamen, lag in John Lennons individuellem Stil. Nicht nur ihre Platten, die die Hitlisten erstürmten (»She Loves You« stand sieben Wochen lang an der Spitze, und »I Want To Hold Your Hand« lag vier Wochen in Führung), sondern auch die zynisch-spitzzüngigen Interviews, die Lennon gab, trugen zu dem unerwarteten Erfolg der Gruppe bei.

Der Jazz und die »Erwachsenenmusik« hatten sich zu lange für sakrosankt gehalten und wurden jetzt von der Self-made-Musik bedroht, deren Hauptvertreter die Beatles waren. Dazu kam, daß Lennon sich in einer Weise ausdrücken konnte, wie man es in der Popmusik noch nie erlebt hatte. Während es den meisten Popstars vor ihm Schwierigkeiten bereitet hatte, eine Unterhaltung zu führen, deren Inhalt über die neueste Platte hinausging, sprach er flüssig und mit brillanten Formulierungen über Gott und die Welt, übte Kritik an sich selbst und nahm im Gegensatz zu den etablierten Sängern, die sich selbst auf ein Podest stellten, nichts Außerge-

John und Brian Epstein entspannen sich in Miami Florida, zwischen den Fernsehauftritten der Beatles zu denen es im Rahmen ihrer triumphalen ersten Amerika-Tournee im Februar 1964 kam.

wöhnliches für sich und seine Band in Anspruch. All das krönte er auch noch damit, daß es ihm völlig egal war, was man an den Beatles aussetzte.

Die Beziehung, die ich 1963 zu Lennon aufbaute, gründete kurioserweise zum Teil in dem musikalischen Snobismus des *Melody Maker*. Da unsere Leser eher etwas älter waren als die Lesergemeinschaft anderer Popzeitschriften, neigten wir dazu, bei Interviews im allgemeinen »erwachsenere« Fragen zu stellen. Die reinen Fan-Zeitschriften stellten den Beatles alberne Fragen, zum Beispiel wie ihre Hunde und ihre Tanten hießen, ob sie zum Frühstück Marmelade oder Honig bevorzugten, wie groß sie seien und was sie wogen. *Melody Maker* dagegen forderte die Musiker auf, sich zu jedem Thema von Interesse zu äußern, selbst zu alten Tabus wie Politik und Religion. Das machte Lennon Spaß. Jazz konnte er nicht leiden, aber er genoß es, sich mit einem Musik-Journalisten zu unterhalten, der immerhin seine Intelligenz zu würdigen wußte.

John zeichnete sich in meinen Augen dadurch aus, daß er sich für alles interessierte. Er wollte immer alles ganz genau wissen, war selten mit einem Bühnenauftritt zufrieden und strahlte ebensoviel Intelligenz wie Energie aus. Je größere Erfolge die Beatles feierten, desto weniger begnügte sich John damit, nur reich und berühmt werden zu wollen. Der Millionärsstatus und alles, was er mit sich brachte, war äußerst angenehm – »aber was jetzt?« John begnügte sich nicht damit, ein Idol zu sein, sondern er stellte Ansprüche an sich selbst.

Unsere Interviews fanden in Garderoben und Hotelzimmern, auf dem Rücksitz des Austin Princess der Beatles, am Telefon, im Flugzeug, im Zug oder in seinem Haus in Weybridge, Surrey, statt. John und Cynthia hatten neunzehntausend Pfund für Kenwood, eine Villa im Tudor-Stil, ausgegeben. John sagte mir, daß er das Haus nie leiden konnte; er fühlte sich von seiner »bourgeoisen« Atmosphäre eingeengt. Vielleicht lag es auch daran, daß er zu wenig Zeit in diesem Haus verbrachte, um ihm einen eigenen Charakter zu geben. Wenn er daheim war, unterlag seine Stimmung großen Schwankungen.

Auf dem Höhepunkt der Beatlemania erlebte ich am 1. November 1963 das Eröffnungskonzert der großen Herbst-Tournee der Beatles in Cheltenham mit. Kurz vor dem Auftritt hatte sich John in der Garderobe die Haare gewaschen. »Ich kriege so schreckliche Schuppen, daß ich glaube, es wäre besser, wenn wir uns alle die Haare schneiden lassen. Stell dir bloß vor, was das für die Beatles bedeuten würde!«

Schon mit dreiundzwanzig Jahren sah John seine Zukunft unter dem Gesichtspunkt seiner Vormachtstellung im Popgeschäft. Als sich die Beatles mit den Rolling Stones angefreundet hatten, diskutierte John mit Mick Jagger darüber, wie lange sie es wohl schaffen würden, ganz oben zu bleiben. »In einer Unterhaltung mit Mick Jagger habe ich gesagt, daß ich mit dreißig nicht mehr um die Welt reisen und ›Please Please Me‹ singen will. Wenn wir beim Film einsteigen und das klappt – das könnte mir gefallen. Die Leute sagen, daß das der nächste Schritt für die Beatles ist, und ich nehme an, das wäre gar nicht unsinnig, aber Plattenaufnahmen interessieren mich mehr als alles andere. Ich würde gern weiterhin Songs für andere Leute schreiben, und ich hoffe, daß wir selbst noch lange Platten aufnehmen. Noch macht es mir Spaß, live aufzutreten. Im Vergleich zu der Zeit vor ein paar Jahren, als wir noch keinen Hit gelandet hatten, schafft es mich heute weniger, aber das ist ganz normal.«

John wurde zunehmend wütender über die Forderungen, die man an ihn als eine Berühmtheit stellte. Immer wieder wurden sie von Bürgermeistern und Polizeichefs in ganz England um Autogramme und signierte Fotografien gebeten, und gewöhnlich sagten die Vertreter der Staatsgewalt dazu: »Das ist nicht für mich, es ist für meine Tochter.«

Einmal ist Lennon mir gegenüber explodiert. »Gegen die *Fans* habe ich nichts. Aber ich habe es satt, Leute kennenzulernen, die ich nicht kennenlernen will. Das verdirbt mir das Ganze. Vielleicht bin ich zu intolerant, aber ist es denn ein Wunder, wenn es mir zum Hals raushängt? Immer wieder schicken uns Polizisten und Beamte

Bücher und Platten zum Signieren in die Garderobe, und dieselben Bullen behandeln die echten Fans, die Stunden und Tage warten, wie Vollidioten, weil sie ein Autogramm von uns haben wollen. Aber dafür, daß sie selbst die Autogramme kriegen, sorgen die Bullen. Ich möchte wetten, daß jede dämliche Tochter eines verdammten Bullen in ganz England ein Autogramm von uns hat. Die Hälfte von denen gehört gar nicht zu unseren Fans. Das ist unfair denen gegenüber, die wirklich Autogramme haben wollen.«

Paul McCartney, der John gegenüber sitzt und sich seinen Wutausbruch angehört hat, sagt: »He, jetzt reicht's, jetzt hast du genug Dampf abgelassen, John.«

Lennon erwidert darauf: »Du sagst das, was du sagen willst, und ich sage, was ich sagen will, okay?«

Immer klarer stellte sich heraus, daß John nichts bemäntelte, um es gesellschaftlich tragbar zu machen, sondern sagte, was er dachte. Paul hatte nicht nur die Rolle des Diplomaten angenommen, sondern mischte sich manchmal direkt in Johns Verhalten ein. Das scherzhafte Geplänkel zwischen den beiden wurde im Lauf des Abends nicht ohne unterschwelligen Ernst weitergeführt.

Paul: »Du schadest meinem Image.«

John: »Du bist ein Softie. Halt den Mund, und sieh fern wie ein braver Junge.«

Journalisten, die absurde Fragen stellten, behandelte John barbarisch. 1964 hätte man mindestens Mönch sein müssen, um nicht zu wissen, woher die Beatles kamen.

Ein Reporter fragte John: »Was ist deine Heimatstadt, John?«

Lennon antwortete: »Huddersfield.« Damit war das Interview beendet.

Ein Polizist aus Leicester drückte John ein Autogrammalbum in die Hand und sagte: »Ich sehe, daß Sie noch denselben Wagen haben, mit dem Sie letztes Jahr hier waren. Wird das Geld knapp, Jungs?«

John sagte darauf: »Ja, und Sie tragen immer noch dieselbe verdammte Uniform wie letztes Jahr. Ich erkenne sie wieder.«

In seinen vergeblichen Bemühungen, nicht erkannt zu werden, trug John oft einen großen Schlapphut, wenn er ein Restaurant oder ein Hotel betrat. Doch die Intuition, mit der die echten Beatles-Fans sie ausfindig machten, hat ihn immer wieder beeindruckt. Wenn es einem Fan gelang, die Sicherheitsabsperrungen zu durchbrechen, war John immer so fasziniert, daß er sich erkundigte, wie er oder sie das geschafft hatten.

John lehnte sich gegen alles auf, was er als Kompromiß empfand. In den frühen sechziger Jahren erwartete man von Popstars, daß sie unverheiratet waren. Als die Beatles Millionen von Fans gewonnen hatten, sah Brian Epstein Johns Ehe und Vaterschaft als regelrechte Gefährdung an. John und Cynthia zogen nach London, und als die Neuigkeit durchsickerte, war Epstein erbost. Der mit Cynthia und John befreundete Fotograf Robert Freeman hatte am Emperor's Gate 13 in West Kensington eine Wohnung für die beiden gefunden. Innerhalb von Wochen galt diese Wohnung als Wohnsitz der Beatles und wurde von Fans belagert. Cynthia war es ohnehin bald zuviel, das Baby und ihre Einkaufstüten fünf Stockwerke hoch zu tragen, und die beiden machten sich auf die Suche nach einem Haus in der Umgebung von London.

»Lennon stritt sich mit Epstein über die Geheimhaltung seiner Ehe«, erzählt Tony Barrow, der damalige Pressesprecher der Beatles. Barrow führt Epsteins Beharren auf der Geheimhaltung auf Brians Homosexualität zurück. »Er hat wahrscheinlich gefürchtet, auch sein Privatleben könnte dann an die Öffentlichkeit kommen.«

John stellte sich auf den Standpunkt, daß seine Ehe mit Cynthia früher oder später doch rauskommen und die Popularität der Beatles davon nicht beeinträchtigt würde, und diese Auffassung sollte sich als richtig erweisen. Cynthia

Der Autor Ray Coleman ist hinter Johns rechter Schulter zu sehen. Ein Spaziergang auf den Champs-Élysées während der dreiwöchigen Auftritte der Beatles im Pariser Olympia im Januar 1964.

Es war keine leichte Geburt. Cynthia sagt: »Ich war schon drei Tage vorher im Krankenhaus, und dann hatte er Gelbsucht, die Nabelschnur
wußte nichts von Johns Kampf mit Epstein. Kurz nach dem Umzug der Lennons nach London fragte ich John, ob ich Cynthia interviewen könne. »Ich möchte sie gern fragen, was es heißt, mit dir verheiratet zu sein, und was es heißt, von Millionen von Mädchen beneidet zu werden«, sagte ich, als John mich fragte, warum ich sie interviewen wolle.

»Nein, zum Teufel«, sagte er. »Hier bin ich der Star.«

»Als ich die Beatles kennenlernte«, erzählt Tony Barrow, »war John eher ruhig. Paul McCartney hat jeden gefragt, was er trinken wolle, und das hat mich reichlich beeindruckt, bis ich gemerkt habe, daß er die gesamte Bestellung an Brian Epstein weitergegeben hat, der später auch die Rechnung bezahlte.«

Lennon sprach anfangs nicht mit dem Mann, der die Pressearbeit übernehmen sollte. Als sie einander persönlich vorgestellt wurden, sagte Lennon: »Sag mal, Tony, wenn du weder schwul noch Jude bist, warum gehst du dann zu NEMS?« Brian hörte diese Bemerkung, aber er ignorierte sie. Als Epstein 1964 seine Autobiographie schrieb, fragte er John, ob ihm etwas für den Titel einfiele. »Warum nennst du sie nicht *Der schwule Jude*?« fragte John. Das Buch bekam den Titel *A Cellarful of Noise*. John parodierte den Titel, indem er das Buch *A Cellarful of Boys* nannte. Johns vernichtende Bemerkungen trugen nur dazu bei, Epsteins Bewunderung und Achtung zu steigern. John war sich der Faszination, die er auf Brian ausübte, durchaus bewußt und interpretierte sie als eine Form von Schwäche. Johns Männlichkeit, seine Furchtlosigkeit, seine Schärfe und seine Aggressivität waren es, wovon sich

Brian angezogen fühlte. Lennon schrak auch nicht davor zurück, Brian öffentlich fertigzumachen. In den Abbey Road Studios wagte Epstein es einmal, seine Meinung zum Sound zu äußern. John rief daraufhin, für alle Anwesenden hörbar, quer durch das Studio: »Kassier du deine Prozente ein, aber die Musik machen wir!«
Der Grund dafür, daß John jede Einmischung Brians in ihre Musik ablehnte, reichte weit zurück. John schob es auf Brian, daß die Decca sie nicht unter Vertrag genommen hatte, weil Brian darauf bestanden hatte, daß sie traditionellere Songs spielten als die, mit denen sie im Cavern erfolgreich aufgetreten waren. John verzieh Brian nie, daß er die Beatles zu dieser falschen Materialauswahl bewogen hatte, und er beschloß, ihn bezüglich ihrer Musik nie mehr ein Wort mitreden zu lassen. Epstein, der an sein musikalisches Gespür glaubte, fügte sich nur widerstrebend.

Drei Wochen nach Julians Geburt bekamen die Beatles zwischen ihren Tourneen mit Chris Montez/Tommy Roe und Roy Orbison/Gerry and the Pacemakers offiziell Urlaub. John verbrachte zwölf Tage mit Brian Epstein in Spanien. »Ich habe mir nichts dabei gedacht«, sagt Cynthia. »John hat gesagt, er hätte hart gearbeitet und bräuchte eine Pause.« Sie war ohnehin vollauf mit dem Baby beschäftigt.
Lennon wußte natürlich, daß Brian auf ihn fixiert war, aber er konnte nicht ahnen, zu welchen Gerüchten dieser Urlaub Anlaß gab. Bei Johns Rückkehr kicherten die Mädchen in den NEMS-Büros nervös. Homosexualität war illegal, und sie hatten keine genaue Vorstellung davon, was das eigentlich war. Lennon klärte sie geduldig darüber auf.
Seine Spanienreise mit Epstein zog jedoch einen Skandal nach sich, der bei Pauls einundzwanzigstem Geburtstag am 18. Juni 1963 im Haus und Garten von Pauls Tante Jin voll zum Ausbruch kam. John hatte wenig gegessen und viel getrunken. Bob Wooler, der alte Freund, der die Beatles fast dreihundertmal im Cavern angekündigt hatte, machte John gegenüber eine Anspielung auf dessen Spanienreise mit Epstein. John stürzte sich so heftig auf ihn, daß der Diskjockey mit einem blauen Auge, gequetschten Rippen und verstauchten Fingergelenken von Brian Epstein ins Krankenhaus gefahren werden mußte.
Die Party endete im Chaos. Cynthia erinnert sich: »John hat gesagt: ›Er hat mich einen Schwulen genannt, und deshalb habe ich ihm seine verdammten Rippen eingeschlagen.‹«
Johns Rauferei mit Bob Wooler drang an die Öffentlichkeit. Am folgenden Tag bekam Tony Barrow mehrere Anrufe. Barrow glaubte erst, die Tatsache, daß John verheiratet war, sei durchgesickert. Er rief Lennon an und erfuhr, was wirklich vorgefallen war. John Short vom *Daily Mirror* nutzte diesen Anlaß, um überregional über die Beatles zu berichten.

> Der Gitarrist John Lennon, zweiundzwanzigjähriger Bandleader der Beatles, sagte gestern nacht: »Wie konnte ich bloß meinen besten Freund zusammenschlagen? Ich war so betrunken, daß ich gar nicht wußte, was ich tat.« Dann gab er ein Telegramm auf, in dem er sich bei dem neunundzwanzigjährigen Rock-Veranstalter und Diskjockey Bob Wooler aus Liverpool entschuldigte ... Der sagt dazu: »Ich weiß nicht, warum er es getan hat. Ich habe die Beatles oft auf der Bühne angesagt. Über diesen Vorfall bin ich völlig außer mir, physisch wie auch psychisch.«
> John Lennon sagte: »Bob ist der letzte Mensch auf Erden, mit dem ich mich verkrachen möchte. Ich kann nur hoffen, daß ihm klar ist, wie abgehoben ich war und daß ich nicht mehr wußte, was ich tue.«

Jahre später behauptete der homosexuelle Bandleader einer Rockgruppe, Tom Robinson, der erste Schwulen-Rock-Song sei 1965 von Lennon geschrieben worden. Millionen sahen in dem Song »You've Got To Hide Your Love Away« eine traurige Ballade, die John unter dem Einfluß

Februar 1964. New York, im Central Park mit Paul und Ringo. Im Hintergrund das Haus, in das John sieben Jahre später einziehen sollte.

Bob Dylans geschrieben hatte. Doch Robinson glaubt fest daran, daß dieser Text für Brian Epstein geschrieben worden ist.

Ein paar Jahre später wurde John von den Herausgebern eines amerikanischen Buches zur Schwulenbefreiung unter anderen Prominenten aufgefordert, einen Beitrag zu schreiben. John reagierte darauf folgendermaßen:

Why make it sad to be gay?
Doing your thing is okay.
Our body's our own, so leave us alone
And play with yourself today.

Jeder, der John Lennon kannte, muß die Unterstellung, er sei homosexuell veranlagt gewesen, als absurd abtun. Auf Tourneen war er ein aggressiver Frauenheld – was er auch Cynthia gestand, als die Ehe in die Brüche ging. Er hatte ein geballtes sexuelles Verlangen nach Frauen, insbesondere nach Neueroberungen. Frauen, die mit ihm geschlafen hatten, sprachen von John als einem begeisterungsfähigen Liebhaber, den sie jedoch als »draufgängerisch und keinesfalls zart und behutsam« beschrieben. Er war sein Leben lang hinter den Frauen her.

Paul erinnert sich, daß John einmal gefragt worden ist, ob er jemals homosexuelle Erfahrungen gemacht habe. Lennon antwortete darauf: »Nein, ich habe noch nie einen Typen getroffen, auf den ich stehen könnte.«

Im engeren Kreis der Beatles wußte man, daß

John mit Glacé-Handschuhen angefaßt werden mußte. Paul war immer charmant und höflich und nie ein Problem für die Medien. Ringo hatte sich das Image eines knuddeligen, liebenswerten Jungen zugelegt, der froh war, gerade noch rechtzeitig bei den Beatles aufgesprungen zu sein. George, der jede Einmischung in sein Privatleben haßte, bereiteten Presseleute Unbehagen, aber er war geduldig und gab intelligente Antworten. Mit John war das etwas anderes. »Manchmal hatte ich Angst vor dem Eindruck, den er auf Dritte machen könnte«, sagt Tony Barrow. »Ich habe sehr genau darauf geachtet, welche Journalisten ich zu ihm schickte. Wenn Journalisten seinen Sinn für Humor verstanden und zynisch kontern konnten, war alles klar. Wenn ein Journalist dagegen schlecht informiert oder unerfahren war, konnte John eklig werden. Am übelsten erwischte es meist diejenigen, die sich eingebildet hatten, alles über die Beatles zu wissen.«

Billy J. Kramer, ein Liverpooler Musiker, der sich bei Pauls Geburtstagsfest mit John überworfen hatte, sollte noch Grund haben, sich zu freuen, daß die Freundschaft nicht endgültig in die Brüche gegangen war. Brian Epstein gab ihm ein Band, auf dem John akustische Gitarre spielte und einen Song sang, den er selbst geschrieben hatte, »Do You Want To Know A Secret«. Lennon entschuldigte sich später für die schlechte Aufnahmequalität und begründete sie damit, er habe das Band auf der Toilette aufgenommen, »weil das der ruhigste Ort war, den ich finden konnte«. Das Geräusch der Klospülung am Ende des Bandes bestätigte Johns Geschichte. »Mein Gott«, sagt Billy J. Kramer, »wenn ich dieses Band noch hätte, wäre es ein Vermögen wert.« John und Paul traten ihm auch in Zukunft noch mehrere Hits ab, die seine Karriere ankurbelten: einen Number One Hit mit »Bad To Me«, »From A Window« und »I'll Keep You Satisfied«.

Johns Alkoholkonsum stieg während der Jahre mit den Beatles beträchtlich. Sie waren die unbestrittenen Könige des Jahrzehnts, in dem es ein »Swinging London« gab, und im Ad Lib Club über dem Prince Charles Cinema in der Leicester Street in Soho hielten sie hof. Das Ad Lib wetteiferte mit zwei anderen Clubs um die Pop- und Filmstars, um Fotografen und Modeschöpfer: mit dem Scotch of St. James im Masons Yard nahe Piccadilly und dem Bag O'Nails in der Cromwell Road in West Kensington. Nach einem Konzert begannen die Nächte um etwa ein Uhr. Lennon, der immer mehr Scotch mit Cola trank und pausenlos seine Lieblingsmarke, Peter Stuyvesant, rauchte, wurde mit steigendem Alkoholpegel immer emotionaler.

Wenn er in Fahrt war, nahm er sich besonders gern ein bestimmtes Gegenüber vor, bearbeitete es verbal und ließ es nicht mehr aus den Klauen, bis er denjenigen mit seiner unglaublichen Beharrlichkeit restlos erschöpft hatte. John konnte kein Wortgefecht verlieren. Mit Mick Jagger oder Alan Price, die beide intelligent waren und ihre Meinung durchaus vertraten, redete er sich nächtelang fest. Sie sprachen über Musik, über andere Städte oder darüber, wer das Rennen machte und sich die größte Popularität einhandeln würde – die Beatles, die Rolling Stones, die Animals oder die Hollies. Die Hollies aus Manchester haßte John ganz besonders. Er sah in ihnen ein Plagiat des Gesangstils der Beatles mit dickem Zukkerguß.

John verstand intuitiv, daß die Entwicklung, die ins Rollen gekommen war, nicht mehr aufgehalten werden konnte. Sie hatten zwar nicht jede Kontrolle über das weitere Geschehen verloren, aber alles ging so schnell, daß John das Gefühl bekam, keinen großen Einfluß mehr darauf nehmen zu können. Er konnte also ebensogut einfach mitmachen und die Zeiten genießen, vor allem das Geld, während die Beatlemania von Großbritannien Besitz ergriff und bald darauf der unmöglich erscheinende Traum wahr wurde: die Eroberung Amerikas.

Kurz vor dem Siegeszug der Beatles durch Amerika sollte Großbritannien erstmals landesweit ei-

John in Miami im Februar 1964.

nen Einblick in die subtilen Unterschiede zwischen den Persönlichkeiten der einzelnen Beatles gewinnen, die man bisher als vier liebenswerte Jungen aus Liverpool mit etwa gleich großer Intelligenz angesehen hatte. Bei der Royal Variety Show in London war es John, der mit dem witzigen, respektlosen Ausspruch in die Geschichtsbücher einging: »Würde das Publikum auf den billigeren Plätzen jetzt klatschen? Der Rest kann einfach mit den Juwelen rasseln ...« John war fest entschlossen, einen Seitenhieb auf das Königshaus zu landen.

John hatte sehr früh die Kunst erlernt, Ereignisse, Situationen und Menschen zu manipulieren. Er, der dem königlichen Publikum zynisch gegenüberstand, hatte Epstein zuvor von dem Scherz erzählt, den er auf der Bühne machen wollte. Brian hatte alle seine Überredungskünste eingesetzt, um John davon abzubringen, das zu sagen, was er ursprünglich sagen wollte: »...the rest of you just rattle your fucking jewellery.«
Weder vorher noch hinterher hat sich eine Gruppe jemals so stark abgekapselt wie die Beatles. Wie nahe man sich der Band auch fühlte – wenn die Tür der Hotelsuite, der Limousine oder der Garderobe geschlossen wurde, bestanden diese vier Männer darauf, allein gelassen zu werden. Der einzige, den man eventuell als fünften Beatle bezeichnen könnte, war Neil Aspinall, der mit Paul und George ins Liverpool Institute gegan-

gen war. Er war es, der zu Cavern-Zeiten ihren Transporter gefahren hatte und der eine solide Karriere in der Buchhaltung aufgegeben hatte, um ihr Freund und Vertrauter und zugleich auch der Manager ihrer weltweiten Tourneen zu werden. »Nell«, wie ihn die Beatles nannten, ist heute noch der Geschäftsführer von Apple in London, der bizarren Firma der Beatles, die die Auflösung der Gruppe überlebt hat.
Brian Epstein betrachtete sich gern als den fünften Beatle, aber trotz der Zuneigung, die sie ihm entgegenbrachten, weil er an sie glaubte und viel für sie erreichte, sahen die Beatles in ihm nie einen wirklichen Insider der Band. Seine Stärke lag in der Präzision und der Präsentation, in seinem Stilempfinden, seiner Eleganz und seiner Urbanität. Je lauter die Medien gegen die ungepflegten Rolling Stones wetterten und sie als Gefahr für jedermanns Tochter hinstellten, desto mehr Gewicht legte Epstein darauf, seine »boys«, wie er sie beharrlich nannte, als intelligent und ordentlich hinzustellen. Es klappte ausgezeichnet, und seine Rechnung ging genau auf. Während überall die Haare länger und die Röcke kürzer wurden, blieben die Beatles der akzeptierte Inbegriff von Swinging Britain.
Brian Epsteins Bewunderung für John wirkte sich direkt auf die Beatles aus. Epstein geriet in vieler Hinsicht mit Paul aneinander, zum Beispiel was Fragen des zeitlichen Ablaufs von Tourneen oder die Anzahl von Leuten betraf, die die Beatles begleiten sollten. Es bestand ein ungeschriebenes Gesetz, daß die Beatles und die Rolling Stones niemals gleichzeitig eine Single herausbrachten, denn das gleichzeitige Erscheinen von Platten beider Gruppen hätte die Fans in Verwirrung stürzen und in Lager aufspalten können – und einer der zwei Supergruppen wäre der begehrte Number One Hit nicht zugekommen. Paul sprach gewöhnlich den Zeitplan mit Mick Jagger ab. Epstein hatte einiges gegen diese Einmischungen von Pauls Seite, aber hier läßt sich bereits erkennen, was erst nach dem Auseinandergehen der Beatles wirklich ersichtlich wurde – nämlich wie ehrgeizig und geschickt Paul an seiner eigenen Karriere arbeitete.
»Der Umgang mit Paul kann schwierig sein«, sagte Epstein. »Er ist ganz groß darin, Dinge nicht hören zu wollen, und wenn er von etwas nichts wissen will, dann klinkt er sich aus, setzt sich auf einen Stuhl, schlägt einen bestiefelten Fuß über das andere Knie und tut so, als würde er Zeitung lesen, nachdem er ganz bewußt eine unbeteiligte Miene aufgesetzt hat.«
Es liegt auf der Hand, daß Epstein John differenzierter sah. In seiner Autobiographie schrieb er:

> John Lennon, sein (Pauls) Freund aus Schulzeiten, der viele Songs mit ihm zusammen geschrieben hat und die dominierende Figur einer Band ist, die eigentlich keinen Bandleader hat, ist meines Erachtens ein höchst ungewöhnlicher Mensch. Hätte es keine Beatles und kein Epstein-Management gegeben – John wäre dennoch aus der breiten Masse der Bevölkerung aufgetaucht. Er wäre vielleicht kein Sänger und kein Gitarrist, kein Schriftsteller und kein Maler geworden, aber bekannt wäre er doch geworden. Ein solches Talent läßt sich nicht zügeln.

Brian setzt seine Schilderung von John damit fort, wie widerlich und roh John manchmal zu ihm war. Aus Liebe zu ihm hat Brian Johns Gemeinheiten eingesteckt. Als die Entscheidungen jedoch immer überstürzter getroffen werden mußten, stellte McCartney fest, daß Lennon in allen Dingen, die die Beatles betrafen, großen Einfluß auf Epstein hatte. Wenn daher zu befürchten war, daß Paul mit Epstein aneinandergeraten könnte, ließ Paul ihm seine Forderungen durch John unterbreiten, dem es immer gelang, seinen Kopf durchzusetzen. Trotz all seiner Schwächen war Epstein ein ausgezeichneter Manager. Seine Hingabe an dieses Werk war grenzenlos, sein Glaube an die Beatles ansteckend, sein Sinn für Gerechtigkeit sprichwörtlich. Als er 1967 starb, setzte der Zerfall der Beatles als Gruppe ein. Wer Epstein kannte, erinnert sich an seine Wärme, seine Leidenschaft und seine präzise Arbeit, die entscheidender zum Erfolg der Beatles beitrug, als wir es damals wußten.

November 1963. John plaudert mit den Sekretärinnen in den NEMS-Büros, dem Hauptsitz des Beatles-Fanclubs in der Monmouth Street in London.

Auf den Europatourneen kreischten die Fans und überschrien die Beatles. Ihre Auftritte wurden zum Ritual, die Musik unwesentlich. »Es kommt mir vor, als seien wir vier Monster, die rausgekarrt und zur Schau gestellt werden, wir schütteln unsere Haare, und anschließend werden wir wieder in unseren Käfig gesperrt«, sagte John zu mir. Anfangs erboste ihn das, aber mit der Zeit gewöhnte er sich an die Beatlemania. Er ging davon aus, daß es die Beatles fünf Jahre lang geben würde, und was die Live-Auftritte angeht, liegt er gar nicht weit daneben. 1963/64 stand John mit arrogant gespreizten Beinen auf der Bühne, den Kopf leicht zurückgeworfen (um seine Nase zu betonen), die Gitarre quer über der Brust, und strahlte überhebliche Gleichgültigkeit aus. Inzwischen trug er Kontaktlinsen. Bobby Goldsboro hatte sie ihm auf der England-Tournee mit Roy Orbison empfohlen. (Goldsboro, damals Orbisons Gitarrist, machte später Karriere als Solosänger mit Platten wie »Honey« und »Summer [The First Time])«. John fand die Kontaktlinsen großartig, aber gleichzeitig waren sie ihm auch eine Last. »Ich meine, ich konnte mich schließlich nicht mit einer Hornbrille auf der Bühne sehen lassen, Mann, das war doch undenkbar für einen Beatle. Aber mit Kontaktlinsen kommt man gar nicht so leicht zurecht.« Er verlor sie regelmäßig auf der Bühne, in Garderoben oder in Hotelzimmern, und sie mußten stundenlang gesucht werden. »Kannst du dir überhaupt vorstellen, was das heißt«, sagte er einmal, »wenn man diesen ganzen Krach hört und spielt und nicht das geringste sieht? Man kriegt es mit der Angst zu tun.«

John stand in dem Ruf, schlagfertig zu sein, aber seine Ansagen auf der Bühne haben ihm diesen

Ruf bestimmt nicht eingetragen. »Und jetzt möchten wir euch eine Nummer aus unserer neuen LP vorspielen«, war einer der typischen Kommentare, mit denen er das Tosen übertönte. Doch der Unterschied zwischen John und Paul ließ sich bei einem Konzert ebenso gut erkennen wie auf ihren Platten.

Johns Stärke kam bei seinen geliebten Rock-Songs wie »Twist and Shout« und »Money« heraus, wogegen sich Paul mit seinen Spezialitäten wie »All My Loving« und »Till There Was You« an die Mädchen im Publikum wandte. John schrie seine eigenen Songs heraus; »I Feel Fine«, wovon er behauptet, es sei die allererste Plattenaufnahme mit Feedback-Technik, dann das autobiographische »Help!«, und Paul tat sich bei »Can't Buy Me Love« hervor und brachte oft, als wolle er auf seine eigenen Wurzeln im Rock 'n' Roll verweisen, »Long Tall Sally«.

Lennons mangelndes Interesse an Live-Auftritten wurde mir eines Abends in Exeter schlagartig klar. Er hatte den Text zu »I Want To Hold Your Hand« vergessen und bat mich, ihm die Textbrocken, an die ich mich erinnern könnte, auf seinen Handrücken zu schreiben.

»Es würde überhaupt nichts ausmachen, wenn ich gar nicht singen würde«, sagte er zynisch. »Oft tue ich es auch gar nicht. Ich stehe nur da und bewege meine Lippen. Niemand merkt es. Ich glaube, wir könnten vier Wachsfiguren von uns auf die Bühne schicken, und das Publikum wäre schon zufrieden. Beatles-Konzerte haben nichts mehr mit Musik zu tun. Es sind nur noch beschissene Stammesriten.«

John hatte nicht nur das Interesse an seinen eigenen Auftritten verloren, er interessierte sich auch nie dafür, andere Musiker auf der Bühne zu sehen. »Ich bin ein typischer Plattensammler«, sagte er. »Ich mag Platten lieber. Wenn ich mir jemanden auf der Bühne ansehe, dessen Platten mir gefallen, verdirbt es mir nur die Platten – alle sind live schlechter.«

John fand die Beatlemania absurd. Das Kreischen erschien ihm wahnsinnig. Er verstand nicht, daß die Hölle losbrach, Puppen, Teddybären und Gummibären auf die Bühne geworfen wurden, nachdem sie einmal gesagt hatten, daß sie gern Gummibären aßen. All das war seinem schnellen Verstand zu unreif. Wenn das Kreischen der Menge nach jedem Song durch den Saal brandete, schrie er zu seiner eigenen Erleichterung eine Obszönität gegen den Krach an.

»John verabscheute das, was er tun mußte, um ein Beatle zu sein«, sagt Mike McCartney. »Den anderen ging es nicht so. Sie fanden, sie hätten verdammtes Glück, daß es so lief. John hat sich gesagt: ›Ach, *das* ist es also, was wir tun müssen, um gegen Elvis zu gewinnen? Okay, nur los, aber ich denke gar nicht daran, ganz darin aufzugehen.‹«

Bei einem Abendessen in Weybridge 1965 sagte John auf meine Frage hin: »Ich habe es satt, ein Plattenstar zu sein. Es ist mir nicht gleichgültig, aber es gibt mehr, als nur gute Platten zu machen und sie zu verkaufen. Ich würde es gerne sehen, wenn wir bessere und immer bessere Filme machten. Das ist ausgesprochen schwierig. Im Gegensatz zur Popmusik erlaubt es einem, erwachsen zu werden und sich menschlich weiterzuentwickeln. Goldene Schallplatten sind ja schön und gut, aber ich sehne mich nicht danach, noch mehr davon zu bekommen. Die Zeiten sind vorbei. Ich will eigentlich nur noch ein Allround-Spastiker sein – überleg dir nur, wie gräßlich es wäre, ein alter Beatle zu sein. Oder ein grauhaariger Beatle. Oder ein spastischer Beatle.«

Cynthia warf ihm einen vernichtenden Blick zu.

»Schmeckt dir das Essen?« fragte John. »Sieh mal, ich will damit nichts Böses über diese Spastiker sagen. Ich glaube, ich könnte einen echten Spastiker nicht mal von einem Polaroid-Objektiv unterscheiden. Ich habe nichts gegen diese Leute. Wenn ich das Wort spastisch ganz allgemein in einer Unterhaltung verwende, dann meine ich es nicht wörtlich. Ich habe großes Mitgefühl mit diesen Menschen. Es kommt einem vor wie das Ende der Welt, wenn man deformierte Spastiker sieht, und auf unseren Reisen haben wir mit einem ganzen Haufen von ihnen zu tun gehabt.

In den Staaten hat man uns sie zu Hunderten hinter die Bühne gebracht, es war gespenstisch. Ich ertrage diesen Anblick nicht. Ich muß mich abwenden. Ich müßte sonst lachen oder vor Haß auf *die Umstände* zusammenbrechen. Hört euch das an, in den Staaten hat man sie aufgereiht, und man konnte den Eindruck bekommen, daß man die Beatles als verdammte Wunderheiler ansieht. Es hat mich ganz krank gemacht.«

Nach dem Abendessen fuhren wir alle zu einer Privatvorführung des Michael-Caine-Films *The Ipcress File* (Ipcress – streng geheim). Auf der Strecke von zwanzig Meilen, von Surrey nach London, wurde Johns Rolls-Royce von Fans, die an Ampeln standen und einen Beatle auf dem Rücksitz sahen, mit Lippenstift beschmiert und verbeult. Mädchen hämmerten gegen die Türen und die Kotflügel und blockierten die Straßen. »John, John«, schrien sie. John las weiter und kapselte sich ab. Der Chauffeur wurde wütend. Als er aussteigen wollte, um die Mädchen zu vertreiben, fauchte John: »Laß sie in Ruhe. Sie haben den Wagen bezahlt. Es ist ihr Recht, ihn kleinzuschlagen.«

# 12. Die Drogen

»Aber es ist einfach phantastisch, Cyn, es ist wunderbar.«

Zum ersten großen Ehekrach zwischen John und Cynthia kam es, als Julian neun Monate alt war. John bereitete die Beatles Christmas Show in London vor und hatte seit etlichen Tagen keinen Kontakt mehr mit seiner Frau aufgenommen. Cynthia beschloß, es sei der richtige Zeitpunkt, das Baby taufen zu lassen, und sie bereitete alles für eine Taufe in der Kirche von Hoylake vor, gleich gegenüber dem Haus in der Trinity Road, in dem sie aufgewachsen war. Die Taufe wurde in aller Stille vollzogen, wenn man davon absieht, daß Julian dem Pfarrer die Brille aus dem Gesicht schlug. Doch als Cynthia mit Julian die Kirche verließ, standen Fotografen draußen. Am nächsten Tag brachten die Zeitungen Fotos von dem Baby eines Beatle, das gerade getauft worden war.

John rief Cynthia an, nachdem er in der Zeitung von der Taufe seines Sohnes gelesen hatte. Er war außer sich. »Was soll das heißen? Er braucht keine Taufe!«

Cynthia vertrat den Standpunkt, daß er die Taufe doch brauchte, um in der Religiosität und im Glauben einen Halt im Leben zu haben. »Es war ganz einfach, es kann niemandem schaden, und außerdem ist es jetzt nun mal geschehen.«

John war immer noch wütend. »Ich wollte es aber nicht so haben, und du hättest es mir sagen müssen.«

Cynthia sagte, es tue ihr leid, aber John sei schließlich auf Tournee und sie müsse sich um alles kümmern. Mit einer so krassen Reaktion habe sie nicht gerechnet.

Nach Cynthias Angaben hat Johns Persönlichkeit im Lauf ihrer Ehe vier größere Wandlungen durchlebt: erst der Student, dann der Vater, schließlich die Bekanntschaft mit Brian Epstein, die seine Zukunft bestimmte, dann der berühmte, reiche Beatle. Doch die Veränderung seiner Lebensumstände, die John am meisten zu schaffen machte, war seine Vaterschaft.

»Was unsere Ehe betrifft«, sagt Cynthia, »sind wir großartig miteinander ausgekommen. Wir haben nicht direkt schrecklich viel zusammen unternommen, und als er erst Beatle war, sind wir nicht mehr oft ausgegangen, aber wir haben unsere Ferien mit den anderen Beatles verbracht, und als eine Gemeinschaft zu Hause waren wir stark.«

Cynthia erinnert sich an einen zweiten großen Streit, bei dem es um Julian ging. John kam nach einer Tournee nach Hause und regte sich beim Frühstück darüber auf, daß Julian in der typischen Art eines Dreijährigen Essen quer über den Tisch verteilte. »John stand auf und schrie den kleinen Jungen, der diesen Mann, den er nur sehr selten sah, nicht verstehen konnte, in Höchstlautstärke an!« sagt Cynthia. »Julian hat als Kind nicht besonders manierlich gegessen, und ein Schreihals war er auch.«

Als John Julian anschrie, drehte Cynthia durch. Sie brach in Tränen aus, stürzte die Treppe hinauf und sagte: »Wenn du öfter hier wärst, würdest du dein Kind verstehen. Du kannst nicht einfach nach Hause kommen und deinen Ärger an einem kleinen Jungen auslassen, der nicht versteht, was los ist.« John sah das sofort ein und entschuldigte sich. Cynthia sagt, es sei der einzi-

Juni 1965. John und Cynthia im Garten von Weybridge.

ge wirkliche Streit gewesen. »Er kam völlig überdreht von einer Tournee zurück und war übernervös, und irgend jemand bekam es ab. Es war unfair, daß er seinen Streß an Julian und mir ausließ.«

Das eheliche Zusammenleben mit diesem Popstar, der nur zeitweilig nach Hause kam, war alles andere als einfach. »Er hatte große Schwierigkeiten, sich zu Hause einzugewöhnen, wenn er nach zwei oder drei Wochen völlig überdreht von einer Tournee nach Hause kam. Wir waren dann auf verschiedenen Wellenlängen. Ich habe versucht, mich ihm gegenüber nicht zu verändern. Etwas Schlimmeres hätte ich wahrscheinlich nicht tun können. Ich hätte ausgehen, mein eigenes Leben führen und eigene Aktivitäten entwickeln müssen. Aber das habe ich nicht getan. Ich dachte mir: ›Wenigstens bin ich da, und Julian geht es gut, und er hat mich, er hat einen Halt.‹ Außerdem schrieb John mir vor, daß ich kein Kindermädchen ganztags einstellen durfte – er wollte, daß Julian die Mutter hatte, die ihm selbst während seiner Kindheit vorenthalten gewesen war.«

Die schönste Zeit kam für Cynthia, als sie auf der Höhe der Beatlemania mehrmals in Urlaub fuhren. Sie flogen mit George und Pattie Boyd nach Tahiti, sie waren mit Ringo und Maureen Starr auf St. Vincent in der Karibik, mit George und Judy Martin in St. Moritz. Sie schwammen im Meer, spielten Monopoly, tranken Scotch mit Cola und aßen gut. »John nahm ganz schön zu, und er kostete es wirklich aus, reich zu sein. Ich habe gespürt, daß er sich unter Druck fühlte, aber ich wußte nicht, wie schlimm es war. Aber die Ferien hat er genossen, es gab keine Drogen, und er wurde wieder der Junge aus Liverpool.« Es gelang ihnen, anonym in Hotels unterzukommen; Brian Epstein sorgte dafür, daß das Hotelpersonal nicht lauthals verkündete, wer sich da unter den Gästen befand.

Eine Zeitlang war es Johns größtes Vergnügen, Geld rauszuwerfen. Nach dem Kauf von Kenwood in Weybridge dauerte es nicht lange, bis sich der Wert des Hauses durch den Bau eines Swimmingpools verdoppelte. John wollte die gesamte Grundfläche des Swimmingpools verspiegeln, aber schließlich begnügte er sich doch mit einem gigantischen Auge, das auf den Grund gemalt war. Die Installation des Swimmingpools kostete ihn zwanzigtausend Pfund. John zuckte angesichts dieser Ausgaben mit keiner Wimper.

Lennon war zwar selten zu Hause, aber er freute sich über die Tatsache, daß er Vater war. »Er hat oft gesagt, es sei eine Schande, daß seine Familie in den Hintergrund gedrängt wird«, sagt Cynthia. »Es hat ihm leidgetan, aber als die Sache mit den Beatles erst ins Rollen gekommen war, hätte er, selbst wenn er wollte, nicht mehr abspringen können. Zu Hause war er erschöpft und reizbar, und wenn er weg war, hat er sich geärgert, daß er nicht zu Hause sein konnte.«

John, der inzwischen dick ins Marihuana-Rauchen eingestiegen war, schlief oft bis zwei oder drei Uhr nachmittags, wenn er in Weybridge war, und machte dies 1966 zum Thema eines Songs – »I'm Only Sleeping«:

When I wake up early in the morning
Lift my head, I'm still yawning
When I'm in the middle of a dream
Stay in bed, float upstream
Please don't wake me, no, don't shake me
Leave me where I am, I'm only sleeping.

Everybody seems to think I'm lazy
I don't mind, I think they're crazy
Running everywhere at such a speed
Till they find there's no such need
Please don't spoil my day, I'm miles away
And after all, I'm only sleeping.

»Als es mit den Beatles losging, nahm ich eine große Veränderung in seinen Gewohnheiten wahr, und zwar, was seinen Schlaf angeht«, sagt Cynthia. »Er ist sofort eingeschlafen und hat geschlafen wie ein Toter. Er kam erst am Nachmit-

tag wieder zu sich, wenn er nicht eine Verabredung oder einen Termin einhalten mußte und gezwungen war, eher aufzustehen. Wir waren beide fanatische Leser und haben oft bis in den frühen Morgen gelesen. Ich bin im allgemeinen vor ihm eingeschlafen.« John war auch ein leidenschaftlicher Büchersammler. Einmal wöchentlich ließ er sich von seinem Chauffeur zu Buchhandlungen in London und Surrey fahren. Bücher von Tennyson, Swift, Tolstoi, Oscar Wilde und Aldous Huxley standen unter anderem in seinem riesigen Bücherschrank. Den Anblick leerer Regale konnte er nicht ertragen.
John gab wirklich leidenschaftlich gern Geld aus. Er kam mit allem möglichen nach Hause. Eines Tages wurde eine Ritterrüstung geliefert, die er

bestellt hatte. »Das ist Sidney«, verkündete John. Die Rüstung bekam einen Ehrenplatz in der Eingangshalle. In der Nähe lehnte ein Geschenk von George Harrison: zwei Krücken.
Als Harrods geschlossen wurde, damit die Beatles ihre Weihnachtseinkäufe tätigen konnten, kam John mit mehreren Pelzmänteln und »unanständigen Nachthemden« für Cynthia nach Hause. Doch Geburtstage vergaß er immer. »Das hat mich nicht gestört«, sagt Cynthia. »John war lieb und großzügig und hat immer dann Geschenke gemacht, wenn man am allerwenigsten damit gerechnet hat. Er war schon während der Studienzeit nie geizig, nur meistens pleite. Wenn er Zigaretten hatte, hat er sie rumgereicht und den anderen Feuer gegeben.« Aber Cynthia beobachtete immer wieder neiderfüllt ein bestimmtes Ritual von Ringo und Maureen: »Ringo hat immer zwei Zigaretten gleichzeitig angezündet, eine für sich und eine für Maureen. Ich habe das immer als eine liebevolle Geste empfunden und mir immer gewünscht, John würde das für mich auch tun. Aber vielleicht wäre das in seinen Augen zu demonstrativ gewesen...«
Cynthias Haushaltsgeld betrug fünfzig Pfund wöchentlich in bar, und John hatte dafür gesorgt, daß Tante Mimi eine vergleichbare Summe bekam. »Das war ziemlich viel, wenn man bedenkt, daß ich keine Rechnungen davon zahlen mußte«, sagt Cynthia. »Lebensmittel und das meiste andere wurden über ein Konto gezahlt, und ich brauchte nichts dafür auszugeben.« John trug selten Bargeld oder ein Scheckheft bei sich. »Schicken Sie mir die Rechnung«, sagte er in Clubs, Restaurants und Buchhandlungen.

John hatte es wie immer eilig. Als die Beatlemania ausbrach, war das ganz toll, aber sie konnte ihn nicht lange ausfüllen.
John wandte sich den Drogen zu, die ihren Beitrag zum Scheitern seiner Ehe leisten sollten.

Skiurlaub in St. Moritz, 1965.

»John konnte es nie abwarten, ein Kapitel abzuschließen. Die Beatles waren so groß rausgekommen, und der Druck auf ihn und auf Paul war so stark, daß John nach etwas Neuem Ausschau hielt, was seinen Geist beschäftigen und ausfüllen konnte. Wir sind alle zu einer Party in Brian Epsteins Wohnung in den Williams Mews in Knightsbridge gegangen, und dort haben John und ich zum ersten Mal Marihuana geraucht.«
Paul McCartney war als einziger Beatle nicht dabei. Nach den ersten Zügen sagte John: »Das bringt mich nur zum Kichern, sonst tut das gar nichts mit mir.« Cynthia reagierte mit heftiger Übelkeit auf den Joint. Von da an lehnte sie stets ab, wenn irgendwo ein Joint herumgereicht wurde, doch John rauchte im Lauf des Jahres immer mehr. Als ein Zahnarzt ihnen erstmals LSD in den Kaffee tat, war die Wirkung zunächst schrecklich, aber dann fand John, es sei bewußtseinserweiternd und einer näheren Beschäftigung damit wert.

»Ich habe ihn gewarnt, habe ihm davon abgeraten«, sagt Cynthia. »Manchmal bin ich mir vorgekommen wie eine Mutter, die ihr ungezogenes Kind schimpft, aber er hat nur gesagt: ›Aber es ist einfach phantastisch, Cyn, es ist wunderbar. Warum nimmst du es nicht auch?‹
Ich habe gesagt: ›Nein, ich weiß, was es mit mir tut, mir wird nur schlecht davon.‹
›Aber es ist einfach phantastisch, Cyn‹, hat John weitergeredet, ›du mußt mit mir kommen, du mußt es einfach tun.‹« Cynthia sagt: »Er war so begeistert von der ganzen Sache, und er war so glücklich damit, und ich konnte einfach nicht mitmachen. Auf der Ebene konnten wir uns nicht treffen. Ich habe es zwar versucht, ich habe LSD geschluckt, aber ich konnte einfach nicht sehen, was er sah. Er sah darin offensichtlich den Ausweg aus allem, wovor er davonrannte. Ich bin vor nichts weggelaufen. Daher konnte ich nichts damit anfangen.
Ich glaube, was John gesucht hat, war eine Art

innere Freiheit. Er hat versucht, sich von seiner Verantwortung freizumachen. Ich glaube, John war kein sehr verantwortungsbewußter Mensch. Er wollte niemand anderem als sich selbst Rechenschaft ablegen. Er hat sich früher, als er noch bei Mimi wohnte, schon immer dagegen gewehrt, ihr Rechenschaft ablegen zu müssen, und jetzt wollte er mir keine Rechenschaft schuldig sein. Man hätte ihm bis dreißig seine Ungebundenheit lassen müssen. Er war noch nicht so weit, mit den beiden Dingen fertig werden zu können, die nebeneinander herliefen: die Ehe und die Popmusikszene. Mit Sicherheit war er jedenfalls nicht reif für eine Ehe und für die Vaterschaft. Das hat ihn überfordert, und er war für jede Form von Drogen aufgeschlossen, die man ihm anbot, denn er hielt das für eine interessante Erfahrung. Er war das gefundene Fressen für jeden Dealer.«

Cynthia schiebt das Scheitern ihrer Ehe zwar nicht direkt auf die Drogen, doch sie sagt: »Die Drogen hatten wirklich eine enorme Wirkung – insofern, als sie uns auseinanderbrachten. Wir lebten geistig plötzlich auf verschiedenen Planeten. Johns Gedanken sind immer weiter geschweift als meine. Ich hatte die Wirkung der Drogen erlebt, und ich wollte nicht dorthin, wohin sie ihn brachten. Aber er wollte es. Immer wieder hat er gesagt, daß er auf seinen Trips wunderbare Dinge sah.«

Im Haus von Derek Taylor, der früher für den *Daily Express* geschrieben hatte, sich inzwischen aber von Brian Epstein hatte ködern lassen und zu dessen persönlichem Assistenten geworden war, verbrachte John ein Wochenende, das sich durch einen besonders hohen Drogenkonsum auszeichnete. Taylor, der schon länger ein überzeugter Anhänger des LSD- und Marihuana-Genusses war, verstand sich intellektuell besonders gut mit John.

Als John nach diesem Wochenende nach Hause kam, war er vor Begeisterung von den LSD-Trips entflammt, die sich in Taylors Haus abgespielt hatten. Derek hatte Wunder an Johns Ego vollbracht. Er war gerade von einem längeren Aufenthalt in Kalifornien zurückgekehrt. Dort blühte Flower Power, und man kam fast nicht umhin, Drogen zu nehmen. Taylor setzte sich damals heftig für den Gebrauch von Drogen ein, und John sah in ihm eine Art Guru. Innerlich machte John eine Phase der Unsicherheit durch – einer Unsicherheit, die sich auf seine Ehe, seine Vaterrolle, die Beatles und auf ihn selbst bezog. Im Lauf dieses Wochenendes hatten sie durchgehend LSD geschluckt, und Taylor hatte Johns Ego aufgebaut. Genau diese Art von Verhätscheln brauchte John. »Du bist in Ordnung, du bist klug, und in Wirklichkeit hast du gar keine Probleme«, hatte Derek John immer wieder eingeschärft. John kehrte reichlich benebelt, aber strahlend, nach Kenwood zurück.

Derek und Joan Taylor hatten fünf Kinder. »Oh, Cyn, Cyn«, sagte John, als er wieder bei ihr in Weybridge war. »Es war wunderbar. Warum kriegen wir nicht auch ganz viele Kinder? Wir wären eine ganz große Familie, und alles wäre wunderschön. So sollten wir es machen.«

Cynthia nickte. Sie wußte, daß er noch auf Trip war und daß sie ihn nicht ernst nehmen durfte. Sie erinnerte sich nur zu deutlich an Johns letzten starken Trip. Er hatte davon gefaselt, »eine Insel in der Sonne zu kaufen, die Sonne nach Belieben ein- und auszuschalten und ganz über das Wetter zu bestimmen«.

»Gegen diese Erfahrungen konnte ein normaler Mensch nicht ankommen. Man war chancenlos, wenn man nicht eine Sonderstellung oder eine Machtposition einnahm. Aber ich war ja nur in der Mutterrolle.«

Mimi las in der Zeitung von der neuen Drogenkultur und den Beatles als ihren Verfechtern und rief augenblicklich John an.

»Ich muß geredet haben wie ein Wasserfall«, erinnert sich Mimi. »John hat nur gesagt: ›Ich bin

Auszug aus einem Brief an Cynthia, den John im August 1965 von einer Amerika-Tournee der Beatles aus Kalifornien schrieb. Mit »Dot« ist Dorothy Jarlett, die Haushälterin in Weybridge gemeint, mit »Lil« Lilian Powell, Cynthias Mutter. Die anderen Namen sind die von gelegentlichen Mitarbeitern und Freunden.

(6) what we said about it. It's not much
bother really, is it? when you think about
it – 'course I'm sure Dot and Lil' and
Beanys, Tommy, wee Sorley etc. can understand
something as simple as us wanting
to be alone for a day. – I don't mean
Julian tho' – I mean don't pack him
off to Dots or anywhere – I really miss him
as a <u>person</u> now – do you know what I mean,
– he's not so much 'the Baby' or 'my baby'
anymore he's a real living part of me now
– you know he's Julian and <u>everything</u> and
I can't wait to see him, I miss him more
than I've ever done before – I think it's been
a slow process my feeling like a real <u>father</u>!
I hope all this is clear and understandable.
I spend hours in dressing rooms and things
thinking about the times I've wasted not
<u>being</u> with him – and playing with him – you
know I keep thinking of those stupid
bastard times when I keep <u>reading</u> bloody
newspapers and other shit whilst he's in the
room with me and I've decided it's ALL
WRONG! He doesn't see enough of me
as it is and I really want him to

I know and love me, and miss me like
I seem to be missing both of you so much.
I'll go now 'cause I'm bringing
myself down thinking what a thoughtless
bastard I seem to be – and its only sort
of three o'clock in the afternoon and its
seems the wrong time of day to feel so
emotional – I really feel like crying – its
stupid – and I'm choking up now as I'm
writing – I don't know what's the matter with
me – its not the tour that's so different
from other tours – I mean I'm having lots
of laughs (you know the type hee! hee!) but in
between the laughs there is such a drop – I
mean there seems no in-between feelings.
Anyway I'm going now so
that this letter doesn't get to draggy.
I love you very much.

To Cyn
from
John XXXXXXX
XXXXXXX
XXXXXXX

P.S. Say hello to Charles
etc. for me.

P.P.S. I think you can ring
me if you have a phone there
try – if not I'll see you in about a week.

271-6565
LOS ANGELES,
CALIFORNIA.

P.P.S.
Its Monday the 23rd today
and I leave this house next Monday
the 30th of August – so try to make

inzwischen alt genug, Mimi. Die Art von Leben, die wir führen, verstehst du nicht. Ich habe unglaubliche Anspannungen hinter mir. Und überhaupt habe ich dich selbst schon Aspirin nehmen sehen.‹

Ich habe gesagt: ›Ja, John, aber nur, wenn ich ganz schlimme Kopfschmerzen hatte. Schau mal, ich komme vor Sorge fast um. Die ganze Geschichte paßt mir ebensowenig wie dein komischer Akzent. Ich verstehe immer noch kein Wort von alledem, was du bei diesen Interviews sagst, und jetzt dieser Kummer mit dem Rauschgift. Wozu brauchst du Rauschgift, und warum mußt du mit diesem komischen Akzent reden?‹

Darauf hat er geantwortet: ›Mach dir keine Sorgen, Mimi. Mit dem Akzent verdiene ich Geld. In Brooklyn lieben sie ihn. Und mit den Drogen kann ich umgehen.‹«

Mimis abschließende Worte waren vergleichbar grob. »Lad mich bloß nicht in dein Haus ein, solange dort solche Dinge geschehen!«

Julian Lennon besitzt zwei wertvolle Erinnerungsstücke. Das eine ist ein großer brauner Schlapphut, auf den »Dr. Winston O'Boogie« gestickt ist, der Spitzname, den John sich selbst gegeben hat. Das andere ist eine elektrische Gitarre, eine Les-Paul-Kopie, die Julian 1974 zu Weihnachten bekam. Die Gitarre ist mit Spiegeln verziert und hat ein Schild mit der Aufschrift: »Für Julian. Fröhliche Weihnachten.« Beides waren spezielle Geschenke von John.

Was John Julian während der Zeit, als er heranwuchs, nicht geben konnte, war Zeit. 1964–66, als John am frenetischsten als Beatle gefeiert wurde, bekam Julian sehr wenig vom Ruhm seines Vaters mit. »Ich wußte nur, daß er oft weg war.

Cynthia und John während eines Urlaubs in Miami im Februar 1964.

Wenn er nach Hause kam und wir zusammenwaren, haben wir im Garten Drachen steigen lassen oder sind auf Dads Motorrad zu Ringo gefahren. An viel mehr erinnere ich mich nicht. Meine sonstigen Kindheitserlebnisse mit Dad sind sehr vage.« Julian sagt, daß er sich die Geschichte der früheren Band seines Vaters aus Zeitungsausschnitten und Filmen zusammengereimt hat. »Deutlicher als an alles andere erinnere ich mich daran, wie Dad mit Worten umgegangen ist, an seinen Humor und daran, wie komisch er sein konnte. Ich weiß noch, daß er oft gesagt hat, wie wichtig das Lachen ist.«

Julian ist heute ein großer Bewunderer dessen, was sein Vater geleistet hat – mehr als die Hits der Beatles bewundert er Johns sonstige Songs und seinen Einsatz für den Frieden. Doch er bedauert, daß es ihm an einer Vater-Sohn-Beziehung gefehlt hat, von der er sagt, daß er sie wirklich gebraucht hätte. »Aber wenn Dad Musiker sein wollte, dann war wohl klar, daß er nicht oft zu Hause sein konnte. Das kann man ihm nicht vorwerfen. Ich habe ihn nur einfach vermißt, und ich wünschte, er wäre öfter dagewesen.«

Julian ging in Privatschulen, erst Heath House in Weybridge, dann Kingsmead in Hoylake, Cheshire, und er kam in mehrere Schulen, die ihn für das College vorbereiten sollten, bis er schließlich in der Ruthin School in North Wales landete. Dort setzte er die Tradition von John und seiner Mutter fort, indem er einen großen Hang zum Künstlerischen zeigte. Für die meisten anderen Fächer fehlte ihm jegliches Interesse; er nahm sich vor, Ingenieur zu werden. Doch ganz wie sein Vater fiel er durch die Abschlußprüfungen und faßte die Musik ins Auge. In der Schule in Hoylake hatte er ein Jahr lang Gitarrenunterricht bekommen, und mit seinem besten Freund, Justin Clayton, spielte er Rock'n'Roll-Klassiker wie »Roll Over Beethoven«, »Rock Around The Clock« und »Kansas City«.

Als er heranwuchs und die Musik seines Vaters hörte, vor allem die Texte, entschloß sich Julian, diese Tradition weiterzuführen. »Aber auf meine Weise, und ich will vor allem Klavier spielen«, sagt Julian. »Balladen sind mir lieber als harter Rock'n'Roll. Was die Songs angeht, die ich schreibe, möchte ich mich nicht mit meinem Vater vergleichen, wenn ich auch zugeben muß, daß er mich stark beeinflußt hat.« Am liebsten mag er »Isolation« und besonders gut gefallen ihm Tracks wie »Dear Prudence«, »Sexy Sadie« und »A Day In The Life«.

In der Schulzeit hat es Julian immer wieder im Weg gestanden, John Lennons Sohn zu sein. »Die anderen Kinder haben mich für ein reiches Balg gehalten und immer wieder Witze gemacht wie: ›Der hat sich das Zimmer mit Zehnpfundnoten tapeziert‹, aber es ist nur zweimal vorgekommen, daß Kinder in North Wales versucht haben, mich aus Neid zu verprügeln. Die Kinder in der Ruthin School dachten wirklich, ich besäße ein Vermögen, und so war es ja nun wirklich nie.«

Julian erinnert sich nur an wenige Gespräche mit seinem Vater, in denen es um sein Leben als Musiker, als Songwriter oder als Popstar ging. »Er hat nicht viel mit mir darüber geredet«, sagt Julian. »Wenn er nach Hause kam, reichte es ihm von den Beatles, und er hatte keine Lust, noch mehr darüber zu sprechen. Er hat sich mit mir über ganz normale Dinge unterhalten – über meine Schulprobleme, über die Spiele, die ich mochte, über meine Kleidung. Ich kann mich erinnern, daß ich ihn einmal gefragt habe, ob er das mit den Beatles in irgendeiner Weise bereue, und er hat geantwortet: ›Nein, es hat viel Spaß gemacht, aber ich möchte es nicht noch einmal durchmachen.‹«

1984 war Julian dabei, den Start einer eigenen musikalischen Karriere vorzubereiten – als Komponist, Texter, Pianist und Bandleader –, und die Worte seines Vaters gingen ihm wieder durch den Kopf. Julian will die Tradition John Lennons fortsetzen und vor allem selbst Songs schreiben. »Der Name und der Ruf meines Vaters reizen mich erst recht, weiterzumachen. Ich sehe meine Arbeit als eine Fortsetzung seines Werks an, aber ich bin mir durchaus der Gefahr bewußt, mit meinem Vater verglichen zu werden. Aber ich werde es auf meine Weise tun, ich will diesen Vergleich nicht. Ich bin nur einfach froh, einen derart talentierten Vater gehabt zu haben.« Und

Juni 1965. Familien-Idylle in Weybridge mit Cynthia und dem zweijährigen Julian.

was hätte John dazu gesagt, daß sein Sohn sich bemüht, mit der Musik Karriere zu machen? Julian dachte lange nach. »Ich glaube, mein Vater hätte gesagt: ›Mach nur – aber gib nicht mir die Schuld.‹« Trotz aller Probleme, die es mit sich bringt, erfüllt es Julian mit Stolz, John Lennons Sohn zu sein. »Ich weiß alles über meinen Dad, ob Gutes oder Schlechtes«, sagt Julian. »Er hat gesagt, ich sei in einer Samstagnacht als Folge einer Flasche Whiskey entstanden. Aber das macht auch nichts. Ich liebe und achte ihn, und ich bin wirklich stolz auf ihn.«

## 13.
# *Das Geld*

»Ein Zimmer und ein Auto und ein Auto
und ein Zimmer.«

Der Ruhm schränkte ihn ein, aber er brachte auch die Möglichkeit zur Kompensation mit sich: Geld. Mitte 1964 war der Erfolg in Amerika sicher, die Platten verkauften sich, die Prozente für die Songs sammelten sich an, John war Millionär. Nur vier Jahre nachdem er von der Kunstschule abgegangen war, und nur zwei Jahre nach Zustandekommen des Plattenvertrages mit EMI lag ihm die materielle Welt zu Füßen. In Amerika florierte das Geschäft mit Beatles-Accessoires (Perücken, Kissen, Schals) derart, daß die Einnahmen der Beatles ihre kühnsten Träume überstiegen.

John genoß seinen Status und die gewaltigen Geldsummen, doch er blieb mit beiden Füßen auf dem Boden. Er hat mir einmal auf einer Tournee erzählt, daß er sich seine Kämme immer noch von Tante Mimi bei Woolworth in der Penny Lane kaufen ließ, weil diese Kämme die besten seien und er zudem mit ihnen aufgewachsen war. Er experimentierte mit sämtlichen modischen Trends; auch als Vegetarier probierte er sich, doch das verwarf er schnell wieder. »Nußkoteletts! Iih! Ich hab' sie runtergewürgt, aber dann habe ich Cyn gebeten, mir Eier mit Speck zu braten.« Trotz seines Star-Ruhms blieben seine Wurzeln im Grunde genommen unerschüttert.

George war fasziniert vom Geld. Er drang, soweit er es wagte, in Epstein und horchte ihn aus: Wieviel hatte welche Platte eingebracht? Wie hoch waren ihre Tantiemen? Was warfen die Konzerte ab? Es dauerte nicht lange, bis Harrison zum »Geld-Beatle« abgestempelt wurde. Er kämpfte darum, daß John und Paul die Songs anerkannten, die er selbst schrieb, doch der kreative Ausstoß von Lennon-McCartney war so gewaltig, daß er keine Chance hatte. Je mehr Zeit die Beatles gemeinsam verbrachten, desto näher kamen sich John und George durch ihren eigenwilligen Humor. Die Freundschaft wurde vertieft, als John ungeachtet der Kosten Kenwood, ein Haus in Surrey, kaufte. Es lag in St. George's Hill, Weybridge. George kaufte Kinfauns, Claremont Estate, Esher, nur vier Meilen von Johns Haus entfernt. Kurz darauf zog seine Freundin und spätere Ehefrau Pattie Boyd bei ihm ein. Sie verstand sich gut mit Cynthia. Auch Ringo wohnte in der Nachbarschaft von John, in Sunny Heigths. Paul blieb in London, erst in Jane Ashers Wohnung im West End, doch schließlich kaufte auch er sich ein Haus, Cavendish Avenue 7 in St. John's Wood.

John und Cynthia hatten das Haus überstürzt gekauft, um der von Fans belagerten Wohnung in West Kensington zu entkommen. Innerhalb des ersten Monats nach dem Kauf ging die Amerika-Tournee los. Als John von der Tournee zurückkehrte, fing er an, sich mehr für das Haus und seine Besitztümer zu interessieren. Zum Beispiel für seinen Rolls-Royce, den er mit verschlungenen Blumenornamenten in allen Regenbogenfarben auf leuchtend gelbem Grund bemalen ließ. Die Scheiben der Seiten- und Rückfenster bestanden aus nur von innen her durchsichtigem Rauchglas, um Neugierigen den Einblick zu verwehren; der Wagen war mit einem Fernsehgerät sowie mit einem getränkemäßig gut sortierten Kühlschrank ausgerüstet. John kaufte sich außerdem einen Ferrari und einen schwarzen Mini Cooper. Er nahm Fahrstunden und bestand im Februar 1965 die Führerscheinprüfung. »Er war ein miserabler Fahrer«, sagt Neil Aspinall. Er hatte überhaupt keinen Orientierungssinn und verfuhr sich auf dem Heimweg oft.

Die Ausstattung des Hauses kann man nur als bizarr bezeichnen; sie stand in deutlichem Kontrast zu der Konformität des Grundstücks, auf dem das Haus stand. Purpurner Samt an den Wänden des Eßzimmers – »davon setzt sich der schäbige alte Tisch so schön ab, an dem wir essen«, sagte John. In den meisten Räumen stand ein Fernsehgerät; John ließ den Fernseher fast immer ohne Ton laufen. Er war regelrecht fernsehsüchtig. »Es gibt mir viele Anregungen«, erklärte er. »Ich denke bei laufendem Fernseher.«

»Und dann haben wir noch das lustige Zimmer im oberen Stock. Das habe ich rosa und grün gestrichen. Jedesmal, wenn eine Farbdose leer war, habe ich mit der anderen Farbe weitergemacht.« Während John mich gezielt durch das ganze Haus führte, gewann ich Einblick in einen Beatle, der auf seiner Individualität beharrte, weil er das Gefühl hatte, sie sei durch die Beatlemania bedroht. Kurz vor seinem Einzug und dieser Führung durch Kenwood bat ich ihn um eine Liste der Besitztümer, an denen er hing, und ich bekam folgende Liste:

> Meine erste Rickenbacker-Gitarre; sie ist reichlich angeschlagen, aber das gibt mir was. Ich habe sie in Deutschland auf Raten gekauft – ich weiß nicht mehr, was sie gekostet hat, aber es war damals verdammt viel Geld für mich.
>
> Drei Autos: ein Rolls, ein Mini Cooper und ein Ferrari. In dem Mini wird man durchgerüttelt, im Rolls entspannt man sich, und der Ferrari ist zum Aufdrehen da. Ich fahre sehr wenig. Ich bin kein guter Autofahrer.

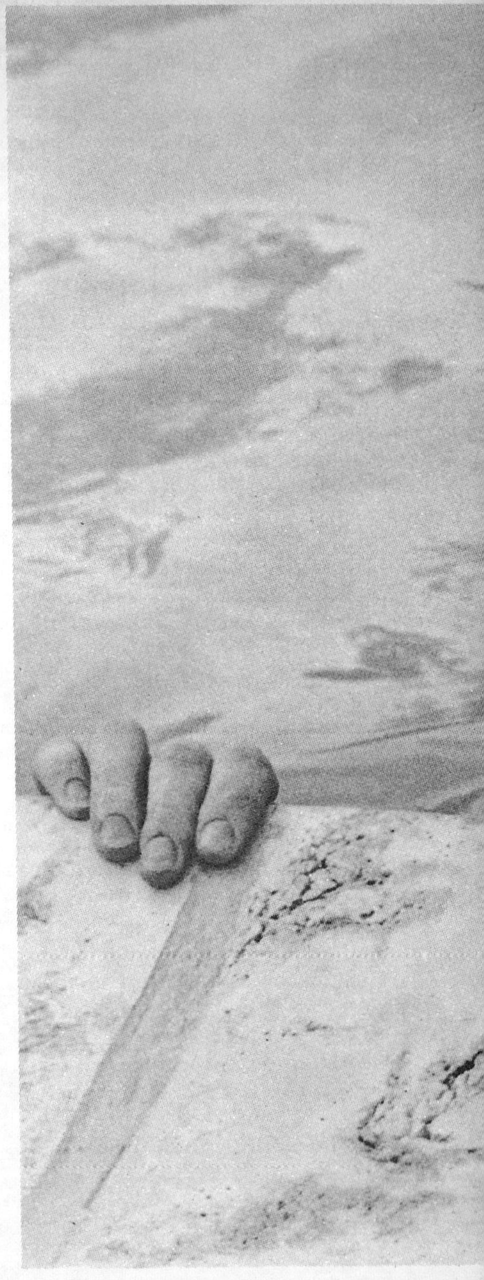

John, ein begeisterter und ausdauernder Schwimmer, in einem Swimmingpool in Miami. Februar 1964.

Der Swimmingpool. Ich genieße es, zu Hause schwimmen zu können. Das ist ein Luxus. Alle reichen Leute sollten sich diesen Luxus leisten.

Zwei Bilder, die Stuart Sutcliffe gemalt hat, unser früherer Bassist. Ich werde sie nie hergeben, weil ich an ihnen hänge. Es sind Erinnerungsstücke.

Ein Steinbrocken. Wir haben ihn auf der Schwelle gefunden, und jemand hat behauptet, er stamme aus prähistorischen Zeiten. Inzwischen hat mich jemand aufgeklärt, und ich glaube, daß das alles Unsinn ist.

Ein Frosch aus Stein; er gehört auf den Kamin neben den Fernseher. Ich mag es, wenn er dasitzt und uns alle anschaut.

Ungefähr zwanzig Anzüge, aber ich trage nur zwei davon, beide schwarz. Ich habe auch einen Frack, aber den trage ich nur, wenn es sein muß, weil er so unbequem ist. Meine gesamte Kleidung ist von Dougie Millings.

Die Platte vom singenden Briefträger. Sie gehört zu meiner großen Plattensammlung, aber mir gefällt sie besonders gut, weil sie total blöd ist. Ich habe alles – elektronische Musik, indische Musik, klassische Musik, Modern Jazz.

Flipper, Kicker und Spielautomat, nur zum Spaß.

Eine Juke Box. Da sind achtundvierzig Platten drin, aber ich habe sie hauptsächlich wegen der alten Rock'n'Roll-Nummern wie Gene Vincents »Be-Bop-A-Lula« und »Some Other Guy« von den Big Three.

Ein Studio mit zwei ausgezeichneten Bandgeräten, um meine eigenen Platten zu machen. Und zwölf Gitarren, von denen mehrere kaputt sind.

Die Bücher von Aldous Huxley. Ich habe gerade erst angefangen, sie zu lesen, aber mir scheint, daß er im Moment der Größte ist.

Es gab etliche Bandgeräte, die John für seine Aufnahmen verwendete. Er nahm für sich in Anspruch, als erster in England ein Mellotron zu besitzen. Es nahm einen Ehrenplatz ein. Auf dem Kaminsims stand die blinkende »nothing box«, die immer wieder die Frage provozierte: »Was kann die tun?« John erwiderte immer wieder genüßlich: »Nichts tut sie. Es ist eine Nichts-Kiste. Sie blinkt den ganzen Tag und die ganze Nacht, aber man weiß nie, wen sie als nächsten anblinkt.« Die roten Blinklichter auf seiner geliebten »nothing box« hatten auf jeden Besucher eine hypnotische Wirkung. John lächelte jedesmal, wenn er sie ansah, über ihre absurde Sinnlosigkeit.

John war immer entschlossen, sich kreativ weiterzuentwickeln, und zwar besonders was den Einsatz von Instrumenten bei den Beatles betraf. Als er auf »Love Me Do«, ihrer Debüt-Single, Mundharmonika gespielt hatte, war das mit der Hoffnung verbunden gewesen, dem Instrument den Durchbruch zu verschaffen, aber statt dessen landete Frank Ifield mit der Mundharmonikabegleitung einen Number One Hit mit »I Remember You«. 1963 fing John an, sich für die »Orgelgitarre« zu interessieren, die der Instrumentenfabrikant Jim Burns in Großbritannien erfunden hatte. John befaßte sich genauestens mit allen Stadien der Entwicklung des Instruments. »Auf unserer zweiten LP habe ich eine Hammond-Orgel gespielt«, sagte John, »und eine Gitarre, die nach einer Orgel klingt, finde ich genauso toll wie eine Gitarre. Ich finde das scharf.«

April 1964. Rotwein, und zwar eine ganze Menge davon, brauchte John, um das Foyle's Literary Luncheon im Dorchester Hotel in London durchzustehen, das anläßlich der Publikation seines ersten Buches, *In seiner eigenen Schreibe*, veranstaltet wurde. Neben John sitzt der Songwriter Lionel Bart.

Als die Beatles als erfolgreiche Gruppe auf Tournee gingen und in den Studios Plattenaufnahmen machten, war Johns großer Stolz das Modell Nummer 1996 von Rickenbacker, Slimline. Es kostete Anfang 1964 die astronomische Summe von einhundertneunundfünfzig Guineen. John freute sich darüber wie ein Kind über sein neuestes Spielzeug, und er bat den Roadmanager der

Beatles, »Big Mal«, Evans, besonders darauf achtzugeben. Man hört die brillanten Klänge dieses Instrumentes deutlich aus einem der am meisten unterschätzten Solos von John heraus, auf »You Can't Do That«.

John warf gerne Geld raus, aber er tat es nicht völlig unbedacht. »Manchmal kriege ich Anfälle von Geldsorgen«, sagte er etwa um diese Zeit zu mir. »Ich habe Angst, ich könnte einer von diesen Idioten sein, die ihr ganzes Geld rauswerfen und mit dreißig alles verpraßt haben. Ich fand, ich hatte zuviel Geld für meine Autos rausgeworfen, und deshalb habe ich den Mini und den Ferrari zum Verkauf angeboten. Dann hat einer der Buchhalter zu mir gesagt, alles sei in Ordnung mit meinen Finanzen, und ich habe mir die Wagen wieder zurückgeholt.«

Das Problem bestand darin, daß er nie wußte, wieviel Geld er hatte. »Ich habe versucht, dahinterzukommen, aber die Einkommensteuer mußte abgezogen werden, und aus allen möglichen Ecken kommen Tantiemen dazu, und diese Rechnung ist mir zu kompliziert. Manchmal zieht der Buchhalter von irgendwelchen Beträgen die Steuer ab und überweist den Rest auf mein Konto. Dann sagt er zu mir: ›Das gehört jetzt ganz dir, aber gib nicht alles auf einmal aus.‹ Aber eins habe ich gelernt: Wenn ich zehntausend Pfund ausgeben will, muß ich vor der Steuer dreißigtausend Pfund verdienen, damit mir zehntausend Pfund bleiben.« Seine Großzügigkeit riß ihn oft mit; wenn er – was selten vorkam – Bargeld bei sich trug, gab er erstaunten Kellnern in Restaurants fünf oder zehn Pfund Trinkgeld.

John hinterließ manchmal sehr rätselhafte Nachrichten auf dem Anrufbeantworter von Wendy Hanson, Brians persönlicher Assistentin. Eine dieser Nachrichten lautete: »Wendy, schick Tante Mimi eine dieser Weltkarten mit Flaschen drin!« Wendy Hanson: »Ich wußte, daß es etwas sein mußte, was er bei Asprey gesehen hatte. Es war ein Globus. Er ist oft durch den Laden gelaufen und hat sich Dinge vorgemerkt. Asprey war einer seiner Lieblingsläden. Einmal mußte ich für John organisieren, daß Asprey länger aufließ, damit die Beatles dort einkaufen konnten, so, wie sie es damals an Weihnachten bei Harrods gemacht hatten. John fand das lustig. Er hat nichts weiter gekauft als Marmelade.«
Wendy, die das miterlebt hat, was sie als »eins der außergewöhnlichsten Phänomene der Neuzeit« ansieht, vergleicht John mit einem Krebs: »... außen rauhe Schale, aber innen ganz weich...« In Frankreich versteckte sich ein vierzehnjähriges Mädchen in Lennons Schlafzimmer im Negresco Hotel in Nizza, um dort sein Eintreffen zu erwarten. Ihre Mutter rief Wendy an und sagte: »Ein Beatle hat meine Tochter vergewaltigt.«
»John machte sich Sorgen um das Mädchen«, erzählt Wendy. »Er hat gesagt: ›Wendy, ruf diese Frau an und sag ihr, daß niemand ihr Kind angerührt hat. Sie versteckt sich unter meinem Bett und will nicht rauskommen. Ihr fehlt gar nichts, aber sie hat Angst, daß ihre Mutter sie verprügelt, wenn sie nach Hause kommt.‹ Es war wirklich sonderbar. Es ist uns gelungen, das Mädchen unter dem Bett rauszulocken, aber ich erinnere mich, wie besorgt John war, und wie behutsam er mit ihr umgegangen ist. Als das Chaos längst vorbei war, vergewisserte er sich immer noch, ob wir uns auch wirklich darum gekümmert hatten, daß das Mädchen heil nach Hause kam. Damals habe ich zu irgend jemandem gesagt: ›Soviel dazu, daß dieser Typ »tough« sein soll!‹«

Es belustigte John, wie sehr sich sein Status verändert hatte. Vier Jahre zuvor war er ein Student gewesen, der Zigaretten und das Geld fürs Kino schnorren mußte, und jetzt war er eine der angesehensten Persönlichkeiten der Welt. Sein Anrufbeantworter in Weybridge spiegelte seine fröhliche Überheblichkeit wider. Eine von Johns Lieblingsbeschäftigungen bestand darin, die Nachrichten immer wieder abzuspielen, wie ein Irrer über Akzente und Dialekte zu lachen und sie nachzuahmen. Nur selten beantwortete er einen Anruf.

Diesen Bungalow mit Blick auf den Hafen von Poole, Dorset, kaufte John seiner Tante Mimi im August 1965. Bald darauf stand das Haus auf der Liste der sehenswerten Punkte bei Vergnügungsreisen durch diese Gegend.

Mit zunehmender Beatlemania erboste es John, daß man ihm sein Privatleben nicht ließ. Samstags und sonntags gab es regelrechte Fan-Invasionen. Sie faßten es auf wie eine Pilgerfahrt ins Heilige Land, einen Blick auf einen Beatle in seiner häuslichen Umgebung zu werfen. »Ich habe es satt«, sagte er zu mir. »An manchen Wochenenden ist es so schlimm, daß wir das Haus verlassen und irgendwo hingehen, Hauptsache weg von den Fans, die kommen und gaffen. Nein, das Wort nehme ich zurück. Das sind keine *Fans*! Sie betrachten mein Haus als ein verdammtes Ferienlager. Sie sitzen mit belegten Broten und Thermosflaschen mit Tee auf dem Grundstück rum. Wofür halten die mein Grundstück eigentlich, für einen Beatles-Nationalpark? Es kommen auch Erwachsene, nicht nur Schulmädchen. Ich bin rausgegangen und habe gesagt, sie sollen abzischen, und dann haben sie gesagt, daß sie meine Platten nicht mehr kaufen! Ich habe ihnen gesagt, sie sollten sich was Besseres überlegen, was sie mit ihrer Freizeit anfangen können.«
Jeder Gegenstand, der sie an diese Besuche erinnern konnte, war den Fans recht. Sie fotografier-

ten den eigenwilligen Türklopfer, der die Form einer nackten Frau hatte. Sie zupften sogar Grashalme aus dem Rasen – als Souvenirs. John wollte dieses Haus als Zufluchtsstätte für sich, für Cynthia und Julian, für ihre beiden buntgescheckten Katzen Mimi und Babaghi und für ihren braunen Labrador Nigel haben. Doch es war nicht zu machen. Er wußte nie, was ihn bei seiner Heimkehr erwartete.

Wenn er nicht gerade neue Songs komponierte oder an Plattenaufnahmen im Studio arbeitete, verbrachte John seine Zeit damit, zu schreiben und zu zeichnen. In Autos und Zügen, in Flugzeugen und Hotelzimmern bekritzelte er die Rückseiten von Briefkuverts und zeichnete Karikaturen und Cartoons, deren Figuren er selbst erfand. Das war seine Art, sich von der Beatlemania abzulenken. Eines Tages sah Brian Epstein Johns Verse und Kritzeleien und machte ihm den Vorschlag, sie veröffentlichen zu lassen.

1964 brachte Jonathan Cape *In seiner eigenen Schreibe* heraus, ein Buch, das vom literarischen Establishment gefeiert wurde. »Die Aufmerksamkeit eines jeden wert, der eine Verarmung der englischen Sprache und der britischen Phantasie befürchtet«, war in *The Times Literary Supplement* zu lesen.

Offensichtlich beeinflußt war Lennons erstes Buch von Lewis Carroll, Spike Milligan, der *Goon Show* und dem Komiker Stanley Unwin. Lewis Carrolls Einfluß sollte Johns Schreiben auch später noch bestimmen, insbesondere bei »I Am The Walrus«, einer Abwandlung von Carrolls »Das Walroß und der Zimmermann«. Die erste Strophe von »Lucy In The Sky With Diamonds« geht auf Alices Reise mit den Schafen in *Alice hinter den Spiegeln* zurück. Lennon kannte Carrolls surrealistische Gedichte wie »Jabberwocky« und »The Hunting of the Snark« genauestens, er liebte seine Wortspiele und das Durcheinanderpurzeln von Bildern. Die Titel von Johns Geschichten und Gedichten drücken Lennons Hang zum Satirischen deutlich aus: »Auf Safairy mit ›White Hunter‹«, »Keine Fliegen auf Frank«, »Das Fettgewächs auf Eric Hearble«, »Beim Zahnarscht«, »Heilbutt kehrt Zürich« und »Morden, morden, nur nicht heute«. Ein Parlamentsabgeordneter der Konservativen, Charles Curran, schien Lennons Buch mißzuverstehen. Vor dem Parlament sagte er, *In seiner eigenen Schreibe* werfe Licht auf die schlechte Schulbildung in Liverpool, und er behauptete, Lennon sei Analphabet.

Johns erstes Buch kam auf Platz eins der britischen Bestsellerliste. Von der Erstausgabe wurden mehr als hunderttausend Stück verkauft; man feierte Lennon im Dorchester Hotel in London als literarische Neuentdeckung. Daraufhin galt er allgemein als »der intelligente Beatle«. Die Kartennachfrage für die literarische Veranstaltung im Dorchester überstieg die Nachfrage, die es bei George Bernard Shaw gegeben hatte. Das gesamte literarische Establishment hatte sich eingefunden, aber John hielt nicht die übliche Rede, die vom Ehrengast erwartet wurde. Er stand auf und sagte: »Vielen herzlichen Dank. Gott segne Sie.« Viele waren enttäuscht, aber John erklärte später, einer Rede habe er sich nicht gewachsen gefühlt. »Gebt mir fünfzehn Jahre, und vielleicht halte ich dann eine Ansprache. Heute traue ich mich jedenfalls nicht. Ich habe mich zu Tode gefürchtet.«

Johns Sprachlosigkeit tat seiner Mystik bei den teuer gekleideten Debütantinnen, den juwelenbehängten Matronen, den Kellnern und den Aristokraten keinen Abbruch, die sich vor dem Dorchester tummelten und Autogramme haben wollten. »Für meine Tochter« natürlich.

Eine Frau grapschte sich zehnmal die Ausgabe seines Buches, drückte John die Bücher in die Hand und sagte: »Setzen Sie Ihren Namen deutlich an diese Stelle.«

John sah sie erstaunt an, als sie zu ihrer Freundin sagte: »Ich hätte nie geglaubt, daß ich mich so weit herablassen würde, um ein solches Autogramm zu bitten.«

John zahlte es ihr heim mit: »Und ich hätte nie geglaubt, daß man mich zwingen könnte, jemandem wie Ihnen ein Autogramm zu geben.«

April 1964. Bei einem Mittagessen im Zug von London nach Taunton, Somerset, hört John Walter Shenson, dem Produzenten des Filmes *A Hard Day's Night*, aufmerksam zu. In dem Zug wurde auch gedreht.

Johns zweites Buch, *Ein Spanier macht noch keinen Sommer*, war disziplinierter als das erste. Er schrieb fast ein Jahr lang daran. In der Zeit beobachtete er, wie immer, das Geschehen um ihn herum und setzte seine Gedanken in Prosa und Satire. Er versetzte dem Kolumnisten Cassandra vom *Daily Mirror* einen Seitenhieb, den er damit begründete, dieser Redakteur habe sich abfällig über die Beatles geäußert. Es gab einen »Lesermiefkasten«. Und in »Letzter Wille und Testikel« brach Johns Respektlosigkeit grandios durch:

> I, Barrold Reginald Bunker-Harquart being of sound mind you, limp and bodie, do on this day the 18 of Septemper 1924th, leave all my belodgings estate and brown suits to my nice neice Elsie. The above afformentioned hereafter to be kept in a large box untit she is 21 of age...*

Einblicke in Lennons literarische Seite bot eine Rundfunksendung, die die BBC im Juli 1965 ausstrahlte: In *World of Books* wurde John Lennon von Wilfred De'Ath interviewt und erzählte, wie seine Bücher entstanden waren.

»Sowie ich etwas geschrieben habe, gefällt es mir auch, und dann werde ich stur. Manchmal sagt der Verleger: ›Sollten wir nicht dies weglassen oder das ändern?‹ Und dann kämpfe ich wie ein Verrückter, denn das, was dasteht, will ich dann auch beibehalten. Aber ich schreibe alles in einem Rutsch. Es kann vorkommen, daß ich beim Durchlesen noch etwas hinzufüge, ehe der Text veröffentlicht wird, aber ich nehme selten wieder was raus, und insofern ist alles spontan.«

Das Spontane an John zeigte sich auch bei Plattenaufnahmen. Er haßte es, Songs lange liegen zu lassen und sie im Studio erst richtig auszuarbeiten. Bei Platten wie offensichtlich auch bei Büchern und jeder anderen Kunstform ging John gern wie ein Journalist einer Tageszeitung vor: etwas schreiben, möglichst schnell zur Veröffentlichung bringen und sich etwas anderem zuwenden. Er wollte, daß seine Platten über Nacht rauskamen, und als er nicht mehr mit den Beatles arbeitete, sondern mit der Plastic Ono Band Aufnahmen machte, gab es wirklich Platten, die John innerhalb von Tagen nach der Fertigstellung auf den Markt brachte. Darin spiegelt sich auch seine Philosophie vom Leben als einem eiligen Voranstürmen wider.

Bei diesem Rundfunk-Interview gestand John zwei Einflüsse auf seine literarische Arbeit ein: Conan Doyle, der in seiner von Sherlock Holmes inspirierten Geschichte »Der seltsame Phall der Miss Anne Duffield« zu erkennen ist, und Lewis Carroll. »Das gebe ich immer zu, weil ich *Alice im Wunderland* und *Alice hinter den Spiegeln* liebe, aber ich wußte gar nicht, daß er sonst noch was geschrieben hat. So unwissend war ich. Ich habe diese Bücher als Kind zum Geburtstag bekommen, und sie haben mir gefallen.«

»Viele Leute bezeichnen das, was Sie schreiben, als krank. Was sagen Sie dazu?« fragte der Interviewer.

»Vielleicht macht es manche Leute krank. Aber ich kann meine Sachen lesen, und mir kommen sie nicht krank vor«, erwiderte John.

John stritt andere Einflüsse ab, die von einigen Literaturkritikern genannt wurden – Edward Lear, James Thurber und andere waren als klar erkennbare Anregungen ins Spiel gebracht worden. Dazu sagte John: »Ich streite das ab, weil ich diese Sachen gar nicht kenne. Von Lear habe ich noch nie gehört. Na ja, den Namen muß ich wohl irgendwo gehört haben, aber in der Schule haben wir ihn nicht durchgenommen. Das einzige klassische oder sehr intellektuell hochgestochene Zeug, was ich kenne, weil wir es in der Schule

*Ich, Barrold Reginal Bunker-Harquart, im Vollbesitz meiner geistlichen Kräfte, aller meiner Glied- und Körpermaßen und bei guter Gesundheit, bemache an diesem 18. September des 1924ten meine liebe anverdammte Nichte Elsie meinen gestammelten Besitz, Lügenschaften und braune Anzüge. Obige und hier nachfolgend Erwöhnte ist in einer großen Kiste aufzubewahren, bis sie ihr 21. Lebensjahr erreicht hat...

Bei den Dreharbeiten zu *A Hard Day's Night* steht John auf einem Bahnsteig, der mit Glasscherben übersät ist, und wartet darauf, daß es losgeht.

gelesen haben, ist Chaucer. Doch, es wird wohl in der Schule gewesen sein; ich glaube, das nimmt man durch. Daher habe ich mir die ganzen Bücher gekauft, von denen es hieß, sie seien so wie meine. Ich habe ein Buch über Edward Lear gekauft, ich habe *Finnegan's Wake* gekauft, ich habe Chaucer gekauft, und ich konnte keine Ähnlichkeit zu einem dieser Bücher erkennen.«

Er sagte, daß er nur das lese, worüber er zufällig stolpere, nicht die Bücher, die zu lesen »richtig« oder akzeptiert sei. Von Jonathan Swift hatte er nie etwas gelesen. »Charles Dickens mag ich nicht besonders gern. Dazu muß ich in einer bestimmten Stimmung sein. Es hat mir zu viel von Schule. Ich bin noch nicht lange genug aus der Schule raus, um Dickens oder Shakespeare zu lesen. Shakespeare kann ich nicht ausstehen. Mir ist egal, ob er einem gefallen sollte oder nicht. Mir sagt das einfach nichts.« John hatte gerade Winnie the Pooh entdeckt, »und das habe ich als Kind nie gelesen«.

Der bei weitem längste Text in *Ein Spanier macht noch keinen Sommer* ist »Der seltsame Phall der Miss Anne Duffield«. Als Wilfred De'Ath Lennons Texte als »Ministücke« bezeichnete, sagte John: »Für Sie sind es Minitexte. Für mich sind es *Marathons*. Mit Sherlock Holmes habe ich gesehen, wie weit ich gehen kann. Ich vergesse, welche Personen mitspielen, ich verliere den Faden, und es hängt mir zum Hals raus und langweilt mich. Deshalb bringe ich meine Personen im allgemeinen um – in meinem ersten Buch habe ich das ganze Pack sterben lassen.«

Der Sänger George Melly lernte John bei einer Party kennen, die aus Anlaß des Erscheinens von Johns erstem Buch gegeben wurde. Melly hatte eine glänzende Kritik des Buches für den *Observer* geschrieben. »Ich bin«, sagt George, »auf eine Art an ihn herangetreten, die ich für freundlich hielt, vielleicht etwas zu gönnerhaft. Wir waren beide reichlich betrunken.

Er hat mir die Tatsache vorgehalten, daß ich vom traditionellen Jazz kam, den er haßte, weil er ihm und seinen Freunden den Weg ins Cavern versperrt hatte. Er hat mich als einen Aussperrer beschimpft. Er war ziemlich aggressiv.

Ich habe gesagt: ›Hat dir die Kritik gefallen?‹

Er hat gesagt, er habe sie nicht gelesen.

Ich habe ihm gesagt, wieviel Spaß mir das Buch gemacht hat, und ich bin auf den Einfluß von James Joyce zu sprechen gekommen.

Er hat gesagt: ›Ich weiß nicht, von wem du sprichst. Von dem habe ich noch nie etwas gehört. Wer, zum Teufel, ist Joyce?‹«

Es stimmte natürlich nicht, daß er nie von Joyce gehört hatte.

Schließlich kam es zwischen Lennon und Melly fast zu einem Handgemenge, als Melly auf die schwarzen Sänger zu sprechen kam. George sagte: »Es muß dir in deinem Bereich doch genauso gehen wie mir in meinem Bereich. Das Gefühl, daß man eigentlich tief in der Schuld der schwarzen Sänger wie Muddy Waters und Chuck Berry steht, die das Idiom erfunden haben, in dem wir beide singen.«

John wurde wütend. Er wollte nichts dergleichen akzeptieren. Er leugnete jegliche Einflüsse. »Die könnte ich zum Frühstück essen... die machen noch lange nicht das, was ich mache«, lallte er. Der Streit ging weiter, und Melly beharrte darauf, daß Lennons Musik sich genauso von den schwarzen Wurzeln herleitete wie seine eigene. »Fast hätten wir uns geschlagen«, sagt Melly. »Ich bin froh, daß es nicht soweit gekommen ist, denn John hätte bestimmt gewonnen.«

John hatte ambivalente Gefühle, wenn es darum ging, bei einem Konzert aufzutreten, bei dem auch schwarze Sänger auftraten. Gemeinsam mit den anderen Beatles, insbesondere auf Anregung von George Harrison hin, hatte er Mary Wells, die Kultursängerin von Tamla Motown, eingeladen, 1964 mit ihnen eine Großbritannien-Tournee zu machen. Aber als sie da war, fühlte sich John gar nicht wohl, so großartig sie auch sein mochte. »Ich hasse es, ›Twist and Shout‹ zu singen, wenn vorher oder hinterher schwarze Künstler auftreten«, sagte er zu mir. »Verstehst du, es erscheint mir nicht richtig. Es kommt mir vor, als sei das ihre Musik, und das ist mir irgendwie peinlich. Mir wird ganz anders... die Schwarzen bringen diese Songs viel besser als wir.«

Er hatte keinen Sinn für andere Beatgruppen,

die, wie er verkündete, »unsere musikalischen Arrangements bis auf den letzten Ton nachahmen«. Er sagte zu mir: »Schau mal, wir haben doch auch niemanden kopiert. Ich bin kein Neger, und daher kann ich keinen Negersänger imitieren. Wir haben unseren eigenen Stil, der sich auf der Musik begründet, mit der wir aufgewachsen sind, und es erbost mich, daß andere Gruppen einfach mitziehen und genau das nachspielen, was wir vor zwei Jahren gespielt haben. Warum können diese Nachahmer keinen eigenen Stil entwickeln, wie wir es getan haben? Mit den Frisuren ist es dasselbe. Es gibt in mehreren anderen Gruppen Musiker, die genau unsere Haarlänge haben. Wir waren auch Studenten, ehe wir nach London kamen, und wir hatten damals nicht diese Frisuren. Der Unterschied zwischen den Beatles und manchen dieser anderen Gruppen ist der, daß wir nicht blöd rumgesessen sind und uns gesagt haben: ›Wir werden ganz große Stars.‹ Für uns war die Musik ein Teil unseres Lebens. Im Gegensatz zu manchen anderen Gruppen laufen wir bis heute nicht rum und sagen: ›Schaut mal her, wir sind Stars.‹ Ich sehe mich als einen Tunichtgut aus Liverpool an, der Glück gehabt hat und jetzt einen gewissen Erfolg hat. Meine Tante pflegte zu sagen (und an dieser Stelle folgt eine brillante Imitation von Mimis autoritärer Stimme): ›Du glaubst doch nicht im Ernst, du könntest damit Karriere machen: Als Hobby ist die Gitarre schön und gut, John, aber deinen Lebensunterhalt wirst du dir damit nie verdienen!‹
Darauf habe ich gesagt: ›Nein, das geht von selbst wieder vorbei.‹«
Wenn John laut und zornig über etwas sprach und wollte, daß darüber berichtet wurde, drängte er den jeweiligen Journalisten: »Halt das fest, halt das in deinem Buch fest!«
Als ein Interviewer vom Rundfunk ihn fragte, ob er lieber als Schriftsteller oder als Beatle in Erinnerung bleiben wolle, erwiderte Lennon: »Mir ist ganz egal, ob man sich an mich erinnert. Mir ist egal, was passiert, wenn es mich nicht mehr gibt.«

Es bereitete John nicht die geringsten Probleme, sich an den Lebensstil eines Millionärs zu gewöhnen. Er trank zuviel, aber er mußte sich auf irgendeine Weise von dem Druck befreien, in einem »Goldfischglas« zu schwimmen, wie er es nannte. Förmliche Einladungen zum Dinner in Weybridge bedeuteten, daß man sich nach dem Abendessen in den Ad Lib Club verzog, die ganze Nacht hindurch trank und gegen Morgen wieder zum Frühstück nach Weybridge fuhr. Zuschauer wie die amerikanischen Sängerinnen Dionne Warwick und Mary Wells, die sich nicht in die Suffgespräche einmischten, bestaunten Lennon ungläubig und fassungslos. Das war nicht der entzückende Beatle, dessen Pilzkopf-Image als etwas Ordentliches und Reines über den Atlantik vorgedrungen war. Das hier war ein völlig Besoffener!
Wie gewaltig die Erfolge seiner Gruppe waren, merkte John erst wirklich, als die Beatles zu einem öffentlichen Empfang im Rathaus nach Liverpool zurückkehrten. Mehr als hunderttausend Menschen gingen an jenem Tag auf die Straße, und als John seiner Tante einen heimlichen Besuch abstatten wollte, mußte er feststellen, daß sein früheres Zuhause ein Schrein der Popmusik geworden war, belagert von Fans und Journalisten aus der ganzen Welt.
»Immer wieder habe ich mir eine neue Telefonnummer geben lassen«, sagt Mimi, »aber innerhalb von Tagen haben die Fans die neue Nummer herausgefunden.« John mochte noch so reich und erfolgreich sein, und die Welt mochte ihm zu Füßen liegen, aber Mimi hieß ihn mit ihren üblichen Vorbehalten willkommen.
Ein paar Monate später fuhr Les Anthony John und Mimi durch Hampshire, weil sie dort ein Haus für Mimi suchen wollten. John setzte sich nicht einfach in den Rolls-Royce. Er legte sich hin, bediente mit seinen Füßen die elektronischen Fensterscheiben, die er zum Spaß ständig rauf- und runterließ, er rauchte viel, und oft drückte er seinem Chauffeur Zigaretten in die Hand. An Ampeln erstarrten die Leute ungläubig beim Anblick eines Beatle.
Die Immobilienmakler von Bournemouth legten

ihnen Angebote vor. Mimi vernarrte sich in einen Bungalow mit Blick auf Poole Harbour. Vor allem die Aussicht gefiel ihr. Das Wohnzimmerfenster gab den Blick auf eine Terrasse frei, die zum Wasser hinunterführte. Wenige Stunden nach Beginn der Suche rief John seinen Buchhalter an, und das Haus in der Panorama Road, Sandbanks, war gekauft.

Nachdem John sie mühsam von der Unsinnigkeit überzeugt hatte, das Haus in Liverpool zu behalten, verkaufte Mimi das Haus, in dem John seine Kindheit und Jugend verbracht hatte. Im Lauf der nächsten acht Jahre rief er seine Tante mehrmals wöchentlich aus aller Welt an, und er besuchte sie regelmäßig. Seine Achtung vor dieser Frau, die ihn großgezogen hatte, stieg immer mehr, und auch seine Zuneigung zu ihr festigte sich. Bei seinen Besuchen räkelte er sich in dem Lehnstuhl mit Blick aufs Meer und vertraute Mimi seine geheimsten Gedanken über die Beatles, seine Ehe und seine Ruhelosigkeit an. »Je älter er wurde, desto besser lernten wir einander kennen«, sagt seine Tante.

Als Mimi in ihr neues Haus zog, bat John sie, ganz besonders auf die Bücher zu achten, die er in seiner Kindheit gelesen hatte, und unbedingt die riesige alte Uhr mitzunehmen, anhand derer Onkel George ihn gelehrt hatte, die Zeit abzulesen. »Eines Tages werde ich sie brauchen.«

1964 interviewte ich Bob Dylan, und er kam auf einen Song zu sprechen, an dessen Titel er sich nicht erinnern konnte: »I Want To Hold Your Hand« von den Beatles. In Amerika hielt sich dieser Song sieben Wochen lang auf Platz eins der Hitparaden. »Du weißt, welchen ich meine?« sagte Dylan. »Den Song, bei dem es um Dope geht.« Ich muß noch belämmerter als sonst ausgesehen haben.

In mühsamer Kleinarbeit fanden wir heraus, daß Bob am Ende des Refrains statt »I can hide, I can hide« »I get high, I get high« verstanden hatte. Dylan war erstaunt, daß es sich nicht um einen Drogensong handelte, und als er die Beatles in Amerika kennenlernte, war er noch erstaunter, daß sie nicht die großen Kiffer waren. Hinter den amerikanischen Popstars, die die Drogen als einen Teil ihres Lebens ansahen, waren die britischen Popstars um Jahre zurück.

Dylan gilt als derjenige, der den Beatles während ihres Amerika-Aufenthalts das Marihuana nähergebracht hat. Doch seine Bedeutung für John bestand Mitte der sechziger Jahre vor allem darin, daß er ganz außergewöhnlich mit Sprache umgehen konnte und es fertigbrachte, intelligente Texte mit Folkmusik zu verbinden, die er auf einer elektrischen Gitarre spielte. Dylans Album *Bringing It All Back Home* übte geradezu hypnotische Wirkung auf Lennon aus. Er sah darin das kühne Wagnis eines früheren Folksängers und Gitarristen, sich auf die Welt des Rock'n'Roll einzulassen. John mußte Dylan von seinen Texten her als einen echten Rivalen ansehen.

Johns Wißbegierde siegte über seine Besorgnis. Es folgte eine »Dylan-Phase«, wie er es nannte. Er schrieb Songs, die sich an Dylan anlehnten, und er lud Bob zu sich nach Hause ein. Doch zwischen den beiden bestand eine nervöse Spannung, eine Überreiztheit, und Dylans Besuch in Weybridge zog keine dauerhafte Freundschaft nach sich. Lennon und Dylan, die beide eine eigenständige, phantasievolle Musik schufen, waren geistig zu nah verwandt, um einander näherzukommen. Sie beließen es bei der gegenseitigen Anerkennung, und John, der nur die «Prellys» gekannt hatte, ehe Dylan ihn zum Marihuana brachte, würdigte den Maestro mit Songs wie »I'm A Loser« und »Norwegian Wood«. Zu Johns Lieblingsplatten gehörte 1965 Dylans Single »Subterranean Homesick Blues«, die John sehr an Chuck Berry erinnerte. John und ich haben uns in Weybridge stundenlang bemüht, hinter den genauen Wortlaut des Textes zu kommen.

Brian Epstein fand es naheliegend, einen Film mit den Beatles zu drehen. Ein erster zaghafter Versuch wurde mit *A Hard Day's Night* gewagt.

Februar 1965. Ein nachdenklicher John bei den Dreharbeiten zu *Help!*

Im Jahr darauf folgte *Help*. Dann spielte John unabhängig von den Beatles eine Rolle in *Wie ich den Krieg gewann* mit Michael Crawford. Der Regisseur aller drei Filme war Richard Lester. John verstand sich auf Anhieb mit dem lakonischen Amerikaner, was teilweise darauf zurückzuführen ist, daß Lester, ebenso wie George Martin, mit Johns geliebten Goons zu tun hatte. Lester hatte mit Spike Milligan und Peter Sellers gearbeitet. Der Film hieß *The Runnig, Jumping and Standing Still Film* (Liebenswerte Leckerbissen).

Die Drehbücher zu den Beatles-Filmen schrieb Alun Owen, ein Liverpooler, der im Januar 1964 mit Lester nach Paris kam, um dort die Beatles kennenzulernen.

*A Hard Day's Night* war schlicht und einfach als Film gedacht, der halbdokumentarisch das verrückte Leben der Beatles schildern und von ihren Erlebnissen als Musiker, in den Aufnahmestudios, bei Fernsehauftritten und von dem Druck bei Konzerten berichten sollte. »Der Film sollte ihr Leben als Gefangene ihres eigenen Erfolgs zeigen«, sagt Richard Lester. »Das Konzept ist aus der Antwort auf eine Frage entstanden, die ich John über eine Schwedentournee gestellt hatte.

›Wie hat es dir gefallen?‹ habe ich John gefragt.

John hat gesagt: ›Ach, es war ein Zimmer und ein Auto und ein Auto und ein Zimmer und ein Zimmer und ein Auto.‹ Daraus entstand die Idee für *A Hard Day's Night*. Wir drehten im Marylebone-Bahnhof in London und in Zügen.

Wir haben uns sehr bemüht, dafür zu sorgen, daß niemand mehr als einen Satz auf einmal lernen mußte, und John hat brav mitgespielt. Jeden Morgen um acht Uhr zur Maskenbildnerin, um acht Uhr dreißig Drehbeginn, keine Widerrede. Ich glaube, das hat sie ziemlich schockiert, aber ihre Roadmanager, Neil Aspinall und Mal Evans, haben dafür gesorgt, daß alle pünktlich da waren.«

Wenn sich die Beatles Mitte der sechziger Jahre in der Öffentlichkeit zeigten, versammelten sich die Fans schnell zu Hunderten, wenn nicht zu Tausenden. »Das größte Problem bei den Außenaufnahmen zu *A Hard Day's Night* bestand darin, daß wir bestenfalls zwei Einstellungen abdrehen konnten, ehe die Fans die Straße derart blockierten, daß wir anderswo weiterdrehen mußten. Alles mußte unglaublich schnell gehen. Das bedeutete, daß die Beatles schnell in einen Laden stürzten, die vereinbarte Szene spielten und in aller Hast durch die Hintertür den Laden wieder verließen, um die Menschenmenge, die sich angesammelt hatte, irrezuführen.« All das mußte sich innerhalb von Minuten abspielen, und für John waren das die teuersten Tage seines Lebens.

Während sie in Sekundenschnelle durch Asprey's stürmten, den exklusiven und unglaublich teuren Laden in der Bond Street, gelang es John, innerhalb von wenigen Minuten etwa achtzigtausend Pfund auszugeben. »Gott weiß, wie er das angestellt hat. Ich glaube, er war selbst erstaunt darüber, wieviel er dort bestellt hat, Möbel, Schmuck, Antiquitäten und Nippes«, sagt Richard Lester.

Der Songtitel wurde zum Titel des Films, nachdem Ringo diese Formulierung nach einer harten Nacht hatte fallenlassen.

*Help!* war ein gewagteres Unternehmen. Neun Wochen lang wurde eine schwache Story verfilmt, die sich thematisch an die James-Bond-Filme anlehnte. Ein verrückter Wissenschaftler schließt sich der Suche nach einem wertvollen Ring an, der dann plötzlich an Ringos Hand landet. Der Film sollte ursprünglich *Eight Arms To Hold You* heißen, aber als John die Titelmelodie geschrieben hatte, erwies sich der Song als so stark, daß sein Titel für den Film übernommen wurde. Die ersten zwei Wochen drehten sie auf den Bahamas. Dort fanden John und der Schauspieler Victor Spinetti Gebäude, die sie für leerstehende Militärbaracken hielten. Bei näherem Hinschauen stellten sie fest, daß man Spastiker, Krüppel und alte Leute in diesen Bruchbuden untergebracht hatte. John war außer sich.

Victor Spinetti erzählte mir, der Kontrast zwischen dem Champagner und dem Kaviar, den man ihnen während des Dinners mit dem Gouverneur gereicht hatte, und den Lebensbedingungen der Behinderten sei ein Schock für John gewesen. John sagte zum Finanzminister. »Ich habe heute dieses sogenannte Krankenhaus gesehen. Die Menschen leben dort unter untragbaren Bedingungen!«

Der Minister erwiderte darauf: »Verstehen Sie doch – ich tue mein Bestes. Ich werde nicht dafür bezahlt, daß ich Finanzminister bin.«

Daraufhin erwiderte John: »Ach – in dem Fall machen Sie Ihre Sache besser, als ich dachte.«

Die Presse fiel wegen Johns Schärfe über die Beatles her, doch John ließ sich nicht einschüchtern und erzählte jedem, daß er die Bahamas hasse.

»Er hat ausdrücklich betont, daß diese Menschen sich den Beatles gegenüber scheinheilig verhalten haben, weil sie die Beatles waren, und das konnte er nicht ausstehen«, sagt Richard Lester. Im Anschluß an die Bahamas wurden die Dreharbeiten in einem österreichischen Skigebiet fortgesetzt, in dem kleinen Städtchen Obertauern, zwei Autostunden von Salzburg entfernt. Inzwischen rauchten John und die anderen große Mengen Marihuana, aber nicht so viel, daß sie nicht arbeiten konnten. Johns Euphorie, wenn er aus dem Zimmer kam, nachdem er etwas geraucht hatte, und auch seine Pupillen wiesen deutlich darauf hin, daß er bekifft war.

Als ich während der Dreharbeiten eine Woche nach Österreich kam, traf ich einen überschwenglichen John an. Er genoß vor allem das Skifahren. Die Filmhandlung fand er lächerlich, aber es gelang ihm zu lachen über diese nun nicht mehr rückgängig zu machende Zeit- und Geldverschwendung.

John freundete sich mit der Schauspielerin Eleanor Bron an und unterhielt sich mit ihr in der Hotelbar über Politik und Philosophie. Von seinen politischen Überzeugungen her war John Sozialist, aber er sagte, er müsse die Konservativen wählen, weil sie wüßten, was gut für das Land sei. Dabei spielte natürlich das Geld eine Rolle. »Von meiner Überzeugung her«, sagte er, »gehöre ich zur Labour Party. Politik ist eine Geisteshaltung, aber man muß schließlich auch an sein Geld denken, oder etwa nicht?«

In Österreich dachten John, Paul und ich uns eines Abends in der Hotelbar ein Wortspiel aus. Das Spiel hieß Sieger und Verlierer. Jemand nannte eine Person, ein Land, ein Getränk oder sonst etwas Greifbares, und die anderen erklärten es zum Sieger oder zum Verlierer. Strenge Regeln gab es nicht. Es hatte mehr mit Intuition als mit Definition zu tun. Folglich erklärte John EMI zum Sieger, Decca zum Verlierer; Frankreich (die Beatles waren dort gerade mit mäßigem Erfolg aufgetreten) war ein Verlierer, Amerika ein Sieger. Coca-Cola war ein Sieger, Pepsi-Cola ein Verlierer. New York war ein Sieger, Los Angeles ein Verlierer, Tee ein Sieger, Kaffee ein Verlierer. Die Gesamtheit der Fleet Street war ein Verlierer, weil die Journalisten erst sehr spät erkannt hatten, daß die Beatles ein Faktor waren, den man nicht außer acht lassen konnte.

Zu Tony Sheridan, einem britischen Musiker, den er sehr bewunderte, sagte Lennon beiläufig in einer Unterhaltung: »Ich habe meine Seele an den Teufel verkauft.« Das war zu einer Zeit, als die Beatles schon große Erfolge hatten. Sheridan, der mit den Beatles in Hamburg Aufnahmen gemacht hatte, verstand sich gut mit John und wußte sofort, was gemeint war, denn diese Art von Ruhm war nicht das, was Lennon eigentlich gewollt hatte.

Der Film *Help!* fiel in die Zeit, die John nachträglich als seine »fette Elvis-Phase« bezeichnete. Erst im nachhinein wurde es deutlich, aber John hatte damals leichtes Übergewicht, er aß und trank zuviel, trug materialistisch Besitztümer zusammen und war doch zu sehr Künstler, um sich vom Show Business mitreißen zu lassen. Er war noch unzufriedener, als ihm damals klar war.

Johns Aufschrei aus tiefster Seele wies eine schmerzliche Offenheit auf, wenngleich auch damals niemand das Autobiographische dieses Songs erkannte.

When I was younger, so much younger than today,
I never needed anybody's help in any way.
But now these days are gone, I'm not so self-assured
Now I find I've changed my mind, I've opened up the doors.

Help me if you can, I'm feeling down
And I do appreciate you being 'round
Help me get my feet back on the ground, won't
you please, please help me?

And now my life has changed in oh so many
ways
My independence seems to vanish in the haze,
But every now and then I feel so insecure
I know that I just need you like I've never done
before...
Help, I need somebody, help, not just any-
body, help... help!

Es ist typisch, daß John als erster von den Beatles absprang. Das, was für ihn als Rock'n'Roll angefangen hatte, war vermarktet worden. Lennon bewunderte Paul McCartneys musikalische Fähigkeiten, aber die beiden Männer reagierten auf völlig verschiedene Weise auf den Ruhm. Paul liebte den Ruhm.

An einem regnerischen Nachmittag im Jahre 1965 interviewte ich John in Weybridge. Er war schlechtgelaunt. Seine Ruhelosigkeit zeigte sich deutlich, als er mich ins Musikzimmer führte. Zwischen zahllosen Bandgeräten, Verstärkern und einem Haufen Papier spielte er auf einer Gitarre und schrieb einen Song, aus dem schließlich »Nowhere Man« werden sollte. Im Rückblick betrachtet, war der Titel geradezu prophetisch; ein Moment oder ein Tag, an dem die Veränderung, die sich mit John Winston Lennon vollzog, deutlicher herauskam als jemals, seit die Beatles ihren ersten Hit gelandet hatten.

John aß Corn-flakes, rauchte unaufhörlich und ließ sich skeptisch über seinen Ruhm aus. Er sprach auch darüber, daß er sich mit fünfundzwanzig alt fühlte. »Nach den Gesetzen der Popwelt sind wir alt«, sagte er. »Aber wir sehen nicht

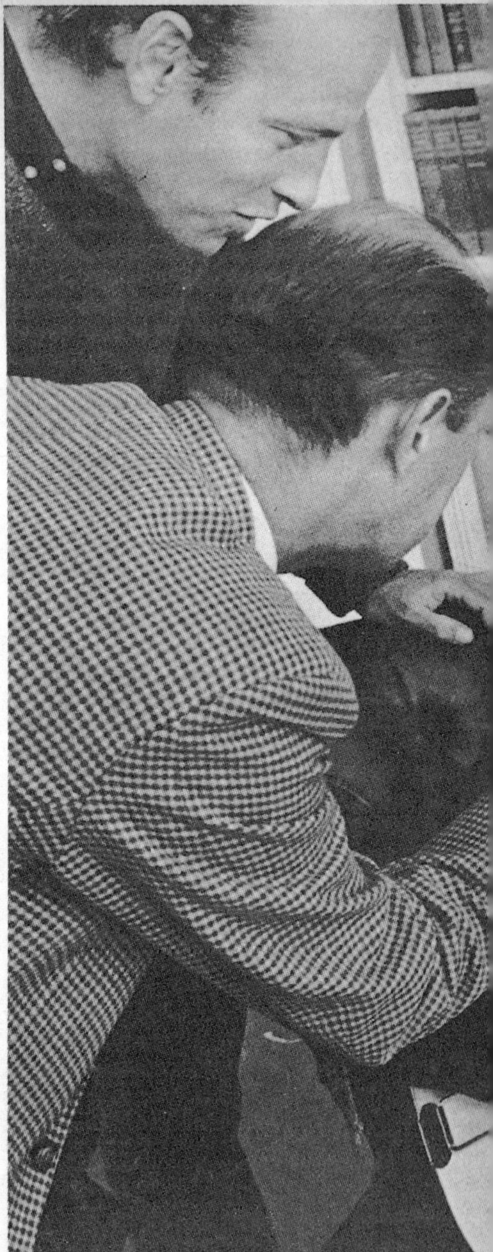

Bei den Dreharbeiten zu *Help!* in den Twickenham Filmstudios. Regisseur Richard Lester sieht einem Maskenbildner zu, der John schminkt.

älter aus als die Stones, oder? Wir geben uns jedenfalls bestimmt nicht älter. Ich habe schon einen Jagger gesehen, der aussah, als sei er hundert, und die Who haben in manchen Nächten ausgesehen, als seien sie mindestens dreißig. Mein Gott, wie alt haben wir uns gefühlt, als wir angefangen haben, als Brian Epstein uns entdeckt hat. Wir dachten, wir seien schon zu spät dran, um es noch zu schaffen. Die Jahre können dem Geist nichts anhaben. Sie bringen Falten mit sich, aber was zählt, ist die Einstellung und die Weltanschauung. Ich habe Dreißigjährige kennengelernt, deren Geisteshaltung nicht die von Dreißigjährigen ist. Nur vom Kalender her haben sie dreißig Jahre lang gelebt. Mit dem Alter kann man zwar Erfahrungen sammeln, aber manche Menschen sind nicht fähig, diese Erfahrungen auszuwerten. Nächstes Jahr werde ich sechsundzwanzig. Angeblich bin ich somit ein erwachsener Mann, gesetzt und so weiter. Aber das bin ich nicht – meine Anschauungen sind immer noch die eines Jugendlichen!«

John quälte die Angst, die Beatles seien nicht länger eine Rock'n'Roll-Band, sondern sprächen Mütter, Väter und Erwachsene im allgemeinen an. »Es gab Zeiten, in denen wir alles auf einmal zu schaffen schienen – sowohl die älteren Leute für das zu interessieren, was wir taten, als auch die jüngeren. Aber das paßt mir nicht.« Aus diesem Grund hätten ihm auch die Weihnachtskonzerte in London keinen Spaß gemacht. »Mir kommt es nicht natürlich vor, daß alte Leute in unserem Publikum sitzen. Sie sollten zu Hause bleiben und stricken.«

Auf die Frage hin, ob es ihm leid tue, daß die Beatles es zu solcher Popularität gebracht hatten, sagte John: »Nein, ich bin froh, daß wir ganz groß rausgekommen sind. Als wir es *fast* geschafft hatten, mußten wir uns nämlich ständig anhören: ›Ihr seid die Größten seit ...‹ Und das konnte ich nicht ausstehen. Ich wollte, daß die Beatles *das* Größte überhaupt sind. Es ist wie mit dem Gold. Je mehr man hat, desto mehr will man haben.«

John sagte, die britische Fanpost der Beatles habe ein Jahr zuvor ihren Höhepunkt überschritten und sei wieder am Abnehmen. »Ich spreche von dem Zeug, das bei mir persönlich einläuft. Paul kriegt täglich einen Haufen Fanpost. Bei mir schwankt es – wenn wir eine neue Platte rausbringen, wird es mehr. Seit unserer Europa-Tournee bekommen wir viel Post aus Jugoslawien, Italien und aus irgendwelchen Gründen auch aus Japan.«

Die Einstellung der Fans ärgerte ihn immer noch. »Es ist widerlich, wenn Leute sich umdrehen und sagen: ›Aber wir haben euch doch zu dem gemacht, was ihr seid, ihr undankbaren Schweine.‹ In gewisser Weise ist das wahr, aber irgendwo haben unsere Verpflichtungen auch ihre Grenzen. Als ich schwarze Scheiben in meinen Rolls-Royce einsetzen ließ, hat mir ein Fan geschrieben: ›Du versteckst dich vor den Leuten, die dich zu dem gemacht haben, was du bist, du drehst ihnen den Rücken zu, und du läufst vor ihnen weg.‹

So ein Quatsch! Wenn ich in den nächsten Blumenladen gehe und einen Strauß Rosen kaufe, erwarte ich doch nicht von dem Verkäufer, daß er sich für den Rest seines Lebens verbeugt und Kratzfüße macht. Ich mag Rosen, und deshalb kaufe ich sie, und das ist alles.

Ich möchte nicht den Eindruck machen, daß wir es nicht mögen, wenn man uns mag. Wir wissen es zu schätzen, aber wir können uns nicht unser ganzes Leben vorschreiben lassen.

Zum Beispiel diese Kellogg's Corn-flakes: Wenn du Corn-flakes kaufst, erwartest du dann von Mr. Kellogg, daß er sich seinen Lebenswandel und sein Benehmen vorschreiben läßt? Nein. Und wenn du einen Laib Brot kaufst, der nichts taugt, dann kaufst du eben dieses Brot nicht mehr.

Allzu anders ist das mit uns auch nicht. Wir machen eine Platte, und wenn sie jemandem gefällt, dann kauft er sie. Wenn sie jemandem nicht gefällt, dann kauft er sie eben nicht. Das kann doch jeder für sich selbst entscheiden.

John macht sich für einen Bummel auf den Champs-Élysées fertig. Während der dreiwöchigen Auftritte der Beatles im Olympia, Januar 1964.

Die Leute scheinen uns für Automaten zu halten. Sie zahlen sechs Shilling und acht Pence für eine Platte, und wir haben uns so zu verhalten, wie sie es uns vorschreiben. Man wirft Geld ein, und das Kistenteufelchen hat rauszukommen. Dieser Aspekt des Daseins als Popstar paßt mir überhaupt nicht.«

Cynthia kam mit Julian ins Zimmer, um John eine Tasse Tee zu bringen. Julian blieb eine Weile da, und ich fragte John beiläufig, wie alt der Junge jetzt sei. »Ich glaube, zwei«, sagte John. Dann korrigierte er sich auf unerwartete Weise. »Es ist einfach schrecklich. Ich bin so oft weg, daß ich vergessen habe, wie alt er ist. Ja, er muß wohl zwei sein.«

John sagte, wie froh er sei, daß die Fans seine und Ringos Ehe akzeptiert hatten. »Ich glaube nicht, daß die Tatsache, daß wir beide verheiratet sind, unserer Popularität Abbruch tut. Als rauskam, daß Ringo und ich verheiratet sind, gab es in der Position, in der wir waren, niemanden, der geheiratet hatte. Die Leute mit den Silbernen Schallplatten, als Gegensatz zu denen mit den Goldenen Schallplatten, waren es, die vor uns geheiratet hatten. Leute, die sich auf die Tatsache verlassen haben, daß sie mit ihrem Hüftschlenker auf der Bühne sexy wirkten. Wir haben uns nie auf solche Mätzchen verlassen, wir tun es bis heute nicht, und wir werden es nie tun. Wir waren nie so sehr wie andere abhängig davon, daß die Fans uns lieben. Bei Mick Jagger ist das ganz anders. Er ist der Charlie Chaplin des Rock'n'Roll. Er kann es sich wirklich nicht leisten zu heiraten! Das wäre das Ende der Stones.«

John und Mick kamen zwar oberflächlich betrachtet gut miteinander aus, aber man hatte entschieden den Eindruck, daß Lennon glaubte, Jagger wolle mit den Stones die Beatles abhängen, und das fand John geradezu rührend. Später tat John *Their Satanic Majesties Request* von den Stones

Die Ankunft auf dem Kennedy-Flughafen vor dem ersten Triumphzug der Beatles durch Amerika im Februar 1964.

verächtlich als Nachahmung des Beatles-Albums *Sgt. Pepper* ab und spottete über die Stones-Platte »We Love You«, von der er behauptete, es sei eine Umkehrung von »She Loves You«. Andererseits hatten John und Paul beide mitgesungen auf dieser Platte, die Lennon jetzt heftig ablehnte. John hatte künstlerisch sehr wenig Respekt vor den Rolling Stones. Wenn er genug getrunken hatte, nahm er sie auseinander, indem er ihnen vorwarf, lediglich schwarze Musik zu imitieren.

Der Status und die Begleiterscheinungen des Ruhms bekamen seltsamerweise plötzlich einen schalen Beigeschmack. Die edlen Weine im Keller von Weybridge wurden ganz beliebig von John, Cynthia oder ihrer Haushälterin Dorothy Jarlett bestellt. Teure Mahlzeiten in Restaurants waren angenehm, aber sie schwemmten John innerlich wie auch körperlich auf. John war Stammgast in der Schickeria-Diskothek Scotch of St. James. Dort erschien er oft allein, erzählte amerikanischen Musikern, die gerade in London waren, Geschichten und ließ sich von ihnen Geschichten erzählen. »Wenn ich abends saufen gehe«, sagte er, »nehme ich vorher zwei Aspro und trinke ein Glas Milch. Das beugt gegen den Kater vor.« In dieser Phase suchte John unterbewußt nach neuen Wegen.

In Paris drückte John in dem Luxushotel George V eine Zigarette mitten auf einer gigantischen Torte aus, um zu demonstrieren, wie blödsinnig er solche Extravaganzen fand. Die Beatles waren gleich nach der Queen die bekannteste Institution Englands, und gerade das machte John Sorgen. Er hatte als Autor von zwei Büchern Erfolge gefeiert, und jetzt sah er sich nach Aktivitäten außerhalb des Beatles-Rahmens um.

Die Tourneen waren ihm lästig. Der Film *Help!* war in Johns Augen eine Katastrophe, ganz gleich, was andere dazu sagten. »Gut war ich nur in dem Film, in dem ich ohne die anderen Beatles aufgetreten bin«, sagte er zu Richard Lester. Lester redete ihm zu, noch einen Film ohne die anderen Beatles zu machen, aber inzwischen hatte John ein eingefleischtes Mißtrauen gegen die Schauspielerei entwickelt. »Von den vieren wäre er der beste Schauspieler gewesen, ein erstaunlicher Schauspieler«, sagt Lester.

»Ich habe zu ihm gesagt: ›Du bist erwiesenermaßen ein guter Schauspieler, wenn du nur willst.‹ Darauf er: ›Schauspielern ist albern und blöd.‹«

Die Beatles kamen von der Live-Musik, doch inzwischen hatte der Ablauf einer Tournee mehr von einer militärischen Operation. Das ließ sich, vor allem in Amerika, durch Frauen und die Annehmlichkeiten des »American Way of Life« kompensieren, aber die Bühnenauftritte selbst waren für die Beatles nur noch ein schlechter Witz. Sie hörten nichts als ohrenbetäubende Schreie, ihre Musik zählte nicht mehr. Es war wie eine Zirkusnummer. »Nichts weiter als Attrappen«, sagte John. »Aus der Entfernung können sie uns gar nicht sehen. Wir sind nur Pünktchen am Horizont. Warum fünfundfünfzigtausend Geld dafür bezahlen, uns zu sehen, wie im Shea Stadion in New York, werde ich nie verstehen.«

Dazu kam das Fliegen. John hatte es immer gehaßt. Gleich nach George, der sich geradezu pathologisch davor fürchtete, ein Flugzeug zu besteigen, war John der schlechteste Fluggast. Während der meisten Flüge riß er nervöse Witze und schirmte sich mit Alkohol gegen seine Ängste ab. Vor einem Lufthansa-Flug von London nach München sagte er zu mir, als wir das Flugzeug betraten: »Es ist gut, mit der Lufthansa nach London zu fliegen – da kennen die Piloten wenigstens den Weg.«

Johns scharfe Zunge machte ihn manchmal liebenswert und war doch gleichzeitig sein schlimmster Feind. Als die Beatles 1966 im Rahmen einer triumphalen Deutschland-Tournee wieder in Hamburg auftraten, sagte John zum Publikum: »Hört nicht auf unsere Musik. Wir spielen im Moment furchtbar schlecht.« Er wollte damit ausdrücken, daß ihre Bühnenauftritte den Biß verloren hatten, und das war durchaus wahr, aber viele Menschen fühlten sich von dieser Bemerkung verletzt.

Lennon riß oft makabre Witze darüber, bei einem Flugzeugunglück ums Leben zu kommen. »Entweder es erwischt uns bei einem Flugzeugab-

sturz, oder irgendein Irrer knallt uns ab«, sagte er auf einem Flug nach Amerika zu mir. Diese Prophezeiung sollte sich vierzehn Jahre später als richtig erweisen.
Kurz vor der Landung des Flugzeugs in Portland, Oregon, begann die Gruppe mit Don Short vom *Daily Mirror* herumzualbern. Es ging darum, daß sie zu berühmt seien, um noch viel Material für große Geschichten zu liefern. Sie hatten Amerika geknackt und gaben bald nichts mehr für die Zeitungen her. John und Don erstellten gemeinsam eine Liste von Vorfällen, die man sich noch ausdenken konnte, um den Wert der Beatles für die Presse anzuheben.
John sagte: »Ich hab's. Ich brenne mit Ringos Frau in Howard Hughes' Flugzeug durch.« In dem Moment fing einer der Motoren des Flugzeugs Feuer, und das Flugzeug begann schwarzen Rauch zu spucken.
Short sagte: »Nun, John, das ist doch mal eine Story, über die noch nichts geschrieben worden ist!«
Daraufhin schrieb John in aller Eile seinen Nachruf, ließ sich von einem mitreisenden Fotografen eine Filmspule geben und wickelte das Papier um die Spule, um im Falle eines Flugzeugabsturzes die Geschichte seines Todes in seinen eigenen Worten zu überliefern.
Das Flugzeug landete sicher zwischen Krankenwagen und Feuerwehrautos und inmitten der ganzen Hölle, die losgebrochen war. John überschrie den Tumult: »Beatles und Kinder als erste aussteigen!«
Kurz vor dieser Tournee hatte John in Paris eine Liste der amerikanischen Städte studiert, in denen sie unter Umständen auftreten würden. Um vier Uhr morgens hatten sie sich aus dem George V geschlichen, um über die Champs-Élysées zu schlendern. Schließlich landeten sie in einem Café. Sie benahmen sich ganz so wie damals auf der Reeperbahn nach ihren Auftritten in den Clubs. Das Gespräch kam auf diese bevorstehende Amerika-Tournee, und es stellte sich die Frage, wie die Beatlemania wohl ihr Ende finden würde. »Es wird alles mit einem Flugzeugabsturz enden«, murmelte John heiser durch seine Gauloise. »Cincinnati muß es sein. Beim Landen. Cincinnati klingt so, als könnte man dort gut sterben.«

Nie hätte der Kunststudent, der John fünf Jahre zuvor war, geglaubt, daß er jemals Elvis Presley persönlich kennenlernen würde. Doch im Sommer 1965 sollte er diesem Idol, das sein ganzes Leben verändert hatte, gegenüberstehen. Dazu kam es während des Aufenthalts der Beatles in Los Angeles, wo sie ein Haus am Mulholland Drive gemietet hatten. Der Journalist Chris Hutchins vom Londoner *New Musical Express* arrangierte das Treffen. Er überredete Colonel Tom Parker, Presleys Manager, und Brian Epstein, sie alle zusammenzubringen. Es war nicht schwer, die Beatles zu überreden, aber tagelang wurde angespannt darüber diskutiert, wer der Gastgeber sein sollte. Die Beatles waren im Moment zweifellos der heißere Tip, aber Elvis hatte den Vorrang des Älteren, und es war seine Stadt. »Schließlich«, sagte Hutchins, »siegten die Weisheit und die Erfahrung des Colonel über Brian Epsteins Mangel an Entschlossenheit und Zuvorkommenheit.« Es wurde ein Abend festgelegt, an dem die Beatles in ihren Limousinen zu Elvis' riesigem Haus in Bel Air fahren sollten.
John war ganz aufgeregt vor Vorfreude, als Elvis in einem legeren roten Hemd und grauen Hosen den Raum betrat. Doch die ersten Minuten zogen sich in die Länge wie Stunden. Sowohl Elvis als auch die vier Beatles konnten es noch gar nicht richtig fassen, daß dieses Treffen tatsächlich zustande gekommen war. Schließlich gingen John und Paul auf Elvis zu und unterhielten sich mit ihm über das Schreiben von Songs und Texten.
Lennon konfrontierte Elvis mit der Frage, die sich damals alle Rock'n'Roll-Fans stellten: »Warum machst du keine Rock'n'Roll-Platten mehr?« Alle seine Fans setzten Elvis damit zu, und wie John nahmen sie ihm übel, daß er am Fließband schlechte Hollywood-Filme drehte und daß seine Platten nur noch Soundtracks waren.

»Die Dreharbeiten sind schuld«, sagte Elvis. »Ich bin mit Drehterminen voll ausgebucht. Es kann trotzdem durchaus sein, daß ich bald wieder eine Platte aufnehme.«

John versicherte ihm: »Die kaufen wir.«

Sie improvisierten eine Weile auf Elvis' Gitarren, nur Riffs, keine vollständigen Songs, und dann zogen sie sich ins Spielzimmer zurück und flipperten. Doch die Atmosphäre blieb angespannt. John freute sich zwar, daß es zu diesem Treffen gekommen war, aber sein Idol hatte ihn desillusioniert. »Es war, als hätten wir uns mit Engelbert Humperdinck getroffen«, war Johns vernichtender Kommentar. Als Erinnerung an diesen ereignislosen Abend wurde den Beatles von Colonel Parker jeweils ein kompletter Satz der Elvis-Platten ausgehändigt, Tischleuchten in Form eines Eisenbahnwagens und Halfter mit goldenen Ledergürteln. »Elvis war eindeutig high, und die Beatles wußten damals noch sehr wenig über Drogen«, sagte Chris Hutchins. »Beiden Seiten war das Treffen nicht ganz geheuer, und die taktischen Überlegungen haben allen Beteiligten die Spontaneität genommen.«

# 14.
# *Die Musik*

## »Mach was mit meiner Stimme!«

Die Beziehung zwischen John Lennon und Paul McCartney, sowohl von ihrer Freundschaft als auch von ihren gemeinsamen Texten und Kompositionen her gesehen, ist eines der grandiosesten Beispiele dafür, daß Gegensätze sich geradezu magnetisch anziehen können.

Zu der Zeit, als die Beatles nach London kamen und eine Plattenaufnahme nach der anderen machten, fand man es allgemein einfach, trotz der Signatur Lennon-McCartney, herauszufinden, wer was geschrieben hatte.

Gewöhnlich hatte derjenige einen Song geschrieben, der ihn sang. Wenn es ein Ohrwurm war, war er von McCartney. Wenn man verblüfft und nachdenklich reagierte, war er von Lennon. Wenn ein Song die Seele überquellen ließ (»Yesterday«, »All My Loving«) war er von Paul. Wenn er autobiographisch war und eine eindringliche persönliche Aussage enthielt (»In My Life«, »Norwegian Wood«), war er von John.

Mit Sicherheit war es die Musik, was John und Paul zueinander hinzog. John ging zwar davon aus, daß er als Waage theoretisch gut mit Paul, einem Zwilling, auskommen müßte, in Charakter und Temperament waren sie jedoch krasse Gegensätze. Diese Verschiedenheit beeinflußte ihre musikalische Zusammenarbeit in hohem Maß, und beide profitierten viel davon.

Zumindest schien es so. In Wirklichkeit waren die beiden Männer auch große Widersprüche in sich selbst. Lennons Auftreten als der »tough guy« war reine Tarnung, ein Schutz, hinter dem sich der echte Lennon in all seiner Feinfühligkeit, für die es zahlreiche Beispiele gab, verkroch.

McCartney dagegen gab sich als der Beatle, wegen dessen großen braunen Augen und unverhüllten Liebesliedern die Mädchen dahinschmolzen. Oberflächlich betrachtet, war er der umgängliche, liebenswürdige, heitere Romantiker. Diese Fehleinschätzung entspricht der falschen Theorie, John sei ein Grobian gewesen. McCartney war immer der Härtere von beiden. Wenn es um Geschäftstüchtigkeit, die Planung des eigenen Lebens oder einen Blick fürs Detail ging, der ihn später zum reichsten Popstar aller Zeiten machen sollte, hängte Paul John um Längen ab.

Von dem Moment an, in dem die Beatles nach London gingen und ihre unvergorenen Talente als Musiker und Komponisten in Melodien umsetzten, die alle Welt pfeifen konnte, stand dieser auf den ersten Blick unvereinbaren Partnerschaft ein Mann zur Seite. Vor allem John hatte immer bissige Bemerkungen über »Männer in Anzügen« gemacht. Doch als es darum ging, ob sich die Beatles mit diesem Mann zusammentun sollten, war John der Meinung, daß der Zweck die Mittel heilige. John hatte schon immer gesagt, er wolle reich und berühmt werden – insbesondere reich. Brian Epstein war insofern attraktiv für die Beatles, als sein respektables Auftreten ihre Chancen auf einen Plattenvertrag zu verbessern schien, und ein Plattenvertrag war Johns und Pauls größter Ehrgeiz gewesen.

Der Mann, der schließlich als ihr Plattenproduzent mit den Beatles zu tun hatte und an einem kritischen Punkt, der ihr weiteres Leben bestimmen sollte, eine einzigartige Beziehung zu ihnen aufbaute, war George Martin. Auch er kleidete sich mit Anzug und Krawatte. Er war als Produzent fest bei EMI angestellt und nahm klassische Musik, Jazz, Pop und vor allem Komik von Künstlern wie Peter Sellers, Bernard Cribbins, Spike Milligan und Flanders and Swann auf.

Wenn man es sich heute anhört, ist »Love Me Do« einfach, packend und ungeschliffen – so lernten wir die Musik der Beatles kennen, verstehen und lieben. Doch George Martin konnten sie damals gar nicht beeindrucken. »Es fing schon damit an, daß sie mir nur ein paar Songs vorlegen konnten«, sagt Martin. »Love Me Do« hatte Paul mit sechzehn geschrieben, und John hatte etwas zum Mittelteil beigetragen. »Von dem Zeug, das sie mir vorgelegt haben, war es noch das Beste, aber ich fand es ziemlich dürftig«, sagt Martin. »Ich habe ihnen ›How Do You Do It‹ als ersten Song angeboten (eine Nummer, die später ein Number One Hit für Gerry and the Pacemakers wurde), obwohl sie den Song nicht geschrieben hatten. Davon hielten sie nichts, und daher haben wir es mit ›Love Me Do‹ versucht. Aber sie haben schnell etwas dazugelernt, und als sie mit ›Please Please Me‹ Erfolg hatten, hat dieser Erfolg sie angefeuert, und von da an war alles, was sie mir vorlegten, reinstes Gold.« »Please Please Me« hatte John ganz allein geschrieben, und er erzählte mir später, daß er das Falsett des amerikanischen Sängers Roy Orbison nachgeahmt hat. Johns Mundharmonika auf »Love Me Do« war von einem anderen Hit inspiriert – »Hey Baby« von dem amerikanischen Sänger Bruce Channel. Mundharmonika spielte auf dieser Platte, die John phantastisch fand, Delbert McClinton.

George Martin glaubt, daß sich der gegenseitige

Dezember 1963. Nach zwölfmonatigen Hit-Rekorden (»Please Please Me«, »From Me To You«, »She Loves You«, »I Want To Hold Your Hand« und zwei Alben) zeigt sich deutlich die Euphorie in Johns und Pauls Gesicht beim Überfliegen eines Berichts über das für die Beatles so erfolgreiche Jahr.

Respekt zwischen John und Paul aus einem Rivalitätsdenken heraus erklärt. Ständig hing die Spannung in der Luft, was der andere schreiben würde, und aus dieser Spannung heraus steigerten sich beide. George Martin sagt, es sei wie Tauziehen gewesen.

»Im Studio war ihre Rivalität rein auf Freundschaft aufgebaut. Sie hatten eine sehr enge Beziehung zueinander, weil sie sich in vieler Hinsicht unglaublich ähnlich waren. Manche Menschen haben immer wieder die Unterschiede zwischen den beiden hervorgehoben – John der bissige, erbitterte Beatle, und Paul der zarte. Dieses Image ist eigentlich nur durch die Presse aufgebaut worden.

Die Wahrheit ist, daß sich die beiden in ihrem tiefsten Innern sehr, sehr ähnlich waren. Beide hatten schwache Stellen und waren durch bestimmte Dinge leicht zu verletzen. John hatte durchaus eine sehr zarte Seite. Aber beide konnten verbal sehr gehässig sein und sich gemein verhalten, und beide haben zeitweise direkt damit gerechnet, Bosheiten vom anderen abzukriegen.

Zu der Zeit, als ich mit ihnen im Studio arbeitete, mochten sie sich sehr gern. Aber die Spannung, die zwischen ihnen bestand, rührte in erster Linie daher, daß sie nie wirklich zusammengearbeitet haben. Sie waren nie ein Team, sondern zwei Songwriter, die einander mit Kleinigkeiten ausgeholfen haben. Einer von ihnen schrieb einen Song fast zu Ende, und dann spielte er ihn dem anderen vor, und der sagte: ›Warum machst du nicht noch das und das damit?‹ So ähnlich sah die Zusammenarbeit zwischen den beiden aus.« Während sie immer größere Erfolge verbuchen konnten, entwickelten sie sich allmählich zu absoluten Alleingängern, denn individuell verschiedene Songwriter waren sie längst.

»Man muß sich zwei Menschen vorstellen, die an einem Seil ziehen, sich dabei unermüdlich anlächeln und doch mit aller Kraft zerren. Diese Spannung hat die beiden miteinander verbunden. John konnte besser denken als die meisten Menschen«, sagt Dick James, der Mann, der die Songs der Beatles publizierte. »Er war sensibler. John *mußte* zynisch sein, weil er sehr verwundbar und leicht zu verletzen war und sich folglich mit dieser Kruste von Zynismus umgeben mußte. Er war ein sehr schwieriger Mensch, und das wurde mit der Zeit immer schlimmer.«

Dick James hatte die einzigartige Gelegenheit, alle früheren Kompositionen der Beatles anzuhören, ehe sie auf Platten aufgenommen wurden. »Bis zum heutigen Tage«, sagte er, »werden meinem Büro Bänder von Gruppen zugeschickt, die ganz unverhohlen versuchen, die Beatles nachzuahmen. Die Stimme klingt ganz nach Paul oder nach John, und die Ausstrahlung ist vergleichbar. Aber das Original, das dem zugrunde liegt, war etwas ganz Besonderes. Wenn Brian Epstein in mein Büro kam und mir den nächsten Song vorspielte, habe ich oft meinen Ohren nicht getraut.

›Was hältst du davon, Jamesy?‹ fragte mich John. Von ›Please Please Me‹ an konnte ich dann immer antworten: ›Das wird die nächste Number One!‹

1963 lieh sich James zehntausend Pfund und händigte sie Brian Epstein als »Vorschuß« auf die Tantiemen aus. »Es dauert im allgemeinen sechs bis acht Monate, bis die Einnahmen von weltweiten Verkäufen einlaufen. Die Jungen hatten Schulden bei Brian, der ihnen Geld gegeben hatte, damit sie sich was zum Essen kaufen konnten. Sie konnten gar nicht glauben, welche Summen im Gespräch waren. Sie müssen völlig verarmt gewesen sein. Damals kannte ich sie noch nicht, aber ich kannte das Geschäft, und ich wußte, daß sie einen Haufen Geld verdienen würden. Das Geld, das ich ihnen bezahlt habe, mußte ich mir gegen diesen ersten Number One Hit ausleihen, aber ich hatte keine Probleme, an das Bargeld zu kommen. Ich wußte, daß es eine gute Geldanlage war. Wenn diese Songs heute als der letzte Schrei auf den Markt kämen, würden sie immer noch weltweite Hits. Ihre Qualität ist einfach erstaunlich. Ich konnte gar nicht glauben, was ich hörte – die perfekte Unterhaltungsmaschine: John und Paul als großartige Songwriter, George als ausgezeichneter Musiker und Ringo als ein wunderbarer Schlagzeuger für diese Gruppe.«

In Zusammenhang mit John erinnert er sich vor allem an »eine außergewöhnliche Sturheit, die in ihren Anfangszeiten wichtig für sie war«. Lennon sah James als einen liebenswerten, wohlwollenden Onkel an. Diese Einschätzung sollte sich 1969 ändern, als John und Dick ihre Geschäftsbeziehungen miteinander abbrachen. »1965 habe ich zu John gesagt: ›Diese Songs bringen noch Geld bis ins nächste Jahrhundert.‹
John hat gelächelt. ›Gut für dich, Jamesy.‹«
Es war typisch für John, daß er eilig von einem Song zum anderen überging. Er befaßte sich gerade so lange mit einem Song, wie es dauerte, ihn zufriedenstellend aufzunehmen. Dann arbeitete er schon am nächsten. McCartney war gründlicher. Mit seiner Beharrlichkeit konnte er jede Session kaputtmachen, bis ein Song völlig blutleer war; das sollte John später noch oft ärgern.
Es wurmte John, daß McCartneys Songs im Studio mehr Aufmerksamkeit erfuhren, viel gründlicher ausgefeilt wurden und stets einen letzten Schliff bekamen. »Das stimmt wahrscheinlich«, überlegt Martin, »aber es lag daran, daß Paul mehr Interesse dafür aufgebracht hat. Insofern war Johns Ärger darüber nicht ganz fair. Johns Songs haben im Studio viel Aufmerksamkeit erfahren, aber möglicherweise haben sie nicht das bekommen, was sie seines Erachtens gebraucht hätten. Es ist nie ganz das dabei herausgekommen, was er wollte. Aber es ist das dabei herausgekommen, was ich haben wollte.
Vielleicht habe ich meinen Draht zu ihm überschätzt und doch nicht rausgefunden, was er haben wollte. Er hat immer nur gesagt: ›Ja, prima, toll, okay, gut‹, wenn er das Playback gehört hat. Erst später hat er anderen erzählt, er sei nie wirklich glücklich mit den Sachen gewesen, die er geschrieben hat.«
Als er über die frühen Beatles hinausgewachsen war, sagte John, George Martin sei »immer ein besserer Produzent für Paul McCartney als für meine Sachen gewesen«.
Johns Ruf als intelligentester Beatle mit literarischem Anspruch festigte sich 1964. Jeder der vier war schlagfertig, aber keiner der drei anderen konnte es mit Lennon aufnehmen. In jenem Jahr brachte George Martin sein eigenes, rein instrumentales Album mit Beatles-Hits heraus. Trotz Martins natürlicher Affinität zu McCartney wies das Cover des Albums einen kommerziell zugkräftigen Text von John auf, der es Lennon ermöglichte, seinen trockenen literarischen Stil vorzuführen. Er schrieb:

> George Martin ist ein großgewachsener Mann. Außerdem ist er ein Musiker mit kurzem Haar. Trotzdem nimmt er Rock-Gruppen wie die Beatles, Billy J. Kramer, Gerry and the Pacemakers auf, um nur vier zu nennen, und er hat sich den Respekt aller erworben, die im Geschäft sind (wobei man durchaus fragen könnte, in welchem Geschäft). Wir alle verdanken einen Großteil unseres Erfolges George, vor allem deshalb, weil er unseren Enthusiasmus geduldig in die richtigen Richtungen gelenkt hat (ein geduldiger George Martin war es, der bei einer unserer ersten Sessions einem verblüfften Ringo erklärte, es sei ein bißchen zuviel, das gesamte Schlagzeug plus Tamburin und Maracas gleichzeitig zu spielen).
> Wir Beatles fühlen uns wahrhaft geschmeichelt, daß ein »echter Musiker«, wie wir ihn nennen, sein Talent dafür einsetzt, eine LP mit unseren Songs zu arrangieren, wenn man bedenkt, daß er vorher mit so großen Künstlern gearbeitet hat wie Peter Sellers, Shirley Bassey, Jimmy Shand und einer Maschine, die »Daisy Daisy« singt. Manche der Klänge auf dem Album sind euch (und mir) vielleicht neu, das liegt daran, daß George die tolle Gewohnheit hat, die unwahrscheinlichsten Instrumente zusammenzustellen (wie zum Beispiel eine Maultrommel und einen zwölfsaitigen Finger), aber das Ergebnis ist toll, und ich finde, er sollte eine Gehaltserhöhung bekommen. Also stöpselt euch ein und hört gut zu.
> PS: Sagt bitte allen euren Freunden, daß sie die Platte auch kaufen sollen, damit George reich und berühmt werden kann – warum denn auch nicht?

Good George Martin is our friend
Buddy Pal and Mate
Buy this record and he'll send
A dog for your front gate
*Chorus:* With an arf arf here
And an arf arf there, etc.

Gesungen auf die Melodie von Old Macdonald Had An Arm von den Beatles, einer Band.

Martin bekam Lennons scharfe Zunge zu spüren, als Lennon nach New York zog und alten Freunden wie Derek Taylor und George Martin öffentlich den Vorwurf machte, sie würden die Bedeutung ihrer eigenen Person maßlos überschätzen. Über George gab er den Kommentar ab: »Für wen hält er sich eigentlich? Was hat er schon an Songs geschrieben?« und brachte immer wieder seinen Spruch, niemand hätte die Beatles zu dem gemacht, was sie waren, sondern die Beatles hätten sich selbst dazu gemacht. Das war zwar durchaus richtig, aber diesmal hatte er sich als Opfer alte Kumpel wie Martin und Taylor ausgesucht. Die beiden waren tief getroffen.

Martin erinnert sich jedoch an ein Abendessen mit John in Los Angeles 1973, bei dem sich John für diesen Ausbruch entschuldigte. »Es tut mir leid, George«, sagte John. »Das, was ich über dich und alle anderen gesagt habe, war gar nicht so gemeint. Als ich das gesagt habe, war ich nicht ganz bei Trost.«

Der Unterschied, der im Studio zwischen John und Paul bestand, war George von Anfang an klar. »Paul hat sich hingesetzt und gefragt, was ich mit seinen Songs vorhabe, im Grunde genommen sogar mit jeder einzelnen Note. ›Was sollen die Celli deiner Meinung nach hier tun, George?‹ Dann habe ich ihm auf dem Klavier vorgeführt, was ich meine. Er hat gesagt: ›Ja, okay, aber was hältst du davon, diese Note zu ändern?‹ Die Arrangements seiner Songs gehen zum großen Teil ganz auf seine eigenen Ideen zurück, die ich nur noch umsetzen mußte.

John hat immer recht vage ausgedrückt, was er wollte. Er hat in Metaphern über seine Vorstellungen gesprochen. Ich mußte mich in seinen Kopf versetzen, um herauszufinden, was er wollte. Es war eher ein psychologischer Ansatz. Er hat beispielsweise zu ›Being For The Benefit Of Mr. Kite‹ gesagt: ›In dem Song geht es um einen Rummelplatz. Ein bißchen mystisch das Ganze. Ich möchte die Sägespäne und die Manege spüren können. Kannst du da was machen?‹ Dann mußte ich mir überlegen, wie man diese Bildwelt in Klänge umsetzt. Der Unterschied zwischen John und Paul war im Grunde genommen der, daß Paul genau wissen wollte, *wie* ich das zu erreichen versuchte, was er haben wollte. John war das völlig gleichgültig. Ihn hat nur das Ergebnis interessiert.

Bei ›Strawberry Fields Forever‹ hat John gesagt: ›Ja, doch, es gefällt mir schon, aber es ist viel schwieriger geworden, als ich dachte. Ich möchte, daß du eine Partitur dazu schreibst und vielleicht ein paar Celli und ein paar Blechbläser dazutust.‹ Das war alles.«

Eine seltsame Meinungsverschiedenheit hatten Lennon und Martin von Anfang an: Johns Singstimme bei Songs wie »Twist and Shout« und »Money« stand in krassem Gegensatz zu Pauls melodiösem Gesang. Aber Johns Stimme hatte diese unverwechselbare, von Natur aus bestehende, unausgebildete Härte. Das gab ihm etwas Besonderes. Es lag keine Brutalität darin, doch es war die Stimme eines Menschen, der trotz seiner Jugend schon viel erlebt hatte. John war seine Stimme fast peinlich. Ich kann mich erinnern, daß ich ihm einmal gesagt habe, wie sehr mir seine Stimme bei einem ganz bestimmten Song gefiel – »You Can't Do That« – und es verblüffte ihn, daß jemand ausgerechnet seine Stimme lobte. »Ist das dein Ernst?« fragte er ungläubig. »Ich könnte nicht sagen, daß ich mich selbst jemals gern gehört habe.«

Februar 1964.
Dreiundsiebzig Millionen Zuschauer sehen John mit offenem Hemdknopf und flatternder Krawatte in der amerikanischen *Ed Sullivan Show*.

Die nagenden Selbstzweifel in bezug auf seine stimmlichen Fähigkeiten waren ein Thema, das er immer wieder mit George Martin abhandelte. »John war ein großer Bewunderer der frühen Elvis-Platten, insbesondere des Sounds von Nummern wie ›Heartbreak Hotel‹. Er hatte eine tiefsitzende Abneigung gegen seine eigene Stimme, die ich nie verstehen konnte, weil seine Stimme eine der besten war, die ich je gehört habe«, erinnert sich Martin.

»Immer wieder hat er zu mir gesagt: ›Mach was mit meiner Stimme! Du weißt schon – leg was drüber. Erstick sie mit Tomatenketchup oder sonstwas. Mach sie *anders*.‹ Er war ein ausgesprochener Anhänger von Bandverzögerungen. Rein technisch gesehen geht es dabei um eine Verzögerung von nur etwa dreißig Tausendstel Sekunden, und dadurch entsteht genau der Effekt, den John haben wollte, ein Beinah-Echo, das er häufig eingesetzt hat, als er seine eigenen Platten machte. Ich habe auch andere Dinge mit seiner Stimme angestellt, und damit war er recht zufrieden, solange nur seine natürliche Stimme nicht wirklich durchkam. Er wollte immer, daß seine Stimme nachträglich noch behandelt wird.

Auf ›Tomorrow Never Knows‹ wollte er, daß seine Stimme so klingt wie die eines Dalai-Lama, der auf einem Hügel sitzt und singt. Er hat wirklich zu mir gesagt: ›Genau den Sound brauche ich.‹

Er wollte seine Stimme einfach immer entstellen oder verzerren. Ich dagegen wollte sie so hören, wie sie von Natur aus war. Nachdem wir uns getrennt hatten, hat er so viele Verzerrungseffekte eingesetzt, wie er nur irgend konnte. Das hat mir gar nicht gefallen – schließlich war das Rohmaterial doch gut.«

Johns Platten nach dem Auseinandergehen der Beatles steht George Martin mit gemischten Gefühlen gegenüber. »Vieles an diesen Platten gefällt mir nicht, und ich hätte es ganz anders gemacht. Besonders gern mag ich den Song ›Imagine‹ – das ganze Album ist großartig – und diesen Song liebe ich. Auf dieser Platte sind Sachen – das ist die reinste Magie. Diese Platte hätte ich gern produziert.«

Johns letztes Album, *Double Fantasy*, enttäuschte Martin. »Er war lange nicht mehr im Studio, und das merkt man. Es ist nicht der Spitzen-Lennon, und das Zeug ist bei weitem nicht das Beste, was er je geschrieben hat.«

Auf die Frage, wer von den beiden von größerer Bedeutung für die Beatles war, Lennon oder McCartney, sagt Martin: »Ich habe es mehr mit der Musik selbst als mit den Texten, denn ich bin schließlich Musiker und kein Dichter. Mein Gehirn reagiert wesentlich ausgeprägter auf Musik als auf Worte. Pauls Melodien und seine Harmoniestrukturen haben mich mehr angesprochen als Johns, denn Johns Melodien waren maßgeschneidert für seine Worte und nicht umgekehrt. Bei Johns Songs standen die Texte im Vordergrund, und die Melodien haben sich aus den Texten entwickelt. John hat einen Vers geschrieben, und schon war die Musik da, zu der ihn der Text inspirierte. Jeder Vergleich zwischen den beiden, was ihren Wert für die Beatles angeht, ist unmöglich. Das ist, als würde man fragen, welcher Bestandteil der entscheidendere bei einer Sauce vinaigrette ist – das Öl oder der Essig. Beide waren von grundlegender Wichtigkeit. Wenn es um die Erfolge der Beatles geht, wäre keiner von beiden ohne den anderen denkbar gewesen.

Rein vom Erfolg her gesehen, ist es durchaus möglich, daß Pauls Songs länger überdauern als die von John, weil der Durchschnittsmensch mehr mit ihnen anfangen kann und sie ihn mehr ergreifen als Johns Songs. Das ist der rein kommerzielle Aspekt. Aber im übrigen kann ich diese Frage nicht entscheiden.«

Bei einer Konzert-Tournee durch Großbritannien im Jahr 1964 habe ich John interviewt und ihn insbesondere nach seiner Einstellung zu seiner Gitarre gefragt. Auf die Frage hin, ob er eigentlich jemals übe, hat er gelacht und an seiner Zigarette gezogen. »Ich habe nie geübt! Ich wollte immer nur Gitarre spielen lernen, um mich selbst zu begleiten. In den Anfangszeiten haben wir alle gesungen. Ursprünglich habe ich einen Song gesungen, dann Paul den nächsten, dann George und so weiter. Man brauchte daher kein genialer Gitarrist sein, um sich selbst zu begleiten.«

Empfand er es als Handicap, daß er keine Noten lesen konnte? »Für das, was ich tue, ist das nicht von Bedeutung. Nein, ich habe es nie als Handicap empfunden. Die Tanzkapellen, die für die BBC-Sender im Rundfunk spielen, klingen in der Hinsicht ganz gut, weil sie Dinge vom Blatt spielen können. Aber hast du je gehört, wenn sie versuchen, Rock zu spielen? Das klingt beschissen.

Wenn ich Noten lesen wollte, könnte ich einpakken und ganz von vorn anfangen. Manchmal glaube ich, das könnte mir Spaß machen, aber ich bin ein Bluffer. Ich kann keine Stilgitarre spielen. Es gelingt mir nur einfach, etwas zu tun, was so klingt, als könnte ich es. Ich habe mit fünfzehn angefangen, Banjo zu spielen, als meine Mutter mir ein paar Griffe beigebracht hat. Sie hat recht gut gespielt. Als ich jung war, habe ich eine Gitarre wie ein Banjo gespielt, und die sechste Saite hing lose runter! Ich dachte immer, Lonnie und Elvis seien die Größten, und ich wollte nie etwas anderes, als diese Dinge nachspielen zu können. Ein paar Sachen habe ich auf dem Banjo ganz gut hingekriegt, und dann kamen George und Paul und haben mir andere Dinge beigebracht.«

Auf die Frage hin, warum er sich für die Gitarre entschieden hat, sagte John: »Ach, ich nehme an, aus dem üblichen Kinderwunsch heraus, auf der Bühne zu stehen. Meine Mutter hat mich dazu ermutigt.«

John, der offiziell als Rhythmusgitarrist galt, sagt zu seiner Rolle im Rahmen der Beatles: »In einer normalen Band ist es die Aufgabe des Rhythmusgitarristen, den Sologitarristen auf die Art zu stützen, auf die am Klavier die linke Hand die rechte stützt. Es sei denn, der Leadgitarrist ist sehr gut und bringt seine eigene Begleitung zustande, wie es die Stilgitarristen können. Andernfalls braucht er jemanden, der die Lücken füllt. Die meisten von unseren früheren Sachen waren Zwölftaktgeschichten. Ich habe Boogie gespielt, und George hat Leadgitarre gespielt. Bei solchen Rhythmen improvisierte ich wie Bruce Welch (von den Shadows). Einer von uns spielt immer Rhythmusgitarre, aber für Platten ist das zu dünn, und dann legen wir immer beide los. Es wäre mir zu blöd, immer nur Rhythmusgitarre zu spielen, und deshalb arbeite ich mir selbst immer etwas Interessantes aus. Das beste Beispiel, das mir einfällt, ist das, was ich bei ›You Can't Do That‹ getan habe. Bei dieser Nummer gab es keinen eigentlichen Leadgitarristen und keinen eigentlichen Rhythmusgitarristen, weil ich das Gefühl habe, daß ein Rhythmusgitarrist auf Platten zu dünn klingt. Jedenfalls würde es mich ganz bekloppt machen, wenn ich immerzu nur einen Rhythmus hämmern sollte. Als Leadgitarrist spiele ich nie etwas, was George nicht besser spielen könnte. Aber manchmal habe ich Lust, Leadgitarre zu spielen, und dann tue ich es eben.«

Zu seinem Vorgehen beim Schreiben von Songs sagt er: »Als Paul und ich anfingen, selbst Sachen zu schreiben, haben wir alles in A geschrieben, weil wir dachten, das sei die Tonart, in der Buddy Holly seine ganzen Songs spielte. Später habe ich dann rausgefunden, daß er auch in C und in anderen Tonarten gespielt hat, aber da war es schon zu spät, und uns hat es ohnehin nicht mehr interessiert. In A klang alles recht okay, und daher haben wir unsere Sachen in A gespielt. Ja, doch, wir kommen mit allen Tonarten zurecht – C, D, G, F (er lacht), aber aus B und so was halten wir uns raus. Das klingt hinterher nicht nach Kunst, ha, ha!«

Ebenso wie als Teenager Paul Simon und Bruce Springsteen und Millionen von anderen Musikern, war Lennon ein geradezu süchtiger Rock'n'Roll-Fan. Alle waren von Elvis Presley hypnotisiert, der ihrem Leben Farbe und Sinn gab. Die Faszination, die vom Rock'n'Roll ausging, war nicht nur musikalisch begründet, sondern er brachte eine ganze Weltanschauung mit sich. Für John Lennon war der Rock'n'Roll die Grundlage jeder Musik. In späteren Jahren hat er Territorien durchstreift, die nicht mit dem Rock'n'Roll verwandt waren. Er hat sich öffentlich verhöhnen und lächerlich machen lassen.

Doch der *Idee* des Rock'n'Roll ist er bis zum Schluß treu geblieben. Diese Musik verlor im Lauf seines Lebens nie die Macht über ihn, selbst dann nicht, als es offensichtlich war, daß die Musik, die er machte, weit über die Musik hinausging, die ihn dazu gebracht hatte, Musik zu machen. »Es gibt nicht Besseres als den Rock'n' Roll«, sagte er. »Keine Gruppe, weder die Beatles noch Dylan noch die Rolling Stones, hat je etwas Besseres gemacht als ›Whole Lotta Shakin'‹, oder vielleicht bin ich auch nur wie unsere Eltern: Das ist meine Jugend, und die finde ich toll, und davon komme ich nie ab.«

Als Radio Luxemburg »Heartbreak Hotel« ausstrahlte und die Klänge in Tante Mimis Haus drangen, erlag John Lennon dieser Musik und war für immer an sie verloren. »Als ich das hörte, habe ich alles fallenlassen!« Dutzende von weiteren Stars folgten Elvis – Buddy Holly, Jerry Lee Lewis, Gene Vincent, Little Richard, Lloyd Price, Chuck Berry, Eddie Cochran, Larry Williams. In dieser Musik wurde die Welt wahr, die man nur von der Kinoleinwand kannte. Der Rock'n'Roll hatte den Reiz des Fremdartigen, und auf dieser Grundlage entwickelte die Jugend Großbritanniens einen völlig neuen Verständigungs-Code. Die Begriffe, die verwendet wurden, waren fremd, aber die Gefühle einer ganzen Generation von englischen Teenagern wurden direkt angesprochen.

Lennons erste Band war eine reine Schülergruppe. Die Quarry Men brachten nichts, was für ihre Zeit ungewöhnlich gewesen wäre, und sie traten bei den üblichen Anlässen auf. Der Rock'n'Roll war für die Jugend da, und er kam von der Jugend. Der Rock'n'Roll war JETZT angesagt! Lennon vergaß diese Zeit nie. »Wir hatten als Jugendliche immer etwas gegen Folksongs, weil sie uns zu mittelständisch waren. Immer waren es College-Studenten mit breiten, langen Schals und einem Krug Bier in der Hand, die Folksongs mit Stimmen sangen, die wir als schmalzig und wischiwaschi empfanden. Als ich anfing, bedeutete der Rock'n'Roll für Leute meines Alters, die in vergleichbaren Umständen lebten, eine Revolution.« Dieser revolutionäre Aspekt mußte den rebellischen Lennon natürlich ansprechen. Vorher ging man klischeehaft davon aus, daß die einzigen Auswege im Verbrechen und im Boxen lagen. Jetzt gab es eine dritte, reizvolle Alternative – die Musik. Die Musik bedeutete, daß man Mädchen haben konnte, sich betrinken konnte und es zu etwas bringen konnte. Dieser frühe, klassische Rock'n'Roll war ungeschliffen und primitiv, und man konnte selbst lernen ihn zu spielen.

Jahre später erinnerte sich Lennon ganz präzise und begeistert an die Musik, die ihn als Teenager aufgewühlt hatte. »›Long Tall Sally‹ – als ich das zum ersten Mal hörte, fand ich es so toll, daß mir die Spucke wegblieb. ›Bony Maronie‹ – ich weiß noch genau, daß ich das gesungen habe, als meine Mutter mich das einzige Mal vor ihrem Tod auf der Bühne gesehen hat. ›Ain't that a Shame‹ – das war der erste Rock'n'Roll-Song, den ich gelernt habe. Meine Mutter hat ihn mir auf dem Banjo beigebracht, ehe ich angefangen habe Gitarre zu spielen. ›Whole Lotta Shakin'‹ – ich mag die Version, die er 1956 aufgenommen hat. Variationen eines Themas interessieren mich nicht... ich bin ein Platten-Freak... Das sind die Platten, auf die ich damals abgefahren bin und auf die ich heute noch abfahre, und ich versuche immer noch ›Some Other Guy‹ oder ›Be-Bop-A-Lula‹ nachzuspielen.«

Lennon und McCartney hatten sich zusammengetan und steigerten sich aus ihrem Konkurrenzdenken heraus zu immer wieder neuen Höhen. Sie waren so vielseitig, daß jeder Stil in ihre Kompositionen einfließen konnte: Leiber und Stoller, Goffin und King, Buddy Holly. Die ersten Plattenaufnahmen der Beatles zeigen Lennons Hang zu Rock'n'Roll-Klassikern wie »Ain't She Sweet«, »Memphis«, »Money« und »Sweet Little Sixteen«.

Als der Twist seinen Höhepunkt erlebte, besuchten John und Cynthia den Club, der die Geburtsstätte dieses Modetanzes war, die Peppermint Lounge in New York. Februar 1964.

COME IN AND SEE
THE BEETLES!
THE 7 Fabulous EPICS
YOU'LL LOVE 'EM

Die Fans, die der Saccharinsüße des britischen und amerikanischen Pop überdrüssig waren und keine vorgefertigten Idole mehr haben wollten, fanden in den Auftritten der Beatles etwas Ungeschliffenes und Erfrischendes. In Lennons Art, auf der Bühne herumzuspringen und das Publikum zu beschimpfen, lag eine gesunde Respektlosigkeit. Sie verausgabten sich mit ihrer Musik, schwitzten sie Nacht für Nacht heraus und spielten von der Abenddämmerung bis zum Morgengrauen. Ihre Musik entsprang den verschiedensten Quellen. Es waren Vorzeiglieder wie »Besame Mucho«, »Falling In Love Again« und »Till There Was You«. Daneben standen erste zögernde Versuche mit ihren eigenen Songs wie »I Saw Her Standing There« und »Ask Me Why« und klassische Rock-Nummern wie »Twist and Shout«, »Honey Don't« und die neuesten Hits wie Joe Browns »A Picture Of You«. Während die Popmusik im Treibsand der Mittelmäßigkeit versank und Elvis sich für Hollywood-Schundfilme wie *Blue Hawaii* hergab, entflammten sich die Beatles weiterhin an der Musik, die es ihnen immer angetan hatte.

Die ersten Live-Mitschnitte der Beatles, die auf Platte erhältlich sind, wurden Ende 1962 von Ted »Kingsize« Taylor im Hamburger Star-Club aufgenommen. Trotz der grauenhaften Tonqualität geben sie einen faszinierenden Einblick in die Wurzeln der Beatles-Musik. Die Aufnahmen entstanden bei einer ihrer Marathon-Sessions, und sie legen los, daß die Wände wakkeln. Hier bildete sich ihre Musik heraus. Der Vorsprung, den die Beatles vor anderen Gruppen – z. B. Faron's Flamingoos, Rory Storm und Gerry and the Pacemakers – gewannen, geht nicht zuletzt auf die Tatsache zurück, daß sie zwei eigene Komponisten und Texter hatten und nicht auf das vorhandene Material zurückgreifen mußten, von dem sich alle Merseybeat-Gruppen bedienten. Das Album, das aufgenommen wurde, als die Beatles bei der Decca vorspielten, zeigt deutlich Brian Epsteins Einfluß. Steif und mit hörbarem Unbehagen kämpfen sich die Beatles durch »The Sheik of Araby« und »To Know Her Is To Love Her«. Sie wußten so gut wie nichts über Studiotechnik. Abgesehen von ein paar Demo-Aufnahmen der Quarry Men in den späten fünfziger Jahren nahmen die Beatles erstmals in Hamburg auf. John, Paul und George schnitten 1960 hinter dem Hamburger Bahnhof »Fever«, »September Song« und »Summertime«. Sie begleiteten einen Sänger, der sich Wally nannte – Lou Walters – von Rory Storms Gruppe, den Hurricanes. Rorys Schlagzeuger Ringo Starr spielte ebenfalls auf dieser spontanen Aufnahme mit, zwei Jahre ehe er zu den Beatles kam.

Die bekanntesten Aufnahmen vor den Parlophone-Zeiten sind die im Mai 1961 in Hamburg mit dem Sänger Tony Sheridan aufgenommenen Titel. Das daraus entstandene Album, das erst lange nach den ersten Erfolgen der Beatles herauskam, ist von historischem Interesse. Lennon singt »Ain't She Sweet«, und hier findet sich auch die einzige bekannte Harrison-Lennon-Zusammenarbeit, die Instrumentalnummer »Cry For A Shadow«. Diese Sessions waren nötig, um Brian Epsteins Aufmerksamkeit auf die Beatles zu lenken. Die Sheridan/Beatles-Version von »My Bonnie« konnte in den deutschen Hitparaden bescheidene Erfolge verbuchen.

Als die Beatles 1962 bei Parlophone landeten, hatten sie bereits das meiste andere abgegrast. Decca hatte sie abgelehnt und ihnen Brian Poole und die Tremoloes vorgezogen. Die spontane Sympathie und die Kenntnisse des Produzenten George Martin waren erforderlich, um den Sound der Beatles wirklich umzusetzen.

Die früheren Parlophone-Sessions schürten den Enthusiasmus der Beatles und forderten Martins Studiokönnen – eine Kombination, die sich im Lauf der nächsten sieben Jahre als unschlagbar erweisen sollte. Parlophone wurde von EMI, dem Stammhaus, nie ernst genommen. Doch durch die enge Zusammenarbeit rauften sich Martin und die Beatles zusammen. Sie hatten klare Vorstellungen davon, wie ihre Musik aufgenommen werden sollte, statt das alles einem Manager zu überlassen. Die Früchte dieser Zusammenarbeit zeigten sich erstmals am 5. Oktober 1962, dem Erscheinungsdatum der ersten Single der Beatles, »Love Me Do«.

Mit der Zeit rückte die Single auf Platz siebzehn der britischen Hitparade vor; die Konkurrenten in den Hitlisten waren Cliff Richard mit »Bachelor Boy« und Little Eva mit »The Loco-Motion«.
Erst mit ihrer zweiten Single, »Please Please Me«, die Anfang 1963 erschien, konnte sich die Gruppe wirklich etablieren. Die Wirkung dieser Platte auf die musikinteressierte Jugend ist kaum vorstellbar. Anfangs war Lennons Mundharmonika die Neuheit, die zufällige Hörer anlockte. Die vorherrschenden Gitarren und der mitreißende Rhythmus wurden durch die rudimentären Harmonien noch betont. Wenn man die Platte heute hört, fällt einem vor allem auf, wie englisch diese Platte gesungen ist. Englische Popstars hatten bis dahin einen amerikanischen Akzent aufgesetzt oder wie Anthony Newley auf eine Art »Bühnen-Cockney« zurückgegriffen. Die Beatles strengten sich nicht im geringsten an, ihre Abstammung aus Liverpool zu verleugnen. Obwohl der Gesang amerikanische Manierismen aufwies. »Please Please Me« war eine reine Lennon-Nummer. »Ich erinnere mich noch an das rosagestrichene Dachfenster über dem Bett in einem der Schlafzimmer im Haus meiner Tante Mimi in der Menlove Avenue. Ich hörte im Radio ›Only The Lonely‹ von Roy Orbison. Der zweifache Gebrauch des Wortes ›please‹ in einem Song von Bing Crosby schaffte mich. Es war also eine Kombination aus Bing Crosby und Roy Orbison.«
Lennons Texte zeichneten sich dadurch aus, daß er häufig einzelne Sätze oder Formulierungen aus anderen Songs übernahm und sie in sein eigenes Material einfließen ließ. »Run For Your Life« stammt aus Elvis' »Baby Let's Play House«. »Do You Want To Know A Secret?« ist »Snow White And The Seven Dwarfs« entnommen. »I'll Be Back« geht auf eine Improvisation eines Del-Shannon-Songs zurück.
Das Hitrezept der Beatles wurde bei »From Me To You« wiederholt und war im Mai 1963 eine Number One. Doch inzwischen hatten sie bereits auf einem Album gezeigt, was sie konnten. *Please Please Me* war im März erschienen und in mehrerer Hinsicht bemerkenswert – die Platte enthielt acht Lennon-McCartney-Originale, in jenen Zeiten fabrikmäßig vorgefertigter Produkte eine beträchtliche Anzahl. Hits kamen entweder aus etablierten Shows, oder ein Manager sucht denjenigen aus, der sie als Auftragsarbeit schrieb, oder, und das kam besonders häufig vor, die britischen Popsongs waren ein schaler Abklatsch amerikanischer Hits. Eigenes Material zu schreiben und aufzunehmen war revolutionär und eine Bedrohung für die Schlagerkomponisten, die die Unterhaltungsmusik in festgefahrene Bahnen gebracht hatten und ihren Griff nicht lockern wollten.
Der größte Teil des Materials auf dem Debüt-Album der Beatles war auf den langen Fahrten während ihrer Großbritannien-Tourneen entstanden. »I Saw Her Standing There« war dagegen eine Komposition, die John und Paul bereits als Schulschwänzer im Haus von Pauls Vater geschrieben hatten. Aber auch die Versionen amerikanischer Platten, die die Beatles auf dieses Album aufgenommen hatten, waren interessant. Statt zu den naheliegenden Hits von Elvis oder Pat Boone zu greifen, hatten sich die Beatles unbekanntere Nummern ausgesucht, die ihnen gefielen – die Shirelles und die Cookies waren nicht gerade Namen, mit denen das englische Publikum allzu vertraut war. »Twist and Shout« war in Amerika ein Hit der Isley Brothers, den Bert Russel und Phil Medley geschrieben hatten.
George Martin muß man hoch anrechnen, daß es ihm in einem elfstündigen Spurt gelungen ist, den Schwung und die Begeisterung der Beatles auf einer Platte festzuhalten, aber die Durchschlagskraft entsprang den Beatles selbst. Auf diesem ersten Album ist Lennon als sensibler Interpret zu hören, am deutlichsten auf »Ask Me Why« und »Anna«. »Anna« schrieb Arthur Alexander, der auch »You Better Move On« von den Stones und »Go Home Girl« von Ry Cooder geschrieben hat. Daneben stehen das traurige »There's A Place« und Lennons wüste Version von »Twist and Shout«, die das Album beschließt und den glühenden Rock-Sänger aus den Cavern-Zeiten zeigt. Seit »Hound Dog« hatte man nichts derart Entfesseltes mehr auf einer Platte zu hören bekommen.

Wenn auch die Festlegung auf den »harten« und den »sanften« Beatle ein Klischee war, so gab diese Festlegung der Partnerschaft Lennon-McCartney doch ein entscheidendes Gleichgewicht. Ihre individuellen Schreib- und Komponierversuche entsprangen ihrer individuellen Unsicherheit und dem Bedürfnis, sich selbst etwas zu beweisen. Sowie sie Selbstvertrauen gewonnen hatten, entwickelten sie sich in gegensätzliche Richtungen, doch die Frage des Gleichgewichts bestand weiterhin. Zwischen den beiden prickelte und funkte es ständig, und wenn auch nur einzelne Worte geändert wurden oder ein Titelvorschlag gemacht wurde, inspirierten Lennon und McCartney einander doch. Diese Ausgewogenheit blieb ihnen auch, als die Beatlemania am hysterischsten wütete und sie nicht mehr aussteigen konnten. Es war eine lange andauernde Partnerschaft, die erst in dem Moment unwiderrufbar auseinanderging, in dem sie andere Partner gefunden hatten.

Bereits ihr zweites Album trug Lennon und McCartney den Ruf als »die herausragendsten englischen Komponisten des Jahres 1963« ein. William Mann von der *Times* sprach von der »äolischen Kadenz am Schluß von ›Not A Second Time‹« (die Akkordfolge, mit der Mahlers *Lied von der Erde* endet). Lennon sagte, er habe gedacht, »äolische Kadenzen seien eine exotische Vogelart«. William Manns Lobpreisung besiegelte endgültig, daß die Beatles mehr als nur irgendeine unter vielen Popgruppen waren. Auch er betont, daß England seine Unterhaltungsmusik vorher jahrelang aus den Vereinigten Staaten bezogen hat, ob direkt oder in Nachahmungen. »... aber die Songs von Lennon und McCartney sind in ihrer ganzen Art entschieden etwas Einheimisches ...«

Dem Album *With The Beatles* ging die vierte Beatles-Single voraus, »She Loves You«, und diese Platte machte sie zu *dem* Phänomen des britischen Showbiz. Dieser Song wurde zu einer Hymne, die einer ganzen Nation mit einem »Yeah, yeah, yeah« in die »Swinging Sixties« verhalf. Lennon äußerte sich nachträglich folgendermaßen dazu: »›She Loves You‹ haben wir beide zusammen geschrieben. Ich kann mich erinnern, daß es Pauls Idee war. Es war auch Pauls Entscheidung, daß wir, anstatt wieder nur ›I love you‹ zu singen, einen Dritten heranziehen und es ganz anders machen sollten ... das Woo-woo haben wir von den Isley Brothers übernommen, von ›Twist and Shout‹. Wir haben alles reingebuttert – so wie Elvis ›uh huh‹, ›oh yeah‹ und ›yeah yeah‹, alles zusammen, in ›All Shook Up‹ gesungen hat.«

Die Beatles erhielten jetzt Einladungen, vor Mitgliedern des Königshauses zu spielen, die Presse schwang Lobreden, und wo sie auch auftraten, brach Hysterie aus. Doch man beurteilte sie immer noch nach ihrer Musik. *With The Beatles*, das Album, das am Tag der Ermordung Präsident Kennedys auf den Markt kam, griff wieder Hamburger Zeiten auf (»Roll Over Beethoven«, »Till There Was You«), und trotz der Kreativität des Songwriter-Teams Lennon-McCartney waren sechs amerikanische »cover versions« auf dem Album enthalten. Diesmal schöpften sie jedoch eher vom Sound der zeitgenössischen Musik Schwarzamerikas – »Please Mister Postman«, »Money« und »You Really Got A Hold On Me« kamen von Tamla Motown. Hier zeigte sich Lennon von seiner »harten Seite«, wenn er »Money« und »It Won't Be Long« herausschreit, während sich Paul mit dem zartesten »All My Loving« und »Till There Was You« zeigte. George Martin war als Pianist herangezogen worden – der erste zögernde Schritt der Beatles, den Sound der Gruppe im Studio zu bereichern.

Von *With The Beatles* an brach der Wahnsinn aus. »I Want To Hold Your Hand« verkaufte sich zwölfmillionenmal. Es folgten die erste Amerika-Tournee, der erste Film und endlose Serien von Konzerten. Brian Epstein sah in Tourneen im-

Diese »Postkarte«, die durch Zerreißen einer signierten Publicity-Fotografie entstand, schickten die Beatles dem Autor während einer Europa-Tournee im Juni 1965 aus Genua. Der Text ist ein typisches Beispiel für Johns lakonischen Humor.

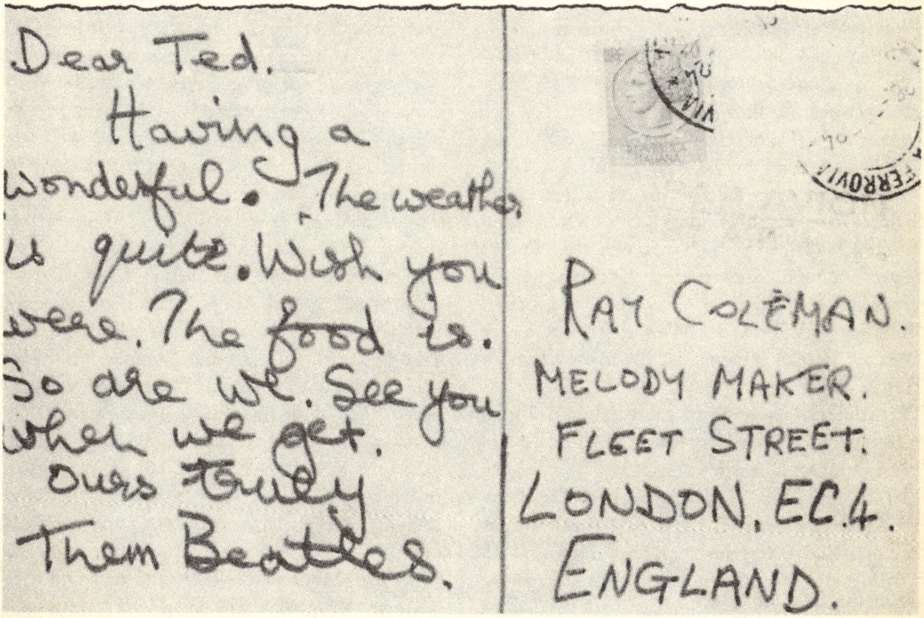
Dear Ted.
Having a
wonderful. The weather
is quite. Wish you
were. The food is.
So are we. See you
when we get.
Ours Truly
Them Beatles.

RAY COLEMAN.
MELODY MAKER.
FLEET STREET.
LONDON. EC4.
ENGLAND.

mer noch den logischen Schritt, wenn man sichergehen wollte, daß Gelder eingingen und die Beatles nicht in Vergessenheit gerieten. Man kann ihm das schlecht vorwerfen, denn einen Präzedenzfall hatte es noch nicht gegeben, und niemand konnte wissen, wie man mit einem solchen Phänomen wie den Beatles umgehen sollte. Die Tourneen bewirkten, daß John und Paul zusammen waren und in den endlosen Übergangszeiten, die zwischen einem Auftritt und dem nächsten und einem Schauplatz und dem nächsten lagen, weiterschrieben. Sie lebten in ihre Tourneen eingesponnen, und Fragmente, Bilder und aufgeschnappte Formulierungen flossen in ihre Songs ein. Hermetisch abgeriegelt, steckten sie ihre Energien in ihre Songs. Rein kreativ gesehen, zahlten sich die harten, turbulenten Jahre der Tourneen aus.

*A Hard Day's Night* war ihr erstes Album, das sich ausschließlich aus Lennon-McCartney-Originalen zusammensetzte. Das Album, dessen Songs sie während ihrer Aufenthalte in Frankreich und Amerika und bei den Dreharbeiten in England geschrieben hatten, strahlte als abgeschlossenes Produkt eine bemerkenswerte Bandbreite und Sicherheit aus. Dieses Team war wirklich auffallend produktiv, wenn man bedenkt, unter welchem Druck die Beatles seit dem Ausbruch der Beatlemania Ende 1963 standen, und dieser Druck dauerte an, bis sie 1966 beschlossen, keine Tourneen mehr zu machen. In diesen Jahren erwartete man von ihnen, daß sie mindestens zwei größere Tourneen jährlich machten, drei Singles herausbrachten, jährlich zwei Alben mit selbstgeschriebenem Material, dazu die Dreharbeiten für Film und Fernsehen. Der Zeitdruck, unter dem die Beatles standen, ist bis heute kaum zu fassen.

Die Massenhysterie sorgte zwar dafür, daß man nicht mehr viel von den Konzerten der Beatles hören konnte, aber sie waren wirklich eine gute Live-Gruppe, wie *The Beatles Live At The Hollywood Bowl* beweist. Das Album mit Ausschnitten aus den Konzerten in den Jahren 1964 und 65 wurde erst 1977 auf den Markt gebracht. Diese Aufnahmen zeigen vor allem, wie gut der Sound der Beatles nach wie vor war. Man muß davon ausgehen, daß es keine Feedback-Monitoren gab, daß die Beatles sich selbst nicht hören konnten, daß nichts die ohrenbetäubende Kakophonie des Publikums übertönen konnte – und dennoch kam aus ihrer Musik das Hungrige und Zornige rüber. Spätestens das bezeugt ihr musikalisches Können. Die Studioaufnahmen sind der endgültige Beweis, aber *The Beatles Live At The Hollywood Bowl* zeigt, was sie selbst unter untragbaren Bedingungen noch zustande brachten.

Die Konzerte gaben den Fans inzwischen eigentlich nur noch die Möglichkeit, ihre Götter in ihrer Sterblichkeit zu sehen. Zu hören war nicht mehr viel. Dazu kamen ständige Probleme, was die Sicherheitsvorkehrungen betraf. Innerhalb eines Jahres waren die Beatles von einem Phänomen unter den Beatgruppen zu einer festen Größe des internationalen Showbiz aufgestiegen. Das war eine ausgesprochen zweischneidige Angelegenheit, die Lennon besonders verhaßt war. 1970 sagte er zu Jann Wenner, dem Herausgeber der Zeitschrift *Rolling Stone*: »Brian hat uns in Anzüge gesteckt und all das, und wir sind ganz, ganz groß rausgekommen. Aber wir haben uns verramscht, verstehst du, die Musik war schon tot, ehe wir auch nur unsere erste Großbritannien-Tournee gemacht haben. Wir sind uns bereits wie die letzte Scheiße vorgekommen, weil wir unsere ein- bis zweistündigen Auftritte auf zwanzig Minuten reduziert haben, und dann haben wir jeden Abend dieselben zwanzig Minuten runtergespielt. Damals haben wir aufgehört, Musiker zu sein ... denn die Beatles konnten trotz allem wirklich gute Musik zusammen spielen.«

Schließlich hatten sie sich gerade erst an die Aufgabe gemacht, größer rauszukommen als Elvis, und das hatten sie innerhalb von Monaten erreicht. Was blieb ihnen danach noch zu tun?

Lennon empfand die ganze Entwicklung als einen makabren Scherz, und diese Haltung drückte er in seiner Musik aus. Auf *A Hard Day's Night* sind schmerzliche Hilferufe zu hören, und auch das Gefühl der Isolation wird vermittelt. Er war das Idol von Millionen, einer der angesehensten Männer auf Erden, ein bejubelter Autor und

Komponist, doch seine Songs drückten Introversion, Traurigkeit und den Verlust der Unschuld aus. Die meisten Beatles-Fans hörten damals, wie Lennon selbst sich andere Platten anhörte, hauptsächlich auf den *Sound* und registrierten die Texte nur soweit, wie man sie mitsingen konnte.
George Martin ermutigte Lennon und die drei anderen Beatles zu musikalischen Experimenten, darunter auch zu dem erstmaligen Einsatz des Feedback auf einer Platte bei »I Feel Fine«, 1964. Aber der größte Einfluß auf Johns Musik in den Jahren der Beatlemania geht auf den Mann zurück, von dem man sagen könnte, daß der Einfluß seiner Musik mit dem der Beatles konkurrieren konnte – Bob Dylan.
Anfang bis Mitte der sechziger Jahre war Bob Dylan die neue Stimme der Popmusik. Seine Songtexte waren nicht nur von persönlicher, sondern auch von politischer Relevanz; selbst seine frühen Liebeslieder waren bitter und schmerzlich und bestimmt keine leichtverdauliche Nahrung für kritiklose Popfans. Doch er hatte schnell ein eigenes Publikum gefunden, dessen Unzufriedenheit und Mitgefühl er in verblüffenden Bildern artikulierte. Von seiner frühen Jugend an war er ein begeisterter Rock'n'Roll-Anhänger gewesen. Er sagt, zu Schulzeiten sei es sein größter Ehrgeiz gewesen, »bei Little Richard mitzuspielen«. Als Dylan die elektronisch verstärkte Neuaufnahme des traditionellen Songs »House Of The Rising Sun« von den Animals und 1964 »I Want To Hold Your Hand« von den Beatles hörte, half ihm das, die Entscheidung zu treffen, in welche Richtung er musikalisch weiterarbeiten wollte. Die britische Invasion war der Hauptauslöser dafür, daß Dylan sich dem »Folkrock« zuwandte und 1965 die beiden Alben *Bringing It All Back Home* und *Highway 61 Revisited* herausbrachte.
Als Dylan die Beatles 1964 auf ihrer ersten Amerika-Tournee kennenlernte, brachte er ihnen nicht nur das Marihuana nahe, sondern er beeinflußte auch die Richtung ihrer weiteren musikalischen Arbeit. Nachträglich leugnete Lennon Dylans Einfluß auf die Gruppe und behauptete, nach den Alben von 1965 habe er sich nichts mehr von Dylan angehört. Lennon soll gesagt haben: »Ich erinnere mich – als ich Dylan die ersten Male sah, hat er immer wieder gesagt: ›Damit gebe ich mich nicht ab. Ich höre mir den Sound an, den Sound als Gesamtheit.‹« Lennon hat jedoch zugegeben, daß Dylans Musik ihn dazu angeregt hat, selbst nachzudenken und ehrlichere und offenere eigene Texte zu schreiben. Die beiden trafen sich sporadisch. Lennon taucht auch in dem surrealen Film über Dylans umstrittene England-Tournee 1966 auf, *Eat the Document*, den man nur sehr selten zu sehen bekommt.
Das, was Dylan erreicht hatte, steckte sich Lennon als Ziel: Er wollte versuchen, die Kraft des Rock'n'Roll mit anspruchsvolleren Texten zu verbinden. Dylans Einfluß zeigt sich erstmals auf dem vierten Album der Beatles, *Beatles For Sale*. Derek Taylor schrieb auf der Plattenhülle, das Album beinhalte sehr wenig oder gar nichts, was nicht auf einer Bühne gespielt werden könne. Solche Sprüche verschleiern die Intensität, mit der Lennon an diesem Album gearbeitet hat. *Beatles For Sale* zeigte die depressive Seite von Lennons Persönlichkeit. »No Reply«, »I'm A Loser« und »Baby's In Black« ist eine reichlich trostlose Trilogie für ein Album der Fab Four auf dem Gipfel ihres Ruhmes.
»No Reply« beginnt mit dem resignierten Satz »This happened once before«, und es ist die bittere Schilderung einer Beziehung, die in den letzten Zügen liegt, symbolisiert durch die Unfähigkeit zu jeglicher Kommunikation. »No Reply« ist eine mutlose Eröffnung für ein Album, das dazu gedacht war, den Triumph zu feiern. Auch in »I'm A Loser« wird eine Beziehung geschildert, die in die Brüche geht. Vielleicht entspricht dies nicht Dylans verzehrendem Gefühl von Einsamkeit oder Verlust, das er in »Boots Of Spanish Leather« oder »Ballad in Plain D« ausdrückt, aber es war ein Versuch, in die Märchenwelt der Beatles einen Schuß Ehrlichkeit und wahres Gefühl einzubringen.
Lennon erreicht zwar nie Dylans Höhenflüge ins Absurde und auch nicht seine Tiefen der Verzweiflung, doch sein Reim »Although I laugh and

act like a clown/Beneath this mask I am wearing a frown« erschien aus dem Mund eines Mannes, dem die Welt zu Füßen lag, als eine geradezu ironische Aussage.

Im Rückblick weiß man von den internen Spannungen, die bei den Beatles inzwischen bestanden und später zu offener Antipathie führen sollten. Lennon war immer der Rebell und der Zyniker und derjenige, der seiner Unzufriedenheit am nachdrücklichsten Ausdruck verlieh. In einem Interview für *Playboy* erklärt er: »So war ich immer. Ich war schon so, ehe es die Beatles gab. Ich habe immer hinterfragt, warum die Menschen Dinge tun und warum die Gesellschaft so ist, wie sie ist. Ich habe die Dinge nicht einfach als das hingenommen, was sie zu sein schienen. Ich habe immer unter die Oberfläche gesehen.« Lennon wurde zwar erst später politisch aktiv, aber er wollte schon damals die Stereotypen des Showbiz meiden: »Wir wollen keinen Steptanz lernen, und wir wollen auch keinen Unterricht in Rhetorik nehmen«, wird er von Michael Braun in dessen 1964 entstandenem Buch *Love Me Do* zitiert.

Kritiker haben darauf hingewiesen, daß *Beatles For Sale* auf dem Gipfel der Beatlemania aufgenommen wurde und daß sich daraus die Anzahl der Versionen amerikanischer Songs erklärt. Wenn es jedoch darum geht, die musikalischen Einflüsse zu ergründen, ist das vierte Album der Beatles vielleicht das informativste. Die sechs amerikanischen Titel greifen direkt auf die wüsten Nächte in Hamburg zurück: Carl Perkins »Everybody's Trying To Be My Baby« und »Honey, Don't«, »Words Of Love« von Buddy Holly, »Kansas City«, der Klassiker von Leiber und Stoller, den Little Richard gesungen hat, und Chuck Berrys »Rock'n'Roll Music«. Der Enthusiasmus der Beatles war so groß, daß sie »Mr. Moonlight« auf der B-Seite einer Single von Dr. Feelgood, Willie Perryman (Piano Red) wieder ausgruben. Mit diesen (inzwischen) vergessenen Rock-Nummern machten die Beatles ihr amerikanisches Publikum wieder mit der Geschichte seines eigenen Rock'n'Roll vertraut. Nur durch genaues Studium der Angaben zu den einzelnen Titeln wurde Tausenden von Amerikanern klar, daß »Words Of Love« kein Originaltitel von Lennon-McCartney war, und die wirklichen Fans, die die Ursprünge zurückverfolgten, entdeckten Buddy Holly für sich. Die Pionierarbeit, die die Beatles leisteten, indem sie den Amerikanern dazu verhalfen, ihr eigenes Rock'n'Roll-Gut zurückzuverfolgen, wurde von anderen Musikern durchaus zur Kenntnis genommen und gewürdigt. Bob Dylans »Bringing It All Back Home«, seine erste wirkliche Rock-Platte, würdigte mit diesem Titel die Bemühungen der Beatles.

Das fünfte Album, *Help!*, war gleichzeitig der Soundtrack des zweiten Films. Nach eigenen Angaben waren die Beatles während der Dreharbeiten laufend bekifft. Lennon bedrückte zudem, daß er fett geworden war, er machte sich Sorgen um seine Ehe und hatte das Gefühl, daß seine Rolle als »Popsänger« jemandem mit seinen Fähigkeiten nicht entspräche (»Wenn es so was wie Genie gibt, dann bin ich eins! Und wenn es so was nicht gibt, dann ist es mir egal«). Oberflächlich gesehen war »Help!« eine weitere zugkräftige Beatles-Single, die automatisch auf Platz eins vorrückte. Aber Lennon hat zugegeben, daß es wirklich ein Schrei nach Hilfe war.

John bei den Aufnahmen von *A Hard Day's Night* mit dem Produzenten George Martin im Juni 1964. John klimpert auf seiner geliebten Rickenbacker-Gitarre.

Das fertige Album ist von Unsicherheiten und Selbstzweifeln durchsetzt. Lennon griff dankbar nach der Ausflucht, die ihm die Drogen boten, und er machte kein Hehl aus seinem Ekel vor der Parodie ihrer selbst, zu der sich die Beatles entwickelt hatten. Dieser Widerwille drückt sich am deutlichsten in »You've Got To Hide Your Love Away« aus. Dylans Einfluß ist dort ganz besonders stark, sowohl musikalisch als auch im Text und im Gesangsstil. (»Das bin ich in meiner Dylan-Phase. Ich bin wie ein Chamäleon, das auf alles reagiert, was um es herum vorgeht. Wenn Elvis

etwas bringen kann, dann kann ich das auch. Wenn die Everly Brothers es tun, tue ich es auch. Mit Dylan ist es dasselbe.«)
Wie sehr sich Lennon und McCartney musikalisch voneinander entfernten, zeigte sich an zwei Songs, die auf dem Album direkt hintereinander folgten – Pauls recht selbstgefälliges »Another Girl« (»She's sweeter than all the girls, and I've met quite a few«) und Johns »You're Going To Lose That Girl«.
McCartneys Ballade, der Ohrwurm »Yesterday«, ist wohl die Nummer auf *Help!*, an die man sich am längsten erinnern wird. Es liegt auf der Hand, daß Lennon sich über diesen berühmtesten Song McCartneys vernichtend geäußert hat und – als wolle er seine Glaubwürdigkeit als Rokker betonen – die Platte mit einer zugkräftigen Version von Larry Williams' »Dizzy Miss Lizzy« beschloß. Williams gehörte zu Lennons frühesten musikalischen Idolen. Sein »Bad Boy« nahmen die Beatles 1965 auf. »Slow Down« erschien 1964 auf ihrer EP »Long Tall Sally« und Williams' Klassiker »Bony Maronie« 1975 auf Lennons Album *Rock'n'Roll*. »It's Only Love« zeigt Len-

nons zartere Seite auf *Help!*, aber selbst dieser Track ist von Drogenphantasien und Wortspielen in der Tradition Dylans durchsetzt.
Der Einsatz eines Streichquartetts bei »Yesterday« und die Flöten bei »You've Got To Hide Your Love Away« stellen eine Zäsur dar: Erstmals wurden bei eigenen Titeln der Beatles andere Musiker hinzugezogen, die nicht zu ihrem engsten Kreis gehörten. Mit einem Interpreten, der so intuitiv und erfahren war wie George Martin, konnten die Beatles im Studio experimentieren und dabei ihre ganze Kreativität entfalten. Live war das unmöglich – die Schreie machten alles andere zunichte. Selbst als der Zeitdruck der Tourneen und der Dreharbeiten unerträglich wurde, konnten die Beatles sich im Studio noch relativ gut entspannen, sie waren aufnahmefähig und empfänglich für Martins Ideen und Vorschläge. Mitte 1965 stellten sie erschreckend hohe Ansprüche an sich selbst. Von seinem schöpferischen Einfluß her kann man George Martin als »den fünften Beatle« bezeichnen, aber er konnte nur an dem arbeiten, was sie ihm vorlegten. 1983 sagte Martin in einem Interview: »Ich habe die Rolle des Produzenten immer so gesehen, daß er derjenige ist, der sich ein Bild ansehen kann, statt auf ein Detail zu achten. Wenn man mit einer ganzen Schulklasse fotografiert wird, ist das erste, worauf man achtet: ›Wo bin ich denn?‹ Man schaut sich nicht das Bild als Ganzes an, sondern man sucht sich selbst. Das trifft auf die meisten Instrumentalisten zu, auf die meisten Menschen, die Platten aufnehmen. Sie neigen dazu, beim Hören nur auf das zu achten, was sie dazu beigetragen haben.
Außerdem glaube ich, daß die Rolle des Produzenten im Vergleich zu den Künstlern unbedeutend ist. In den letzten Jahren hat man dazu tendiert, die Sache umgekehrt zu sehen. Ich glaube, daß der Typ, der etwas erschafft, derjenige ist, der zählt, und der Produzent ist der Typ, der ihm hilft, das, was er geschaffen hat, auszuformen. Die Rolle des Produzenten ist etwas aufgebläht worden, und es ist seltsam, wenn ich das sage, denn vielleicht habe ich selbst dazu etwas beigetragen. Aber ich war nie einverstanden damit.«
Die hohen Maßstäbe, die die Beatles sich gesetzt und auch erreicht hatten, lassen sich an den Soundtracks ihrer beiden Filme leicht nachweisen. Bei Soundtracks (insbesondere bei Soundtracks zu »Popfilmen«) war es üblich, einen Titelsong über ein ganzes Album zu ziehen und mit Instrumentalnummern aufzufüllen, die »Stimmungen« ausdrücken sollten. Die Beatles taten nichts von alledem – *A Hard Day's Night* und *Help!* wimmelten von potentiellen Hit-Singles, und beide Platten hatten keinen einzigen Lückenbüßer. Die Beatles waren ausgesprochen scharf darauf, über die üblichen zwei Gitarren, Baß und Schlagzeug hinauszugehen. Die Percussion-Effekte auf »Tell Me What You See», Johns Harmonium auf »We Can Work It Out«, die Klaviere und Orgeln, die Streicher und die Holzblasinstrumente, die über ihre Platten aus dieser Zeit verstreut auftauchen, weisen alle darauf hin, daß die Beatles musikalisch gesehen ihre Muskeln trainierten; nur zwei Jahre später sollten diese Ansätze in *Sgt. Pepper* kulminieren.
Parallel zu dem Album erschienen natürlich die erstaunlich selbstsicheren und unterschiedlichen Singles. Wieder einmal setzten die Beatles neue Maßstäbe. Diesmal ging es um die Art der Zusammenstellung ihres Materials. Bisher hatte man LPs als eine Zusammenstellung von Singles, B-Seiten und Cover Versions betrachtet, die von Plattenfirmen herausgebracht wurden, um den schmachtenden Fans dieser kurzlebigen Phänomene, der Popgruppen, den letzten Penny aus der Tasche zu ziehen. All das sollten die Beatles ändern.
Mitte 1965 waren Beatles-Songs wie »She Loves You«, »I Want To Hold Your Hand« und »Can't Buy Me Love« in das Bewußtsein der breiten Öffentlichkeit eingedrungen. Das Experimentieren begann mit »I Feel Fine«, bei dem erstmals das Feedback zum Einsatz kam und die Rhythmen sich auflösten. Es folgten das Motown-Feeling von »Day Tripper« und die Rummelplatzatmosphäre von »We Can Work It Out«. Die Qualität dieser Singles zeigt sich am deutlichsten an der Verschiedenartigkeit der Künstler, die die Titel übernommen haben – Ella Fitzgerald, Otis

Redding, die Carpenters, Dollar und Stevie Wonder.

Die Beatles beschlossen schon früh, ihre Alben als jeweils eine Ganzheit anzusehen, die für sich stand. Schon damals ließ sich erkennen, daß die einzelnen Kompositionen nie fifty-fifty Lennon-McCartney waren. Wenn John einen »Lennon-McCartney-Song« sang, dann konnte man wetten, daß er weitgehend von ihm stammte und umgekehrt. Im Studio kam es zu Auseinandersetzungen darüber, wessen Songs die Priorität als A-Seiten bekamen.

Noch als sie sich bereits auseinanderentwickelten, blieb Lennon und McCartney dieser ausgleichende Aspekt ihrer Partnerschaft erhalten. Die gegenseitigen Beiträge zu »Gemeinschaftskompositionen« konnten noch so minimal sein, aber sie waren entscheidend und formten die Songs aus.

Lennon beschrieb die Zusammenarbeit zu dieser Zeit im *Playboy* folgendermaßen: »Bei ›We Can Work It Out‹ hat Paul die erste Hälfte geschrieben, und ich habe in der Mitte weitergemacht, aber Paul ist derjenige, der mit echtem Optimismus ›We can work it out‹ schreibt, und ich dann ungeduldig weiter: ›Life is very short and there's no time for fussing and fighting, my friend...‹«

Die volle Blüte dieser gemeinsamen Schaffenskraft zeigte sich auf dem sechsten Album der Beatles, *Rubber Soul*. Es wurde innerhalb von weniger als zwei Wochen aufgenommen, in einer Zeit der hochtechnologisierten Plattenaufnahmen, als man Monate und manchmal gar Jahre mit der Vorbereitung eines Albums zubrachte; schon von daher ist der Zeitdruck, unter dem die Beatles arbeiteten, beachtlich. Ihre Musik klang im besten Sinne selbstbewußt und progressiv. Ende 1965 war der Rock'n'Roll herangereift. Dylans Experimente hatten ihre Nachahmer gefunden, die jetzt allmählich selbst einen eigenen Stil entwickelten (Simon und Garfunkel, die Byrds), und die Beatles standen unter dem Druck, ihren Zeitgenossen (Who, Stones, Animals, Yardbirds) um einen Schritt voraus zu bleiben. Sie waren nicht mehr die frechen Rocker von vor drei Jahren, aber sie hatten ihre Wurzeln nicht vergessen, setzten zunehmend mehr Zuversicht in das, was sie selbst schrieben, und waren mit der Studiotechnik vertraut, so daß ihr Material immer ausgereifter wurde.

Ende 1965 äußerten sie sich zu dem Irrsinn ihrer Situation und brachten erste Drogentexte. »Norwegian Wood« war Johns verhülltes Eingeständnis einer Affäre. »Nowhere Man« drückte sein Gefühl der Unwirklichkeit allen Seins aus. Dazu kam die Nostalgie von »In My Life«. Pauls »You Won't See Me« und »I'm Looking Through You« waren auffallend bittere Äußerungen zum Preis der Ruhms.

Auch musikalisch stellte *Rubber Soul* einen Fortschritt dar. Auffallend war vor allem die Sitar bei »Norwegian Wood«. Aber auch die Tasteninstrumente wurden selbstbewußter eingesetzt. *Rubber Soul* hält die Beatles zwischen der Hysterie der Beatlemania und den Acid-Exzessen von *Sgt. Pepper* fest. Endlich klingt ihre Musik so, als hätten sie sich an das Studio gewöhnt und seien experimentierfreudig, ohne sich jedoch zu weit von dem dreiminütigen Popgesang zu entfernen, einer Form, in der sie es zur Perfektion gebracht hatten.

Gerade für John war das Album wichtig, weil es eine persönliche Weiterentwicklung bedeutete. Die Offenheit und die Bekenntnisse aus dem Privatbereich, die so typisch für seine spätere Arbeit sein sollten, tauchten hier bereits ansatzweise auf. Seine Songs wurden poetischer, und er begann seine eigene Stimme zu finden, statt beispielsweise Dylans Stimme nachzuahmen. Lennon sagte später, daß »Girl« einer seiner speziellen Lieblinge war, weil sich der Text weit von der üblichen Schlagermachart entfernte.

»Nowhere Man« ist ein seltsam nihilistischer Popsong, in dem sich Lennon als einen Monarchen des Nicht-Seins darstellt, meinungslos, machtlos, wunschlos. »In My Life« ebnet den Weg zu »Strawberry Fields Forever«. Zwar wird hier nichts beim Namen genannt, aber die Erdbeerfelder und die Nostalgie, das Heimweh, sind deutlich zu spüren. Lennon sagte: »Das war der erste Song, den ich geschrieben habe, in dem es ganz bewußt um mein Leben ging... ›In My

September 1964. Ein müde wirkender John

auf dem Rücksitz des Austin Princess.

Life‹ beginnt als eine Busfahrt von der Menlove Avenue 251 in die Innenstadt, und alle Orte, an die ich mich erinnern konnte, kamen vor. Ich habe alles hingeschrieben, aber es war *soo* langweilig. Also habe ich das Ganze vergessen und es liegengelassen, und dann fiel mir dieser Text ein, in dem es um frühere Freunde und Geliebte geht...« Seine Situation war aber auch ungewöhnlich, denn in den letzten fünf Jahren hatte sich fast sein ganzes Leben geändert. Der Song fängt einen der seltenen Momente ein, in denen Lennon sentimental zurückblickte, und ist von tiefer Resignation angehaucht.

Ende 1965 hatten die Beatles einen Gipfel erreicht, der nicht mehr zu überschreiten war. An ihren eigenen Maßstäben gemessen, war 1966 ein recht ruhiges Jahr.

Ihre Kreativität floß in richtige Plattenaufnahmen ein, nicht, wie früher, in Sessions, die zwischen den Tourneen eingeschoben wurden. Die erste Frucht dieser Arbeit war »Paperback Writer«, eine Single, die im Juni herauskam; interessanter war die B-Seite, »Rain«. John hatte »Rain« zu Hause in seinem Studio, in dem er mit Bandsalat arbeitete, als ein Experiment hergestellt. Das erklärt die seltsame, verworrene Atmosphäre des Songs, dessen Traumcharakter noch durch den Drogentext verstärkt wird. (»I can show you, when it starts to rain / Everything's the same.«) Zukünftige Lennon-Klassiker klingen hier schon an: »Can you hear me that when it rains and shines / It's just a state of mind.« In seiner ätherischen Zurückgenommenheit ist es ein Vorläufer von »Strawberry Fields Forever« und »Lucy In The Sky With Diamonds«. Die Drogen gaben Lennons Musik den Aspekt des Durchscheinenden und ließen ihn in die Traumwelten eines Lewis Carroll schweifen. Das Dasein als Beatle bedeutete ohnehin eine verzerrte Wahrnehmung der Realität. Die Beatles hatten sich in einen Kokon eingesponnen und entfernten sich immer mehr von dem, was um sie herum vorging. Mitte 1966 wurden die Tourneen zur physischen und seelischen Qual, insbesondere nach der Reaktion Amerikas auf das Lennon-Zitat: »Wir sind jetzt beliebter als Jesus.«

Den Frühling dieses Jahres verbrachten sie im Studio, es entstand *Revolver*. Der Track, den sie als ersten aufnahmen, taucht auf dem Album als letzter auf – Lennons mysteriöses »Tomorrow Never Knows«. Es stellte den Zenit der damaligen Kongenialität zwischen George Martin und den Beatles dar – Martin griff zu nie verwendeten Mitteln.

»Tomorrow Never Knows«, seiner Zeit weit voraus, war Johns Sprung in den psychedelischen Maelstrom. Einige Textstellen waren dem Tibetanischen Totenbuch entnommen, der eigentliche Titel jedoch war ein Ringoismus, den Lennon verwendete, um die Schwächen des Textes zu verschleiern. Es war ein langer Weg von »Be-Bop-A-Lula« zu diesem Rückzug zu sich selbst.

*Revolver* enthält die seltsamsten Ingredienzen. Das introvertierte »I'm Only Sleeping«, »She Said, She Said«, Drogenträume im Laurel Canyon, Kalifornien, denn dort wurde dieser Song geschrieben. »And Your Bird Can Sing« war eine Art vage erste Unabhängigkeitserklärung, die John den Beatles servierte. Die Platte endete mit der großen Leere von »Tomorrow Never Knows« – und weg waren sie. Die Beatles verschwanden am 29. August 1966. Es spielte sich im Candlestick Park in San Francisco ab, aber es hätte auch überall sonst dazu kommen können. Außerhalb der behaglichen Abgeschiedenheit des Plattenstudios hörten die Beatles in jeder Hinsicht auf, als Gruppe zu existieren.

Die Beatles traten von der Bühne im Candlestick Park ab und waren von dem Moment an ihre eigenen Herren. Zum ersten Mal seit drei Jahren konnte Parlophone nicht kurz vor Weihnachten das obligatorische Beatles-Album vorlegen. Ohne eine neue Beatles-Platte war Weihnachten für viele Menschen unvollkommen. *A Collection of Beatles' Oldies* kam heraus. Es war ein Zusammenschnitt ihrer besten Songs. Sie gingen nicht mehr auf Tournee. Es standen keine Filmprojekte an. Nach einem Jahrzehnt waren die Beatles plötzlich keine Gruppe mehr. Von jetzt an würde es keine »Songs« mehr geben, keine Produktion, die an Termine gebunden war. Sie hatten ihre Freiheit wieder. Es war Ende 1966. Vor ihnen lag unbekanntes Land.

# 15. Druck von außen

»Wir sind jetzt beliebter als Jesus.«

Im Jahre 1965 fand John eines Tages, als er von London nach Weybridge zurückkam, etwas völlig Unerwartetes vor. Im Wohnzimmer saß bei einer Tasse Tee sein Vater, den er als Sechsjähriger in Blackpool zum letzten Mal gesehen hatte.

Der zweiundfünfzigjährige Fred Lennon war ungepflegt, hatte langes, fettiges Haar, trug einen schäbigen Anzug und wirkte völlig verlottert. Er hatte Arbeit als Küchenhilfe gefunden und spülte im Greyhound Hotel, Hampton Court, nur wenige Meilen von Johns Haus entfernt, das Geschirr. Eines Tages war er in einem Pub mit einem Mann ins Gespräch gekommen, der die Beatles gelegentlich chauffierte.

»Wenn Sie Fred Lennon sind«, hatte der Mann gesagt, »dann fahre ich Ihren Sohn spazieren.«

Fred sagte: »So, dann bringen Sie mich doch zu seinem Haus. Ich habe ihn seit Jahren nicht mehr gesehen, und ich würde ihn gern wiedersehen.«

Als Fred an die Tür klopfte, öffnete ihm Cynthia. »Hallo, Cyn, ich bin Johns Dad!« Ehe Cynthia die Sprache wiedergefunden hatte, hatte Freddy einen Fuß in der Tür stehen.

»Auf seine Weise war er charmant«, sagt Cynthia. »Ich hätte ihm niemals die Tür vor der Nase zuschlagen können. Er hat zwar ausgesehen wie ein Landstreicher, aber er war Johns Vater. Mir ist gar nichts anderes übriggeblieben, als ihn zu bitten, zu warten, bis John zurückkommt.«

Als John seinen ersten Schock überwunden hatte – der Anblick seines Vater kam wahrhaftig unerwartet, und Cynthias Unbehagen war deutlich zu spüren –, sagte er mit der verletzenden Stimme, die seine Mitmenschen fürchteten: »Und wo hast *du* dich in den letzten zwanzig Jahren rumgetrieben?« Nicht nur das Auftauchen, sondern auch das Benehmen seines Vaters verdutzte John. Als Kind hatte er sich ein völlig anderes Bild von ihm gemacht – der degenrasselnde Seefahrer vom Typ Errol Flynn, der romantisch die Welt umsegelte.

»Daß er mit breitem Liverpooler Akzent dummes und anstößiges Zeug redete und ein Tellerwäscher war, empfand John, der von seiner ganzen Erziehung her nicht mit diesem Akzent aufgewachsen war, als äußerst unangenehm«, sagt Cynthia.

Freddy Lennon, ein eingefleischter Biertrinker, hatte als Schiffssteward und Hotelportier nie schlecht verdient, aber er war immer pleite und schnorrte sich bei Freunden und Verwandten durch.

Die Atmosphäre wurde immer angespannter. »Er hat nur darüber geredet, was für ein schweres Leben er hatte und wie mühsam es war, für andere zu arbeiten, um ein paar Kröten zu verdienen«, erinnert sich Cynthia. »Er hatte das Haus noch vor keiner Stunde betreten, als er schon sagte, wie schrecklich es ihm wäre, etwas von seinem Sohn anzunehmen, und daß das nicht in Frage käme. Aber er war ganz offensichtlich nur gekommen, um zu betteln.«

John fühlte sich unwohl und war gereizt, aber er empfand die Peinlichkeit der Lage seines Vaters fast stärker als seine eigene Verlegenheit. Er wußte, daß Verwandte sich in seiner Gegenwart, der Gegenwart eines berühmten Beatle, plötzlich anders benahmen. Aber trotz seiner Bemühungen fand er die Heimkehr seines verlorenen Vaters, der ihm sein Pech im Leben schilderte, unerträglich.

»Es war ihm so peinlich«, sagt Cynthia. »Er ist umhergelaufen wie eine Katze auf einem heißen Blechdach. Er war nervös und hat gesagt, daß er sich plötzlich in seinem eigenen Haus nicht mehr wohl fühle.«

Aus Mitgefühl heraus und um die Situation zu entspannen, fragte Cynthia Fred, ob er über Nacht in Kenwood bleiben wolle. John durchbohrte Cynthia mit einem Blick, der besagen wollte: »Ist dir eigentlich klar, was du da tust?«

Fred blieb drei Nächte. John fühlte sich so unter Druck gesetzt, daß er öfter außer Haus als zu Hause war, und Cynthia stand vor der unangenehmen Aufgabe, sich mit seinem Vater unterhalten zu müssen.

Es kam zu mehreren Auseinandersetzungen, weil John unermüdlich Fragen stellte, um die Wahrheit über seine Kindheit zu erforschen.

»Warum hast du Julia verlassen? Sie hätte dich wieder aufgenommen«, fragte John.

»Wie hätte ich zurückkommen können, John? Nicht ich habe Julia verlassen, sondern sie hat beschlossen, mich zu verlassen.«

So ging es hin und her, und John beharrte darauf, daß seine Mutter Fred willkommen geheißen und einen Versuch unternommen hätte, die Ehe zu flicken und John ein glückliches Elternhaus zu bieten. Fred argumentierte damit, daß Julia einen anderen Mann gefunden hatte, während er auf See war, und daß sie nichts mehr von ihm hatte wissen wollen.

Die Diskussionen führten zu nichts. John war nur noch verwirrter als bisher und wußte nicht mehr, wie er zu seiner Kindheit, zum Tod seiner Mutter und zu den zerbrochenen Träumen stehen sollte, die die Person seines Vater für ihn mit sich brachte.

Zu Mimi, die wenig von Fred hielt, sagte John am Telefon: »Mimi, wie konnte meine Mutter bloß so einen Mann heiraten? Warum hast du mir nicht gesagt, was für einen Vater ich habe?«

Mimi antwortete darauf: »Mein lieber Junge, woher hätte ich wissen sollen, wie dein Vater ist? Ich kannte ihn selbst nicht gut. Wäre es dir lieber gewesen, wenn ich dir als Kind immer erzählt hätte, daß er ein schlechter Mensch ist, der dich verlassen hat? Hätte dich das glücklicher gemacht? Du warst doch glücklich, oder?«

Mimi sagt, John habe darauf geantwortet: »Ja, ich bin der glücklichste Mensch in dieser ganzen Familie.«

Drei Jahre später stellte Fred John und Cynthia vor ein weiteres Problem. Er hatte ein Mädchen kennengelernt, das er heiraten wollte, aber sie war erst neunzehn und hatte einen gesetzlichen Vormund.

John sagte stöhnend zu seinem Vater: »Auch das noch, reicht denn eine gescheiterte Ehe nicht?«

»Fred sagte, er sei rasend in sie verliebt, aber er hätte nicht das Geld, um einen gemeinsamen Hausstand zu gründen«, erzählt Cynthia.

Das Mädchen hieß Pauline Jones und hatte in Exeter studiert. Fred erklärte John und Cynthia, sein Zusammenleben mit dem Mädchen sei weitaus leichter, wenn sie Arbeit hätte, sie gäbe eine großartige Sekretärin ab. Er überredete John und Cynthia, sie zu engagieren, damit sie ihre Briefe tippte.

»John und ich haben uns ausgiebig darüber unterhalten, und John hat diese Vorstellung zwar nicht gefallen, aber er hat gesagt, daß er seinem Dad gern behilflich wäre«, sagt Cynthia.

»Ich habe gesagt: ›Versuchen wir es doch.‹«

Als feststand, daß Johns Vater auf alle Zeiten geblieben wäre, wenn man ihm auch nur einen kleinen Finger gereicht hätte, sagte John ziemlich grob zu ihm: »Ich glaube, es ist an der Zeit, daß du gehst.« Pauline wohnte bei ihnen und arbeitete etwa fünf Monate lang als Privatsekretärin der Lennons, aber sie klagte und weinte so sehr über ihre schwierige Beziehung zu Fred, daß John und Cynthia nicht mehr schlafen konnten.

Außerdem gab es nicht genug für sie zu tun. »Sie wußte genausowenig wie wir selbst, was wir mit ihr anfangen sollten«, sagt Cynthia. »Wir hatten bisher nie eine fest engagierte Sekretärin gehabt, und sie machte gerade eine schlimme Phase ihres Lebens durch.« Schließlich baten sie Pauline, wieder auszuziehen, aber John sprang für die Kosten von Gerichtsverfahren ein, denen sein Vater sich hatte unterziehen müssen, und zahlte schließlich auch die Ausgaben für Freds Hochzeit mit Pauline in Schottland.

»Ich möchte, daß du glücklich bist«, sagte er zu seinem Vater. Er kaufte ihm für fünfzehntausend Pfund ein Haus bei Kew Gardens, Surrey, und stellte ihm einen Blankoscheck für die Einrichtung aus. Außerdem traf er Vorkehrungen dafür, daß sein Vater wöchentlich dreißig Pfund überwiesen bekam. Er baute eine vernünftige, wenn auch distanzierte Beziehung zu ihm auf.

Fred und Pauline bekamen zwei Kinder. John hatte also zwei Halbbrüder, David Henry Lennon, 1969 in Brighton geboren, und Robin Francis Lennon, geboren in Brighton 1973. Als er 1980 im Alter von vierzig Jahren ermordet wurde, hatte John seinen siebeneinhalbjährigen Stiefbruder in England nie gesehen.

Fred Lennon bescherte John weitere Peinlichkeiten. Als Fred nach diesem ersten Besuch eines Tages wiederkam, stand John gerade unter großem Arbeitsdruck mit den Beatles. Ein Gespräch mit seinem Vater war ihm zu diesem Zeitpunkt unmöglich. Er schlug ihm schlicht die Tür vor der Nase zu. Die größte Beleidigung fügte Fred seinem brillanten Sohn zu, als er die Einrichtung des Hauses in Weybridge verdammte, die Musik der Beatles kritisierte und sagte, sie habe nichts mit den Balladen zu tun, die er singe, und sei »nicht so gut wie die alten Sachen, zum Beispiel ›Begin the Beguine‹«, und indem er sich überregionalen Zeitungen und Zeitschriften als Vater eines Beatle andiente. Er erschien in den Büros von *Melody Maker*, um Werbung für seine unsägliche Platte zu machen – »That's My Life (My Love And My Home)«, und er erzählte mir, seine Plattenfirma wolle, daß er weitere Aufnahmen machte. Er behauptete sogar, die Plattenfirma werde ihm Jacketkronen zahlen. Während all dessen bewahrte John Lennon ein wahrhaft würdiges Schweigen.

John hatte seine Großzügigkeit unter Beweis gestellt und trotz der Provokationen seines Vaters etwas für ihn getan. Es gibt noch mehr Beispiele für seine Generosität. John zeichnete eine Weihnachtskarte, deren Erlös Hungersnöte lindern sollte. Besonders leicht konnte man ihn zu Spenden für Waisenkinder überreden. Und um seine Interessen etwas auszuweiten und sich nicht ganz von den Beatles verschlingen zu lassen, unterstützte er gemeinsam mit George Harrison die Gründung der Hayling Supermarkets Ltd. an der Küste von Hampshire und war einer der beiden Vorsitzenden der Gesellschaft. Der andere Vorsitzende, der sich aktiv um die Leitung der Supermärkte kümmerte, zu denen John zwanzigtausend Pfund beisteuerte, war sein alter Kumpel aus der Quarry Bank High School und zugleich auch der frühere Waschbrettspieler bei den Quarry Men, Pete Shotton. John und George traten 1969 von ihren Posten zurück und überließen Pete die alleinige Kontrolle über die Supermarktkette.

1965 war es unmöglich, Johns Vermögen zu errechnen. Alben und Singles verkauften sich auf der ganzen Welt millionenweise. Konzerte, Filme und die verschiedensten Beatles-Accessoires machten sie alle vier, aber auch Brian Epstein zu Millionären, denn Brian war mit bis zu fünfundzwanzig Prozent an ihrem Einkommen beteiligt. John und Paul verdienten gleichviel – das ging zurück auf den Handschlag im Haus der McCartneys in der Forthlin Road in Allerton, acht Jahre zuvor. Ihre Songs waren offiziell von »Lennon-McCartney«, auch wenn einer von ihnen einen Song ganz allein geschrieben hatte. Aus dieser Verbindung ging Lenmac hervor, ihre eigene Firma, die Northern Songs angeschlossen war. Es löste großes Erstaunen aus, als eine Popgruppe, und wenn es auch die Beatles waren, es im Februar 1965 wagte, Anteile einer eigenen Firma an der Londoner Börse zu verkaufen, doch die Aktien waren schnell vergeben. Allein schon ihre Einnahmen als Songwriter machten John und Paul zu Millionären, und die Tantiemen stiegen in ungeahnte Höhen, als Hunderte von Künstlern auf der ganzen Welt eigene Aufnahmen von

den Titeln der Beatles machen wollten, insbesondere von Pauls romantischen Balladen »Yesterday« und »And I Love Her«.
In diesem Jahr hieß es, daß es keinen einzigen Moment in vierundzwanzig Stunden gebe, in dem nicht irgendwo auf Erden ein Beatles-Song im Rundfunk übertragen werde, und ihre Platten verkauften sich so schnell, wie EMI in London und Capitol in Amerika sie nur irgend pressen konnten. Das amerikanische Magazin *Time* schrieb, »nach bescheidensten Schätzungen« betrügen die Nettoeinnahmen von George Harrison und Ringo Starr je drei Millionen Dollar, bei John und Paul je vier Millionen aufgrund ihrer Extraeinnahmen als Texter und Komponisten. »Diese Zahlen könnten durchaus auch doppelt so hoch angesetzt werden«, schrieb *Time*. Die Zahlen waren bei Erscheinen der Zeitschrift längst überholt.
Die Beatles hatten weit mehr erreicht, als Brian Epstein ihnen gelobt hatte.

Seit ihrem Triumph bei der Royal Variety Show 1963 waren die Beatles vom Establishment anerkannt. Genau diese Tatsache war es, die John an die Nieren ging. Rock'n' Roll, sagte er, sei die Antithese zu den Werten der upper-class. Sir Alec Douglas-Home, den britischen Premierminister, taufte er in Sir Alec Doubtless Whom um, und er empfand ganz allgemein eine gesunde Abneigung gegen den Adel.
Eines Tages saß John vor den üblichen Postbergen in Weybridge. Es waren Briefe aus Epsteins Büro und Fanpost aus Amerika, ganz schlicht an »John Lennon, England« adressiert. Zwischen dieser Post lag ein offizielles Schreiben, in dem John mitgeteilt wurde, er sei als potentieller Empfänger des M.B.E.-Ordens vorgeschlagen worden, man fragte an, ob er ihn öffentlich entgegennehmen wolle. Die Verleihung dieses Ordens durch die Königin war für einen Popstar bisher undenkbar gewesen. Gerüchte waren längst in Umlauf, aber im Juni 1965 machte das Faktum Schlagzeilen auf den Titelseiten jeder Zeitung in ganz Großbritannien.
Johns erste Reaktion war, nein zu sagen. Er hatte die tagtägliche Kanonisation der Beatles durch die Bevölkerung schon lange satt. »Das Geld macht Spaß«, sagte er zu mir, »aber das« – und dabei zeigte er auf die Menschenmassen auf dem Rasen vor seinem Haus in Weybridge – »braucht kein Mensch. Was ich gern hätte, wäre das Geld und die Platten-Hits, aber ohne den Ruhm.«
John warf den Brief aus dem Buckingham Palace auf einen Stapel Fanpost. Ein paar Tage später rief Brian Epstein ihn an und fragte, ob er den Brief erhalten habe. John sagte, ja, aber rein instinktiv wolle er den Orden ablehnen. Epstein wies darauf hin, daß sie alle diese Ehrung annehmen müßten. John sah widerwillig ein, daß es den Beatles kolossalen Schaden verursachen würde, wenn sie sich weigerten, diese Ehrung der Königin anzunehmen. Paul, George und Ringo fühlten sich geehrt. Also brummte John unwillig und erklärte sich einverstanden. Kompromisse hatten ihm immer widerstrebt. »In meinen Augen habe ich mich verkauft, als ich den Orden annahm«, sagte John später. »Es ist uns gelungen, alles mögliche abzulehnen, wovon die Öffentlichkeit gar nichts weiß. Beispielsweise wurden wir nach dieser Royal Variety Show 1963 ganz diskret gefragt, ob wir nicht von da an jedes Jahr bei diesem Anlaß auftreten wollten, aber wir haben immer abgelehnt. Daher ging jedes Jahr ein Bericht durch die Zeitungen, in dem es hieß: ›Warum keine Beatles für die Königin?‹ Das war ziemlich komisch, weil niemand wußte, daß wir abgelehnt hatten. Die Show ist ohnehin schlecht. Alle sind nervös und verspannt, und daher ist kein Auftritt gut. Als wir auftraten, habe ich auf der Bühne einen Witz gerissen. Ich war wahnsinnig nervös, aber ich wollte etwas sagen, um wenig-

Januar 1966. Johns Vater, Freddy Lennon, bringt seine (erste und einzige) Single, »That's My Life (My Love And My Home)«, auf den Markt, was John ausgesprochen peinlich ist.

FREDDIE
LENNON
THE NEXT TIME
YOU FEEL IMPORTANT

stens ein bißchen dagegen zu rebellieren, und das war das Beste, was ich tun konnte.«

Als bekannt wurde, daß den Beatles der Orden verliehen werden sollte, sagte John: »Ich dachte, die Dinger sind für Leute da, die Panzer gefahren und Kriege gewonnen haben.« Unter pensionierten Obristen kam es zu Wutausbrüchen, weil eine Popgruppe wie die langhaarigen Beatles eine solche Auszeichnung bekam. Es gab sogar Menschen, die ihre Orden aus Protest zurückgaben. John ritt heftige Attacken gegen sie. Er sagte, Offiziere bekämen ihre Orden dafür, daß sie Menschen töteten. »Wir sind wegen unseres Unterhaltungswertes ausgezeichnet worden. Wenn man das vergleicht, würde ich sagen, daß wir uns den Orden eher verdient haben.« Auf jeden Fall aber, hob er hervor, hätten die Beatles diese Auszeichnung schon allein für die Exporte erhalten, da sie Großbritannien Geschäfte in Millionenhöhe eintrugen.

Lord Wilson, damals Harold Wilson, der britische Premierminister, hatte die Beatles für den Orden vorgeschlagen. Viele kritisierten ihn, weil er sich auf die Seite der Jugendlichen schlug, aber Lord Wilson verteidigt seine Entscheidung: »Ich sehe in den Beatles Leute, die die Jugend verwandelt haben, und zwar meistens zum Guten hin. Sie haben viele Jugendliche von der Straße geholt. Sie haben viele, viele junge Menschen mit der Musik in Berührung gebracht, was an sich schon etwas Gutes ist. Viele frühere Bühnenkünstler mögen in ihrer Musik etwas Idiosynkratisches gesehen haben, aber der Mersey-Beat war etwas Neues, und er war von Bedeutung. Aus diesem Grunde haben sie eine solche Auszeichnung verdient«, sagte Lord Wilson 1982 zu mir.

Er erinnert sich an ein Gespräch mit John Lennon 1964 beim Variety Club Luncheon. Als Parlamentsmitglied von der Merseyside unterhielt sich Wilson mit ihm über seine Herkunft. Penny Lane liegt etwa eine Meile außerhalb seines Wahlkreises.

Johns Schlagfertigkeit verblüffte Lord Wilson. Der Beatle war im Variety Club aufgestanden, um im Namen der Gruppe die Auszeichnung anzunehmen. Wilson saß zwischen dem Oppositionsführer und Prinz Philip. John wandte sich an den Vorsitzenden des Variety Clubs und sagte: »Mr. Chief Barker... und (an den Premierminister gewandt) ... Mr. Dobson.« Der Konditoreibetrieb Barker und Dobson war am Mersey bekannt. Lord Wilson sagt dazu: »Das hat ihm wenige Lacher eingebracht, weil an unserem Tisch nur ignorante Südengländer saßen. Aber *wir* haben den Witz genossen.«

Am Tag der Ordensverleihung drängten sich Tausende von Fans vor den Toren des Buckingham Palace. Die Limousine der Beatles fuhr vor dem Palast vor, und die makellos gekleideten Pilzköpfe stiegen aus. Johns Geheimnis war, daß er in einem seiner schwarzen Stiefel mehrere Marihuana-Joints versteckt hatte. Kurz vor Beginn der Zeremonie versammelten sich die Beatles in einer Toilette im Buckingham Palace und reichten einen Joint herum.

Gutgelaunt überstanden sie die Ordensverleihung ohne irgendwelche Zwischenfälle. An Weihnachten brachte John seinen Orden in Mimis neuen Bungalow am Meer mit. »Behalt ihn, Mimi«, sagte er. Der Orden erhielt einen Ehrenplatz auf der Kommode, unter Mimis Lieblingsbild von John, einem riesigen Abzug von einem Foto, das Astrid Kirchherr aufgenommen hatte.

Oktober 1965. Mit lose gebundener Krawatte und geöffnetem oberstem Hemdknopf wirkt John bei der im Anschluß an die Ordensverleihung stattfindenden Pressekonferenz reichlich gelangweilt (»Diese verfluchten blöden Fragen«, äußerte er sich über solche Anlässe). Vier Jahre später schickte John den Orden, den er nie wirklich haben wollte, zurück und zog sich damit Tante Mimis Zorn zu.

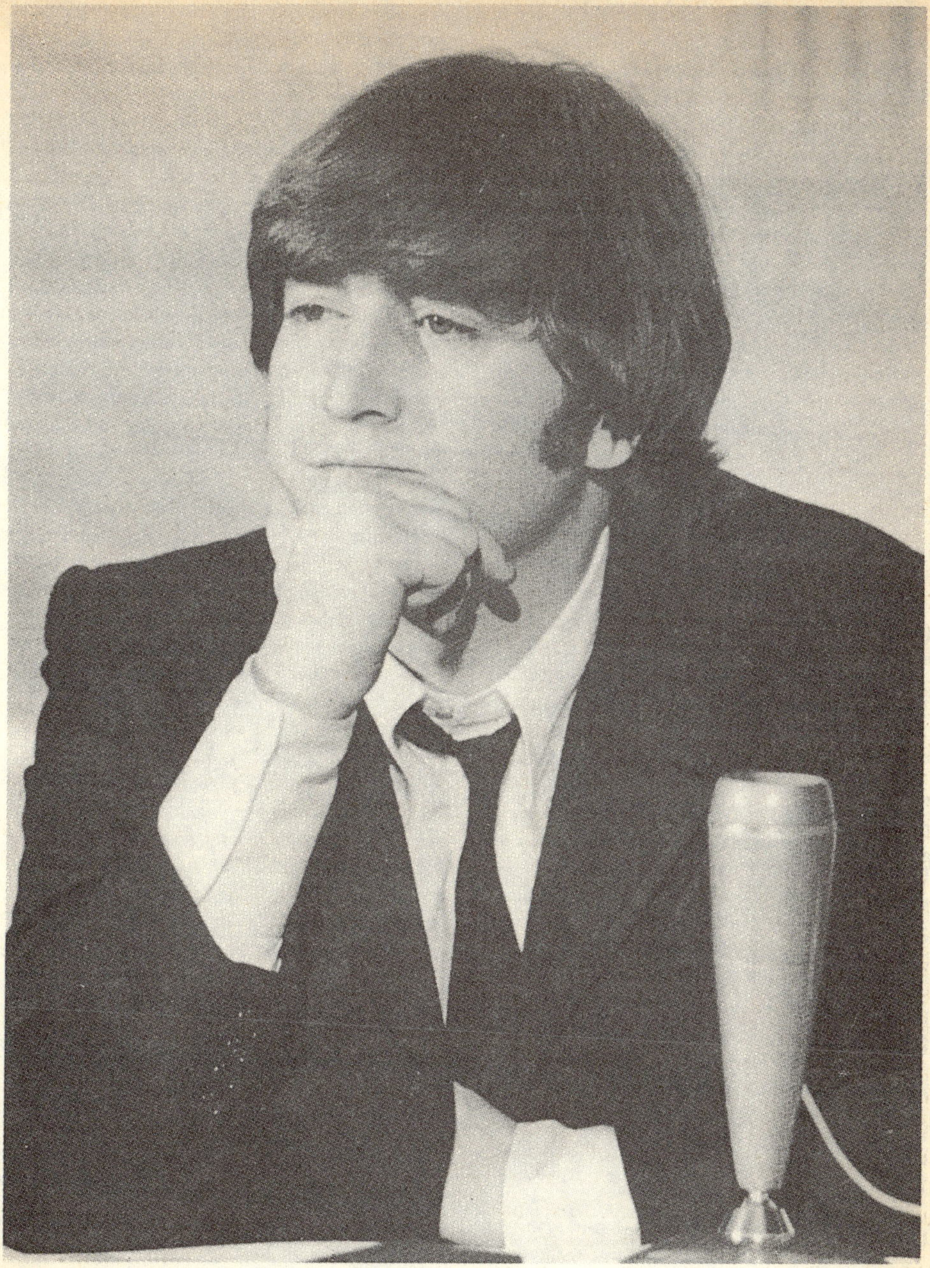

John entschuldigte sich sehr selten, wenn überhaupt. Er sah darin ein Zeichen von Schwäche. Allein Tante Mimi konnte ihm ein »sorry« entlocken, und auch das nur, wenn er wußte, daß er die Auswirkungen monatelang spüren würde, wenn er sich weigerte.
Noch weniger hatte John das Weinen gelernt. »In den zehn Jahren, die wir zusammen waren«, sagt Cynthia, »habe ich John nicht ein einziges Mal weinen sehen.«
Der Frühling 1966 wurde ein Debakel für Lennon. Im Londoner *Evening Standard* war er wie immer als ein ikonoklastischer, hochintelligenter, tiefsinniger, ruheloser Mann dargestellt worden, der weit über einen normalen Popstar hinausreichte. Die Journalistin Maureen Cleave war für John eine Freundin und Vertraute. Er bewunderte ihren Intellekt, er vertraute ihr, und er äußerte sich immer besonders offen, wenn Journalisten ihres Kalibers ihn als einen denkenden Menschen behandelten, statt ihn auf die Popmusik zu beschränken. Wie immer stellte Maureen Cleave John als Denker dar; sie berichtete sachlich, er habe sich folgendermaßen geäußert: »Das Christentum wird abtreten. Es wird abnehmen und verschwinden. Ich brauche keine Argumente dafür; ich habe recht, und es wird sich erweisen, daß ich recht habe – wir sind jetzt beliebter als Jesus; ich weiß nicht, was zuerst verschwinden wird – der Rock'n'Roll oder das Christentum. Jesus war in Ordnung, aber seine Jünger waren fett und gewöhnlich. Ihre Verdrehungen sind es, die für mich das Christentum kaputtmachen.«
Sie berichtete, daß er sich ausführlich mit Religion beschäftige und viel darüber lese. Und das war das Ende der Predigt.
Großbritannien war seit vier Jahren die empörendsten Lennonismen gewohnt und reagierte nicht auf diese Bemerkungen. Lennons Kommentare waren keineswegs sensationell aufgemacht, sondern inmitten eines intelligenten Artikels erschienen. Die Beatles-Familie applaudierte ihrem Chef, der wieder einmal seine Intelligenz unter Beweis gestellt hatte.
Monate nach dem Erscheinen von Maureen Cleaves Artikel tauchten Lennons Aussagen in der amerikanischen Zeitschrift *Datebook* wieder auf, diesmal jedoch ohne den Kontext des Artikels, sondern auf der Titelseite: Lennon nahm für die Beatles in Anspruch, sie seien Jesus Christus überlegen!
Die Reaktion in Amerika war verheerend. Zwei Wochen später sollten sich die Beatles auf eine lange Konzert-Tournee begeben. Sie, und in erster Linie natürlich John, wurden als Frevler beschimpft, und eine Welle von Anti-Beatles-Demonstrationen breitete sich über den amerikanischen Süden aus. Der Ku-Klux-Klan marschierte auf, es kam zu öffentlichen Verbrennungen von Beatles-Platten, schätzungsweise fünfunddreißig Rundfunksender in Amerika boykottierten ihre Songs. Die Liebe Amerikas schlug in Haß um, und es war Lennon, der diesen Haß heraufbeschworen hatte.
Veranstalter, die die Beatles-Konzerte in Amerika geplant hatten, meldeten an, daß sie nicht für die Sicherheit der Gruppe auf der Bühne garantieren könnten. Der Vatikan ließ verlauten, »manche Themen dürften nicht profan abgehandelt werden, nicht einmal in der Welt der Beatniks«. Ein Pfarrer drohte damit, jedes Mitglied seiner Gemeinde zu exkommunizieren, das ein Konzert der Beatles besuchte.
Als Reaktion auf die alarmierenden Anrufe aus Amerika flog Brian Epstein unverzüglich nach New York. Sein erster Gedanke war, die Tournee abzublasen. Aber man teilte ihm mit, wenn John bei einer Pressekonferenz in den Vereinigten Staaten eine Entschuldigung vorbrächte, würde sich die Lage wohl so weit beruhigen, daß die Tournee durchgeführt werden könnte. Brian rief John in Weybridge an. Johns spontane Reaktion war: »Sag ihnen, sie können mich mal. Es gibt nichts, wofür ich mich entschuldigen müßte.« Er bat Brian, die Tournee abzusagen. »Das wäre mir lieber als viele Lügen. Was ich gesagt habe, nehme ich nicht zurück.«
Der bittere Ernst dieser Anti-Beatles-Kampagne war für Brian in Amerika deutlicher zu erkennen als für John in der Abgeschiedenheit seines Hauses in Surrey. Täglich trafen Hunderte von Briefen ein, die nicht mehr nur an »John Lennon,

England« adressiert waren, sondern auch an »Jesus Lennon«. John las ohne größeres Interesse einige dieser Briefe. »Wie viele pro und wie viele contra haben wir heute, Cynthia?« fragte er. Epstein schmeichelte John, er flehte ihn an und verwies immer wieder darauf, daß die Zukunft der Beatles in Amerika nicht nur für diese eine Tournee, sondern für alle Zeiten auf dem Spiel stehe, wenn John nicht ein einziges Mal eine Ausnahme von seiner goldenen Regel machte, sich nie zu entschuldigen und nie etwas zurückzunehmen. Am Tag darauf verbannten die südafrikanischen Rundfunksender alle Beatles-Platten aus ihren Programmen. Angesichts des größer werdenden Drucks hatte John kaum noch eine Wahl. Er rief Epstein an und erklärte ihm, er würde sich dieser Sache bei der Pressekonferenz der Beatles in Chicago, die drei Tage später stattfinden sollte, annehmen.

Brian hatte inzwischen sein Bestes getan, um die Flammen im Keim zu ersticken. Er gab selbst eine Pressekonferenz in New York und sagte: »Diese Äußerung, die John Lennon vor fast drei Monaten (sic) gegenüber einer Londoner Kolumnistin von sich gegeben hat, ist aus dem Kontext des Artikels gerissen und als mißverstandenes Zitat weiterverwendet worden. Der Artikel selbst war voller Lob für Lennon als Person, und er hat das Interview als exklusiv für den *Evening Standard* aufgefaßt. Es war nicht vorauszusehen, daß diese Äußerungen aus dem Kontext gerissen und in einer solchen Form aufgebläht würden, wie dies dann in einer amerikanischen Teenagerzeitschrift geschah.«

Gleichzeitig gab Maureen Cleave in London ihr Äußerstes, um Johns Bemerkungen richtigzustellen. »John hat die Beatles bestimmt nicht mit Christus verglichen«, sagte sie. »Er hat lediglich bemerkt, daß das Christentum auf so schwachen Füßen steht, daß viele Menschen mehr über die Beatles als über das Christentum wissen. Er hat diesen Umstand eher ergründet als ihn gebilligt.«

Die Ironie des amerikanischen Aufschreis sahen viele britische Kleriker in der unerfreulichen Wahrheit begründet, daß John recht hatte – man brauchte nur die Anzahl der Menschen, die Konzerte der Beatles besuchten und ihre Platten kauften, mit der Ziffer der Kirchgänger zu vergleichen.

Als John in Chicago eintraf, holten ihn Brian Epstein und Tony Barrow ab. Sie brachten ihn in ein Hotelzimmer, um ihm knapp zu erläutern, was er von den feindseligen Journalisten und Diskjockeys zu erwarten hatte, die nur darauf warteten, ihn bei der Pressekonferenz lebendigen Leibes zu verschlingen.

»Wir haben uns äußerst ernsthaft darüber unterhalten, was John sagen sollte«, sagt Tony Barrow. »Für John war die Situation sehr ungewohnt, denn in der Zeit, in der ich ihn kannte, habe ich nur dieses eine Mal erlebt, daß er bereit war, sich wirklich zu entschuldigen.« Aber der Druck war so stark, daß John zusammenbrach und weinte. Epstein erklärte ihm, was es bedeutete, die gesamte Amerika-Tournee abzusagen, und Barrow informierte John über die Fragen, die ihm die Journalisten stellen würden. »Ich habe zu John gesagt, er solle versuchen, es zu *erklären.*« Brian fürchtete, die Beatles könnten im Verlauf der Tournee ermordet werden. Diese Sorge traf Lennon.

»Ich tue alles«, sagte er schluchzend. »Alles, was ihr wollt. Wie soll ich den anderen gegenübertreten, wenn die gesamte Tournee platzt? Nur meinetwegen, nur weil ich etwas gesagt habe. Das wollte ich doch alles gar nicht.«

«Hätte ich gesagt, daß das Fernsehen beliebter ist als Jesus«, eröffnete John die Pressekonferenz, »dann hätte man mir das möglicherweise durchgehen lassen. Aber es war nun einmal so, daß ich mich mit einer Freundin unterhalten habe, und ich habe das Wort ›Beatles‹ als einen abstrakten Begriff gebraucht, nicht um das auszudrücken, was ich darin sehe – ich habe von diesen anderen Beatles gesprochen, davon, wie andere Menschen uns sehen. Ich habe nichts weiter gesagt, als daß ›sie‹ mehr Einfluß auf Jugendliche und sonstwas haben als irgend etwas sonst, einschließlich Jesus. Aber ich habe das auf eine falsche Weise ausgedrückt.«

Manche Journalisten waren damit nicht zufrieden. Sie fanden, John habe eine holprige Ent-

schuldigung vorgebracht, mit der er eigentlich nur das ursprünglich Gesagte noch einmal betonte.
Ein Reporter sagte zu ihm: »Manche Teenager haben Ihre Äußerungen wiederholt – ›Ich mag die Beatles mehr als Jesus Christus‹. Wie stehen Sie dazu?«
John erwiderte: »Ich habe das, was ich behauptet habe, ursprünglich auf England bezogen. Ich habe gesagt, daß wir den Jugendlichen mehr bedeuten als Jesus oder die Religion. Ich habe das wertfrei gesagt, und es trifft in England mehr zu als hier. Ich will damit nicht sagen, daß wir besser oder größer sind, und ich wollte uns nie mit Jesus Christus als Person oder Gott als Ding oder was es auch ist, vergleichen. Ich habe nichts weiter gesagt als das, was ich gesagt habe, und das war falsch. Oder es ist falsch aufgenommen worden. Und das ist jetzt dabei rausgekommen.«
Johns einleitende Entschuldigung war nicht klar genug verstanden worden. Ein Rundfunk-Interviewer spitzte die Situation mit der Frage zu: »Sind Sie jetzt bereit, sich zu entschuldigen?«
John war der Meinung, das längst getan zu haben. Sein gequältes Gesicht lief rot an, und seine Stimme wurde fester. »Ich bin nicht anti-Gott eingestellt, nicht anti-christlich, nicht anti-religiös. Ich habe nicht gesagt, daß wir größer oder besser sind. Ich glaube an Gott, aber nicht als einen alten Mann im Himmel. Ich glaube daran, daß Gott, wie man sagt, in uns allen ist. Ich habe nicht gesagt, daß die Beatles besser als Gott oder Jesus sind. Ich habe überhaupt nur von den Beatles gesprochen, weil es leicht für mich ist, von den Beatles zu sprechen.«
Aber sei er bereit, sich zu entschuldigen?
»Ich habe nicht das gesagt, wovon es heißt, ich hätte es gesagt. Es tut mir wirklich leid, daß ich es gesagt habe. Es war nie als ein lausiges anti-religiöses Ding gedacht. Ich entschuldige mich, wenn es Sie glücklich macht. Ich weiß immer noch nicht so recht, was ich eigentlich getan habe. Ich habe versucht, Ihnen zu sagen, was ich wirklich getan habe, aber wenn Sie wollen, daß ich mich entschuldige, wenn Sie das glücklicher macht, okay, von mir aus, es tut mir leid.«

Die Pressekonferenz löste sich auf, und wie immer rissen sich die Presseleute um die Telefone. Als die gängigeren Fragen folgten, fiel nur wenigen Anwesenden auf, daß das typische Lennon-Gift wieder an den Tag kam. Er verurteilte Amerikas Einmischung in den Vietnam-Krieg. Zwei Monate zuvor hatten amerikanische Flieger Hanoi bombardiert. John bezeichnete das amerikanische Vorgehen als unnötig kriegerisch. Das war seine Art, wieder ganz als der echte John Lennon dazustehen. So, wie die öffentliche Meinung über die Beatles in Amerika zu diesem Zeitpunkt aussah, hatte er Glück, daß seine Bemerkung zur Vietnam-Frage nicht von den Zeitungen aufgegriffen und ausgeschlachtet wurde. Der Berichterstattung konnte man entnehmen, Lennon habe eine Entschuldigung vorgebracht. Trotz dieses Aufstands wollte Amerika nämlich seine Beatles wiederhaben – seine süßen, fröhlichen, singenden Beatles. Die Entschuldigung drang jedoch nicht bis nach Alabama im sogenannten »Bibelgürtel« Amerikas vor. Sie traf zu spät ein, um zu verhindern, daß zweitausend kreischende Teenager Platten und Bilder der »Unfab Four« in einem Zeremoniell, das der Rundfunksender WAAX organisiert hatte, in ein großes Feuer

März 1964. John, hier mit Harold Wilson abgebildet, macht das Siegerzeichen, V für Victory, das der Mann berühmt gemacht hatte, dessen Namen John trug, Winston Churchill. Dieses Foto entstand anläßlich eines Essens des Variety Club of Grat Britain in London, bei dem die Beatles zu den Show-Größen von 1963 ernannt wurden.

warfen. Doch auf der anderen Straßenseite stimmte eine kleinere Gruppe von Fans Sprechchöre an: »Yeah Beatles, Buh WAAX.« Ein Diskjockey kündigte an, daß eine weitere öffentliche Plattenverbrennung, die für ein paar Tage später angesetzt war, nicht durchgeführt würde und daß er Lennons Entschuldigung in demselben Geist akzeptierte, in dem sie vorgebracht

worden sei. Er glaube, den Beatles sei jetzt bewußt, daß sie »in gewissem Maße ihren Verstand und ihr Urteilsvermögen« gebrauchen müßten.

Dem großen »Jesus«-Aufstand waren kleinere Aufstände auf den Philippinen vorangegangen. Nach einem Konzert in Manila hatten die Beatles angeblich die Gattin des Präsidenten beleidigt, indem sie die Einladung zu einer Party ausschlugen. Paul sagte, eine Einladung sei nie ausgesprochen worden, aber trotzdem kam in Umlauf, sie hätten sich eine grobe

Unhöflichkeit zuschulden kommen lassen, und sie wurden vielfach beschimpft. Auf dem Flughafen kam es zu einem Handgemenge mit dreißig Rowdys, von denen etliche bewaffnet waren.
Die Sache mit den Einladungen war eine verworrene Geschichte, die auf Mißverständnissen beruhte. Auf ihrem Weg zum Flughafen wurden die Beatles von Tausenden bejubelt und von einzelnen ausgebuht. »An der ganzen Strecke standen Menschen, die uns zugewinkt haben«, sagte John, als sie in Heathrow landeten, »aber ich habe ein paar alte Männer gesehen, die uns ausgebuht haben. Als sie im Flughafen auf uns losgegangen sind, war ich wie versteinert. Ich habe damit gerechnet, daß sie über mich herfallen würden, und deshalb bin ich zu drei Nonnen und zwei Mönchen gestürzt, weil ich mir dachte, es könnte sie zurückhalten, wenn sie mich in der Nähe dieser Menschen sahen. Man hat mich dann auch einfach nur rumgeschubst. Aber für mich sind die Philippinen gestorben. Ich werde mich nie mehr in ein Flugzeug setzen, daß auch nur auf den Philippinen zwischenlandet. Nicht mal über die Philippinen würde ich fliegen.«
Nun gingen sie auf die große Amerika-Tournee. Da wirklich die Gefahr eines Mordanschlags durch einen jener »Irren« drohte, über die sich Lennon so oft lustig gemacht hatte, sah es so aus, als hätte die Tournee wenig Chancen, ein freudiges Ereignis zu werden. Fünfzehn Konzerte, darunter zwei in dem fünfundfünfzigtausend Zuschauer fassenden Shea Stadium in New York und eins vor einer vergleichbaren Menschenmenge im Dodger Stadium in Los Angeles, bezeugten, wie groß die Liebe Amerikas zu den Beatles war. Aber es war nicht immer dasselbe wie früher. Innerlich hatte sich etwas verändert; für John war ein Kapitel abgeschlossen. Mit den öffentlichen Auftritten der Beatles war es vorbei. Eine Last waren diese Auftritte schon seit langem, und jetzt kam auch noch die Gefahr hinzu.
Kurz nach Beginn der Tournee hatten die Beatles den unumstößlichen Entschluß gefaßt, ihr Konzert im Candlestick Park in San Francisco am 29. August 1966 zu ihrem letzten öffentlichen Auftritt zu machen. Als sie Brian Epstein ihren Entschluß unterbreiteten, war er niedergeschlagen. Er wußte, daß seine Vaterrolle bei den Beatles, die er liebte, damit beendet war. Was blieb, waren Geschäftsbeziehungen. Seine Erfahrung hatte ihn gelehrt, daß er im Aufnahmestudio nur willkommen war, wenn er sich aus allem Künstlerischen heraushielt.
George Harrison hatte sich sehr dafür eingesetzt, den Tourneen ein Ende zu machen. Er hatte die schlechte Akustik satt und war dem Zauber der Beatlemania ohnehin nie erlegen. Er wollte mehr Zeit im Studio verbringen und die Aufnahmen ausfeilen. Dort entging einem kein falscher Ton. Er argumentierte damit, sie hätten ihre Größe bewiesen und bräuchten kein Getümmel mehr. John konnte er leicht auf seine Seite ziehen. Sie fühlten sich eingeschränkt und unfrei. Oft wußten sie kaum, in welcher Stadt sie eigentlich spielten, und schließlich wurde all das zuviel. Der Tropfen, der das Faß zum Überlaufen brachte, war der bittere Nachgeschmack der Dinge, die sich in Amerika und auf den Philippinen abgespielt hatten.
Paul McCartney liebte die Tourneen. Er setzte sich heftig gegen den Entschluß zur Wehr, den Lennon und Harrison gefaßt hatten, und argumentierte damit, die Live-Auftritte seien es, was eine Rock'n'Roll-Band ausmache. Paul brauchte die Liebe und den Beifall des Publikums. Er bezeichnete das als entscheidend für ihre Existenz. George argumentierte mit der unbestreitbaren Tatsache der qualitativen Einbußen, die die riesigen Stadien für ihre Musik mit sich brachten. John warf nur ein: »Wir sind zu weit vom Cavern abgekommen.« Ringo machten die Tourneen auch Spaß, aber ohne John und George, die diesen Widerwillen empfanden, waren sie undenkbar geworden. Die einzigen erfreulichen Aspekte an den Tourneen waren die Frauen, die Drogen und die Partys, die gewohnheitsmäßig die Amerika-Tourneen abschlossen; in dem Haus, das sie hoch oben in den Hügeln von Hollywood gemietet hatten, waren die freundschaftlichen Zusammenkünfte mit anderen Musikern zum Ritual geworden. Aber jetzt hatte auch das seinen Reiz verloren.

In Großbritannien war die Lage ohnehin hoffnungslos. Die Säle waren zu klein, um die Millionen von Fans aufzunehmen. Eine Tournee bedeutete somit für mehr Menschen eine Enttäuschung als eine Freude. Auf dem Rückflug von San Francisco stieß George einen Seufzer der Erleichterung aus: »Jetzt muß ich endlich nicht mehr so tun, als sei ich ein Beatle.« Brian Epstein, der sich nicht hatte aufrappeln können, das letzte Konzert der Beatles zu besuchen, betrank sich mit Champagner. Einige Wochen nach ihrer Rückkehr nach London rief Brian John an und teilte ihm mit, wie besorgt der Veranstalter Arthur Howes sei, weil sie keine England-Tournee mehr machen wollten. Lennon schnaubte ins Telefon: »Sag ihm, er soll unsere vier Wachsfiguren schicken, die zum richtigen Zeitpunkt mit den Köpfen wackeln. Keiner wird den Unterschied bemerken.«

Nach der turbulenten Tournee erwies sich die Heimkehr nach Weybridge als schwierig für John. Cynthia, Julian und ein dicker Packen Post von religiösen Eiferern, die John über Jesus belehren wollten, erwarteten ihn, als er zurückkam. Ein paar Tage lang genoß John das häusliche Leben. Er brachte Julian ins Bett, las ihm Geschichten vor und machte ihm gelegentlich seinen Tee. Aber innerlich wühlte ihn die Frage auf: »Was, zum Teufel, tue ich jetzt?« Seit seinem Einstieg in das Arbeitsleben waren die Beatles unterwegs gewesen. Damit war es jetzt vorbei. Plötzlich fühlte er sich allein.

Alles war zu schnell gegangen. Die Ruhelosigkeit, die ihn seit seiner Kindheit angetrieben hatte, nagte jetzt an ihm. »Für mich hat die Lösung eines Problems nie darin bestanden, im selben Stil weitermachen«, sagte er.

Die Beatles konnten zwar noch jahrelang gute Musik machen, aber sie waren keine echte Herausforderung mehr für John. Er las jetzt unermüdlich Zeitungen, vor allem den *Daily Mirror* und die *Daily Mail*.

Sein Ego nahm keinen Schaden. Er wurde mit Angeboten überhäuft, seine literarische und künstlerische Karriere auszubauen. Würde er noch eine Weihnachtskarte für wohltätige Zwekke entwerfen? Würde er bei dieser Eröffnung dabei sein, würde er dem seinen Segen geben, hier, da und dort Geld spenden? John nahm Zuflucht zu dem Angebot, seine erste Solorolle in *Wie ich den Krieg gewann* zu übernehmen. Er spielte die Rolle des gemeinen Soldaten Gripweed in einer Geschichte, die sich gegen den Krieg aussprach, eines von Johns Lieblingsthemen. Den entscheidenden Ausschlag gab, daß Richard Lester der Produzent und Regisseur des Films war. »Das Angebot hat mir geschmeichelt«, sagte John. »Mein Ego brauchte Zuspruch, als unsicher war, wie es mit den Beatles weitergehen würde.«

Das war der erste größere Schritt, den ein Beatle unabhängig von den Beatles machte. Für John bedeutete es nicht nur eine Rolle in einem Film, sondern auch eine entscheidende Veränderung seines Äußeren. Als erstes wurde ihm symbolisch seine Beatle-Mähne geschoren, und gleich darauf mußte er aussehen wie ein Soldat. So kam er zu der runden Nickelbrille, dem Kassengestell. Diese Brille, die John als Junge so entschieden abgelehnt hatte, zog eine Modewelle nach sich, wie man sie seit der Beatles-Frisur nicht mehr gesehen hatte, die 1966 für jeden jungen Mann der westlichen Hemisphäre, der auch nur die geringste Selbstachtung hatte, unerläßlich war.

*Wie ich den Krieg gewann* wurde in Deutschland, wo John seine Haare ließ, und in Almeria, Spanien, gedreht. Ringo und Maureen leisteten John Gesellschaft, und John brach mit seinen Gewohnheiten und lud Cynthia nach Spanien ein. Sie wohnten unter primitiven Bedingungen in einem gemieteten Haus, aber sie waren herrlich abgeschnitten von allem. Vier Jahre lang hatte sich John in einem gewissen Maß auf Paul, George und Ringo verlassen, und jetzt war er unabhängig von ihnen kreativ. Er spielte Cricket mit Richard Lester, setzte sich mit dem Schauspieler Michael Crawford zusammen und machte oft Musik. »Während der Dreharbeiten hatte er immer seine Mundharmonika in der Tasche«, sagt Richard Lester.

Lennon identifizierte sich vollkommen mit der Aussage des Filmes. »Der Film zeigt eine echte, tiefempfundene Einstellung zu seiner Zeit«, sagt Richard Lester. »Er wird weiterhin Bestand haben, weil er niemanden dogmatisch bekehren will und die Gesellschaft nicht verändert, sondern eine unglaublich ernstgemeinte Haltung gegenüber der Glorifizierung des Krieges von seiten des Show-Business widerspiegelt, die Mitte der sechziger Jahre vorherrschend war.«

Als der Film fertiggestellt war, trug Lennon den Button der Atomwaffengegner.

Was ihn bewogen hatte, bei diesem Film mitzuspielen, waren Richard Lesters damals geäußerte Theorien: »Eine der größten Schweinereien im Zusammenhang mit Krieg ist der Kriegsfilm. Sie handeln den Krieg auf der Leinwand ab wie ein ganz tolles großes Abenteuer, bei dem auf Western-Manier Statisten umgebracht werden.«

John sagte: »Ich hasse den Krieg. Der Vietnam-Krieg hat mich dazu gebracht. Wenn es wieder zu einem Krieg kommt, kämpfe ich nicht. Und wenn man die Jugendlichen zum Kämpfen auffordert, stelle ich mich hin und bemühe mich, ihnen auszureden, daß sie mitmachen. Ich hasse den ganzen Schwindel, der uns über den Krieg erzählt wird.«

In einem Film mitzuspielen, machte John Spaß, aber nicht so sehr, daß er ernstlich eine Karriere als Schauspieler ins Auge gefaßt hätte. Er haßte die endlose Warterei, und das Auswendiglernen des Textes, so kurz er auch sein mochte, erschöpfte seine Geduld. Ganz gleich, wie oft Richard Lester ihm sagte, daß er die Fähigkeiten besitze, sich zu einem guten Schauspieler zu entwickeln – John wollte nichts davon wissen. Er kam auf seine frühere Theorie über die Bühne und das Kino zurück: »... die Leute da oben versuchen, sich als jemand anders auszugeben.«

Nach seiner Rückkehr war Lennon klar, daß er bereits so viel erlebt hatte, wie es einem dreifachen Alter des seinen entsprochen hätte. Im Lauf der sechsundzwanzig Jahre seines Lebens hatten sich mit unglaublicher Geschwindigkeit Türen geöffnet und wieder geschlossen: bildende Kunst, Musik, Literatur, Film, Plattenaufnahmen, Konzerte, Erfolg, den sich in dem Maß niemand hätte träumen lassen. Dennoch empfand er eine Leere und hatte nicht das Gefühl, viel erreicht zu haben. Seine Skepsis gegenüber der Politik hatte er behalten; in einem Jahr, in dem in Großbritannien die allgemeinen Wahlen durchgeführt wurden, sagte er im Rahmen eines Interviews über seine politischen Auffassungen zu mir: »Das Motto scheint zu lauten: ›Sorgen wir dafür, daß das Volk mit seinen Joints und Bieren glücklich ist, und es stellt keine Fragen.‹ Ich bin kein Anarchist, aber es wäre gut, wenn den Menschen allmählich der Unterschied zwischen politischer Propaganda und Wahrheit klar würde.«

Seine eigene Suche nach der Wahrheit manifestierte sich im Herbst jenes Jahres in zwei Zeitvertreiben, die die kommenden beiden Jahre seines Lebens hochgradig bestimmen sollten. Es waren die Drogen und sein Wunsch, sich auf irgendeine Weise wieder der Kunst zuzuwenden, von der er ja eigentlich herkam. Daraus sollte im nächsten Jahr der psychedelische Sound von *Sgt. Pepper's Lonely Hearts Club Band* entstehen. Doch 1966 glaubte John – verzweifelt auf der Suche nach etwas Neuem, das er seiner eigenen Psyche als Nahrung vorsetzen konnte –, im LSD und in seinen häufigen Besuchen der Londoner Galerien die erstrebte Anregung gefunden zu haben.

LSD war Johns und Cynthias Getränken heimlich beigemischt worden, als sie eines Abends mit George und seiner Frau Pattie, die er bei den Dreharbeiten zu *A Hard Day's Night* kennengelernt hatte, ausgingen. Für John waren die Be-

September 1966 in Almeria, Spanien – erstmals mit kurzen Haaren und der Nickelbrille.

wußtseinserweiterung, die Erforschung des verschütteten Ich, die übersensibilisierte Wahrnehmungsfähigkeit und die Erkenntnis des eigenen Wesens weit mehr als nur eine Modeerscheinung des Swinging London. Er sagte mir, die Möglichkeit, die diese Droge bot, sich von der realen Welt zu lösen und in eine Art Nirwana einzugehen, sei die Erhörung seiner Gebete gewesen. Bei einer Reihe von Partys in Londoner Künstlerkreisen fand John heraus, wie er an das kommen konnte, was er mir als »das Beste, was es auf dieser Welt gibt« beschrieb. Im Herbst 1966 schluckte er große Mengen LSD. Er wurde Vegetarier, aß unregelmäßig und sah schon nach wenigen Monaten erschreckend angegriffen aus. John bemühte sich erfolglos, Cynthia zu Marihuana und LSD zu bekehren. »Ich war zwar absolut dagegen, aber ihm schien es gutzutun«, sagt Cynthia. »Es hat die Schleusen seines Geistes geöffnet, und er schien seiner Gefangenschaft im Ruhm entkommen zu können. An die Stelle seiner Anspannung und Übellaunigkeit traten Verständnis und Liebe.« Cynthia ließ sich von Johns flehentlichen Bitten erweichen und schluckte einen Trip, auf dem John sie behutsam führte. Sie war jedoch nicht empfänglich für die Wirkung dieser Droge.

Als sie von ihrem Trip zurückkam, beschloß sie kategorisch, sich nie mehr auf Drogen einzulassen. »John war sauer, aber ich kam nicht damit zurecht«, sagt sie. »Plötzlich stand diese innerliche Schranke zwischen uns.« Ihre Abwehr gegen die Drogen ließ einen noch größeren Wall zwischen ihnen entstehen. Cynthia machte sich zunehmend mehr Sorgen wegen des Gefolges von Dealern und Drogenkonsumenten, die nach durchgezechten Nächten in den Clubs von London im Morgengrauen aus dem Rolls-Royce ihres Mannes quollen. Den Umgang mit einem betrunkenen John hatte Cynthia im Lauf der Jahre gelernt, aber eine Mischung von Alkohol und Drogen in Verbindung mit den Scharen merkwürdiger Unbekannter, die sich in ihrem Wohnzimmer flözten, brachte sie zur Verzweiflung. Sie sagte John, sie mache sich Sorgen darüber, in welcher Umgebung Julian aufwachsen müsse, aber John war ganz mit sich selbst beschäftigt, und wenn er keine Lust hatte zu antworten, tat er so, als hätte er nichts gehört. »Ich wußte damals, daß unsere Ehe gefährdet war«, sagt Cynthia. »Wir waren zu keiner Kommunikation mehr fähig. John lebte auf einem anderen Planeten.«

John suchte nach etwas, was weit über die Beatles hinausging, aber er wußte nicht, was es war. Allmählich floß die halluzinogene Wirkung der Drogen in seine Musik und in sein Leben ein, doch er selbst merkte es noch nicht. Er versteckte sein Marihuana und sein LSD im Garten von Kenwood, weil er eine Razzia fürchtete. Die Indizien waren deutlich in zwei Songs aufzufinden: »Day Tripper«, eine Anspielung auf alle diejenigen, die sich nicht wirklich mit Drogen befaßten, sondern unter Johns Kategorie der »Wochenend-Hippies« fielen, und »We Can Work It Out«, dessen Mittelteil von John stammte, obwohl der Song weitgehend von Paul geschrieben war.

Johns Hauptanliegen war jetzt Love and Peace. Der Mann, der mir auf der Höhe der Beatlemania in Weybridge erzählt hatte, er warte darauf, daß etwas geschehe, machte sich selbst daran, es geschehen zu lassen.

Während die ersten Samen der Flower Power und der Psychedelik in Swinging London aufkeimten, waren die beiden blühendsten Gewerbe Boutiquen und Galerien, die zu Dutzenden neu eröffneten. Die Clique aus Chelsea und die Touristen verlagerten ihren Schwerpunkt auf die King's Road. Die Künstlerkreise zogen nach Mayfair, Piccadilly und South Kensington.

Mick Jagger und die Sängerin Marianne Faithfull stellten Lennon John Dunbar vor, den Ex-Mann von Marianne Faithfull, Besitzer des Indica, einer kleinen Galerie in Mason's Yard, Piccadilly. Ei-

Yoko, wie John sie zum ersten Mal sah. Dieses Bild ist der Innenseite des Umschlags entnommen, in den der Katalog eingebunden war, den John in die Hand gedrückt bekam, als er am 9. November 1966 die Indica Galerie in London betrat.

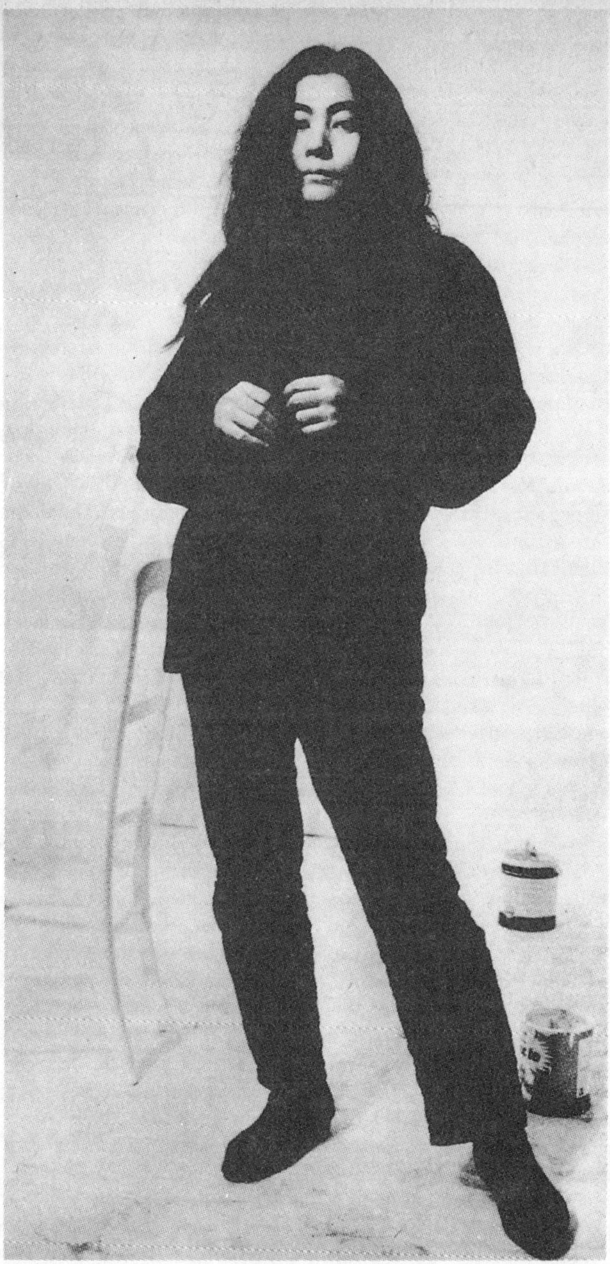

ner seiner Geldgeber war Peter Asher, dessen Schwester Jane damals Paul McCartneys Freundin war. Peter hatte als der Peter von Peter and Gordon auch einen McCartney-Song aufgenommen, »A World Without Love«, ein Song, dessen schmalziger Text Lennons Hohngelächter auslöste.

Dunbar erzählte John, daß er am 10. November 1966 eine äußerst interessante und ungewöhnliche Ausstellung eröffnen würde, und er legte John nahe, schon vorher ganz privat vorbeizuschauen, um nicht bei der Eröffnung von einer Menschenmenge belästigt zu werden.

John und Cynthia verbrachten ihre Abende oft mit verschiedenen Beschäftigungen; sie malte, zeichnete oder beschäftigte sich mit Handarbeiten und war mit ihrer Rolle als Frau und Mutter in Weybridge glücklich. John ging oft allein aus. Am 9. November fuhr Johns Chauffeur ihn mit dem Mini Cooper vor der Indica Galerie vor, und John betrat die Galerie, um sich das anzusehen, was Dunbar am Telefon als ein Happening bezeichnet hatte. Das reizte John. Alles, was aus dem Rahmen fiel und seinen Drogenerfahrungen entgegenkam, zog ihn magnetisch an. Es klang nach einer ungewöhnlichen Ausstellung. Er sagte, er habe sich vorgestellt, daß ein »Happening« eine Art Orgie bedeuten könnte. Innerlich hatte er sich jedenfalls für irgendein *Ereignis* gewappnet.

Die Ausstellung nannte sich *Unvollendete Bilder und Objekte*. Beim Durchblättern des Katalogs empfand John es als ausgeflippt, faszinierend, aus dem Rahmen fallend und verrückt genug, um sich die Zeit zu nehmen, sich diese Dinge genauer anzusehen. In dem Katalog waren Objekte abgebildet wie Wandschränke, Gegenstände aus Glas, ein großer schwarzer Sack, der die Unterschrift trug, »mit einem der Zuschauer drinnen«, ein Apfel, der John unsinnig erschien, »ein Spiegel, in den man seinen Hintern sehen kann«, ein »Himmelfernseher«, der näher beschrieben wurde als Fernsehgerät, das in der Galerie aufgestellt war, damit man sich den Himmel betrachten konnte, eine »Ewigkeitsuhr«. Zu diesen Bildern gab es Texte, die die Ausstellungsstücke näher beschrieben: »Ich würde die Himmelsmaschine gern anstelle der Cola-Automaten an jeder Straßenecke sehen. Wir brauchen mehr Himmel als Colas.« Und: »Der Geist ist allgegenwärtig. Ereignisse im Leben spielen sich nie losgelöst ab, und die Geschichte nimmt endlos an Umfang zu. Die natürlichen Bedingungen von Leben und Bewußtsein sind Komplexität, ein Vakuum, durch das wir in einen Zustand vollkommener geistiger Entspannung geführt werden. Anschließend kann man wieder in die Komplexität des Lebens zurückkehren. Vielleicht ist es nicht mehr dasselbe, oder vielleicht doch, oder vielleicht kehren Sie nie zurück, aber das ist Ihr Problem.« Und: »Der Mensch wird geboren, bildet sich weiter, baut sich ein Haus und ein Leben, und dann vergeht all das mit seinem Tod. Was ist real? Ist irgend etwas real? Ein Ding wird für uns real, wenn es für uns eine Funktion und eine Notwendigkeit bekommt. Solange wir nach der Wahrheit streben, leben wir in selbstauferlegtem Elend und erwarten vom Leben etwas, was keine Illusion ist. Wenn wir erkennen, daß nichts wahr oder illusorisch ist... dann können wir von da an Optimisten sein und das Leben schlucken, wie es kommt.«

Besonders bizarr fand John ein »Gemälde zum Händeschütteln – ein Gemälde für Feiglinge: Bohre ein Loch in eine Leinwand, und steck deine Hand von hinten durch das Loch. Empfange in dieser Haltung Gäste. Drück ihnen die Hand und unterhalte dich mit den Händen.«

Die im Katalog abgedruckte Liste der Verkaufspreise ließ John noch mehr lächeln. Man konnte über einen Versand Artikel wie diese bestellen: »Bandaufnahme des in der Abenddämmerung fallenden Schnees, fünfundzwanzig Cent per Inch (lieferbar in den Sorten: indischer Schnee, der Schnee von Kyo, der Schnee von Aos).

Weinmaschine: Maschine vergießt Tränen und weint für Sie auf Münzeinwurf: 3000 Dollar.

Wortmaschine: Maschine gibt bei Münzeinwurf ein Wort von sich. 1500 Dollar.

Wegzaubermaschine: Maschine, die es ermöglicht, einen Gegenstand auf Knopfdruck verschwinden zu lassen. 1600 Dollar.

Gefahrenkiste: Maschine, aus der Sie nie mehr so zurückkommen, wie Sie vorher waren (für Ihre Sicherheit können wir beim Gebrauch dieser Maschine nicht garantieren). 1100 Dollar.
Himmelmaschine: Maschine produziert auf Münzeinwurf nichts. 1500 Dollar.
So ging die Liste weiter: ein durchsichtiges Haus – die Menschen können von innen nicht nach außen, aber von außen nach innen sehen, Unterwäsche für Männer mit speziellen Defekten, Unterwäsche für Frauen, die high macht, auf Anforderung mit näherer Gebrauchsanleitung, imaginäre Musik und Bücher mit dem Titel *Grapefruit*.
»Was soll das alles?« fragte ein ungläubiger John Lennon.
»Dich hierherzulocken«, erwiderte Dunbar, »ist mein Konzeptkunstwerk.«
Als John sich die verblüffenden Ausstellungsstücke ansah, drückte ihm die Künstlerin persönlich, eine schmächtige Frau, kaum einen Meter fünfzig groß, ganz in Schwarz und mit dichtem langem schwarzem Haar, eine Karte in die Hand, auf die ein einziges Wort gedruckt war: ATME.
Ihr Name war Yoko Ono.

# *John Ono Lennon*

## Teil II
## 1967–1980

*Für Sean Lennon*

# Prolog

»Hier bin ich jetzt, so reich und berühmt, wie ich es immer sein wollte, und *nichts passiert.*« So äußerte sich John Lennon mir gegenüber 1965 in seinem Haus in Weybridge. Hunderten von oberflächlichen Popstars genügten Ruhm und Reichtum; einen John Lennon aber konnte kein flüchtiger Erfolg zufriedenstellen. Einen Teil seiner Philosophie formulierte John ironischerweise auf seinem allerletzten Album, *Double Fantasy*, als er sang: *»Life is what happens to you when you're busy making other plans.«* Lennon schrieb diese Worte für »Beautiful Boy«, das Lied über seinen Sohn Sean, fünfzehn Jahre nachdem er mir von seiner Unzufriedenheit mit seinem Leben als Beatle erzählt hatte, damals, als er immer dicker, immer umschwärmter, immer reicher wurde – und immer ärmer zu sich selbst. Auf eine dramatische Änderung seines Lebens brauchte er nicht lange zu warten. Nachdem seine Ruhelosigkeit durchgebrochen war, dauerte es kein Jahr mehr, bis die Beatles zum letztenmal auf Tournee gingen und er Yoko Ono kennenlernte. Als Eheleute und als Künstler, die miteinander im Wettstreit lagen und deren Werke sich doch miteinander vereinbaren ließen, setzten sie zu einer Reise an, wie noch kein Popstar sie je unternommen hatte, einer Reise, an deren Ziel sie Millionen von Menschen mitrissen und fesselten. Anfangs wurde Yoko Onó geschmäht als »die Frau, die die Beatles auseinandergebracht hat«, die Frau, die der Welt den süßen John entzogen hatte, doch mit Johns Hilfe überzeugte sie die blinden Anhänger mit ihrer Geduld, ihrer Anmut und ihrer Phantasie und damit, daß sie eine Botschaft verkündete, die jeder verstand und die doch die wenigsten so gut formulieren konnten: Frieden und Liebe. John war verständlicherweise erbost über den Haß, mit dem seine Frau überschüttet wurde. Er bezeichnete das als einen ebenso großen Angriff gegen ihn selbst wie gegen Yoko.

Viele von uns, die John während der drei entscheidenden Phasen seines Lebens in Liverpool, London und New York kannten, wurden Zeugen einer außergewöhnlichen Evolution – vom Studenten über den Popstar bis hin zum ausgereiften Künstler und Ehemann. Den Menschen, die mir geholfen haben, jene Zeit in Form eines Buches festzuhalten, möchte ich meinen wärmsten Dank aussprechen.

Yoko Ono Lennons ständiger Zuspruch und ihre unendliche Geduld waren mir sowohl Inspiration als auch eine große praktische Hilfe. Elliot Mintz, seit 1971 Johns engster Freund in Amerika, hat mir seine Zeit unbeschränkt zur Verfügung gestellt und hauptsächlich zu den Jahren, in denen John völlig zurückgezogen lebte, wesentliche Einsichten in Lennons Stimmungen und Ansichten vermittelt.

Leon Wildes, Johns Anwalt während des vierjährigen Kampfes um die Einwanderungserlaubnis, war mir bei meinen Recherchen in New York eine große Hilfe. Vincent Urwand, der Cafèhausbesitzer, den vier Jahre lang eine einzigartige Freundschaft mit John verband, hat entscheidende Erinnerungen beigetragen. Auch die Beobachtungen des Fotografen Bob Gruen waren mir eine große Hilfe.

Mein besonderer Dank gilt Julian Lennon für seine enthusiastische Mitwirkung an diesem Buch und für die Postkarten von seinem Vater, die er mir zur Verfügung stellte. Für ihre wertvolle Zeit, die sie mir geopfert, und für die Erinnerungen, die sie mir anvertraut haben, gilt mein Dank außerdem Johns Tante Mimi und seiner ersten Frau, Cynthia.

Die Chronologie von Johns Leben am Ende dieses Bandes hat Mark Lewisohn zusammengetragen, der auch bei der Suche nach Bildmaterial von unschätzbarer Hilfe war. Ich danke Jane Birdsell, meiner klugen Lektorin bei Sidgwick & Jackson, die beide Bände durchgefochten hat, und Christina Masterman, die das Manuskript erstellte.

Millionen interessierten sich für Johns Leben, somit wurde er Opfer vieler Mythen. Der größte Irrtum war der, ihn für einen robusten, sorglosen Rock'n'Roller mit wenig Mitgefühl zu halten. Daß das Gegenteil wahr ist, offenbart sich in seiner Musik, angefangen mit »If I Fell«, geschrieben 1964, über »Imagine« (1971) bis hin zu »Woman« (1980). Seine Hymnen »Imagine«, »All You Need Is Love«, »Give Peace A Chance« und »Jealous Guy« bezeugen seine Offenheit und seine Suche nach den für ihn gültigen Wahrheiten: Selbsterniedrigung, aber niemals Selbsthaß, Optimismus und die Macht des Guten.

Als Künstler verstand er die gesamte Bandbreite menschlicher Gefühle. Als Mensch war er der Mutigste, den ich je kennengelernt habe.

Ray Coleman
Shepperton, England
April 1984

# 1.
# *Die Scheidung*

»Nachdem ich Yoko kennengelernt hatte, mußte mit allem anderen Schluß sein.«

Ich vermute«, sagt Yoko Ono, »daß ich in Johns Leben die Nachfolge von Tante Mimi antrat.« Dieser Vergleich ist gewagt, aber nicht unrichtig. Die Eigenschaften, die John an seiner strengen Tante Mimi bewunderte und respektierte, fand er in bizarrer Form bei Yoko wieder.

Sie lernten sich Ende 1966 in der Indica Galerie in London kennen. Yoko stellte dort als Avantgarde-Künstlerin aus. Eines der Ausstellungsstücke war ein Apfel, der für zweihundert Pfund zu verkaufen war. John war verblüfft über dieses absurde Ansinnen. »Für einen Apfel brauche ich doch nicht so viel Geld zu zahlen«, sagte er mit einem zynischen Lächeln. Er wußte den trockenen Humor in Yokos Werken zu schätzen. Yoko hatte eine klare Reaktion bekommen. Für die Künstlerin in ihr war der Kontakt nun hergestellt.

Als nächstes forderte sie John auf, eine Trittleiter zu erklettern und einen imaginären Nagel in die Wand zu schlagen. Sie sagte, das würde ihn fünf Shilling kosten. John reagierte schlagfertig. »Ich gebe dir fünf imaginäre Shilling«, sagte er, »wenn du mich den imaginären Nagel in die Wand schlagen läßt.« Yoko gestattete sich ein leises Lächeln. John erzählte später, er habe die Veranstaltung »bekloppt« gefunden, aber Yoko erinnert sich daran, daß beide eine gewisse Elektrizität in der Luft spürten, »als die Verbindung zwischen uns hergestellt wurde«. Lennon fuhr auf jede Art von Experiment ab. Yoko sagt, sie habe an jenem Abend den Humor in ihm erkannt, der ihn gegen seine professionelle Rolle als Beatle absetzte. Die Tatsache, daß Lennon reich und berühmt war, konnte Yoko sowieso nicht beeindrucken. »Ich habe Konzeptkunst gemacht und mich nicht für Popmusik interessiert. Die Beatles, der Rock'n'Roll – damit hatte ich mich nie befaßt.« Der Popstar Lennon jedoch fühlte sich magnetisch zur Kunstszene hingezogen.

An der Ruhelosigkeit, die Ende 1966 in Lennon schwelte, war vor allem sein damals sehr hoher Drogenkonsum schuld. Vor dem Abend, an dem er Yoko zum ersten Mal sah, hatte er drei Nächte mit Marihuana und LSD durchgemacht. Er war unrasiert, und seine ungepflegte Erscheinung und sein rüdes Benehmen spiegelten sein Inneres wider: Die Auswüchse der Beatlemania machten ihm schwer zu schaffen. Er befand sich zu dieser Zeit auf der Suche nach einer neuen Wirkungskraft in seinem Leben. Mit dem sechsten Sinn für Kommunikation, der sich im Lauf der Jahre zwischen den beiden ausprägen sollte, stellte Yoko nach dem seltsamen Zusammentreffen in der Indica Galerie fest, daß sich auch für sie etwas geändert hatte. »Er war auf genau demselben Psychotrip wie ich.«

John beschrieb jene erste Begegnung mit einem Bild: »Man muß sich zwei Wagen desselben Fabrikats vorstellen, die aufeinander zurasen und frontal aufeinanderprallen werden. Es ist wie eine dieser Filmszenen – sie fahren mit hundert Meilen in der Stunde, beide treten die Bremse durch, und im letzten Moment kommen sie zum Stehen, wenn sich die Stoßstangen schon fast, aber noch nicht ganz berühren. So war es vom ersten Moment an.«

Aber es gab ein Problem: Sowohl John Winston Lennon als auch Yoko Ono waren verheiratet.

In Weybridge saß Johns Frau Cynthia in dem festen Glauben, daß ihre Rolle wieder die werden würde, die sie vor der Beatlemania war. Sie sah sich als unerschütterliche, nichts in Frage stellende, liebende, das Heim bewahrende Frau und hingebungsvolle Mutter ihres dreijährigen Sohnes Julian. Wegen Johns häufiger Abwesenheit, die die Tourneen der Beatles mit sich gebracht hatten, war sie gezwungen, sich selbst um alle häuslichen Angelegenheiten zu kümmern. Cynthia war passiv, mütterlich, unendlich verständnisvoll, wenn es nicht gerade um Drogen ging, und sie war nach wie vor das genügsame, nicht kleinzukriegende Mädchen aus Hoylake, genau wie damals, als John sie in der Kunstakademie kennengelernt hatte. Der Umstand, daß sie die Frau eines Millionärs war, dessen Gesicht man jede Woche in den Zeitungen und im Fernsehen zu sehen bekam, hatte sie nicht im geringsten verändert. Das Problem lag darin, daß John sich verändert hatte und es sehr bedauerte, daß Cynthia ihm darin nicht gefolgt war. Er suchte nach neuen Anregungen, nach neuer Action; er wollte, daß sich etwas tat, und zwar sofort.

»Im Grunde genommen war an meiner Ehe mit Cynthia nichts auszusetzen«, sagte John zu mir. »Es war wie eine gelbe Ampel. Sie schaltete nicht auf ›Gehen‹ und nicht auf ›Stehenbleiben‹. Ich glaube, ich habe mich deshalb nie wie ein ganz gewöhnlicher, durchschnittlicher Ehemann gefühlt, weil ich in den ersten Jahren unserer Ehe so oft weg war.«

Der Flirt mit Yoko auf künstlerischer Ebene zog sich über Monate hin, und sie setzte ihn entschlossen fort. John stand Yokos seltsamer Welt anfangs skeptisch gegenüber, doch gleichzeitig reizte sie ihn. Kurz nachdem sie sich kennengelernt hatten, schickte Yoko John ein Exemplar ihres Buchs *Grapefruit*. Die Einfachheit der Texte machte ihn ganz wütend, aber gleichzeitig wurde seine Phantasie dadurch angeregt, und das hatte Yoko beabsichtigt. Im Grunde genommen war es eine Fortsetzung der verrückten Ideen, die in dem Katalog heraufbeschworen worden waren, den John sich in der Indica Galerie lächelnd angeschaut hatte. In *Grapefruit* erteilte Yoko Anweisungen. »Schneide ein Loch in einen Sack, der mit Samen gefüllt ist, und hänge den Sack an einen Ort, an dem Wind weht.« Oder: »Versteck dich, bis alle nach Hause gehen. Versteck dich, bis dich alle vergessen haben. Versteck dich, bis alle gestorben sind.«

John las *Grapefruit* nachts im Bett. Neben ihm lag Cynthia. Als sie ihn fragte, was er lese, sagte er: »Ach, etwas, was diese komische Künstlerin mir geschickt hat.« Keinem von beiden war klar, daß eben diese »komische Künstlerin« ihr Leben innerhalb von zwei Jahren radikal verändern würde. Als Einleitung zu einer Neuauflage von *Grapefruit* schrieb John später: »Hallo, ich heiße John Lennon. Ich möchte euch Yoko Ono vorstellen.«

John lagen Unmengen von Frauen zu Füßen, und Cynthia wußte, welche Versuchung das darstellte. »Ich habe ihm trotzdem blind vertraut«, sagt Cynthia. »Ich konnte mir nicht vorstellen, daß John sich mit einer anderen Frau einlassen würde. Und selbst wenn es so gewesen wäre, hätte ich es ignoriert, weil er immer zurückgekommen ist. Ganz gleich, was John außerhalb unserer Ehe getan hat – er hat sich nie damit gebrüstet. Als ich dann später erfuhr, wie vielen Versuchungen er erlegen ist, wußte ich wenigstens, daß er mich nie verletzen wollte und mir deshalb nichts gesagt hat.«

Cynthia sagt, was andere Frauen betreffe, so habe sie sich größere Sorgen gemacht, als John noch Student war. »Als er dann berühmt war, wurde er zu einer Art öffentlicher Institution. Es war vielleicht einfach, ihn für eine Nacht zu bekommen, aber er mußte vorsichtig sein, aufpassen, wer davon erfuhr.«

Johns Ehrlichkeit zwang ihn, Cynthia Anfang 1967 alles zu gestehen. Cynthia spülte gerade das Geschirr, als John von hinten auf sie zukam, sie in seine Arme zog und sagte: »Ich will es mir von der

John stellt sich vor seinem Haus in Weybridge für eine Werbeaufnahme für das Album *Sgt. Pepper* in Positur

Seele reden, Cyn. Es hat Hunderte von anderen Frauen gegeben.«
Dieses Geständnis hätte eine Explosion bewirken können, aber es führte dazu, daß sie einen der offensten Momente ihrer Ehe erlebten, seit der Trubel der Beatlemania und die Drogen sie auseinandergebracht hatten. »Seltsamerweise«, sagt Cynthia, »war dieser Augenblick sehr liebevoll. Ich war in Tränen aufgelöst, aber nicht wütend oder schockiert, sondern meine Tränen waren Freudentränen, weil ich so glücklich war, daß er es mir sagen konnte, daß wir einander wieder einmal so nahe waren, daß er es loswerden konnte, daß wir darüber reden und weitermachen konnten. Vielleicht wäre es besser gewesen, wenn ich zu mehr Aggressionen in der Lage gewesen wäre. Aber ich war zu glücklich darüber, daß er endlich das Gefühl hatte, sich öffnen und mir sagen zu können, was ihm auf der Seele lag.«
Ihre Ehe war nach Cynthias Schilderung harmonisch, aber ohne Glanzpunkte. Die Möglichkeit, daß John sich mit anderen Frauen abgab, hatte sie bewußt ausgeschlossen und sich darauf konzentriert, den Haushalt zu führen, Julian aufzuziehen und John Geborgenheit zu geben, wenn er von der Arbeit nach Hause kam.
»Als John mir gestand, daß er diese zahllosen Affären gehabt hatte, ist es mir vorgekommen, als hätten wir wieder zueinandergefunden«, sagt Cynthia. »Er hatte das Leben eines Musikers und Popstars geführt, ich das Leben einer Ehefrau und Mutter. Daher war unsere Kommunikation eingeschränkt. Er war mit so vielem beschäftigt gewesen, womit ich nichts zu tun gehabt hatte.«
Wenige Wochen vor Johns Bekenntnis hatten John und Cynthia im Fernsehen eine Sendung gesehen, in der davon gesprochen wurde, wie oft wöchentlich ein Durchschnittsehepaar miteinander schläft. Sie lagen weit unter dem Durchschnitt, sagt Cynthia, weil John so oft fort war. Er sagte zu ihr: »Mein Gott, wir leben wie Bruder und Schwester, findest du nicht?« Bis zu Johns Geständnis war die Ehe im Leerlauf gewesen, und John machte 1966 eine so schnelle Entwicklung durch, daß er keinen Leerlauf in seinem Leben haben wollte.
»Unsere Beziehung war in erster Linie eine Freundschaft – wir waren immer gute Kumpel, und wir hatten vieles gemeinsam durchgemacht«, sagt Cynthia. »Aber als John berühmt wurde, wußte ich, daß wir uns nicht vormachen können, es sei noch so wie zu unseren Studentenzeiten. Mit Julians Geburt waren wir Eltern geworden, Menschen, die Verantwortung zu tragen hatten, und John war ein großer Star. Wenn es in John getobt und gewütet hat, wenn er sich gequält und gemartert hat, dann hat er das vor mir verborgen. Ich habe von all dem nichts gemerkt.«
Johns Eingeständnis, daß es andere Frauen in seinem Leben gegeben hatte, hätte sowohl für ihn als auch für Cynthia therapeutische Wirkung haben können, doch diese Seitensprünge wiesen nur auf etwas hin, was tief unter der Oberfläche lag. Was John ihr nicht sagte, weil er sie nicht verletzen wollte, war, daß er verzweifelt nach einem neuen Meilenstein in seinem Leben Ausschau hielt. Er fühlte sich in seinem Haus nicht wohl. Weybridge war für ihn lediglich ein Statussymbol, das er überstürzt gekauft hatte, um sich vor den Fans zu verstecken, die die Wohnung in einer zentralen Londoner Lage umzingelt hatten. Die Achterbahn der Beatlemania hatte ihren Reiz für ihn verloren. Die Drogen wurden immer wichtiger für ihn, und die ständigen Reibereien mit Cynthia, die Johns LSD-Konsum boykottierte, brachte ihre Ehe noch mehr ins Wanken. Es erboste ihn immer mehr, daß Cynthia ihm, wenn er zu Hause LSD schluckte, Vorwürfe machte. In der Hinsicht ließ er nicht mit sich reden. Cynthia bedauert, daß sie Johns Exzesse nicht heftiger, aggressiver bekämpft hat. Aber sie hatte das Ausmaß unterschätzt, in dem John jetzt intellektuelle Stimulanz suchte.

John bei Brian Epsteins Party in Belgravia, die aus Anlaß des Erscheinens von *Sgt. Pepper's Lonely Hearts Club Band* gegeben wurde. Zu der Zeit nahm er viele Drogen; er wirkte ausgezehrt und unterernährt.

Im Hochsommer 1967 gab Brian Epstein, der Manager der Beatles, eine kleine Party in seinem Haus in der Chapel Street 24, Belgravia, die einem ganz besonderen Ereignis in der Karriere der vier Männer galt, die er immer noch väterlich »the boys« nannte. Wenige der Gäste, mich inbegriffen, rechneten damit, daß das neue Album der Beatles so revolutionär sein würde: Die Musik auf *Sgt. Pepper's Lonely Hearts Club Band* fing absolut perfekt die Stimmung jenes psychedelischen Sommers ein, in dem sich in Swinging London mit Miniröcken, Flowerpower, der Carnaby-Street-Mode und Love and Peace der Wandel einer Generation ankündigte. Das Album wurde zum Soundtrack der Psychedelik.

Es hatte keine Hinweise dafür gegeben, daß die Beatles so vehement in die Drogen eingestiegen waren. Johns Song »Strawberry Fields Forever« hatte wenige Monate zuvor nichts anderes wachgerufen als seine Kindheitserinnerungen an Eiscreme bei einem Kinderfest der Heilsarmee, und in Pauls »Penny Lane« auf der anderen Seite war der Bezug zu Liverpool bekräftigt worden durch die Beschreibung der Bushaltestelle, an der sich John und Paul als Schuljungen getroffen und von der aus sie den Mädchen nachgeschaut hatten. Doch *Sgt. Pepper* war völlig anders, ein triumphaler Sprung nach vorn, was Johns und Pauls Ideen anging. Insbesondere zwei Lennon-Songs – »A Day In The Life« und »Lucy In The Sky With Diamonds« – waren selbst für John revolutionär. Der erste der beiden Songs wurde von der BBC wegen seiner Drogenanspielungen nicht gesendet. Der zweite Song bot sich dem Hörer als mitreißender Bewußtseinsstrom dar. John hatte ihn geschrieben, nachdem Julian eines Nachmittags von der Schule nach Hause gekommen war und ihm ein Bild gezeigt hatte, das er, inspiriert von seiner Freundin Lucy, gemalt hatte.

Bei Epsteins Party wirkte John ausgezehrt, alt, krank und hoffnungslos drogenabhängig. Seine Augen waren glasig, er sprach langsam und undeutlich. Ich unterhielt mich kurz mit ihm über Musik, und er drückte seine Befürchtung aus, sie seien mit diesem neuen Album für den Geschmack der breiten Masse zu weit gegangen. »Werden die Leute die Platte kaufen? Mir gefällt sie, und wir haben alle das Gefühl, wieder einen Schritt weitergekommen zu sein, aber wird sich die Platte verkaufen?« Anschließend sprachen wir kurz über die Musikszene, und John sagte, es gäbe eine »Dope«-Platte, die ihm einfach nicht mehr aus dem Kopf ginge. An den Titel konnte er sich nicht erinnern. Alles andere, was es im Moment an Popmusik gab, war »Mist«. John sagte, er esse im Moment wenig und nur vegetarisch. Er rauchte ununterbrochen und trank große Mengen Wein. Brian Epstein gegenüber drückte ich aus, wie erschreckend und besorgniserregend mir Johns körperliche Verfassung erschien. »Mach dir keine Sorgen. Er ist ein Überlebenskünstler«, sagte Brian.

August 1967. Auf dem Weg nach North Wales zu einem Wochenendseminar des Maharishi beugt sich John in Euston Station aus dem anfahrenden Zug und sieht Cynthia, die den Zug knapp verpaßt hat.

Am nächsten Tag rief John mich an. »Mir ist wieder eingefallen, wie die Platte heißt, an der ich mich gar nicht satthören kann«, sagte er. »Dieser Dope-Song – ist ›A Whiter Shade Of Pale‹ von Procul Harum. Das ist das Beste, was ich seit langem gehört habe. Du legst sie auf, wenn du auf Acid bist – und wow!« Am meisten erstaunte mich an seinem Anruf, daß er sich an unsere Unterhaltung vom Vorabend überhaupt noch erinnerte. John sollte immer wieder beweisen, daß sein Blick und sein Gehör für das Detail sich von Drogen ebensowenig beeinträchtigen ließ wie sein Gedächtnis.

Zum Zustandekommen von *Sgt. Pepper* sagt der Produzent George Martin: »Es war eine ganz unglaubliche Geschichte, weil sich die Platte verselbständigt hat. Sie ist trotz uns gewachsen. Wir haben sehr lange und intensiv daran gearbeitet, und im Rückblick würde ich sagen, daß *Sgt. Pepper* nie in genau der Form entstanden wäre, wenn die Jungs nicht in die Drogenszene eingestiegen wären und ich nicht ein ganz normaler Mensch gewesen wäre. Ich glaube, das Ergebnis wäre sonst nicht so stimmig gewesen. Ich mußte allerdings sehr viel Geduld aufbringen. Man kann nicht viel mit Leuten anfangen, die laufend kichern. Es kann sein, daß auch ohne Drogen etwas wie *Pepper* hätte entstehen können, aber es hätte sicher nicht so ausgesehen.«

Die Drogen, *Sgt. Pepper*, sein psychedelisch angemalter Rolls-Royce, der Zigeunerwagen im Garten von Weybridge und seine ganze Lebensweise entfremdeten John immer mehr von seinem Familienleben. Yoko faszinierte und erboste ihn zugleich. Eine Flut von Briefen von ihr brach über Weybridge herein, und eine Zeitlang kamen täglich Postkarten, auf denen stand: »Tanze« oder »Atme« oder »Sieh dir bis zur Dämmerung alle Lichter an«. John fand sie abwechselnd reizvoll und belanglos. In dieser Phase seines Lebens war John so verletzbar wie nie. Die Beatles machten keine Tourneen mehr und hatten gerade ein Album herausgebracht, über das die Kritiker schrieben, es setze neue Maßstäbe für die Popmusik. Sie hoben Lennon und McCartney als Komponisten in den Himmel. Die Beatles standen an einem Scheideweg, Johns Ehe war ausgehöhlt, er hatte sich enthusiastisch den Drogen zugewandt, und somit war er leicht für alles zu haben, was ihm neue Anstöße versprach.

George Harrison hatte sich auf den Mystizismus des Ostens eingelassen und war verzaubert vom Sitarspiel seines Lehrers und neuen Freundes Ravi Shankar. Paul McCartney trieb mit der Schauspielerin Jane Asher an seiner Seite im gesellschaftlichen Wirbel Londons stetig nach oben. Das konnte John nicht reizen. Ringo, der in Johns Nachbarschaft in Weybridge wohnte, hatte seinen Spaß daran, in seiner Privatbar, der Flying Cow, Drinks auszuschenken. Als Pattie Harrison, Georges Frau, erzählte, was sie über die transzendentale Meditation gehört hatte, die eine tiefere und klarere Form von Bewußtsein und Wahrnehmung ermöglichte, fühlte sich John davon magnetisch angezogen. Gemeinsam mit Cynthia, George und Pattie, Paul und Jane ging er im Londoner Hilton Hotel zu einem Vortrag des Maharishi Mahesh Yogi über Meditation.

Yokos Anrufe häuften sich. Sie bat John um Unterstützung ihrer künstlerischen Wagnisse, und sie erhielt sogar einmal Eintritt in Johns Haus, als weder er noch Cynthia daheim waren. Die Haushälterin Dorothy Jarlett erlaubte ihr, ein Telefonat zu führen, und am nächsten Tag rief Yoko John an, um ihm zu sagen, sie müsse noch einmal kommen, da sie ihren »äußerst kostbaren« Ring neben dem Telefon liegengelassen habe. John hatte sich an ihr unberechenbares Benehmen gewöhnt und fühlte sich von ihrer abgehobenen Art zu reden angezogen, vor allem, wenn er unter Drogeneinfluß war. Cynthia hatte nicht die leiseste Ahnung, daß in dieser Beziehung ein gewisses Potential steckte. Sie merkte es erst an dem Abend, als der Vortrag über transzendentale Meditation stattfand. Yoko war ebenfalls erschienen – allein.

Als John und Cynthia nach der Veranstaltung in ihren Rolls-Royce stiegen, kletterte Yoko nach ihnen in den Wagen. »John und ich haben uns angesehen, als hätten wir den Verstand verloren«, erzählt Cynthia. »Ich habe zu ihm gesagt: ›Was geht hier vor?‹ Er hat gesagt: ›Keine Ahnung.‹ Keiner von uns beiden hatte den Mut zu sagen: ›Entschuldigen Sie, *madam*, aber was wollen Sie hier eigentlich?‹ Sie ist in den Wagen gestiegen und hat darum gebeten, am anderen Ende der Straße abgesetzt zu werden. Das haben wir dann auch getan. Nach allem, was ich wußte, hätte damals schon etwas zwischen John und Yoko sein können, aber von seinem Gesichtsausdruck zu urteilen, glaube ich das nicht. Er war absolut schockiert. Das kann nicht aufgesetzt gewesen sein.« Yoko war ganz in Schwarz. Selbst Cynthia gesteht ihr zu, daß sie mit ihrem langen Haar und ihrer zierlichen Gestalt faszinierend aussah. »Hinterher fanden wir diesen Vorfall lustig«, erinnert sie sich. »Wir haben noch Witze darüber gemacht.« Als John Yoko und Cynthia einander vorstellte, fing Yoko fast augenblicklich an, über *Grapefruit* zu reden. Cynthia nahm einen langen, kräftigen Zug aus ihrer Zigarette und grübelte über die merkwürdige Frau in Schwarz, von der John ihr berichtet hatte, sie tauche an den unmöglichsten Orten immer wieder in seinem Leben auf.

Zu Hause fragte Cynthia John, was es mit Yoko und ihrem eigentümlichen Verhalten auf sich habe.

John erwiderte darauf: »Ach, nichts weiter, die spinnt. Sie ist nur eine übergeschnappte Künstlerin. Mach dir ihretwegen keine Sorgen.«

Cynthia gab nicht gleich nach. »Und was soll die ganze Telefoniererei? Was haben diese Briefe und zurückgelassenen Ringe und ihr Auftauchen hier zu bedeuten?«

»Mach dir keine Sorgen«, erwiderte John. »Das ist nicht von Bedeutung. Verrückt, verrückt, verrückt, Cyn! Sie ist nur eine von diesen Spinnern, die Geld für diesen ganzen Avantgarde-Quatsch haben wollen.«

Cynthia erinnert sich: »Trotzdem hing etwas in der Luft. Ich habe mir Sorgen gemacht, aber ich hatte keine handfesten Beweise. Dadurch, daß er gekifft und LSD genommen hat, war die Kommunikation zwischen uns beiden erschwert. Er hat mich immer wieder angefleht, mitzumachen, aber ich wollte meinen gesunden Verstand behalten. Als wir wieder einmal deswegen eine Szene hatten, habe ich zu ihm gesagt: ›Vielleicht ist Yoko die Richtige für dich, John.‹ Ich erinnere mich, daß er gesagt hat: ›Red keinen Unsinn. Diese komische Künstlerin.‹«

Am Tag nach diesem merkwürdigen Vorfall fuhr John mit den anderen Beatles nach Bangor, North Wales, um sich bei einem Wochenendseminar in die Grundlagen der transzendentalen Meditation einführen zu lassen. Nach einer hektischen Fahrt zur Euston Station in London kam Cynthia in dem Moment an, in dem der Zug abfuhr. John sah aus dem Fenster und erkannte Cynthias Gesicht in der Ferne. Beiden, John und Cynthia, prägte sich dieser Augenblick als die Versinnbildlichung dessen ein, daß ihre Ehe kaputt war. Als Cynthia schließlich allein nachgekommen war, zog John sie mit ihrem »ewigen Zuspätkommen« auf und brachte sie fast zum Weinen. Dieses Wochenende, das ruhig und meditativ gedacht war, sollte nicht nur den Sprung in Johns Ehe vergrößern, sondern sich auch als ein Wendepunkt für die Beatles erweisen.

Am 27. August 1967, einen Tag vor seiner geplanten Reise in den Norden, wo er gemeinsam mit den Beatles an einem Meditationskurs teilnehmen wollte, starb Brian Epstein zu Hause in London an einer unabsichtlich eingenommenen Überdosis Medikamente. John hielt seine Gefühle genauso zurück wie beim Tod seiner Mutter, seines Onkels George und seines besten Freundes Stuart Sutcliffe. Lennon hielt nichts davon, seine Trauer auszuleben. Die Beatles kehrten nach London zurück, um der Presse gegenüberzutreten und mit dem Umstand klarzukommen, daß ihr zweiunddreißigjähriger Manager, der sie zum Gipfel des Ruhms geführt hatte, nicht mehr existierte.

Brian war ein komplizierter, narzißtischer Mann, ein typischer Einzelgänger gewesen, und doch hatte er in nicht mehr als sechs Jahren vier ungehobelte Rock'n'Roller aus Liverpool zu einem internationalen Phänomen gemacht. John hatte stets eine Haßliebe für Brians Triumph empfunden. Er wollte den Ruhm und den Reichtum, den Brian ihnen verschafft hatte, aber er verabscheute es, daß Brian sie herausgeputzt und sie ihrer unverdorbenen Wurzeln beraubt hatte. Dennoch hatte er Brian oft Blumen oder kleine Geschenke geschickt, wenn Eppy ein Tief hatte.

Am Montag nachmittag, der diesem Wochenende folgte, lud John mich ein, nach Weybridge zu kommen und mit ihm über Brians Tod zu reden. Er trug einen weißen Bademantel und flözte mit Ringo am Swimmingpool. Er wirkte benommen.

»Wir sind alle sehr traurig, aber wir haben unseren Kummer unter Kontrolle, unsere Gefühle unter Kontrolle. Sowie ich merke, daß ich deprimiert bin, denke ich an etwas, was mir an ihm gefallen hat. Aber man kann seinen Schmerz nicht verbergen – vorhin zum Beispiel habe ich seinen Namen im Telefonbuch gesehen, und dann trifft es mich. Man muß dafür sorgen, daß man sich an die schönen Seiten erinnert, aber es gibt natürlich etwas in uns, was uns sagt, daß Brians Tod traurig ist. Es ist schmerzlich, wenn jemand stirbt, der einem nahesteht, und Brian hat uns sehr nahe gestanden. Am liebsten würden wir uns alle so richtig ausweinen. Aber das brächte uns doch auch nicht weiter, oder?

Diese Gespräche über transzendentale Meditation haben uns geholfen. Man ist doch schließlich auch nicht außer sich, wenn aus einem Kind ein Teenager wird, aus einem Teenager ein Erwachsener, oder wenn ein Erwachsener alt wird. Ja, und Brian geht auch einfach nur in die nächste Phase über.

Sein Geist ist noch bei uns und wird immer hier bleiben. Wir haben eine physische Erinnerung an ihn, und als Menschen bauen wir auf diese Art von Erinnerung. Es ist der Verlust eines Genies, aber die Körper anderer Genies sind auch gestorben, und ihr Geist kommt der Welt zugute.

Es liegt an uns, uns darüber klarzuwerden, was wir und Brian eigentlich wollten. Er mag zwar körperlich tot sein, aber das ist eine negative Denkweise. Er hat dazu beigetragen, uns die Kraft zu dem zu geben, was wir getan haben, und dieser Antrieb ist noch am Leben. Es ist wirklich ein Jammer, daß er nicht zum Meditationskurs beim Maharishi gekommen ist.«

Ich fragte John, wie er Epsteins Rolle für den Erfolg der Beatles einschätze und ob sie seiner Meinung nach auch ohne ihn den Durchbruch geschafft hätten.

»Nicht so, nein. Aber wenn Brian nicht zu uns gestoßen wäre, hätten wir alle – wir vier und Brian – auf dasselbe hingearbeitet, wenn auch unter Umständen mit ganz verschiedenen Zielsetzungen. Wir wußten alle, was wir wollten; er hat uns geholfen, und wir haben ihm geholfen.

Wir werden bald alle für ein paar Monate nach Indien gehen, um uns ernstlich mit der transzendentalen Meditation zu befassen. Die einzigen Pläne, die wir vor Brians Tod hatten, waren, eine Schallplatte, einen Fernsehauftritt und einen Film zu machen. Aber unser Zusammentreffen mit dem Maharishi hat unser Denken ein bißchen geändert, und Brians Tod hat unser Denken sehr verändert. Irgendwie ist es jetzt sinnvoller, nach Indien zu gehen. Wir wollen das mit der Meditation von Grund auf lernen, damit wir sie propagieren und jedem die ganze Idee verkaufen können, die dahintersteckt. So wollen wir unsere Macht jetzt einsetzen – man hat uns immer als die Anführer der Jugend bezeichnet, und wir glauben, etwas gefunden zu haben, wohin man die Menschen führen sollte. Wir wollen in London eine Akademie gründen und die gesamte Macht, die wir haben, dafür einsetzen, daß es klappt. Und alle Menschen, die sich Sorgen um die Jugend und die Drogen und dieses ganze Zeug machen, können auch kommen und ihre Freude daran haben.

Es geht nicht um Evangelien und Lehren und Singsang, und es braucht keine Religion zu sein, wenn die Leute es nicht mit Religion in Verbindung bringen wollen. Es findet alles nur im Kopf statt.

Es verstärkt das Verständnis, läßt die Menschen sich entspannen. Die ganze Welt braucht mehr Entspannung, und die Menschen, die sich ein bißchen mit Meditation befassen, werden sehen, daß es nicht irgendein Tick oder eine Masche ist, sondern die Möglichkeit, Spannungen zu beseitigen. Man lernt etwas über das Denken, die Bedeutung von Gedanken, wie man Gedanken weiterverfolgt – und es ist viel besser als Acid.

Wir haben keine Ahnung, ob wir einen neuen Manager suchen werden. Wir hatten immer die

Mit Blumen begrüßt der Maharishi Mahesh Yogi Paul und John, als sie im August 1967 im Bahnhof von Bangor eintreffen, um sich ein Wochenende lang in transzendentaler Meditation zu üben.

Kontrolle über das, was wir tun, und wir müssen tun, was jetzt getan werden muß. Wir wissen, was wir tun sollten und was wir nicht tun sollten. Brian war für seinen Job geboren, und wir werden ihn mit Sicherheit vermissen.

Wenn Brian bei den Vorträgen über Meditation dabeigewesen wäre, hätte er es verstanden. Das ist jetzt für mich das Wichtigste in meinem Leben, und es ist zu einem Zeitpunkt gekommen, zu dem ich es besonders stark brauchte. Es hat nichts mit Mystizismus zu tun. Es geht um *Verstehen*.

Brian ist nur leiblich gestorben, und sein Geist wird immer mit uns arbeiten. Wenn wir auf dem richtigen Weg waren, wußte er es, und wenn wir auf dem falschen Weg waren, hat er es uns gesagt, und im allgemeinen hat er recht gehabt. Aber was soll's, er ist ja nicht wirklich tot.«

Kurz vor seinem Tod hatte Epstein sich erfolglos bemüht, die Beatles zu überreden, ihren Entschluß, nicht mehr auf Tourneen zu gehen, noch einmal zu überdenken. Doch John und George

hielten an ihrer Entscheidung fest. Brian starb als ein niedergeschlagener Mensch. Daß »the boys« ihn nicht mehr brauchten und daß sie nicht mehr auf seine Wünsche eingingen, verursachte in ihm ein Gefühl der Leere. John würde Brian, wie jedem anderen Gast in den Aufnahmestudios, den Mund verbieten. Epsteins Rolle war unhaltbar geworden – er war ein Manager ohne jeden Einfluß und fast ohne Aufgabenbereich. Seine »boys« waren Männer geworden, reiche, unabhängige Individuen mit großen Plänen, sich ständig erweiterndem Horizont und dem Talent, weiterzumachen.

Oder zumindest erschien es im Hochsommer 1967 so. Es war das Jahr, in dem die Botschaft von Love and Peace auf einer Flutwelle von »good vibrations« von Kalifornien nach London geschwemmt wurde, das Jahr, in dem Scott McKenzie sang: »If you're going to San Francisco be sure to wear some flowers in your hair«, das Jahr, in dem John vor vierhundert Millionen Fernsehzuschauern Kaugummi kaute, während er »All You Need Is Love« sang. John blieb cool. Doch später sollte er sich gezwungen sehen, zuzugeben: »Mit den Beatles war es aus, als Eppy starb. Tief in meinem Innern habe ich gewußt, daß es damit aus war. Ohne ihn war es vorbei mit uns.«

Als John und Cynthia Anfang 1968 vom Heathrow Airport aus nach Rishikesh flogen, um George und Pattie Harrison zur Meditationsakademie des Maharishi zu begleiten, wirkte Lennon so, wie er auch sprach und sich fühlte – wie ein Mann mit Problemen, die ihn innerlich zerrissen. Er war nicht mehr der liebenswerte Pilzkopf, der die Bewunderung von Millionen auf sich gezogen hatte.

In Rishikesh wirkten sich die Meditation und die fremde Umgebung wohltuend auf John aus, aber gleichzeitig nahm Cynthia eine flattrige Nervosität an ihm wahr. »Jeden Morgen war er vor mir auf und verschwand sofort aus dem Zimmer, um sieben Uhr, und sagte, er wolle alleine meditieren«, sagt sie. »Morgens hat er mich einfach ausgeschaltet. In der ersten Woche in Indien ist es ihm gut gegangen, aber danach hat er mich völlig abgeblockt. Wir hatten immer Dinge gemeinsam getan... ›Moment, John, warte auf mich‹, habe ich gesagt.

›Nein, nein, ich muß weg‹, war seine Antwort. Ich konnte nicht verstehen, warum er mich gerade zu diesem Zeitpunkt so abschob. Ich gab dem Umstand, daß wir weit weg waren, und seiner veränderten Einstellung zur Meditation die Schuld. Ich war so froh, daß nichts mehr mit Drogen lief. Die Meditation hatte den Drogen den Todesstoß versetzt, gerade als es schon wirklich gefährlich wurde. Ich hatte schon damit gerechnet, daß das Heroin als nächstes Stadium kommt. Aber er war nervös und reizbar. Später ist mir aufgegangen, daß er weggegangen ist, um die Post zu holen, weil Briefe von Yoko dabei waren, aber davon hatte ich damals keine Ahnung.

Es ist so weit gekommen, daß wir uns gegenseitig auf die Nerven fielen, wenn wir auch nur in einem Raum zusammen waren. Es gibt verschiedene Meditationsformen, und manchmal war jeder von uns zu einer anderen Meditationsform aufgelegt. Wenn wir uns dann im selben Raum aufhielten, war das schlecht für uns beide. Er wirkte sehr isoliert, und er verbrachte oft den ganzen Tag mit dem Maharishi. Anschließend waren seine Augen kaum wiederzuerkennen, und er wollte weder mit mir noch mit anderen reden. Ich glaube, daß sich in Rishikesh wirklich ein großer Wandel in ihm vollzogen hat. Er ist durch die Meditation so tief in sich gegangen, daß er sich von allem anderen abgesondert hat.«

John nahm die Meditation sehr ernst. Er und George glaubten weit mehr als die anderen an die beruhigenden Kräfte. John meditierte acht Stunden täglich, und in den acht Wochen, die er an der Akademie verbrachte, schrieb er in der übrigen Zeit fünfzehn Songs.

Yokos Briefe, manche mit der Hand geschrieben, andere in makelloser Maschinenschrift, stimmten genau den richtigen Ton für Johns entspannte Gemütsverfassung an. »Ich bin eine Wolke. Sieh dich am Himmel nach mir um«, schrieb sie. John, der bald getrennte Schlafzimmer haben wollte und aus dem gemeinsam mit Cynthia benutzten Zimmer auszog, sann über Cynthias Worte in Weybridge nach: »Vielleicht ist Yoko die Richtige für dich.« Er kam zu dem Schluß, daß sie vollkommen recht gehabt hatte. Er wollte zurück nach England.

Dazu kam ein wachsendes Unbehagen, was das Verhalten und die Persönlichkeit des Maharishi betraf, nicht jedoch seine Methoden. John und

John und der vierjährige Julian vor Lennons Rolls-Royce, über den während der psychedelischen Jahre in Großbritannien viel geredet wurde. Das Foto wurde im Juni 1967 in Weybridge aufgenommen.

Cynthia kündigten an, daß sie zwei Wochen früher als ursprünglich geplant abreisen würden. Paul und Jane Asher, Ringo und seine Frau Maureen waren bereits nach Hause geflogen. Maureen hatten die vielen Moskitos gestört, und Ringo hatte den trockenen Kommentar abgegeben, die Akademie erinnere ihn an ein Ferienlager. Auf die Frage des Maharishi, warum er verfrüht abreisen wolle, antwortete Lennon schnippisch: »Wenn du so verdammt kosmisch bist, dann weißt du auch, warum.«

Johns wachsendes Interesse an Yoko bewirkte, daß er es kaum abwarten konnte, wieder nach England zu kommen. Bei seiner Rückkehr stand er jedoch vor Problemen, denen selbst er kaum gewachsen war.

Ohne Manager hatten er und die drei anderen Beatles beschlossen, eine eigene Firma zu gründen, Apple, und ein neues Album war bereits im Entstehen. Doch der bei weitem entscheidendste Punkt, der anstand, war seine Beziehung mit Cynthia. Es ging nicht um Reibereien, sondern eher um eine Kommunikationssperre. Die innere Kluft, die sich durch die Drogen zwischen ihnen aufgetan hatte, war durch die Meditation nur noch tiefer geworden. »Wir haben damals einiges durchgemacht«, sagt Cynthia. »Es war reichlich verwirrend, nach der Meditation in Indien in die Realität zurückzukehren.«
John sagte ihr, er werde viel Zeit in den Studios verbringen, da er eine Platte vorzubereiten und Geschäfte zu erledigen habe. Er fragte sie, ob sie nicht ein paar Wochen nach Griechenland fahren wolle, wo Jenny und Alex Ferien machten. Jenny Boyd war Pattie Harrisons Schwester; Alex war »Magic Alex« (mit richtigem Namen hieß er John Alexis Mardas), ein in Griechenland geborenes Elektronikgenie, der bei den Lennons ein und aus ging.
Cynthia war einverstanden. »Wir brauchten beide Platz zum Atmen«, sagt sie. »Ich glaube nicht, daß er mich vorsätzlich loswerden wollte. Er wollte nur erst wieder mit sich selbst ins reine kommen nach diesem Indienaufenthalt, und das wollte ich auch. Er war sich seiner selbst nicht sicher und wußte nicht, was er davon hielt, wie sein Leben jetzt verlief. Er war enttäuscht vom Maharishi, und die Beatles mußten sich alles weitere genau überlegen, nachdem Brian Epstein tot war. Dazu kamen diese Ungewißheiten zwischen uns. Es schien eine gute Lösung zu sein, daß ich ihn seiner Arbeit überließ.«
Das erste deutliche Anzeichen, anhand dessen Cynthia feststellte, daß John dabei war, qualvolle Entschlüsse zu fassen, wurde sichtbar an dem Tag, als sie ihre Sachen für Griechenland packte. »Er war oben und lag vollständig angezogen auf unserem Bett, starrte ins Leere und sagte kein Wort. Ich glaube, es ging ihm so viel durch den

Kopf, daß er nicht mehr in der Lage war, zu sprechen. Normalerweise wäre er runtergekommen und hätte dem Taxi nachgewinkt, aber an dem Tag, an dem ich abgereist bin, war er auf einem anderen Planeten. Man konnte unmöglich zu ihm vordringen. Er muß gerade kurz vor dem Entschluß gestanden haben, was er eigentlich von seinem Leben will, und es hat ja auch nur eine Woche gedauert, bis sich alles entschieden hat. Das, was John wollte, hat er meistens auch bekommen.«

John hatte beschlossen, daß er mit Yoko Ono an den Punkt gekommen war, an dem es hieß: jetzt oder nie. Sein alter Schulfreund aus der Quarry Bank High School, Pete Shotton, war der einzige Mensch, der während Cynthias Abwesenheit in Weybridge wohnte. Er war recht überrascht, als John sagte, er habe vor, Yoko Ono am Abend vor Cynthias Rückkehr einzuladen. Shotton sagte, er wolle ohnehin ins Bett gehen. John rief Yoko in ihrer Wohnung in London an, und ein Taxi brachte sie am späteren Abend nach Kenwood. Sie war wie üblich ganz in Schwarz.

John wußte, daß es hier um mehr als um eine flüchtige Affäre ging. Er und Yoko saßen mehrere Stunden lang nervös und angespannt im Wohnzimmer und unterhielten sich. Er sprach über den Druck von außen, den es mit sich brachte, ein berühmter Beatle und Millionär zu sein, und er brachte zum Ausdruck, daß ihm die Herausforderung fehlte. Sie sprach über die frustrierenden Aspekte des Daseins als Künstlerin. »Yoko und ich waren von Anfang an auf derselben Wellenlänge, schon von dieser ersten Nacht an«, sagte John Jahre später zu mir. »Diese erste Nacht hat mich davon überzeugt, daß ich meine Ehe mit Cyn beenden mußte.«

John führte Yoko in sein Studio mit den beiden Bandgeräten, auf denen Glanzlichter unter seinen Kompositionen entstanden waren wie

John und Yoko.

»Nowhere Man«, »I'm A Loser« und der Klassiker »Norwegian Wood«, die Geschichte seiner Affäre mit einer bekannten Journalistin. John und Yoko führten sich gegenseitig in ihre voneinander sehr verschiedenen Welten ein. Lennon hatte immer mit Klängen experimentiert und interessierte sich für elektronische Effekte. Yokos Interesse galt vor allem der menschlichen Stimme, deren Potential sie weit über den orthodoxen Gesang hinausgehend erkundete. »Wir haben viele Stunden improvisiert«, erinnert sie sich. »Er hat alle Laute, die ihm in die Finger kamen, über die beiden Bandgeräte laufen lassen, Töne, die längst aufgenommen waren. Ich habe mich hingesetzt und es mit Stimme unterlegt. Wir haben beide die Ungewißheit genossen, nicht zu wissen, was dabei herauskommen würde. Wir nannten es *Unfinished Music*. Es war so gedacht, daß der, der sie sich anhört, in seinem oder ihrem Geist Dinge wegnehmen oder Dinge dazutun kann.« Ein zentraler Punkt bei Yokos Arbeit war die Herausforderung des Publikums. Ihr Sinn für künstlerische Waghalsigkeit faszinierte John. Bei ihm war immer alles in direkte, kommerzielle Songs eingeflossen. Er gelangte zu dem Urteil, daß Yokos Welt kein »Avantgarde-Mist« war, wie er früher geglaubt hatte. Ihre Arbeit eröffnete wirklich Möglichkeiten. Bei Tagesanbruch gingen sie miteinander ins Bett. »Es war sehr schön«, erinnert sich John. »Ich hatte keinen Zweifel daran, daß ich die Richtige gefunden hatte.«

Am nächsten Morgen war Pete Shotton der erste Mensch, der es erfuhr. John sagte ihm, daß er ein neues Haus suchen würde, in dem er mit Yoko leben wollte. Der entgeisterte Shotton fragte ihn, wovon eigentlich die Rede sei. John erwiderte, er habe den Menschen gefunden, nach dem er gesucht habe, und er sei bereit, alles hinzuwerfen, um mit diesem Menschen zusammen zu sein. Ganz gleich, um welchen Preis – Beatles, Häuser, Geld und Ruhm. Es zählte nichts anderes mehr als seine Zukunft mit Yoko Ono. Was sich zwischen ihnen abspielte, war unglaublich; Yokos intuitives Gespür für das, was Johns Gedanken anfeuerte, trug dazu bei, daß er sich auch physisch zu ihr hingezogen fühlte. Wenn es den Augenblick gibt, in dem John Lennon aufhörte, ein echter Beatle zu sein, und es statt dessen vorzog, Künstler zu werden, dann war es diese Nacht im Mai 1968. Und wenn John sich zu etwas entschlossen hatte, dann stand sein Entschluß unwiderruflich fest.

Im Lauf des Nachmittags kam eine fröhliche, erholte Cynthia nach Hause. Sie sprudelte förmlich über vor Optimismus; die kurze Trennung hatte ihr das Gefühl gegeben, daß jetzt mit John nur alles wieder besser werden konnte. Seltsamerweise brannte die Außenbeleuchtung vor der Tür, und alle Gardinen waren zugezogen. »Es war gespenstisch still«, erinnert sie sich. »Normalerweise wäre ein Gärtner in der Nähe gewesen. Oder Dot, die Haushälterin. Oder Julian hätte irgendwo gespielt. Aber das Haus wirkte so verlassen, als sei hier die ganze Nacht durchgefeiert worden. Ich hatte keine Ahnung, was mich erwartete. Erst habe ich wie verrückt an die Tür geklopft, aber niemand hat aufgemacht. Alle Zimmer, die nach vorne gingen, lagen im Dunkel, aber von einem der hinteren Räume drang ein Lichtschimmer durch.«

Cynthia schloß die Tür auf. Jenny Boyd und Magic Alex folgten ihr ins Haus. Cynthia lief überall herum und rief: »Ist jemand da? John? Julian? Dot?« Es war nach wie vor kein Laut zu hören. Cynthia lief durch alle Räume im Erdgeschoß, bis sie schließlich zum Eßzimmer und zur Küche kam. Hier bot sich ihr ein Anblick, der sie »belämmert« stehenbleiben ließ. Auf der Sonnenterrasse saß John in seinem grün-weiß gestreiften Bademantel mit zerzaustem Haar und

Einer der ersten Auftritte in der Öffentlichkeit mit Yoko Ono. Sie werben für Johns erste Kunstausstellung, »You Are Here«, in der Galerie Robert Fraser in London. Juli 1968.

einem Becher Tee in der Hand. Er sah der eintretenden Cynthia entgegen. Yoko, deren schwarze Haarwoge über einen Stuhlrücken wallte und sofort erkennen ließ, wer sie sein mußte, saß John gegenüber, regungslos, mit dem Rücken zu Cynthia, die erstarrt in der Tür stehenblieb. »Es war, als laufe man gegen eine Mauer aus Beton, und ich hatte nichts mehr mit all dem zu tun. Ich habe mich von jeder Kommunikation ausgeschlossen gefühlt«, sagt Cynthia. Sekunden später standen Jenny und Alex mit aufgerissenen Mündern hinter ihr.

John brach das Schweigen nach wohl etwa einer Minute, die sich wie Stunden in die Länge gezogen hatte. »Oh, hallo«, sagte er ungerührt. Dann nahm er einen Zug von seiner Zigarette. Er hätte mit dem Gärtner oder mit einem Kellner sprechen können.

Die Unwirklichkeit der Situation verschlug Cynthia die Sprache. Sie bemühte sich, ihren Schreck zu überspielen. »Oh, hallo«, sagte sie zu John. »Ich habe eine prima Idee«, fuhr sie mühsam fort. »Wir haben in Griechenland gefrühstückt, in Rom zu Mittag gegessen, und Jenny und Alex und ich haben uns gedacht, es wäre ganz toll, wenn wir alle zum Abendessen nach London fahren, um den Urlaub noch ein bißchen in die Länge zu ziehen.«

Mit ausdrucksloser Stimme antwortete John: »Nein, danke.«

In dem Moment drehte sich Yoko um und warf Cynthia »einen sehr selbstbewußten, zuversichtlichen Blick« zu. Sie trug einen schwarzen Seidenkimono. »Ich hätte wahrscheinlich darauf vorbereitet sein müssen, aber das war ich nicht«, sagt Cynthia. »Mir blieb die Luft weg. Ich war nicht wütend. Ich war nur völlig am Boden zerstört. John sprach mit niemandem – nicht nur mit mir nicht, sondern auch sonst mit niemandem. Er hat nur ausdruckslos vor sich hingestarrt. Ich hatte das Gefühl, ich sollte mich auf keinen Streit einlassen und auch keine Fragen stellen, sondern statt dessen augenblicklich aus dem Haus verschwinden.« Sie ging nach oben und packte so ziemlich dasselbe, was sie auch in ihrem Urlaubsgepäck hatte: Zahnbürste, Schuhe, Make-up, Mantel, Kosmetiktasche. Als sie am Gästeschlafzimmer vorbeikam, sah Cynthia ein Paar japanische Hausschuhe vor der Tür stehen. Wenn sie noch einen letzten, vernichtenden Beweis dafür brauchte, daß Yoko die Nacht hier verbracht hatte, dann hatte sie ihn jetzt.

Cynthia verspürte so sehr den Drang, das Haus zu verlassen, daß sie keine fünfzehn Minuten brauchte, um wieder zu gehen. »Ich habe Johns Schweigen so aufgefaßt, als wolle er sagen, ich solle verschwinden. ›Störe diesen phantastischen Augenblick nicht. Hau ab. Du verdirbst alles‹, hätte er damit sagen können. Diese Ausstrahlung habe ich ohne jedes weitere Wort verstanden.« Sie sagt, sie sei mit Überschallgeschwindigkeit abgebraust.

Cynthia zog zu Jenny Boyd und Alex Mardas in deren Haus im Zentrum von London. »Ich wußte, daß Julian bei Dot, der Haushälterin, gut aufgehoben war«, sagt sie. »Er war oft bei ihr.« Drei Tage später hatte sich Cynthia so weit gefaßt, daß sie in Kenwood anrief. Dorothy Jarlett, die anhängliche Haushälterin, die jetzt in einer unmöglichen Lage war, ging an den Apparat. Nein, sagte sie, John sei nicht da. Cynthia erkundigte sich nach Julian und sagte, sie komme noch am selben Tag wieder nach Hause.

Zu ihrem Erstaunen wurde sie von John begrüßt, als sei nichts geschehen. »Ich verstehe nicht, warum du gegangen bist«, sagte er. »Was sollte das heißen?« Cynthia entschuldigte sich und sagte, sie sei nicht damit zurechtgekommen, daß er und Yoko so sehr als eine Einheit gewirkt hätten. John beharrte darauf, ihre Beziehung sei rein intellektuell. Yoko und er hätten »die ganze Nacht lang mit den Bandgeräten experimentiert«, und es sei nicht recht, daß Cynthia die Situation falsch auslegte. Er wollte nicht über seine Beziehung mit Yoko reden. Cynthia sagt: »Es war seltsam – über die anderen Frauen, mit denen er zu tun gehabt hatte, sprach er, aber über Yoko war kein Wort aus ihm rauszuholen.«

John, wie Don McCullin ihn im Juli 1968 sah.

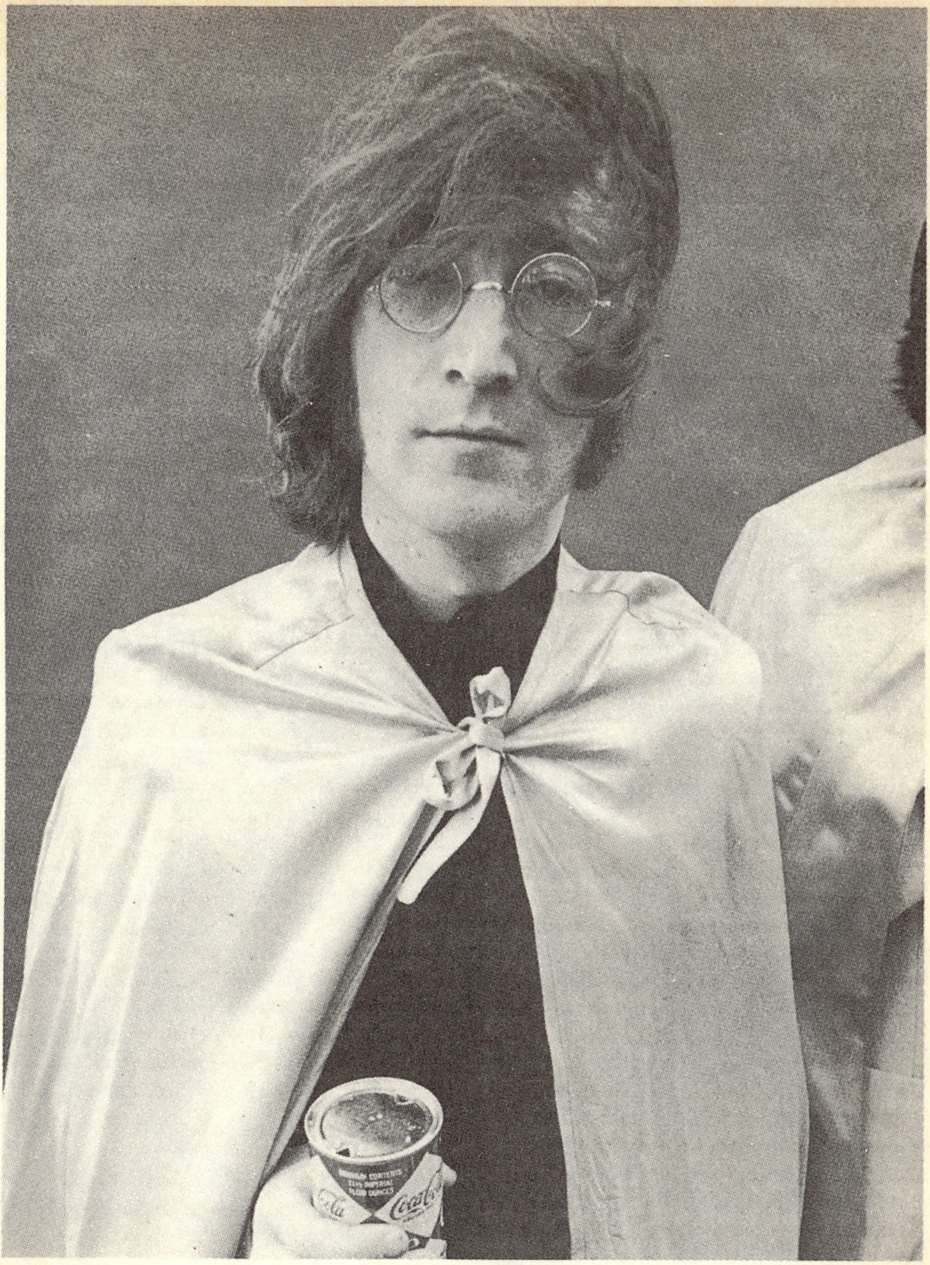

Oberflächlich gesehen verhielt sich John nun freundlich und gab Cynthia das Gefühl, in ihrer Ehe sei wieder alles in Ordnung. »Aber mir ist sein Unbehagen aufgefallen, als ich mehrfach sagte: ›Ich sehe eine große Ähnlichkeit zwischen Yoko und dir. Sie hat etwas, was du auch hast. Schau mal, du sagst zwar Sachen über Yoko, zum Beispiel, daß sie verrückt ist, daß sie eine merkwürdige Künstlerin ist, aber sie hat eine Ausstrahlung, die bei dir ankommt. Ich sehe mehr zwischen euch als du.‹ Als ich die beiden zusammen sah, wußte ich sofort, daß sie zueinander passen. Mir war klar, daß ich ihn verloren hatte.«

Trotz Johns gegenteiliger Versicherung wußte Cynthia, daß ihre Ehe gefährdet war. An der Oberfläche jedoch erschien es so, als würde ihr Leben wieder seinen normalen Gang nehmen, und Cynthia hatte keinen Anlaß, eine akute Krise zu befürchten.

Über Wochen hinweg fragte sie sich, ob sie den Urlaub in Italien absagen sollte, den sie mit ihrer Mutter und Julian hatte verbringen wollen. »Nein, nein, fahr nur und laß es dir gutgehen«, sagte John. Doch als der Zeitpunkt der Abreise näherrückte, wurde er zunehmend distanzierter. Es bestand keine Chance, daß er mitkommen würde; er mußte arbeiten, und außerdem war es undenkbar für John, mit seiner Schwiegermutter zu verreisen. Sie hatten immer ein distanziertes Verhältnis zueinander bewahrt, und gegenüber mehreren Menschen äußerte er, wie sehr ihm Lilian Powells Eindringen in seine häusliche Umgebung zuwider war.

Cynthia faßte den Entschluß, die Reise zu machen – vor allem wegen Julian. Wenn sie die Befürchtung gehabt hätte, ihre Abwesenheit könnte entscheidende Auswirkungen auf ihre Ehe haben, wäre sie niemals verreist. »Ich habe mir aber keine Sorgen gemacht. Wir waren wieder zusammen, und alles schien gut zu sein.« Bis zu dem Tag, an dem sie abflog. John war in heller Panik. »Er wußte ganz offensichtlich, daß etwas passieren würde, während ich weg war, und er hatte Angst, weil er nicht wußte, wie es ausgehen würde, ob er vielleicht seinen Sohn verlieren würde, und es machte ihm ohnehin schon Sorgen, daß er während Julians Kindheit oft fort gewesen war.« Als Les Anthony, der Chauffeur, den Rolls-Royce packte, mit dem sie nach Heathrow fahren würden, war John unansprechbar. »Er war wie in Trance«, sagt Cynthia. »Er ist nicht mal an die Tür gekommen, um sich zu verabschieden.«

John war entschlossen, seine Ehe mit Cynthia aufzulösen, aber er wollte nicht derjenige sein, der ihr die schmerzliche Nachricht mitteilte. Sie fand es seltsam, daß er sie, kurz bevor sie das Haus verließ, fragte, ob sie neben ihrer Ehe Affären laufen habe. »Niemals. Ich war dir absolut treu«, antwortete sie. »Kleine Flirts, aber nichts Ernstes, was unsere Ehe hätte gefährden können.« John wirkte erfreut.

Sobald Cynthia fort war, sah John Yoko so oft wie irgend möglich, obwohl er wirklich sehr viel zu tun hatte. Seine Gefühle für sie hatten sich zu einer Obsession ausgeweitet.

Aus einer italienischen Zeitung erfuhr Cynthia erstmals, daß John und Yoko jetzt unzertrennlich waren und ihre Ehe keine Chance mehr hatte. Der Hotelbesitzer, Roberto Bassanini, brachte Cynthia die Zeitung, als sie mit Halsschmerzen im Bett lag. In der Zeitung war ein Foto abgedruckt, von »John Lennon, Beatle, Hand in Hand mit der japanischen Künstlerin Yoko Ono« bei der Premiere des Stücks *In His Own Write* (In seiner eigenen Schreibe).

»Als ich das Bild sah, wußte ich, daß es aus ist«, sagt Cynthia. »Er hatte offensichtlich nur darauf gewartet, daß ich abreise, um sich mit Yoko in der Öffentlichkeit zu zeigen. Wahrscheinlich hat er geglaubt, so sei es für uns beide leichter. Ich wußte, daß es das Ende war, weil er nie eine Affäre mit einer anderen Frau an die große Glokke gehängt hätte, wenn es nicht absolut ernst gewesen wäre. Ich nehme an, das Entstehen dieser Beziehung war für Außenstehende längst zu

Autogrammstunde bei Selfridge's im Juli 1971, um für Yokos Buch *Grapefruit* zu werben. John hatte das Vorwort geschrieben.

GRAPEFRUIT
YOKO ONO
GRAPEFRUIT
YOKO ONO

erkennen gewesen, aber nicht für mich, weil John sein Verhalten mir gegenüber nicht verändert hatte, um mich nicht zu verletzen.«

Am nächsten Tag schickte John einen sonderbaren Boten aus, der Cynthia eine Nachricht übermitteln sollte – Magic Alex Mardas. Alex sollte Cynthia Johns Nachricht überbringen und gleichzeitig einen Privatdetektiv engagieren, der Cynthia in Italien auf den Fersen blieb. Nach einem spannungsgeladenen Frühstück mit Cynthia, Roberto Bassanini, Julian und Cynthias Mutter bestand er darauf, Cynthia allein zu sprechen. Plumper hätte er seine Nachricht nicht überbringen können: »Ja, also, John sagt, daß er sich von dir scheiden läßt. Er wird dir Julian wegnehmen und dich wieder nach Hoylake schicken.« Sofort nachdem er seinen Auftrag erledigt hatte, flog er nach London zurück.

Cynthias spontane Reaktion war, daß John unmöglich das tun konnte, womit er drohte. So sehr konnte er sich nicht über ihre Rechte hinwegsetzen. Ihre Mutter gelobte, »der Sache auf den Grund zu gehen«. Auch sie flog sofort nach London und begab sich zum Montagu Square 34 im Londoner West End. Dort war eine Wohnung, die abwechselnd von Jimi Hendrix und Ringo Starr benutzt worden war und in die sie gezogen war, nachdem Cynthia zum ersten Mal John und Yoko zusammen gesehen hatte. Dort fand sie ein Blumenbukett von John mit der Nachricht vor: »Erster, Lil!« Damit wollte John seiner Schwiegermutter mitteilen, daß er ihr zuvorgekommen war und ihre Rückreise, die sie angetreten hatte, um sich einzumischen, geahnt hatte.

Nach ihrer Ankunft in London mit Julian begab sich auch Cynthia zum Montagu Square. Johns Privatdetektiv hatte sie beschattet, denn sie war noch keine fünf Minuten da, als es klopfte und ein Anwalt ihr die Scheidungsklage überbrachte, die sich auf angeblichen Ehebruch begründete.

In den fünf Monaten, die bis zur Scheidung vergingen, änderte sich Johns Image bei den Beatles-Anhängern drastisch, während er in aller Öffentlichkeit die Frau umwarb, die sein ganzes Leben verändern sollte. In der zweiten Hälfte des Jahres 1968 tat sich viel bei John: Yoko wurde schwanger, sie begannen mit ihren gemeinsamen künstlerischen Aktivitäten, Apple entstand, bei einem formell arrangierten Treffen im Mayfair Hotel in London lernte er Brigitte Bardot, sein Teenager-Idol, kennen, er wurde wegen Rauschgiftbesitzes verhaftet, und er wurde geschieden. John liebte es immer, wenn sich die Dinge überstürzten, aber diese Flut von Ereignissen brachte ihn an seine Grenzen, denn gleichzeitig kam es zu immer größeren Spannungen unter den Beatles. Er griff immer häufiger auf LSD und Scotch zurück.

Die Scheidungsvorbereitungen waren schwierig und mit unschönen Szenen verbunden. Cynthia war erbost über die Schnelligkeit, mit der John alles ungeschehen machen wollte. Nachdem auch sie sich einen Anwalt gesucht hatte, rief sie im Büro der Beatles an und sagte, sie müsse John sprechen.

Mit Julian und ihrer Mutter im Schlepptau kreuzte sie in Weybridge auf, vermutlich ein grober psychologischer Schnitzer, wenn man bedenkt, wieviel John gegen Mrs. Powell hatte. Yoko und John traten ihnen vereint entgegen, beide ganz in Schwarz, John extrem angespannt. Cynthias Mutter mischte sich sofort ein, indem sie auf Yoko zuging und sagte: »Ich finde, Sie sollten ins Nebenzimmer gehen und die beiden allein lassen.«

»Nein, Yoko, du bleibst hier«, warf John ein.

Irgendwann entschloß sich Yoko, freiwillig zu gehen. Sie ertrug die Spannungen dieses Kampfes zwischen John und Cynthia nicht mehr, den keiner von beiden gewinnen konnte. Eine Viertelstunde lang stritten sie darüber, wer Ehebruch begangen hatte. John beharrte darauf, es sei Cynthia gewesen. Cynthia stritt es ab. »Es ist absolut ungerecht, daß du mir etwas in die Schuhe schieben willst, wenn du es doch bist, der die Ehe auflösen will.«

John sagte: »Am besten übergeben wir alles den Anwälten, damit sie es regeln.« Cynthia kündigte an, sie werde nun ihrerseits die Scheidung einreichen. Cynthias Mutter sah immer wieder ins Zimmer.

Schließlich wurde es John zuviel. »Das ist mein

Haus – und du verschwindest jetzt«, schrie er seine Schwiegermutter an.
Es endete damit, daß John und Cynthia sich darauf einigten, sich nicht zu einigen und ihren Anwälten die Scheidungsunterlagen auszuhändigen. Endlich kamen sie auch auf praktische Dinge zu sprechen. John schlug vor, daß er mit Yoko in die Wohnung am Montagu Square ziehen würde, und Cynthia sollte mit Julian und ihrer Mutter wieder in Kenwood einziehen. Der Wohnungstausch erfolgte am nächsten Tag.
Die Anwälte nahmen ihre Arbeit in Angriff, und Cynthia bemühte sich telefonisch, eine Einigung über die Scheidungsklauseln zu erzielen. Ihre persönlichen Ersparnisse beliefen sich auf zweitausendfünfhundert Pfund, sie brauchte also eindeutig Unterhaltszahlungen für die nächste Zukunft, wenn Julian ihr zugesprochen wurde. Sie teilte John telefonisch mit, es sei besser, wenn sie sich privat über alle Einzelheiten einigten, da die Anwälte wollten, daß sie »Hunderttausende von Pfund aus ihm herausquetschte«. Ein erzürnter John brüllte: »Mein letztes Angebot ist fünfundsiebzigtausend. Was hast du denn getan, um dir dieses Geld zu verdienen? Mein Gott, es ist, als wolltest du den verdammten Jackpot gewinnen!«
Als nächstes folgte ein Versuch, sich auf neutralem Territorium friedlich zu trennen, der katastrophal danebenschlug. Sie trafen sich in Paul McCartneys Haus in der Cavendish Avenue 7, St. John's Wood, London. Gegen den Rat ihres Anwaltes versuchte Cynthia noch einmal, sich mit John zu einigen. Aber Yoko war dabei. Sie entschuldigte sich dafür, daß sie keinen englischen Tee zubereiten konnte. Johns Auftreten war nach wie vor aggressiv. Cynthia verließ das Haus tränenüberströmt. Sie hatten nichts erreicht.
Die Anwälte gingen wieder ans Werk. Im August reichte Cynthia eine Gegenklage ein; Scheidungsgrund: Ehebruch mit Yoko. Das wurde von den Anwälten der beiden bestritten. Doch am 25. Oktober ließen John und Yoko verlauten, daß sie im kommenden Februar ein Kind erwarteten. Somit war der Fall rechtlich entschieden. Am 8. November 1968 wurden Cynthia hunderttausend Pfund zugesprochen. Außerdem bekam sie das Sorgerecht für Julian. Vor Gericht hieß es, John habe »großzügig und ausreichend für Julian gesorgt«. Zusätzlich erhielt Cynthia zweitausendvierhundert Pfund jährlich für das Schulgeld ihres Sohnes.
John traf Vorkehrungen, damit Julian im Alter von fünfundzwanzig Jahren hunderttausend Pfund ausgezahlt würden. Er sollte der einzige Nutznießer dieser Summe sein, solange John nicht weitere Kinder geboren würden. Als Yoko Sean gebar, stand beiden je die Hälfte dieser Summe zu.
Cynthia zog sich gefühlsmäßig schwer angeschlagen aus Johns Leben zurück. Es war unvermeidlich, daß sie sich noch oft begegneten, denn John hatte auf seinem Recht bestanden, Julian sehen zu dürfen, der zum Zeitpunkt der Scheidung fünf Jahre alt war. Cynthia heiratete Roberto Bassanini, den italienischen Hotelier aus Pesaro. Sowohl diese Ehe als auch eine weitere mit einem Elektroingenieur aus Liverpool, John Twist, endete mit einer Scheidung. »Ich werde John Lennon immer lieben«, sagt Cynthia. »Wir haben gute und schlechte Zeiten zusammen durchgemacht, aber was auch geschehen ist – er hat bei mir wie bei jedem anderen einen unauslöschlichen Eindruck hinterlassen.«
Das Verhältnis zwischen Cynthia und Yoko war angespannt. In der ersten Zeit nach dem Scheitern ihrer Ehe ging es Cynthia miserabel, aber im Lauf der Jahre akzeptierte sie, daß John die Frau gefunden hatte, die zu ihm paßte. »Zwei Wesen haben sich getroffen, und niemand konnte dagegen ankommen«, sagt Cynthia freimütig.

John hatte sich verändert. Er sagte, Yoko habe ihn teilweise wieder zu dem gemacht, was er als Liverpooler Rebell war. »Die Beatles hatten mein glühendes Streben nach Unabhängigkeit und meine Aktivität unterdrückt. Sie hatten mich zu einer Marionette gemacht. Das war okay, aber als wir dann ganz oben waren, machte es keinen Spaß mehr, und ich war kraftlos. Wenn du es unbedingt wissen willst: Die Beatles haben mich ausgelaugt.«

In Yoko Ono fand er ein großartiges Gegenüber. »Aber nachdem ich sie kennengelernt hatte«, sagte er später zu mir, »mußte mit allem anderen Schluß sein.« John war eifersüchtig auf Yokos frühere Liebhaber, und er fragte sie immer wieder detailliert über die Männer aus, die es außer ihren Ehemännern in ihrem Leben gegeben hatte. Außerdem wollte er sofort alles über ihre Kunst wissen.

Ihre Welt war von Dilettanten bevölkert, Künstlern mit großer Begabung, die jedoch nicht wußten, wie man Kommunikation herstellt. Die meisten »brachten nichts rüber«, aber Yoko selbst gehörte nicht dazu. Ihre ungewöhnlichen Konzeptkunstausstellungen hatten ihr in der Szene den Ruf der Originalität eingebracht, und sie glaubte fest daran, daß ein Künstler, der eine Arbeit fertigstellte und dann daran scheiterte, sie der Öffentlichkeit vorzuführen, unnütze Dinge tat. Eine ihrer größten Stärken lag ganz einfach darin, daß sie es verstand und versteht, sich zu verkaufen. Sie glaubte nie daran, daß Avantgarde oder Underground gleichbedeutend damit war, daß man abwartete und darauf hoffte, von anderen entdeckt zu werden. Sie glaubte an die Strategie, ein Kunstwerk zu verpacken und es mit viel Humor zu vermarkten. 1968 begann diese Partnerschaft, die Yokos manchmal kuriosen Ideen einen perfekten Hintergrund bot und ein fliegender Teppich für Johns unterdrückte Persönlichkeit war. Die Asche der Beatles glühte noch, und John erwartete von ihrem Publikum, daß es seine neue Welt verstand.

# 2.
# *Die Beatles*

»Ich löse die Gruppe auf.«

Yoko Ono – ihr Vorname bedeutet Ozeankind – wurde am 18. Februar 1933 in Tokio geboren. Ihr Vater Eisuke hatte an der Universität von Tokio Mathematik und Wirtschaftswissenschaften studiert und dann eine Laufbahn im Bankwesen eingeschlagen. Er arbeitete für eine japanische Bank in San Francisco. Seine Tochter Yoko sah er erstmals, als sie zwei Jahre alt war, denn sie war mit ihrer Mutter in Japan geblieben.

Yokos aristokratische Mutter Isoko stammte von einer der reichsten Kaufmannsfamilien Japans ab, die sich auf Grundbesitz, Versicherungen und das Bankwesen spezialisiert hatte. Yoko wuchs in einer entsprechenden Umgebung auf, zu der Dienstboten, viel anderes Personal und Hauslehrer gehörten. Ihre Kindermädchen kümmerten sich mehr um sie als ihre äußerst attraktive Mutter, die sie zwar nicht direkt vernachlässigte, sich jedoch gern an den materiellen Seiten des Lebens erfreute – an edlem Schmuck und schönen Kleidern. Yoko glaubt, daraus lasse sich die Kunst als ihr Lebenstil teilweise erklären: »Innerlich habe ich es abgelehnt, wie meine Mutter ihre Besitztümer zur Schau getragen hat, aber mit dem Älterwerden ist das vorbeigegangen«, sagt sie. Sie weist jedoch kühl darauf hin, daß sie nie verarmt war und sich etwa deshalb einen Popstar und Millionär gesucht hätte; Geld hat für sie nie ein Problem dargestellt. Yoko hat einen drei Jahre jüngeren Bruder, Keisuke, und eine acht Jahre jüngere Schwester, Setsuko.

Als Yoko achtzehn war, wurde ihr Vater zum Vorsitzenden der Bank of Tokyo in New York ernannt; die Familie Ono verließ Japan und ließ sich in dem vornehmen Vorort Scarsdale nieder. Yoko besuchte das renommierte New Yorker Sarah Lawrence College, verließ es jedoch vorzeitig, um mit ihrem ersten Ehemann, dem in Japan geborenen Toshi Ichiyanagi, durchzubrennen. Gemeinsam entdeckten sie die Welt der Avantgarde. In ihrer Mansardenwohnung in der Chambers Street 112, Greenwich Village, veranstaltete Yoko private Kunstabende, sie schrieb Gedichte, und sie entwickelte Konzeptkunsttheorien. Jahrelang wurde ihre radikale Kunst entweder verhöhnt oder dumpf konsumiert. »Ich weiß wirklich, was es heißt, eine frustrierte Künstlerin zu sein«, sagt sie. In den ersten Jahren tat sie sich mit dem amerikanischen Jazz-Musiker und Filmproduzenten Anthony Cox zusammen, der sie ermutigte, Kunstgegenstände auf die Bühne zu bringen, die eher eine Reaktion und einen Input von seiten des Beobachters forderten, als Fragen zu beantworten. Cox wurde Yokos zweiter Ehemann; ihr einziges Kind, die Tochter Kyoko, wurde am 8. August 1963 geboren, vier Monate nach der Geburt von John und Cynthia Lennons Sohn Julian.

Yoko und Tony Cox erwarben sich mit ihren ungewöhnlichen Ausstellungen in der Kunstszene des europäischen Underground einen gewissen Ruf. In der Londoner Kunstwelt erinnert man sich noch, daß damals eine Show sehr gepriesen wurde, die eine Japanerin organisiert hatte, die in New York lebte und von sich reden machte. So kamen sie 1962 erstmals nach London und heimsten dort nicht gerade einhelligen Bei-

fall ein, aber man begegnete ihnen mit großer Neugier. Im Lauf der folgenden vier Jahre kamen sie noch oft nach London.
Der englische Künstler Adrian Morris, in dessen Wohnung Yoko 1967 kurz nach ihrem Umzug von New York nach London wohnte, erinnerte sich daran, sie bei einer Party in der Nähe der King's Road kennengelernt zu haben. Er fragte sie, was für eine Art von Künstlerin sie sei, und sie antwortete: »Bei mir geht es um Musik, die sich im Kopf abspielt.« Sie war von Andy Warhol beeinflußt. Im Lauf dieser Unterhaltung erzählte Yoko Adrian Morris, daß sie gerade in eine Wohnung einziehen wolle, es allerdings noch Komplikationen gebe. Adrian Morris bot ihr und Tony Cox an, das Wochenende zu Hause bei ihm und seiner Frau Audrey am Tedworth Square 57 in Chelsea zu verbringen. Yoko nahm das Angebot begeistert an; das Wochenende zog sich über drei Monate hin. Die beiden Paare freundeten sich an, und Adrian Morris ließ sich mehrere von Yokos künstlerischen Darbietungen zeigen.
Als Yoko nach London kam, eilte ihr der Ruf voraus, sie habe in New York einen Film über die Hintern berühmter Leute gemacht. Es wurde beschlossen, den Film in London zu wiederholen und zu erweitern. Er trug den Titel *Four Square*, und diesmal kamen die Hintern von 365 Menschen vor.
»Ich habe es genossen, mit den beiden zusammen zu sein, und das, was sie getan haben, hat mich sehr interessiert«, sagt Morris. Er sah Yoko im Roundhouse in London, damals ein Sprungbrett für Künstler, die gerade erst angefangen hatten. Sie führte ein »Word Piece« auf, was hieß, daß sie dem Publikum ein Wort vorsetzte und es aufforderte, darauf zu reagieren. Ihre Beharrlichkeit und ihr surrealistischer Humor faszinierten Morris.
Die beiden Paare verbrachten, zusammen mit der vierjährigen Kyoko, die bei Freunden untergebracht war, einen Tag im Zoo. Yoko bat jemanden, sie mit den Hinterteilen der Paviane zu fotografieren. »Yoko«, sagte Morris, »wußte immer ganz genau, was sie tut, sie hat alles wahrgenommen, und sie war sehr gründlich. Eines Tages bin ich nach Hause gekommen und ging durch den Garten hinter dem Haus zur Küche. Ich sah, wie sie mit einem Stethoskop eine Uhr abhörte. Damals machte sie gerade das *Time Piece*. In dem Moment ist mir klargeworden, daß sie einmalig ist.« Ab und zu machte sich Yoko in der Küche nützlich: Sie dämpfte Makrelen auf Bohnenschößlingen, ein Gericht, von dem jeder beeindruckt war.
Yokos Ehe mit Tony Cox war spannungsgeladen. Adrian und Audrey Morris wunderten sich daher nicht, als Yoko ihnen eines Tages erzählte, sie sei »völlig auf diesen Typ versessen«, von dem sich später herausstellte, daß es John Lennon war. Kurz nachdem Yoko ihren Freunden erzählt hatte, daß sie sich »miserabel fühlte, wenn dieser Typ nicht in der Nähe« war, berichteten alle Zeitungen von dieser Liaison; die Trennung von Tony Cox wurde unvermeidlich.
»Bei einer Unterhaltung in der Küche habe ich ihr einmal im Scherz den Kopf getätschelt und sie ›kleine Yoko‹ genannt«, sagt Adrian. »Ich erinnere mich nur zu deutlich an ihre Reaktion: ›Du sagst *kleine* Yoko‹, sagte sie, ›aber ich habe ein *ganzes Universum* in meinem Kopf.‹«
Die Beziehung zu Yoko und der Tod Brian Epsteins führten dazu, daß es in Johns Ehe und bei den Beatles gleichermaßen kriselte. Apple begann als Boutique, wurde dann außerdem ein Plattenlabel und schließlich auch eine Management-Gesellschaft. John war nie so zuversichtlich wie Paul und George, die die utopische Hoffnung

John füllte leidenschaftlich gern Formulare aus. Diesen handschriftlichen, mit »Yoko« überladenen Stimmzettel schickte er 1969 für die Abstimmung zum Valentinstag an das *Disc and Music Echo*. In der Spalte »beste Rundfunksendung« stimmte er für eine seiner Lieblingssendungen aus seiner Kindheit, *Life With The Lyons*. Unter der Spalte »Die Hoffnung für 1969« nannte er Berenice Kinn, die Frau des Begründers des *New Musical Express*.

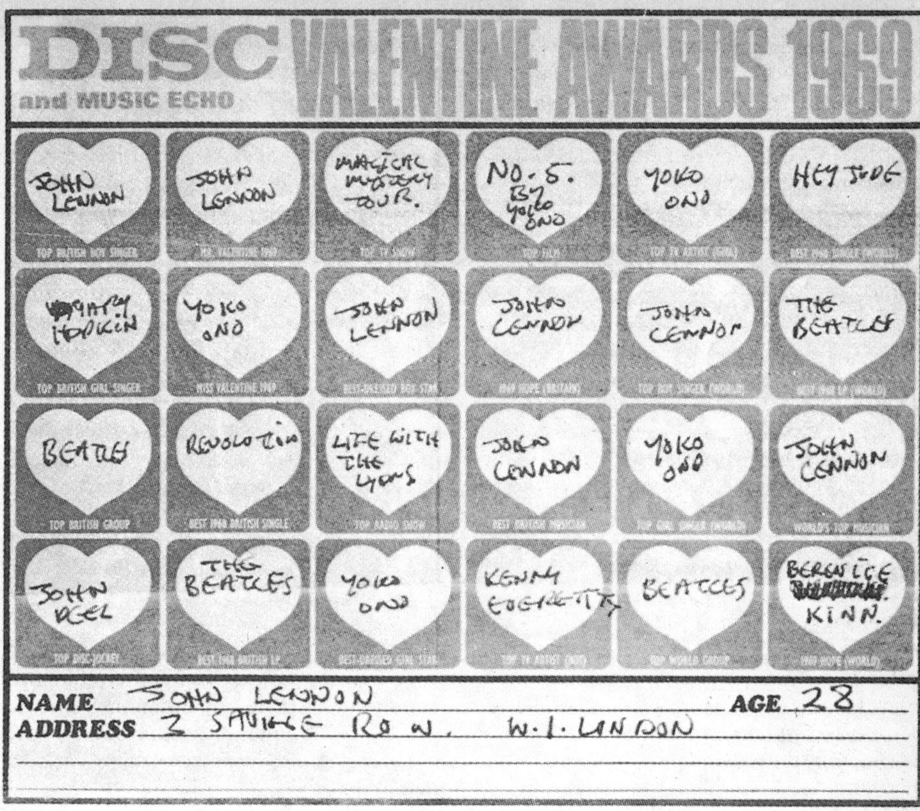


hegten, Apple würde alle neuen Talente auf sich vereinigen. Apple in London, in der Wigmore Street 95, mit einer Boutique in der Baker Street 94 und später mit Büros in der Savile Row 3, war sowohl philanthropisch wie auch als Geschäftsunternehmen gedacht. Talente aller Kunstrichtungen sollten hier entdeckt und herausgebracht werden; Mary Hopkin sang ihren Number One Hit »Those were the days, my friend, I thought they'd never end« für Apple Records. Paul McCartney produzierte die Aufnahme. Doch die Tage von Apple waren bald gezählt.

Die Unstimmigkeiten zwischen John und Paul spitzten sich so zu, daß John sich entschloß, auszusteigen. Immer wieder war es in den letzten zwei Jahren aufgefallen, daß John trotz seines gewaltigen Drogenkonsums einen außergewöhnlich klaren Kopf behielt, wenn es um geschäftliche Angelegenheiten ging und Entscheidungen getroffen werden mußten.

Die Kluft, die sich zwischen Paul und John aufgetan hatte, ging auf Epsteins Tod zurück, denn damals hatte Paul die Angelegenheiten der Beatles an sich reißen wollen. Er war es auch, der den Fernsehfilm *Magical Mystery Tour* ausgekocht hatte. Dieser erste echte Fehlschlag der Beatles wurde in Amerika nie gezeigt. John konnte die ganze Geschichte mit ihrer clownesken Handlung und den schwachen Songs nicht ausstehen, und er ärgerte sich über die Kosten – fünfundsiebzigtau-

send Pfund für das, was er spöttisch als »den kostspieligsten Amateurfilm aller Zeiten« bezeichnete. Johns ganze Aufmerksamkeit galt Yoko, und Paul nutzte diese Chance, um die Beatles unter seiner Regie weitermachen zu lassen.
John dachte gar nicht daran, sich herumkommandieren zu lassen, und Paul hatte Johns Gefühle für Yoko und dessen Überdruß an den Beatles unterschätzt. John und Paul hatten auch in Amerika Werbung für Apple gemacht: während einer Pressekonferenz im Americana Hotel in New York und in der überregionalen Fernsehsendung *Tonight*. John war auf dem Flug nach New York ohnmächtig geworden, weil er zu viele Nächte mit Drogen durchgemacht und zu wenig gegessen hatte. Er war jedoch wieder in guter Verfassung, als sie in New York eintrafen, und er nutzte die Chance, nicht nur die nachlassende Beliebtheit der Beatles in Amerika wieder anzuheizen und Apple zu propagieren, sondern auch den Maharishi öffentlich zu verspotten.
*Sgt. Pepper*, das Album, das im Sommer des Vorjahrs erschienen war, hatte bei den Millionen von kreischenden amerikanischen Fans wenig Eindruck gemacht, weil es sich zu weit von »She Loves You« und den Beatles entfernte, die die meisten Amerikaner ins Herz geschlossen hatten. Für die anspruchsvolleren Plattenkäufer war es jedoch ein gigantischer Hit gewesen, der sich fünfzehn Wochen hintereinander auf Platz eins halten konnte und ein halbes Jahr lang auf den drei ersten Plätzen blieb.
Die gesamte Amerikareise war von Johns Seite die reinste Heuchelei. Er wußte, daß es aus war mit den Beatles. Er gab nur für ein paar Monate Frieden, um Zeit zu gewinnen für die Entwicklung seiner Beziehung mit Yoko.
Doch die anderen Beatles verhielten sich Yoko gegenüber provokant und gehässig. Im Sommer 1968 nahmen die Beatles in den Abbey Road Studios das Weiße Album auf. Der offizielle Titel lautete *The Beatles*; es wurde jedoch zur leichteren Unterscheidung nach seinem Cover benannt und galt weltweit als das »White Album«. Es setzte sich hauptsächlich aus den Songs zusammen, die sie in Indien geschrieben hatten, darunter »Yer Blues«, »Sexy Sadie« und »The Continuing Story of Bungalow Bill.« John brach ein ungeschriebenes Gesetz, indem er Yoko in die Aufnahmestudios mitbrachte. Selbst Brian Epstein und Dick James, der die Texte verlegte, wurden oft gebeten, sich nur die *Ergebnisse* anzuhören. John erschien zu jeder der Sessions für das Weiße Album mit Yoko, um ihre Unzertrennlichkeit zu demonstrieren. Sie setzte sich auf die Lautsprecher und wagte es nicht nur, Vorschläge zu machen, sondern auch zu kritisieren.
Yoko durfte sogar auf einer von Johns Kompositionen (»Bungalow Bill«) singen und bei »Revolution 9« mitmachen. Es entgeisterte die anderen Beatles, daß John es Yoko gestattete, sich zur Arbeit der Beatles zu äußern. Dieses Privileg hatte bisher nur den vieren selbst und George Martin zugestanden. Sie hätten sich jedoch denken können, wie ernst es war, als John auf »Julia«, dem Song über seine Mutter, sang: »Ocean child calls me«, womit er erstmals auf einer Platte auf die Briefe Bezug nahm, die Yoko ihm nach Indien geschrieben hatte.
George fand, die meisten Songs seien nicht gut genug, um ein Doppelalbum zu rechtfertigen, aber John gefiel, daß es individualistische Einzelstücke waren, und er überredete George. John mochte das Album auch nachträglich mehr als alle anderen Beatles-Alben, weil es die Entwicklung der Einzelpersönlichkeiten stark betonte.
Auch in den Büros von Apple – John und sie hatten ein eigenes Büro im Parterre – wurde Yoko der Einstieg schwergemacht. Sie erschien dort gewöhnlich in Weiß. Der überforderten Belegschaft, die täglich vor einer Invasion an Künstlern, Durchreisenden und guten Zwecken stand und ständig Geld und die Einwilligung der Beatles verteilen sollte, machte Yoko Vorschläge. Sie beriet sich mit den Angestellten, aber sie wurde mit Herablassung behandelt. Insbesondere George, Paul und Ringo brachten ihr nicht die Wärme und Gerechtigkeit entgegen, die sie als neue Frau ihres Bandleaders und als Künstlerin verdiente. »Das werde ich ihnen nie verzeihen«, sagte John später. »Sie haben Yoko widerlich behandelt, und sie wußten, daß mir das weh tat.«

Es lag auf der Hand, daß John die Kühle, mit der man Yoko begegnete, als Angriff gegen sich selbst auffaßte. Er fragte sich, wie die Menschen ihm zujubeln und die Frau seiner Wahl verdammen konnten. Wie konnte er gleichzeitig ganz toll und völlig blöd sein? Als die Kritiker 1980 Yokos verstärkte Melodik auf *Double Fantasy* wahrnahmen, war John ganz hingerissen, weil Yoko endlich doch noch Anerkennung zu bekommen schien. Sie war ihrer Zeit immer voraus gewesen. »Ich habe mit zwei wirklichen Partnern zusammengearbeitet, mit Paul McCartney und Yoko. Das ist doch gar kein schlechter Schnitt, findest du nicht?« fragte er mich einmal.

In den entscheidendsten Jahren seines Lebens, 1968 und 1969, hatte John nur wenige Freunde. »Ja, es war hart«, erinnert sich Yoko, »aber wir haben beide nie daran gezweifelt, daß wir es schaffen. John fand es so aufregend, auf künstlerischem Gebiet mit mir zusammenzuarbeiten, daß ihm nicht mehr viel Zeit blieb, sich darüber zu ärgern, was die Leute sagten.«

Die Beziehung war für beide so wichtig, daß sie den Widerstand anderer auffangen konnten. »Wir beide denken gleich«, sagte John. »Wir waren beide allein. Und es scheint, als hätten wir dieselbe Art von Träumen gehabt, als wir allein waren. Ich erkenne jetzt, daß ich immer davon geträumt habe, eine solche Frau würde in mein Leben treten. Nach einer solchen Beziehung kann man nicht suchen. Es ist, als hätte sie jemand von oben geplant.«

Während es in dem Verhältnis zu George, Paul und Ringo kriselte, traten John und Yoko betont gemeinsam in der Öffentlichkeit auf, um ihre Zusammengehörigkeit sowohl als Künstler als auch als Mann und Frau herauszustreichen. John hatte sich inzwischen einen Mittelscheitel zugelegt, um sich Yoko anzugleichen, und beide kleideten sich ausschließlich in Weiß.

Ihr erstes »event« im Juni 1968 bestätigte die Zyniker darin, daß John verrückt geworden war. Im Rahmen der National Sculpture Exhibition entschlossen sich John und Yoko, auf dem Areal der Kathedrale von Coventry zwei Eicheln zu pflanzen, von denen eine nach Osten und die andere nach Westen zeigte. Es war Johns Idee; es sollte das Aufeinandertreffen von John und Yoko als den Kontakt zweier verschiedener Kulturkreise symbolisieren und lief unter dem Slogan »Pflanz eine Eichel für den Frieden«.

Die beiden fuhren in Johns Rolls-Royce die etwa hundert Meilen von London nach Coventry; in Anbetracht der Tatsache, daß es sich dabei um die Aktivität eines Beatle handelte, fand dieses Happening wenig Beachtung. Die Eicheln wurden eingepflanzt, die Presse machte sich darüber lustig, und die Beatles-Fans wußten von nun an, daß John Lennon es ernst meinte, denn das Pflanzen von Eicheln in geweihtem Boden war nur möglich, wenn die Kirche die Verbindung der beiden billigte.

Ganz anders verhielt es sich mit Johns und Yokos zweitem offiziellen Auftritt in der Öffentlichkeit, der noch im selben Monat stattfand und große Aufmerksamkeit erregte. Die Presse hatte erfahren, daß es in Johns Ehe kriselte. Rund um die Uhr wurde das Pärchen von Fotografen verfolgt. Ein verheirateter Beatle mit einer unbekannten japanischen Künstlerin/Schauspielerin als Begleitung hatte allerhöchsten Nachrichtenwert. Doch die beiden schreckten nicht davor zurück, Hand in Hand die Premiere des Stücks *In His Own Write* zu besuchen. Die Fotografen riefen: »Und wo ist deine Frau, John?«

»Ich weiß es nicht«, gab John wütend, aber entschieden zurück.

Die Regie des Stücks hatte Johns Freund Victor Spinetti, den er von den Filmen *A Hard Day's Night* und *Help*! her kannte, übernommen. Als Victor John anrief, um ihm die Idee der Amerikanerin Adrian Kennedy mitzuteilen, Lennons Bücher als Stück aufzuführen, brach John in schallendes Gelächter aus. »Die müssen total verrückt sein!« schrie er ins Telefon. Doch er fügte dem schnell hinzu, er habe sich selbst immer für verrückt gehalten, bis er auf die Welt des Surrealismus gestoßen sei und nur noch gedacht hätte: »Ach so, das bin ich also, ein Surrealist.« Als Spinetti das Gespräch wieder auf den Boden der Tatsachen brachte, erklärte sich John bereit, ihm die Bühnenrechte einzuräumen.

Im Dezember 1968, einen Monat nach seiner Scheidung von Cynthia, nahm John Julian und Yoko in die Wembley-Fernsehstudios mit. Dort wurde das Rolling-Stones-Special *Rock And Roll Circus* aufgenommen. Auch Eric Clapton und The Who wirkten bei der Show mit. Aufgrund von Problemen rechtlicher und künstlerischer Art wurde die Sendung nie gezeigt.

Sie begannen ihre Arbeit an der Bühnenfassung. John und Yoko erschienen zu einem Treffen mit Sir Laurence Olivier, der das Old Vic leitete, in dem damals das National Theatre untergebracht war und wo das Stück aufgeführt werden sollte. Im Verlauf dieser Zusammenkunft sagte Sir Laurence zu John, es könnten weitere geschäftliche Entscheidungen anstehen, wenn das Stück fertig sei, beispielsweise Film- und Plattenrechte. John, der neben Yoko saß und wie ein gelangweilter Hippie wirkte, verblüffte die Versammlung damit, daß er leicht herablassend zu Sir Lawrence sagte: »Haben Sie denn keine Leute, die Sie dafür bezahlen, daß sie über solche Dinge mit Leuten reden, die ich dafür zahle, daß sie über solche Dinge reden?«

Yoko hätte im Februar 1969 das Kind bekommen sollen, aber im November 1968 wurde sie in das Queen Charlotte's Hospital in Hammersmith eingewiesen und hatte dort eine Fehlgeburt. Sie war fünfunddreißig, und im Krankenhaus sagte man ihr, sie hätte mit Komplikationen rechnen müssen. John bestand darauf, sich ein Bett in ihr Zimmer stellen zu lassen; als das Krankenhaus dies nicht länger duldete, schlief er auf dem Fußboden.

Lennon hatte damals offiziell aufgehört zu rauchen, aber er überredete Victor Spinetti, jeden Morgen um halb neun vorbeizukommen, »ehe die Massen hereinbrechen«, und ihm ein Päckchen Players Gold Leaf zuzustecken. »Er hat wirklich schrecklich ausgesehen«, sagte Spinetti. »Ich habe ihn gefragt: ›Wer von euch beiden hatte eigentlich die Fehlgeburt?‹« Das verlorene Kind war ein Trauma für John. Seine Liebe zu Yoko wurde ohnehin schon von allen Seiten erschwert, und er wurde nervös und reizbar und war mit seiner Rolle als Beatle, der im Licht der Öffentlichkeit stand, unzufriedener denn je.

In jenem Herbst stießen John noch mehr unerfreuliche Dinge zu. Wenn er mit etwas nicht gerechnet hatte, dann mit einer Rauschgiftanklage. Seit rund fünf Jahren war der Gebrauch von Cannabis unter Popstars recht verbreitet, aber die »Heiligen Beatles« waren bisher nicht mit dem Gesetz in Konflikt gekommen. Jeder, der sie sah, wußte, daß sie kifften, aber jetzt fiel die Öffentlichkeit, die schlechter auf Lennon zu sprechen war, über ihn her. Schlimm genug, daß er sich mit dieser Japanerin eingelassen hatte, die einen Film über Hintern gedreht hatte, schlimm genug, daß er sich scheiden ließ und Eicheln für den Frieden gepflanzt hatte, und nicht zuletzt das Hin und Her mit dem Maharishi.

John und Yoko lagen in ihrer Wohnung am Montagu Square im Bett, als die Polizei an die Tür hämmerte. John öffnete nicht sofort, sondern rief den Anwalt Nicholas Cowan an, den Partner von David Jacobs, der Brian Epsteins Nachlaß verwaltete und noch so manches für die Beatles tat. »John sagte, vor der Wohnung stünden mehrere Menschen mit deutschen Schäferhunden und behaupteten, sie hätten einen Durchsuchungsbefehl. Sie hätten damit gedroht, die Tür einzutreten«, sagt Cowan. Als Cowan am Ort des Geschehens eintraf, waren bereits ein halbes Dutzend Polizisten und ein Spürhund in der Wohnung. Sämtliche Räume wurden von der Polizei eilig und gründlich durchsucht. »Der Keller war voll mit Aufnahmegeräten«, sagt Cowan, »die alle schon seit einer Weile eingeschaltet sein mußten, denn die Temperatur war extrem hoch. In einem Zimmer stand ein großer Kleiderkoffer, für den der Hund Interesse zeigte. Bei einer Durchsuchung des Koffers wurde ein kleines Piece Haschisch gefunden. John und Yoko wurden aufgefordert, ins Polizeirevier Marylebone mitzukommen. Dort wurde in meiner Gegenwart die Anklage erhoben, und man hat ihnen Fingerabdrücke abgenommen.«

Da das Polizeirevier bald von Journalisten belagert war, erlaubte man John und Yoko, den Hinterausgang zu benutzen. In der darauffolgenden Nacht schliefen sie bei Nicholas Cowan in der Redcliffe Road, Fulham. Am nächsten Tag wurde ihr Fall für sechs Wochen vertagt.
Als es schließlich zur Gerichtsverhandlung kam, bekannte sich John des Besitzes von elf Gramm Cannabis schuldig. Er wurde zu einer Geldstrafe von hundertfünfzig Pfund und zu zwanzig Guineen Gerichtskosten verurteilt. John und Yoko wurden für nicht schuldig befunden, die Polizei bei der Ausführung der Durchsuchung behindert zu haben. Die ganze Angelegenheit stellte eine schwere psychische Belastung für John dar. Er war der festen Überzeugung, daß man ihm bewußt übelwollte. Don Short vom *Daily Mirror* hatte ihn drei Wochen zuvor gewarnt und ihm gesagt, die Polizei habe es auf ihn abgesehen. John sagte, er habe daraufhin »einen Hausputz gemacht, vor allem, weil ich wußte, daß vor mir Ringo und Jimi Hendrix in dieser Wohnung gewohnt hatten«. Er beharrte darauf, das mit dem Dope sei ein übler Trick gewesen, man hätte es ihm zugesteckt, denn an der Stelle, an der es gefunden wurde, hätte er es niemals versteckt.
Die Drogenanklage selbst störte John nicht weiter, aber er war sich durchaus darüber im klaren, welche Probleme sie nach sich ziehen konnten, wenn er nach Amerika gehen wollte. Den Musikern schauderte vor einer Anklage, weil die amerikanischen Einwanderungsbehörden in der Hinsicht sehr streng waren. Doch wie sehr diese Anklage seine Zukunft tatsächlich beeinträchtigen würde, wußte auch John Lennon damals nicht. Er hatte genug andere Probleme.
Im Sommer 1968 hatten Apple Music, die Apple Boutique, Apple Films und Apple Electronics nicht einen Film gemacht, keine einzige Erfindung verkauft und auch keine Geschäfte außerhalb von London eröffnet. Als die Boutique in der Baker Street geschlossen wurde, kam es zu

der erstaunlichen, großzügigen und ungeschäftsmäßigen Geste, daß Kleider im Wert von Tausenden von Pfund verschenkt wurden. Apple war es gelungen, eine Million Pfund an Beatlesgeldern zu verschlingen. Man hatte zu viele Mitarbeiter angestellt und deren Gehälter zu großzügig konzipiert, und für Besucher waren unbegrenzte Alkoholvorräte draufgegangen.

Apple wurde von einem seiner Angestellten, Richard DiLello, in einem köstlichen Buch über dieses Zwischenspiel ganz wunderbar als »die längste Cocktailparty aller Zeiten« beschrieben. In den Anfangszeiten von Apple waren Besucher gekommen wie Peter Sellers, Harry Nilsson, Twiggy und Kenny Everett, und John hatte es sehr gefallen, den Gastgeber für Künstler aus aller Welt zu spielen. Mit der Zeit hatte sich auch sein Glaube an den philanthropischen Aspekt von Apple verstärkt. Doch er war der erste, der deutlich sagte: »Was genug ist, ist genug.« Zu dem Zeitpunkt, als Lennon sich entschloß, erste Warnschüsse abzugeben, kostete Apple die Beatles wöchentlich fünfzigtausend Pfund.

Im Januar 1969 interviewte ich John für das wöchentlich erscheinende *Disc and Music Echo*. Ich fragte ihn, ob er damit zufrieden sei, wie sich Apple gestaltete, und er antwortete: »Nein, eigentlich nicht. Ich glaube, es ist etwas zu chaotisch und müßte gestrafft werden. Wir haben nicht halb soviel Geld, wie die Leute glauben. Wir haben genug zum Leben, aber nicht genug, um Apple in der Form weiterlaufen zu lassen. Wir haben mit einem Haufen Ideen angefangen – wir wollten die verschiedensten Aktivitäten auffangen und sammeln. Aber ebenso wie einige andere Dinge bei den Beatles hat es nicht geklappt, weil wir nicht praktisch genug sind, und wir haben nicht rechtzeitig gemerkt, daß wir einen echten Geschäftsmann brauchen, damit das Ganze laufen kann.

Man kann kein Geld für Poeten und wohltätige Zwecke und Filmemacher zur Verfügung stellen, wenn nicht auf der anderen Seite auch Geld eingenommen wird. Es war von Anfang an illusorisch. Wir haben alles falsch gemacht.«

Ich fragte Lennon, ob ihm und den Beatles die Führung Brian Epsteins fehlte. »Natürlich vermissen wir ihn«, sagte John. »Sein Tod war ein Verlust für uns. Wahrscheinlich ist es das, woran es bei Apple und bei den Beatles im Moment hapert – nach Brians Tod waren wir uns selbst überlassen. Er hat unsere Geschäfte geregelt, und uns fällt das schwer.«

Die internationale Presse, Fernsehen und Rundfunk, stürzten sich auf Lennons Eingeständnis, daß die Beatles einen kolossalen Fehler gemacht hatten, an dem sie pleite gehen konnten. John sagte mir, die Beatles hätten ebensowenig Interesse daran, Ladeninhaber zu sein, wie Museumsstücke des Rock'n'Roll oder Mitglieder des Showbiz-Establishments zu werden.

Eine Woche nach ihrer Fehlgeburt stützt John Yoko, als sie von Polizisten umgeben im November 1968 das Marylebone-Gericht verlassen. Johns Anklage wegen Besitzes von Cannabis sollte ihm vier Jahre später in den Vereinigten Staaten noch große Schwierigkeiten machen.

Das Interview bestätigte die unerfreuliche Wahrheit, die seit dem katastrophalen Fehlschlag mit *Magical Mystery Tour* und der optimistischen Gründung von Apple niemand hatte glauben wollen: Die Beatles waren als Organisatoren erschreckend unfähig. Während es für die Fans einen Schock bedeutete, war es ein großer Tag für die Medien. Jetzt kamen auch die Spannungen zwischen John und Paul voll zum Ausbruch.

Eine Woche nach meinem Interview mit John suchte ich Apple auf, um ihn wiederzusehen. Als ich aus Johns Büro kam, begegnete mir ein vollbärtiger McCartney. Er war wütend auf mich, weil ich Johns Äußerungen publiziert hatte. »Wozu mußtest du das alles ausbreiten?« fauchte er. »Du weißt, daß es eine kleine und junge Firma ist, die versucht, zurechtzukommen. Du weißt doch selbst, daß John immer den Mund zu voll nimmt. So schlimm steht es nicht. Wir haben ein paar Probleme, aber die lassen sich lösen. Es hat mich erstaunt, daß du es warst – wir dachten, wir

hätten ein paar Freunde bei der Presse, denen wir vertrauen können.«
Paul wollte damit andeuten, Johns Bemerkungen seien »privat« gewesen. Wie viele Journalisten, die von Anfang an viel mit den Beatles zu tun hatten, war ich immer dann diskret gewesen, wenn Geheimnisse entweder bedeutungslos für die Öffentlichkeit waren oder wenn ihre Enthüllung den Beatles oder ihren Familien geschadet hätte. Aber als Lennon sich erstmals zu dem drohenden Verhängnis äußerte, das Apple bevorstand, war das ganz entschieden ein offizielles Interview. John wußte, daß ich seine Kommentare veröffentlichen und daß ein großer Wirbel entstehen würde. John kannte den Wert eines Zitats ganz genau, und er sagte immer deutlich, was er nicht gedruckt haben wollte. An dem Tag, an dem ich ihn interviewt hatte, war er besonders fit. Dieses Interview wurde zum Auslöser für den langen, erbitterten Kampf zwischen John und Paul. Ein paar Wochen später sah ich John wieder, und er erwähnte seine Äußerungen zu Apple mit keinem Wort. Wenn er entweder seine Äußerungen oder deren Ausschlachten bereut hätte, hätte er sich mit Sicherheit beschwert. Für Apple und für die Beatles war das Ende in Sicht. Die Beatles mußten jedoch noch eine Verpflichtung erfüllen: die Fertigstellung ihres vertraglich vereinbarten dritten Films, *Let It Be*, der sie bei den Aufnahmen zu dem Album desselben Titels zeigen sollte. Die vier und Yoko erschienen im Januar 1969 planlos in den Twickenham Film Studios, um sich an das Multimediaprojekt zu machen. Der fertige Film zeigt die interne Antipathie und Streiterei. Ironischerweise zeigt der Film auch die Aufnahmen einiger Stücke ihres Repertoires aus den Anfangszeiten in Hamburg und Liverpool. Bei diesen Aufnahmen spielen sie genüßlich zusammen und schwelgen in den therapeutischen Aspekten dieser Musik. Das Schlimmste war die zwanzig Minuten lange Session auf dem Dach von Apple. Johns Worte an die Menge waren das Epitaph der Beatles, das er so poetisch ausdrückte, wie man es inzwischen von ihm erwarten konnte: »I'd like to say thank you very much on behalf of the group and ourselves... and I hope we passed the audition.«*

*»Ich möchte mich gern im Namen der Gruppe und auch in unserem eigenen Namen bedanken... und ich hoffe, wir haben das Probespielen bestanden.«

Vom Cavern in Liverpool hatten sie einen weiten Weg zurückgelegt, aber für John fing das Leben gerade erst an.

Für John waren die Beatles absolut gestorben. Paul, der mit großer Beständigkeit allmorgendlich um zehn in den Apple-Büros eintraf (oft legte er den Weg von St. John's Wood mit dem Bus zurück), wollte nicht wahrhaben, wie ernst es John damit war, von den Beatles auszuscheiden. Es ging nicht nur darum, daß er mit Yoko voll ausgelastet war, sondern es lag vor allem an der zunehmenden innerlichen Distanz zwischen ihm und Paul.

Der erste Number One Hit auf Apple Records und zugleich einer der größten Single-Erfolge der Beatles war »Hey Jude« gewesen, ein Song, den Paul geschrieben hatte, als sich John gerade von Cynthia trennte. Komponiert hatte er den Song teilweise auf dem Weg nach Weybridge, wo er Cynthia besuchen wollte, um sie zu trösten. Paul gab nachträglich zu, daß John ihm bei der Entscheidung über den Text des Songs geholfen hatte, ihm vor allem zu dem Satz geraten hatte, der John am besten gefiel: »The movement you need is on your shoulder.« John hatte widerwillig zugestimmt, den Song als A-Seite zu verwenden, womit sein Song »Revolution« zur B-Seite abgewertet wurde.

Kommerziell hatten sie gar keine andere Wahl, aber hier spiegelte sich deutlich wider, wie weit die Richtungen auseinandergingen, in die sich John und Paul entwickelt hatten. Paul komponierte weiterhin ansprechende Melodien und schrieb von der Liebe, wohingegen Johns Texte sich zum Beispiel mit den Zielen der europäischen Studentenrevolution auseinandersetzten.

But if you want money for people with minds that hate

All I can tell you is brother, you have to wait.
But if you go carrying pictures of Chairman Mao
You ain't gonna make it with anyone, anyhow.

John wollte, daß in seinen neuen Rock'n'Roll sein Denken und seine Botschaft eingingen. Die alten Reißer von Chuck Berry und Little Richard würden immer seine Wurzeln sein, aber geistig stürmte er schnell voran, und seine tiefgründige neue Musik mußte den Wandel fassen, der sich in ihm vollzogen hatte. Paul ließ sich von Yokos Gegenwart einschüchtern und hatte jedesmal, wenn er in Johns Gesellschaft war und Musik machte, das Gefühl, etwas Avantgardistisches hervorbringen zu müssen. Das lag nicht in seiner Natur. Der Bruch war unvermeidlich und bitter. Mit der Nachricht, daß er die Gruppe auflösen würde, platzte John in gewohnter Schärfe heraus. Paul erinnert sich an ein Treffen in der Savile Row, bei dem sämtliche Beatles wie versteinert dasaßen und über Geschäftliches diskutierten. »Eines Tages setzten wir uns zusammen, um über Apple zu reden, und alles war reichlich spannungsgeladen. Keiner hatte wirklich Spaß daran. Wir hatten die Musik völlig vergessen. Es ging nur noch um Geschäfte. Ich schlug vor, wieder in Clubs aufzutreten und noch mal ganz von vorn anzufangen.«

McCartney schlug noch einige andere Projekte vor, die er für die einzige Möglichkeit hielt, die Kreativität der Gruppe auszulasten und sie zusammenzuhalten: ein Konzert – kein gewöhnlicher Auftritt, sondern ein Beatles-Konzert in einem römischen Amphitheater in Nordafrika, oder als Band bei einer Kreuzfahrt rund um die Welt. John wollte nichts von alledem hören.

»John sagte: ›Ich glaub', du hast sie nicht mehr alle. Ich wollte es dir eigentlich nicht sagen, aber ich löse die Gruppe auf. Es ist ein gutes Gefühl. Es tut so gut wie eine Scheidung.‹ Er blieb ganz normal sitzen. Und uns sind die Kinnladen runtergefallen. Das war es auch schon. Keiner wußte so recht, was er sagen sollte. Dann dachten wir uns, wir sollten uns ein paar Monate Zeit lassen.

John und Yoko im September 1969, einen Monat nach dem Einzug, vor ihrem neuen Zuhause, Tittenhurst Park, Ascot, Berkshire.

Schließlich war es ein größerer Schritt, einfach so auseinanderzugehen. Wir haben uns noch ein paar Monate lang damit auseinandergesetzt, aber es kam nichts dabei raus. Im nachhinein glaube ich, der Hauptgrund war, daß John eine neue Richtung brauchte, in die er sich kopfüber stürzen konnte. Er hat einen Kopfsprung gemacht und alles mögliche getan, was er vorher nie getan hatte – mit Yoko. Das kann man ihm noch nicht mal vorwerfen – es entsprach ihm. Er wollte sein Leben ausleben, alles mögliche tun, und John ließ sich von nichts abhalten. Das war es auch, was wir alle an ihm bewundert haben. Also konnten wir eigentlich gar nicht sagen: ›Nein, John, wir wollen nicht, daß du das tust. Bleib bei uns.‹ Es mußte einfach so kommen.«

Bemerkenswert an Johns und Yokos rasenden Aktivitäten ist vor allem, daß sie ihnen 1968, 1969 und 1970 trotz aller geschäftlichen Probleme gelungen sind. In derselben Phase, in der John geschieden wurde, Yoko eine Fehlgeburt hatte, die Rauschgiftanklage kam und die Beatles sich zerstritten, brachten John und Yoko ihr erstes Album heraus und fuhren mit ihrer »Publikumsbeschimpfung« fort, indem sie in der Royal Albert Hall in London in einem großen weißen Sack auf der Bühne erschienen. Der Anlaß war das »Alchemical Wedding«, die Weihnachtsfeier der Underground-Künstler.

John erschütterte selbst seine glühendsten Anhänger mit seinem Debütalbum mit Yoko. *Unfinished Music No. 1: Two Virgins*, eine Zusammenstellung von obskuren Lauten und Toneffekten, das Resultat ihrer ersten Zusammenarbeit in jener Nacht in Weybridge, war musikalisch weder überraschend noch bedeutend. Die Tatsache dagegen, daß sie sich entschlossen hatten, sich selbst nackt auf der Vorder- und Rückseite des Covers abbilden zu lassen, überzeugte nicht nur die Lennon-Gegner, sondern auch viele seiner Anhänger davon, daß er jetzt wirklich übergeschnappt war. John hatte die Fotos mit Selbstauslöser aufgenommen. Es war seine Idee gewesen, sie als die »zwei Jungfrauen« abzubilden; Yoko war das Ganze »entsetzlich peinlich«. Sie tut alle Theorien, dies sei eine Fortsetzung ihres Filmthemas »menschliche Hintern«, als absurd ab. »Wir waren beide sehr verlegen und hatten Hemmungen«, sagte sie. »Aber es war Johns Idee. Er fand, es passe zu dem, was wir damals taten.« Zu genau jener Zeit machte die Nacktheit auf Londoner Theaterbühnen in dem Musical *Hair* Schlagzeilen in allen Zeitungen. John sagte, daß er »die Redaktion der Leute testen wollte, und die ist weitgehend übel«, und er kostete es genüßlich aus, mit Yoko so weit zu gehen, wie er es nur irgend wagte.

Die Nacktbilder brachten sofort Probleme mit der Zensur. Apple Records wurden über die frühere Plattenfirma der Beatles, EMI, vertrieben; der Vorsitzende von EMI war damals Sir Joseph Lockwood. Er erinnert sich, daß die Beatles einige Wochen vor dem Skandal mit den Nacktfotos zu einem Mittagessen zu EMI am Manchester Square kamen. »Als die vier reinkamen, hatten sie dieses Wesen bei sich, das ganz in Weiß und von Haaren umrahmt war, man konnte kaum etwas sehen. Ich war nicht sicher, ob es ein menschliches Wesen oder ein Tier war. John stellte sie mir als seine Sekretärin vor. Nach dem Mittagessen sagte er mir, sie hätte alles auf Band aufgenommen, was geredet worden sei.«

Ein paar Wochen später kamen John und Yoko in Sir Josephs Büro und brachten die Nacktfotos mit, die sie auf dem Cover abdrucken wollten. Paul McCartney kam mit, um zu vermitteln. »Er wollte keinen Krach«, sagt Sir Joseph. »Damals wollte er unbedingt einen Bruch mit EMI verhindern.«

Als Sir Joseph das Bild sah, fragte John: »Nun, sind Sie nicht schockiert?«

»Nein«, sagte der EMI-Boß, »ich habe schon Schlimmeres gesehen.«

John sagte schnell: »Dann geht es also in Ordnung?«

»Nein, es geht nicht in Ordnung«, sagte Sir Joseph. »Ich mache mir keine Sorgen wegen der Reichen, des Adels und der Leute, die zu Ihrem Gefolge gehören. Aber Ihre Mütter und Väter und die jungen Mädchen unter den Fans werden viel daran auszusetzen haben. Es wird Ihnen schaden, und was haben Sie damit gewonnen? Wozu soll das gut sein?«

Yoko sagte: »Es ist Kunst.«

Sir Joseph antwortete trocken: »Ich wüßte bessere Körper für das Cover als Ihre. Sie sind nicht gerade sehr attraktiv. Paul McCartney würde sich nackt besser machen als Sie.«

Sir Joseph erinnert sich: »Sie haben es nicht allzu schlecht aufgenommen, wenn man davon absieht, daß der arme Paul McCartney rot geworden ist. Wir haben noch ewig darüber weitergeredet. Sie wollten nicht nachgeben. Sie haben darauf gedrängt, ihr Cover durchzusetzen.

Paul McCartney hielt nichts davon, dessen bin ich mir sicher. Er wollte nur verhindern, daß ich mich mit ihnen überwerfe, aber ich hatte nicht die leiseste Absicht, das zu tun.«

Schließlich fand Sir Joseph einen absolut britischen Kompromiß. EMI würde das Album pressen, aber Apple mußte den Vertrieb selbst übernehmen. Mit dem direkten Verkauf von *Two Virgins* sollte EMI nichts zu tun haben. John erklärte sich widerwillig einverstanden, und Paul, der sich für seine zukünftigen gewaltigen kommerziellen Erfolge mit EMI verbündet hatte, seufzte erleichtert auf. Sir Joseph, der John als den talentiertesten Beatle ansah, wenn Paul auch der kommerziellere war, fühlte sich bestätigt, als der Zoll eine Sperre über Tausende von Exportplatten von *Two Virgins* verhängte und sie schließlich beschlagnahmte. Sowohl in Großbritannien als auch in Amerika war die Platte ein kommerzieller Mißerfolg, und auch die Kritiken waren schlecht, doch John empfand diese Musik als »Aussage und Stellungnahme«.

Am 12. März 1969 heiratete Paul McCartney in London die New Yorker Fotografin Linda Eastman. Keiner der anderen Beatles wurde zu dieser Hochzeit eingeladen.
Pauls Wahl wirkte sich auf die geschäftlichen Angelegenheiten der Beatles aus. John und Yoko hatten auf Mick Jaggers Rat hin beschlossen, einen schnellsprechenden amerikanischen Showbiz-Anwalt, Allen Klein, zu engagieren, um die chaotischen Zustände bei Apple in Ordnung zu bringen. George und Ringo schlossen sich Lennons Vorschlag an und unterzeichneten einen Management-Vertrag mit Klein, der John davon überzeugt hatte, daß er Apple aus dem Dreck ziehen und bessere Plattenverträge für die Beatles abschließen könnte. Paul wollte sich darauf nicht einlassen, aber er wurde mit drei zu eins überstimmt. Klein hatte gewonnen. Paul wollte seinen neuen Schwiegervater heranziehen, den angesehenen amerikanischen Entertainment-Anwalt Lee Eastman. Er beauftragte ihn, sich um seine persönlichen Geschäftsangelegenheiten zu kümmern. Alles war darauf angelegt, die Kluft innerhalb der Beatles noch zu vertiefen.
Klein, dessen größter Ehrgeiz es schon immer gewesen war, die Beatles zu managen, hörte von meinem Interview mit John, in dem es um die finanziellen Schwierigkeiten ging, in denen Apple steckte, und flog sofort nach London. Sein Leben lang hatte Klein, die Waise aus New Jersey, die sich ihren Weg durch den Pop-Dschungel gebissen hatte, die »fabulous Beedles« haben wollen. Sobald er in Großbritannien angekommen war, vermittelte ihm Jagger ein Treffen mit John Lennon, der ihm sagte, er wolle »nicht so pleite wie Mickey Rooney enden«.
Der Amerikaner ging mit wilder Entschlossenheit ans Werk. Mit seinen frechen Forderungen verscherzte er es sich mit Sir Joseph Lockwood, der ihn einmal sogar aus dem EMI-Gebäude rauswarf. Klein hatte gegen McCartneys hartnäckigen Widerstand anzukämpfen. Pauls Taktik bestand ganz simpel darin, Apple fernzubleiben. Len Wood, einer der Leiter von EMI, stellte bei ihren Zusammenkünften fest, daß John übermäßiges Vertrauen in Klein setzte und ihm fast alles überließ.
Mitte 1969 gab es hinsichtlich der Zukunft der Beatles nur noch eine unbeantwortete Frage, nämlich die, wie die Auflösung der Gruppe formal zu regeln war. John kümmerte sich überhaupt nicht darum. Von ihm aus sollte sich Klein mit Lee Eastman über alle Einzelheiten einigen. John hatte sich endgültig von den Beatles abgewandt und gründete die Plastic Ono Band. Ihr Reiz lag in ihrer Spontaneität. Im September 1969 waren John und Yoko aufgefordert worden, bei einem Rockkonzert in Toronto aufzutreten, und Lennon tat ausgerechnet das, wozu McCartney ihn hatte bringen wollen – er fing ganz von vorne an, auf der Bühne. Statt darüber zu reden, stellte John praktisch über Nacht eine Band zusammen. Eric Clapton erinnert sich an einen Anruf von John vierundzwanzig Stunden vor dem Auftritt. »Er hat gesagt: ›Wir treten bei diesem Konzert in Toronto auf. Warum machst du nicht einfach mit?‹« Eric stellte sich vor, daß es Spaß machen könnte, erklärte sich bereit und brachte den Bassisten Klaus Voormann, Johns alten Freund aus den Hamburger Zeiten, mit. Im Flugzeug nach Toronto probten sie alte Rock'n'Roll-Songs. Ihr Auftritt war musikalisch alles andere als perfekt, aber gerade das Ungeschliffene gefiel John. Im Flugzeug hatte er Clapton und Voormann erzählt, daß es mit den Beatles aus sei.
Nach seiner Rückkehr befragte ich John zur Plastic Ono Band, den Beatles und seiner derzeitigen Einstellung zu Paul. War die Plastic Ono Band für ihn wichtiger als die Beatles? »Nicht wichti-

ger und nicht unwichtiger«, sagte er. »Die Sessions der Plastic Ono Band sind manchmal gräßlich und manchmal das Größte. Bei den Sessions mit den Beatles war es dasselbe. Wenn ich allein mit einem Bandgerät rumexperimentiere, kann es auch gut oder langweilig sein. Ich mag Veränderungen, das Neue.« Hatten sich die Beatles getrennt? »Wir machen Veränderungen durch, soviel steht fest. Die Sache ist die – wir verändern uns in der Öffentlichkeit. Es ist eine Art Klimakterium oder so was.«

Wann hatte er Paul zum letzten Mal gesehen? »Vor etwa zwei Monaten. Ich nehme mir immer wieder vor, ihn zu besuchen. Wir schreiben uns oft, Postkarten von beiden Seiten. Ringo und George sehe ich jeden zweiten Tag, weil wir uns bei Apple treffen, aber Paul war seit Ewigkeiten nicht mehr dort.« Ich wollte gern wissen, warum. Es hatte sich eine erstaunliche Wendung im Verhalten dieses Zweiergespanns vollzogen; Paul war bis dahin der entschlossenste Fürsprecher für Apple gewesen. Er war derjenige gewesen, der scharf darauf war, ständig neue Talente zu entdecken und zu fördern wie Mary Hopkin. John hatte nie Jagd auf Talente gemacht. Er war zu sehr damit beschäftigt, sich selbst zu ergründen. Seit Allen Klein die Geschäfte in die Hand genommen hatte, glaubte John wieder an Apple. Die Plattenumsätze waren gestiegen, doch die nächste geschäftliche Krise stand bevor.

Dick James, der freundliche, enthusiastische Verleger ihrer Texte bei Northern Songs, wurde seit Monaten von Sir Lew Grade umgarnt, dem Vorsitzenden von A.T.V., der die einträglichen Beatles-Texte übernehmen wollte. Das Copyright fast aller Texte lag bei Northern Songs. Grade ging davon aus, daß diese Texte noch bis ins einundzwanzigste Jahrhundert hinein, wenn nicht gar bis ans Ende aller Zeiten Geld abwerfen würden. Wiederholt bot er James eine große Summe an, aber ein einzelner konnte nicht darüber entscheiden, ob zweihundert Songs verkauft werden sollten, die bis zu den frühesten Hits zurückreichten wie »From Me To You«, »She Loves You« und »I Want To Hold Your Hand« und auch die Titel der neuesten Alben enthielten. »Als sich die Beatles nach Brian Epsteins Tod sichtlich zu entzweien begannen, kam Grade mit seinen Anträgen«, erläutert Dick James. »In der damaligen Währung standen die Aktien von Northern anfangs auf sieben Shilling und neun Pence, und bei Brians Tod war der Kurs auf vierzehn Shilling und sechs Pence gestiegen. Lews letztes Angebot waren fünfunddreißig Shilling pro Anteil, und das bedeutete für alle, auch für John und Paul, einen beträchtlichen finanziellen Gewinn.« James legte Grades Angebot dem Vorstand von Northern Songs vor, der mehr als dreitausend Aktionäre vertrat. Die Entscheidung wurde einstimmig getroffen: Das Angebot, das zehn Millionen Pfund in bar einbrachte, wurde angenommen. Dick James glaubte, den Beatles und vor allem John und Paul als den Songschreibern einen Gefallen zu tun. Er argumentierte damit, daß die Beatles bei einer größeren Firma besser aufgehoben seien.

John war wütend über diese Entscheidung, die er als einen Verrat an seinen Interessen ansah, gegen den er sich nicht zur Wehr setzen konnte. Bei einer Zusammenkunft in Pauls Haus fiel er über James her. »Ich habe versucht, Lennon klarzumachen, daß sein Kapitalgewinn dem niedrigsten Steuersatz auf Erden unterlag, wogegen bei Plattenverkäufen die normale Einkommensteuer erhoben wurde«, sagte James. Aber John war untröstlich. Dick James sagt, daß Paul erbost war, aber Lennon »war verletzt, und es hat mir schrecklich leid getan. Yoko war auch erbost.«

Nach einer angespannten Unterredung bemühte sich James, John zu versöhnen. Er machte Lennon klar, daß ihm aus diesem Verkauf ein großer Batzen Geld zukommen würde. »Schau mal, John, das heißt zumindest, daß du Geld für deine Kinder auf die Seite bringen kannst.«

Johns zynische Antwort bereitete jedem Einverständnis ein Ende: »Ich habe nicht die geringste Lust, selbst eine verdammte Aristokratie hervorzubringen«, sagte er erbittert.

Zwar hatte John die Beatles als erster verlassen, aber aus taktischen Gründen wurde verlautbart, Paul habe Schluß gemacht. Beim Erscheinen seines ersten Solo-Albums, *McCartney*, gab er eine

Presseerklärung von einundvierzig Fragen und Antworten ab. Für die Medien stand weltweit ohne jeden Zweifel fest, daß Paul ausgestiegen war. Hier ein Auszug aus diesem Text:

> *Hat Ihnen die Solo-Arbeit Spaß gemacht?*
> Ja, sehr. Ich mußte mich nur mit mir einigen, und ich war mit mir einig.
> *Ist dieses Album eine Erholungspause von den Beatles oder der Start einer Solokarriere?*
> Das wird sich zeigen...
> *Ist Ihr Bruch mit den Beatles, ob vorübergehend oder dauerhaft, auf persönliche oder auf musikalische Differenzen zurückzuführen?*
> Auf persönliche Differenzen. Geschäftliche Differenzen. Musikalische Differenzen. Aber das Wichtigste ist, daß ich mich mit meiner Familie wesentlich besser verstehe als mit den Beatles. Ob vorübergehend oder dauerhaft? Ich weiß es nicht.
> *Stimmt es, daß weder Allen Klein noch ABCKO (seine Firma) auf irgendeine Weise an der Produktion, der Herstellung, dem Vertrieb oder der Werbung für dieses neue Album beteiligt waren oder sein werden?*
> Jedenfalls nicht, wenn ich es irgend vermeiden kann.

Lennon war wütend, daß McCartney ihm die Rolle dessen wegschnappen wollte, der die Entscheidung traf. Wenn Paul Yoko nicht leiden konnte, dann war das eine Sache für sich. Wenn Paul vor aller Welt so tat, als sei er derjenige, der die Entscheidungen traf, dann war das etwas anderes. John reagierte darauf mit phantastisch lakonischer Gehässigkeit. Am Telefon teilte er mir als Informationen für einen Artikel, an dem ich schrieb, mit: »Am Donnerstag nachmittag habe ich einen Anruf von Paul bekommen. Er hat gesagt: ›Auch ich steige bei den Beatles aus.‹ Es hat mich gefreut, das von Paul zu hören. Es war schön, zu erfahren, daß es ihn noch gibt. Aber auf jeden Fall war es nicht Paul, der gegangen ist, sondern ich habe ihn fallenlassen.«
Die Beziehung zu Paul blieb gestört, der Umgangston gehässig, bis John und Yoko 1971 nach Amerika übersiedelten. John und Paul hatten kaum Kontakt zueinander, aber die Spekulationen in der Presse setzten sich fort. Wieder kam Paul John zuvor, indem er den weltweiten Spekulationen am 29. August 1970 mit einem Brief an *Melody Maker* ein Ende setzte:

> Um den humpelnden Hund von Zeitungsgeschichte, der sich das vergangene Jahr über seitenweise hinweggeschleppt hat, aus seinem Elend zu befreien, gebe ich hiermit bekannt, daß meine Antwort auf die Frage: »Werden die Beatles wieder zusammenkommen?« nein lautet.
>
> Paul McCartney

Ende 1970 begann der von Paul McCartney angestrengte Prozeß, der zur Auflösung der Beatles führen sollte, soweit ihre Partnerschaft geschäftlich noch bestand. Trotz der Streitereien war es eine schwierige Entscheidung für Paul. Er traf sie während eines Aufenthaltes mit Linda auf seiner Farm in Campbeltown, Argyllshire.
Zu der immer wieder auftauchenden Frage nach einer möglichen Einigung sagte McCartney: »Es ist, als würde man ein geschiedenes Ehepaar fragen: ›Tut ihr euch wieder zusammen?‹, wenn keiner von beiden den Anblick des anderen erträgt.« Es war qualvoll, »Anklage gegen meine besten Freunde zu erheben und dabei *gesehen* zu werden. Das war das Schlimmste daran.« Am 12. März 1971 wurden die Beatles vor dem hohen Gerichtshof als Gruppe rechtlich aufgelöst, und es wurde ein Verwalter ernannt, der sich um ihre geschäftlichen Interessen kümmern sollte. Die Beatles bestanden nur noch als Firmenname.
Auf einer persönlicheren Ebene setzten sich die Reibereien fort und gingen auch in Pauls und Johns Musik ein. Vier Monate vor Johns Umzug nach Amerika im September 1971 brachte Paul sein erstes Soloalbum mit Linda McCartney heraus, *Ram*. Zwei der Songs, »Too Many People (Going Underground)« und »Back Seat Of My Car« (das mit dem Sprechgesang endete: »We believe we can't be wrong«) verhöhnten John und Yoko ganz offen. Wieso sich Paul ausgerechnet

auf Platten und in aller Öffentlichkeit mit einem Meister der Schmähreden wie John einließ, wird immer ein Rätsel bleiben. Lennons Antwort war das heimtückische »How Do You Sleep?« auf seinem berühmtesten Album *Imagine*. Im Gegensatz zu Pauls Songs bestand Johns Taktik nicht darin, Dinge zu bemänteln, sondern er ging zum Frontalangriff über:

So Sgt. Pepper took you by surprise
You better see right through that mother's eyes
Those freaks was right when they said you was dead
The one mistake you made was in your head...
You live with straights who tell you you was king
Jump when your mama tell you anything
The only thing you done was Yesterday
And since you've gone you're just Another Day
How do you sleep?...
A pretty face may last a year or two
But pretty soon they'll see what you can do
The sound you make is Muzak to my ears
You must have learned something in all those years

Wenn es auch viele Beatles-Fans bis heute nicht wahrhaben wollen, so rührten diese persönlichen Auseinandersetzungen doch daher, daß die beiden nie viel gemeinsam hatten. Paul zielte mit seinen melodiösen Stücken und dem Hang zum Ruhm auf das Entertainment, und John war ein Künstler, der sich deutlich gegen das Establishment wandte, Gedichte schrieb, seine Weiterentwicklung als ein Abenteuer betrachtete und immer wieder Dinge schnell aufgriff und sie ebenso schnell wieder verwarf. McCartney bewunderte Johns schrulligen Stil, seine Originalität, seine Arroganz und seine Schlagfertigkeit. Lennon erkannte Pauls Talent als Songwriter an. Aber John hatte keine Zeit für handwerkliche Finessen; er tat jemanden, der sein Metier beherrschte – wie McCartney –, als zu den Leuten zugehörig ab, »die auf Bestellung kleine Liedchen reimen können«. Sie waren während eines bestimmten Abschnitts ihres Lebens genau richtig füreinander, aber wenn man es simpel ausdrückt, war Lennon dort, wo McCartney große Talente besaß, ein Genie. 1971 hatten sie sich künstlerisch und persönlich unwiderruflich entzweit, und Johns Abneigung gegen Paul wuchs durch dessen Seitenhiebe gegen Yoko, die John als Teil seiner selbst ansah.

Der Streit wurde öffentlich fortgesetzt. Im November 1971 ließ sich Paul von *Melody Maker* interviewen. Paul betonte, daß sie immer noch vor geschäftlichen Problemen stünden. »Ich wünschte nur, wir vier könnten uns irgendwo zusammensetzen und ein Stück Papier unterschreiben, auf dem steht, daß alles vorbei ist und daß wir das Geld durch vier teilen wollen.

Niemand sonst sollte dabei sein, nicht einmal Linda oder Yoko oder Allen Klein. Wir würden nur einfach einen Zettel unterschreiben und ihn den Geschäftsleuten in die Hand drücken, die sich dann alles selbst auseinandersortieren könnten. Mehr will ich gar nicht mehr. Aber John würde nicht mitmachen. Alle halten mich für den Kampfhahn. Der bin ich aber nicht. Ich will nur noch raus.

John und Yoko haben keine Distanz zu dem, was sie tun. Ich habe sie kürzlich im Fernsehen gesehen, und ich dachte mir, alles, was sie dazu sagen, was sie gemeinsam tun wollen, ist doch nichts anderes als das, was Linda und ich wollen.

Johns ganzes Image zielt jetzt auf Ehrlichkeit und Offenheit ab. John ist in Ordnung, ja, wirklich. Sein Album *Imagine* hat mir gefallen, aber die anderen Alben mochte ich nicht. *Imagine* zeigt John so, wie er wirklich ist, aber auf den anderen Alben war zuviel Politkram. Ich höre mir seine Sachen eigentlich nur so genau an, um daran rumzunörgeln.« (Lachen)

Wie steht Paul zu »How Do You Sleep?«?

»Ich finde es albern. Und wenn ich unter Spie-

Paul McCartneys Brief an den *Melody Maker* im August 1970.

Dear Mailbag.

In order to put out of its misery the limping dog of a news story which has been dragging itself across your pages for the past year, my answer to the question, "will the Beatles get together again"...

is no.

Paul McCartney.

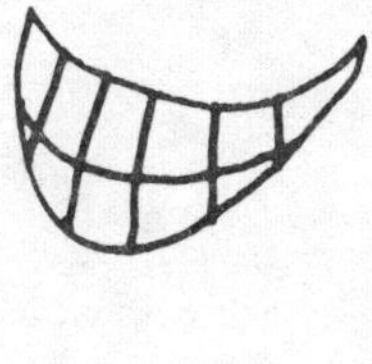

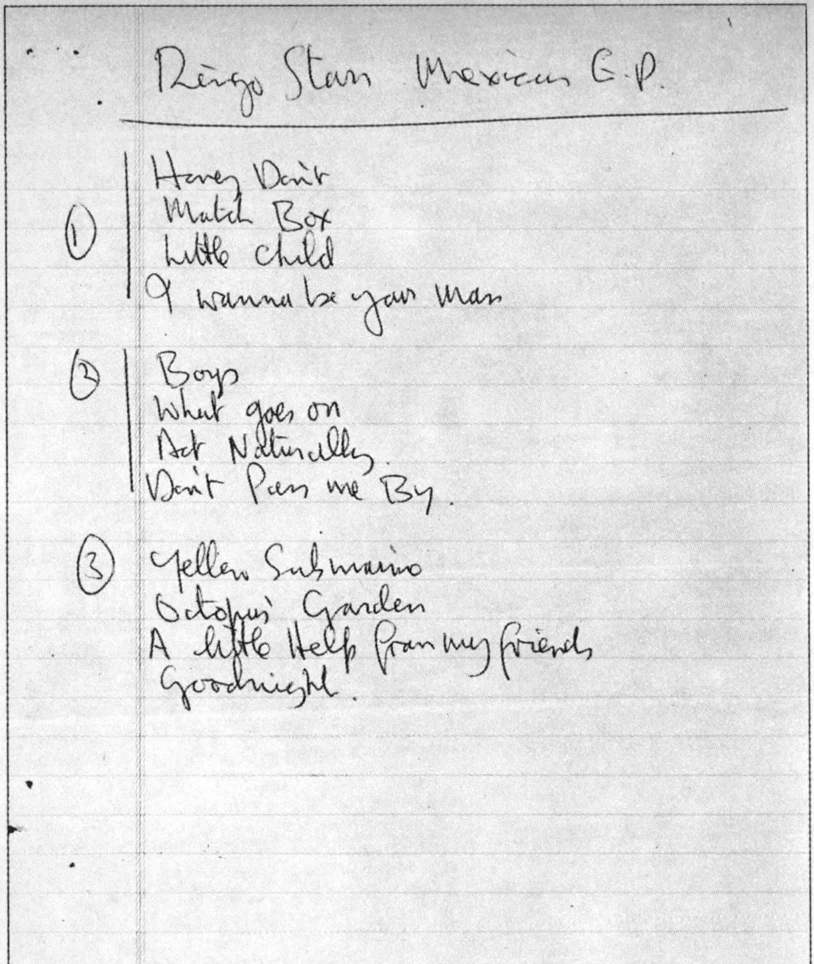

Ringo Starr Mexican E.P.

1. Honey Don't
   Match Box
   Little Child
   I wanna be your man

2. Boys
   What goes on
   Act Naturally
   Don't Pass me By.

3. Yellow Submarine
   Octopus' Garden
   A little Help from my friends
   Goodnight.

Im Sommer 1974 bat Len Wood von EMI John, ein paar Beatles-Songs für EPs »abzuzweigen«, die in Mexiko herauskommen sollten. John nahm sich die Zeit, diese Listen mit Vorschlägen für Songs von Ringo Starr und George Harrison zu schreiben.

three ~~two~~: spare songs (Roll over Beethoven. Something. Everybodies trying to Be my Baby).

George Harrisongs Mexican EPS

(1)
I'm happy just to Dance with you
Do you want to know a secret?
Chains.
Devil in Heart

(2)
Don't Bother Me
Taxman
If I needed Someone
Think for Yourself.

(3)
I need you
You like me to much
~~Love You Too~~ its only a Northern Song.
its all to much.

(4)
Savoy Truffle
Old Brown Shoe
Blue Jay Way
Long long long.

(5)
Within You without you
The inner light.
Love You Too
I want to tell you.

(6).
Here Comes the Sun
For You Blue.
While My Guitar Gently Weeps.
Piggies.

ßern lebe, was ist schon dabei? Ich mag Spießer. Ich habe spießige Babys. Das geht *ihn* doch nichts an. Er sagt, das einzige, was ich je zustande gebracht hätte, sei ›Yesterday‹. Er weiß selbst, daß das nicht stimmt. Er weiß, daß es nicht wahr ist, und ich weiß es auch.«

Zum letzten Album der Beatles, *Let It Be*, sagte Paul: »Es stand etwas von einer neuen Phase der Beatles auf dem Cover, und das war alles andere als wahr. Es war das letzte Beatles-Album, und alle wußten es... Klein hat es neu produzieren lassen, weil er fand, daß es nicht kommerziell genug klang.«

Zu Johns Konzert in Toronto mit Eric Clapton, Yoko und Klaus Voormann sagte Paul: »John wollte in Toronto etwas ganz Großes aufziehen, aber mir hat es gar nicht gefallen. Ich habe gehört, daß ihm vor dem Auftritt ganz schlecht war, und genau das wollte ich nicht. Aber mir selbst ging es wegen all der Streitereien damals auch nicht gut.

Ich wollte in einen Transporter steigen und samstagabends ein unangekündigtes Konzert bei einer Tanzveranstaltung im Gemeindesaal von Slough oder sonstwo geben. Wir hätten uns Rikki and the Red Streaks oder sonstwie nennen können und uns einfach auf die Bühne stellen und spielen können. Ohne jede Presse, und niemand hätte davon erfahren. John fand die Idee idiotisch.

Schon ehe John gesagt hat, daß er nicht mehr bei den Beatles mitmacht, habe ich mir eines Abends im Bett überlegt, daß ich gerne eine Gruppe wie seine Plastic Ono Band zusammenstellen würde. Ich hatte dieses Bedürfnis, weil wir seit vier Jahren nicht mehr live aufgetreten waren. Wir wollten alle wieder auftreten, aber nicht mit den Beatles. Als Beatles konnten wir es nicht tun, weil das eine zu große Sache gewesen wäre. Wir hätten einen Saal mit einer Million Sitzplätzen oder so was finden müssen.«

Pauls Bemerkung zu New York wurde von John belächelt: »Ich bin im Central Park spazierengegangen, und auf dem ganzen Gras lag eine Schmutzschicht.« Das Gras seiner Farm in Schottland, wo er hundert Schafe hielt, sei soviel besser als das amerikanische Gras.

Johns Antwortbrief, der zwei Wochen später im *Melody Maker* abgedruckt wurde, traf mit der Bitte ein, ihn in voller Länge wiederzugeben, um John für die Schilderung aus seiner Sicht dieselbe »Redezeit« zuzugestehen. Ein Teil des Briefs ging auf McCartneys Behauptung ein, wenn er (Paul) im Sommer 1971 bei Georges Konzert für Bangladesh in New York aufgetreten wäre, hätte man es Allen Klein als Verdienst angerechnet, daß er die Beatles noch einmal zusammengebracht hätte. Johns vor Gehässigkeit triefender Brief hatte folgenden Wortlaut:

Lieber Paul, Linda *et all* die winzigen McCartneys, danke für euren Brief.

1. Wir zahlen *dir Geld* für deine Apple-Schnitzen.
2. Wir zahlen *dir noch mehr Geld* in Form von Gewinnanteilen, die rein rechtlich Apple gehören (wir sind Apple, ich weiß, aber andererseits sind wir es auch *nicht*).

Vielleicht gibt es irgendwo eine Antwort... aber ich wiederhole zum millionstenmal in den letzten Jahren: *Was ist mit der* STEUER? Es ist ja schön und gut, den »einfachen, ehrlichen, alten Paul« bei *Melody Maker* zu spielen, aber du weißt verdammt genau, daß wir nicht einfach ein Blatt Papier unterschreiben können.

Du sagst: »John würde nicht mitmachen.« Ich bin dabei, wenn du uns garantierst, daß der »tax man« uns straflos davonkommen läßt! Du weißt doch schließlich selbst, daß sich nach *unserem* Treffen, wie du es dir wünschst, die verfluchten Anwälte hinsetzen müßten, um das, worauf wir uns einigen, auch durchzusetzen – stimmt's?

Wenn *die* sich untereinander einigen könnten, ehe *wir* uns zusammensetzen, dann könnte es sogar noch einfacher sein. Es liegt ganz an dir; wie wir dir schon oft gesagt haben, treffen wir uns mit dir, wann immer du Lust hast. Du mußt dich nur entscheiden! So habe ich dich zum Beispiel vor zwei Wochen telefonisch gebeten: »Bitte, laß uns ohne irgendwelche Ratgeber etc. zusammenkommen und selbst darüber entscheiden, was wir eigentlich wollen«, und die Betonung habe ich dabei auf Maclen (Johns und Pauls Northern Songs angegliederte Firma für ihre Partnerschaft als Songwriter) gelegt, die Sache, die doch in erster Linie uns beide angeht, aber du hast abgelehnt – stimmt's? Du hast gesagt, daß du unter *keinen Umständen* an uns verkaufst, und du würdest uns wieder verklagen, wenn wir nicht täten, was du willst, und Ringo und George brechen dir das Kreuz, John, ect., ect.

Ich war bei diesem Telefongespräch sehr direkt, und du hast versucht, mich mit deiner emotionalen »Logik« abzuschießen. Wenn *du nicht* der Kampfhahn bist (wie du es behauptest), wer zum Teufel hat uns dann vor Gericht gebracht und uns in der Öffentlichkeit von Kopf bis Fuß besudelt?

Wie ich bereits sagte – bist du je auf den Gedanken gekommen, daß du dich *möglicherweise* in irgendeiner Hinsicht irrst? Dein Dünkel, was uns und Klein angeht, ist einfach unglaublich – du sagst, du hättest »den Fehler gemacht, zu versuchen, ihnen von ihm (Klein) abzuraten, und das hat sie verschreckt«, und insgeheim fühlen wir, daß du recht hast! Gütiger Himmel! Du mußt doch *wissen, daß wir in bezug auf Eastman recht haben*...

Noch eine kleine Lüge in deinem »Ja nur das kleine Paulchen«-MM-Auftritt: Auf *Let It Be* standen nicht die ersten Heucheleien. Erinnerst du dich noch an Tony Barrow? Und an den wunderbaren Text, den er auf »Please Please Me« etc. etc. verzapft hat? Die frühen Beatles-Weihnachtsplatten!

*Und du mußt zugeben, daß es* »eine neue Phase der Beatles« *war*, identisch geschrieben im Stil des großen Barrow persönlich! Was ist übrigens aus meiner Idee geworden, die Parodie des Covers unseres ersten Albums für das Cover von *Let It Be* zu übernehmen?

Mit New York hast du recht gehabt! Ich liebe es; es ist DER EINZIGE ORT, AN DEM MAN LEBEN KANN. (Abgesehen von allem anderen, wird man hier auch noch in Ruhe gelassen!) Ich sehe, daß du Schottland vorziehst... ich wette um DEINEN Schnitzen Apple, daß du 1974 in New York lebst (zwei Jahre sind doch der Zeitraum, den du gewöhnlich brauchst – stimmt's?).

Noch was: Was meinst du mit der *ganz großen Sache* in Toronto? Es war eine ganz spontane Geschichte. Man hat mich *freitags* angerufen – und wir sind hingeflogen und haben *samstags* gespielt. Mir war schlecht, weil ich völlig zu war. Hör dir das Album an, und das ohne jede Probe. Jetzt komm schon, gib's zu! (Wir hatten vorher nie zusammen gespielt!) Ein halbes Dutzend Live-Auftritte – ohne großen Wirbel –, wir haben wirklich das *getan*, wovon du *gesagt* hast, die Beatles sollten es tun. Yoko und ich haben es drei Jahre lang getan. (Ich habe gesagt, es sei idiotisch, wenn die Beatles es täten. Ich halte es immer noch für idiotisch.) Also mach schon, und zeig, was du kannst! Tu's doch! Tu's doch! Zum Beispiel *Cambridge*, 1969, ohne jede Ankündigung! (In einem *sehr* kleinen Saal.) Im *Lyceum Ballroom*, (1969, kein Wirbel, eine tolle Show – eine dreißig Mann starke Rock-Band! Eine Jam-Session live!) *Fillmore East* (1971) ohne Vorankündigung. Auch ein großer Spaß für alle – na, was sagst du!! Wir haben sogar hier im Village (unserem geistigen Zuhause!?) mit dem großen David Peel auf der Straße gespielt!! Wir sind sogar von den Bullen vertrieben worden!! Das Beste ist, man TUT ES EINFACH.

*Du* hältst *Imagine* also für unpolitisch, für »Working Class Hero« mit Zuckerguß für Konservative wie dich!! Offensichtlich hast du *den Text nicht begriffen*. »How Do You Sleep?« hast du ganz wörtlich genommen (lies mal meine eigene Kritik des Albums in *Crawdaddy*). *Deine* Politik ähnelt sehr der von Mary Whitehouse – *nichts* zu sagen ist so laut, wie *etwas* zu sagen.

Hör mal, mein verbohrter alter Kumpel, es war Georges Pressekonferenz und nicht dieser olle Deibel Klein! *Er* hat gesagt, was *du* gesagt hast – »Ich käme gern, aber...« Jedenfalls haben wir es aus praktisch denselben Gründen getan – wegen der Beatles-Geschichte. Es wurde trotzdem als Beatles-Auftritt bezeichnet – obwohl nur zwei von ihnen da waren! (Ringo spielte Schlagzeug in der Band aus Superstars, die George Harrison für das spektakuläre Bangladesh-Konzert in New York zusammengestellt hatte.)

Schließ dich der Rock-Befreiungsfront an, ehe sie *dich* schnappt.

Willst du dein Foto aufs Label pressen wie der John und die Yoko, die keine Distanz haben, was? (Schämst du dich denn gar nicht!) Wenn wir keine Distanz haben, WAS HAST DENN DU DANN?
Auch von meiner Seite keine bitteren Gefühle. Ich weiß, daß wir im Grunde genommen dasselbe wollen, und wie ich dir am Telefon und in diesem Brief schon gesagt habe, brauchst du nichts weiter zu tun, als anzurufen, wenn du dich mit mir treffen willst.

All you need ist love
Power to the people
Free all prisoners
Jail the judges
Love and Peace
Get it on and rip 'em off

John Lennon

PS. Was uns wirklich gewundert hat, war, daß du uns aufgefordert hast, uns ohne LINDA UND YOKO zu treffen. Ich dachte, du hättest INZWISCHEN verstanden, daß ich JOHNUNDYOKO bin.
PPS. Selbst *deine* Anwälte wissen, daß man nicht »einfach ein Stück Papier unterschreiben kann« (oder sagen sie dir so was nicht?).

Die Wunden waren tief und dauerhaft. Das Verhältnis zwischen John und Paul erholte sich nie mehr ganz. Als John zwei Monate nach seiner Ankunft in New York diesen Brief schrieb, war ihm wohl kaum klar, daß er nie mehr nach Großbritannien kommen würde. Es sollte vier Jahre dauern, bis Paul ihn schließlich in New York besuchte, als es die Beatles längst nicht mehr gab und das Kriegsbeil der geschäftlichen Auseinandersetzungen immer noch nicht wirklich begraben war.
Das Beatles-Phänomen, sagte John, sei so enorm gewesen, daß er ganz und gar Beatle sein mußte und nichts sonst. »Es war nicht von Anfang an monströs. Wir haben eine Kommunikation zu den Menschen in den Clubs und den Tanzdielen aufgebaut; wir haben uns mit den Leuten unterhalten, und es war einfach toll. Aber dann ist es zu einer Art Maschinerie geworden. Es war wie bei den Typen, die Millionen machen, sagen wir Rockefeller oder Getty. Die sind total vom Geld besessen, davon, wie man Geld macht. Genauso ist es mit den Beatles gekommen, und das ist es, was ich nicht akzeptieren konnte. Es gab keinen Moment Zeit, um an etwas anderes zu denken, und daher waren die Beatles einfach eine Phase meines Lebens.« Vor den Beatles hatte er nichts über die Weltpolitik gewußt, aber er war sich über seinen Standort innerhalb der arbeitenden Klassen von Liverpool klar gewesen – »der Versuch, in die Universität zu kommen und die ganzen Lächerlichkeiten, die dazugehören«.
Doch er akzeptierte, daß die Beatles gewaltigen gesellschaftlichen Einfluß gehabt hatten. Er fiel über jeden her, der die Wichtigkeit der Beatles für die Welt abstreiten wollte. *Er* durfte die Gruppe schlechtmachen, aber wehe jedem anderen, der es wagte, vor allem wenn es sich dabei um einen anderen Musiker handelte. »Die Beatles hatten große Auswirkungen auf die Gesellschaft, und dann sind sie so steril geworden wie eine Regierung, die zu lange an der Macht ist. Wenn man in diese Situation kommt, dankt man ab. Und so haben wir abgedankt.«

## 3.
# Der Frieden

»Wir sind bereit, vor der Welt als Clowns dazustehen, wenn das zur Verbreitung des Friedens beiträgt.«

Im Jahre 1971, kurz vor dem Aufbruch nach Amerika, sagte John zu mir: »Wir hätten gern, daß man sich an uns als den Romeo und die Julia der siebziger Jahre erinnert.«
Yoko fuhr fort: »Wenn die Menschen die Liebe zynisch betrachten, sollten sie uns ansehen, um zu erkennen, daß Liebe wirklich möglich ist.« Sie hielten sich dabei lächelnd an der Hand und meinten es offensichtlich genau so, wie sie es sagten. Auf dem Höhepunkt der großen Auseinandersetzung, die um die Verbindung der beiden und um ihre Demonstrationen für den Frieden tobte, hatte ich sie nach ihren wahren Zielen gefragt.
»Am liebsten wäre es mir, wenn sich jeder mit einem Lächeln an uns erinnern würde«, sagte John. »Oder wenn es möglich wäre, dann am besten an John und Yoko, die den Weltfrieden für alle Zeiten erschaffen haben. Das gesamte Leben ist eine Vorbereitung auf den Tod. Das Sterben bedrückt mich nicht. Wir wünschen uns, bei unserem Abtreten eine bessere Welt zu hinterlassen.«
Neben der Auflösung der Beatles und dem Album *Two Virgins*, das einen Skandal ausgelöst hatte, gab es drei entscheidende Ereignisse, die Johns Leben rigoros veränderten. Die Abfolge der Geschehnisse war atemberaubend.
Im Februar 1969 wurde Yoko von ihrem zweiten Mann, Anthony Cox, geschieden. Sieben Wochen später hatten John und Yoko geheiratet. Fünf Tage darauf folgte das berühmt-berüchtigte Amsterdamer Bed-in für den Frieden. Und einen Monat nach ihrer Hochzeit änderte John ganz formell mit einer einseitigen Willenserklärung seinen zweiten Vornamen von Winston in Ono. Er folgte der Maxime, die er Paul dargelegt hatte, mit einer Geschwindigkeit, die in den folgenden sechs Jahren nicht nachlassen sollte. »Do it!«
Johns offizielle Namensänderung war ein Zeichen für seine Zusammengehörigkeit zu Yoko, aber es stand auch ein diplomatisches Motiv dahinter. Yoko hatte leichthin, aber nicht ohne tieferen Sinn zu John gesagt: »Ich will nicht als Mrs. Lennon angesehen werden. Was würdest du denn dazu sagen, wenn du deinen Namen durch die Eheschließung in Mr. John Ono ändern müßtest? Warum geht es nicht auch so?« (Yoko hat bei der Hochzeit ihren Nachnamen Ono nicht aufgegeben.) Sie wollte sich ihre Unabhängigkeit bestätigen und schrieb sogar einen Song, »Mrs. Lennon«, der, wie sie heute sagt, ihren Zynismus angesichts der Ironie dieser Situation ausdrückte. »Mein Gott, es ist wirklich ungerecht«, gab John zu, während sie darüber noch Witze machten.
John stellte unter Beweis, was für ein unglaublicher Taktiker er war. Er hatte Yoko wiederholt gesagt, daß er seinen zweiten Vornamen, Winston, nicht leiden könne. Mit diesem Namen waren zu viele Bezüge zum Krieg und zur upperclass verknüpft. Das erschien im verlogen. »Ich will diesen Namen nicht. Er verfolgt mich immer wieder«, sagte John zu Yoko.
»Es war ihm verhaßt, auch nur auf irgendeine Weise mit Winston Churchill verglichen zu werden«, sagt sie. »Er verfiel auf die unglaubliche Idee, seinen zweiten Vornamen ändern zu lassen, um meinen Wünschen nachzukommen. Einer-

seits habe ich mich sehr darüber gefreut, andererseits hat es mich auch sehr erstaunt. Er hat gesagt, ich könnte mich weiterhin Yoko Ono nennen, warum auch nicht, und er war mir einen Schritt entgegengekommen, ohne den Namen Lennon fallenzulassen, was ohnehin niemand von ihm erwartet hatte.«

John entschloß sich, das Zeremoniell auf dem Dach von Apple durch einen Beurkundungsbeamten vollziehen zu lassen. Doch es gab ein technisches Problem. Man teilte ihm an jenem Tag mit, daß er zwar den Namen Ono annehmen, den Namen Winston jedoch nicht ablegen könne. Wie er sich nennen wollte, lag ganz bei ihm, aber er wurde als John Winston Ono Lennon eingetragen. John grummelte: »Wozu zahle ich diese ganzen Anwälte, wenn ich den Winston nicht loswerde?«

Die Rechtsstreitigkeiten darüber, ob John weiterhin den Namen Winston trug, zogen sich monatelang hin. »Ich empfinde nicht patriotisch genug, um diesen Namen zu behalten«, sagte er. »Ich bin John Ono Lennon.« Bei allen Eiden, die er ablegen mußte, als man 1970 die verflochtenen Angelegenheiten der Beatles auseinandersortierte, wurde John als John Ono Lennon eingetragen, und auch alle seine persönlichen Dokumente liefen auf diesen Namen. Oft unterschrieb er nur mit seinen neuen Initialen, J. O. L. Doch als es zwischen 1972 und 1976 zu den Prozessen gegen die amerikanischen Einwanderungsbehörden kam, fügte er aus diplomatischen Überlegungen den Namen Winston wieder ein; seine Einwanderungserlaubnis wurde schließlich auf den Namen John Winston Ono Lennon ausgestellt. »Es ist ihm zwar technisch nie gelungen, den Winston wirklich abzulegen, aber er konnte den Namen nicht leiden und hat ihn nie benutzt«, sagt Yoko. Sie war in derselben Situation: Die Welt kennt sie als Yoko Ono, das heißt unter dem Namen, den sie vorzieht, aber behördlich ist sie Yoko Ono Lennon. John fügte seinem Namen gern zusätzliche »O«s hinzu, denn er und Yoko waren der Auffassung, dieser Buchstabe drücke das Intuitive aus und sei psychologisch günstig. »Zwischen uns«, sagt Yoko, »gab es starke telepathische Strömungen. Wir waren sehr medial. Wir wußten immer, was der andere dachte, was der andere sagen würde. Wir kannten unsere Reaktionen und alles. Manchmal war das direkt enervierend.«

Ihre Hochzeit war unkonventionell, aber romantisch. Sie hielten sich im März 1969 zwei Wochen in Paris auf, und während dieser Zeit entschlossen sie sich, ein Flugzeug zu chartern und in Gibraltar zu heiraten. Die Braut und der Bräutigam trugen weiße Tennisschuhe und waren auch sonst ganz in Weiß. Yoko trug ein weißes Minikleid aus Leinen mit Mantel, einen weißen Hut mit gewaltiger Krempe, der einen lebhaften Kontrast zu ihrem wogenden schwarzen Haar bildete, und weiße Socken. John trug ein weißes Jakkett und eine weiße Cordhose. Als es um seine Hochzeit ging, erwies sich der Zyniker als altmodisch. »Wir sind unzertrennlich«, sagte er. »Intellektuell glauben wir nicht an die Ehe. Aber Liebe ist nicht rein intellektuell. Für zwei Menschen ist die Ehe immer noch etwas anderes als ein bloßes Zusammenleben.« Während des Zeremoniells stand er mit einer Hand in der Hosentasche und mit einer Zigarette in der anderen Hand vor dem Standesbeamten im Büro des britischen Konsulats. »Ach, das war überhaupt nicht von Bedeutung«, antwortete er, als er gefragt wurde, ob das nicht respektlos sei. »Es war ganz *unser* Ereignis. Wenn ich bei meiner eigenen Hochzeit nicht dastehen und tun kann, was mir paßt...« Er erklärte, ihre Flitterwochen hätten sie bereits vor der Hochzeit durchlebt. »Wir haben nur einfach gegessen und eingekauft und uns in Paris umgesehen. Es war wunderbar, verliebt im Frühling in Paris zu sein. Wir sind beide unglaubliche Romantiker!« Sie hätten sich am liebsten kirchlich vom Erzbischof von Canterbury trauen lassen, aber das war unmöglich, weil beide geschieden waren.

Auf dem Dach des Apple-Gebäudes läßt John im April 1969 seinen Namen urkundlich von John Winston Lennon in John Ono Lennon ändern.

Der Hohn, mit dem man Yoko überschüttet hatte, ebbte augenblicklich ab. Die Leute stellten plötzlich fest, daß sie wohl doch ein menschliches Wesen war. »Die Hochzeit hat mich emotional so mitgenommen, daß ich zusammengebrochen bin, und John ging es ähnlich«, sagt Yoko. Als sie nach einem nur siebzigminütigen Aufenthalt in Gibraltar wieder in Paris waren, begaben sie sich ins Hotel Plaza Athénée. Die Ehe mochte altmodisch sein, aber beide achteten sie als eine Institution. John sagte, von jetzt an würden sie alles gemeinsam tun, sowohl als Künstler als auch als Mann und Frau. Yoko sagte, sie würde mit Sicherheit nicht die herkömmliche Ehefrau sein, falls das bedeutete, ihm die Hausschuhe zu bringen. Sie fügte hinzu, ihre Ehe sei eines ihrer Happenings, wenn auch von größter Wichtigkeit und zukunftsweisend. »Wir planen ein weiteres Happening im Lauf der kommenden Woche. Es wird sich früh genug herausstellen, wann es stattfindet.«

Wenige Tage später begann in Amsterdam ihre Kampagne für den Frieden. Sie waren bereits im Dezember 1968 in einem großen weißen Sack auf der Bühne der Royal Albert Hall in London aufgetreten, und Yoko hatte sich längst den Ruf erworben, John ins Reich der Phantasie eingeführt zu haben. Daher hätte das, was jetzt kam, nicht allzuviel Überraschung auslösen dürfen; doch John und Yoko konnten es kaum erwarten, diverse Prinzipien umzustoßen. John glaubte, angespornt von Yoko, seinen Einfluß als Beatle intelligent für einen Aufruf zum Frieden einsetzen zu können. Die erste Ermunterung zu einer Friedenskampagne hatte ihm ein Brief von Peter Watkins gegeben, dem Produzenten des Films *The War Game*. Watkins hatte von der Obszönität des Krieges und von der Macht von Künstlern wie John gesprochen. John dachte über seine Rolle in dem Antikriegsfilm *Wie ich den Krieg gewann* nach und begeisterte sich vollständig für diese Idee.

Sieben Tage lagen John und Yoko in der Prominenten-Suite des Amsterdam Hilton zusammen in weißen Schlafanzügen im Bett. Sie waren von Blumen umgeben; am Kopfende des Bettes waren zwei Zettel angebracht, auf denen stand: »Bed Peace« und »Hair Peace«. Sie luden die Presse ein, und im Lauf dieser Woche erschienen fast hundert Reporter aus aller Welt, um sich das Ereignis anzusehen, das als das Amsterdamer Bed-in für den Frieden bekannt wurde. Was hatte das jetzt wieder zu bedeuten? Machten der verrückte John und die irre Yoko öffentlich Flitterwochen?

»Ha! Die haben wirklich alle geglaubt, John und Yoko würden vor der Weltpresse für den Frieden vögeln«, sagte John lachend. »Das war nie angesagt, und überhaupt sind wir viel zu schüchtern, um auch nur *irgend etwas* in der Richtung zu tun.« Publicity war ihnen garantiert, und sie nutzten sie, um etwas zu demonstrieren. »Ganz gleich, was wir mit unseren Flitterwochen angefangen hätten – die Presse hätte uns ausfindig gemacht, und daher haben wir uns entschieden, die Presse gleich selbst einzuladen und unsere Publicity für etwas zu nutzen, woran wir beide glauben«, sagte John später. John hatte sich damals einen Bart wachsen lassen, und sein Haar war so lang wie nie. Er appellierte an andere, sich die Haare als Symbol für ihre Friedenskampagne ebenfalls wachsen zu lassen. Erstaunlich war, daß John in dieser Woche in Amsterdam ruhiger wirkte als sonst. Fans belagerten das Hotel und hörten sich geduldig die Friedensbotschaft an, die Lennon und Yoko vorlegten. Sie ließen die Fenster ihres Zimmers offen, damit sie die Fans auf der Straße hören konnten. Und die Presse, die nicht wußte, was sie davon halten sollte, war dankbar, daß John und Yoko ihr eine anständige Story geliefert hatten, machte sich jedoch gleichzeitig auch lustig über sie. John glaubte, seine Friedensbot-

Das berühmte Bed-in für den Frieden im Hilton Hotel in Amsterdam im März 1969. John und Yoko gaben sieben Tage lang Interviews, um der Öffentlichkeit ihre Friedensbotschaft zu verkünden. Sie trugen ihre Lieblingsfarbe, Weiß; an den Wänden der Suite hatten sie ihre Zeichnungen und Slogans ausgehängt.

schaft sei »rübergekommen«. Hunderte von Zeitungen, Rundfunk- und Fernsehsendern hatten die Botschaft verbreitet. Es war eine bessere Propadanda als alles, was je einem Premierminister gelungen war. Was die Fans betraf, so war John inzwischen alt (zu dem Zeitpunkt achtundzwanzig; Yoko war sechsunddreißig). Er hatte das Gefühl, seine Zeiten als Popstar seien vorbei; jetzt gehe es darum, sich auf ernstere Dinge zu konzentrieren.

Als Yoko John sagte, ihr Ehering für drei Pfund zehn Shilling sei zu weit und rutsche ihr vom Finger, malte John ihr mit Tinte einen provisorischen Ring um den Finger, während der andere Ring zum Engermachen gegeben wurde. Ein starker Hang zu Konformität, Konvention, Tradition und Romantik verband die beiden miteinander, während die Welt den genau entgegengesetzten Eindruck von ihnen bekam. Sie bekundeten ihre Zuneigung zueinander wesentlich offener als die meisten »normalen« Ehemänner und Ehefrauen; jede Facette ihres Zusammenlebens wurde öffentlich ausgespielt. Jegliche Spekulation, Yoko sei eine aggressive Verfechterin der Frauenbefreiung, die einem chauvinistischen Beatle ihre Auffassung eingetrichtert habe, war nicht mehr haltbar. »John ist ein sehr aggressiver, maskuliner Mann, und ich genieße es, mich zu unterwerfen«, sagte Yoko. Doch John hatte Yoko drei Jahre lang beobachtet, und das hatte seine

Ansichten verändert. Zum Zeitpunkt ihrer Hochzeit überdachte er seine gesamte Haltung Frauen gegenüber. Yokos Stärke überzeugte ihn davon, daß es ihn nie zufriedenstellen würde, bei Frauen nur auf das Körperliche zu achten. Dazu äußerte er: »Ich glaube, ich habe eine Frau gesucht, die mir intellektuell alles geben kann, was ich von einem Mann bekommen könnte, und die doch gleichzeitig sehr weiblich ist.« Er verfolgte interessiert die Emanzipationsbewegung, was zum Teil auch daran lag, daß Yoko ihm ihre Ebenbürtigkeit und oft sogar ihre Überlegenheit demonstriert hatte. Wegen des Nacktfotos auf *Two Virgins* hatte sich Yoko als »häßliche, alte Kuh« beschimpfen lassen müssen, und John fand, sie solle sich zur Wehr setzen. »Wie können sie es wagen? Ich finde sie wunderschön«, sagte er. Noch schwieriger zu bewältigen war, daß Yoko auf intellektuellem und künstlerischem Gebiet auf krasseste Vorurteile stieß und von allen Frauen und natürlich von den Mädchen unter den Beatles-Fans angegriffen wurde. Als Künstlerin war sie ihrer Zeit um Jahre voraus, und ihre Arbeit wurde ständig mißverstanden. Amsterdam überzeugte Lennon davon, daß Yoko – gemeinsam mit ihm – nun noch aggressiver für den Feminismus kämpfen mußte.

»Wir sind bereit«, sagte John in Amsterdam, »vor der Welt als Clowns dazustehen, wenn das zur Verbreitung des Friedens beiträgt. Zu viele Menschen sprechen darüber und tun doch nichts.« Er sagte, mit seinem berühmten Namen und Yokos Ideen würden sie über Jahre hinweg Dinge tun, die die Leute zwingen würden, zu reagieren. Bag Productions, Johns und Yokos Film- und Produktionsgesellschaft, wurde gegründet und hatte ihren Sitz in den Apple-Büros. In den kommenden elf Jahren sollte der Popstar, der das Idol von Millionen war, als Sprecher für Goodwill und Humanität bekannt werden.

In den Jahren als Beatle hatte sich John auf Brian Epsteins Rat hin philosophischer oder politischer Aussagen weitgehend enthalten. Die aufgebauschte Jesus-Geschichte schien Brian recht gegeben zu haben. Auf dem Gipfel des Beatles-Ruhms hatte sich John öffentlich gegen das Vorgehen der Amerikaner in Vietnam aussprechen wollen. Auch davon hatte ihm Epstein abgeraten. Jetzt konnte er seinen Ruhm und seinen Reichtum dafür einsetzen, niemandem etwas vorzumachen.

Bei einer Pressekonferenz in Amsterdam sagte John: »Ich sage nichts weiter als Frieden. Wir deuten nicht mit dem Finger auf irgend jemand Bestimmten. Der Kampf findet im Kopf statt. Wir müssen unsere eigenen Monster begraben und aufhören, andere Menschen zu verfluchen. Wir sind alle Christus, und wir sind alle Hitler. Wir bemühen uns, die Botschaft Christi zeitgenössisch aufzufassen. Wir wollen, daß Christus gewinnt. Was hätte Er getan, wenn Ihm Werbung, Platten, Filme, Fernsehen und Zeitungen zur Verfügung gestanden hätten? Das Wunder unserer Zeit besteht in den Kommunikationsmöglichkeiten der Medien. Also nutzen wir sie doch!«

Johns und Yokos Methode war kostspielig. Die Reise- und Hotelkosten beliefen sich auf Tausende von Pfund pro Woche, als sie in jenem Frühjahr ihre Reise durch Europa fortsetzten. Die Kritiker fragten John, ob es nicht besser sei, Geld für Hungernde zu spenden, als seinem eigenen Ego zu schmeicheln. In der Hinsicht konnten sie ihm nichts anhaben; er schickte bereits regelmäßig Gelder für bedürftige Menschen in die Krisenherde, damals hauptsächlich Biafra. John spendete sein Leben lang hohe Summen für wohltätige Zwecke. Er tat es im stillen; er wollte keine Publicity haben.

Amsterdam war nur der Anfang. John und Yoko knüpften an die Eicheln an, die sie auf dem Boden der Kathedrale von Coventry gepflanzt hatten; sie schickten den Premierministern aller Länder ein Paar Eicheln zu und forderten sie auf, sie symbolisch für den Frieden einzupflanzen.

Während Yoko unter einem weißen Tuch zu seinen Füßen kauert, legt John bei dem Konzert mit der Plastic Ono Supergroup im Londoner Lyceum im Dezember 1969 gewaltig los.

WAR
IS

John und Yoko weiteten ihre gemeinsamen künstlerischen Aktivitäten auf Filme aus. Die beiden ersten drehten sie in Weybridge, *Smile* und *Two Virgins*. *Smile* war Yokos Idee und mit typischer Kargheit konzipiert. Der Film bestand aus nichts weiter als aus einer Aufnahme von Johns Gesicht, das lächelte und die verschiedensten Gesichtsausdrücke zeigte, die vervielfältigt wurden, bis ein Film von fast einer Stunde Länge entstanden war. *Two Virgins* war thematisch ähnlich angelegt. Johns Gesicht wurde über Yokos Gesicht projiziert. Diese Filme, die in einem frühen Stadium der Beziehung zwischen den beiden entstanden, waren als Filme weniger bedeutend. Sie besiegelten eher ihre Zusammengehörigkeit. In ihrem dritten Film, *Rape*, parodierten sie im Grunde genommen die Erfolgs-Story der Beatles. Die Reaktion eines Mädchens, das von Journalisten verfolgt wird, erreicht ein verzweifeltes Finale, in dem das Mädchen sich gewaltsam widersetzt und eine Fernsehkamera angreift. Die Premiere des Films im österreichischen Fernsehen folgte kurz auf das Bed-in in Amsterdam im März 1969. John und Yoko flogen nach Wien und erschütterten alle mit ihrer Ankündigung, daß sie ihre Pressekonferenz dort abhalten würden, wo sie wohnten – im ehrwürdigen alten Hotel Sacher. Die Pressekonferenz erschütterte die erhabenen Grundfesten des alten Nobelhotels. John und Yoko, die inzwischen von Zynikern in »Joko« umgetauft worden waren, saßen während der Pressekonferenz auf einem Tapeziertisch und waren ganz von einem weißen Laken bedeckt.

John wünschte sich sehnsüchtig, seine Propaganda für den Frieden möge in Amerika, das damals tief im Vietnamkrieg steckte, etwas auslösen! Auf die Frage hin, warum er dort kein Bed-in veranstaltete, antwortete er: »Weil ich nicht erschossen werden will.« Gewöhnlich kam seine Ehrlichkeit durch, aber der wahre Grund, weshalb sie kein Bed-in in New York veranstalteten, was sie ursprünglich geplant hatten, war der, daß Johns Antrag auf ein Visum im Mai 1969 abgelehnt worden war. Die Rauschgiftanklage in London hatte ihn in seiner Bewegungsfreiheit beeinträchtigt. Montreal war eine Alternative, und John, der das Telefon, das er früher gehaßt hatte, inzwischen über alles liebte, nutzte die Nähe zu Nordamerika, um buchstäblich Hunderte von telefonischen Interviews für Rundfunk, Fernsehen und Zeitungen zu geben, denn das Interesse an dem, was hinter der Amsterdam-Idee steckte, war groß.

»Ein Problem bei dem, was wir tun«, sagte er, »ist, daß wir nie erfahren werden, was wir wirklich erreicht haben. Mit den Beatles hat man eine Platte rausgebracht, und sie wurde entweder ein Hit oder ein Mißerfolg. Ich erwarte nicht, daß die Premierminister oder die Könige und Königinnen der Welt plötzlich ihre ganze Politik ändern – bloß weil John und Yoko gesagt haben: ›Frieden, Bruder‹. Schön wäre es schon. Aber die *Jugend* ist es, an die wir uns wenden. In der Jugend liegt die Zukunft. Wenn wir uns in ihr Denken einschleichen und ihnen klarmachen können, daß sie für die Gewaltlosigkeit sein sollten, sind wir zufrieden. Wozu soll es gut sein, sich bei den Beatles Ruhm zu erwerben, wenn man ihn dann nicht nutzt?!« Johns Eindringlichkeit und sein Enthusiasmus in Verbindung mit der Beatlemania, die in Kanada und Nordamerika noch nicht wirklich abgeebbt war, sorgten für eine enorme Berichterstattung. Da John für die Sache des Friedens wirklich möglichst viel Publicity haben wollte, betrachtete er sich in dem siebentägigen Bed-in in Montreal als Sieger.

Diesen Sieg hielt er in einem seiner stärksten Musikstücke fest. Monatelang hatte er mit der Formulierung »Gebt der Sache eine *Chance*« um sich geworfen und die Reporter angefleht, sich genau anzuhören, was sie mit der Friedenskampagne bezweckten. Zwischen der Flut von Nelken in seinem Hotelzimmer schrieb er »Give Peace A Chance«. John entschloß sich, den Song aufzunehmen. Unter anderem singen im Chor

Dezember 1969. John und Yoko in ihrem Apple-Büro während der Kampagne »War Is Over! (If You Want It)«. John hält ein Plakat in der Hand, das in elf Städten an Anschlagtafeln ausgehängt wurde.

EST FINIE!
DER KRIEG IST AUS!
WAR IS OVER!

Timothy Leary, der Hohepriester der Drogenkultur, Rabbi Abraham Feinberg aus Montreal und der Komiker Tommy Smothers. Der Song lebt von der Spontaneität und von Johns unbeirrbarer Überzeugung. Jetzt hatte die Friedenskampagne eine internationale Hymne.

Eine der prägnantesten gemeinsamen Aktivitäten von John und Yoko im verbalen Bereich war 1969 die Erfindung des Slogans »WAR IS OVER. If you want it. Happy Christmas from John and Yoko.« Über die ganze Welt verstreut wurden in elf Städten riesige Anschlagtafeln für das Poster aufgestellt, und Tausende von Posters wurden weltweit verteilt. Zwei Jahre später, Weihnachten 1971, taten sich John und Yoko mit den Negerkindern des Gemeindechors Harlem in New York zusammen, um ihr klassisches Weihnachtslied aufzunehmen: »Happy Xmas (War Is Over)«. Der Chor »War Is Over, if you want it« lebte weiter. Das gefiel John. »And so this is Christmas«, sang er. »And what have you done?/ Another year over, a new one just begun.« Ende 1969 stellte John fest, daß die Energien, die er in die Friedenskampagne gesteckt hatte, ein gewaltiges Finale brauchten, und die Antwort lag natürlich in der Musik.

Zur Unterstützung des Kinderhilfswerks der UNO trat er mit der Plastic Ono Band im Londoner Lyceum auf. Mit von der Partie waren George Harrison, Eric Clapton, Klaus Voormann, Keith Moon von den Who, der Sänger und Pianist Billy Preston und die Delaney and Bonnie Band. Yoko saß auf der Bühne zu Johns Füßen und steckte während eines großen Teils des Konzertes in einem weißen Sack. Nach der Propaganda eines ganzen Jahres zweifelte niemand mehr daran, daß es ihnen ernst war mit dem, was sie predigten. Am Heiligabend beteiligten sie sich in der Rochester Cathedral in Kent an einem Sit-in, das durch gemeinsames Fasten auf die Armut aufmerksam machen sollte. Die Zyniker konnten der Versuchung nicht widerstehen, einen negativen Standpunkt einzunehmen: Lennon sprach von Armut, höhnten sie, aber er fuhr in einem Rolls-Royce vor der Kathedrale vor. Johns Reaktion war: »Soll ich zu Fuß kommen? Die Leute, die uns kritisieren, haben Autos. Wenn die ihre Wagen für den Frieden hergeben, gebe ich meinen Rolls auch her.«

Großbritannien brauchte Zeit, um sich an Johns neues Verhalten zu gewöhnen. Er war bereit, von den Beatles-Fans abgelehnt zu werden, denn innerlich hatte er aufgehört, ein Popstar zu sein. »Das überlasse ich den Monkees«, sagte er zu mir. Doch im Sommer darauf erfuhren sie auf eine ungeahnte Weise Unterstützung von den Teenagern – eine Unterstützung, die John und Yoko das Gefühl gab, mit ihrer Friedenskampagne Erfolg gehabt zu haben. Bei einer Meinungsumfrage unter den Lesern des *Disc and Music Echo* wurde John zum beliebtesten Beatle gewählt, und die Zeitschrift berichtete, sein extrovertiertes Verhalten habe »ihn eher zu einer Respektsperson als zu einer lächerlichen Figur gemacht«. Die Zeitung schrieb: »Manche Leute finden John Lennons Verhalten exzentrisch, seit er seine Frau Yoko kennengelernt hat. Was meint ihr?« Die Mehrheit der jungen Leser empfand ihn als »exzentrisch, aber harmlos und ehrlich«. Ein fünfzehnjähriges Mädchen schrieb: »Ich habe ihn für sehr exzentrisch gehalten, als er Yoko heiratete, aber meine Meinung über ihn hat sich jetzt geändert, weil ich das, was er anstrebt, sinnvoll finde.« Ein neunzehnjähriger Schotte schrieb: »Man kann nicht leugnen, daß John Lennons Verhaltensformen zum Unorthodoxen neigen, aber Lennon ist eben keine orthodoxe Persönlichkeit. Er ist eine ehrliche, offene Christusgestalt von einem Menschen, in dem die Leidenschaft für den Frieden überschäumt, und zu viele sind darauf aus, ihn zu kreuzigen.« Ein anderer Teenager meinte: »Ich habe die Beatles früher nie

Johns Zeichnung für die Leser des *Disc and Music Echo*, nachdem sie ihn 1969 zum beliebtesten Beatle ernannt hatten.

ART

als Individuen wahrgenommen, aber heute sehe ich sie als Individuen an. John ist nicht mehr nur ein Gitarrenspieler. Er ist... nun, ich nehme an, man könnte ihn als Heiligen bezeichnen.« In wieder einem anderen Brief stand: »Er tut mehr Gutes als die meisten Politiker. Zumindest tut er etwas dafür, den Frieden zu erreichen, und das ist besser, als rumzusitzen und über den Frieden zu diskutieren.«

Es stellte sich außerdem heraus, daß John der Beatle war, den die Leute am liebsten kennenlernen wollten. »Ich würde mich gern mit ihm über den Frieden unterhalten«, schrieb ein sechzehnjähriges Mädchen. »Außerdem bewundere ich ihn dafür, wie er sich in der Öffentlichkeit zeigt, obwohl man ihn so eklig behandelt.« Und: »Ich käme gern dahinter, ob seine Bemühungen um den Weltfrieden ernstgemeint oder nur die selbstgefälligen Schrullen eines sehr reichen, egoistischen jungen Mannes sind.« Unter den Popfans war es eine große Neuigkeit, daß John Paul als Großbritanniens Lieblings-Beatle abgehängt hatte. Noch größeren Eindruck machte, daß John diese Stellung mehr seinen Ideen als seiner Musik oder seinem Äußeren zu verdanken hatte. John wurde zwar in vieler Hinsicht angegriffen, aber das Ergebnis der Umfrage begeisterte ihn. Er schickte mir als dem Herausgeber der Zeitschrift eine änigmatische Zeichnung »als meine Art, allen euren Lesern zu danken, die auf unserer Seite stehen«. Gegen Ende unseres Telefongesprächs kam noch eine typische Bemerkung von John: »He, warum fragst du die Leser nicht, was sie in der Zeichnung sehen? Darüber könnte man doch gleich die nächste Meinungsumfrage machen.«

Und das taten wir auch. Die Reaktion war immens. »Die Zeichnung zeigt den Frieden, die Gegenwart und die Vergangenheit«, schrieb ein Leser. »Die beiden Gesichter sind Spiegelbilder ihrer selbst, John als neuzeitlicher Erlöser. Es herrscht heitere Ruhe – ein schöner Tag, Sonne, im Vordergrund ein Tier... Frieden. Es könnte auch Christi Geburt darstellen, am Horizont ein Stall, und ein Tier, das die Geburt erwartet.« Ein anderer Leser ging noch weiter: »Der Lennon-Cartoon ist ein visionäres Werk, das John und Yoko nach der Apotheose zeigt. Der Spielkartensymbolismus in der Darstellung von John und Yoko will andeuten, daß sie bei diesem Prozeß ihre persönliche Identität verloren haben, um nur noch als ›Gott‹ oder ›Die Götter‹ zu gelten. Diese Interpretation wird durch die Tatsache gestützt, daß Lennon keine Augen hat. Der Titel (›Art‹) weist darauf hin, daß John und Yoko aufgrund ihrer künstlerischen Verdienste und weniger wegen ihrer Bemühungen um den Frieden göttlichen Status erreicht haben.«

Endlich fühlte sich John bestätigt. So viele Leser des *Disc and Music Echo*, größtenteils Teenager, waren von seinen Bemühungen um den Frieden angesprochen worden, daß er sich kopfüber in eine endlose Reihe von anstrengenden Interviews stürzte. Die Zeitschrift hatte die Leser auch nach ihrer Meinung zu Johns und Yokos Musik und zu ihrem Album *Life With The Lions* befragt. Viele junge Menschen sympathisierten mit der neuen avantgardistischen Richtung, in die sich der profilierteste Beatle mit seiner abgehobenen japanischen Künstlerin begab. »Sie schicken Fühler aus, um neue Bereiche der experimentellen Musik zu erforschen«, schrieb ein begeisterter Anhänger. »Statt, wie viele Gruppen, nur zögernde Schritte zu wagen, haben sich John und Yoko kopfüber in Neuland gestürzt, und dazu gehört Mut. Wir verstehen zwar bisher nicht viel von ihrer Musik, aber ich bin sicher, daß sie in zehn Jahren anerkannt sein wird.« David Stark, ein langjähriger Lennon-Fan, schrieb: »*Life With The Lions* ist eine faszinierende, gespenstische Erfahrung. Das puristische Konzept ist so erfrischend, und die Traurigkeit der Musik – es *ist* Musik – macht mich einfach glücklich.« Wie immer kamen auch hier Gegenstimmen, aber sie waren teils recht humorvoll. »Diese neue Musik von John und Yoko hat etwas zu bieten. Sie läßt mich meine anderen Platten viel mehr schätzen als bisher!« Diese Zuschrift begeisterte John. »Sag ihm, daß Avantgarde das französische Wort für Quatsch ist«, sagte er lachend.

Mitte 1969 beschloß John, er müsse nun Zeit finden, um ein neues Zuhause für sich und Yoko zu suchen und kurz Urlaub mit ihr zu machen. Weybridge war ihm zu erinnerungsbeladen. Er verkaufte das Haus und ließ sich in Tittenhurst Park nieder. Das große, dreihundert Jahre alte georgianische Landhaus mit den dreißig Zimmern lag in der Nähe von Sunningdale, Berkshire, und kostete John hundertfünfzigtausend Pfund. Zu dem Anwesen gehörten zweiundsiebzig Morgen Parklandschaft mit angelegten Gärten, einem Bauernhof, kleinen Sommerhäuschen, Nebengebäuden und einem Pförtnerhaus an der Einfahrt. Das zweistöckige Haus hatte sieben Schlafzimmer, drei Salons, drei Badezimmer, eine große Küche mit angrenzendem Eßzimmer und zahlreiche Unterkünfte für das Hauspersonal. Das, was John und Yoko an Tittenhurst besonders reizte, war die unwahrscheinliche Ruhe. Nur sechsundzwanzig Meilen außerhalb von London gelegen, war es eine Oase des Friedens, die ihnen so viel Platz bot, daß John ein Aufnahmestudio einrichten konnte, durch das keiner der Nachbarn belästigt wurde.

Kurz vor dem Einzug unternahmen John und Yoko eine Reise in den Norden. John hatte Yoko viel von Tante Mimi und seinen Wurzeln in Liverpool erzählt.

Sie fuhren mit dem Wagen. »Ich habe Yoko in Liverpool die Straßen meiner Kindheit und Jugend gezeigt und ihr alle meine Verwandten vorgestellt«, sagte John später. Er erwähnte mir gegenüber auch den vagen Plan, eines Tages nach Liverpool zurückzukehren und zusammen mit Yoko in seiner alten Kunstakademie aufzutreten.

John unterhielt sporadische Kontakte mit Cynthia, daß er seinen Sohn nun nicht mehr sehr oft sah, belastete ihn mit Schuldgefühlen. Als er nach Ascot zog, richtete John es so ein, daß Julian ihn regelmäßig am Wochenende besuchen konnte. Auch Yokos Tochter Kyoko kam an einem Wochenende zu Besuch, und sie fuhren zu viert nach Liverpool zu Tante Mimi sowie nach Durness, wo Tante »Mater« (Elizabeth) und Onkel Bert in einem kleinen Bauernhof lebten, in dem John als Kind seine Ferien verbracht hatte.

Mater bereitete ihm einen kühlen Empfang. Sie hatte ihren Neffen als Kind geliebt und war auf ihn als Beatle mit Frau und Sohn stolz gewesen, aber den neuen John mit seinem buschigen, ungepflegten Bart und seiner biblischen Haarlänge, der sich einen seltsamen Ruf damit erworben hatte, daß er sich vor aller Öffentlichkeit im Bett zeigte, fand sie weniger akzeptabel, und auch seine neue Frau, die er ihr vorstellte, war nicht gerade das, was sie sich gewünscht hätte. John sprach mit ihr darüber, daß er das Sorgerecht für Julian haben wollte, der jetzt sechs Jahre alt war. »Du hast dir jede Chance auf Julian verbaut«, sagte Mater barsch. »Das hast du dir selbst zuzuschreiben.« John zog wütend mit Yoko, Julian und Kyoko ab und fuhr mit dem Leihwagen, einem Austin Maxi, ins schottische Hochland.

Er war ein unberechenbarer Fahrer, dessen Aufmerksamkeit leicht abgelenkt werden konnte. Auf einer schmalen Landstraße bei Golspie, nicht weit von Maters Haus, flog der Wagen aus einer Kurve, überschlug sich und blieb in einem Straßengraben liegen. John war am schwersten verletzt. Blut strömte über sein Gesicht. Auch Yoko hatte sich Gesichtsverletzungen zugezogen. Der Fahrer eines Wagens, der an der Unfallstelle vorbeikam, rief einen Sanitätswagen an, und sie wurden alle ins Krankenhaus gebracht. Johns Gesicht mußte mit siebzehn Stichen genäht werden, Yokos mit vierzehn. Bei Kyoko waren nur vier Stiche nötig, und Julian, dem am wenigsten passiert war, stand unter Schock.

Cynthia war verblüfft, als sie durch die Fernsehnachrichten von dem Autounfall erfuhr. Sie hatte nicht die leiseste Ahnung gehabt, daß John und Yoko mit Julian eine längere Ausfahrt geplant hatten. Sie rief Peter Brown an, den Assistenten der Beatles, und bat ihn, sie ins Krankenhaus zu bringen, damit sie Julian wieder nach Hause holen konnte. Unglücklicherweise stiegen sie in ein Flugzeug, das nicht nach Schottland, sondern nach Belfast flog. Als Cynthia endlich einen Rückflug von Belfast gefunden und eine vierstündige Taxifahrt hinter sich gebracht hatte, erreichte sie das Krankenhaus, wo man ihr mitteilte, daß Julian gerade zu Tante Mater gebracht worden war. John und Yoko wollten sie nicht sehen. Sie brach sofort wieder auf, holte Julian bei Mater ab und kehrte mit ihm am folgenden Tag nach London zurück.

Die Strategie, die hinter der »Friedensoffensive« stand, erforderte ständiges Handeln. John gab selbst zu, daß es ein entscheidender Bestandteil seiner Taktik war, möglichst viele Schlagzeilen zu ergattern. Die Ordensverleihung 1965 war ihm nie geheuer gewesen, denn für ihn symbolisierte sie, daß die Beatles sich ans Establishment verkauft hatten. Vier Jahre später war nicht mehr viel von den Beatles übrig, und John fand, das sei ein guter Zeitpunkt, endlich die Courage aufzubringen, zu seinen früheren Überzeugungen zurückzukehren. Er wollte den Orden als Geste für den Frieden zurückgeben.

Johns Chauffeur, Les Anthony, wurde zu Tante Mimi in Poole, Dorset, geschickt. Mimi war stolz auf den Orden, dem sie einen Ehrenplatz auf dem Fernseher gegeben hatte. »Mr. Lennon läßt fragen, ob Sie ihm den Orden eine Zeitlang leihen könnten«, sagte Les Anthony, als er bei Tante Mimi eintraf.

Mimi gab ihn bereitwillig her. »Aber sagen Sie ihm, er soll nicht vergessen, daß er mir gehört und daß ich ihn wiederhaben will.« Am nächsten Tag war sie ebenso entgeistert wie ganz Großbritannien, als sie aus der Zeitung erfuhr, daß John den Orden mit folgendem Begleitschreiben an den Buckingham-Palast zurückgeschickt hatte:

> Eure Majestät,
> ich gebe diesen Orden zurück aus Protest gegen die Einmischung Großbritanniens in die Nigeria-Biafra-Geschichte, gegen unsere Unterstützung Amerikas in Vietnam und aus Protest dagegen, daß »Cold Turkey« in den Hitparaden nach unten rutscht.
>
> Liebe Grüße
> John Lennon of Bag

Eine Kopie dieses Schreibens ging an Premierminister Harold Wilson. Es war ein äußerst ungewöhnliches Ereignis, daß jemand eine solche Ehrung der Königin zurückwies. Wieder einmal machte Lennon Schlagzeilen und hatte erreicht, was er wollte. Lennon sagte, er habe den Orden um der Beatles willen angenommen und gebe ihn nun aus eigenem Entschluß zurück. Damit wolle er etwas für den Frieden tun, und die Anspielung auf »Cold Turkey« sei lediglich als Auflockerung gedacht gewesen.

Tante Mimi griff sofort wutentbrannt zum Telefon. »Nur über meine Leiche hättest du diesen Orden bekommen, wenn ich gewußt hätte, daß du die Königin beleidigen willst. Sie ist doch nur ein Schaustück. Warum mußtest du hergehen und sie in Verlegenheit bringen?« Mimi wußte Johns Spenden zu würdigen, aber diese Form des Protests fand sie einfach lächerlich. Mimis Verwünschungen waren nichts Neues für John, aber diesmal räumte sie jeden Zweifel aus. »Damit hat er mir das Herz gebrochen. Und überhaupt hätte er mir wenigstens sagen können, warum er mir den Orden wegnahm.«

Es war vorherzusehen, daß der Adel, ganz zu schweigen von pensionierten Obristen, Krawall schlug. Lennon war ein Nestbeschmutzer, eine Schande für sein Land, nichts weiter als ein Pop-Idol und dieser Ehrung absolut unwürdig. (Lennon hatte zwar den Orden zurückgegeben, aber die Ehrung, die er erhalten hatte, konnte er nicht zurückweisen.)

Lord Wilson, der als Premierminister die Verleihung des Ordens an die Beatles empfohlen hatte, erinnert sich gern an John und glaubt heute, daß es »naiv« von ihm war, den Orden zurückzuschicken. »John Lennon hat sein Leben lang in den Tag hinein gelebt«, sagte Lord Wilson zu

Von seinem Büro bei Apple aus ruft John im November 1969 Journalisten in aller Welt an, um ihnen zu erklären, warum er der Königin den Orden zurückgeschickt hat, den sie ihm verliehen hatte. Eine Kopie seines lakonischen Briefes liegt vor ihm auf dem Schreibtisch.

JOHN
LENNON
NEW SONG
SHOCK
LONDON
EXTRA
LENNON
HINTS AT
STAGE
COME-BACK

mir. »Er brauchte nicht zwei, drei oder gar fünf Jahre vorauszublicken, und die Leute aus dem Showbiz brauchen nicht Beziehungen mit fünfzig bis hundert Ländern aufrechtzuerhalten, von dem jedes seine eigenen Vorstellungen hat. Ein Premierminister muß in Langzeitbeziehungen denken.«

Lord Wilson bereute es nicht, die Beatles für diesen Orden vorgeschlagen zu haben. »Es war Johns persönliches Recht, ihn zurückzugeben. Die Ordensverleihung hat damals viele Menschen schockiert, weil die Presse eine feindselige Einstellung mir gegenüber einnahm. Viele Journalisten hatten noch nicht erkannt, welche Rolle die Beatles im Leben junger Menschen spielten. Sie hatten sich diese Auszeichnung durchaus verdient...« Viele von Johns Kritikern fanden damals, daß er durch seinen Drogenkonsum der Jugend ein schlechtes Beispiel gab. Lord Wilson bringt dafür mehr Verständnis auf: »Es ist ein leichtes, diesen Umstand zu verdammen. Er hat ein wirklich äußerst seltsames Leben gelebt. Als herausragender Künstler stand er unter großem Leistungsdruck, und er wollte um keinen Preis hinter den musikalischen Maßstäben zurückbleiben, die er sich selbst gesetzt hatte.

Es war tragisch, daß er dazu etwas einnehmen mußte. Ich nehme an, daß das nicht notwendig gewesen wäre, aber viele Leute seines Alters haben zu solchen Mitteln gegriffen. Wenn er es schon tun mußte, dann war es ein Jammer, daß er es nicht für sich behalten konnte. Menschen, die den Boden verehrten, den er betreten hatte, mußten sich sagen, daß es in Ordnung ist, wenn er es tut, ganz gleich, was die Eltern sagen.« Lord Wilson meint, Johns schlechter Stand bei den Medien sei zum großen Teil dem Umstand entsprungen, daß die meisten Journalisten einer älteren Generation angehörten und daß »es ihnen ein Greuel war, daß diese Jungen soviel Geld machten«. Er fügt hinzu: »John Lennon hat tief in die Tasche gegriffen, wenn er von einem guten Zweck erfuhr, und trotz der ausbleibenden Publicity, von der sein Beruf sozusagen abhängig ist, hat er die meisten Summen anonym gespendet.«

Auch ein anderer Aspekt aus seiner Vergangenheit tauchte im Sommer 1969 wieder in Johns Leben auf – sein Vater. John versuchte zwar immer wieder, seine Vergangenheit abzuschütteln, aber es war ihm unmöglich. Er hatte seinem Vater nie wirklich verziehen, daß er ihn in seiner Kindheit sitzengelassen hatte. Doch manchmal gewannen sein Gewissen und seine Sentimentalität die Oberhand. Beispielsweise hatte er Freddy Lennon zu der Party, die im Dezember 1967 anläßlich des Erscheinens von *Magical Mystery Tour* gegeben wurde, eingeladen. Die Veranstaltung im Royal Lancaster Hotel in London endete damit, daß John und sein Vater sich zusammen betranken und glücklich und zufrieden miteinander tanzten. (John hatte einen großen Teil des Abends damit verbracht, andere Frauen als seine eigene anzuquatschen. Die Sängerin Lulu schimpfte mit ihm; sein mieses Benehmen hatte sie erbost.)

Das Verhältnis zu seinem Vater war immer angespannt gewesen, seit dieser während der Beatlemania wieder in Johns Leben getreten war. 1968 hatte Fred die Studentin Pauline Jones geheiratet, und im Sommer 1969 war Johns erster Stiefbruder, David Henry Lennon, in Brighton geboren worden. Als Freddy John in Tittenhurst Park anrief, um ihm die Neuigkeiten mitzuteilen, war John begeistert. Er lud Freddy mit dem Kind in sein neues Haus ein, damit er Yoko kennenlernen konnte. Aber als Freddy eintraf, war John deprimiert und gleichzeitig streitsüchtig. »Wie kannst du es wagen, nach Belieben in meinem Leben ein- und auszugehen?« brüllte John seinen entgeisterten Vater an. »Du warst nicht da, als ich dich wirklich gebraucht habe. Raus!« John krönte das Ganze mit der Bemerkung, er wolle ihn nicht wiedersehen. Freddy, der schließlich eingeladen

Mai 1969. John sieht zum ersten Mal Kyoko, Yokos Tochter aus ihrer ersten Ehe mit dem Filmproduzenten Tony Cox. Die fünfjährige Kyoko war gerade aus New York gekommen und am Londoner Flughafen Heathrow gelandet.

TWA

worden war, verließ das Haus verletzt und beleidigt.
Das sollte ihr letztes Zusammentreffen gewesen sein. Freddy Lennon starb im Alter von dreiundsechzig Jahren am 1. April 1976 im Allgemeinen Krankenhaus von Brighton an Magenkrebs. John rief während Freddys Krankheit aus New York im Krankenhaus an und sprach mit seinem Vater. Im Lauf einer mehrstündigen Unterhaltung bemühte er sich, Freddys Lebenswillen aufzurichten. Er erzählte ihm von seinem Neugeborenen, Sean. »Du darfst nicht sterben«, sagte John.
John erzählte Freunden, daß es ihm lieber gewesen wäre, wenn er die Beziehung zu seinem Vater ganz abgebrochen hätte, daß ihm das jedoch offensichtlich nicht möglich gewesen sei. »Manche Eltern«, sagte John, »sind der Verantwortung für Kinder einfach nicht gewachsen. Das ist mir heute klar. Ich hätte gern ein besseres Verhältnis zu meinem Vater gehabt, aber es war nicht so, und das war auch in Ordnung. Es geht darum, wie es gedacht war.« Der Verlust seiner vor Lebensfreude übersprudelnden Mutter war etwas anderes gewesen. Er sprach selten von ihr, aber wenn er an sie dachte, war er wirklich unglücklich.

In den frühen siebziger Jahren hatten John und Yoko Schwierigkeiten wegen Julian und Kyoko. In beiden Fällen hatte der andere Elternteil das Sorgerecht, aber John und Yoko wollten ihre Kinder regelmäßig sehen. Das erwies sich als schwieriger, als sie erwartet hatten.
Cynthia war inzwischen mit ihrem zukünftigen Ehemann Roberto Bassanini zusammen, und sie bemühte sich so sehr um ein gutes Verhältnis mit John und Yoko, daß sie die beiden sogar zu ihrer Housewarmingparty in Kensington einlud. John und Yoko kamen, und es kamen auch Paul, George, Ringo mit seiner Frau Maureen und Neil Aspinall. John unterhielt sich blendend mit Roberto, und Cynthia hoffte schon, sie hätte ein gelungenes Fest zustande gebracht. Doch plötzlich entstanden Spannungen – die Beatles konnten nicht einfach vergessen, unter welchen Umständen die Gruppe und Johns Ehe zerbrochen war. »Es war kein gelungenes Fest«, sagte Cynthia. »Ich habe gelernt, daß man die Vergangenheit nicht einfach wieder aufleben lassen kann. Jedem einzelnen von ihnen war zuviel zugestoßen, und das Ende der Beatles-Ehe bedrückte sie. Nachdem sie eine Weile da waren, machte sich der Schock breit. Alle waren angespannt und nervös, und jeder hat jeden beobachtet.«
Kurz darauf rief John Cynthia an. »Ich möchte vorbeikommen und Julian sehen.« Ihr Sohn hatte die Schule gewechselt, und John wollte sich ein Bild von seinen Fortschritten machen. Er verbrachte zwei Stunden allein mit Julian in dessen Zimmer, redete mit ihm und zeichnete mit ihm auf der Tafel des sechsjährigen Jungen. »Er war locker, heiter und freundlich«, sagt Cynthia. Er gab ihr ein Buch von einem amerikanischen Psychologen, Arthur Janov, von dem er sagte, es habe ihm die Augen geöffnet. »Nein, nicht auch das noch«, sagte sich Cynthia. »Nicht schon wieder eine Masche! Ob Janov oder der Maharishi oder die Drogen oder vegetarisches Essen!« Doch John sagte, er habe Schuldgefühle gehabt, weil er nicht für Julian da war, und Janov habe ihn davon überzeugt, daß er seinen Sohn öfter allein sehen sollte.
Yokos Kontakt mit Kyoko war weitaus komplizierter. Im Dezember 1969 verbrachten John und Yoko mit Anthony Cox, Yokos zweitem Mann, dessen neuer Frau Belinda und Kyoko einen Urlaub in Dänemark. Anthony Cox verkündete, John sei »ein großartiger Kerl«. Es sah aus, als seien alle Grundlagen für ein harmonisches Verhältnis gegeben, und doch sollte es keineswegs einfach werden.
Bei der Scheidung von Yoko und Tony Cox war die Frage des Sorgerechts für Kyoko nicht endgültig geklärt worden, und Yoko ging davon aus, daß sie ihre Tochter jederzeit sehen konnte. Doch nach einem unerfreulichen Zwischenfall auf Mallorca, 1971, als John und Yoko einen Tag lang von der Polizei festgehalten wurden, weil man sie verdächtigte, Kyoko entführt zu haben, verschwand Anthony Cox mit seiner Tochter. John

und Yoko waren entsetzt. »Wie kann man seine eigene Tochter kidnappen?« sagte Yoko. Im Juni 1971 kamen John und Yoko erstmals nach New York, weil sie glaubten, Cox hätte das Mädchen

Yokos erster Mann, Tony Cox, seine zweite Frau Belinda, Yoko und John. Es scheint ausnahmsweise ein harmonisches Verhältnis zwischen den vieren zu bestehen. Die Aufnahme entstand im April 1971 auf Mallorca.

Yoko, mit der Perücke fast unkenntlich, und John warten auf ihren Rückflug von Mallorca, nachdem es ihnen nicht gelungen ist, Yokos Tochter Kyoko zurückzuholen, die bei ihrem Vater Tony Cox lebt. Der Kampf um das Sorgerecht ist noch nicht abgeschlossen.

nach Amerika gebracht. Sie gingen vor Gericht, suchten die Jungferninseln auf, engagierten Privatdetektive und bekamen internationale Publicity. All das trug natürlich auch nicht gerade zu einer harmonischen Beziehung zu Kyoko und Anthony Cox bei. Als John und Yoko auf ihrer Suche nach Kyoko vorübergehend im St. Regis Hotel in Manhattan wohnten, beschlossen sie, ganz nach Amerika zu ziehen. Yoko, die jeden Winkel dieser Stadt kannte, in der sie in den fünfziger Jahren aufgewachsen war, führte John herum, und es leuchtete ihm schnell ein, daß dies die richtige Umgebung für einen Künstler war. John ging mit der gleichen Logik an New York heran, mit der er sich Tittenhurst Park betrachtet hatte. »Es sah so aus, als würden Yoko und ich ständig nach New York kommen«, erklärte er später. »Da kam es uns praktischer vor, gleich ganz dorthin zu ziehen.«

Anfang 1970 fingen Mr. und Mrs. Lennon, die einander seit drei Jahren nicht aus den Augen gelassen hatten, erstmals an zu streiten. Eine Trennung stand nicht zur Diskussion, aber ihr Verhältnis zueinander war angespannt. Yoko war ausgelaugt von der Ablehnung, die ihr bei Apple entgegenschlug, und sie vermißte ihre

Tochter. John steckte immer noch in geschäftlichen Auseinandersetzungen mit den Beatles, und er sah fast nur noch fern. Seine Konzentration erstreckte sich ausschließlich auf die Werbung, die ihn schon immer fasziniert hatte und aus der gelegentlich Bruchstücke in seine Songs eingeflossen waren. John war eine Katastrophe, wenn er schlechte Laune hatte, aber sowohl er als auch Yoko waren sich über die Gründe ihrer Spannungen im klaren, und sie wußten, daß es in jeder Beziehung Hochs und Tiefs gibt.

John suchte Zuflucht bei Janovs Urschrei-Therapie. Genauso stürmisch, wie er sich auf die Drogen und die Meditation gestürzt hatte, flog er auch auf Janov. Janovs kühle Logik in bezug auf die Behandlung von Neurosen leuchtete John absolut ein. Auch Yoko ließ sich schnell dafür begeistern. Sie riefen Janov in Kalifornien an und luden ihn nach Ascot ein. Die Urschrei-Therapie hätte geradezu für John und seine damalige Verfassung konzipiert sein können.

Die Theorie selbst war simpel. Sie ging von der Annahme aus, daß der Patient verschiedene Schichten der Abwehr hat, die man ihm nehmen muß, um den wahren Menschen zu enthüllen. Fehler und Schwächen sollen eingestanden werden, man soll sich den Kämpfen der Kindheit stellen, insbesondere der Beziehung zu den Eltern, und derjenige, der sich der Therapie bereitwillig unterzieht, wird mit seinem wahren Ich konfrontiert und schreit den Schmerz buchstäblich heraus. Das klingt simpel, aber in Johns Fall war es tatsächlich wirksam. Janovs erste Sitzung mit John und Yoko in Tittenhurst Park zog sich über drei Wochen hin. Dann sagte er ihnen, sie müßten nach Kalifornien kommen und die Therapie am dortigen Institut fortsetzen. John hatte keine Wahl: Er zog in hohem Maß persönliche Stärke daraus, sich die Qualen seiner Kindheit und den Verlust seiner Eltern von der Seele zu reden. Er und Yoko blieben vier Monate lang in Kalifornien. Sie mieteten ein Haus in Bel Air und stürzten sich in das Abenteuer, das John später als »von viel größerer Bedeutung für mein Leben als die Beatles« beschrieb. »Janov hat mir gezeigt, wie ich meine eigenen Ängste und Qualen spüren kann, und daher kann ich jetzt besser damit umgehen als vorher, das ist alles«, sagte er. »Ich bin derselbe wie vorher, aber meine Ängste und Qualen bleiben nicht mehr in mir. Sie bleiben in Bewegung und fließen ab, aus mir heraus.«

Als Resultat der Urschrei-Therapie sprudelte John vor Offenheit über. Der neue John sang in ergreifenden Songs über seine Kindheit. In »Mother« heißt es: »Mother, you had me/But I never had you ... Father, you left me/But I never left you.« In »Working Class Hero« beschreibt er den Druck, unter dem er während seiner Schulzeit stand und der sein sonderbares Verhalten

John, wahrhaft entrüstet über die Wäschewerbung in einer spanischen Zeitschrift, die sie auf Mallorca gekauft haben. Auf diesem Bild, das im Mai 1971 beim Filmfestival in Cannes aufgenommen wurde, strahlen John und Yoko ihr Glück aus. Sie hielten sich in Cannes auf, um der Weltpremiere ihrer Filme *Fly* und *Apotheosis* beizuwohnen.

während jener Jahre zum Teil erklärt. In »Isolation« wird das Dilemma, John und Yoko zu sein, auf einen Punkt gebracht. »Just a boy and a little girl/Trying to change the whole wide world.« In »God« listet er therapeutisch alle Bezugspunkte auf, von denen er sich freimachen wollte: »I don't believe in magic... I don't believe in Jesus... I don't believe in Kennedy... I don't believe in kings... I don't believe in Elvis... I don't believe in Zimmerman [Bob Dylan]... I don't believe in Beatles/I just believe in me/Yoko and me/And that's reality.« Mit »Love« zeigte Lennon, daß es ihm ein leichtes war, McCartney in dessen »Spezialbereich« der Liebeslieder auszustechen. Die poetische Schönheit des Songs sprach Barbra Streisand an, die wie viele andere Künstler, eine eigene Version des Titels aufnahm. Auf dem Album *John Lennon/Plastic Ono Band* begleitete John sich oft selbst am Klavier. Die übrigen Musiker waren Yoko, Klaus Voormann am Baß, Ringo am Schlagzeug. Dieses Album wird von vielen

Zeitgenossen Johns als eines der größten Werke des Rock angesehen. In der Intensität der geschilderten Gefühle kann sich nur Bob Dylan mit *Plastic Ono Band* und dem danach erschienenen Album *Imagine* messen. Aber selbst Dylan hat nie derart persönliche Texte geschrieben. Die beiden Alben, die 1970 und 1971 als Folge von Janovs Urschrei-Therapie erschienen, weisen entscheidend auf Johns psychische Entwicklung in den darauffolgenden Jahren hin. Er beschrieb sich selbst oft als Chamäleon. Mit diesen beiden Alben ließ er das herkömmliche Rezept des Rock'n'-Roll hinter sich. Er zeigte sein eigenes Ich und bewies, daß zumindest zwei der Charakterzüge, die man ihm früher zugeschrieben hatte, unzutreffend waren. Mit dem harten Lennon, dem alten Rocker aus Liverpool, war es nun nicht mehr getan. Auch sein Image als übergeschnappter Friedensverfechter hielt nicht mehr stand. 1970/71 wurde John mündig. Der Umzug in ein anderes Land erschien als natürlicher nächster Schritt.

Kurz vor dem endgültigen Verlassen Englands traten John und Yoko in Michael Parkinsons Fernsehsendung auf. Yoko las Auszüge aus *Grapefruit*, die John besonders gern mochte; Parkinson beschrieb das Buch als unverständlich. Darauf sagte John: »Es ist so einfach, daß es sich einem entzieht. Hier verstehen es viele Menschen nicht, aber in Amerika verstehen viele Menschen das Buch, weil es dort viel mehr Avantgarde gibt, vor allem in New York, und dort hat Yoko zehn Jahre gelebt. Viele Leute, die das Buch gelesen haben, als es vor zehn Jahren in gekürzter Form erschien, sind jetzt Professoren an amerikanischen Universitäten, und *Grapefruit* steht heute in Filmschulen auf dem Lehrplan.«

Parkinson ließ nicht locker. »Ich glaube, die kreative Phase, die Sie im Moment durchleben... – Sie müssen wohl akzeptieren, daß sie vor allem Sie, John, den Menschen entfremdet hat, die Sie in diesem Land ursprünglich geliebt haben.«

John erwiderte: »Als ich mit der Gruppe aus

Liverpool fortging, haben viele Menschen uns fallenlassen und gesagt: ›Jetzt hast du uns im Stich gelassen.‹ Als wir als Gruppe England verließen, um nach Amerika zu gehen, haben wir viele Fans verloren, die inzwischen das Gefühl hatten, daß wir ihnen gehörten. So war es in Liverpool, und dann hat sich das Ganze mit England wiederholt. Natürlich haben wir einen Haufen neuer Fans gewonnen, ein ganz anderes Publikum. Ich habe ursprünglich angefangen, Musik zu machen, weil es das war, was ich tun wollte. Musik macht man nun einmal vor einem Publikum. Es ist nicht allzu anders heute. Ich meine, ich habe damals gesungen ›All You Need Is Love‹, und heute singe ich vielleicht ›Power To The People‹. Was ich damit sagen will, ist im Grunde genommen dasselbe. Letztlich sind es Slogans. Die Entfremdung hat begonnen, als ich Yoko kennenlernte. Es scheint den Leuten einfach nicht zu passen, wenn man sich scheiden läßt. Wenn man es still und unauffällig tut, ist es in Ordnung. Aber wir konnten es nicht still und unauffällig tun. Wir haben uns ineinander verliebt, und das ist Pech! Wir haben uns verliebt, und wir haben geheiratet. Viele Menschen halten das für seltsam, aber es passiert immer wieder. Nun ist Yoko zufällig Japanerin, aber das hat auch nichts geholfen. Und daher haben alle den Eindruck bekommen, John sei verrückt geworden. Ich habe nichts weiter getan, als mich zu verlieben, und das kommt bei vielen Menschen vor, die bereits verheiratet sind, die vielleicht sehr jung geheiratet haben, und das war alles. Mehr haben wir nicht getan. Ja, ich weiß, dadurch, daß wir *Two Virgins* aufnahmen, ist die Sache auch nicht gerade besser geworden.«

Yoko fügte hinzu: »Ich wäre masochistisch, wenn ich dieses Land lieben würde, in dem ich laufend schlecht behandelt werde. Man ist hier ziemlich grob zu mir, verstehen Sie.«

Parkinson sagte: »Ein weiterer Grund, weshalb die Menschen Ihnen unfreundlich gegenüberstehen, ist der, daß Sie in den Zeitungen dieses Landes als die Frau hingestellt worden sind, die die Beatles auseinandergebracht hat. Stimmt das denn nicht?«

»Nein, das stimmt nicht«, antwortete John. »Ich werde Ihnen sagen, wie es war. Die Normalbürger und die Jugend haben nichts gegen uns. Es sind die Medien. Wir gehen auf die Straße, und Lastwagenfahrer winken uns zu und rufen: ›Hallo, Yoko, hallo, John‹ und so weiter. Danach beurteile ich es... Niemand hätte die Beatles auseinanderbringen können. Wir sind selbst auseinandergegangen. Als Brian (Epstein) starb, haben wir uns ein bißchen verzettelt, weil wir einen Manager brauchten. Wir alle waren Künstler und sonst gar nichts. Wir können uns nicht selbst managen oder uns selbst um unsere geschäftlichen Angelegenheiten kümmern. Es heißt ohnehin schon einiges, daß eingebildete Eigenbrötler wie die Beatles so lange zusammengeblieben sind. Am Anfang ging es darum, groß rauszukommen oder später den Durchbruch in Amerika zu schaffen, und dieses Ziel hatten wir gemeinsam... aber als wir achtundzwanzig oder neunundzwanzig waren... hatten sich unsere Persönlichkeiten entwickelt, und die Beatles haben uns eingeengt. Außerdem verkaufen wir heute alle zusammen zehnmal mehr Platten, als wir als Beatles verkauft haben.« Das stimmte nicht, aber es war typisch für John, mit einer solchen Aussage etwas demonstrieren zu wollen, statt die Tatsachen zu akzeptieren. Ende 1970 waren weltweit etwa 500 Millionen Platten von den Beatles verkauft worden. Das *Guinness-Buch der Rekorde* gibt an, die Beatles hätten zwischen dem Februar 1963 und dem Januar 1972 545 Millionen Platten verkauft. In der Zeit vom Januar 1963 bis zum August 1966, dem Zeitpunkt ihrer letzten Tournee, wurde das internationale Publikum der Beatles-Konzerte auf 2676000 Personen geschätzt. Die vier Beatles als Solisten (ob man sie einzeln oder gemeinsam betrachtet) zogen nicht annä-

Auf diesem Bild, das im Mai 1971 beim Filmfestival in Cannes aufgenommen wurde, strahlen John und Yoko ihr Glück aus. Sie hielten sich in Cannes auf, um der Weltpremiere ihrer Filme *Fly* und *Apotheosis* beizuwohnen.

hernd soviel Publikum an und verkauften auch nicht solche Mengen von Platten.
Michael Parkinson fragte John, wie tief die Kluft zwischen ihm und Paul McCartney sei.
»Sie ist schon recht tief«, erwiderte John. »Wir spielen jetzt mit echtem Geld Monopoly, und daher ist es ziemlich ernst. Aber ich kann mir keinen dauerhaften Bruch vorstellen, und ich rechne damit, daß es besser wird. Wenn die ganzen Geldgeschichten geregelt sind, brauchen wir wahrscheinlich noch ein Jahr, um wieder zu einem entspannteren Verhältnis zu finden.«
Parkinson ließ sich zum besseren Verständnis dessen, was gemeint war, darauf ein, im Studio in einen Sack zu klettern, während er John und Yoko Fragen stellte. »He«, sagte John, »stellt euch mal vor, ein Schwarzer würde sich in einem Sack bei der BBC um einen Job bewerben. Man wüßte nicht mehr, wer farbig ist, und es gäbe keine Vorurteile mehr!«
John blieb beim Thema Säcke und bezog es auf die Beatles. »Es gibt keinen denkbaren Grund, weshalb sich die Beatles wieder zusammentun sollten, denn wir sind alle Individuen, und als Beatles konnten wir das nicht sein. Der Sack ist zu klein geworden. Ich kann George und Paul nicht dazu bringen, völlig ausgeflippte Musik und völlig ausgeflippte Filme zu machen, wenn sie keine Lust dazu haben. Wir müssen jeder unser Leben leben. Wir sind jetzt erwachsen. Wir gehen nicht mehr in die Schule. Wir sind eigentlich nie von der Schule abgegangen. Wir sind von der Schule aus direkt ins Showbiz gegangen.«
Yoko warf ein: »Michael, das ist ein typisches Beispiel. Wir sind so nostalgisch, und wir reden über die Vergangenheit. Aber wir müssen in der Gegenwart leben. Deshalb wäre es mir sogar bei diesem Buch, *Grapefruit*, lieb, wenn die Leute es verbrennen würden, nachdem sie es gelesen haben.«
Schließlich sagte John: »Es gibt eine wunderschöne Geschichte über einen japanischen Mönch, die sich irgendwann in den letzten zehn Jahren zugetragen hat. Yoko hat sie mir erzählt. Er hat seinen

phantastischen goldenen Tempel so sehr geliebt, daß er ihn nicht zerfallen sehen wollte. Deshalb hat er ihn angesteckt... das ist dasselbe, was ich mit den Beatles getan habe. Ich wollte nie, daß sie absacken, auch kein Comeback. Als zwanzigjähriger Beatle habe ich gesagt: ›Ich werde nicht mehr »She Loves You« singen, wenn ich dreißig bin.‹«

John hatte ein gutes Gedächtnis für allgemeine Zusammenhänge, aber Einzelheiten brachte er immer schrecklich durcheinander. Das Interview, auf das er sich bezog, hatte er mir am 24. Oktober 1964 für *Melody Maker* gegeben. Was er wirklich gesagt hatte, war: »Ich will doch schließlich mit dreißig nicht mehr um die Welt ziehen und singen ›It's Been A Hard Day's Night‹, oder? In einem Gespräch mit Mick Jagger habe ich gesagt, daß ich in ein paar Jahren aussteige. Mir macht das Spielen wirklich Spaß, aber in Amerika hat man es mir mit diesem Mist verdorben... uns mit Leuten treffen zu müssen, die wir gar nicht kennenlernen wollen. Ich nehme an, ich bin ein bißchen intolerant.«

»Ich bin in dem Jahr dreißig geworden (sic)«, sagte John. »Ich habe nicht erzwungen, daß es in dem Jahr passiert. Es ist ganz von allein dahin gekommen. Ich nahm an, daß ich mit dreißig aus der Sache rausgewachsen sein würde. Und so kam es auch. Und der Typ hat den Tempel angezündet. Die meisten Leute mögen die Beatles immer noch und haben sie in angenehmer Erinnerung... so sollten wir uns auch an sie erinnern, und wir sollten uns an ihre Musik erinnern wie an Menschen aus unserer Vergangenheit. Das wäre schön.«

Der britische Sänger George Melly, der sich mit John über seine musikalischen Wurzeln gestritten hatte, traf bei dieser Fernseh-Show, in der er ebenfalls auftrat, einen ganz veränderten Ex-Beatle an. »Diesmal haben wir uns sehr gut unterhalten«, sagt Melly. »Es kam nicht allzuviel dabei heraus, weil schwer zu verstehen war, worauf genau die beiden hinauswollten, abgesehen von Liebe und Frieden. Aber ihre sichtliche Zuneigung und ihre Zartheit im Umgang miteinander waren bestechend. Ganz gegen meine Erwartungen habe ich wirklich herzliche Gefühle für sie aufgebracht. Ihr Bagism hat mich geärgert, und auch die Tatsache, daß sie sehr reich waren, aber ständig demütige Gesten machten. Wenn diese Eicheln wenigstens für etwas gut gewesen wären oder wenn der Bagism die Leute von der Wichtigkeit des Friedens überzeugt hätte! Aber die meisten Leute haben sich nur provoziert gefühlt, und ich hatte nicht den Eindruck, daß das sehr sinnvoll war. Aber gemeinsam – sie mit ihren verträumten Augen und dem langen Haar, er mit dem langen Haar und der Nickelbrille und beide ständig Hand in Hand – waren sie bezaubernd, wie Kinder.« John war höflich und herzlich, und er setzte sich lebhaft gegen den betrunkenen John ab, der Melly sieben Jahre zuvor übel beschimpft hatte.

»Da hast du es, Yoko, siehst du«, sagte John, als sie sich von Melly verabschiedeten. »Es gibt doch nette Menschen in England.«

# 4.
# *Der Wandel*

»Meine gesellschaftliche Funktion besteht darin, Künstler zu sein.«

John glaubte fest daran, daß Angriff die beste Verteidigung sei. Nach seiner Hochzeit mit Yoko hatte er einiges von der Presse eingesteckt, und die öffentliche Meinung über diese Liaison und die »Clownereien für den Frieden« war vernichtend gewesen. Gegen Ende der sechziger Jahre konterte John mit einem seiner stärksten Interviews. Er redete immer noch gern, besonders über sich selbst. Die beste Verteidigung seiner öffentlich erklärten Liebe zu Yoko war, daß sie dem Establishment einen Gefallen taten, indem sie die Ehe entgegen allen Strömungen wieder in Mode brachten.

Wer mit dem neuen Lennon sprach, traf ihn an wie denjenigen, der er ursprünglich in Liverpool gewesen war: immer in Eile, warmherzig und großzügig, ausfallend und unheilbar idealistisch. Zwischen seiner Hochzeit mit Yoko 1969 und dem Umzug der beiden nach New York 1971 habe ich Lennon sehr häufig und zu vielen Themen interviewt. 1969 sagte er zu mir: »Mach schon – stell mir Fragen, die auf den Titelseiten der Tagespresse landen. Ich bin kein Pilzkopf mehr. Ich kann sagen, was ich will.«

Sein Ego war immer schon gewaltig gewesen, aber er sagte, es wäre ihm lieber, Anhänger zu haben, die keine Autogramme wollen. »Wenn junge Leute ein Autogramm von mir haben wollen und ich in der richtigen Stimmung bin und es die richtigen Leute sind, können sie es haben. Aber es hängt davon ab, wer mich darum bittet.«

Yoko hatte seine Weltanschauung verändert. Rein materiell gesehen besaß er nichts, ohne das er nicht ebensogut ausgekommen wäre, jetzt, da er seinen inneren Frieden gefunden hatte. »Ich bin froh, daß ich mit der Popstar-Geschichte aufgeräumt habe. Es war gut, und es hat mir die Freiheit gegeben, die ich heute habe. Aber wir sind erwachsen geworden, haben uns auseinandergelebt.« Er hielt immer daran fest, daß die Beatles keine Trendsetter gewesen seien. »Wir haben nie als die ersten mit etwas angefangen. Wir waren lediglich ein Teil der ganzen Dinge, die in den sechziger Jahren gelaufen sind, der damaligen Bewegung, der Mode, der Veränderung in der Haltung vieler Menschen. Die Beatles steckten einfach mitten drin.«

Zu dem Nacktfoto auf dem Album *Two Virgins* sagte John, viele Leute hielten ihn für »einen perversen Spinner. Sie halten Yoko und mich für Lüstlinge, die sich nur für Sex und das Verursachen von Aufruhr interessieren. Aber in Wirklichkeit sind wir ein ganz züchtiges Paar.« Er war Vegetarier, und Yoko buk gewöhnlich selbst das Brot. Er wollte einen Bauernhof haben, damit sie selbst ihre makrobiotischen Nahrungsmittel anbauen konnten. »Das ist wie mit dem Zenbuddhismus oder der Meditation – man ißt das, was einem als das Beste für einen selbst erscheint, und ich finde, der gesunde Menschenverstand sagt einem, daß man den größten Teil des chemisch behandelten Drecks, mit dem sich die meisten Menschen vollzustopfen scheinen, nicht essen sollte. Die Schwierigkeit besteht darin, daß die meisten Vegetarier nicht genug Proteine zu sich nehmen. Meine Diät basiert auf Schrotmehl,

Brot, das Yoko selbst backt, Reis und niemals Zucker. Wir nehmen Honig, wenn etwas gesüßt werden soll.«
Ich wies ihn darauf hin, daß er Schuhe aus Leder trug. »Ich trage noch die Schuhe, die ich schon hatte, ehe ich meine Ansichten änderte. Ich sehe keinen Sinn darin, sie nicht zu tragen. Ich würde mir allerdings keine Lederschuhe mehr kaufen. Ich trage meistens Turnschuhe. Ich glaube nicht, daß Tiere dazu bestimmt sind, gegessen und als Kleidung getragen zu werden. Uns stehen genügend Mittel zur Verfügung, auch ohne die Tiere auszukommen. Aber das ist mal wieder ein großes Geschäft.« Ich fragte ihn, ob er sich besser fühle, seit er kein Fleisch mehr aß. »Ja, aber ein Wagen hält auch lange, wenn man ihm das falsche Benzin gibt. Eines Tages ist er hin. Ich fühle mich geistig besser, aber vielleicht ist meine Diät nicht das Richtige für jeden.«
Er sagte, das Beste, was die Beatles für ihn mit sich gebracht hätten, sei die Möglichkeit, andere Dinge von einem Podest aus zu tun, auf dem man beachtet wurde. »Ich setze meine Macht ständig ein, indem ich Dinge tue, wie zum Beispiel das Album *Two Virgins* rauszubringen. Es gibt auf dieser Welt Generationskonflikte und jede Menge andere Konflikte, und jede Kluft, die dadurch aufreißt, muß geschlossen werden. Ich versuche, Menschen für Ideen zu öffnen. Nacktheit hat nichts Schreckliches an sich. Die Leute haben gesagt, daß die Rolling Stones und Elvis und langes Haar unanständig sind, aber schließlich haben sie all das akzeptiert. Ich hoffe, mit meinen Anliegen ist es dasselbe. Enges Bewußtsein muß erweitert werden. Die Leute sagen, daß ich ›normale‹ Menschen vor den Kopf stoße… In unserer Gesellschaft wimmelt es von Menschen, die sich für normal halten und es doch nicht sind. Es ist falsch, mich als Hippie abzuurteilen, bloß weil ich langes Haar habe. Es geht darum, was sich im

John und Yoko überschwenglich vor ihrem Haus, Tittenhurst Park, im Januar 1970.

Kopf eines Menschen abspielt, und nicht darum, wie er aussieht oder sich kleidet.«
Er glaubte an die Religion und hatte im Maharishi keinen Ersatz dafür gesehen. »Der Maharishi war gut für mich – wie jeder, der etwas zu sagen hat, worüber man nicht genug weiß. Er war aber kein Ersatz für etwas anderes. Das Christentum hat viel Gutes an sich, aber man muß sich mit seinen Grundlagen befassen und auch mit den Grundlagen der Religionen des Ostens, und dann muß man sich selbst etwas daraus zusammensuchen... Yoko und ich kämpfen darum, Verständnis und eine Art von Freiheit zu verbreiten. Ich erwarte nicht, daß uns jeder versteht, aber ich wünschte, die Menschen würden sich bemühen, geistig etwas aufgeschlossener zu sein, das ist alles. Die Beatles-Frauen hatten es immer schwer; wahrscheinlich lag es daran, daß die Fans unsere Ehen ablehnten. Und ich habe mir dann auch noch eine neue Frau gesucht, ohne um Erlaubnis zu fragen. Zu allem Überfluß auch noch eine Japanerin! Da hieß es: ›Wie kann Lennon es wagen, sich mit dieser Frau einzulassen, die keine Hausfrau ist!‹« Sie bekamen einen ganzen Berg verletzender, japanfeindlicher Post.
Lennon hob hervor, daß er seine Macht konstruktiv einsetzen wolle. »Wenn wir sagen: ›War is over if you want it‹, dann meinen wir, wenn jeder anstelle eines neuen Fernsehers den Frieden fordern würde, hätten wir den Frieden. Die Leute haben von den ersten Gewerkschaftsführern gesagt, daß sie eine verlorene Schlacht schlagen, aber als ihnen erst klar wurde, was sie erreichen können, wenn sie sich zusammenschließen und ihre Rechte fordern, haben sie ihr Recht bekommen. Es ist eine Frage der Gemeinschaft. Jeder hat Macht, nicht nur John und Yoko. Wir wollen das Bewußtsein schärfen.« Für sich persönlich strebte er nach Vollkommenheit, doch er zweifelte daran, daß er sie erreichen würde. »Ich wäre gern wie Christus.« Er beschrieb sich als einen christlichen Kommunisten, »im reinen Sinn, nicht so, wie man in Rußland oder in Italien über das Christentum oder den Kommunismus denkt«.
Er stritt beharrlich ab, daß er sich in einer führenden Rolle sehen wolle. »Darauf falle ich nicht rein. Wie Pete Seeger gesagt hat: Wir haben keinen Anführer, aber wir haben eine Hymne, ›Give Peace A Chance‹. Ich weigere mich, als eine führende Person dazustehen... wir machen vor allem die Fehler, Führer zu haben und Leute, auf die wir uns verlassen können oder auf die wir mit dem Finger zeigen.«
Yoko bezog Stellung. »Zum Beispiel«, sagte sie, »sagen viele Leute: Tut nichts, was in die falsche Richtung weist, zum Beispiel eure Genitalien zu zeigen. Paßt auf, daß euer Image immer ganz sauber bleibt, damit die Leute an eure Friedensbewegung glauben können.
Aber das ist genau das, was das Establishment tut (»*Und das* ist es auch, was die Beatles getan haben«, sagte John), wenn man die Kinder sonntags in die Kirche mitnimmt. Es ist, als würde man zeigen: ›Ich bin der Präsident der Vereinigten Staaten, und ich bin in Ordnung, und ich bin gesund und sehr moralisch et cetera.‹ Damit erreicht man gar nichts. Man wird nur einer dieser Heuchler, und man spielt das Spiel des Establishment mit. Das wollen wir nicht. Wir bemühen uns, aufrichtig zu sein, und die Sache ist die, daß es wirklich eine Lebensaufgabe ist, aufrichtig zu sein, und sei es nur unter uns beiden. Und wenn wir es nicht gemeinsam schaffen und einander ertragen, gibt es keine Welt.
Wenn gewöhnliche Paare zusammen klarkommen und mit ihren Kindern klarkommen und so weiter, von der Liebe her gesehen, dann kann man sich um die übrige Welt kümmern.«
John sagte: »Zu den Dingen, die wir herausgefunden haben, gehört, daß die Liebe ein großes Geschenk ist, wie eine kostbare Blume oder so was.« Er griff oft auf romantische Analogien zurück. »Man muß ihr Wasser geben und sich um sie kümmern, und sie muß Schnee und Stürme überstehen, aber man muß sie beschützen... Es ist wie mit einer Katze. Die Leute legen sich einfach eine Katze zu, und sie haben keine Lust, sie zu füttern, oder sie besorgen sich einen Hund, und es macht ihnen keinen Spaß, mit ihm spazierenzugehen. Aber die Liebe muß gehegt werden wie ein sehr empfindliches Tier, denn sie ist

nichts anderes. An der Liebe muß man arbeiten. Man kann nicht nur damit rumsitzen, sie tut nicht alles von allein. Man muß äußerst behutsam mit ihr umgehen. Es ist das Empfindsamste, was einem anvertraut werden kann.
Die Menschen verstecken sich immer wieder voreinander«, fuhr er fort. »Alle fürchten sich davor, etwas Nettes über jemand anderen zu sagen, weil es sein könnte, daß nichts Nettes zurückkommt oder daß man verletzt wird... Alle sind verspannt, und sie bauen diese Mauern um sich auf. Man kann nur versuchen, diese Mauern einzureißen und zu zeigen, daß sie alle *Menschen* sind. Es ist wie ein Blick in den Spiegel... Natürlich dürfen wir uns nicht zu ernst nehmen. Wir bemühen uns sehr, die Dinge nicht zu ernst zu nehmen, aber wir betreiben dieses Nichternstnehmen mit großem Ernst.«

Yoko sagte: »Vielleicht sind wir noch zu ernst. Wir bemühen uns, Humor zu haben und jeden anzulächeln, mit einem ganz echten Lächeln, das ganz tief aus unserem Innern kommt.«

Johns lakonischer Humor durchzog alles, was er tat, sogar seine Friedenskampagne mit Yoko. Etwa an Weihnachten 1968 verschickte er an seinen Freundeskreis das sogenannte »John-Lennon-Tagebuch 1969«. Unter jedem Tag war ein handschriftlicher Eintrag. Meist handelte es sich nur um kleine Abweichungen eines und desselben Satzes: »Aufgestanden, zur Arbeit gegangen, nach Hause gekommen, ferngesehen, ins Bett gegangen.« Es war eine wunderbare Parodie auf den Alltag. Aber die ganze Geschichte war so unberechenbar wie John selbst. Ein oder zwei Eintragungen lauteten beispielsweise: »Aufgestanden, zur Arbeit gegangen, nach Hause gekommen, ferngesehen, ins Bett gegangen, die Frau gevögelt.«

Offener, direkter Humor fiel Yoko schwerer. Die Kritiker bemängelten immer wieder ihr ausdrucksloses Verhalten. In Wirklichkeit ist ihr Humor kühl und unterschwellig. Sie lächelt selten, weil ihre Mutter sie als Kind davor gewarnt hat, zu oft zu lächeln, da das von anderen als ein Zeichen von Schwäche ausgelegt werden könne. Die Theorie, daß Yokos Unergründlichkeit Johns Sinn für das Komische besiegt habe, wurde vollends umgestoßen, als sie einen Kalender für 1970 herausgaben, in dem, Monat für Monat, ihr Zusammenleben auf Fotografien festgehalten war. Dazu kamen Auszüge aus Johns Songs, aus seinen Büchern *Ein Spanier macht noch keinen Sommer* und *In seiner eigenen Schreibe* sowie Zitate aus *Grapefruit*. John leitete den Kalender mit dem folgenden Text ein:

> wonsaapoatime therewas two Balloons called Jock and Yono. They were strictly in lovebound to happen in a million years. They were together man. Unfortunatimetable they both seemed to have previous experience – which kept calling them one way oranother. (you know howitis). But they battled on against overwhelming oddities, includo some of there beast friends.... Being in love they cloong even the more together man – but some of the poisonessmonster of outrated buslodedshitthrowers did stick slightly and they occasionally had to resort zu the drycleaners. Luckily this did not kill them and they werent banned from the olympic games. The lived hopefully ever after, and who could blame them.

Paradoxerweise war John derjenige, der sich mehr als Yoko aus tiefstem Herzen öffentlich für die Frauenbefreiung einsetzte, nachdem er in den frühen siebziger Jahren darauf gestoßen war. Len Wood von EMI erinnert sich an einen Besuch in den Büros von Apple am Broadway, New York. »Yoko war auf dem Weg zu einer Versammlung, bei der es um die Frauenrechte ging, aber viel entscheidender war ihr, daß John als einziges männliches Wesen mitkam«, sagt Wood. Sie hing Ewigkeiten am Telefon, um diesen Frauen klarzumachen, daß es eine Art umgekehrte Bigotterie sei, wenn sie ihren Mann von dieser Versammlung ausschlossen. Schließlich kam sie damit durch, und John ging mit. Auf ihrem Doppelalbum *Approximately Infinite Universe* wandte sich Yoko satirisch gegen die Frauenbefreiungsfront mit einem Song, der sich »What A Bastard The World Is« nannte. »Wollten sie vielleicht alle

Männer rausschmeißen?« fragte Yoko. »Ich habe John gesagt, und er war meiner Meinung, daß der Feminismus auch die Männer etwas angeht. John hat mehr für die Gleichberechtigung getan, indem er Hausmann war, als Millionen von Menschen, die für Gleichberechtigung demonstriert haben... Ursprünglich empfanden die Feministinnen die Tatsache, daß ich verheiratet war, als einen Verrat an der gesamten Idee. Und erst die Vorstellung, daß ich John wirklich *lieben* könnte – *einen Mann lieben, was ist das?* fragten sie. Ich habe einen Song geschrieben, der den Titel ›I Want My Man To Rest Tonight‹ trägt. Er war an meine feministischen Schwestern gerichtet und besagte: Laßt uns unseren Männern nicht zuviel vorwerfen. Sie tun ihr Bestes. Man hat mich deshalb ausgelacht. Aber ich glaube, in einer Gesellschaft von *male chauvinists* hatten es die Männer genauso schwer. Sie mußten sich anpassen. Der Grund, weshalb ich keine extreme Feministin geworden bin, liegt größtenteils in meinem Zusammenleben mit John. Er hatte einen guten Einfluß auf mich.«

Im Rückblick auf ihre ersten Jahre in London sagt Yoko: »Ich hatte die pseudo-intellektuelle, elitäre Atmosphäre der Kreise, in denen ich mich in London bewegte, satt. Ich dachte mir: Werde ich wohl als Königinmutter der Avantgarde enden, wenn ich immer diese Snobs treffe, die über ihren elitären Quatsch reden? Ich bekam es mit der Angst zu tun.

Als ich mit dem Hintern-Film anfing, bin ich auf merkwürdige Weise in England bekannt geworden – beispielsweise unter den Taxifahrern, und das hat meine elitären Freunde erbost. Sie sagten: ›Jetzt ist es soweit. Sie ist kommerziell geworden.‹

Ich habe gesagt: ›Es ist toll, der Arbeiterklasse die Kunst näherzubringen.‹ Trotzdem haben sie

Inoffizielle Aufnahmen, die im Juli 1971 in Tittenhurst Park entstanden, dem 150000 Pfund teuren Haus. Das noch mit Gerümpel vollgestopfte Gästezimmer...

EXIT
POLICE
RAID

mich nicht mehr eingeladen. Es war eine Art umgekehrter Snobismus.
Etwa um die Zeit habe ich John kennengelernt. Den ersten Song, den wir auf *Approximately Infinite Universe* aufnahmen, war ›Song for John‹. Eigentlich hatte ich den Song geschrieben, ehe ich ihn kennengelernt hatte. Ich hatte gehofft, ich würde jemanden finden, der mit mir fliegen oder sonstwas tun würde, und ich machte eine Demo-Aufnahme. Es ist das erste, was sich John von mir angehört hat, und deshalb habe ich es ganz sentimental ›Song for John‹ genannt. Die Melodie und der Text sind unverändert.«
Zu Hause war das Verhalten der Lennons als Mann und Frau wesentlich herkömmlicher, als sich aus ihrem öffentlichen Auftreten schließen ließ. »Es gibt nichts, was ich lieber mag«, sagte John zu *Melody Maker*, »als nach einem Arbeitstag nach Hause zu kommen, mich neben Yoko zu setzen und zu sagen: ›So, jetzt sind wir endlich wieder zusammen.‹ Wir haben zwar vielleicht den ganzen Tag lang Händchen gehalten, aber wenn man arbeitet oder mit der Presse spricht, ist es nicht dasselbe. Dann fühlen wir uns hundert Meilen voneinander entfernt.«
Yoko gestand, daß sie einsam gewesen war, ehe sie John kennenlernte. »Die meisten Menschen auf der ganzen Welt sind sehr einsam. Das ist das größte Problem«, sagte sie. »Ihre Einsamkeit macht sie argwöhnisch. Als ich John kennenlernte, habe ich angefangen, mich ein bißchen zu öffnen, durch die Liebe, verstehst du? Und das ist das Großartigste, was ich bisher erlebt habe... Ich habe nie einen anderen Menschen kennengelernt, der mich verstand. Wir verstehen einander sehr gut, und ich bin nicht mehr einsam. Die Einsamkeit hat dazu beigetragen, daß ich ein sehr starkes und hartes Ego entwickelte. Das schmilzt jetzt, und es ist schön so.«

...das Schlafzimmer und das Bad.

John beschrieb seine Einsamkeit in den Zeiten vor Yoko folgendermaßen: »Ich konnte mit niemandem schrankenlos kommunizieren, es war immer Anpassung erforderlich. Sie hat das wiederentdeckt oder kultiviert, was in mir war, ehe ich aus Liverpool weggegangen bin, und sie hat den natürlichen John Lennon wieder aus mir herausgeholt, der sich in den Beatles und der Weltberühmtheit verloren hatte. Sie hat mich dazu ermutigt, ich selbst zu sein, weil ich es war, in den sie sich verliebt hatte, nicht die Beatles oder was auch immer ich sonst war.
Wenn man auf dem Abstellgleis steht, glaubt man es, und wenn man im Dunkeln steht, glaubt man es. Sie ist gekommen und hat mich daran erinnert, daß es Licht gibt, will man nicht mehr ins Dunkel gehen.«
Yoko fuhr fort: »Es geht um das Verlieben. Man fängt an, alle möglichen Dinge zu sehen, die man nicht sieht, wenn man nicht verliebt ist. Ich habe herausgefunden, daß er alle diese Eigenschaften besitzt, sie sind nur verborgen gewesen. In der Musik hat er zu Hause lauter ausgeflipptes Zeug gemacht und es einfach auf Kassetten aufgenommen, aber er hat es nie wirklich in der Öffentlichkeit gezeigt.
Öffentlich hat er die Beatles-Geschichte durchgezogen. Aber er hat mir diese ganzen Kassetten und das andere Zeug gezeigt, und ich habe gefragt: ›Warum bringst du das nicht auf Platten raus?‹ Ich habe gewissermaßen die Rolle eines Spiegels übernommen. Er hatte diese Sachen ohnehin längst getan. Ich habe ihn nicht dazu gebracht. Das Material war schon da, und dasselbe gilt für seine Zeichnungen, seine Gemälde und auch für seine Gedichte, aber insbesondere für seine Zeichnungen. Ich finde, er ist besser als Picasso.«
John fiel ihr ins Wort. »Sie ist voreingenommen!«
Bei einem anderen Besuch in Ascot wollte John vor allem über die logischen Grundlagen des Friedenskreuzzugs sprechen. Ich wollte wissen,

wie sie es sich genauer vorstellten, eine friedlichere Welt zu erreichen. Was täte John beispielsweise, wenn er zum Premierminister gewählt würde?
»Ich würde die Waffenverkäufe nach Nigeria und all das einstellen. Ich würde das Heer und die Luftwaffe abschaffen und es wie in Schweden machen. Ich bin kein praktischer Mensch, ich weiß nur, daß es Frieden geben kann, und der erste Schritt besteht in weltweiter Abrüstung.
Aber hätte ich als Premierminister genügend Macht, um das durchzusetzen? Wieviel Kontrolle hat Wilson? Welche Chance hätte ein Premierminister, der den Frieden will? Ich weiß es nicht. Ich weiß nur, daß es nicht besonders gut ist, wie es jetzt ist, und es muß einen Versuch wert sein.«
In Ascot hatte sich eine Art Kommune um die Lennons gebildet. Mitglieder der Krishna Consciousness Society hingen rum, und John und Yoko fielen in ihren Singsang ein. Das gefiel den Lennons; es entsprach Johns Vorstellung davon, »unter das Volk zu gehen«.
»Man muß nicht arm sein, um Kommunist zu sein«, sagte er lachend. »Mein Geld, das ich als Beatle verdient habe, ist eine Art Nebenprodukt. Ich denke nicht daran, es einfach wegzugeben, damit ich hungern kann wie viele andere. Was hätte ich damit erreicht?
Das Geld macht mir keine Gewissensbisse... Yoko und ich träumen beide davon, irgendwann in einem kleinen Häuschen auf dem Land zu leben. Aber jetzt sitzen wir in diesem riesigen georgianischen Haus. Das ist eine Phase, und dann ziehen wir weiter.«
»Aber im Moment genießen wir es«, sagte Yoko schlicht.
John sagte, alte Achtundsiebzigerplatten machten ihm mehr Vergnügen als die Größe und der Prunk seines Hauses. »Das bedeutet mir nichts«, verkündigte er. »Ein Stückchen Elfenbein, das ich in Japan gekauft habe, ist mein anstößigster materieller Besitz, und ich mag ihn ebenso wie alles andere.«
»Materielle Freuden sind in Ordnung, solange sie den Verstand nicht umnebeln«, bemerkte Yoko.
»Mir würde es nichts ausmachen«, sagte John, »wenn ich nichts hätte. Wenn ich mir dieses große Haus nicht wirklich leisten könnte, würde ich nicht hier bleiben und hier leben wollen... aber ich habe vor, einen Teil des Landes zu bebauen. Die Krishna-Anhänger helfen mir dabei... Wir wollen Gemüse anbauen, das nicht chemisch behandelt wird – vielleicht können wir es an Harrods verkaufen.«
Über die Zeit der Beatles-Tourneen sagte er im Rückblick: »Diese ersten Tourneen waren damals okay, aber als wir erst Helen Shapiro überholt hatten, blieb uns nichts mehr zu tun. Wir zogen nur noch herum und ließen uns von Menschen anstarren, die nicht eine einzige Note von unserer Musik hören konnten.
Die Sache mit den Stones im Hyde Park war gut, aber für uns war das etwas anderes. Wir gehören nicht zu der Sorte. Jagger ist der Charlie Chaplin des Rock'n'Roll – und für Mick ist das okay, weil er rumtanzt wie eine Marionette und eine Show abzieht. Wir haben das nicht getan. Wir konnten diese Unwirklichkeit nicht ertragen, wie vier Puppen mitten im Shea-Stadion zu stehen. Das hat unsere Musik abgetötet.
Aber wenn ich mir die Auftritte einer Gruppe wie The Band ansehe, glaube ich, wir hätten doch noch mal anfangen sollen.«
Ich fragte ihn, ob er glaube, daß die Plastic Ono Band so lange wie die Beatles oder länger als die Beatles bestehen werde. »Ich glaube, daß sie weiterhin bestehen wird – schließlich haben sich meine Platten mit Yoko und der Plastic Ono gut verkauft. In den Staaten haben wir fünfundzwanzigtausend Exemplare von *Two Virgins* verkauft und sechzigtausend von *Life With The Lions*. In den Staaten läuft es gut.
Unser neues Album, *John and Yoko's Wedding Album* wird auch gut gehen. Aber in Großbritan-

Hinter John erscheint im Februar 1970 in der BBC-Sendung *Top Of The Pops* Yoko mit verbundenen Augen. John singt für diese Sendung »Instant Karma!« Es ist seit vier Jahren der erste Auftritt eines Beatle in *Top Of The Pops*.

PEACE
EOPLE
FOR
PEACE

nien haben wir von jedem dieser Alben nur etwa fünftausend Stück verkauft. Das kann ich allerdings nicht verstehen.

Den Amerikanern gefallen unsere Platten, denn wenn man in New York landet, lebt man ohnehin ein *Life With The Lions*. Wenn man es in Großbritannien spielt, geht die Eindringlichkeit verloren, weil es eine völlig andere Umgebung ist. Es wird ein paar Jahre dauern, bis man sich hier auf solche Dinge eingestellt hat.«

»Aber wir haben Geduld«, sagte Yoko, »weil wir etwas tun, das der Mühe wert ist.«

»Ich bin Künstler«, sagte John, »und meine Kunst ist der Frieden, und zufällig bin ich Musiker. Meine Musik habe ich mit den Beatles gemacht – von daher beziehe ich meine Einkünfte. Die Friedensgeschichte ist keine Masche. Andere Menschen machen es zu einer Masche. Yoko und mir ist es ernst.«

Er glaubte inbrünstig an die Friedenskampagne. »Es gibt die Guten und die Bösen, die Blaumiesen und den Rest. Ich glaube, daß wir gewinnen werden, weil ich an das glaube, was Jesus gesagt hat.«

An die Stelle des rauhen Beatle war, mit Yoko an seiner Seite, ein zarter, freundlicher, humorvoller Mann getreten, der sich jedoch von niemandem zum Narren halten ließ. Allmählich akzeptierte man die Beziehung zwischen den beiden und sah ein, daß die Botschaft, die sie vermittelten, gut und aufrichtig war.

Die von John und Yoko gemeinsam erfundene »Smile Box« war eine Kiste, in der sich ein Spiegel befand. Wenn man sie öffnete, spiegelte sich einem das eigene Gesicht entgegen. Diese Kiste rief viel Verblüffung und Nachdenklichkeit hervor, weil sie keine andere Botschaft enthielt als die Reaktion des »Betrachters«. Das war für John wahre Kunst; Yoko bezeichnete es als Konzeptkunst. Damit wollte sie ausdrücken, daß die Idee, die dahinterstand, entscheidender war als der Gegenstand selbst. John sagte über Yoko, sie stamme »in direkter Linie von Duchamp und Dada ab, aber sie ist Heute«. *Grapefruit* stellte er als Buch auf eine Stufe mit der Bibel.

Auch als Filmemacher interessierte er sich für Avantgarde. Zwei Filme nahmen 1970 seine Zeit in Anspruch: *Apotheosis*, eine Fortführung von *Self Portrait*, und *Erection*, eine Fortführung von *Rape*. *Apotheosis* zeigte einen Ballon, der aus einem verschneiten Feld am Rande eines englischen Dorfes aufsteigt und den Wolken entgegenfliegt. Auf der Tonspur läßt das laute Bellen von Hunden nach, ein Jagdhorn ist zu hören, und ein Gewehr wird abgefeuert. Nachdem der Ballon die Wolken erreicht hat, herrscht fünf Minuten lang Stille. Die Interpretation bleibt dem Zuschauer überlassen. Dasselbe gilt für *Erection;* dieser Film, der über eine Zeit von neun Monaten gedreht wurde, zeigt den langwierigen Bau eines Hotels in der West Cromwell Road in London.

Kurz bevor er mit Yoko nach Amerika zog, dachte John darüber nach, was sie eigentlich erreicht hatten, seit sie »an die Öffentlichkeit gegangen« waren. Das Bed-in in Amsterdam sah er als eines der größten Happenings des Jahrhunderts an, nicht aufgrund dessen, was sie getan hatten, sondern aufgrund der Reaktion der Leute. Es war unlogisch gewesen, es war phantastisch gewesen, und sie hatten Schlagzeilen mit dem simplen Umstand gemacht, daß sie geheiratet und sich für den Frieden ins Bett gelegt hatten. Es war ein Ereignis gewesen. Kommunikation war alles. »Die Engländer sind Exzentriker«, sagte Lennon. »Ich bin nur einer in einer langen Kette von Exzentrikern.«

Er empfand die Werbung für seine und Yokos Kunst nicht als tadelnswert, sondern, im Gegenteil, als eine Pflicht. Leute, die sie für Clowns hielten, waren naiv. »Andy Warhol – der größte Publicity-Mensch auf Erden! Salvador Dali! Oder Duchamp!« John sagte, alle Künstler kämpften um Publicity, sobald sie wüßten, was sie zu tun hätten.

Er war ein revolutionärer Künstler – und ein konsequenter, von »All You Need Is Love« bis hin zu »Power To The People«. Er stellte sich in den Dienst der Veränderung und der Revolution, indem er den Menschen aufdrängte, positiv zu denken und zu reagieren. Kunst um ihrer selbst willen war dekadent. Er schrieb Songs, die den Menschen halfen, sich selbst auszudrücken. So hatten beispielsweise bei Konzerten in Amerika dreißigtausend Menschen »Give Peace A Chance« gesungen, und zwanzigtausend sangen auf der Straße: »Power To The People«. John empfand es als völlig richtig, die Kunst zu Propagandazwecken einzusetzen.

Songs schrieb er jetzt vor allem für sich selbst. »Man kann nicht mich oder die Songs verantwortlich machen. Ich bin nicht dazu da, den Menschen Macht zu verleihen; ich singe darüber. Ich bin derjenige, der den Song geschrieben und gesungen hat, den die Leute bei den Zusammenkünften gesungen haben, die sie abgehalten haben. Das ist alles. Darin besteht meine Aufgabe. Das heißt, wenn wir eine Gemeinschaft auf einer Insel wären, wäre ich der Sänger. Jemand anderer wäre der Zimmermann, wieder ein anderer der Koch. Meine gesellschaftliche Funktion besteht darin, Künstler zu sein.

Die Gesellschaft ist verblendet zu glauben, Kunst sei eine Art Zugabe, wie Crème de Menthe oder so was. Aber keine Gesellschaft existiert ohne Künstler. Die Kunst hat eine Funktion in der Gesellschaft; wenn es keine Künstler gibt, gibt es keine Gesellschaft. Wir sind doch schließlich nicht so was wie ein dekadenter Striptease, den man am Rande mitnimmt. Wir sind genauso wichtig wie Premierminister oder Polizisten. Deshalb kann man von ›Power To The People‹ nicht erwarten, daß es eine Revolution hervorruft. Es ist dazu da, daß die Leute es singen, wie die Christen Kirchenlieder singen.«

Slogans gefielen ihm gut. »Ich mag die Werbung. Ich sitze leidenschaftlich gern vor dem Fernseher.« Klassische Musik haßte er; sie war ihm zu langsam. »Das ist Musik von einem ›Damals‹. Wirklich ein Haufen Mist. Ich glaube, daß ich Musik schreibe, die für das Heute viel relevanter ist als die klassischen Komponisten... Und wo bleibt die klassische Musik von heute? Es gibt keine.«

Seinen Song »Instant Karma!« betrachtete er als wesentlich bedeutender als das meiste, was er je an klassischer Musik gehört hatte. »Es geht um menschliche Wesen, und das ist mehr, als man von der Klassik behaupten kann. ›Instant Karma!‹ dreht sich um Aktion und Reaktion. Immer wenn man etwas tut, ganz gleich, was, erfolgt darauf eine Reaktion. Selbst wenn man nur hustet, hustet man die Luft mit Bakterien voll. Und das ist ›Instant Karma!‹ – es ist ein großer Schritt nach vorn. Die größten Künstler kommen immer auf das Einfachste zurück. Picasso hat sechzig Jahre gebraucht, bis er die ganze Sache hinter sich gebracht und gelernt hatte, zu malen wie ein Kind. Ich hoffe, daß es mir gelingt, Songs zu schreiben wie ein erwachsenes Kind.«

Am heftigsten äußerte sich John immer wieder zum Thema Frieden. »Ich mache mir keine Illusionen. Universell betrachtet, wird mein Beitrag klein sein. Verglichen mit der Größe der Erde, wird das, was John und Yoko erreichen, klein sein, aber wir tun, was wir können. Es braucht Zeit, bis man ernst genommen wird. Auch die Beatles haben lange gebraucht, und dann hat man sie manchmal zu ernst genommen.« Ja, stimmte er zu, die Friedenskampagne koste ihn ein Vermögen, »aber man erntet das, was man sät«.

Ich fragte ihn, warum er sich während dieser Phase der Selbstoffenbarung so oft mit Christus gleichsetzte. »Ich bin als Kind in eine christliche Sonntagsschule gegangen und alles Drum und Dran. Das ist in Ordnung, ich habe nichts dagegen, abgesehen davon, daß die Kirche sich wie eine Firma organisiert. Was mir daran gefällt, ist, daß das Christentum von der Vollkommenheit spricht. Christus war vollkommen, das hat man mich als Kind gelehrt. Christus ist derjenige, auf den sich die meisten Menschen im Westen beziehen, wenn sie von guten Menschen sprechen... Wenn ich tun könnte, was Christus getan hat, wenn ich so sein könnte, wie er war, darum geht es doch, wenn man ein Christ ist. Ich versuche, so zu leben, wie Christus gelebt hat. Ich kann dir sagen, das ist ganz schön hart.«

Glaubte er an Gott? »Ich wüßte nicht, ob jemand wie ich, der bis hin zur Farbe seiner Socken alles in Frage stellt, an einen alten Mann im Himmel glauben könnte.« Mehrere Minuten lang war er sehr nachdenklich und still. »Ich glaube an etwas, ganz entschieden. Ich glaube, daß ein Einfluß am Werk ist, den man nicht physikalisch erklären kann.«

Die einzigartige Partnerschaft zwischen John und Yoko rührte zu einem Teil von den großen Unterschieden her, die zwischen ihrer beider Herkunft bestanden. »Sie hatte kaum etwas von der Musik gehört, die mich anmachte, wie Elvis und ›Heartbreak Hotel‹. Ich mußte ihr all das erst vermitteln«, erklärte John. Sie wiederum gab ihm neue Einblicke in die Kunst. Was die beiden ständig selbst wieder überraschte, war, daß sie auch jetzt kurz vor ihrem Umzug von London nach New York, fünf Jahre nachdem sie sich kennengelernt hatten, immer noch nicht genug voneinander bekommen konnten. »Yoko und Elvis, die beiden haben mich in meinem ganzen Leben am meisten angetörnt«, sagte John. Yoko hatte inzwischen drei Fehlgeburten hinter sich. John machte sich Sorgen, sein hoher Drogenkonsum könnte schuld daran sein. »John braucht Erholung«, sagte Yoko kurz vor ihrer Abreise nach Amerika. »Keine Rauschmittel außer Tabak. Ich habe schon vor einem Jahr zu rauchen aufgehört.«

Gerade ihr enges Zusammensein war es, was sie vielen Menschen fremd machte, die sie für »übergeschnappt vor Sentimentalität« hielten. »Die Leute sagen, wenn wir vierundzwanzig Stunden am Tag zusammen sind, müssen wir einander total satthaben, aber es ist genau umgekehrt«, sagte Yoko. »Wir sind geradezu süchtig auf diese Situation, und wir vermissen einander nur um so mehr. Das ist eine ganz seltsame Sache.«

John warf ein: »Jemand hat gesagt: ›Werdet ihr nicht so abhängig voneinander, daß ihr nicht mehr ohne den anderen auskommt?‹, und wir haben ja gesagt. Das einzige, was uns auseinanderbringen könnte, ist der Tod, und damit müssen wir rechnen... aber wir glauben, daß uns nicht einmal der Tod auseinanderbringt, wenn wir genug daran arbeiten.

Unsere einzige Sorge auf Erden ist, daß wir zusammen sterben wollen, denn andernfalls wird es die Hölle, und wenn es nur mit drei Minuten Differenz passiert... In den meisten Ehen ist ein bißchen Heuchelei im Spiel, und wir haben uns gedacht: Werden wir uns auch vormachen müssen, daß wir zusammen glücklich sind, weil wir es nicht wagen zu sagen, daß wir nicht zusammensein wollen? Aber dazu wird es nicht kommen. Wenn zwei Menschen wirklich zusammen sind, Mann und Frau, dann kann einen nichts berühren. Man besitzt die Macht von zwei Menschen, die Macht von zwei Seelen, und das ist eine ganz beachtliche Macht.«

# 5.
# *Die Musik: 1966–1971*

»Let me take you down 'cos I'm going to...«

Angefangen mit »Strawberry Fields Forever« bis hin zu »Imagine« war John Lennons Musik, ob mit den Beatles oder später ohne sie, sehr persönlich. McCartneys Begabung lag vor allem auf dem Gebiet der Liebeslieder, und John bewunderte einige der weniger schmalzigen Kompositionen von Paul, insbesondere »Here There And Everywhere« und »For No One«. Dem extrovertierten McCartney fiel es schwer, über sich selbst zu schreiben – darin zeichnete sich John Lennon aus, dessen Songs ihm als Spiegel seiner eigenen Persönlichkeit dienten, vor allem, als er älter und ein besserer Beobachter wurde und mehr vom Leben wollte als Teenager, die seinen Namen schrien. Mit sechsundzwanzig stellte John an seine Musik die Erwartung, sie solle die wichtigsten Dinge in seinem Leben ausdrücken: seine Kindheitserinnerungen, seine Zeitungs- und Zeitschriftenlektüre, seine Liebe zu Wörtern und ungewöhnlichen Formulierungen, seine persönlichen Schwächen, die Zurückweisung seines »rauhen« Image zu Beatles-Zeiten und sein zunehmendes Interesse am Frieden.

»Strawberry Fields Forever«, erschienen 1967, wurde oft als die beste und anspruchsvollste Pop-Single aller Zeiten beschrieben. Hier kündigte sich der Beginn einer radikalen Veränderung in Johns Musik an. Das war mehreren Faktoren zuzuschreiben: dem Umstand, daß er Ende 1966 Yoko kennengelernt hatte, seiner Desillusionierung in bezug auf den Beatles-Mythos, seinem Drogenkonsum und dem entscheidenden Einfluß Bob Dylans, der insofern wegweisend war, als er sich selbst in seine Songs einbrachte.

Strawberry Fields existiert ganz real als geographischer Punkt. Es ist ein Heim der Heilsarmee, nicht weit von Tante Mimis Haus in Woolton gelegen. Johns Assoziationen dazu waren Eistüten und Gartenfeste. Er schwelgte in seinen Kindheitserinnerungen: »Nothing is real/And nothing to get hungabout...« Es war Lennon im Wunderland, der die Ära kindlicher Einfachheit neu erschuf.

Musikalisch beschwor der Song das psychedelische Weltbild jenes Jahres herauf. Um die gewünschten traumhaft-unwirklichen Effekte zu erzielen, mischten Lennon und sein Produzent George Martin zwei ganz verschiedene Versionen des Songs miteinander. Martin vollbrachte eine technische Glanzleistung, die der Transparenz des Textes entsprach. Nach »Strawberry Fields Forever« gab es für John keine Umkehr mehr. Seine Musik wurde treffender, eindringlicher, persönlicher, reflexiver und gewagter.

Gleichzeitig veränderte sich auch sein öffentliches Auftreten. Er ließ sich einen Schnurrbart wachsen, und seine kurzgeschnittenen Haare drückten sein Selbstbewußtsein so deutlich aus, daß es nicht weiter erstaunlich war, wenn er jetzt auch seine Brille in der Öffentlichkeit trug.

Johns Genie als Texter und Komponist zeigte sich erstmals auf *Sgt. Pepper's Lonely Hearts Club Band* in den Songs »A Day In The Life« und »Lucy In The Sky With Diamonds«. Elvis Presleys erste Aufnahmen lagen dreizehn Jahre zurück – und wie hatte sich die Rockmusik seit damals verändert! Es war Pop-art daraus geworden, die den Keim des Psychedelischen in sich trug. Das Album stellt auch den Höhepunkt der damaligen Studiotechnik dar: Four-Track-Verfahren, Mellotrone und ein aus einundvierzig Musikern bestehendes Orchester. Die Produktion dauerte sechs Monate, die Kosten waren enorm – fünfundzwanzigtausend Pfund. Auch die Aufmachung von *Sgt. Pepper* hatte sensationellen Charakter, und erstmals waren auf dem Cover eines Rock-Albums die Texte abgedruckt.

Ursprünglich sollte *Sgt. Pepper* eine Konzept-LP werden: Erinnerungen an einen Tag aus dem Leben von Liverpooler Kindern (auch »Penny Lane« und »Strawberry Fields Forever« hätten auf dem Album erscheinen sollen) – eine Doppel-LP, die verlorene Unschuld, Pubertät und Reife heraufbeschwören sollte. Doch *Stg. Pepper* wuchs und wuchs, und der ursprüngliche Plan war nicht mehr haltbar. Statt dessen wurde ein bahnbrechendes Album daraus, mit geheimnisvollen Texten und üppiger Instrumentierung. Die Songs auf *Stg. Pepper* entstammen den verschiedensten Quellen. »When I'm sixty-four« geht sogar auf die späten fünfziger Jahre in Liverpool zurück. Lennon arbeitete an diesem Song mit McCartney zusammen, und zu Pauls »With A Little Help From My Friends« trug er den Satz bei: »What do you see when you turn out the light/I can't tell you but I know it's mine.«

Mit »Lucy In The Sky With Diamonds« tauchte Lennon in die Phantasiewelt Lewis Carrolls ein – mit Hilfe einiger halluzinogener Freunde, die sich in den Anfangsbuchstaben des Titels zeigen. »Climb in the back with your head in the clouds/ And you're gone!« Das Mädchen »with kaleidoscope eyes« stellt eine Art Erlösung dar, die jedoch nur vorübergehend ist, und man kehrt zurück und bleibt in der Marshmallow-Welt von Traum und Phantasiebild gefangen.

»Getting Better« drückt erneut Johns Schuldgefühle gegenüber den Frauen in seinem Leben aus, aber die Bezüge werden hier direkter hergestellt als in »Norwegian Wood«. »Getting Better« wird zwar allgemein als McCartney-Song angesehen, und Paul hat sicher im Studio den Ansatz zu dieser Idee entwickelt, aber John hat etliche entscheidende, äußerst persönliche Worte dazu beigetragen. Es war ein klassisches Beispiel dafür, wie sich die beiden gegenseitig ergänzten.

I used to be cruel to my woman
I beat her and kept her apart from the things
she loved
Man I was mean but I'm changing my scene
And I'm doing the best that I can.

Hier zeigte sich, wie weich John geworden war. Seine Schuldgefühle waren offensichtlich, und er

John wirkt ungepflegt auf dieser Aufnahme vom Oktober 1969, dem Monat, in dem Yoko ihre zweite Fehlgeburt hatte. Ein musikalisches Meisterwerk ist im Entstehen: Paul und John im Studio zwei der Abbey Road Studios, während sie *Sgt. Pepper* schreiben und aufnehmen.

tat sie öffentlich kund. »Ich konnte mich nicht ausdrücken, und deshalb habe ich zugeschlagen«, erklärte John später. »Ich habe mich mit Männern geschlagen und Frauen verprügelt. Deshalb habe ich es auch so mit dem Frieden. Die gewalttätigsten Menschen sind gleichzeitig diejenigen, die Liebe und Frieden wollen. Ich bin ein gewalttätiger Mensch, der gelernt hat, nicht gewalttätig zu sein und seine eigene Gewalttätigkeit zu bereuen. Ich muß noch wesentlich älter werden, ehe ich mich öffentlich der Tatsache stellen kann, wie ich früher Frauen behandelt habe«, sagte er 1980 zu David Sheff vom *Playboy*.

»Being For The Benefit Of Mr. Kite!« ist einem alten Zirkusplakat entnommen. »Good Morning Good Morning« ist von der Fernsehwerbung für Kellogg's Cornflakes inspiriert, die im Hintergrund lief, als John gerade halbwegs zum Schreiben aufgelegt war.

Der meisterlichste Song des Albums ist immer noch »A Day In The Life«. Wieder entlehnte

Lennon den Text den verschiedensten Quellen – Zeitungsschlagzeilen, den Dreharbeiten zu *Wie ich den Krieg gewann* 1966 in Spanien und Bruchstücken aus Unterhaltungen. Pauls mittlerer Part fügte sich nahtlos ein. Als man die Worte »went upstairs and had a smoke« hörte, schrie die BBC: »Rauschgift!«, und prompt wurde der Song aus ihrem Programm verbannt. Lennons Stimme paßt genau zu der Vorstellung eines Mannes, der dasitzt und die Nachrichtenseiten der Zeitung liest; aus diesem »Vorwort« heraus entfaltet sich der Song. Der scheinbar zufällige Wortstrom endet mit einem Satz, den John der Londoner *Daily Mail* entnommen hat: »Now you know how many holes it takes to fill the Albert Hall.« »A Day In The Life« forderte George Martins Fähigkeiten bis an ihre Grenzen; schließlich mußte er ein klassisches Orchester dazu bringen »auszuflippen«. Er fand ein Arrangement, das wie »das Ende der Welt« klang, indem der letzte Ton zweiundvierzig Sekunden gehalten wurde.

George Martin gelang das Unmögliche. Der Steigerungs-Effekt des Albums war unglaublich. Wenn man es zum ersten Mal gehört hatte, gab es nur eins: es gleich wieder von vorn abzuspielen. Bei den bisherigen Beatles-Platten hatte man sich einzelne Songs aussuchen können, aber hier zählte das Gesamtwerk. Die Tiefgründigkeit und Vielfalt von *Sgt. Pepper* bewirkten, daß so verschiedene Sänger wie Joe Brown und Joe Cocker eigene Versionen von Songs dieses Albums aufnahmen.

*Sgt. Pepper* stand allein am Zenit des Rock'n'Roll. Es leitete die Blüte des psychedelischen Zeitalters in England ein, und bis in die achtziger Jahre hinein ist immer wieder versucht worden, diesen Gipfel noch einmal zu erreichen.

Die Triumphe, die die Gruppe mit diesem Album feierte, trieben John noch mehr an. Der Wirbel um *Sgt. Pepper* war noch nicht vorbei, als die Beatles, kaum einen Monat später, eine neue Single auf den Markt brachten. Johns Komposition »All You Need Is Love« hatte ihre Premiere in der Fernsehsendung *Our World.* Es besagte einiges über den damaligen Status der Beatles, daß sie als Vertreter Großbritanniens für diesen prestigeträchtigen globalen Satellitensender ausgewählt wurden. Vierhundert Millionen Menschen sahen sie bei ihrer Premiere der Hymne für die Love Generation. Erst die Beatles schafften es, die Hippie-Bewegung akzeptabel zu machen, wenn diese auch in Haight Ashbury, San Francisco, zum Zeitpunkt des Erscheinens der Single schon im Ableben war. Heute hört sich der Song wie ein wiederbelebtes Museumsstück an, aber damals war die Wirkung immens.

Auf der Single kann man kurz vor dem Ausklingen hören, daß Lennon ein fröhlich verzerrtes »She Loves You« singt, als wolle er öffentlich das Vermächtnis der Beatles verbrennen. Die B-Seite brachte »Baby, You're A Rich Man«, ein Frage-und-Antwort-Song, den Lennon ursprünglich, gehässig, wie er sein konnte, Brian Epstein unter dem Titel »Baby, You're A Rich Fag Jew« (Du bist ein reicher schwuler Jude) gewidmet hatte. »How does it feel to be one of the beautiful people?« fragte Lennon, eine Frage, die man ihm millionenfach stellte. Wie bei vielen anderen Songs dieser Phase handelte es sich auch hierbei um eine Kombination aus zwei verschiedenen Songs. McCartney hatte den Titel und ein paar zusammenhanglose Zeilen im Kopf, und Lennon trug die Fragen dazu bei.

»Hello, Goodbye« war die letzte Single, die die Beatles 1967 herausbrachten. Der Song, wieder eine Frage-Antwort-Geschichte, stammte ganz von Paul und drückte die angespannte Atmosphäre der Zeit aus. Die B-Seite war »I Am The Walrus«, Lennons psychedelischer Maelstrom. Wieder tastete sich John ins Wunderland vor; der Text war von Lewis Carrolls Gedicht »Das Walroß und der Zimmermann« aus *Alice im Wunderland* inspiriert. »Ich fand das Gedicht wunderschön. Ich bin nie auf die Idee gekommen, daß Lewis Carroll sich zum kapitalistischen und zum gesellschaftlichen System geäußert hat. Ich habe nie verstanden, was wirklich gemeint war. Später habe ich es mir dann noch mal angesehen und festgestellt, daß in der Geschichte das Walroß der Böse und der Zimmermann der Gute ist. Ich dachte: Scheiße, ich habe mir den Falschen ausgesucht!«

Das Riff kam zustande, als John eine seiner »Nowhere Man«-Phasen durchmachte und ganz wörtlich das tat, was er schrieb: »Sitting in an English garden waiting for the sun.« Er hörte aus der Ferne eine Polizeisirene, und die ersten drei Zeilen des Songs schossen ihm durch den Kopf. Der obskure Text ließ zahlreiche Interpretationen zu, und selbst Lennon gestand ein, er selbst habe nie genau gewußt, worum sich der Song eigentlich dreht. Ein großer Teil war offensichtlich reine Wortspielerei. Er pumpte sich voll mit Acid, und dann kamen Sätze wie »Semolina pilchards climbing up the Eiffel Tower« heraus. »I am he as you are he as you are me and we are all together« drückte durchaus den Zeitgeist aus. Der Song war Lennons einziger Beitrag zu dem Film *Magical Mystery Tour*, der am Boxing Day 1967 seine Premiere in der BBC hatte. Im übrigen hatte Lennon nur an dem instrumentalen »Flying« mitgeschrieben.

John in seinem kleinen Aufnahmestudio in Tittenhurst Park direkt nach der Aufnahme von »Imagine«, 1971.

Das ungewöhnliche und bis heute nicht erschienene »What's The News Maryjane« (Maryjane ist ein Euphemismus für Marihuana) wollte John zwischendurch als offizielle Single der Plastic Ono Band herausbringen. Mit verträumt klingender Stimme singt Lennon Worte wie »She like to be married to Yeti/Be grooving such cooky spaghetti!«

1968 erschien als erste Single der Beatles »Lady Madonna«, eine reine McCartney-Schöpfung, mit der die Gruppe zu ihren Wurzeln im Rock'n'-Roll zurückkehrte und sich vom *Sgt. Pepper*-Sound abwandte. Im August wurde das Label Apple mit der Single »Hey Jude«, ebenfalls einer

reinen McCartney-Nummer, eingeweiht. Die B-Seite war jedoch ein reiner Lennon: »Revolution«, seine klare Äußerung zu den Studentenrevolten des Sommers 1968. In Frankreich hatten radikale Studenten beinahe die Regierung gestürzt, und in Amerika nahm der Protest gegen die immer größere Einmischung des Landes in Südostasien zu.

Bob Dylan hatte sich ganz zurückgezogen, und die Demonstranten sahen sich um, was bei den Beatles und den Rolling Stones zu holen war. Die Stones hatten das Album *Beggar's Banquet* anzubieten, das in »Street Fighting Man« den Aufruf enthielt, auf die Barrikaden zu gehen. John war wesentlich vorsichtiger; als durch ihn die »Botschaft« der Beatles verkündet wurde, klang sie fast pessimistisch. In »Revolution« wird festgestellt, daß wir alle die Welt verändern wollen, aber es folgt gleich die Warnung: »But when you talk about destruction/Don't you know that you can't count on me?« Zum ersten Mal erschienen die Beatles wie eine andere Generation, die der Jugend riet: »You say you got a real solution/ Well, you know, we'd all love to see the plan.« John nahm zwei Versionen dieses Songs auf, eine, in der er darum bat, mitmachen zu dürfen, und die offiziell erschienene Version, in der er darum bittet, nicht in die Sache reingezogen zu werden. Es sollte noch drei Jahre dauern, bis er für »Power To The People« war. Das radikale Element in ihm mußte sich erst noch ausprägen, aber als es soweit war, war Lennon mit ganzer Seele dabei. »Revolution« zeigt, daß die Beatles 1968 noch den Wertvorstellungen der Flowerpower anhingen, »Love is all you need«. John drückte in seiner Musik aus, daß es keinerlei Rechtfertigung für Gewalttätigkeit gab. Der Zweck konnte die Mittel nicht heiligen.

Yokos zunehmender Einfluß auf John manifestierte sich jetzt auch in seiner Musik. Das erste wirkliche Indiz dafür findet sich im November 1968, als das umstrittene Album *Two Virgins* erschien. Es war das dritte Album, das auf dem Apple-Label erschien. George Harrisons *Wonderwall* kann für sich beanspruchen, das erste Solo-Album eines Beatle gewesen zu sein. *Two Virgins* wurde in Weybridge aufgenommen. Die meisten Beatles-Fans fanden die Platte mit dem elektronischen Gurgeln und Rülpsen völlig indiskutabel.

*The Beatles*, das Weiße Album, ihr erstes Doppelalbum, erschien genau fünf Jahre nach *With The Beatles* am 22. November 1968. Mit dieser Platte traten sie den Beweis an, daß die Fab Four nicht mehr das fröhliche Beat-Quartett waren und daß sich die Songs von Lennon und McCartney deutlich voneinander unterscheiden ließen. Sie nahmen Abstand von komplexen Produktionen wie *Sgt. Pepper*, und zogen auch andere Musiker heran (Eric Clapton, Nicky Hopkins, Dave Mason und natürlich Yoko Ono). Auch dieses Album entsprach ganz seiner Zeit. »Jamming« war eine neuere Entwicklung im Rock. Im selben Jahr war *Electric Ladyland* von Jimi Hendrix erschienen, ein Album, auf dem ebenfalls Gaststars mitspielten, »Supergroups« bildeten sich, während sich die Musiker von den Zwängen lösten, die die Plattenfirmen ihnen aufzuerlegen versuchten.

Selbst der eher orthodoxe Rock'n'Roll des Weißen Albums zeigt Yokos Einfluß. Insgesamt dreizehn Songs auf diesem Album sind von John. Das einzig wirkliche Zugeständnis an die Avantgarde war »Revolution 9«. In Lennons übrigen Songs zeigt sich seine Liebe zum guten alten Rock'n'-Roll. Selbst unter rein optischen Gesichtspunkten spiegelt das Album den Wunsch der Beatles wider, ihre Vergangenheit abzuschütteln – das schlichte weiße Cover ist eine bewußte Gegenreaktion auf die Farbenpracht von *Sgt. Pepper*.

Johns Texte auf dem Weißen Album drehen sich fast ausschließlich um Yoko. Selbst in »Julia«, dem Song für seine Mutter, geht es mindestens ebensosehr um Yoko. John sagte zu *Playboy*: »Sie hat all diese Kreativität in mir wachgerufen. Es war nicht so, daß sie mich zu den Songs inspiriert hätte – sie hat *mich* inspiriert!« Nicht nur die Fans glaubten, Yoko sei die Person, die Johns kaum verschleierten Haß auf die Gruppe hervorgerufen habe, auch Paul, George und Ringo sahen ihren Einfluß auf John als verderblich an. Yoko selbst sagte dazu 1980: »Ich bin mit diesem Typ, den ich mochte, ins Bett gegangen, und am nächsten Morgen sehe ich plötzlich diese drei verschwägerten Angehörigen dastehen!«

»Dear Prudence« hatte sich Lennon während der Meditation in Indien ausgedacht; er hatte den Song geschrieben, um Mia Farrows Schwester Prudence in die Sonne zu locken. Mit »Glass Onion« sollten die Beatles-Fans verwirrt werden. Später beschrieb Lennon den Song als reines Zufallsprodukt, aber seine Bezüge auf frühere Erfolge – »Strawberry Fields«, »Lady Madonna«, »The Fool On The Hill« – bereiteten den Fans Kopfzerbrechen bei dem Versuch, eine eigene Interpretation zu finden.

Zu dem tragischsten Fall einer Mißinterpretation von Beatles-Texten kam es, als Charles Manson zu der Überzeugung gelangte, die Beatles riefen auf dem Weißen Album ihn und seine »Familie« zu Aufstand und Zerstörung auf. Er interpretierte Pauls »Helter Skelter« als Vorspiel des Armageddon; er wußte nicht, daß »Helter-Skelter« nichts weiter ist als die englische Bezeichnung für eine Art Rutschbahn auf einem Rummelplatz. In Harrisons »Piggies« sah Manson den Auftrag, Schweine abzuschlachten, und aus dem elektronischen Chaos von Johns »Revolution 9« hörte er einen Ruf zu den Waffen heraus. Das führte zu Sharon Tates Ermordung.

»The Continuing Story of Bungalow Bill« ist die erste richtige Zusammenarbeit von Lennon und Ono. Man hört Yoko deutlich den Satz singen: »Not when he looked so fierce...« Es wimmelt von Gestalten aus Comics. »So Captain Marvel zapped in right between the eyes« ist direkt von Stan »The Man« Lee inspiriert. »On Safairy With Whide Hunter« aus Lennons erstem Buch hallt in diesem Song wider.

»Happiness Is A Warm Gun« wurde von einer Überschrift in einer amerikanischen Zeitschrift inspiriert, die George Martin John im Studio gezeigt hatte. Die brutale Ironie der Formulierung regte John zu dem Song an, in dem wieder LSD-Visionen heraufbeschworen werden: »Like a lizard on a window pane... the man in the crowd with the multicoloured mirrors on his hobnail boots...«; Zeilen wie »A soap impression of his wife which he ate and donated to the National Trust« weisen klar auf Spike Mulligan hin, dessen Wortspiele bei den Goons John schon als Kind liebte.

»I'm So Tired« ist nicht nur Lennons bester Song auf diesem Album, sondern auch etwas vom Besten, was er je geschrieben hat. Die Aufnahme entstand spät nachts in den Abbey Road Studios. Die Resignation, die Erschöpfung und das Drei-Uhr-morgens-Gefühl werden großartig in dem absurden Zweizeiler festgehalten: »Although I'm so tired, I'll have another cigarette/and curse Sir Walter Raleigh, he was such a stupid get!« Den Mittelteil des Songs bestimmt die flehentliche Bitte um ein wenig Ruhe: »A little peace of mind.« Jetzt gab es jemanden, der auf diesen Hilferuf antwortete.

»Yer Blues« ist ein Seitenhieb auf den Blues-Boom der späten sechziger Jahre in Großbritannien, der Gruppen hervorbrachte wie Fleetwood Mac, Ten Years After und Chicken Shack. Dennoch ist es ein trostloser, erbitterter Song, der in Indien seine Gestalt annahm – »trying to reach God and feeling suicidal«. »Yer Blues« beschwört eine ikonoklastische, nihilistische Welt herauf: »Blue mist around my soul/feel so suicidal/even hate my rock'n'roll.«

»Everybody's Got Something To Hide Except Me And My Monkey« nimmt spätere Songs vorweg wie »I Want You« und »Come Together«, Texte, die immer wieder Dankbarkeit gegenüber Yoko ausdrücken. »Your inside is out when your outside is in«, sang Lennon. Und wer wußte das besser als er?

»Sexy Sadie« war gegen den Maharishi gerichtet, der alle zum Narren gehalten und den Beatles Frieden auf Erden und spirituelle Erleuchtung versprochen hatte, bis ihnen bewußt wurde, daß sie diesem Menschen nicht trauen konnten. Lennon gab zu, daß er sich davor gedrückt hatte, den Maharishi in diesem Song bei seinem Namen zu nennen, aber jeder wußte, gegen wen sich die bittere Kritik richtete. Mit dem versponnenen »Cry Baby Cry« kam Lennon wieder zu *Alice im Wunderland* zurück: »The King Of Marigold« und »The Duchesse Of Kirkcaldy« entsprechen dem Herz-König und der Herz-Königin. Der Song ist so grausam und trotzig, wie nur Kinder es sein können – »Make your mother cry, she's old enough to know better«.

Auf die Kakophonie von »Revolution 9« folgt das zuckersüße »Good Night«. Es ist kaum zu glauben, daß Lennon zwei derart verschiedene Songs zur selben Zeit schreiben konnte. »Good Night« hatte John für Julian geschrieben; gesungen wurde es von Ringo. Lennon gab im nachhinein lakonisch zu, er habe vielleicht etwas zu dick aufgetragen.

Der Soundtrack zu *Yellow Submarine* wurde im Januar 1969 fertig. Die Gruppe hatte sich United Artists für diesen Film vertraglich verpflichtet. Nur vier neue Songs waren für den fertigen Zeichentrickfilm erforderlich, und genau vier neue Songs waren auf dem Album zu finden. Hier haben wir es mit einem der seltenen Fälle zu tun, daß die Beatles weniger als den wirklichen Gegenwert für eine Platte gaben. Man hörte dem Album an, daß es hastig fertiggestellt worden war. Johns »Hey Bulldog« und George Harrisons »Only A Northern Song« dienten als reine Lückenfüller. »Hey Bulldog« war für diese Phase ein ungewöhnlich bitterer Lennon-Song – »What makes you think you're something special when you smile?.../You think you know me, but you haven't got a clue!«

Am 2. März 1969 wirkten John und Yoko bei einem Avantgarde-Jazzkonzert in Cambridge mit (ein Teil dessen, was sie dort spielten, tauchte ein paar Monate später auf dem Album *Life With The Lions* auf). Dies war das erste Mal, daß ein Beatle allein eine Bühne betrat. Der Zerfall der Gruppe hatte eingesetzt. Im Januar war mit den Dreharbeiten zu dem Film *Let It Be* begonnen worden, die von großen Spannungen geprägt wurden.

»Get Back« war die erste Single, die die Beatles 1969 herausbrachten, ein McCartney-Rocker. Auf der Rückseite schüttete John Yoko sein Herz in »Don't Let Me Down« aus, ein überzeugendes Riff mit einer aufwühlenden Stimme.

Als sich das *Let It Be*-Projekt immer weiter von

den Vorstellungen der Beatles entfernte, begannen sie mit den Aufnahmen zu dem Album *Abbey Road*. Gleichzeitig arbeitete John an seinem Projekt Plastic Ono Band. Plastic Ono war nie als dauerhaft bestehende Gruppe gedacht. Ihren Kern bildeten John und Yoko, und ansonsten gehörte dazu, wer gerade zufällig in der Nähe war. Im Falle von Lennons Hymne »Give Peace A Chance« waren es Hunderte. Während der ausgeflippte Text wieder an Lennons *In seiner eigenen Schreibe* und seine Liebe zu Wort-Assoziationen erinnerte, hatte die Botschaft des Chors etwas Ernstes und Gebietendes.

Lennons Paranoia hinsichtlich des Spotts der Öffentlichkeit zeigte sich auf der nächsten Single der Beatles, »The Ballad Of John And Yoko« (auf der nur Paul und John zu hören sind.) Der Song war autobiographisch, ein Bericht über Johns und Yokos jüngste Aktivitäten: »Christ you know it ain't easy, you know how hard it can be/The way things are going, they're gonna crucify me.« Der ansteckende alte Rock'n'Roll-Rhythmus machte den Song zugkräftig.

Plastic Ono gab Lennon die Möglichkeit, den Beatles zu entkommen und sich nicht nach deren komplizierten Produktionsabläufen zu richten. Die Produkte der Band konnten in kürzester Zeit aufgenommen und auf den Markt gebracht werden, denn es waren nicht die Sorgfalt und die Genauigkeit erforderlich, die die Welt inzwischen von den Beatles erwartete. Lennon genoß es. Er sprach über das Entstehen der Plastic Ono Band mit Andy Peebles vom Rundfunk der BBC: »Die Plastic Ono Band war Yokos Konzept, und es ist eine Band, die nur in der Vorstellung existiert. Die erste Werbung war eine Fotografie... ein paar Stücke Plastik mit einem Bandgerät und einem Fernseher drin... Ihre Idee war eigentlich eine Popgruppe, die ganz aus Robotern bestand... Beim Erscheinen von ›Give Peace A Chance‹ hätte es eigentlich eine Party geben sollen, aber wir hatten einen Autounfall oder so was und konnten daher nicht kommen. In dem Tanzsaal, in dem die Party für die Plastic Ono Band stattfand, war die ganze Presse erschienen, um sich die Band anzusehen, und die Band stand auf der Bühne. Es war nichts weiter als eine Maschine mit einer Kamera, die sich auf die Presse richtete und sie somit selbst auf eine Bühne stellte. Die Plastic Ono Band war also eine Konzept-Band, die es nie gegeben hat. Sie hatte nie Mitglieder, und die Werbung lautete: ›Ihr seid die Plastic Ono Band.‹ Ich will damit nur klarstellen, daß es nicht um die Bildung einer neuen Band wie die Wings oder die Hollies ging, etwas, was einen Namen hat, und man gehört dazu. Es war nie jemand in dieser Band. Sie hat keine Mitglieder.«
Das Album *Live Peace in Toronto 1969* ist das Ergebnis des Auftritts von Plastic Ono bei dem Rock'n'Roll-Festival im September. Besungen wird darauf im Grunde Lennons Leben Ende der sechziger Jahre. Songs aus den frühen Hamburger Zeiten (»Blue Suede Shoes« und »Money«) standen neben »zeitgenössischen« Beatles-Hit wie »Yer Blues«. (Mit diesem Song war Lennon

Eine Einladung zu der Party, bei der die Plastic Ono Band vorgestellt werden soll; John und Yoko selbst konnten nicht erscheinen, da sie nach einem Autounfall in Schottland im Krankenhaus lagen.

Apple Peace

POST CARD

Communication

John and Yoko and Apple Records invite you to join them on Thursday this week, July 3rd to meet the Plastic Ono Band in Chelsea Town Hall, Kings Road.

The Band's first release "Give Peace A Chance" (on the other side "Remember Love") recorded in Montreal, will be performed by the Band and a splendid time is guaranteed for all.

"Give Peace A Chance" is to be released on Friday, July 4th and it couldn't happen at a better time to a nicer record.

The time: 5.30 p.m.
The place: Chelsea Town Hall,
169/183 Kings Road
The date: Thursday, July 3rd
RSVP: Derek Taylor, Apple,
Regent 8232

Plastic Ono Band

— This is a Real Photograph —

For Address Only

Ray Coleman,
Disc,
161–166 Fleet St,
E.C.4

auch in der nie fertiggestellten Fernseh-Show *Rolling Stones' Rock'n'Roll Circus* aufgetreten.) Die andere Seite des Albums galt wieder Johns Liebe zu Yoko mit »Don't Worry Kyoko« und »John John (Let's Hope For Peace)«.

In der Zwischenzeit schleppten sich die Beatles weiter dahin. *Abbey Road* wurde, rein chronologisch gesehen, *nach* ihrem letzten Album *Let It Be* aufgenommen, doch die schwierigen Begleitumstände führten dazu, daß *Abbey Road* zuerst erschien (im September 1969). Der Aufdruck des Namens der Gruppe und des Plattentitels auf der Plattenhülle erübrigten sich, obwohl die vier Gestalten, die über den Zebrastreifen huschen, kaum als das Quartett kenntlich waren, das die Welt unter dem Namen Beatles kannte. Seite eins von *Abbey Road* setzte sich aus voneinander unabhängigen Songs zusammen – fast wie in alten Zeiten. Lennons »Come Together«, mit dem das Album eröffnet wurde, lag eine Zeile aus Chuck Berrys »You Can't Catch Me« zugrunde. Es war eine von Lennons Lieblingsnummern mit den Beatles. Er beschrieb den Song als »funky … bluesy«. Auf *Abbey Road* traten die Beatles in einen heißen Wettkampf miteinander. Das Album enthielt die beiden bekanntesten Beatles-Songs von George Harrison (»Something« und »Here Comes The Sun«) und einen Schwung McCartney-Klassiker. »I Want You (She's So Heavy)« könnte in dieser Phase der Lennon-Song schlechthin gewesen sein. John fleht Yoko an: »I want you so bad/It's driving me mad«. »Because« entwickelte sich aus ein paar Beethoven-Takten heraus, die Yoko auf dem Klavier gespielt hatte. John formte sie um und fügte als Text hinzu: »Love is old, love is new/Love is all, love is you.« Die zweite Seite des Albums setzt sich aus Fragmenten zusammen, die in Indien und in Weybridge entstanden, allein oder gemeinsam, begonnen, aber nie beendet worden waren. Seltsamerweise ergibt sich daraus eine nahtlose Abfolge. Lennons Beiträge nach »Because« drehten sich um imaginäre Gestalten: »Mean Mr. Mustard«, »Polythene Pam« und »Sun King«. Alle diese Gestalten waren in der Realität verwurzelt, aber durch Drogenkonsum und durch Lennons Hang, Projekte abzubrechen, verzerrt dargestellt. *Abbey Road* war insofern eine direkte Fortsetzung des Weißen Albums, als sich die Beatles auch hier wieder als vier Individuen zeigten, die durch eine merkwürdige, zweckgebundene Loyalität miteinander verbunden waren.

Ende 1969 brachte Lennon die zweite Single der Plastic Ono Band raus, »Cold Turkey«, das Ende Oktober erschien, direkt vor der »neuen« Single der Beatles, »Something«. Allen Klein hatte darauf bestanden, die Single aus *Abbey Road* auszukoppeln, damit schnelles Geld reinkam. Es war das erste Mal, daß eine Single der Beatles *ausschließlich* aus finanziellen Gründen zustande kam; sie erreichte nur Platz vier der Hitlisten.

»Cold Turkey« schien nur noch mehr zu betonen, wie verschieden die Richtungen waren, die die einzelnen Beatles jetzt musikalisch einschlugen. Der Song war eindringlich und ungeschliffen, eine Rock'n'Roll-Nummer mit Alan Whites donnerndem Schlagzeug. Das Label trug den Aufdruck »Play Loud«. Der Text, der von Lennons qualvollen Heroin-Erfahrungen berichtete, schilderte in deutlichen Bildern das Leid der Sucht und der Entzugssymptome. In den britischen Hitlisten brachte es die Single nur auf Platz vierzehn, aber das lag möglicherweise daran, daß das Thema für den Geschmack der breiten Masse zu grausig war. »Nachdem ich den Song geschrieben hatte, bin ich zu den drei anderen Beatles gegangen und habe gesagt: ›He, Leute, ich glaube, ich habe gerade eine neue Single geschrieben.‹ Aber sie haben alle nur ›Hmm... äh.. tja‹ gesagt, weil es ganz mein Projekt gewesen wäre, und dann habe ich mir gedacht, ach was, scheiß drauf, dann bringe ich es doch gleich selbst raus.«

*Let It Be* hatte sich inzwischen zu einem Monster mit drei verschiedenen Produzenten entwickelt – George Martin, Glyn Johns und Phil Spector –, und alle drei versuchten, etwas von den Sessions in Twickenham und in den Abbey Road Studios zu retten.

Mitte November 1969 brachten die Lennons *The Wedding Album* heraus, eine verbale Collage über ihr Zusammenleben. Es steht neben *Two Virgins* und *Life With The Lions* in den Regalen jener Sammler, die entschlossen waren, alles von den Beatles zu besitzen.

Zu Beginn des neuen Jahrzehnts waren die Beatles als Gruppe noch zusammen, aber die Bande zwischen ihnen standen kurz vor dem Zerreißen. Mit dem Album und dem Film *Let It Be* hatten sie ihre Verpflichtungen eingelöst, und diverse Soloprojekte heizten die Gerüchte an, die Gruppe würde sich auflösen – Ringos *Sentimental Journey* und Pauls *McCartney* kamen auf den Markt. John hakte mit einer neuen Plastic-Ono-Single nach, »Instant Karma!« Die Aufnahme wurde von Phil Spector produziert, denn Lennon gehörte zu den wenigen Menschen, die mit *Let It Be* zu tun gehabt hatten und trotzdem glaubten, Spector habe sich sein Gehalt zu Recht verdient. »Instant Karma!« wurde innerhalb eines einzigen Tages geschrieben und aufgenommen und zeigt besonders deutlich Lennons Überzeugung, daß Schallplatten (insbesondere Singles) die Aktualität von Tageszeitungen besitzen sollten. Inhaltlich drückte Lennon seinen Glauben aus, daß die Welt durch

Bob Dylan war einer von denjenigen, die John Lennon zu seinen Texten inspiriert hatten. John fuhr mit Yoko zu Dylans gigantischem Open-air-Konzert auf der Isle of Wight im September 1969. Rechts neben John steht der Folksänger Tom Paxton.

Solidarität und Liebe doch noch gerettet werden könnte. »Es ist mir einfach so eingefallen. Alle haben von Karma geredet, vor allem in den sechziger Jahren. Aber mir ist es so vorgekommen, als sei Karma genauso gegenwärtig, wie es das frühere und das zukünftige Leben beeinflußt... Außerdem fasziniert mich Werbung und Promotion als Kunstform. Mir gefällt das. Also war die Idee eines Instant-Karma für mich so wie die Idee eines Instant-Kaffee – man stellt etwas in einer neuen Form her.«

Noch vor dem Album *Let It Be* wurde im März 1970 die Single gleichen Namens herausgebracht. Paul bekundete öffentlich seine Unzufriedenheit damit, daß Spector die fertigen Bänder überarbeitet hatte. Die B-Seite war eine Rarität – »You Know My Name (Look Up The Number)«. Lennon hatte diese seltsame Nummer 1967 geschrieben und aufgenommen, und man hört McCartney, den Roadmanager der Beatles, Mal Evans, und den Saxophonisten Brian Jones. (Es handelt sich nicht um den Brian Jones der Rolling Stones, sondern um einen Session-Musiker gleichen Namens.)

Im Mai 1970 kam das Album *Let It Be* endlich heraus. Was ursprünglich als spontaner Beweis für die Existenz und die Frische der Beatles gedacht war, wurde ein verpfuschter Abschied. »Es war höllisch«, erinnerte sich Lennon bitter. »Selbst der größte Beatles-Fan hätte diese elenden sechs Wochen nicht durchgestanden.« Die Gruppe hatte jede technische Perfektion außer acht lassen und ihre Spontaneität im Studio festhalten wollen. Die Welt hatte die Beatles bei ihren Proben und bei dem Entstehen ihrer Songs belauschen sollen. Mehr als dreißig Stunden Musik existieren irgendwo auf Band und tauchen gelegentlich auf Raubpressungen auf. Man hört dort die nicht bearbeiteten Versionen von »The Long And Winding Road«, »Let It Be«, »Across The Universe«, die Version von »Dig It« in voller Länge und großartiges Originalmaterial wie »Suzy Parker«. Außerdem sind die Beatles bei der Arbeit an Songs aus ihrer Jugend zu hören – »You Win Again« von Hank Williams, »Move It« von Cliff Richard, »Good Rockin' Tonight« von Elvis, »Memphis Tennessee« von Chuck Berry, Lennons saftige Parodie auf »The House Of The Rising Sun« und Arbeiten an Dylans »Blowin' In The Wind« und »All Along The Watchtower«. 1974 begann John Beatles-Raubpressungen zu sammeln, als er genügend Abstand gewonnen hatte, um sich mit seiner Vergangenheit positiv auseinandersetzen zu können.

Als die Film- und Aufnahmearbeiten im Januar 1969 beendet waren, konnten weder die Beatles noch George Martin die Meilen von Bändern durchforsten. Um der ursprünglich geplanten »Natürlichkeit« Rechnung zu tragen, rief man Phil Spector hinzu, der das Material aufpolieren und der Welt das Beatles-Album geben sollte, das sie erwartete. Spectors Ruf war legendär. Den Beruf »Plattenproduzent« hat, Mitte der sechziger Jahre, eigentlich er erfunden, ebenso wie die »Klangwand«. Er war ein Genie, und wie alle Genies war er manchmal schwierig und unberechenbar. Lennon äußerte sich zu dem *Let It Be*-Debakel: »Es war ein ganz, ganz gräßliches Gefühl... Wir wollten das Ganze schon in einer wirklich beschissenen Fassung rausbringen. Mir war es völlig egal. Ich hielt es sogar für gut, die beschissene Version rauszubringen, um den Mythos der Beatles zu zerstören. Man hätte nur einfach uns gesehen, mit runtergelassenen Hosen, ohne schillernde Farben auf dem Cover und ohne Heuchelei. ›So also sehen wir mit runtergelassenen Hosen aus – und würdet ihr das Spiel jetzt bitte beenden?‹«

Aber daraus wurde selbst damals nichts, als die Beatles in den letzten Zügen lagen. Der erste Song des Albums, »Two Of Us«, war ein McCartney-Song für Linda, aber in diesem Kontext wird es zu einem ergreifenden Requiem für

John im Juli 1971, an dem Klavier sitzend, an dem er seinen beliebtesten Song, »Imagine«, schrieb. Die Aufnahme entstand in Tittenhurst Park; das Klavier steht heute in Yokos Wohnung im Dakota.

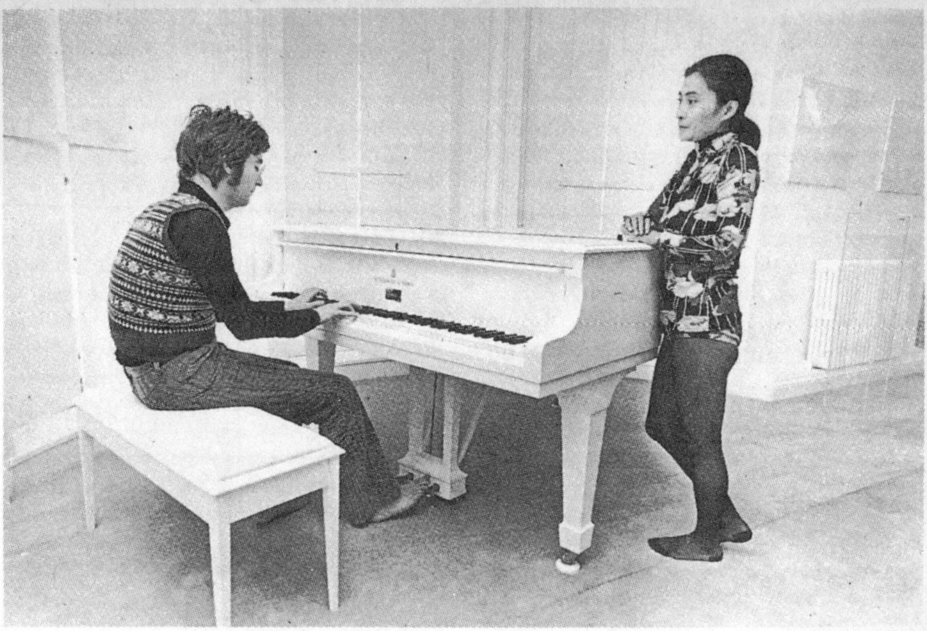

zwei talentierte Jungen aus Liverpool, die vor Ehrgeiz brennen: »Two of us sending postcards, writing letters on my wall/You and me burning matches, lifting latches, on our way back home.« Es ist eine Erinnerung an das frühere Liverpool, als die Welt noch offenstand und zu erobern war und sich nicht hinter den Acid-Assoziationen von »Strawberry Fields« verbarg. »Two Of Us« beschwört die glänzenden Anfangszeiten wieder herauf.

Mit dem Refrain von Lennons »Dig A Pony« – »I told you so, all I want is you« – war eindeutig Yoko gemeint. Als John eines Morgens aufwachte, schoß ihm die Formulierung »Pools of sorrow, waves of joy« durch den Kopf. Daraus entwickelte er den Song »Across The Universe«. Die Version auf dem Album war – um des Experiments willen – »unbewußte Sabotage« von seiner Seite. Eine andere Version, bei der zwei Beatles-Fans den Chor »Nothing's gonna change my world« singen, endete auf einem Wohltätigkeitsalbum für den World Wildlife Fund. »Die Originalaufnahme war absolut beschissen«, erinnerte sich Lennon. »Ich habe total falsch gesungen, und statt eines anständigen Chors haben wir uns Beatles-Fans von draußen geholt... Die sind reingekommen und haben auch alle falsch gesungen. Niemand hat sich für die eigentliche Melodie interessiert... Phil hat das Band langsamer laufen lassen und die Streicher dazugetan... er hat da wirklich was Ungewöhnliches gemacht.« Der Refrain »Jai Guru Deva OM« greift auf die Zeiten zurück, in denen es noch Gurus und Avataras gab, die die Welt retten konnten.

»Dig It« war ein Beispiel für »die neue Phase der Beatles«, von der auf der Plattenhülle gesprochen wurde. Die existierenden achtundvierzig Sekunden sind einer fünfminütigen stream-of-consciousness-Aufnahme entnommen.

Lennons zynische Kommentare geben dem Album seine Würze. Er leitet es ein mit »I dig a pygmy by Charles Hawtrey...«. Dem Stück

»Let It Be« stellt er ikonoklastisch voran: »Now we'd like to do 'ark the Angels come.« Leider zeigt das Album nicht mehr als die Spitze eines Eisbergs, und nur die qualitativ schlechten Raubpressungen lassen die Absicht erkennen, die ursprünglich hinter dem Album stand.
»I've Got A Feeling« war gewissermaßen eine Zusammenarbeit von Lennon und McCartney. Die erste Hälfte des Songs stammt ganz von Paul; ab »Everbody had a hard year« hat John weitergemacht. »One After 909« war eine wirkliche Zusammenarbeit. Sie hatten den Song 1959, in den frühen Liverpooler Zeiten, gemeinsam geschrieben und für dieses letzte Album wieder ausgegraben – er kennzeichnet den Anfang und das Ende der Partnerschaft Lennon/McCartney.

Es war unvermeidlich, daß alle folgenden musikalischen Aktivitäten John Lennons an dem gemessen wurden, was er mit den Beatles erreicht hatte, der einflußreichsten Popgruppe aller Zeiten. Mit ihrer Musik und ihren Persönlichkeiten hatten sie nicht nur die Musik, sondern auch das gesellschaftliche Gefüge der westlichen Welt unwiderruflich verändert. Sie waren ein Synonym für Jugendkultur und Popart. Beim Anbruch des neuen Jahrzehnts war sich Lennon – vielleicht mehr als jeder andere – seiner Verantwortung und seiner Verpflichtungen bewußt.
»Cold Turkey«, der Song mit einem der aufrichtigsten autobiographischen Texte Lennons, hatte die Öffentlichkeit vor dem »neuen« John gewarnt. Diese dritte Single der Plastic Ono Band plazierte sich sowohl in Großbritannien als auch in Amerika in den Hitlisten, wenn auch nicht so weit oben, daß John mit dem Erfolg zufrieden gewesen wäre.

Temperature's rising, fever is high
Can't see no future, can't see no sky
My feet are so heavy, so is my head
I wish I was a baby, I wish I was dead.

Seine Stimme ist eindringlich, die Platte bezieht sich klar auf seine Drogenerfahrungen. Auch Eric Claptons Gitarre trägt dazu bei, daß der Song sich sehr von allem unterscheidet, was man bisher von John und den Beatles gehört hatte. »Cold Turkey« stellt einen Meilenstein in Johns Leben dar. Es war ein unbequemer Song, aber er zeigt Lennons Offenheit.
Die Plastic Ono Band ermöglichte es John, den Beatles-Mythos auszulöschen. Auf dem Album *John Lennon/Plastic Ono Band* manifestiert sich die Katharsis der Urschrei-Therapie. Die LP kam 1970 zwei Wochen vor Weihnachten auf den Markt. Es ist bis heute eines der trostlosesten, ehrlichsten Alben eines Rockstars von Ruf. Auf dieser Platte befreite sich Lennon von seiner Vergangenheit und setzte ein kostbares bißchen Hoffnung in seine Zukunft. Die Wurzeln der Trostlosigkeit sah John in seiner Kindheit: »Mother« und »My Mummy's Dead« waren der ge-

John und Yoko während der Proben für das »One To One«-Konzert im August 1972 im Madison Square Garden.

quälte Aufschrei einer geistigen Waise. Bei Lennons Stimme auf »Mother« stellen sich einem die Haare auf, und der Text, in dem er öffentlich den Tod seiner Mutter und den Verlust seines Vaters beklagt, ließ einem Schauer über den Rücken laufen. Es gab keine Ausflucht, keine Bildwelt, hinter der man sich verstecken konnte. »Working Class Hero« war ein bitteres Aufbegehren gegen das System, in dem Lennon aufgewachsen war. Es ist ein Volkslied des zwanzigsten Jahrhunderts für jedermann, ein hämischer Angriff gegen eine Gesellschaft, von der es heißt: »Keeps you doped with religion and sex and TV/But you're still fucking peasants as far as I can see.«
Der pessimistischste Song des Albums ist für viele »God«, Lennons Litanei dessen, was er in seiner Vergangenheit alles ablehnt. In seiner Aufzählung findet sich auch der Satz: »I don't

believe in Beatles.« Der Traum war aus. Lennon sagte: »›God‹ ist aus drei Songs zusammengestellt. Ich habe mir vorgestellt, daß Gott die Vorstellung ist, an der wir Leid messen, und das heißt, wenn man einen solchen Begriff hat, setzt man sich einfach hin und singt die erstbeste Melodie, die einem durch den Kopf geht... Ich weiß nicht, wann ich gemerkt habe, daß ich alles auflistete, woran ich nicht glaube. Ich hätte so weitermachen können, es war wie eine Liste von Weihnachtskarten: Bei wem höre ich auf? Bei Churchill? Bei Hoover? Ich fand, ich müßte aufhören. Ich wollte Platz freilassen, in den man selbst etwas einsetzen kann – jeden, an den man nicht glaubt. Es war mir aus den Händen geglitten. Und am Schluß standen die Beatles, weil ich nicht mehr an Mythen glaube, und die Beatles sind auch ein Mythos.«

Nicht nur die Instrumentierung war kärglich, auch Lennons Texte waren es. Es dürfte kein Album mit sparsameren Mitteln geben, für das Phil Spector je seinen Namen hergegeben hat. Lennon sagte selbst, er habe bewußt versucht, leere Bilder, jede erheuchelte Poesie, Illusionen des Erhabenen und das, »was ich à la Dylan nenne, das Dylaneske«, wegzulassen.

Die Direktheit und Einfachheit von Lennons erstem Solo-Album rüttelte viele Menschen auf. Es gab keine Walrösser oder gläsernen Zwiebeln, keine Masken, hinter denen man sich verstecken konnte. John Ono Lennon präsentierte seine Seele. In »Working Class Hero« kam zweimal das Wort »fuck« vor, das von EMI im abgedruckten Text ausgelassen wurde. Diese Zensur fand nur in Großbritannien statt. Capitol brachte das Album in Amerika mit vollständig abgedrucktem

Text heraus. Lennon hatte sich zu lange nach den Erwartungen anderer gerichtet. Wenn die Öffentlichkeit John Lennon haben wollte, dann mußte sie ihn zu seinen Bedingungen nehmen. Er war nicht mehr John Beatle.
Anfang 1971 betraten John und Yoko die politische Arena. Der Slogan »Power To The People« ging um die Welt. Aus den Unruhen in Nordirland entstand der Bürgerkrieg. Die Nixon-Regierung hatte 1970 bei einer Demonstration auf dem Areal der Kent State University vier Studenten ermordet. Die Lennons engagierten sich immer aktiver für radikale Politik. Sie spendeten Geld für Michael X's Black House, nahmen für die Angeklagten in dem infamen »Schoolkids Oz«-Prozeß die Single »Do The Oz« auf, und Lennon gab Tariq Alis linksgerichteter Zeitung *Red Mole* ein Interview. »Ich finde, wir müssen den Arbeitern klarmachen, in welcher wirklich unglücklichen Lage sie sind, den Traum zerschlagen, von dem sie umgeben sind. Sie glauben, in einem wunderbaren Land mit Redefreiheit zu leben, sie haben alle Autos und Fernseher, und sie wollen nicht wahrhaben, daß es mehr im Leben gibt. Sie haben sich damit abgefunden, sich von ihren Bossen Vorschriften machen zu lassen, ihre Kinder in der Schule verpfuschen zu lassen. Sie träumen den Traum eines anderen, nicht mal ihren eigenen.« Viele sahen eine Diskrepanz zwischen Lennons Plädoyer für den Sozialismus und seinem persönlichen Reichtum, aber John fiel immer etwas zur Verteidigung seiner schnell wechselnden Überzeugungen ein.
»Power To The People« war der erste deutliche musikalische Hinweis auf das wachsende politische Engagement der Lennons. Noch deutlicher manifestierte es sich erst auf dem Album *Some Time In New York City*. Die Zeiten, in denen Lennon sich rausgehalten hatte, waren vorbei.
John ließ seiner politisch engagiertesten Single sein bis dahin romantischstes Album folgen. Ein größerer Kontrast war nicht denkbar.
*Imagine* kam im Oktober 1971 heraus und ist wahrscheinlich das Album, das am häufigsten mit John Lennon assoziiert wird, insbesondere der Titelsong, aber auch das eindringliche »Oh My Love«, das gehässige »How Do You Sleep?« und das einprägsame »Jealous Guy«. Auf *Imagine* zeigte sich Lennon von seiner zarteren Seite. Es werden zwar weiterhin Qual und Leid thematisiert, doch die üppige Instrumentierung war Lichtjahre von der Kargheit von *Plastic Ono Band* entfernt. Im Grunde genommen geht es in allen Songs um die Hingabe, die John Yoko entgegenbrachte. Nur »I Don't Want To Be A Soldier« und »Give Me Some Truth« schweiften von diesem Thema ab. Und natürlich auch »How Do You Sleep?«, Johns Angriff gegen Paul McCartney. Für den Fall, daß irgendeinem Hörer der Gegenstand seines Spotts verborgen bleiben könnte, war dem Album eine Postkarte beigelegt, die Lennon in einer Parodie des Covers von McCartneys Album *Ram* zeigte. »Those freaks was right when they said you was dead«, sang Lennon gehässig. Er bezog sich dabei auf absurde Gerüchte, die vor allem in Amerika umgingen, McCartney sei wirklich tot.
Der Titelsong von *Imagine* war wunderbar melodisch; Lennon hatte ihn während eines Flugs auf eine Hotelrechnung geschrieben. Immer wieder betonte er, Yoko habe ihm dabei geholfen und ihn insbesondere zu dem Thema Utopie angeregt. Lennon forderte nichts weiter, als daß wir uns in unserer Phantasie eine Welt ohne Besitz und Religion vorstellen sollen.
Die Welt hatte sich inzwischen so sehr an einen angriffslustigen Lennon gewöhnt, daß ein Song wie »Jealous Guy« geradezu als untypisch angesehen wurde, da es sich hier im Grunde um eine Entschuldigung handelte, die er aussprach, weil er anderen Kummer und Schmerzen bereitet hat. Bei »Crippled Inside« ging es wieder um Schmerz, aber kein Selbstmitleid war herauszuhören. »One thing you can't hide/Is when you're crippled inside« – Lennon versuchte nicht, irgend etwas zu verbergen – und dafür respektierte man ihn inzwischen.
Yoko hatte John geholfen, sich als Persönlichkeit abzurunden, und sie hatte ihm eine Perspektive für sein Leben gegeben. Sie hatte ihn in völlig neue Bereiche eingeführt, die sich als Sackgassen erwiesen (die Avantgarde auf *Two Virgins* und

Seite zwei von *Live Peace In Toronto*). Dann aber hatte sie ihn in fruchtbarere Richtungen gelenkt – der Beweis war *Imagine*. Johns Hingabe drückte sich am deutlichsten auf »Oh My Love« und dem überschwenglichen »Oh Yoko!« aus. Es war nicht leicht, den Mann, der so einfühlsame Liebeslieder schrieb, mit dem jugendlichen Rowdy übereinzubringen, der zu Gehässigkeiten wie »How Do You Sleep?« ausholen konnte. Aber John Lennon war schon immer ein lebendes Paradox gewesen.

»I Don't Want To Be A Soldier« war ein plumper Protest gegen die »Spießer«, die sich in die Armee oder in etablierte Berufe locken ließen; »Give Me Some Truth« dagegen ein verhaltener, aber wirksamer Angriff gegen Nixons Amerika.

Musikalisch haben zu »Imagine« der legendäre Saxophonist King Curtis, Nicky Hopkins, Tom Evans und Joey Molland von Badfinger, George Harrison und Phil Spector beigetragen. Lennon gefiel das Album gut, und er hob seine Stärken hervor: »›Imagine‹, sowohl der Song selbst als auch das Album, ist dasselbe wie ›Working Class Hero‹ und ›Mother‹ und ›God‹ auf der ersten Platte. Aber die erste Platte war den Menschen zu realistisch, und deshalb hat sie niemand gekauft… ›Imagine‹ sagt genau dasselbe aus, aber mit Zuckerguß. ›Imagine‹ ist jetzt fast überall ein Hit – antireligiös, antinationalistisch, antikonventionell, antikapitalistisch, aber der Zuckerguß macht es akzeptabel. Jetzt ist mir klar, was man tun muß. Man muß seine politischen Botschaften mit einem Löffel Honig versüßen.«

Doch 1972 blieb der Honig im Glas. Als *Imagine* ausgeliefert wurde, hatten John und Yoko England verlassen und sich in New York niedergelassen.

# 6.
# *Amerika*

»New York ist das Rom von heute.«

John hatte 1971 die Beatles abgeschrieben, und die Friedenskampagne war vorbei. Er war jetzt eine seltsame Mischung aus Superstar, Künstler und Geschäftsmann. Ständig wiederholte er, er könne sich nicht mehr von goldenen Schallplatten versklaven lassen, aber er war zu sehr Realist, um sich allzu tief in die esoterische Welt der Kunst hineinziehen zu lassen. Er setzte sich überall selbst Grenzen.

Seine einunddreißig Jahre waren eine Gratwanderung gewesen, und er hatte sich ständig bis zum äußersten gefordert. Oft erwähnte er die »Beinah«-Situationen, die sein Leben durchzogen. Er wäre beinah von der Schule geworfen worden. Er wäre beinah von der Kunstakademie ausgeschlossen worden, war aber gerade noch rechtzeitig nach Hamburg entkommen. Er hätte sich beinah einlullen lassen und eine sichere, reiche, bourgeoise Existenz in Weybridge geführt, da war Yoko in sein Leben getreten.

Yokos Kampf um das Sorgerecht für ihre Tochter Kyoko brachte sie und John im Herbst 1971 nach New York. Schon ein Besuch im Sommer hatte Johns Interesse für Amerika aufleben lassen. Yoko und er waren mit Frank Zappa und den Mothers of Invention bei einer Jam Session im Fillmore East aufgetreten. Als der Morgen graute, kündigte John einen Song an, »den ich früher im Cavern in Liverpool oft gesungen habe«. Es war »Well (Baby Please Don't Go)«.

Als sie wieder in Großbritannien waren, erklärte John, warum er sich sowohl persönlich als auch vom Künstlerischen her so sehr von Amerika angezogen fühlte. »Yoko hat sich dort früher sehr zu Hause gefühlt«, erklärte er, »und sie hatte das Gefühl, dieses Land könnte empfänglicher für das sein, was wir vorhaben... in den Staaten behandelt man uns wie Künstler. Und das sind wir auch! Jedenfalls überall sonst. Aber hier (in Großbritannien) sieht es immer so aus, als sei ich der Typ, der Paul kannte, Glück hatte, es schaffte und die Schauspielerin geheiratet hat.

Hier ist es, als hätten wir erst 1940. Es ist, als käme man nach Dänemark oder so zurück. Es ist einfach die hinterste Provinz. In New York dagegen gibt es diese phantastischen zwanzig oder dreißig Künstler, die alle verstehen, was ich tue, und die alle so denken wie ich. Wenn man von hier kommt, fühlt man sich dort wie im Himmel. Ach, es ist einfach schrecklich. Man hat ja gesehen, wie mich die Presse behandelt. Es gibt eine Avantgarde hier, aber sie ist sehr klein.«

Auch politische und andere Ereignisse hatten ihn in London deprimiert. Er war unzufrieden mit der Verurteilung der Herausgeber von *Oz*, einer obszönen Underground-Zeitschrift; die Krise in Nordirland empörte ihn, und als es zu Internierungen ohne vorherige Gerichtsverhandlung kam, verkündete er, Großbritannien solle sich zurückziehen und Nordirland seine Probleme selbst lösen lassen; auch die Tatsache, daß Großbritannien in dem Jahr auf das Dezimalsystem umgestellt hatte, paßte ihm nicht. Das einzige, was ihm Freude machte, war eine Platte von Dave Edmunds, »I Hear You Knocking«, die Lennon als etwas vom Besten bezeichnete, was er

NEW YORK
CITY

seit Jahren gehört habe. Immer wieder spielte er diese Platte und eine Single von B. B. King, »The Thrill Is Gone«.
Am 3. September 1971 verließen John und Yoko London, um sich in New York niederzulassen. »Es ist das Rom von heute, und es hat etwas von einem riesigen Liverpool«, sagte er kurz nach seiner Ankunft in New York zu mir. »Ich bin immer gern da, wo die action ist. In früheren Zeiten hätte ich gern in Rom oder Paris oder im Osten gelebt. Die siebziger Jahre gehören Amerika.«
Sie kauften eine Zweizimmerwohnung in der Bank Street 105 und ließen bald darauf ein Klavier hineinstellen; im übrigen war die Wohnung spartanisch eingerichtet. Als Bett diente eine Matratze, als Bettdecke eine amerikanische Flagge. Sie lebten und kleideten sich ohne große Ansprüche. John trug Jeans, Jeansjacken und T-Shirts, Yoko Jeans, schwarze Rollkragenpullover und Stiefel. Einer ihrer ersten Besucher war Bob Dylan, der damals gerade zu seinen musikalischen Wurzeln zurückkehrte. Er zog mit John durch das ganze Village, zeigte ihm alle Clubs und beschrieb die jeweiligen künstlerischen Aktivitäten, die dort vorgingen. Die lockere Atmosphäre überzeugte John auf Anhieb.
Zusätzlich zu der Wohnung in der Bank Street, die sie gekauft hatten, mieteten sie eine weitere Wohnung ganz in der Nähe des früheren Schlagzeugers der Lovin' Spoonful, Joe Butler. Und sie schafften sich Fahrräder an – »das beste Fortbewegungsmittel im Village«, wie Dylan ihnen verraten hatte. John erstand für sich ein konservatives englisches Modell, für Yoko ein japanisches – rein zufällig, wie sie behauptet.
Selbst in diesen ersten Monaten blieb John darüber auf dem laufenden, was sich zu Hause abspielte. Er rief regelmäßig Apple in New York und London an. Er telefonierte mit Tante Mimi in Dorset, die ihn davor warnte, zu lange im schlimmen Amerika zu bleiben. Oft ging er auch mit Yoko ins Apple-Büro am Broadway 1700.
Eines Tages lag unter dem Berg von Post, der dort für John bereitlag, ein Exemplar von *Melody Maker* mit einem Leserbrief. Die Anrede lautete »Dear John and Yoko«, und darunter stand folgendes:

Wir lieben Dich sehr, und wenn alle Rockstars bis auf einen morgen an eine Wand gestellt und erschossen würden, wärst Du derjenige, den wir retten würden.
Aber es fällt uns immer schwerer, Dein gleichzeitiges Eintreten für die Rock Liberation und für Mr. Pete »des Präsidenten Freund« Bennett, Promo-Mann bis ins Mark, zu verstehen.
Allen Klein mag ein wunderbarer Mensch sein, aber soweit es uns schlichte Plattenkäufer betrifft, ist er auch nur ein raffinierter Kapitalist, der einschiebt, was er nur kann. Apple mag eine wunderbare Firma sein, aber das einzige, was uns auffällt, ist, daß die Platten dieser Firma immer teurer und kürzer werden (*vide* das neue Mary-Hopkin-Album mit fünf kurzen Songs auf einer Seite. Vor ewigen Zeiten erschien *With The Beatles* mit vierzehn ganzen Nummern drauf). Wenn wir Musik von Yoko wollen, müssen wir mehr als vier Dollar aus der Tasche ziehen. Erinnerst Du Dich noch an die Zeiten, als Du froh warst, wenn Du Dir eine Platte im Monat leisten konntest? Das ist bei uns die obere Grenze.
Power to the people, ja – aber an welche Menschen? Wir waren Beatles-Fans, das stimmt, aber wir wissen noch nicht, ob wir Deine Fans sind. Wir sind Fans von T. Rex und Slade – wir kriegen sie in *Top of the Pops* (das mag Mist sein, aber mehr haben wir nicht), und in der St. George's Hall, Bradford (mit sechzig Pence etwas billiger als ein Superalbum von deinem Gig im Fillmore). Bist Du einer von uns?
Bitte, lieber JohnundYoko, verschon uns eine Weile mit Deinen öffentlichen Ekligkeiten gegen Paul (Deine Steuersituation interessiert uns nicht besonders), und fang lieber an, uns zu erklären, was Rock Liberation bedeuten kann, wenn Kunst und Geld so miteinander vermengt sind. Es gibt nicht viele Menschen, die das erklären können. Peter Townshend hat einen Anlauf genommen. Jetzt bist Du dran. Fröhliche Weihnachten. Love

Simon und Gill Frith
Keighley, Yorkshire

Lennons Antwort war spontan und aufschlußreich. Auf Notizpapier von Apple tippte er persönlich die Antwort, die auf Seite 349 abgedruckt ist.
Johns Postscriptum über John Sinclair weist auf das hin, was ihn während der ersten Monate in New York bewegte. Sinclair, ein linker Schriftsteller, war wegen Besitzes von zwei Marihuana-Joints zu zehn Jahren Gefängnis verurteilt worden, und John und Yoko hatten in Ann Arbour, Michigan, bei einer Benefizveranstaltung mitgemacht, die Sinclairs Freilassung innerhalb von drei Tagen bewirkte, nachdem er vorher zwei Jahre seiner Strafe abgesessen hatte. Dieser durchschlagende Erfolg begeisterte John.
Linksintellektuelle und politische Aktivisten fingen an, sein Leben zu beeinflussen. In John sahen sie ihren Rattenfänger. Im Village schloß sich ihm gleich anfangs David Peel an, der John mit seinen Songs »The Pope Smokes Dope« und »Have A Marijuana« amüsierte. Über diese Phase sagte John im nachhinein: »Ich war gerade erst in New York angekommen, und alle diese Menschen – Jerry Rubin, Abbie Hoffman, David Peel-, die standen immer gerade an der Ecke, wenn ich aus dem Haus kam und im Village spazierengehen wollte. Es war so eine Art von Gemeinschaft. Ich fand das großartig. Und wie gewöhnlich stürzt sich Lennon mit einem Kopfsprung rein und überbietet alles, bloß ja kein Mittelmaß. Trotzdem war die Szene damals gut, und die meinten es ja auch gut.«
Zu Johns erster Konfrontation mit der Szene im Village kam es zwei Wochen nach seiner Ankunft in New York. Er betrat einen Klamottenladen, den Limbo Shop am St. Mark's Place. Der bekannteste Hippie des Village lief auf ihn zu, schüttelte ihm die Hand und sagte: »Hallo, ich bin David Peel, ich arbeite für Elektra Records.« Sie unterhielten sich eine Weile, und zu Peels Erstaunen erschienen ein paar Nächte später John und Yoko bei seinem Konzert im Washington Square Park. Peels Respektlosigkeit gefiel ihnen; beim Gehen sangen sie »The Pope Smokes Dope« vor sich hin. Das war die erste von mehreren Begegnungen mit Peel, der kaum glauben konnte, daß sich ein Beatle zu dem, was er tat, hingezogen fühlte, ganz gleich, aus welchen Gründen.
Kurz darauf erfuhr Lennon durch Jerry Rubin, daß Peel ein »Walkabout« vorhatte, d.h. daß er auf der Straße singen würde. John schnappte sich seine Gitarre und schloß sich Peel mit Yoko an. Sie liefen durch die Second Avenue und sangen »The Pope Smokes Dope«. Fünfzig Menschen schlossen sich ihnen an. »Es war völlig selbstverständlich, spontan und ganz toll.« Leider hielt die Polizei einen herumspazierenden Beatle für ein Sicherheitsrisiko und scheuchte die Menschen auseinander.
Peel erinnert sich an den John jener Zeiten als an einen Superstar, der die *vibrations* des Village intuitiv erfaßte, aber nicht wirklich dazugehörte, weil er ein »Schickeriamillionär« war. Peel sagt: »John und Yoko waren brillant. Sie konnten sich schneller auf etwas einstellen und improvisieren als jeder andere, den ich kenne. Sie taten am liebsten alles schnell und sofort. Zeitvergeudung war ihnen ein Greuel. John war aufgeschlossen, er lernte viel, er hatte Zugang zu vielen Menschen, und er hat immer *zugehört*. Er war nicht so sehr wie viele von uns von der radikalen Sache überzeugt, aber da er ein Beatle war, brauchte er nur zu telefonieren und konnte Dinge damit erreichen.«
John produzierte ein Album von David Peel und dessen Band, der Lower East Side. »Er war ein ausgezeichneter Produzent«, sagt Peel. »Lennon hat die Sache todernst genommen, aber er wußte, wie man trotzdem seinen Spaß hat. Ich habe ihn nie so glücklich gesehen wie bei der Produktion meines Albums.« Die LP wurde direkt nach ihrem Erscheinen bei Apple weltweit verboten, weil sie den Song »The Pope Smokes Dope« enthielt.
Peel und seine Band spielten mehrfach mit John und Yoko zusammen. Er war bei der Benefizveranstaltung für John Sinclair dabei, und er jammte oft mit ihnen in ihrer Wohnung in der Bank Street, wobei John manchmal Waschbrett spielte. Peel wirkte auch bei ihrem Fernsehauftritt in der Dick Cavett Show mit und bei einem Wohltä-

tigkeitskonzert für geistig Behinderte im Madison Square Garden. Er schrieb einen Song mit dem Titel »Lennon for President«.

Peel kam oft zum Abendessen in die Bank Street. Er fand Yokos makrobiotisches Essen ganz ausgezeichnet. Nur eins erboste ihn – die Tatsache, daß John seine Leibwächter auch im Village nicht aufgab. »Niemand belästigte ihn, wenn er mit uns zusammen war. Allen Klein hat zu Lennon gesagt, der Grund, weshalb er gern mit mir rumhing, sei der, daß Peel alles tut, wovor sich Lennon fürchtet: Genau das habe ich getan. Ich habe die Seite aus John rausgeholt, die sich verrückt gebärden und die ganze Nacht lang durchfeiern wollte. Aber die Leibwächter... er war zynisch und mißtrauisch. Viele Leute wollten ihn anschnorren. In der Hinsicht war er paranoid.

Wenn man in John Lennons Nähe ist, ist der Typ so stark und sich so sehr über das Weltgeschehen im klaren, daß man anfängt, die eigene Identität zu verlieren. Ich war etwa ein Jahr lang in seiner Nähe, und es war gut und schlecht. Vielleicht kann man es so sagen: Sobald sich die Kutsche wieder in einen Kürbis zurückverwandelt hatte, war Aschenbrödel wieder eine Magd. Wenn man mit John Lennon zusammen ist, ist man ein Prinz. Wenn der ganze Zauber vorbei ist, geht man als Kürbis nach Hause. Um Mitternacht sitzt man wieder in Lumpen da und tut, was man vorher getan hat. Wie ich.«

Anfang 1972, nur wenige Monate nachdem er sich in Amerika niedergelassen hatte, begann Johns Kampf gegen die Einwanderungsbehörde, der geradezu unglaubliche Formen annehmen sollte.

Johns Visum für Amerika lief am 29. Februar 1972 ab. Schon im Januar wurde ihm und Yoko klar, daß es unter Umständen gar nicht so leicht sein würde, auf Dauer in Amerika zu bleiben, und daß die Regierung sich auf Johns Rauschgiftanklage von 1968 berufen und ihnen ein Visum verweigern könnte. Einen Monat bevor die Probleme akut wurden, ließen John und Yoko sich in ihrer Wohnung in der Bank Street durch den Anwalt Leon Wildes informieren. »John war ruhiger als Yoko«, erinnert sich Wildes. »Während sie die Fragen stellte, hat er uns Tee gemacht.« Zu dem Zeitpunkt drückten sie noch kein Interesse daran aus, ihren festen Wohnsitz in die USA zu verlegen. »Es ging ihnen nur darum, noch ein paar Monate zu bleiben, um weiterhin Kyoko suchen zu können. Sie steckten mitten in einem komplizierten Prozeß um das Sorgerecht.« Wildes sagte ihnen, wenn sie nichts weiter als eine Verlängerung ihres Visums für ein bis drei Monate wollten, »dann brauchen Sie meine Hilfe eigentlich gar nicht. Das kann der Anwalt von Apple für Sie erledigen. Das Problem mit dem Sorgerecht ist einer der entscheidendsten Gründe, die man für die Verlängerung eines laufenden Visums angeben kann.«

Aber Yoko antwortete: »Doch, wir brauchen wirklich Ihre Hilfe.« Sie nahmen sich den verblüfften Wildes als Anwalt für ihre Angelegenheiten mit der Einwanderungsbehörde. Er war ein viel zu berühmter Anwalt, um sich mit einer schlichten Verlängerung von Johns Visum zu befassen. Er hatte anfangs keine Ahnung, daß John Probleme erwartete.

Die Schwierigkeiten, die man Lennon machte, gingen von dem kaum bekannten senatsinternen Unterausschuß für Sicherheitsfragen aus. Viele Politiker waren überrascht, daß dieser Ausschuß überhaupt noch existierte. Er war in den fünfziger Jahren gebildet worden, als in Amerika das Gespenst einer kommunistischen Infiltration umging. Selbst 1972 handelte dieser Ausschuß offensichtlich noch nach derselben Philosophie: Jeder, dessen Ansichten sich von denen der Regierung unterschieden, wurde überprüft.

Der Ausschuß erhielt ein Memorandum mit der Information, Lennon unterstütze möglicherwei-

Johns selbstgetippte Antwort aus New York auf einen Leserbrief im *Melody Maker*.

Apple

To: Simonandgill and M.M. Readers the People December 13 '71

From: JohnandYoko

Dear Simonandgill and M.M. Readers

Apple was/is a capitalist concern. We brought in a capitalist to prevent it sinking. (with the Beatles on board). The whole problem the ex-Beatles have is concerned with their committment to Apple. I referred to tax in answer to Paul's article in M.M. and other British Weeklies, i.e. 'let's just sign a bit of paper'. <u>You</u> may not worry about our tax-scene, but if we don't, your fab four will end up like Mickey Rooney, Joe Louis, etc. - performing for the rest of their lives to pay back the tax man.

We, John and Yoko, have asked them, Apple, to reduce the cost of Yoko's album FLY, they told us they had.

I personally have had enough of Apple/Ascot and all other properties which tie me down, mentally and physically. - I intend to cash in my chips as soon as I can - and be FREE.

John/Yoko intend to do all performances around the world FREE and/or whatever we've earned will go e.g. to prisons to release people who can't afford bail, etc. - and many other ways of getting money back to the people.

This is one way of paying the people back.

Until we find an alternative, the Pete Bennetes and the Apples, EMIs, etc., are the only way of getting our product to the people. (Not to mention the contractual angle) - if you know of any other way - don't keep it a secret!

Power to the People

Johnlennonyokoono.

JohnandYoko

P.S. The number of tracks per album is irrelevant - it''s the amount of time per side that counts. Anything over - say 25 minutes at most results in less power-volume, bass/drums, etc. But 'Live Jam' Plastic Ono Band - out soon - has about at least 30 minutes a side!

P.P.S. Dear [redacted] - who <u>wants</u> to sound like the Beatles?
P.P.P.S. We like Raggae, too! Paul likes Rock!
P.P.P.P.S. I personally have had enough of Apple/Ascot long before John has and I'm very happy that John's coming around - and not only "Imagine no posessions" but wanting to get rid of it - the things that interfere with our work and our life. (y.o.)
P.P.P.P.P.S. If you'd like to know where <u>my</u> earnings go - every cent of it goet to various 'causes'. (y.o.)
P.P.P.P.P.P.S. Please stop attacking John for "How Do You Sleep", It happens to be a good song (very powerful and full of pathos) and also, it happens to be an answer to Paul's "Ram". Listen to "Ram" carefully and you'll see. (y.o.)
this is the last word on <u>that</u> subject! J.L.

P.P.P.P.P.P.S. Rally on Friday for John Sinclair. Released on Monday after 2 years of a 10 year sentence for possession of 2 joints.

se jene Gruppe mit Geldmitteln oder auf andere Weise, die 1968 Störungen beim Parteitag der Demokraten hervorgerufen hatte. Gleichzeitig fürchte man, dasselbe könnte sich beim Parteitag der Republikaner wiederholen, der 1972 bevorstand. Dazu sagt Leon Wildes: »Lennon hat natürlich immer abgestritten, etwas damit zu tun zu haben oder auch nur von diesem Plan zu wissen, falls der Plan überhaupt existierte. Er sagte auch, daß er sich eigentlich gar nicht wirklich dafür interessiere. Das habe ich ihm immer geglaubt, weil er ein Mensch mit Prinzipien war, und er hatte kein Interesse daran, Unruhe zu stiften. Ihm ging es eher darum, sich zu äußern und seinen eigenen Standpunkt klarzustellen.«

Der Vorsitzende des Ausschusses schickte das Memorandum an John Mitchell, den obersten Staatsanwalt des Bundesstaates, unter dessen Zuständigkeit der gesamte Prozeß um Johns Einwanderungserlaubnis fiel, sowie an den Vorsitzenden von CREEP (Commitee to Re-elect the President/»Ausschuß zur Wiederwahl des Präsidenten«). In dem Begleitbrief zu diesem Schreiben war angemerkt, eine Kopie sei an das Weiße Haus gegangen. »Die Nixon-Administration hat sich offensichtlich auf höchster Ebene für das interessiert, was John Lennon tat«, sagt Wildes.

Die Indizien für eine Regierungskampagne häuften sich. Die *New York Times* faßte es folgendermaßen zusammen:

> Aus den Regierungsunterlagen, die Mr. Lennons Anwalt, Leon Wildes, auf gerichtlichen Beschluß hin ausgehändigt bekam, geht hervor, daß Senator Strom Thurmond, Vertreter der Republikaner aus South Carolina, einen persönlichen und vertraulichen Brief mit dem Datum vom 4. Februar 1972 an den damaligen Justizminister John N. Mitchell geschrieben hat, in dem er andeutet, man könne sich »viel Kopfschmerz« ersparen, wenn man gegen Mr. Lennon vorginge. Dem Thurmond-Brief war eine Hausmitteilung aus den Akten des senatsinternen Unterausschusses für Sicherheitsfragen beigelegt, in der die Behauptung ausgesprochen wurde, eine Interessengruppe treffe Vorbereitungen, nach Kalifornien zu reisen und den Parteitag der Republikaner zu behindern, und aus vertrauenswürdiger Quelle sei verlautet, »die Aktivitäten dieser Gruppe sind von John Lennon finanziert«. In einer zweiten Hausmitteilung aus denselben Akten wurde behauptet, daß »Anführer der radikalen Neuen Linken vorhaben, Mr. Lennon als Attraktion zu benutzen, die den Erfolg von Rock-Festivals sichert, bei denen Gelder für eine ›Nixon raus!‹-Kampagne eingenommen werden«.

Auf dem Thurmond-Brief fand Wildes die handschriftliche Fußnote: »Können wir ihn [Lennon] rausschmeißen?« Der für New York zuständige Leiter der Einwanderungsbehörde erklärte, er habe von »ganz oben« genaue Anweisungen erhalten, welche Schritte gegen Lennon unternommen werden sollten und wann genau er mit dem Ausweisungsverfahren zu beginnen habe.

Im März 1971 bekam John die Aufforderung, Amerika innerhalb von zwei Monaten zu verlassen; das gab ihm etwas Luft. Für John war es eine Frage des Prinzips, sich das Recht zu erringen, in Amerika bleiben zu dürfen. Aber das war nicht sein einziger Kummer. In London lief ein schwieriger Prozeß zwischen Northern Songs und Maclen Music, in dem es um die Rechte sämtlicher Songs ging, die Lennon seit 1965 geschrieben hatte. Auch zwischen John und Allen Klein brodelte es. Ende 1972 war John ein verstörter, empörter Mensch. Er begann zuviel zu trinken, und er rauchte zu viele »Kools«-Zigaretten.

John argwöhnte, seine Einwanderungsprobleme könnten Teil einer größeren Verschwörung sein, die sich gegen eine Einigung der Jugend wandte. Paul McCartney saß in England und hatte inzwi-

Mai 1972. John und Yoko begeisterten sich kurz nach ihrer Ankunft in New York für das Straßenleben in Greenwich Village. Sie kauften sich Fahrräder, erledigten selbst ihre Einkäufe...

STOP

schen auch eine Drogenanklage am Hals; John fürchtete sich, die Vereinigten Staaten zu verlassen, weil man ihn möglicherweise nicht wieder hineinlassen würde; Jimi Hendrix und Jim Morrison, zwei herausragende Vertreter der Jugendkultur, waren tot, und die Rolling Stones standen unter strenger Beobachtung. Die Summe dieser Fakten veranlaßte Lennon, an eine Verschwörung zu glauben. »Sie hacken die ›Revolution‹ an der Wurzel ab«, sagte er. »Damit es keine Massenversammlungen wie das Peace-Festival in Woodstock mehr geben kann. Solche Dinge regen zu Veränderungen an. Politiker wollen keine Veränderungen, und deshalb ist es in ihrem Interesse, uns zu spalten.

Ich bin nicht der einzige Rockstar, dem man Schwierigkeiten macht, aber niemand sonst hat versucht, hier in Amerika zu bleiben. Und niemand hat sich so wie ich mit den ›bösen Buben‹ eingelassen. Vielleicht bin ich blöd, aber ich interessiere mich für andere Menschen. Ich wollte dahinterkommen, was sie über die Welt zu sagen haben. Ich wollte kein Buch über sie lesen, sondern ich habe mich mit ihnen zusammengesetzt, um rauszufinden, worum es ihnen geht. So einfach ist das. Die Bullen haben 1968 bei einem Parteitag in Chicago ein paar Leute zusammengeschlagen. Ich frage also Jerry Rubin und Allen Ginsberg und alle anderen, wovon sie eigentlich reden – und sie sagen zu mir: ›Sollen wir nach San Francisco fahren und eine Anti-Kriegs-Veranstaltung machen?‹ Und kurz darauf steht in der Zeitung, daß John und Yoko mit allen diesen Menschen eine riesige Veranstaltung in San Diego organisieren wollen!«

Im April 1972 sprachen John und Yoko in New York zu einer Menschenmenge, die gegen die US-Bombardierung Nord-Vietnams demonstrierte. Die Drohung einer Ausweisung konnte John nicht einschüchtern oder kompromißbereit machen, obwohl er unbedingt in New York bleiben wollte.

Aber die Maschinerie, die Lennon überprüfte, war bereits unaufhaltbar. FBI-Agenten besuchten seine Konzerte und vertieften sich in die Texte seiner Songs – insbesondere die Texte des stark politisch angehauchten Albums *Some Time In New York City* –, und CIA-Männer beschatteten ihn in seinem Privatleben. Johns Telefongespräche wurden so oft abgehört, daß er kaum noch telefonierte; Yoko übernahm die meisten Gespräche. Das FBI verlegte sich zwischendurch darauf, John »wenn auch nur irgend möglich wegen Besitzes von Rauschmitteln verhaften zu lassen«, um eine »sofortige Ausweisung« möglich zu machen. Warum dieser Plan nicht weiterverfolgt wurde, ist nicht bekannt; John rauchte in seiner Wohnung ziemlich oft Marihuana, und es wäre ein leichtes gewesen, ihn deswegen verhaften zu lassen.

Jetzt setzte Leon Wildes mit einem sorgfältig ausgearbeiteten Plan und einer durchdachten Strategie zum Gegenangriff an. »Die Regierung wollte beweisen, daß Lennon wegen seiner 1968 in England erfolgten Anklage auf Besitz von Marihuana in den Vereinigten Staaten unerwünscht sei«, sagte er. »Man plante, ihn durch ein Verfahren abzuschieben, in dem ihm eine ›Überziehung‹ seines zeitlich begrenzten Visums nachgewiesen wurde. Man legte ihm nahe, auf diesen Handel einzugehen und freiwillig das Land zu verlassen, da man ihn andernfalls immer aufgrund der Tatsache ausweisen könne, daß er wegen Drogenbesitzes vorbestraft war, so daß er nicht so dastehen würde, als sei er freiwillig gegangen, sondern als jemand, der zwangsweise ausgewiesen worden war. Man glaubte, das wolle er nicht, und ging davon aus, daß er sich innerhalb von zwei Monaten gezwungen sehen würde, das Land zu verlassen.«

Während er das Beweismaterial für eine Regierungsverschwörung zusammentrug, gelang es Wildes, eine sechsmonatige Verlängerung der Visa von John und Yoko zu erwirken. John Lindsay, der Bürgermeister von New York und einer

…und mieteten eine Wohnung in der Bank Street, in der sie mit einigen der umstrittensten Persönlichkeiten der Stadt zusammentrafen.

David Peel
& the lower east side
THE
POPE
SMOKES
DOPE

der entscheidendsten Fürsprecher Johns, hatte in früheren Jahren an der Reform der amerikanischen Einwanderungsgesetze mitgearbeitet. »Es gibt etwas, was sich Einstellung des Ausweisungsverfahrens nennt, und das wird angewandt, wenn es Beweise für den guten Charakter des Betroffenen gibt und gerechtfertiger Anlaß besteht, eine Ausweisung aus dem Land nicht durchzuführen. Dann kann der Justizminister die Ausweisung aufheben. John Lennon war keineswegs der erste, der von dieser Klausel profitierte.«

Die Verlängerung seines Visums machte es John möglich, in der einflußreichen Dick Cavett Show im Fernsehen aufzutreten. Es war typisch für ihn, daß er nicht davor zurückschreckte, sich der Situation offen zu stellen und Millionen von Fernsehzuschauern mitzuteilen, daß er von Detektiven der Regierung verfolgt und daß sein Telefon abgehört wurde.

Man beschattete ihn ganz offen. Das bewirkte bei ihm jedoch eine nur um so größere Paranoia: »Nachdem ich es damals im Fernsehen offen ausgesprochen hatte, standen am nächsten Tag plötzlich keine Typen mehr auf der anderen Straßenseite. Ich habe mich gefragt, ob ich träume. Nein, ich hatte nicht geträumt. Sogar mein weiß Gott gutbürgerlicher Anwalt gab mir plötzlich recht. Er mußte feststellen, daß auch sein Telefon angezapft worden war, und er wußte auch nicht, wie er das beweisen sollte.«

Aber die Nixon-Regierung hatte in ihre Überlegungen nicht einbezogen, in welchem Maß die öffentliche Meinung John gutgesinnt war. Es kam zu mehreren Gerichtsverfahren. Leon Wildes verklagte die Regierung. Es ging um einen bestimmten Fachausdruck bei der Ausstellung von Visa mit zeitlicher Begrenzung, der anfechtbar war. Er plädierte für eine humanitäre Einstellung und bezog sich auf das Gesetz über die Zugänglichkeit von Informationen. »Es gab Menschen in den Vereinigten Staaten, deren Ausweisung jederzeit möglich gewesen wäre und denen man dennoch gestattete, zu bleiben. Ich habe mich darauf gestützt, daß Lennon nach diesen Kriterien bleiben konnte, aber da diese Kriterien nie schriftlich niedergelegt worden waren, hatten wir wenig rechtliche Handhabe.«

Der Kampf um die Einwanderungsgenehmigung dauerte vier harte, lange Jahre. Es gab Tage, an denen Leon Wildes mehrfach anrief, um von einem Fortschritt oder einem Rückschlag zu berichten. Die ganze Zeit hindurch wurde John von einigen der einflußreichsten Amerikaner unterstützt.

Zu ihnen gehörte New Yorks Bürgermeister John Lindsay. »Diese Stadt«, sagte er zu mir, »hat eine ausgesprochen interessante Geschichte, was die Aufnahme neuer Talente angeht. Ich konnte keine zwingenden Gründe erkennen, die dafür sprachen, einen solchen Künstler abzuschieben. John Lennon stand weitaus mehr für das Gute als für das Böse, aber viele Menschen wußten das einfach nicht. Sie konnten seine Welt, seine Musik, sein Auftreten und seine gesamte Lebensauffassung nicht verstehen. Eine Menge älterer Politiker und Menschen, die – oft aus Angst – ihre Hälse nicht ausstrecken wollten, stellten sich auf den Standpunkt, der Einfachheit halber die Zugbrücke hochzuziehen. Ich war an diesem Fall interessiert, und ich war an dieser Stadt interessiert, und mir ging es darum, daß dieses Land John Lennon bewies, daß er hier willkommen war. Es schien undenkbar, einen bedeutenden Künstler einfach vor die Tür zu setzen. In dieser Stadt gibt es eine gute Philharmonie, eine gute Oper und eine gute Carnegie Hall, aber es gibt auch die John Lennons.

Wenn sich die Bürger nicht wehren, leiden die Bürgerrechte darunter. Die Regierungen stecken ihre Nasen in alles und zeigen einem deutlich, daß sie Polizeitaktiken anwenden. Meine Kollegen in der Stadtverwaltung spürten, daß die Zwangsausweisung, mit der man John Lennon drohte, tiefe Betroffenheit unter den jungen Menschen ausgelöst hatte. Es liegt in der Tradition New Yorks, eine Mischung der verschiedensten Talente in dieser Stadt zu versammeln.« Er betonte jedoch, daß seine Rolle in Lennons Kampf – er hatte an die Einwanderungsbehörde in Washington geschrieben und darum gebeten, den Ausweisungsbescheid zurückzuziehen –

nicht heißen sollte, daß er Johns Drogenkonsum billigte.
Besonders dankbar war John auch Jack Anderson, einem hochangesehenen Journalisten der *Washington Post*. Anderson hatte geschrieben, gegen John Lennon würden »Watergate-Taktiken« eingesetzt. »Als Anderson über die Vorgänge zu schreiben begann«, sagte Lennon zu mir, »wußte ich, daß ich bis zum Sieg weiterkämpfen mußte.«
Nach Johns Ermordung erinnerte Anderson in einer Kolumne der *New York Daily News* an Lennons Kampf um die Einwanderungserlaubnis:

> Die Einwanderungsbehörde behält sich eine ganz besondere bürokratische Hölle für Ausländer vor, die in ihrer Vergangenheit auch nur ansatzweise mit Drogen zu tun gehabt haben könnten. Diebe, Vergewaltiger und selbst Mörder haben weniger Schwierigkeiten, von den Vereinigten Staaten aufgenommen zu werden als jemand, dem auch nur die kleinste Drogenanklage nachgewiesen werden kann. Vor sechs Jahren stand John Lennon kurz vor der Ausweisung aufgrund einer Anklage wegen Marihuanabesitzes in England, 1968. Ich habe mich seines Falles 1974 angenommen. Ich berichtete, daß es sich bei diesem Ausweisungsverfahren in Wirklichkeit um einen politischen Racheakt gegen Lennon handelte, der sich deutlich gegen den Vietnamkrieg ausgesprochen hatte. Lennon blieb diese fingierte Ausweisung erspart, was teils auf das Gefühl der Peinlichkeit, das meine Kolumnen auslöste, und teils auf das ausgezeichnete rechtliche Vorgehen von Lennons Anwalt Leon Wildes zurückzuführen ist. Seit damals hat sich die öffentliche Einstellung sowohl gegen über dem Vietnamkrieg als auch gegenüber den Drogengewohnheiten, die er mit sich brachte, gewandelt. Die meisten Amerikaner stimmen Lennon heute zu, daß dieser Krieg ein tragischer Fehler war, und auch seine Verhaftung wegen einer geringen Menge Marihuana für den persönlichen Gebrauch wird nicht mehr als ein schauderhaftes Verbrechen angesehen.

Ein weiterer Verbündeter war der Anwalt Steve Martindale aus Washington. Bei einer Party in New York, die auch Bürgermeister Lindsay mit seiner Frau Mary besuchte, lernte er die Lennons kennen. »John und Yoko waren extrem schüchtern«, sagt Martindale. »Yoko hat das Wort ergriffen und die Probleme erklärt, die sie mit der US-Regierung hatten. Ich schlug ihnen vor, eine Zeitlang nach Washington zu kommen, damit wir der Sache auf den Grund gehen könnten.
Als sie kamen, arrangierte ich ein Abendessen für sie. Henry Kissinger war da, und auch Senator Alan Cranston. John und Yoko waren ganz eingeschüchtert... Ich erinnere mich, daß Henry [Kissinger] John Mitchell [den Justizminister] anrufen ließ, und es gelang uns, die Regierung etwas freundlicher zu stimmen.«
Die politischen und diplomatischen Verzweigungen des Falles interessierten John nicht. Als allerdings Yoko die Genehmigung erteilt wurde, New York als festen Aufenthaltsort beizubehalten, explodierte er. Wildes versuchte ihn zu beruhigen. Er argumentierte damit, die Regierung spiele ihnen gutes Material in die Hände – nun könne man ihr den Versuch nachweisen, ein Ehepaar auseinanderzubringen.
Wildes Trumpf bestand ironischerweise darin, daß er gemeinsam mit Yoko die Umstände von Johns Vorstrafe wegen Rauschgiftbesitzes aufrollte. John hatte Wildes gesagt, er sei damals wegen Yoko gezwungen gewesen, sich schuldig zu bekennen. Er habe keine andere Wahl gehabt. »Wenn ich auf unschuldig plädiert hätte, wäre ich trotzdem angeklagt worden. Yoko war damals in England eine Ausländerin, und wenn ich die Sache nicht auf mich genommen hätte, hätte man Anklage gegen sie erhoben und sie des Landes verwiesen.« Da sich John in London die besten Rechtsauffassungen eingeholt hatte, ging Wildes davon aus, daß Johns diesbezügliche Aussage wahr sei. Schließlich war die Polizei in einer Wohnung über ihn hergefallen, die ihm nicht gehört hatte. Außerdem hatte ein Berichterstatter des *Daily Mirror* John schon vorgewarnt, und John hatte die ganze Wohnung gesäubert. »Vielleicht war es damals wirklich ein Polizeitrick *ge-*

*wesen.*« Vielleicht war es damals für John wirklich der beste Ausweg gewesen, sich schuldig zu bekennen. Wildes entschloß sich, dem nachzugehen in der Hoffnung, diesen Punkt vor dem amerikanischen Berufungsgericht zu gewinnen.

Oberrichter Kaufman kam gemeinsam mit zwei anderen Richtern zu einem positiven Bescheid. Mit zwei zu eins Stimmen verfügten sie, daß Johns Vorstrafe nicht als Vorstrafe wegen »gesetzwidrigen« Besitzes von Marihuana anerkannt wurde. Man hatte ihn lediglich wegen Auffindens von Marihuana in seinen Räumlichkeiten angeklagt – nach britischem Recht mußte damals ein strafbarer *Vorsatz* nicht bewiesen werden, um Anklage zu erheben. Im amerikanischen Recht dagegen gibt es kein Vergehen, bei dem die Regierung nicht den strafbaren Vorsatz nachweisen muß. Der Fall wurde zurückgestellt, damit die Einwanderungsbehörde die verschiedenen Aspekte des Falles neu bedenken konnte. Auch die Regierung wurde hierzu ermahnt.

Von diesem Triumph, der der Regierung buchstäblich das Kreuz gebrochen hatte, erfuhr Wildes inoffiziell. Ein Angestellter am Berufungsgericht rief ihn an: »Mr. Wildes, eigentlich dürfte ich Sie gar nicht anrufen, denn die endgültige Form steht noch nicht fest, aber ich bin schon seit langem ein Lennon-Fan ... hier ist eine Entscheidung getroffen worden, die in ein bis zwei Stunden in endgültiger Form vorliegt, und wenn Sie jemand herschicken wollen, gebe ich ihm eine Kopie mit, in der steht, daß Sie den Fall mit zwei zu eins gewonnen haben.«

Unter der Rubrik »Lennons Ausweisung durch das Berufungsgericht ein Riegel vorgeschoben« berichtete die *New York Times* am 8. Oktober 1975 über den Fall:

> In einem vierundzwanzigseitigen Entscheid machte Richter Irving R. Kaufman deutlich, daß die Gerichte einer willkürlichen Abschiebung aufgrund geheimer politischer Gründe keinen Vorschub leisten würden. Damit wurde auf dem Gericht vorliegende Regierungsdokumente angespielt, denen Hinweise zu entnehmen sind, daß die Regierung Nixon das Ausweisungsverfahren gegen Lennon 1972 deswegen betrieben hatte, weil sie befürchtete, der frühere Beatle könne in den Vereinigten Staaten auftreten und sich gegen den damaligen Präsidenten aussprechen.
>
> In seiner Zusammenfassung und der Verfügung zu Johns Gunsten sagte Richter Kaufman, der Gerichtshof nehme Lennons Behauptung, er sei ein Opfer von Bemühungen, ihn aus politischen Gründen zu vertreiben, nicht auf die leichte Schulter. »Wenn wir in unserer zweihundertjährigen Geschichte der Unabhängigkeit in gewissem Maß unsere Ideale erkannt haben, dann liegt das großenteils daran, daß wir immer einen Platz für jene fanden, die dem Geist der Freiheit anhingen und gewillt waren, sie zu verwirklichen. Lennons vierjähriger Kampf darum, in unserem Land bleiben zu können, bezeugt seinen Glauben an den amerikanischen Traum.«

Wildes sagt: »Ich kann nicht beschreiben, was ich da nach vier Jahren in den Gerichtssälen mit und ohne John empfand.« Er rief Lennon augenblicklich an.

Schon wenige Monate nachdem sie sich in Amerika niedergelassen hatten, waren John und Yoko in radikalpolitische Ereignisse verwickelt. Im Februar 1972, bei Temperaturen, die weit unter dem Gefrierpunkt lagen, demonstrierten sie auf der Straße für den Boykott britischer Exporteure durch Gewerkschaftsführer der Fluggesellschaften als Protest gegen das britische Vorgehen in Nordirland.

»Was soll das heißen? Wir haben gewonnen?« fragte John.

Der vorsichtige Wildes mahnte John, daran zu denken, daß sie sich geeinigt hatten, nie einen Sieg für sich zu beanspruchen. »Aber John, das, wovon ich glaubte, es könne nicht geschehen, ist geschehen. Das Gericht gibt den Fall an die Einwanderungsbehörde zurück, die jetzt nicht mehr

mit Ihrer Vorstrafe argumentieren darf. Ich glaube, damit haben wir der Regierung den Wind aus den Segeln genommen, und sie wird wohl kaum mit den politischen Dingen kommen, mit denen sie gedroht hat, mit den Büchern, den Songtexten und dem ganzen Unsinn, den man zusammentragen wollte.«
Am folgenden Morgen hatte John gleich zweifachen Grund zur Freude: Um zwei Uhr nachts war sein Sohn Sean auf die Welt gekommen.
Es dauerte fast ein Jahr, bis John die »Green Card«, seine Aufenthaltserlaubnis, bekam, die in Wirklichkeit blau ist. An jenem Tag erschien John mit einem Anzug und einer schwarzen Krawatte (die leicht schief saß) vor Gericht. Paradoxerweise hatte sich Wildes' Stil im Lauf des

Kampfes um die Einwanderungserlaubnis dahingehend gewandelt, daß er keine Anzüge mehr trug, sondern in Jeans und mit langem Haar erschien, wogegen John sich immer förmlicher kleidete, wenn es um die Einwanderungsprozesse ging. Vor Gericht beantwortete John die rituellen Fragen, die ihm Wildes vorlegte:

Sind Sie jemals irgendwo in den Vereinigten Staaten eines Verbrechens angeklagt worden?

Nein.

Sind sie je Mitglied der kommunistischen Partei oder einer anderen Organisation gewesen, deren Ziel es sein könnte, die Regierung der Vereinigten Staaten gewaltsam zu stürzen?

Nein.

Beabsichtigen Sie, sich dauerhaft in den Vereinigten Staaten niederzulassen?

Ja.

Werden Sie Ihre Arbeit hier fortsetzen?

Ja. Ich möchte weiterhin mit meiner Familie hier leben und weiterhin Musik machen.

Die Leute, die sich vor Gericht für Lennon einsetzten, waren wortgewaltig und hatten gute Argumente. Sam Trust, der Vorsitzende von A. T. V. Music, der Firma, die die Rechte an Johns Kompositionen besaß, sagte: »Es gibt zwei gute Gründe dafür, daß man es Mr. Lennon gestatten sollte, in den Vereinigten Staaten zu bleiben. Die Musikszene in den Vereinigten Staaten liegt im Moment lahm, und das derzeitig wiederauflebende Interesse an den Beatles und ihrer Musik beweist, daß es sich hier um die entscheidendsten musikalischen Quellen der letzten dreißig Jahre handelt. Ich glaube, wir haben Anlaß, uns auf viele weitere Erneuerungen der heutigen Musik zu freuen, wenn man es Mr. Lennon gestattet, in diesem Land zu bleiben.«

Als zweiten Punkt führte Trust an, daß die Vereinigten Staaten durch Lennon gewaltige Steuersummen einnehmen könnten. Als nächster setzte sich der Schriftsteller Norman Mailer für Lennon ein. Er beschrieb John als »einen großartigen Künstler, der einen enormen Beitrag zur populären Kulturszene geleistet hat. Er zählt zu den größten Künstlern der westlichen Welt. Wir haben T. S. Eliot an England verloren und dafür nur Auden bekommen.«

Leon Wildes verlas einen Brief des Bischofs von New York, Rt. Rev. Paul Moore. Der Bischof betonte Johns Beitrag zur Kultur in New York und pries ihn als einen »integren Gentleman«.

Gloria Swanson teilte dem Gericht mit, daß sie sich seit Jahren aktiv für das körperliche Wohlergehen der New Yorker Jugend interessiere. »Mein Mann hat John Lennon in dieser Stadt in einem Reformhaus kennengelernt, und wir haben festgestellt, daß wir diesem Thema mit denselben Ansichten gegenüberstehen. Gesunde Ernährung ist eine der Grundvoraussetzungen für körperliches Wohlbefinden, und wir lehnen ›junk food‹ ab. Ich hoffe sehr, daß er uns in diesem Bereich helfen wird. Wir müssen das Land erziehen, und die Lennons werden dazu beitragen.«

Unter den Zeugen, die Johns Antrag, in den Vereinigten Staaten zu bleiben, unterstützten,

Juli 1973. John verfolgte regelmäßig die Watergate-Verhöre in New York, in denen die Regierung des Präsidenten Richard Nixon angeklagt wurde.

waren der Bildhauer Noguchi und der durch das Fernsehen berühmte Geraldo Rivera. Im Gerichtssaal saßen auch der Komponist John Cage und der Schauspieler Peter Boyle, beide enge Freunde von John und Yoko.

Als Richter Ira Fieldsteel seinen Urteilsspruch verkündete, umarmte John die in strahlendes Weiß gekleidete Yoko, und der vollgestopfte Ge-

richtssaal ließ sich zu spontanen Beifallskundgebungen hinreißen.
Nach Verlassen des Gerichtssaals sprach John, obwohl er überglücklich war, ganz ruhig über das Thema. »Endlich ist der Einwanderungsbehörde die Erleuchtung gekommen. Es war ein langer und mühseliger Weg, aber ich bin nicht verbittert. Ganz im Gegenteil – jetzt kann ich meine Verwandten in Japan und anderen Ländern besuchen. Ich kann wieder reisen! Bis heute hätte mich mein Anwalt nicht einmal Ferien auf Hawaii machen lassen, weil ich unter Umständen nicht hätte zurückkommen können. Jedesmal wenn ich nach Los Angeles geflogen bin, war ich paranoid, das Flugzeug könne unterwegs nach Japan entführt werden!«

John war nicht nur wütend, sondern immer auch sehr verblüfft über die Schwierigkeiten gewesen, unter denen er mit der Einwanderungsbehörde hatte ringen müssen. Er faßte seine Gefühle in einem für ihn typischen treffenden Satz zusammen: »Ich kann das nicht verstehen. Ich dachte immer, daß die Freiheitsstatue sagt: *Komm!* ... Jetzt gehe ich nach Hause und sehe mir Reiseprospekte an.«

John fühlte sich in New York nach dieser langen Schlacht absolut zu Hause. »Im Grunde genommen weicht mein Leben hier nicht allzusehr von meinem Leben in England ab. Das Leben eines Menschen dreht sich um seine Familie oder seine Freunde oder seine Arbeit. Mein Leben hat sich dadurch, daß ich ›berühmt‹ geworden bin, in den letzten zehn Jahren verändert, aber eigentlich ist es nichts weiter als ein Schlafzimmer, ein Studio, Fernsehen, eine Nacht lang ausgehen und wieder nach Hause kommen. Im Fernsehen wird eine amerikanische Version des Englischen gesprochen, und die Programme laufen etwas länger, die ganze Nacht durch. Aber im übrigen macht es keinen großen Unterschied für mich.

Ich stelle mir vor, daß New York so ist, wie London zu viktorianischen Zeiten gewesen sein muß, als Großbritannien auf der Höhe seiner Macht oder am Niedergang war. Amerika ist heute das, was das britische Königreich früher war. Als Frankreich mächtig war, brodelte es in Paris. Und jetzt ist Amerika das Weltreich schlechthin, wenn es auch Teile seines Einflußbereichs einbüßt. Wenn auch Washington die Hauptstadt ist, so spielt sich doch ein Großteil in New York ab, weil dort die Leute mit Geld sitzen, und es ist eine alte Stadt, und obwohl diese Stadt eigentlich keine große räumliche Ausdehnung hat, macht die Anzahl der Menschen, die hier leben, und die Macht, die sich hier versammelt, New York zu einer großen Stadt. So muß es wohl zu Zeiten der Königin Victoria in London gewesen sein, als jeder dort leben wollte. Und auch damals, als diese Bloomsbury-Clique, Virginia Woolf und wie sie alle heißen, ihre Bücher und ihre Gedichte schrieben. Es spielt sich immer dort ab, wo viele Menschen hinkommen, und in diese Atmosphäre habe ich mich verliebt.«

Es gefiel ihm auch, daß es keine Sprachprobleme gab. »Glücklicherweise oder unglücklicherweise spricht man hier Englisch, und daher hatte ich keine Anpassungsschwierigkeiten. Es ist ziemlich schwer, einen Nenner dafür zu finden, was ein Amerikaner eigentlich ist: alle sind Italo-Amerikaner, Irisch-Amerikaner, afrikanische Amerikaner oder Afro-Amerikaner. Es ist *schön* hier.«

Während seines Kampfes um die Einwanderung hatte John den Kontakt zu England nicht abreißen lassen. Die *New York Times* hatte ihn aufgefordert, Texte von *The Goon Show* durchzusehen, und als Prinzessin Anne Captain Mark Phillips heiratete, blieb John in Los Angeles die ganze Nacht auf, um sich im Fernsehen die Hochzeit anzusehen. »Das war wohl das mindeste an Anstand, was man von einem Engländer im Ausland erwarten kann«, sagte er verschmitzt. »Außerdem war es ein guter Vorwand, auf das Königshaus zu trinken.«

Besonderes Vergnügen bereitete es ihm, der Öffentlichkeit vorzugaukeln, eine Wiedervereinigung der Beatles sei nicht ausgeschlossen. Anfang der siebziger Jahre kamen zu diesem Thema immer wieder Gerüchte auf.

»Beatles in einer Neubildung begriffen?« schrien die Schlagzeilen aufgeregt, als John, George und Ringo 1973 in Los Angeles zusammenkamen, um eine Session für ein Solo-Album von Ringo Starr aufzunehmen. Unter der Überschrift »Nachrichten, die kein Mensch braucht«

Nach vierjährigem Kampf wurde John von der Einwanderungsbehörde endlich die »Green Card« ausgestellt, die für sein Leben in den Vereinigten Staaten unerläßlich war. Das gab ihm die Freiheit, das Land zu verlassen und wieder einreisen zu können.

veröffentlichte John folgende Parodie auf eine Presseverlautbarung Paul McCartneys:

> Zwar hatten John und Yoko und George und Ringo schon oft zusammen gespielt, doch es war das erste Mal, daß die drei Ex-Beatles zusammenspielten, seit – nun ja, eben seit sie zum letzten Mal zusammen gespielt hatten. Wie gewöhnlich kam eine schreckliche Menge von Gerüchten, wenn nicht gar ausgemachten Lügen, in Umlauf, darunter auch die, daß Impresario Allen De Klein von grABCKO für die anderen drei auf einem bisher noch nicht betitelten Album, das sich *I Was A Teenage Fat Cat* nennt, Baß spielen werde. Produzent Richard Perry, der vorhatte, die Bänder einfach mitgehen zu lassen und sie an Paul McCartney zu verkaufen, sagte zu einem Freund: »Ich gehe mit den Bändern zu Paul McCartney.«
> Die extreme Demut, die zwischen John und Paul bestand, scheint sich verflüchtigt zu haben. »Sie haben miteinander telefoniert – und zwar auf englisch, das war mal etwas anderes«, sagte ein Verbündeter Paul McCartneys. »Wenn bloß alles so schlicht und ungekünstelt wäre wie McCartneys neue Single ›My Love‹, dann würden sich vielleicht Dean Martin und Jerry Lewis wieder mit den Marx Brothers zusammentun, und *Newsweak* hätte alle Hände voll zu tun«, sagte ein Abgesandter Ostafrikas. –
> Zähnefletschend ganz die Euren, John Lennon und Yoko Ono.

Die zwei Jahre vor Seans Geburt waren für John eine Abfolge von dramatischen Ereignissen. Als Musiker erlebte er viele Höhen und Tiefen. Sein Rock'n'Roll-Album, das der legendäre Phil Spector produzierte, war mit persönlichen Auseinandersetzungen überladen. Menschlich sackte er in die schlimmste Phase seines Lebens ab, in der er nur noch benebelt vom Alkohol durch Kalifornien taumelte. Im Herbst 1973 hatten sich John und Yoko getrennt.

»Unsere Beziehung ist so oder so zusammengebrochen«, sagte John während der Trennung von Yoko zu mir. »Verstehst du, wir waren sieben Jahre zusammen, und es war nicht wie in einer normalen Ehe, in der der Mann jeden Tag zur Arbeit geht, und es war auch nicht wie in einer gängigen Showbiz-Ehe, in der einer der Partner sich auf eine Sache einläßt, die bewirkt, daß man sich wegen seiner Arbeit für Monate trennt. Wir waren effektiv *vierundzwanzig Stunden täglich* zusammen, und das jeden Tag! Daher mußte es wohl dahin kommen, daß man aushakt und sich anfaucht.« Zu ihren privaten Problemen kam der Streß der Einwanderungsgeschichte hinzu.

Als John und Yoko sich voneinander trennten, kam das für alle überraschend. Sie waren als Freunde und Künstler und als Mann und Frau zusammengewesen, und ihre Liebesbeziehung war eine der am öffentlichsten kundgetanen unseres Jahrhunderts. John war bekanntermaßen schwierig, flatterhaft, launisch und nicht sehr umgänglich. In einer Phase schöpferischer Tatenlosigkeit, die ihn zu diesem Zeitpunkt ereilte, zeigte sich seine Unsicherheit in unreifem Verhalten. Er rauchte zuviel, war überreizt und verbrachte ganze Tage hintereinander allein in seinem Schlafzimmer. Seine Hände wurden feucht vor Nervosität, wenn er auch nur seine engsten Freunde traf. Und sowie sich Gelegenheit dazu bot, trank er zuviel. Yoko mußte dafür sorgen, daß im Dakota kein Alkohol in Johns Blickwinkel geriet.

Yoko entschloß sich zu einer vorübergehenden Trennung. »Es bestand nie Anlaß zu einer Scheidung«, sagt sie gelassen. »Ich wußte, daß wir irgendwann wieder zusammenkommen würden.« Aber John brauchte Zeit, um wieder zu sich zu finden, und sie mußten lernen, eine Weile ohne einander zu leben. Wenn er Saufen und wüste Gelage vermißte, argumentierte Yoko, dann war es das Beste, wenn er sich davon freimachte und seine Wunschvorstellungen auslebte, während er mit ihr nur einen telefonischen Kontakt aufrechterhielt.

John war nicht glücklich über diesen Entschluß. »Sie hat mich schlicht und einfach rausgeschmissen«, sagte er später. »Ich habe mich idiotisch verhalten, und das, was sie gut an mir gefunden hatte, ganz gleich, was es gewesen sein mag, war nicht mehr da. Es war an der Zeit, erwachsen zu werden, und ich bin froh, daß sie mich dazu gebracht hat.«

Yoko sagt: »John und ich waren als Künstler und als Mann und Frau zusammen. Bis zu einem gewissen Punkt fand ein Wettbewerb statt: Er hat etwas geschrieben, und ich habe dazu gesagt: ›Ja, das gefällt mir, und jetzt zeige ich dir etwas, was *ich* gerade geschrieben hatte‹, und wir haben versucht, uns gegenseitig zu überbieten. Eigentlich war es gar nicht so erstaunlich, daß wir uns für eine Weile getrennt haben. Es hat sich erwiesen, daß wir nichts Besseres hätten tun können.«

Inzwischen waren sie in eine Wohnung im Dakota-Gebäude in Manhattan gezogen, 1 West 72. Straße, wo auch das Büro ihrer Firma, Lenono, untergebracht war. Als Sekretärin arbeitete im Dakota ein zweiundzwanzigjähriges Mädchen, das von chinesischen Eltern in New York geboren worden war. Als John und Yoko sich auf eine Trennung einigten, schlug Yoko vor, John solle nach Kalifornien gehen. Zu der Zeit war es ihm unmöglich, Amerika zu verlassen, da er seine »Green Card« noch nicht hatte, und überdies fand Yoko, er solle Los Angeles kennenlernen.

Elliot Mintz, seit 1971 Johns engster Freund in Amerika, sagt, es sei Yokos Vorschlag gewesen, daß May John begleiten solle. »Offensichtlich stand außer Frage«, sagt Mintz, »daß John Lennon nicht allein nach Los Angeles gehen würde, denn dort war er bisher nur mit den Beatles gewesen. Man hatte es mit einem Mann zu tun, der noch nie mit einem Wagen in Amerika herumgefahren war, der nicht in einen Supermarkt gehen und Lebensmittel einkaufen konnte, der seine Wäsche nicht zur Reinigung um die Ecke bringen konnte, keinen Anruf machen konnte, nicht wußte, wie man angesichts einer Rechnung hinter das Trinkgeld kommt, gar nicht wußte, wo er ein Restaurant gefunden hätte, und der, abgesehen von mir, in ganz Los Angeles kaum jemanden kannte. Er wäre völlig hilflos gewesen. Daher war es sinnvoll, seine Sekretärin May Pang mitzuschicken, damit sie sich um ihn kümmerte. Yoko wußte, daß es höchstwahrscheinlich zu Intimitäten zwischen den beiden kommen würde. Da sie John kannte, stellte sie sich jedoch auf den reiflich durchdachten Standpunkt: »Lieber mit May als jede Nacht mit einem anderen Groupie.«

»Yoko hielt May für genau richtig. May rauchte nicht, trank nicht, nahm keine Drogen und hatte auch bestimmt keinen Hang zu Orgien.« Mintz, der die beiden oft zusammen gesehen hat, sagt, sie seien nie ein Liebespaar gewesen. »Die Vorstellung, John sei mit May weggelaufen und hätte Yoko Ono verlassen, ist unsinnig. John ertrug May nur stundenweise in seiner Nähe. Dann setzte ein unglaublicher Überdruß bei ihm ein. Es war keine Liebesgeschichte. Es war ein Verhältnis, daß sich aus praktischen Gründen ergeben hatte. Das sind nicht Yokos Worte, sondern meine eigenen Beobachtungen.«

Die Freundschaft zwischen Elliot Mintz und John war durch Yoko entstanden. 1972 arbeitete Mintz als Diskjockey und Fernseh-Interviewer und war auf dem besten Weg, ein zweiter Dick Cavett zu werden. In Los Angeles erwarb er sich mit seinen »Augenzeugenberichten« einen Ruf als gründlicher Interviewer von Politikern und anderen Berühmtheiten. Mit Yoko führte er für den Rundfunksender KLOS ein einstündiges Interview durch, in dem er die näheren Umstände ausfindig machte, unter denen sie John kennengelernt hatte. Er stellte ihr ungewöhnliche Fragen: ob die Leute in ihren Träumen Englisch oder Japanisch sprachen, was Zitate aus ihrem Buch *Grapefruit* für sie bedeuteten und wie sie nach ihrem Tod in Erinnerung bleiben wolle. Sie antwortete darauf: »Ganz einfach: John und ich haben geliebt, gelebt und sind gestorben.« Am nächsten Tag rief sie an, um eine Korrektur dieses Satzes aufnehmen zu lassen. Die Neufassung lautete: »John und ich haben gelebt, geliebt und sind gestorben.« Mintz hatte weder ihre Musik noch ihre Avantgarde-Haltung je verstanden, aber er spürte, daß diese Dame am Telefon etwas »Wunderbares« hatte. Dennoch war es für ihn lediglich eins von zweitausend Rundfunkinterviews, die er im Laufe eines Jahrzehnts durchgeführt hatte, und er glaubte kaum, daß sich daraus mehr entwickeln würde. »Es war wirklich ein recht schönes Interview«, sagt Yoko. »Uns hat der Tonfall dieses Gespräch gefallen.«

Nach wenigen Tagen waren etwa dreihundert Briefe in Mintzs Büro eingegangen, die auf das Interview mit Yoko Bezug nahmen. Zögernd rief Mintz Yoko an, um ihr davon zu erzählen. Zu seinem Erstaunen zeigte sie Interesse an jedem einzelnen Schreiben. Mit diesem Anruf begann eine einzigartige Telefonbekanntschaft zwischen Yoko und Mintz, die viele Monate lang allnächtlich vertieft wurde. Yoko glaubt, daß man einem Menschen am Telefon mehr erzählen kann als bei einer persönlichen Zusammenkunft, wenn beide Seiten durch den Anblick des anderen gehemmt sind. Mintz war in Kalifornien, Yoko war in New York, und sie unterhielten sich jede Nacht über »alles – Religion, Filme, Politik, Liebe, Tod, Bücher, Sex. Und jedesmal, wenn ich mit Yoko sprach, und wenn es um ein noch so belangloses Thema ging, hat ihre Auffassung mir eine Sicht der Dinge vermittelt, auf die ich selbst nie gekommen wäre«, sagt Mintz. »Ich fing an zu verstehen, warum John, der alles kannte und alles haben konnte, ausgerechnet bei Yoko hängengeblieben war. Jeder einzelne ihrer Gedanken war außergewöhnlich.«

Nachdem sich diese nächtlichen Telefonate über Monate hingezogen hatten, wurde Johns Neugier unerträglich. Wer war dieser Mann aus Los Angeles, mit dem seine Frau allnächtlich lange und tiefgründige Telefongespräche führte? Er entschloß sich, Mintz ebenfalls ein Interview zu geben.

John und Yoko faßten den Entschluß, sich in ihrem alten »station wagon« quer durch Amerika chauffieren zu lassen. John hatte schon häufig die Bemerkung gemacht, daß er von diesem Land bisher eigentlich nur sehr wenig gesehen habe. »Früher sind wir nur nach Amerika gekommen, um Platten zu kaufen, die wir in England nicht kriegen konnten, und Konzerte zu geben. Jetzt wollte ich einfach mal morgens um vier in einen Coffee-Shop gehen und einen Schokoladenmilkshake trinken, ganz normale Dinge tun, wie sie alle anderen Menschen auch tun.«

Zu ihrem Programm gehörte auch ein Treffen mit dem mysteriösen Mintz. Als er sie in dem Haus, das sie in Santa Barbara gemietet hatten, besuchte, gaben sie ihm die Demo-Platte ihres neuen, hochpolitischen Albums *Some Time In New York City*, das den Song »Woman Is The Nigger Of The World« und ein Lied über Attica State Prison enthält. Mintz fuhr nach Los Angeles zurück und sendete das ganze Album im Radio. Am nächsten Tag riefen ihn John und Yoko an und fragten, wie es gelaufen sei. »Ich habe eine gute und eine schlechte Nachricht«, erwiderte Mintz. »Die gute Nachricht ist, daß es großartig gelaufen ist, und die schlechte Nachricht ist, daß man mich gefeuert hat.« Die Texte von *Some Time in New York City* hatten wenig Anklang bei Mintz' Bossen gefunden. John und Yoko fanden das witzig. »Meine Radio-Karriere war gerade zusammengebrochen«, sagt Mintz, »und die beiden saßen da und lachten.«

John sagte: »Na prima, wenn du im Moment keinen Job hast, kannst du eigentlich auch mit uns kommen. Wir fahren nach San Francisco.« Mintz war einverstanden. Einen Monat verbrachte er mit John und Yoko im Miyako Hotel in San Francisco. Von diesem ersten Zusammentreffen an war er ihr Freund und Vertrauter. Lennon setzte unbegrenztes Vertrauen in ihn.

Mintz, der am 16. Februar 1945 geboren wurde, ist Wassermann wie Yoko. Mit Lennon teilte er einen gewissen trockenen Humor und das Interesse an Literatur. Während der fünfzehn Monate, die John von Yoko getrennt war, traf Mintz ihn häufig, aber er telefonierte weiterhin fast täglich auch mit Yoko. »Bittet mich nie darum, irgend etwas vor dem jeweils anderen geheimzuhalten«, sagte er zu beiden. »Ihr seid beide meine Freunde.«

Als John und May Pang im Oktober 1973 am Flughafen von Los Angeles eintrafen, holte Mintz sie mit seinem Jaguar, Baujahr 1956, ab.

John in Kalifornien. Ohne Yoko verlor er den Halt im Leben. Im Vordergrund eine Notiz: »Jeans für Julian«.

John wollte ein paar Reiseschecks einlösen, aber als sie vor Lloyds am Sunset Boulevard standen, hatte die Bank gerade geschlossen. »Ich habe an die Scheibe geklopft, aber der Kassierer hat den Kopf geschüttelt«, sagt Mintz. »Dann habe ich John vor die Fensterscheibe gezerrt, und plötzlich schwangen die Türen auf, Sicherheitswachen strömten heraus, der Tresor wurde geöffnet, und der Bankdirektor ging Lennon entgegen. ›Darf ich Ihnen einen Kaffee anbieten, Mr. Lennon?‹

John sagte: ›Ich würde nur gern das hier zu Geld machen.‹«

Da es sich bei der Summe um zehntausend Dollar handelte, ließ John sich in einem Sessel nieder und setzte seine Unterschrift auf die Rückseite von hundert Schecks im Wert von je hundert Dollar.

»John«, sagte Elliot Mintz, »vielleicht sollte ich das Bargeld für dich auf mein Konto überweisen. Zum Rumtragen ist es ziemlich viel.«

»Nein, nein, ich stecke das Geld einfach in meine Jackettasche«, erwiderte John. Er hatte noch nie in seinem Leben soviel Bargeld in der Hand gehabt, und er wollte ausprobieren, wie man sich damit fühlte. Er sagte, er sei zum ersten Mal in seinem Leben in einer Bank gewesen.

Mintz witzelte: »Wenn alles klappt, nehme ich dich nächste Woche mit in einen Supermarkt.« John lachte.

»Und was für ein Gefühl war es, in eine Bank zu gehen?«

Lennon antwortete: »Es war genauso wie überall sonst auch. Ich habe auf vielen Zetteln Papier mein Autogramm gegeben.«

Der bekannte Plattenproduzent Lou Adler hatte John und May Pang ein Haus an der Stone Canyon Road, Bel Air, besorgt. »Die Entfremdung von Yoko hat ihn während des gesamten ›lost weekend‹ unglaublich unglücklich gemacht«, sagt Mintz. »Diese Phase war der Tiefstpunkt seines Lebens. Drei Tage nach seiner Ankunft stand er morgens um zehn vor meinem Haus und sagte: ›Wach auf, wach auf, ich habe schon versucht, dich telefonisch zu erreichen.‹ Ich war erstaunt, ihn so früh zu sehen. Ich habe gefragt: ›Wie lange bist du denn schon auf?‹ Er sagte: ›Ich war noch gar nicht im Bett. Kannst du Yoko für mich ans Telefon holen?‹ Er hatte Schwierigkeiten mit dem Telefon und mit der Zeitverschiebung zwischen Kalifornien und New York. Später fragte ich ihn, warum er damals so niedergeschlagen gewirkt habe, und er sagte, er habe sich abgewiesen, verloren und ständig unglücklich gefühlt, vor allem wenn er betrunken war. Es war ein Teufelskreis: Je mehr sich John grämte, desto mehr trank er, und das deprimierte ihn nur um so mehr. Und das Schlimmste, was ich über meinen alten Freund John Lennon sagen kann«, sagt Mintz, »ist, daß er ein lausiger Trinker war. Er konnte einfach nicht mit Alkohol umgehen.«

Der Aufenthalt in Los Angeles und das Trinken waren für John Synonyme. Los Angeles stand für

John vertrödelt seine Zeit in Kalifornien.

Partys und Mädchen und Suff und Drogen. Von dem Moment an, als er in Los Angeles eintraf, hatte John nichts anderes im Sinn, als sich schlecht zu benehmen, Dinge zu tun, die er zu Hause mit Yoko nicht getan hätte.

Lennon selbst hatte Gewissensbisse wegen seines Auftretens in Los Angeles. Er benahm sich unendlich viel schlechter als in seinen Hamburger Zeiten. Damals hatte er wenigstens noch den Vorwand, daß er ein junger Mann war, der auf den Aufriß ging. Jetzt saß er in Kalifornien, und die Frau, die er liebte, saß zu Hause in New York und war über jeden seiner Schritte auf dem laufenden und sagte ihm, er sei nicht in der Verfassung, zu ihr zurückzukehren. John sackte immer tiefer ab. Im Suff legte er sich mit den Smothers Brothers im Troubadour Club am Sunset Boulevard an, deren Auftritt er mit seinen Pöbeleien unterbrochen hatte. Am schlimmsten waren seine Gelage in dem Haus in Bel Air. Mit Musikern, die bei den Plattenaufnahmen mit Phil Spector getrunken hatten, war John, der bereits viel zu-

viel Wodka intus hatte, in sein Haus zurückgekehrt. Er wurde ausfallend und gewalttätig und zerschlug die Goldenen Schallplatten, die an den Wänden hingen (darunter eine für Carole Kings multimillionenfach verkauftes Album *Tapestry*). Er warf Vasen gegen Buntglasfenster und zertrümmerte das Mobiliar. Nachdem er auch seine Brille zerschmettert hatte, wurde er zu seiner eigenen Sicherheit von Spector und einem Leibwächter ins Bett gebracht. Sie banden ihn mit den Knöcheln und den Handgelenken ans Bett, damit er keinen weiteren Schaden anrichten konnte. May Pang alarmierte Mintz, der wenige Minuten später erschien. Völlig besoffen schrie Lennon May an: »Halt mir diesen widerlichen Juden vom Hals.« Mintz ging wieder.

Am nächsten Morgen hatte John so gut wie alles vergessen. Er bat May Pang, sie solle Lou Adler versichern, daß er für den Schaden an Haus und Einrichtung aufkommen würde. Sein erster Anruf galt Mintz. »Ich kenne dich wirklich lange genug, um zu wissen«, sagte er zerknirscht, »daß ich nichts Schlimmeres zu dir hätte sagen können, als daß du ein widerlicher Jude bist. Ich glaube, ich liebe dich wirklich.« Dann rief er der Reihe nach alle anderen an und entschuldigte sich.

Zu derartigen Exzessen kam es in den fünfzehn Monaten in Kalifornien wohl etwa ein dutzend Mal. Leider betrank sich John vor Publikum. Und er trank alles, wovon er sich die richtige Wirkung versprach. »Gib mir einen Remy Martin, einen B&B, einen Courvoisier, einen Amaretto, eine Tia Maria, irgend so was«, sagte er zu Kellnerinnen und Barkeepern. Er ernährte sich von Schokolade und Süßigkeiten und »junk food«.

Wenn John nüchtern war, versuchte Mintz ihm zu erklären, daß er sich selbst zum Narren machte. Lennon zahlte es ihm mit Spott heim: »Komm mir bloß nicht damit. Wenn ich dir so nicht passe, warum verpißt du dich dann nicht?« Am nächsten Tag entschuldigte er sich reuig, aber ganz auf seine eigene Art: »Warum bist du gestern abend nicht gegangen? Mein Gott, wenn *du* so wärst – ich würde nicht bei dir bleiben.«

John war wütend, verbittert, zynisch und grob; er stürzte sich aus demselben Grund auf den Alkohol, aus dem er immer getrunken hatte: aus Unsicherheit. Schon nach einer Woche wünschte er sich verzweifelt, zu Yoko zurückzukehren, aber die nüchterne Dame, die in New York emsig an ihrer Karriere als Avantgarde-Künstlerin und Dichterin arbeitete, war taub für sein Flehen. John erklärte den Umstand, daß er so leicht betrunken wurde, mit einer durch den hohen Drogenkonsum in den sechziger Jahren bedingten herabgesetzten Widerstandsfähigkeit seines Körpers. »Jeder seiner Gedanken, sein ganzes Sehnen, waren darauf ausgerichtet, wieder mit Yoko zusammenzukommen. Es frustrierte ihn schrecklich, daß sie ihm in den häufigen Telefongesprächen, die die beiden miteinander führten, immer wieder sagte, er sei offensichtlich noch nicht soweit«, erzählt Mintz. Während er sich nach ihr verzehrte, sagte Yoko Freunden gegenüber, sie sei sicher, daß John und sie eines Tages wieder zusammenkommen würden, es sei nur eine Frage der Zeit.

Mintz bestätigt Johns Unfähigkeit im Umgang mit Alkohol. »Wenn er auch nur ein Glas Wein getrunken hatte, wußte ich, daß ich für die kommenden drei Tage alle Pläne absagen mußte. Er war so streitsüchtig! Er hat sich auf Streitereien eingelassen und nicht mehr aufgehört, und das nur um des Streitens willen und weil er gewinnen wollte. Worum es sich drehte, war viel unwesentlicher als der Streit selbst. Aber er war nie wirklich gemein oder hinterhältig – nur ganz schrecklich betrunken. So habe ich ihn zweimal in Las Vegas erlebt, einmal in Japan, zweimal in New York und vielleicht ein dutzendmal in Los Angeles.«

Doch John überschritt in Kalifornien gewisse persönliche Grenzen. Elliot Mintz besuchte mit ihm im Roxy in Los Angeles ein Konzert eines von Johns Lieblingsmusikern, Jerry Lee Lewis. »Ich habe in meiner Kindheit nur drei Idole gehabt« hatte John zu Mintz gesagt, »Elvis, Carl Perkins und Jerry Lee, und ich habe keinen von den dreien jemals live erlebt. Gehen wir hin!« John gab sich ganz dem mitreißenden Rock'n'Roll hin, der ihn zur Musik gebracht hatte, Klassikern wie »Whole Lotta Shakin'« und »Great Balls Of Fire«. Jerry Lee zog eine seiner besten Shows ab; er spielte mit den Zehen Klavier. Nach jedem einzelnen Song führte Lennon den Applaus an. Doch es war nur eine Zeitfrage, bis der Wodka die Oberhand gewann, und als John hinter die Bühne ging, war er zu betrunken, um sich zu unterhalten. Statt Jerry Lee zu seinem grandiosen Auftritt zu gratulieren, betrat John seine Garderobe, ließ sich auf den Fußboden sinken und küßte seine Schuhe. »Schon gut, mein Junge«,

May Pang sieht zu, während John sich mit der Frisur des zwölfjährigen Julian befaßt. Los Angeles, Dezember 1975.

grölte Jerry Lee. »Aber jetzt stehst du wieder auf!«

Es wäre zu einfach, Johns Katastrophe in Kalifornien als sinnlosen Alkohol-Exzeß abzutun – diese Phase war in vieler Hinsicht entscheidend, weil John bisher nie Gelegenheit gehabt hatte, erwachsen zu werden. Jetzt hatte er endlich die Möglichkeit dazu.

John wollte unbedingt Las Vegas kennenlernen. »Wie ist es da, wie ist es da, Elliot?« fragte er Mintz immer wieder. »Bring mich hin. Mach mir einen Drink, und dann fahren wir los.« An einem nieseligen Tag erklärte sich Mintz dazu bereit. »Allerdings – wenn wir nach Las Vegas fahren, dann laß uns dort wenigstens nüchtern ankommen, John!«

Als sie durch die La Cienega Avenue fuhren, las John eine Leuchtreklame: »The Losers' Topless Club«.

»Hört sich ganz gut an«, sagte er zu Mintz. »Da

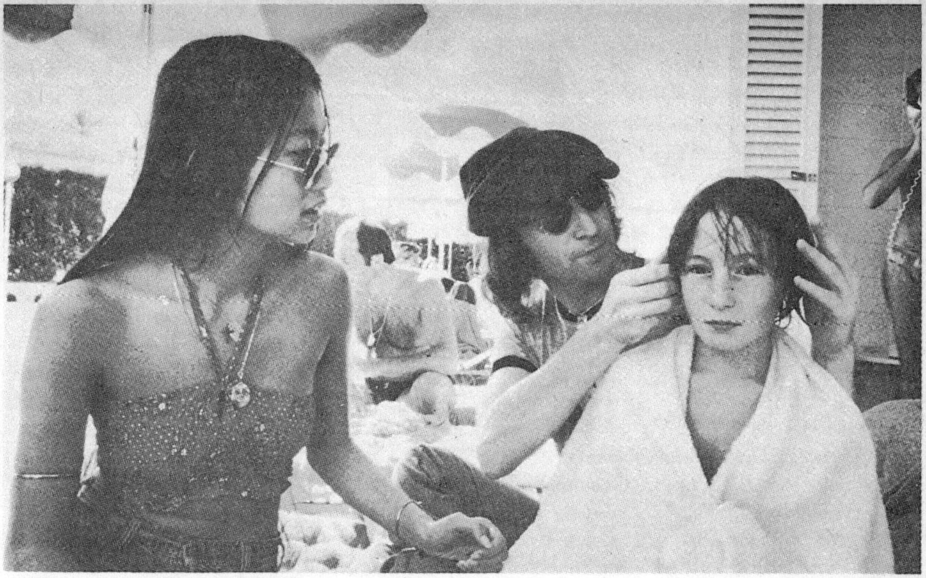

gehen wir jetzt rein.« Mintz sah ihn ungläubig an. Es war zwei Uhr nachmittags. Aber als sie dann in dem Lokal saßen und die Bardame ohne Oberteil Johns Glas so schnell nachfüllte, wie er irgend trinken konnte, während Oben-ohne-Mädchen zu Motown-Platten tanzten, fühlte sich John zunehmend unwohl. Ihm war schnell klar, wie billig das Ganze war. Nach wenigen Minuten reichte es ihm.

In Las Vegas lebte John alle seine Phantasien aus. Im Caesar's Palace war er »ganz hingerissen von der Casino-Atmosphäre, aber für mich war es das längste Wochenende meines Lebens«, sagt Elliot Mintz. »Er hat sich regelrecht mit Alkohol abfüllen lassen, und stundenlang ist er auf einem Stuhl am Roulette-Tisch gesessen. Er entwickelte das John-Lennon-Las-Vegas-System; er setzte auf jede einzelne Zahl einen Zehndollarchip.« John gelangte zu der Überzeugung, ein System entwickelt zu haben, mit dem er die Bank sprengen konnte, und eine Menschenmenge versammelte sich um ihn, während er immer höhere Beträge setzte. Da er sich jedoch weder mit Geld noch mit den Chips auskannte, verlor er. Als er lange genug gespielt hatte, sah er sich im ganzen Casino um, bis er Aufsehen erregte und von einer etwa vierhundertköpfigen Menge belagert wurde. Die Mädchen schmeichelten ihm und erzählten ihm, sie seien mit der Musik der Beatles aufgewachsen. Das törnte ihn ab. Die verrückte Stadt aus Plastik und Neon erschien ihm noch hohler als Los Angeles. Und selbst LA hatte er umgetauft in »den Ort, in dem man anhält, um sich einen Hamburger zu kaufen«.

John tröstete sich bei Trinkgelagen mit seinen Freunden Harry Nilsson, Keith Moon, Klaus Voormann, Ringo Starr, Jim Keltner und Mal Evans. »Big Mal«, der treue Freund aus Liverpooler Zeiten, war der Roadmanager der Beatles gewesen. Evans – von gigantischer Gestalt und freundlichem, warmherzigem Charakter – war ein früherer Telefoningenieur, der als Rausschmeißer im Cavern gearbeitet hatte und so zu den Beatles gestoßen war. Als Roadmanager hatte er gemeinsam mit Neil Aspinall die Beatles auf sämtlichen Tourneen um die Welt begleitet, und während der Beatlemania hatte er ein besonders enges Verhältnis zu dem launischen Lennon entwickelt. Als die Beatles auseinandergingen, fühlte sich Mal auf der Strecke gelassen. Er zog nach Los Angeles, gab sich Alkohol- und Drogenexzessen hin und bedrohte angeblich am 5. Januar 1976 in seiner Wohnung in Hollywood ein Mädchen mit einer Waffe. Die Polizei wurde verständigt, aber Mal verbarrikadierte sich in seiner Wohnung. Als die Polizei die Tür eingeschlagen hatte, stand sie Mal gegenüber, der eine Waffe auf sie richtete. Mal wurde erschossen. Die Neuigkeit über einen weiteren Todesfall in der Beatles-Familie betrübte John, aber er bewältigte die Sache wie alle anderen Tragödien auch – indem er sich nicht lange damit abgab.

George Melly, der offensichtlich immer nur in für Lennon äußerst wichtigen Momenten mit diesem zusammentraf, wohnte in einem Bungalow im Chateau Marmont Hotel in Hollywood. Eines frühen Morgens besuchte ihn dort ein aggressiver John mit Harry Nilsson und Derek Taylor. »Ich könnte nicht genau sagen, welche Rauschmittel ihn in diese Verfassung gebracht haben könnten«, sagt Melly, »aber mit Sicherheit hatte er zumindest *auch* getrunken. Sie hatten alle die ganze Nacht durchgemacht. Plötzlich erwähnte einer von uns Jackie Pye, den berüchtigten Ringkämpfer aus Liverpool. John war zwar wesentlich jünger als ich, aber es stellte sich heraus, daß wir Jackie Pye beide aus unserer Jugend kannten. Sein Lieblingstrick war der, sich die Nase zwischen Daumen und Zeigefinger zu schneuzen und dem Schiedsrichter den Rotz ins Gesicht zu schnippen. Man kannte ihn als Dirty Jackie Pye. Wir wurden ganz hysterisch, als wir bei diesen gemeinsamen Erlebnissen angekommen waren.«

Unter den Palmen von Hollywood sprachen zwei Liverpooler, die ihre Stadt verlassen hatten, über eine gemeinsame Erinnerung aus ihrer Jugend.

Vier Monate später traf John in New York ein und begab sich sofort zu Derek Taylors Suite im Algonquin Hotel. Dort betrank er sich mit Harry Nilsson und versuchte die Kronleuchter in Dereks Suite zu zerschmettern. Um zwei Uhr morgens bekam George Mellys Werbeagentin einen Anruf im Hotel. »Er forderte sie auf, mit ihm zu schlafen«, sagt Melly. »Sie hat darauf erwidert: ›Ich schlafe. Laß mich in Ruhe.‹ Als ich am nächsten Morgen davon hörte, ist mir unwillkürlich durch den Kopf gegangen, wie viele Mädchen überall in dieser Welt diesen Anruf von John wohl mit Begeisterung aufgenommen hätten.«

Da John seine Musik als eine Art Tagebuch betrachtete, ist es nicht weiter erstaunlich, daß die Songs, die er während der Trennung von Yoko schrieb, oft Nachrichten an Yoko enthielten und nicht frei von Selbstmitleid waren. *Walls And Bridges*, ein Album, das während der Zeit in Kalifornien entstand, schloß Songs ein wie »Nobody Loves You (When You're Down And Out)«. Ich fragte John, was er mit dem rätselhaften Titel des Albums ausdrücken wollte. Er antwortete: »Man geht durch Wände und über Brücken. Sehr tiefsinnig, das Zeug.«

Die größte psychologische Brücke, die John während seiner Trennung von Yoko durchqueren mußte, war ein Zusammentreffen mit Julian, der damals zehn war und bei Cynthia lebte. Seit Johns Übersiedlung nach Amerika hatte John auf Cynthias Betreiben hin regelmäßig mit Julian telefoniert, aber sie hatten sich seit fast drei Jahren nicht mehr gesehen. Cynthia fand, da John in Kalifornien isoliert war, solle er Julian sehen. Bis unmittelbar vor Julians Ankunft war John sehr deprimiert. Er hielt sich für einen schlechten Vater und brachte nicht die innere Stärke auf, die Scherben wieder zu kleben.

Als Cynthia und Julian kurz nach Weihnachten 1974 am Flughafen Los Angeles eintrafen, war John nervös. Er hatte keine Vorstellung davon, wie die Zusammenkunft mit seinem Sohn verlaufen würde. Außerdem fürchtete er sich davor, Cynthia wiederzusehen. Sobald etwas zerbrochen war, vor allem, wenn es sich um eine so starke Beziehung handelte, hatte John das Gefühl, man solle den Schaden nie mehr beheben. Innerlich hatte er sich Millionen von Meilen von dem Leben mit Cynthia in Liverpool und Weybridge entfernt. Erschwert wurde das Ganze durch Cynthias Begegnung mit May Pang. Auf dem Flughafen und während der Fahrt zu Cynthias Hotel war John hypernervös. Julians aufgeregtes Geplapper über den Flug in einem Jumbo-Jet und die Ankunft in Amerika brach das Eis. Geplant war, daß John am nächsten Tag allein mit Julian einen Ausflug ins Disneyland machte. Dazu sagt Cynthia: »John wollte nur schnell ins Hotel huschen, Julian holen und mit ihm losziehen, ohne mit mir zu reden. Mir war das recht. Aber leider bekam Julian in seinem Schlafzimmer einen Koller. Er lag auf dem Fußboden und schrie hysterisch.« Julian schlug mit den Füßen um sich und bestand darauf, den Ausflug mit seiner Mutter *und* seinem Vater zu unternehmen.

»Schau mal, John«, sagte Cynthia, »es tut mir leid, aber er will nicht ohne mich mit dir weggehen. Du hörst ihn ja im Nebenzimmer.« John gab widerstrebend nach.

Für John und Cynthia, May und Mal Evans folgte ein Tag großer Spannungen. »Ich fand es ganz schrecklich, aber Julian hatte seinen Spaß, und das zählte.« John wollte Cynthia, die meistens weit hinter der übrigen Gesellschaft zurückblieb, nicht ansprechen. »Er konnte mir nicht in die Augen sehen«, sagt Cynthia. »Er hatte panikartige Angst davor, mit mir zu reden, deshalb hat er es den ganzen Tag lang vermieden, auch nur in meine Richtung zu sehen.« Beim gemeinsamen Mittagessen herrschte eine entsprechende Atmosphäre.

Cynthia wollte sich ernsthaft mit John über Julians Erziehung und Ausbildung unterhalten, über seine Zukunft sprechen und John fragen, was seiner Ansicht nach für ihrer beider Sohn getan werden sollte. »Ich habe es ein- oder zweimal versucht, aber John hat weggeschaut. Nach zwei oder drei Abweisungen habe ich aufgegeben. Ich konnte nur noch hoffen, daß das Verhältnis zwischen John und Julian enger werden würde.«

Das wurde es auch. Julian bestätigt, daß sich in späteren Jahren eine herzliche Freundschaft zwischen ihm und seinem Vater entwickelte. Einer der Gründe dafür lag in Julians musikalischem Talent, das sich selbst damals schon zeigte.

Ende der siebziger Jahre baute Julian als Teenager eine Freundschaft zu John auf. »Es hatte mehr von einer Beziehung zwischen zwei Männern als von dem üblichen Vater-Sohn-Verhältnis«, sagt Julian. »Schließlich war er lange fort von mir gewesen. Ich war gerade dabei, zu ihm vorzudringen und selbst erwachsen zu werden, und ich hatte endlich das alberne Kichern abgelegt, das ihn an mir als Teenager so verrückt gemacht hat, da ist mein Vater ermordet worden.« Er bedauert sehr, daß nicht genug Zeit blieb, die Verbindung, die sich zwischen ihnen entwickelte, zu vertiefen.

Eine besonders gute Beziehung entwickelte sich zwischen Julian und Sean. »Ich fühle mich unglaublich blutsverwandt mit Sean«, sagt Julian. »Wir werden immer gut miteinander auskommen.« Andererseits wird sein Verhältnis zu seiner Stiefmutter immer Diplomatie erfordern. Yoko und Cynthia haben seit der Scheidung eine wachsame Distanz zueinander bewahrt. »Ich werde mit meiner Mutter und mit Yoko besser zurechtkommen, wenn ich älter bin und selbst als Musiker Boden unter den Füßen habe«, sagte Julian 1984. »Ich möchte allen gegenüber offen sein und niemandes Gefühle verletzen.« Als Sohn John Lennons Sänger zu sein und Songs zu schreiben, wird privat wie auch beruflich nie einfach sein.

1983, im Alter von zwanzig Jahren, hatte Julian seine Teenager-Pläne aufgegeben, eine Gruppe mit dem Namen Lennon Drops zu gründen. Er ging allein nach London, suchte sich eine Wohnung und stürzte sich in die Aufgabe, Sänger, Songwriter und Bandleader zu werden. Tony Stratton Smith, der Boß von Charisma Records, war tief beeindruckt von Julians Songs und schickte ihn für sechs Wochen in ein Schloß in Frankreich. Dort entwickelte Julian nicht nur Selbstvertrauen, sondern auch sein musikalisches Können steigerte sich enorm. Inzwischen ist er von Charisma unter Vertrag genommen worden und hat sich die Unterstützung des herausragenden amerikanischen Produzenten Phil Ramone gesichert, der mit Künstlern vom Kaliber Paul Simons, Billy Joels, Frank Sinatras und Bob Dylans gearbeitet hat.

Julian ist sich durchaus der Schwierigkeiten bewußt, die ihm bevorstehen, und er rechnet mit dem Vorwurf, aus dem Namen seines Vaters Geld schlagen zu wollen. Seine Ausgangssituation ist schlecht, aber er hat das Gefühl, eine Tradition über den Tod seines Vaters hinaus aufrechterhalten zu sollen.

»Ich spüre, daß ich Musik im Blut habe. Ich würde Ärger provozieren, wenn ich im Stil meines Vaters weiterarbeiten würde.« Die stimmliche Ähnlichkeit mit John ist auffallend. »Wenn ich mich höre, bemerke ich selbst die Ähnlichkeit, aber ich versuche nicht bewußt, diese Ähnlichkeit zu erreichen. Ich liebe die Art, wie mein Vater gesungen hat, und warum sollte man mir vorwerfen, daß ich mich ein bißchen von ihm inspirieren lasse? Andere tun das auch, und ich wüßte nicht, warum ich es nicht tun sollte. Seine Musik hat mich beeinflußt, aber ich bin sehr selbstbewußt, was die Kritik angeht, die kommen wird. Es ist ein Vorteil und ein Nachteil zugleich, John Lennons Sohn zu sein. Ich bin entschlossen, mich den Vor- und Nachteilen zu stellen. Ich bin zuversichtlich, daß ich damit zurechtkomme und als Texter und Sänger steigerungsfähig bin. Dad hat mir gesagt, daß er es genossen hat, sich von der Beatles-Geschichte zu lösen, und in gewisser Weise versuche ich, mich von ihm zu lösen, während ich gleichzeitig mein Leben lang Julian Lennon bleibe. Er hätte das verstanden. Dad hat seine besten Sachen erst gemacht, nachdem es mit den Beatles aus war ... Er hat mir gesagt, daß es ihm bei den Beatles Spaß gemacht hat, solange es sie gab, aber daß er es nie wieder tun würde.«

Zu Cynthias letztem bitteren Erlebnis mit John kam es auf einem Flug von New York nach Los Angeles. Wieder war John mit May Pang zusammen, und Julian, der bei den Aufnahmen zu *Walls And Bridges* in New York dabeigewesen war, hatte sogar auf einem Song, »Ya Ya«, Schlagzeug gespielt. Cynthia hatte in New York im Pierre Hotel gewohnt, während Julian bei John und May geblieben war. Nach ein paar Tagen hatte John gutgelaunt seine frühere Frau angerufen und sie aufgefordert, mit ihnen nach Los Angeles zu kommen. Cynthia dachte, John hätte sich endlich einen Ruck gegeben, und sie könnten ein tragbares Verhältnis zueinander finden. Sie freute sich auf den fünfstündigen Flug.

Doch als sie in das Flugzeug stiegen, errichtete sich Johns innere Sperre wieder. Er saß mit May und Julian auf Plätzen in der ersten Klasse und ignorierte Cynthia, die hinter ihnen saß, während des gesamten Flugs vollkommen. »Seine Ablehnung war absolut und undurchdringlich«, sagt Cynthia. »Es war nicht an ihn ranzukommen. Ich hatte sehr darum gekämpft, John und Julian zusammenzubringen. John ahnte gar nicht, wie sehr ich mich darum bemüht hatte. Aber wenn wir uns auch nur ansahen, löste das bei John die helle Panik aus. Er muß sich von mir bedroht gefühlt haben, den Eindruck gehabt haben, ich sei hinter ihm her gewesen und wollte ihn wiederhaben. Aber so war es nicht. Ich wollte nichts weiter als eine Kommunikationsmöglichkeit über das einzige im Leben, was John und ich noch gemeinsam hatten, unseren Sohn. Ich werde nie verstehen, warum zwei Menschen, die ein gemeinsames Kind haben, nicht miteinander reden können wie normale Menschen, ohne Drohungen, Sorgen oder Ängste.« Schließlich brach Cynthia im Flugzeug zusammen und weinte. Es war das letzte Mal, daß sie ihn sah.

Mitte 1974 verbrachte ich zwei Tage und zwei Nächte mit John in New York, während er das Album *Walls And Bridges* aufnahm. Er sprach offen über seine Depressionen und darüber, wie sehr er Yoko vermißte, aber er sagte auch, er rechne damit, daß sie wieder zusammenkommen würden. Er wohnte mit May Pang in einer bescheidenen Einzimmerwohnung in der 434 East 52. Straße mit Blick auf den East River. Er sagte, er liebe Städte mit

John bei der Premiere des Musicals *Sgt. Pepper's Lonely Hearts Club Band* in New York im November 1974.

Flüssen. Die Ähnlichkeit zwischen New York und Liverpool machte ihn nostalgisch. In den Studios der Record Plant war John in Hochform; er nahm Veränderungen an den Texten vor und gab einigen seiner neuen Songs erst jetzt den letzten Schliff. Eines Abends unterhielt er sich bei einem chinesischen Essen ausgiebig mit mir über sein Leben als New Yorker und darüber, daß ihm ganz allmählich klar wurde, was sich in den Beatles-Jahren eigentlich abgespielt hatte.

Im gleichen Jahr ging George Harrison auf eine Solo-Tournee durch Amerika, und gerüchteweise hieß es, John habe vor, bei Georges Konzert in New York mitzuspielen. Es kam jedoch nicht dazu, denn John zerstritt sich mit George über die endgültige Auflösung der Gruppe, für die alle vier Unterschriften notwendig waren. John unterschrieb als letzter. »Man hat von mir erwartet, daß ich an dem Tag unterschreibe, an dem das Konzert stattfand, aber dazu war ich nicht bereit. Mein Astrologe hat mir gesagt, es sei der falsche Tag für Geschäftliches. (John unterschrieb schließlich an dem Tag, an dem er mit Julian Disneyland besuchte.) George war damals wütend, weil ich nicht zu dem Zeitpunkt unterschrieben habe, zu dem man es von mir wollte, und man hat mir mitgeteilt, ich sollte mir gar nicht erst die Mühe machen, zu seinem Konzert zu erscheinen. Ich war erleichtert, weil wir keine Zeit für Proben gehabt hätten, und ich wollte nicht nur mal kurz auf die Bühne springen und ein paar Takte spielen. Ich habe mir George in Nassau angesehen, und es war ein guter Auftritt, sehr dicht. Georges Stimme war mies, aber die Atmosphäre gut, und George hat großartig gespielt. Ich habe mich mit George nach dem Auftritt im Madison Square Garden getroffen, und wir waren wieder Freunde.« Harrison hatte sich beharrlich geweigert, auf dieser Tournee die bekannten Beatles-Hits zu singen – »ein grundlegender Fehler«, sagte John, »aber das sagt sich leicht, wenn man selbst es nicht tut. Aber die Leute wollten unbedingt die alten Sachen hören«. Zu den Songs, die George dann doch spielte, gehörten Johns »In My Life«, wenn auch mit leicht abgewandeltem Text, »Something«, »While My Guitar Gently Weeps« and »For You Blue«. John sagte, seine Haltung zu den Beatles hätte sich in den letzten zwei Jahren verändert. »Die Zeit, in der ich die Jahre mit den Beatles innerlich wirklich abgelehnt habe, das war damals, als ich gerade Janovs Therapie abgeschlossen hatte«, erklärte er. »Ich war innerlich völlig entblößt, und ich wollte mir alles rausschreien, um damit aufzuräumen. Heute ist das etwas anderes.

Als ich so übel gegen die Beatles gewettert habe, waren das sozusagen die Nachwehen einer Scheidung, und so, wie ich nun mal bin, habe ich laut rumgetönt und die Vergangenheit verflucht. Ich habe doch immer den Mund weit aufgerissen. Dann kam dieser Streit zwischen Paul und mir, den wir im *Melody Maker* ausgetragen haben. Das war eine Phase, die ich durchmachen mußte. Das Komische ist, daß ich solche Streitereien gewissermaßen genießen kann, während sie laufen.

Aber das haben wir jetzt alle hinter uns, und heute kann man es gelassener betrachten. Ich kann die Beatles heute unter einem neuen Gesichtspunkt sehen. Ich kann mich nicht an viel erinnern, was wirklich geschehen ist, aber ich habe angefangen, mich dafür zu interessieren, was eigentlich los war, während ich in diesem Strudel steckte. Es muß einfach unglaublich gewesen sein.«

Johns Selbsttherapie, die er sich auferlegte, um aus den Beatles herauszuwachsen, bestand teilweise darin, die Bedeutung anzuerkennen, die sie für sein Leben hatten. Auf eine lange Autofahrt durch Amerika nahm er sich einen Stapel Beatles-Kassetten mit, um sich selbst wieder mit den Musikstücken vertraut zu machen. Und als 1974 Amerikas treue Beatles-Fans die Organisation eines Beatles-Festes ermöglichten, wollte John als Fan seiner alten Gruppe aufgenommen werden. John trug Beatles-Filme, Gitarren von John und Paul, Ringos alte Trommelstöcke und andere Souvenirs zusammen, nachdem er Mark Lapidos getroffen hatte, der damals das Beatles-Festival im Commodore Hotel in New York organisierte und der noch heute mehrfach jährlich in ganz Amerika die Treffen der Fans organisiert. »Fast hätte John den Gewinn des ersten Preises selbst gezogen«, sagt Lapidos. »Er wollte unbedingt wissen, wer seine alte Gitarre gewonnen hatte. Aber im letzten Moment hat er einen Rückzieher gemacht.«

Vier Jahre später traf ein anderer Organisator eines Beatles-Festes, Roger Berkley, John auf der Straße und teilte ihm mit, das Treffen von 1978 stehe unmittelbar bevor. Ließ John seinen Fans etwas übermitteln? »Ja, sagen Sie ihnen einfach, um die Musik sei es gegangen.« Es hatte lange gedauert, aber John Lennon kam endlich damit zurecht, ein Ex-Beatle zu sein. Er genoß es sogar.

»Ich sammle selbst Souvenirs«, sagt John bei einem meiner Interviews mit ihm. »Elton John hat mir Standfotos von dem Film *Yellow Submarine* geschenkt! Er hat mir die vier Puppen von John, Paul, George und Ringo geschenkt! Es war einfach toll. Ich dachte: Himmel, was soll denn das? Ein Beatle, der Beatles-Puppen sammelt? Aber warum auch nicht? Das ist Geschichte, Mann, Geschichte. Ich habe eine Phase durchgemacht, in der ich alle diese Jahre gehaßt habe, und ich mußte immer lächeln, obwohl mir nicht danach war, aber jetzt bin ich darüber weg, und im Rückblick ist es ganz toll, Mann. Großartig! Warum hatte ich nie an den Spaß gedacht, den wir dabei hatten, sondern immer nur darüber gejammert, was wir durchmachen mußten?«

Er hatte sich sogar um eine Klärung seines Verhältnisses zu Paul McCartney bemüht. »Er war kürzlich hier in New York. Wir haben zwei oder drei Nächte lang über die alten Zeiten gesprochen. Es war ganz schön wild, mal zu sehen, woran sich der andere aus den Zeiten in Hamburg und Liverpool erinnert. Das heißt, als ich den Mund so voll genommen und alles rausgeschrien habe, war das nichts weiter als ein Abszeß, der aufplatzt, wenn man davon absieht, daß meiner, wie üblich, öffentlich aufgeplatzt ist.

Schließlich haben wir Tourneen doch gehaßt und geliebt. Es gab großartige und beschissene Auftritte... Es war nicht das reine Zuckerlecken, ein Beatle zu sein, aber 1970 wollten die Leute, daß Lennon, das Großmaul, die negativen Sachen rausschreit. Daher habe ich schnell eine Reise unternommen [seine Therapie bei Janov], um die verborgenen Steine meines Innern zu entdecken, und ein ganzer Schwung Fledermäuse ist davongeflogen, aber manche werden bleiben müssen. Ich habe heute eine Perspektive, das ist Tatsache.« Er mußte wirklich alle bösen Geister exorziert haben, denn er sah sich sogar die erfolgreiche Theaterproduktion *Sgt. Pepper* am Broadway an.

John war lebendig, er sprühte über vor guter Laune, und seine messerscharfe Beobachtungsgabe hatte sich wieder eingestellt. Nach Verlassen des Aufnahmestudios gingen wir fünf Minuten zu Fuß, ehe er ein Taxi anhielt. Ich sprach ihn auf den krassen Gegensatz zu den Limousinenfahrten mit Polizeischutz an, die er früher gewohnt war. Er sagte, genau das sei es, was er an New York liebe. »In Kalifornien halten die Leute Ausschau nach Stars. Da ist man nicht sicher. Aber hier in New York habe ich festgestellt, daß sich die ganze Paranoia nur in meinem eigenen Kopf abspielt. Man ist völlig sicher hier. Ich fühle mich frei, wenn ich ganz normal auf der Straße rumlaufe. Niemand belästigt einen. Es stimmt allerdings, daß mich die meisten Taxifahrer von New York kennen, weil ich soviel Taxi fahre. Ich liebe es, die Stadt von einem Taxi aus zu sehen.«

John, der immer großzügige Trinkgelder gab, bedachte den Taxifahrer nach der Fahrt mit zehn Dollar Trinkgeld, mehr als das Doppelte von dem, was die ganze Fahrt gekostet hatte.

»Entschuldigen Sie, Sir«, sagte der Taxifahrer, »aber sind Sie nicht John Lennon?«

»Nee«, sagte John. »Ich wünschte, ich wäre es. Ich wünschte, ich hätte sein Geld.«

In seiner Wohnung erzählte John mir und dem Fotografen Bob Gruen die absurde Geschichte, er habe von seinem Fenster aus fliegende Untertassen gesehen. Er meinte es ernst. »Es stimmt«, sagte er. »Ich habe nackt an diesem Fenster gestanden, als ein ovalgeformter Gegenstand von links nach rechts vorbeiflog. Oben drauf hatte er ein rotes Licht. Aber nach zwanzig Minuten ist er über den East River und hinter dem Gebäude der Vereinten Nationen verschwunden.

Alle halten mich für bekloppt, aber es ist wahr. Ich habe dem Ding nachgerufen: ›Warte auf mich, warte auf mich!‹ Das ist kein Witz. May und ich haben es beide gesehen. Ich konnte es selbst nicht glauben.« Er hatte die Polizei gerufen, die ihm sagte, es sei von mehreren Seiten gemeldet worden, daß Leute eine fliegende Untertasse gesehen hätten. »Aber ich habe nicht gesagt, wer am Telefon ist. Ich wollte keine Schlagzeilen machen wie ›Beatle sieht fliegende Untertasse‹. Ich habe auch so schon genug Ärger mit der Einwanderungsbehörde.«

»Und du hattest nichts geraucht oder getrunken?« fragte ich.

»Nein, bei Gott nicht. Das tue ich nur am Wochenende, oder wenn ich Harry Nilsson sehe.«

Wir saßen stundenlang vor dem Fernseher. In den Nachrichten sah John sich selbst nach der letzten Runde seines Kampfes um die Einwanderungserlaubnis, die am selben Morgen stattgefunden hatte, aus dem Gericht kommen, Reporter, die sich über Johns förmliche Aufmachung im dunklen Anzug und mit Krawatte wunderten, fragten ihn, ob er zuversichtlich sei, den Fall zu gewinnen.

»Ja, ich bin zuversichtlich«, sagte John.

»Weshalb?« fragte ein Reporter.

»Weil ich eingebildet bin, das weiß man doch schon«, sagte John. »Mir gefällt es hier. Ich will hier bleiben. Amnestie! Amnestie!«

»Hier ist was los, und deshalb muß ich in New York leben. Los Angeles macht mich ganz krank«, sagte John zu mir. »Hier flirrt die Luft. Mir gefällt es, daß man hier zu jeder Tages- und Nachtzeit alles tun und kriegen kann, was man will... Wenn ich hier nicht leben könnte, würde ich in Paris leben. Ich liebe die Franzosen. Sie sind so verflucht grob!«

John hatte fasziniert den Watergate-Skandal bis ins Detail verfolgt. Er beschloß, in Zukunft auch auf jede Frage nach den Beatles zu antworten: »Das gehört nicht zur Sache.«

John bemühte sich 1974 das ganze Jahr über, die emotionale und intellektuelle Katastrophe zu vermeiden, die ihm während seines kalifornischen Exils drohend bevorgestanden hatte. Er trank weniger. Er machte Musik. Während sein eigener Kampf mit der Einwanderungsbehörde noch tobte, befaßte er sich mit ernsten Themen wie Watergate. John rückte auch das Bild zurecht, das in Großbritannien durch seine internationale Publicity in Los Angeles entstanden war. Als der Sänger, Komponist und Texter Todd Rundgren im *Melody Maker* Johns Aktivitäten kritisierte, stürzte sich John so unbarmherzig auf ihn, wie er es damals bei McCartney getan hatte. Sein »Opened Lettuce« ist auf Seite 377 abgedruckt.

Zu einem der Glanzpunkte des Jahres und zugleich auch einem Wendepunkt in Johns Leben kam es, als er sich in die Caribou-Studios in Colorado begab, um Aufnahmen mit Elton John zu machen. Die beiden Männer verband eine herzliche Freundschaft. Elton war ein großer Fan der Musik der sechziger Jahre, und er liebte John wegen seiner Mischung aus hartem Mann und zartem Romantiker. Lennon fand Elton musikalisch und technisch großartig. Ihm gefielen die Mentalität dieses Mannes, seine Konzerte und seine Songs. Elton hatte bei Dick James in London gearbeitet, als die Beatles erstmals ihre Demobänder eingeschickt hatten. (Lennon fühlte sich immer von extrovertierten Menschen angezogen. Das einzige Autogramm, das er in seinem ganzen Leben haben wollte, war das von Mae West, und das organisierte ihm Elliot Mintz. »Wie hieß der Typ gleich noch mal?« fragte Mae West, während sie das Autogramm gab.)

Sein Song »Whatever Gets You Thru The Night«, auf dem Elton Klavier spielt, war Johns

Johns Reaktion auf ein Interview, das der *Melody Maker* mit dem amerikanischen Sänger und Komponisten Todd Rundgren durchgeführt hatte. Von Rundgren war in diesem Interview massive Kritik an John und den Beatles geübt worden.

AN OPENED LETTUCE TO SODD RUNTLESTUNTLE. (from dr. winston o'boogie)

Couldn't resist adding a few "islands of truth" of my own, in answer to Turd Runtgreen's howl of hate (pain.)

Dear Todd,

I like you, and some of your work, (including "I Saw The Light", which is not unlike "There's A Place" (Beatles), melody wise.)

1) I have never claimed to be a revolutionary. But I am allowed to sing about anything I want! Right?

2) I never hit a waitress in the Troubador. I did act like an ass, I was too drunk. So shoot me!

3) I guess we're all looking for attention Rodd, do you really think I don't know how to get it, without "revolution?" I could dye my hair green and pink for a start!

4) I don't represent anyone but my **SELF**. It sounds like I represented something to you, or you wouldn't be so violent towards me. (Your dad perhaps?)

5) Yes Dodd, violence comes in mysterious ways it's wonders to perform, including verbal. But you'd know that kind of mind game, wouldn't you? Of course you would.

6) So the Nazz use to do "like heavy rock" then SUDDENLY a "light pretty ballad". How original!

7) Which gets me to the Beatles, "who had no other style than being the Beatles"!! That covers a lot of style man, including your own, TO DATE.....

Yes Godd, the one thing those Beatles did was to affect PEOPLES' MINDS. Maybe you need another fix?

Somebody played me your rock and roll pussy song, but I never noticed anything. I think that the real reason you're mad at me is cause I didn't know who you were at the Rainbow (L.A.) Remember that time you came in with Wolfman Jack? When I found out later, I was cursing, cause I wanted to tell you how good you were. (I'd heard you on the radio.)

Anyway,
However much you hurt me darling;
I'll always love you,

J. L.

30th Sept. 1974

erste Number One als Solist in Amerika. Als sie die Platte aufnahmen, sagte Elton Lennon voraus, daß es eine Number One werden würde. John glaubte nicht daran, und Elton ließ sich von ihm versprechen, daß John in einem Konzert mit ihm auftreten würde, wenn die Aufnahme der Hit würde, den er sich davon versprach. John löste sein Versprechen am 28. November 1974 ein, als Elton John ein Konzert im Madison Square Garden gab.

Lennon hatte Lampenfieber, das sich vor dem Auftritt zur Panik auswuchs. Als er die Bühne betrat, tobten zwanzigtausend Zuschauer in einer Form, wie er es seit den Beatles nicht mehr erlebt hatte.

Elton bat John, »Imagine« zu singen, aber John lehnte das rundheraus ab. »Ich wollte es nicht wie Dean Martin machen und meine klassischen Hits spielen. Ich wollte selbst meinen Spaß haben und ein paar Rock'n'Roll-Nummern hinlegen. Und mehr als drei Nummern wollte ich nicht bringen, weil es schließlich Eltons Auftritt war.« Neben dem Hit, mit dem er sich diese Verpflichtung eingebrockt hatte, sang John »I Saw Her Standing There« und »Lucy In The Sky With Diamonds«.

Elton John hatte ein freundschaftliches Verhältnis mit Yoko aufrechterhalten, während sie von John getrennt war. Ehe sie auftraten, nahm John hinter der Bühne eine Gardenie in Empfang; sie wurde ihm mit einer Karte überreicht, auf der stand: »Viel Glück. In Liebe, Yoko.« John sagte zu Elton: »He, schau mal, was mir Yoko geschickt hat. Ich bin froh, daß sie heute nicht hier ist. Ich könnte niemals auftreten.«

Doch Yoko saß im Publikum. Nach dem Auftritt kam sie in die Garderobe. John und Yoko hatten zwar buchstäblich Tausende von Telefonaten geführt, aber sie hatten einander seit einem Jahr nicht mehr gesehen.

»Wir werden sehen, wie es mit Yoko und mir weitergeht«, hatte John vor dem Konzert zu mir gesagt. »Sie hat mich kürzlich aus London angerufen und gesagt: ›He, hier ist es schön. Erinnerst du dich an den Herbst mit dem vielen Laub?‹ Und ich habe gesagt: ›Was willst du damit sagen,

Yoko? Ich weiß, daß es schön ist, aber willst du erreichen, daß ich mich in New York nicht mehr wohl fühle? Hier ist es schön – erinnerst du dich noch an den Lärm?‹«

Der Januar 1975 brachte den Wendepunkt mit sich. John rief Yoko an und sagte, er sei in jeder Hinsicht reif für die Rückkehr. Sie trafen sich nachmittags bei einer Tasse Tee im Plaza Hotel, und anschließend zog John wieder zu Yoko. Im selben Monat wurden die Beatles als geschäftliches Unternehmen vor dem Hohen Gerichtshof in London endgültig aufgelöst.

»Ich bin überglücklich, wieder bei ihr zu sein«, sagte John. »Es war ein hartes Jahr für mich. Man kann sich ja fragen, ob das Gras woanders grüner ist, aber aus der Nähe betrachtet, ist es auch nur Gras. Ich weiß nicht, ob ich das jemals wirklich begreifen werde. Die Trennung ging von beiden Seiten aus, und genauso sind wir wieder zusammengekommen. Sie ist doch keine Frau, zu der man sagt: ›Okay, wir treffen uns am Freitag‹ oder ›Am Montag bin ich wieder da‹. Man hat es bei ihr mit einem absolut bewußten menschlichen Wesen zu tun. Man kann sie nicht einfach behandeln wie irgendeine Puppe...

Jetzt stimmt alles wieder. Es ist, als sei ich nie weggewesen. Mir ist klargeworden, daß ich hierher gehöre. Ich glaube, wir wußten beide, daß wir früher oder später wieder zusammenkommen würden, und wenn es fünf Jahre gedauert hätte, und deshalb haben wir uns auch nie scheiden lassen. Ich bin einfach froh, daß sie mich zur Tür reingelassen hat. Sie hat mir erlaubt zurückzukommen! Es war, als sei ich auf einen Drink weggegangen und es hätte ein Jahr gedauert, bis ich ihn bekam.«

John sah die Zeit ihrer Trennung von einem neuen Gesichtspunkt aus. »Ich bin derjenige, von dem man glaubt, daß er alles weiß, aber sie hat mich alles gelehrt, was ich weiß. Der Unterricht ist hart, und manchmal ertrage ich es nicht, und deshalb bin ich auch ausgeflippt. Als wir voneinander getrennt waren, habe *ich* mich in den Clubs und in den Zeitungen zu einem Arschloch gemacht. Nicht sie. Sie hat mich als Menschen vermißt, und sie hat mich geliebt, aber *ihr* Leben war geordnet. *Ich* bin in *ihr* Leben zurückgekehrt. Es war nicht umgekehrt.« Trocken fügte er hinzu: »Yoko und ich sind stolz darauf, sagen zu können, daß unsere Trennung ein Mißerfolg war.«

Als sie John wieder aufnahm, waren Yokos Bedingungen klar: Sie erwartete von ihm, daß er ein reiferes Verhalten zeigte, nicht trank (sie verbannte jeden Alkohol aus dem Dakota), häufig Reisen allein unternahm, um ihre Beziehung nicht zur Gewohnheit werden zu lassen und um seine Individualität beizubehalten, und sie erwartete nicht zuletzt, daß er sein Selbstmitleid aufgab. Als John und Yoko wieder zusammenlebten und John seine Phase als Hausmann durchmachte, erschien Yoko vielen Männern als eine geltungsbedürftige, machthungrige Egoistin, die John manipulierte und beherrschte, wobei sie vor keinem Mittel zurückgeschreckt hätte, um ihr Ziel zu erreichen. Das ist eine krasse Fehleinschätzung. Yoko war immer eine willensstarke, erschreckend praktische Individualistin und Künstlerin, und nichts konnte sie weniger an anderen Menschen dulden als Schwäche. Viele Menschen, die sich ihrer eigenen Schwächen bewußt waren, schreckten vor Yokos intuitivem Erkennen dieser Schwächen zurück. Doch John wollte eine kraftvolle, intelligente, einflußreiche, dominierende Frau, die immer um einen Schritt voraus war. Er liebte Yoko und wußte, daß er sie zu seiner Selbstbestätigung brauchte, sowohl auf künstlerischem als auch auf menschlichem Gebiet. Yoko sagt, zur Zeit ihrer Trennung hätten beide weder zusammen noch ohneeinander wirklich leben können, daß jedoch beide wußten, daß es sich nur um eine Zeitfrage handelte.

Es sagt schließlich etwas aus, daß John Yoko »Mother« nannte. Er liebte sie nicht nur als Frau, sondern sie war auch eine Mutterfigur für ihn und, wie Yoko selbst sagt, ein Ersatz für Tante Mimi, die ihn aufgezogen hatte.

## 7.
## *Die Abgeschiedenheit*

»Sean ist zwar nicht aus meinem Bauch gekommen, aber die Knochen forme ich ihm.«

Nach seiner Rückkehr ins Dakota war John ein völlig verwandelter Mensch. Es war kein Zufall, daß Yoko weiterhin die Leitung der Geschäfte beibehielt. Sie ist eine gute Geschäftsfrau, und sie hat ein unglaubliches Gedächtnis für Details. Dazu kommt ihre ungewöhnliche Fähigkeit zur Konzentration. Auch ihre Schlafgewohnheiten fallen aus dem Rahmen; sie hat keine bestimmten nächtlichen Schlafzeiten, sondern macht fünf- oder sechsmal am Tag ein viertelstündiges Nickerchen. Morgens sitzt sie meistens schon vor neun hinter ihrem Schreibtisch.

Wenige Wochen nach Johns Rückkehr ins Dakota wurde Yoko schwanger. Im Frühjahr 1975 schickte ein glücklicher John Postkarten an ein halbes Dutzend ihrer engsten Freunde: »Ihr werdet schwer daran zu schlucken haben: Nicht nur, daß John und Yoko wieder zusammen sind – sie sind schwanger.«

Wie viele entscheidende Schritte dieses Paares war auch diese Schwangerschaft kein Zufall. 1972, ein Jahr vor der Trennung, waren die beiden nach San Francisco geflogen. Durch einen befreundeten Journalisten wurden sie dort einem fünfundneunzigjährigen chinesischen Herbalisten und Akupunkteur vorgestellt, Dr. Hong. John machte sich Sorgen um seine Gesundheit. Etwa zwölf Jahre lang hatte er Mißbrauch mit seinem Körper getrieben. Erst die Aufputschtabletten in Hamburg, später, während der Beatlemania, Marihuana und LSD. Und zu Beginn seiner Bekanntschaft mit Yoko hatten die beiden Heroin probiert, das dann jedoch, weil sie gerne lebten, schnell wieder bleiben lassen.

In den ersten Zeiten in New York rauchte John noch gelegentlich Marihuana. 1972 stellte sich dann heraus, daß er eine Spermaträgheit hatte. Dr. Hong wurde ihm als mögliche Hilfe empfohlen. Der Arzt erteilte seinen Rat an beide: John mußte bis auf Zigaretten und Alkohol in eingeschränkten Mengen auf jedes Rauschmittel verzichten. Yoko verschrieb der Arzt ein »Wundermittel«, das ihre Fruchtbarkeit steigern sollte. Was Yokos Alter – damals neununddreißig – betraf, sah der Arzt überhaupt kein Problem. Er sagte, sie würden ein Kind bekommen, wenn sie nur gesünder lebten und aßen. Dann kam die Trennung dazwischen, aber als John zu Yoko zurückkehrte, war er in einer guten körperlichen Verfassung. Der Lennon, den ich in der zweiten Hälfte des Jahres 1974 häufig sah, war nüchtern, schlank, fit und sichtlich entschlossen, es dabei zu belassen, während sich seine Rückkehr zu Yoko abzeichnete.

Als Yoko ihre Schwangerschaft verkündete, war John daher nicht übermäßig erstaunt. Es war ein sehnlichst erwünschtes Kind und längst geplant. John glaubte, daß die meisten Kinder samstagnachts nach ein paar Gläsern Scotch gezeugt werden. Er und Yoko waren stolz darauf, daß sie nicht zu diesen Eltern gehörten, sondern sich wirklich sehnsüchtig ein Kind wünschten. Yoko sagt, sie hätten Sean als eine Segnung ihrer Wiedervereinigung empfunden.

John fällte eine der bedeutendsten Entscheidungen seines ganzen Lebens, als er von Yokos Schwangerschaft erfuhr. Zwölf Jahre lang hatte er Musik gemacht und in der Öffentlichkeit gestanden, und jetzt fand er, es sei an der Zeit, eine Pause einzulegen. Er faßte den Entschluß, sich aus dem Geschäft zurückzuziehen. Er wollte sich ganz auf seine zukünftige Vaterrolle konzentrieren. Wie eine Glucke umsorgte er Yoko und erstaunte damit die Freunde der beiden, die nicht wußten, daß John sieben Jahre zuvor neben Yokos Bett auf dem Fußboden geschlafen hatte, als sie sich von ihrer ersten Fehlgeburt erholte. Er vertiefte sich in jeden Aspekt von Yokos Schwangerschaft, las Bücher über Säuglinge, ging mit Yoko in Kurse, hielt jeden Streß von ihr fern, und manchmal wirkte er in seinem Beschützerdrang geradezu autoritär. »Du bleibst, wo du bist! Rühr dich nicht von der Stelle! Wenn es etwas zu erledigen gibt, dann übernehme ich das.« Er behandelte Yoko eher wie eine Kranke, nicht wie eine Schwangere. Er machte sich Sorgen wegen ihres Alters – sie war jetzt zweiundvierzig. Yoko war vollkommen gesund, aber sehr zierlich, und sie hatte im Lauf ihrer Zeit mit John bereits drei Fehlgeburten erlitten. John wollte keinerlei Risiko eingehen.

Yoko hatte eine unglaubliche Schwäche für Schokoladenkuchen. John bestand jeden Morgen darauf, daß sie im Bett blieb, während er den Kuchen und andere Nahrungsmittel oder Getränke, auf die Yoko gerade Lust hatte, in der Silver Palette bestellte. Eines Tages kam Elliot Mintz aus Los Angeles. »Komm, wir kaufen Mother was zum Anziehen«, sagte John. Sein übliches »Mother« war jetzt doppelt angebracht. John und Yoko spürten deutlich das absurde Verhältnis Amerikas zur Schwangerschaft; hier wurden vollkommene Körper, Jugend und Schlankheit verehrt; Schwangerschaften schien man verbergen zu wollen. John fand Yoko immer schöner, während sie zunahm. John und Elliot schlenderten über die Madison Avenue, bis sie ein Geschäft mit schöner Seiden- und Satinwäsche und teuren Morgenmänteln fanden. Mit der gewohnten Großzügigkeit kaufte John alles, wovon er glaubte, es könnte Yoko gefallen. Als er nach getätigtem Einkauf zahlen wollte, sprang ihm plötzlich auf der Rechnung der Name des Geschäfts ins Auge – Lady Madonna. John schüttelte sich vor Lachen.

Die Ironie daran war, daß »Lady Madonna« nicht von John, sondern von Paul stammte. »Schon wieder so ein verfluchter McCartney-Song!« sagte Lennon lachend. In Lifts und Restaurants wurde er mit dem McCartney-Hit »Yesterday« verfolgt; wenn er im Palmenhof des New Yorker Plaza Hotels nachmittags Tee trank, spielten die Geiger ihm zu Ehren »Yesterday« – er hätte »Imagine« vorgezogen.

Die übliche Menge von etwa dreihundert Schaulustigen preßte die Gesichter gegen die Fensterscheiben des Geschäfts. Daß John Umstandskleidung kaufte, war natürlich etwas Besonderes. Als er sich ein Taxi anhalten wollte, hetzte ihm ein Chauffeur nach und sagte: »He, Elton sitzt da drüben in einem Wagen. Er ist gerade aus London gekommen und will, daß Sie in seinen Wagen steigen.« Sie fuhren in Eltons Hotel, das Pierre, und John erzählte Elton von seinen Plänen, sich aus dem Geschäftsleben zurückzuziehen.

Nach Johns Rückkehr ins Dakota sah sich Yoko die Kleidungsstücke an, die John für sie ausgesucht hatte. Da sie klare Farben und schlichtes Design bevorzugte, war sie wahrhaftig nicht von allem begeistert, insbesondere nicht von dem T-Shirt mit dem Aufdruck »I love babies so much I'm having one«, über das sich John sehr amüsierte.

John und Yoko befaßten sich mit der natürlichen Geburt. »Schließlich bekommt hier nicht nur Yoko ein Kind«, sagte John. »Wir bringen es beide auf die Welt.« Monatelang besuchten sie Kurse. Die Methode der natürlichen Geburt, bei der die Mutter ihr Kind in einem dunklen Raum gebärt und der Vater dabei ist, um das Baby zu sehen, das augenblicklich nach der Geburt an die Brust der Mutter gelegt wird, fanden beide schrecklich aufregend. »Stell dir das vor, Elliot«, sagte John zu Mintz, »das Baby wird bei seiner Ankunft nicht von Gummihandschuhen berührt, sondern spürt als erstes Haut!«

John rechnete damit, daß es ein Junge werden

Eine Familie im japanischen Stil. Die Aufnahme entstand in der Wohnung im Dakota, als Sean gerade einen Monat alt war. Das war der Beginn der Phase, die John als Hausmann und hingebungsvoller Vater verbrachte.

würde, und er und Yoko durchforsteten Bücher mit Namen nach deren Bedeutung. Wenn John Spielzeug kaufen ging, stand er immer wieder ungläubig vor dem ganzen Mist, den es in den verschiedensten Läden gab. Bei Macy schaute er sich Betten an und entschied schließlich, daß keine Wiege gekauft werden sollte, die er als »Holzkäfig für Kinder« bezeichnete. Ihr Kind sollte so lange wie möglich zwischen ihm und Yoko schlafen. So kam es auch.

Als Yoko hochschwanger war, machte sie einen unglaublich gesunden Eindruck, der sicher auch Johns Pflege zuzuschreiben war. Auch er war hellwach und lebensfroh. Als Yoko ins Krankenhaus kam, stand Johns Kampf um seine Einwanderungsgenehmigung kurz vor seinem Ende. Am 8. Oktober 1975 rief Leon Wildes John an, um ihm von dem Triumph zu erzählen, der in seinem Prozeß bevorzustehen schien. »Tun Sie mir einen Gefallen, Leon«, erwiderte John. »Ich kriege das im Moment nicht ganz mit. Sehen Sie, Yoko ist im Krankenhaus. Die Wehen werden in ein paar Stunden eingeleitet... Bleiben Sie am Telefon sitzen, und ich rufe Sie an, sobald ich da bin – Sie können es Yoko erklären.«

Yoko verstand sofort, worum es ging. Sie lag in dem Privatzimmer des New York Hospital, in dem Jacqueline Kennedy Onassis Caroline Kennedy geboren hatte, und sie sagte am Telefon: »Kommen Sie mit Ruth [Mrs. Wildes] vorbei. Dann lesen wir den Bericht alle gemeinsam.« Die vier verbrachten den Abend an Yokos Bett. Die Wildes verließen das Krankenhaus um Mitternacht. Zwei Stunden später, um zwei Uhr nachts an Johns fünfunddreißigstem Geburtstag, brachte Yoko einen Jungen zur Welt. Es war eine kritische Geburt. John war während der ganzen Zeit im Krankenhaus, aber als es ernst wurde, verwehrte man ihm den Zutritt. Das Baby wurde durch einen Kaiserschnitt entbunden, und Yoko wäre trotz Bluttransfusion bei der Geburt fast gestorben.

John war sich der Gefahr, in der Yoko schwebte, bewußt. Nachdem sie aus der Narkose erwacht war, wollte er augenblicklich zu ihr gelassen werden. In diesem kritischen Moment kam ein Arzt auf ihn zu und sagte: »Ich liebe die Musik der Beatles. Ich wollte Ihnen nur die Hand schütteln.«

»Verpissen Sie sich! Retten Sie meiner Frau das Leben!« schrie John außer sich.

Auch Krankenschwestern hatten ihn um ein Autogramm gebeten. Es brachte ihn in Wut, daß die Ärzte und Krankenschwestern sich für ihn interessierten und nicht für Yoko und das Baby. Von diesem Zorn sollte er sich nie erholen. »Sie standen Yokos Schmerzen und Sean vollkommen gleichgültig gegenüber – und zu einem solchen Zeitpunkt wollten sie von mir ein *Autogramm*!«

Sean war ein gesundes, glückliches Kind, aber John und Yoko tat es leid, daß er nicht auf die aktive Methode geboren worden war, bei der »Haut Haut berührt«.

Als John wieder zu Hause war, rief er als erstes Tante Mimi in Poole, Dorset, an. Mimi war entsetzt über den Namen Sean.

»Das ist die irische Form von John, Mimi«, erklärte ihr John. »Aber mach dir keine Sorgen, er wird international erzogen, und er wird ein *Weltbürger* sein.« Um sechs Uhr morgens rief John Leon Wildes an. »Hier ist John. Ich bin Vater!« Wildes sagt, John sei kaum zu halten gewesen. Triumphierend schickten sie einen Schnappschuß, eine Polaroid-Aufnahme, die das Baby zeigte, an Dr. Hong.

In den ersten Monaten nach der Geburt empfing John nur wenige Besucher im Dakota. Er hatte Angst, sie könnten Bakterien einschleusen. Niemand außer John und Yoko durfte Sean berühren. Elliot Mintz, der die Familie einen Monat nach der Geburt besuchte, wurde aufgefordert, das erste Bild von Mutter, Vater und Kind zu

John und Yoko vor dem Dakota-Apartmentblock mit der beeindruckenden Fassade im neogotischen Stil.

machen. Glückwunschtelegramme aus aller Welt waren eingetroffen, viele gingen auf die Tatsache ein, daß Sean an Johns Geburtstag auf die Welt gekommen war. John nahm die Sache bitter ernst. »Das Baby entscheidet über die Zeit und den Ort seiner Geburt, und es sucht sich auch seine Familie aus. Yoko hat Sean nicht geboren. Sean ist als ein Wunder und ein Geschenk für uns durch Yoko gekommen...«

Kurz nach der Geburt sagte Yoko entschieden: »Ich habe das Baby neun Monate lang ausgetragen und es zur Welt gebracht. Jetzt bist du dran, dich um es zu kümmern.« John war ganz ihrer Meinung. Yoko regelte ganztags in ihrem Büro im Parterre sämtliche Geschäftsangelegenheiten, während sich John in ihrer Wohnung im siebten Stock um Sean kümmerte. Er stürzte sich mit gewohntem Überschwang in diese neue Aufgabe. Vier Monate nach Seans Geburt lief sein Plattenvertrag mit EMI/Capitol aus, und John entschloß sich, ihn nicht zu verlängern. Zum ersten Mal seit fünfzehn Jahren war er zu keinen Plattenaufnahmen verpflichtet.

Während der nächsten fünf Jahre war John Hausmann. Er widmete sich ausschließlich Sean. Das Baby wurde von ihm gefüttert, gebadet, angezogen, und er brachte ihm das Lesen bei. Er haßte es, die Windeln zu wechseln, aber er tat es. Sie brauchten keinen Babysitter. Als Sean sechs Monate alt war, entdeckte John einen Pickel an ihm. Er nahm sich alle Büro- und Hausangestellten einzeln vor und erteilte ein Verbot, dem Baby Zucker zu geben. »Sean ist zwar nicht aus meinem Bauch gekommen, aber die Knochen forme ich ihm.«

Seans voller Name lautet Sean Taro Ono Lennon. Dazu sagt Yoko: »John hat darauf bestanden, daß er einen japanischen Vornamen hat. Taro ist die japanische Form von Sean oder John, ganz dasselbe. John und ich wollten, daß Sean so international wie möglich ist.« Sean Taro Ono hat nicht nur britische und japanische Namen und ist in New York geboren, sondern er hat auch die britische und die amerikanische Staatsbürgerschaft, und seine Geburt ist sowohl in New York als auch in London standesamtlich registriert.

Es scheint schon jetzt Anzeichen dafür zu geben, daß Sean seinem Vater nachschlägt. In der Schule, in die ihn der allgegenwärtige Leibwächter begleitet, ist Sean nach eigenen Angaben »besser in Sprachen als im Zusammenzählen, aber am besten weiß ich, was ich mit meiner Freizeit anfange«. Als ich mit ihm sprach, zeigte sich die für einen Achtjährigen typische Verachtung für Mädchen. Er findet zwar selbst, daß er noch zu jung ist, um Zukunftspläne zu machen, aber er hält es für möglich, daß er später Sänger oder verrückter Wissenschaftler oder Geologe oder Archäologe wird. Die Musik seines Vaters findet er »manchmal gut, manchmal nicht so gut«. In dem Punkt hätte John ihm sicher zähneknirschend zugestimmt.

Elton John, dessen Konzert John und Yoko wieder zusammengeführt hatte, ist Seans Taufpate. John wollte seinem Sohn den Vater geben, den er selbst als Kind nicht hatte. Es gab genügend Hausangestellte, die sich um die übrigen Angelegenheiten kümmerten, aber um Sean kümmerte er sich selbst. Er schob ihn in seinem Kinderwagen durch den Central Park. Fernsehen war verboten.

John war so sehr mit seinem Kind beschäftigt, daß er es gar nicht glauben konnte, als eines Tages Paul McCartney unangekündigt mit einer Gitarre im Dakota auftauchte. Der Portier mußte John mit Paul verbinden, weil John nicht glauben wollte, daß es wirklich Paul war, ehe er seine Stimme gehört hatte. Paul wurde frostig empfangen. »Würdest du nächstes Mal vielleicht anrufen, ehe du kommst? Wir sind hier nicht in Liverpool. In New York kann man nicht einfach unangekündigt reinschneien.« Dann erklärte er Paul, daß er müde sei, weil er einen Tag harte Arbeit mit Sean hinter sich habe. Verdrossen zog Paul wieder ab. John hielt zu diesem Zeitpunkt besonders wenig von Pauls Musik, die er Freunden gegenüber als »wie von Engelbert Humperdinck« bezeichnete. John gestand Paul zu, daß er ein fähiger Songwriter war, aber er verachtete ihn dafür, daß er offensichtlich nur weitermachen wollte wie bisher. Er sprach von Mick Jagger und Paul McCartney in einem Zug – und verächtlich

– von den »Rolling Wings«. Damit wollte er ausdrücken, daß es mehr im Leben gab, als bis in die Vierziger noch Rock'n'Roll zu spielen.
Im Central Park traf John gelegentlich Sid Bernstein, der die Tourneen der Beatles organisiert hatte. Einige Male hatte er versucht, die Gruppe wieder zusammenzubringen. Das hatte John ihm übelgenommen, aber wenn er Bernstein im Park oder in der Upper East Side begegnete, unterhielten sie sich beiläufig, ohne die Beatles zu erwähnen, und verstanden sich glänzend. Bernstein erinnert sich an Johns Vergeßlichkeit. »Ich habe ihn mehrfach mit Yoko getroffen, und er hat mich ihr jedesmal wieder vorgestellt wie jemanden, den sie noch nie gesehen hat. Irgendwann sah sich Yoko gezwungen, ihm zu sagen: ›John, ich kenne Sid inzwischen.‹«
1974 rief John Bernstein an, um sich von ihm ein gutes italienisches Restaurant empfehlen zu lassen. Nach einem Abendessen mit Harry Nilsson schickte John Bernstein einen großen Blumenstrauß zum Dank dafür, daß er ihm Palucci's empfohlen hatte. 1975 rief er Bernstein an, weil er Karten für das Konzert von Jimmy Cliff in der Carnegie Hall haben wollte, das Bernstein organisiert hatte. Bernstein hatte keine Karten mehr, aber seine Töchter verzichteten auf ihre Karten, als sie hörten, daß John Lennon das Konzert besuchen wollte.
Bernstein brachte später auch die New Yorker Produktion eines Stücks mit dem Titel *Lennon* heraus, das 1981 im Everyman Theatre in Liverpool gelaufen war. Das mittelmäßige Stück brachte Lennons weitgefächerte Persönlichkeit nicht annähernd zum Ausdruck, doch jeden Abend hatte das Publikum aller Altersschichten bei den Aufführungen in Liverpool zu schluchzen begonnen, wenn am Schluß die Schüsse ertönt waren. In New York wurde das Stück ein Flop. Nach nur neun Wochen verschwand es vom Broadway und lief im Entermedia Theatre.
Yoko klagte abends über den Tag im Büro, aber John machte ihr klar, Kindererziehung sei auch nicht gerade einfach. Er hatte inzwischen sogar angefangen, Kochbücher zu lesen, um weitere Haushaltspflichten zu übernehmen.
Yoko bewies ihre Geschäftstüchtigkeit mit gewohnter Entschlossenheit. »Es war ein Zweijahresplan«, sagte sie, »der sich schnell auf fünf Jahre ausdehnte, als John mir sagte, wieviel Geld er haben wollte und mir klar wurde, daß *dieser* Betrag in zwei Jahren nicht zu erreichen war.«
Bis dahin war Yoko überhaupt nicht materialistisch gewesen. »Früher habe ich überlebt«, sagt sie, »indem ich kein Geld anhäufte. Teilweise lag das daran, daß meine Mutter sehr viel Wert auf Luxus legte und mir ständig Diamanten gezeigt hat. Ein Teil von mir hat sich dagegen aufgelehnt und ihre Haltung verachtet. Ich wollte nie so leben wie sie und soviel an Gold und Diamanten und schöne Kleider denken.
Daher war ich bis 1975 das Gegenteil eines Menschen, der sich etwas aus Geld macht. Aber als John und ich entschieden, daß ich Geschäftsfrau werde, habe ich mir gesagt, daß ich meine Psyche umgestalten muß. Mit meiner bisherigen Haltung wäre es nicht gegangen.
Ich habe darüber meditiert. Ich habe alle materiell schönen Dinge auf Erden visuell an mir vorbeiziehen lassen – Diamanten, Seide, Samt, Kunst –, und ich habe versucht, diese Dinge mit Liebe zu betrachten, was ich bis dahin nie getan hatte. Ich habe mich einfach innerlich allen diesen Dingen geöffnet, statt sie abzulehnen. Dann hat John mir diese herzförmige Diamantkette geschenkt, geradezu als Symbol dafür, daß ich mich verändert hatte. Mein früheres Ich hätte sich aus Snobismus dagegen ausgesprochen. Aber stattdessen habe ich mir die Schönheit des Gegenstandes betrachtet und mich bei John bedankt. Wir haben uns gesagt: ›Wenn wir diese Dinge wollen, müssen wir auch danach *handeln*. Wir können nicht so tun, als würden wir gerade erst anfangen, Geld zu verdienen.‹
Also habe ich mir fast jede Woche die tollsten Kleider gekauft, und John hat sich wirklich über das gefreut, was ich gekauft habe. Es ging nicht darum, sich diese Dinge anzuschaffen, um sie zu besitzen, sondern darum, meine Haltung zu materiellem Besitz umzukehren. Ich habe mich wirklich innerlich dazu erzogen, die positiven Aspekte des Geldes zu genießen.«

Mit klarem Kopf, aber ohne Sinn für Statistik oder mathematische Kalkulationen übernahm Yoko den Vorsitz über die Lenono-Geschäfte. Johns und Yokos erster Entschluß war der, ihr Geld in Dingen anzulegen, die sie ökologisch vertreten konnten. Sie achteten darauf, nicht in Energie, Öl oder Chemie zu investieren.

Die erste Anlage bestand im Erwerb von fünf Wohnungen in ihrem geliebten Dakota. Die Kulisse des Films *Rosemarys Baby*, das ehrfurchtgebietende Dakota, suchte sich sehr genau aus, wer dort einziehen durfte. John und Yoko mußten sich einer gründlichen Befragung unterziehen, als Yoko begann, jede Wohnung zu kaufen, die frei wurde.

Dann wandte sich Yoko der Landwirtschaft zu. Sie erstand vier Farmen in den Catskill Mountains, Virginia, Vermont und dem Staat New York. Die tausendsechshundert Morgen Land waren etwa eine Million Dollar wert. Yoko gelang der Weltrekord, eine Holstein-Kuh, eines der zweihundertfünfzig Rinder, die sie besaßen, beim New York State Fair in Syracuse für den Weltrekordpreis von 265000 Dollar zu verkaufen. Von der außergewöhnlichen Lenono-Kuh hieß es, daß sie zweiundzwanzigtausend Liter Milch im Jahr gebe. »Nur Yoko Ono«, sagte John Lennon amüsiert, als er während eines Urlaubs auf den Bermudas von diesem Verkauf las, »kann eine Kuh für eine Viertelmillion Dollar verkaufen.«

Die Produkte, die auf diesem Grund und Boden hergestellt wurden, Eier, Milch und Gemüse, blieben von jeder chemischen Behandlung verschont. Mindestens einmal wöchentlich ließen sich die Lennons das, was sie brauchten, nach New York bringen.

Für 450000 Dollar erwarb Yoko ein Wochenendhaus in Cold Spring Harbor, Long Island, mit Blick auf den Atlantik. Vor allem Yoko liebte dieses Haus, das nicht weit von Manhattan lag und doch frische Landluft bot. Außerdem kauften sie noch eine neunzehn Meter lange hochseetüchtige Jacht mit dem Namen *Isis*.

Es folgte die 1919 erbaute Villa El Salano am Strand in West Palm Beach, Florida, für 700000 Dollar, die früher im Besitz der Familie Vanderbilt gewesen war. Das Haus hatte sieben Schlafzimmer, fünf Dienstbotenräume, einen Swimming-pool im Freien sowie ein Hallenbad und fünfzig Meter privaten Sandstrand. Es stand fast das ganze Jahr über leer. John und Yoko konnten sich nicht länger als einen Monat im Jahr dort aufhalten. Sie investierten auch in Kunstwerke, in eine große Teppichsammlung und in Kunstgegenstände aus dem Osten.

Natürlich wurde der Mann, der »Imagine no possessions« gesungen hatte, kritisiert. Yoko hatte sein Vermögen schnell vermehrt, und Ende der siebziger Jahre wurde Johns Besitz nach vorsichtigen Schätzungen mit hundertfünfzig Millionen Dollar angegeben. Zusätzlich nahm er jährlich zehn Millionen Dollar an Tantiemen ein.

Yoko sah keinen Anlaß, als Künstlerin zwangsläufig Not leiden zu müssen. Zu ihren Geschäftsmethoden sagt sie: »Geld und die Vermehrung von Geld ist in erster Linie eine Geisteshaltung. Ich habe mich früher oft gefragt, warum manche Menschen reich sind und eine natürliche Begabung besitzen, ihr Geld zu vervielfachen, und andere nicht. Manchmal läßt sich das auf eine Einstellung reduzieren. Sehr viele hochintelligente Menschen haben kein Geld, und als Künstlerin in Greenwich Village, die nichts anderes als Anerkennung wollte, habe ich zu diesen Menschen gehört. Aber damals habe ich dem Geld mit einem umgekehrten Snobismus gegenübergestanden.« Oft mußte Yoko gegen den Chauvinismus männlicher Geschäftspartner ankämpfen. Es brachte jedoch auch Vorteile mit sich, daß sie eine Frau war: »Manchmal unterschätzen die Männer eine Frau so sehr, daß sie ihre Taktiken zu schnell verraten.«

Für John war es hart, sich für Jahre aus der Musik zurückzuziehen. Er hatte das Gefühl, produktiv sein zu müssen oder wenigstens »ins Büro« gehen zu sollen. »Ich existiere nicht«, sagte er, »wenn mein Name nicht in den Hitlisten steht oder man mich nicht im richtigen Club sieht. Dieser ›Ruhestand‹ ist selbstauferlegt, ja, aber dennoch ist dieser unendliche Raum da, der unfüllbar erscheint. Und natürlich muß er gefüllt werden, weil das das Gesetz des Universums ist ... Und er wurde mit einer erfüllenden Erfahrung gefüllt, um das Ganze nett zu formulieren.«

John und Yoko unternahmen 1976 nicht viel. John befaßte sich ausschließlich mit Sean. Er erklärte: »Oft bin ich gefragt worden: ›Was tust du im Moment?‹

Ich habe darauf gesagt: ›Ich kümmere mich um das Baby und backe Brot.‹

Dann haben die Leute gesagt: ›Ha, ha. Nein, nein, was tust du denn sonst?‹

Und ich habe gesagt: ›Soll das ein Witz sein? Damit hat man den ganzen Tag zu tun, wie jede Hausfrau weiß.‹ Ich hatte keine geheimen Projekte im Keller laufen.«

John interessierte sich nur für Seans Gesundheit. Auch Yoko und er lebten nach einer Diät, zu der ein vierzigtägiges Fasten gehörte. Während dieser Zeit tranken sie ausschließlich Obst- und Gemüsesaft.

Das Brotbacken war einige Monate lang Johns Leidenschaft, über die er seine Umwelt ständig auf dem laufenden hielt. »Elliot«, sagte er eines Nachmittags am Telefon zu Mintz, »es ist etwas Außergewöhnliches passiert. Ich habe gerade meinen ersten Laib Brot gebacken. Ich habe gesehen, wie er im Ofen aufgegangen ist. Ich habe alles ganz allein gemacht.« John machte eine Polaroid-Aufnahme von dem Brotlaib und schickte sie Mintz. Seine Begeisterung ließ allmählich nach, als das gesamte Personal des Dakota sich so für sein Brot begeisterte, daß »Fahrer, Büroangestellte, Buchhalter und alle möglichen Leute kamen, weil sie ein Brot wollten, und wenn ich freitags viele Brotlaibe gebacken hatte, waren am Samstagnachmittag keine mehr da«. Als das Brotbacken für ihn zur reinen Routine geworden war, sah John keinen Reiz mehr darin. »Und ich bekomme keine Goldene Schallplatte dafür und werde nicht zum Ritter geschlagen ... nichts dergleichen!«

John kochte mit Begeisterung, aber seine Kochkunst hielt sich in Grenzen. Er putzte gewaltige Mengen Gemüse, warf sie, gelegentlich auch mit Fisch, in einen großen Tontopf und ließ das Ganze tagelang vor sich hin schmoren. Die drei wärmeliebenden Katzen Michu, Sasha und Charo hielten sich immer in der Nähe des Topfes auf. Je länger das Gemüse im Topf garte, argumentierte John recht eigenwillig, desto besser sei es dann geschmacklich. Gemüseeintöpfe dieser Art, perfekt gekochter Reis und gelegentlich gekochte Eier – eher glibberig und selten im richtigen Stadium – waren neben dem Brot Johns kulinarische Glanzleistungen.

Er bestand darauf, daß auch andere Leute sich der Eßmethode eines makrobiotischen Gurus anschlossen, die er befolgte – unbegrenzt häufiges Kauen. Ebenso wie jede Form von Alkohol war es im Dakota verboten, zum Essen etwas zu trinken, weil John gehört hatte, daß die Verdauungsenzyme nicht mehr arbeiteten, wenn man Flüssigkeit zum Essen trank. Elliot Mintz traf John und Yoko eines Tages in dem makrobiotischen Manhattaner East-West Restaurant. Dort saßen etwa hundert Menschen, die kauten, ohne sich zu unterhalten. Mintz fragte die beiden, wie es ihnen gehe. John legte vorwurfsvoll einen Finger an den Mund. Mintz durfte nichts sagen.

Als Sean zwei Jahre alt war, entschloß sich John zu einem Versuch, Japanisch zu lernen. Dreimal wöchentlich ging er zwei Stunden lang in eine Sprachschule in Manhattan. Dort wandte man die Methode an, in der kein Wort in der Muttersprache verwendet wird. John kaufte sich auch einen Sprachkurs auf Kassetten. Zu Yokos großem Kummer übte er sein Japanisch an ihr. Nach einem zweimonatigen Kampf um die richtige Aussprache und Betonung konnte John nur etwa vierzig Worte Japanisch. Er gab diesen kühnen Versuch zu Yokos großer Erleichterung wieder auf.

Yoko ließ sich in geschäftlichen Dingen von einem ganzen Stab von Astrologen, Numerologen und Tarokartenlegern beraten. Jeder Angestellte von Lenono und alle Menschen, die den Lennons nahekamen, wurden astrologisch bis ins Detail »gecheckt«. Durch ihre Ratgeber erfuhr Yoko, daß es Tage gab, die gut für Geschäfte waren, und Tage, an denen sie nichts unterschreiben, sondern nur zuhören sollte, Tage, an denen keiner von ihnen reisen sollte, und Tage, an denen es schlecht war, in Kontakt mit jemandem zu treten, bei dem gerade ein falsches Sternzeichen Vorrang hatte. »Wenn Yoko sagte, es sei ratsam für John oder für mich, sechstausend Meilen in Richtung Osten zu fliegen und exakt viereinhalb Tage an diesem Ort zu bleiben«, sagt Elliot Mintz, »sagte John: ›Richte dich danach. Vertrau ihr. Sie hat immer recht.‹«

Im Juni 1977 begaben sich John, Yoko und Sean für mehrere Monate nach Japan. Sie waren knapp acht Wochen dort, als Elliot Mintz aus Los Angeles anrief und ihnen die Neuigkeit mitteilte: Elvis Presley war tot. Es dauerte eine Weile, bis John zu seinem früheren Idol äußerte: »Der Unterschied zwischen den Beatles und Elvis ist der, daß bei Elvis er selbst gestorben ist und sein Manager weitergelebt hat, und bei den Beatles ist der Manager gestorben, und wir haben weitergelebt. Ich wollte nie ein Vierzigjähriger sein, der beim Singen seiner großen Hits in Las Vegas in seinem Strampelanzug stirbt. Schick doch bitte zwei weiße Gardenien an Elvis' Grab, und schreib dazu: ›Ruhe in Frieden. In Liebe, John und Yoko.‹ Und erzähl mir nichts von Elvis. Er ist tot. Versuch bloß nicht, mir mit den Träumen und Mythen dieser Leute zu kommen. Elvis ist tot. Es ist aus und vorbei. Es ist ungesund, durch andere zu leben.«

Am nächsten Tag flog Mintz nach Tokio und fuhr dann mit dem Zug zu der zweihundert Meilen nördlich gelegenen Stadt Karuizawa. Er fand einen Lennon vor, der unglaublich fit war. Er nahm keine Drogen, trank nicht, ernährte sich gesund, schwamm, fuhr Rad und machte Yoga-Übungen. Sogar seine geliebten Gitanes hatte er drastisch eingeschränkt.

»Wir haben in einem sehr alten, schönen Hotel gewohnt, dem Mapei«, erzählt Mintz. »Yokos Mutter ist in dieser Stadt zu Hause. Es gab keine Westler und keine Touristen, und wir hatten keinen Wagen.« Auf ihrer ständigen Suche nach starkem schwarzem Kaffee, den John und Yoko liebten, schleppten sie Mintz durch die Berge, bis er mit Herzstillstand rechnete. Aber der Kaffee war es wert. Yoko führte die beiden auch in außergewöhnliche, wenn auch einfache Restaurants. Oft wurde der Fisch für ihr Abendessen erst aus einem Fluß in der Nähe des Restaurants gefischt. Ihre Suche nach Ursprünglichkeit hatte jedoch auch ihre Haken. John stellte sich etwas an, als er aufgefordert wurde, »die beste Schildkrötensuppe in ganz Japan« aus dem Panzer der Schildkröte zu trinken, die er wenige Minuten zuvor lebendig gesehen hatte.

Das traditionelle japanische Abendessen von fünfzehn Gängen wurde oft erst nach den Mineralbädern eingenommen, die Johns und Yokos Haar einen seidigen Schimmer gaben und körperlich unglaublich wohltuend waren. Einmal wurden die beiden Männer zum Baden geführt, und Yoko ging dorthin, wo die Frauen badeten. Die Kellnerinnen fingen an, John und Elliot auszuziehen. John fragte ungläubig: »Was ist hier los? Wo ist Mother?« Er knöpfte sein Hemd so schnell wieder zu, wie die Kellnerinnen es aufgeknöpft hatten. Als er schließlich doch im Wasser war, begann er, mit kräftigen Zügen zu schwimmen. Yoko erklärte ihm, das Wasser sei nicht zum Schwimmen gedacht, sondern dazu, daß er sich durch ein Bad vor dem Abendessen erfrischte.

In Karuizawa genoß es John, daß er nur selten erkannt und angelächelt wurde. Im Haus von Yokos Mutter trug er oft einen Anzug und seine Krawatte aus der Quarry Bank High School. Dort saß er viele Nachmittage auf der Veranda, trank Kaffee und aß Kuchen und fuhr dann singend und pfeifend mit dem Rad zum Hotel zurück.

In der früheren Hauptstadt Kyoto sah sich John die buddhistischen Tempel an. Er war tief bewegt und betete vor den Buddhastatuen. Die Religiosität Japans machte großen Eindruck auf ihn. Auf dem Heimweg bezogen sie die gigantische

Eine Postkarte aus Japan an Julian.

MAMPEI HOTEL
KARUIZAWA JAPAN

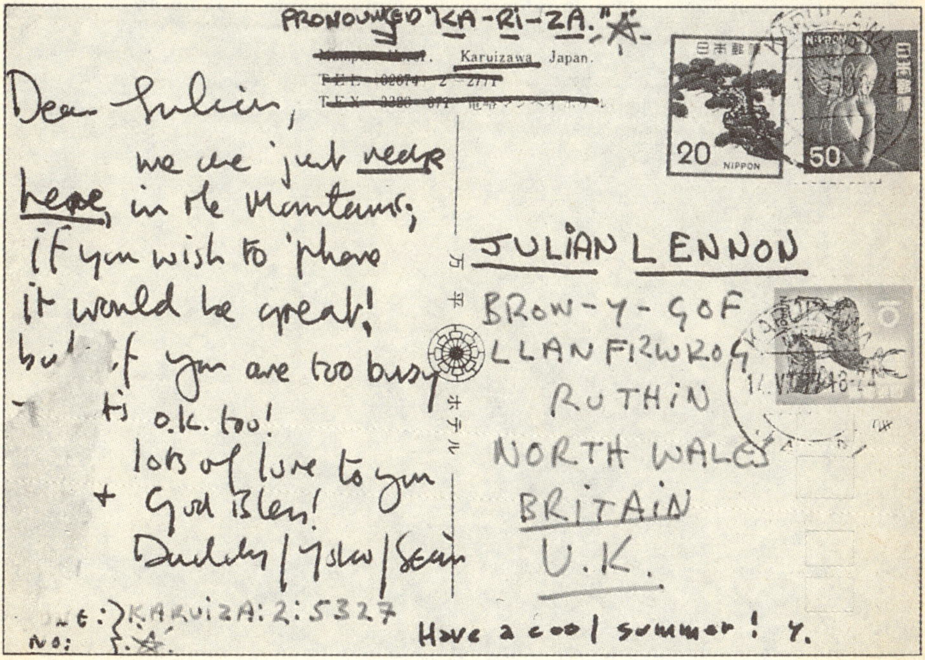
PRONOUNCED "KA-RI-ZA." ☆
Karuizawa Japan.
日本郵便
20
NIPPON
50
Dear Julian,
we are just nearby here, in the Mountains;
if you wish to 'phone
it would be great!
but if you are too busy
that's o.k. too!
lots of love to you
+ God Bless!
Daddy | Yoko | Sean
万平ホテル
JULIAN LENNON
BRON-Y-GOF
LLANFIRWROG
RUTHIN
NORTH WALES
BRITAIN
U.K.
PHONE NO: } KARUIZA: 2: 5327 ☆
Have a cool summer! Y.

John, Yoko und ihr gemeinsamer Freund Elliot Mintz während eines fünfmonatigen Urlaubs in Japan im Sommer 1977.

*Rechts:* Vor der Sushi-Bar in Karuizawa, in der sie oft zu Abend aßen.

*Unten:* In einem Restaurant in der alten Stadt Kyoto.

*Nächste Seite oben:* Nach einer langen Wanderung auf einen Berggipfel.

*Nächste Seite unten:* In dem Park in der Nähe des Hotels, dem Mampei in Karuizawa. »John war nie in seinem Leben so gesund und fit wie damals«, erinnert sich Elliot Mintz.

Prominentensuite des Okura Hotels in Tokio. Das pulsierende Leben in Tokio weckte Johns Vorfreude auf New York. »Im Wohnzimmer der Suite hat er seine akustische Gitarre rausgeholt und alte Songs gesungen«, sagt Mintz. »Er hat gesagt, er bekäme allmählich Heimweh.« Die Suite war so riesig, daß John dort mit Sean Fußball spielte.

In dieser Suite kam es durch einen seltsamen Vorfall zu Johns letztem »öffentlichen« Auftritt. Es gab Aufzüge, die direkt in den Vorraum der gigantischen Suite führten. John saß da und spielte leise »Jealous Guy« vor sich hin; Elliot Mintz saß neben ihm. Plötzlich öffneten sich die Aufzugtüren, und einige Japaner, die sich offensichtlich im Stockwerk geirrt hatten, traten heraus und sahen einen gitarrespielenden Sänger, den sie nicht kannten. Dennoch blieben sie stehen und hörten zu. »John hat unglaublich zart und schön gespielt«, erinnert sich Mintz. »Die Leute haben einfach applaudiert und sind wieder zum Aufzug gegangen.«

Als es an der Zeit war, ihren Japanurlaub zu beenden, konsultierte Yoko die Numerologie. Sie kam zu dem Schluß, daß die »Zeichen« ganz schlecht dafür standen, daß die beiden Männer direkt von Tokio nach New York flogen. Sie würde auf direktem Weg in die Staaten zurückkehren, aber John, Sean und Elliot sollten auf einer langen, indirekten Route fliegen. Auf ihrem sechsundzwanzigstündigen Weg mußten sie in Dubai und in Frankfurt umsteigen. John glaubte fest an Yokos Vorahnungen und an ihre Fähigkeit, »die Karten zu lesen«.

Auf dem langen Nachtflug von Dubai nach Deutschland erinnerte sich John an die früheren Zeiten der Beatles. Er verlieh seiner Sehnsucht nach jenen Jahren in einer Unterhaltung mit Elliot Mintz Ausdruck, an die sich dieser immer erinnern wird, weil er selten einen so offenen Lennon erlebt hatte. In dem 747 Lufthansa-Jet spielte Sean oben mit seiner Autorennbahn, während Mintz und Lennon unten saßen. Wie üblich waren die Sitze neben ihren frei. John und Yoko kauften immer die Flugplätze neben und vor ihnen mit, damit sie freiblieben. »So gehe ich sicher«, sagte Lennon, »daß nicht jemand neben mir sitzt, der mich fragt, wann sich die Beatles wieder zusammentun.«

Mintz kannte Lennon damals schon seit sechs Jahren, aber er hatte ihn nie so sentimental, nachdenklich, versonnen und doch zum Reden aufgelegt erlebt. Sogar sein früherer Liverpooler Akzent kam wieder durch. John Lennon zeigte sich von der Seite, von der ihn die Öffentlichkeit nie gesehen hatte. Er sprach von seiner Kindheit, von seinen sexuellen Phantasien, von seinen Gefühlen, als die Beatles erstmals nach Amerika kamen. Er sprach über seine Beziehung zu seiner Mutter, und bei der Erinnerung an ihren frühen Tod kamen ihm die Tränen.

Die Zwischenlandung in Frankfurt war Johns einziger Europa-Aufenthalt in neun Jahren. Sie mußten dort übernachten, und der Angestellte hinter der Hotelrezeption war ganz entgeistert, als er einem früheren Beatle gegenüberstand. Da es mit den Zimmern anfänglich Schwierigkeiten gab, stellte John Mintz als Paul McCartney vor. Plötzlich fanden sich Zimmer für sie. »Ich nehme an«, sagte Mintz zu dem verärgerten John, »dem Hotelangestellten hat die Tatsache gefallen, daß ich ›Yesterday‹ geschrieben habe.«

Am nächsten Tag flogen John, Sean und Elliot nach New York. Am Kennedy-Flughafen drückte John einem Beamten von der Paßkontrolle seinen britischen Reisepaß in die Hand und dachte an den vierjährigen Kampf um seine Einwanderungsgenehmigung, den er durchgefochten hatte. Der Beamte begrüßte ihn mit: »Willkommen zu Hause, Mr. Lennon.« John drehte sich um und lächelte Elliot an. Dann sah er Yoko. Im Dakota fand Lennon, der vollkommen erholt zurückgekommen war, vierzig Stunden *Goon Show* auf Band vor, Yokos Geburtstagsgeschenk.

John unternahm weitere Auslandsreisen. Er flog allein für ein paar Tage nach Kapstadt und wohnte dort im Mount Nelson Hotel. Er flog nach

John und Yoko in New York, 1980.

Hongkong und Singapur und genoß es, unerkannt unter der Bevölkerung herumlaufen zu können. John und Yoko verbrachten eine Nacht bei Kairo, bei den Pyramiden, und Yoko war auf Anhieb von den ägyptischen Kunstgegenständen fasziniert. Sie kaufte die Mumie, die jetzt im weißen Zimmer im Dakota liegt. Johns Reisen allein waren lehrreich für ihn, der sich stets in Gesellschaft befunden hatte, seit er 1960 von Liverpool nach Hamburg gefahren war. Für ihn war es sogar ein Abenteuer, im Hotel den Zimmerservice anzurufen. Meistens saß er jedoch einfach da und sah sich selig und abgeschieden in seinem Zimmer fremde Fernsehprogramme an.

Wenige Menschen erkannten ihn auf seinen Auslandsreisen; in Hongkong konnte er unter den Hafenarbeitern rumlaufen und ihnen »einfach zusehen«. Seit den Hamburger Zeiten vor dem Irrsinn der Beatlemania hatte er keine solche Freiheit mehr genossen. John war nur dann gezwungen, seine Identität einzugestehen, wenn er an der Hotelrezeption seine goldene American-Express-Karte vorlegte. Von jeder Stadt aus rief er Yoko im Dakota und Tante Mimi in Dorset an, um beiden seine Telefonnummer zu geben.

Die Beziehung zwischen John und Yoko war wieder ausgezeichnet. Wenn sie sich ab und zu stritten, schrieb John einen Song oder ein Gedicht und spielte Yoko den Song vor oder legte das Gedicht an eine strategisch gute Stelle, an der sie es finden würde. »Das war ein fester Bestandteil unserer Kommunikation«, sagt Yoko. »Wir waren beide schüchtern, wir sind nicht oft ausgegangen und wenn, dann bestimmt nicht zu Partys oder dergleichen. Somit waren wir mit wenigen Pausen buchstäblich vierzehn Jahre lang zusammen, John und ich haben uns für den Frieden und die Liebe eingesetzt, aber das hat keinen von uns beiden heiliger gemacht als jeden anderen. Als wir uns kennenlernten, waren wir wie zwei Besessene, und es war wie ein phantastisches Aufeinandertreffen zweier verrückter Seelen. Die Reaktion der Öffentlichkeit auf meine frühen Arbeiten hat John tiefer verletzt als mich. Aber wie John sagte, braucht alles seine Zeit, und eine Lieblingsformulierung war *it will all work out in the end*. Yoko vergleicht ihre Partnerschaft mit John mit der Beziehung zwischen Robert Browning und Elizabeth Barrett-Browning. John sah Yoko und sich eher wie Scott und Zelda Fitzgerald. Zu welcher der Analogien man sich auch entschließt – sie feierten ihre Ehe und ihre Liebe zueinander triumphierend vor aller Öffentlichkeit. Diese Beziehung überstand viele Schwierigkeiten: den Hohn der Öffentlichkeit, den Spott von Johns alten »Freunden« und die Feindseligkeiten von Millionen von Beatles-Fans. Auch eine längere Trennung tat ihr keinen Abbruch. Yoko sagt dazu: »Wir haben festgestellt, daß diese Liebe größer ist als wir beide.«

In den beiden ersten Jahren seiner Abgeschiedenheit ging John so sehr in seiner Vaterrolle auf, daß er von der Außenwelt in dieser Zeit praktisch nichts mitbekam. Nach dem Bummel mit Mintz, bei dem sie die Umstandskleidung für Yoko erstanden hatten, ging er kaum noch einkaufen. Auch auf das Blinken des Telefons reagierte er nur selten. Er überließ es den Hausangestellten, die Lebensmittel zu ordern, und wenn er doch selbst in einem Geschäft anrief, ärgerte er sich immer wieder über die Weigerung von Verkäufern, zu glauben, daß er wirklich John Lennon war.

Als sie ihre längere Japanreise unternahmen, hatte sich John verändert. Yokos unglaubliches Geschick in Kapitalanlagen löste bei ihm den Wunsch nach eigenen Anschaffungen aus. Wie immer stürzte er sich total auf die Verwirklichung seiner Vorstellungen. Diesmal begann es damit, daß John beschloß, Seans Leben zu planen.

Er entschied sich, Sean mit Spielzeug und Büchern zu überhäufen und somit einen »umgekehrten Materialismus« zu praktizieren. Lennons

»Farmer J. ringt mit einem landwirtschaftlichen Problem« – eine Postkarte, die Julian aus New York bekam. Das Bild hatte ursprünglich Johns LP »Imagine« beigelegen, eine Parodie auf das Cover von McCartneys Album *Ram*.

FARMER J. wrestling with an agricultural
a pig.

Theorie war die, daß er und Millionen anderer in dem Glauben aufgewachsen waren, sie würden erwachsen, könnten sich den ersten Wagen leisten, das erste Haus, den ersten guten Anzug und die erste Gitarre... und immer hieß es »morgen«. Er wollte versuchen, dieses Bestreben bei Sean gar nicht erst aufkommen zu lassen. »Ich will nicht, daß er als Teenager unter Konsumzwang steht.« Daher bekam Sean alles, was ihm gefiel. Ein Rundgang durch den berühmten New Yorker Spielzeugladen F.A.O. Schwarz konnte John Tausende von Dollar kosten. In einem Laden in Greenwich Village, der sich Forbidden Planet nannte, gab er Unsummen für »Roboterspiele« aus, und er kaufte Sean die fortschrittlichsten Computerspiele. »Ich gebe ihm den ganzen Kram, solange er klein ist, damit ihm dieses Zeug mit zehn Jahren nichts mehr bedeutet. Er soll einfach genug davon haben.« Diese Theorie konnte natürlich nur ein Reicher in die Praxis umsetzen. Aber Johns Plan ging auf. Der Besitz, auf den Sean mit acht Jahren am stolzesten war, war eine wertlose Sammlung von Steinbrocken. Sean interessiert sich sehr für Gesteinsformationen, Stalaktiten, Minerale und alles, was mit Geologie zu tun hat. Von Computern abgesehen, ist es sein liebstes Hobby, am Strand seltene Muscheln zu sammeln. Teures Spielzeug kann ihn nicht beeindrucken. Als ich ihn 1983 besuchte, waren elektrische Eisenbahnen und ähnlicher Krimskrams kistenweise ausrangiert worden.

John selbst überkam manchmal ein regelrechter Kaufrausch. In Tokio deckte er sich mit Unmengen von Stereoanlagen für jedes Zimmer im Dakota ein.

Versandkataloge faszinierten ihn. Er füllte leidenschaftlich gern auf Flugreisen Bestellformulare aus und konnte kaum glauben, daß Wochen oder Monate später wirklich Gegenstände im Dakota eintrafen, die er inzwischen längst vergessen

John und Yoko tranken leidenschaftlich gern Kaffee. Hier sitzen sie im La Fortuna, einem Café in unmittelbarer Nähe des Dakota.

hatte. Er bestellte die unmöglichsten Dinge, weil er sie komisch fand, aber einen wahren Fetischismus entwickelte er für Diplomatenkoffer. Er besaß etwa vierzig Stück in jeder Form und Größe, und in die Kombination jedes Zahlenschlosses nahm er bewußt eine neun auf. Ähnlich fasziniert war er von Maniküre-Sets, die er dutzendweise sammelte. Wenn er in einen Laden kam und eine Jeans fand, die ihm gut saß, ließ er sich davon zehn Stück in verschiedenen Farben nach Hause schicken.

Johns manchmal kindlichem Verhalten stand eine große Ernsthaftigkeit gegenüber. Er war sein Leben lang ein begeisterter Leser, und in den Jahren seiner Zurückgezogenheit baute er sich eine erlesene Bibliothek aus antiquarischen Büchern auf. Er befaßte sich mit der Geschichte der Anfänge der Sklaverei und mit Philosophie. Elliot Mintz schickte er *The Lazy Man's Guide to Enlightenment*.

John und Yoko gingen selten aus, und wenn sie es taten, dann meist in einen kleinen, eleganten Coffee-Shop, den ein italienisches Ehepaar führte. Dort herrschte eine europäische Atmosphäre; es gab nur Kuchen und Gebäck, ausgezeichneten Kaffee und Schokolade. Das Café La Fortuna in der 69 West 71. Straße eröffnete 1976, und vier Jahre lang waren John und Yoko dort häufig anzutreffen. Vincent Urwand, der Besitzer, freundete sich mit ihnen an. Nur einmal mußte er eine Horde von Fans verscheuchen, die den Frieden stören wollten. Etwa viermal in der Woche erschien John nachmittags mit oder ohne Yoko, um Cappucino zu trinken, Gitanes zu rauchen und irgendwelche Zeitungen zu lesen, die bei ihm zu Hause herumgelegen hatten. Im Sommer saßen sie im Garten hinter dem Café.

Als Sean sehr klein war, wickelte John ihm eine Leine um die Brust, wenn er ihn mitnahm. Vincent warf ihm vor, daß er den Jungen wie einen Hund festband.

»Ich muß ihn festbinden, weil er sonst wegläuft. Ich bin nicht schnell genug für ihn«, erklärte John. Auf Johns Bitte hin wurde für Sean ein spezielles Eis hergestellt, das keinen Zucker enthielt und mit Honig gesüßt war.

Im La Fortuna unterhielt sich John oft mit anderen Leuten. Einmal bemühte sich eine religiöse Fanatikerin aus Deutschland erfolglos, ihn wegen seiner ambivalenten Haltung zu organisierter Religion aus der Reserve zu locken. Vincent Urwand sagt: »John hat mir erzählt, wie gern sie in dieser Gegend durch Secondhand-Läden zogen und altmodische Hüte und Kleider kauften. Eines Tages rief John an und sagte, Yoko und er würden mir das Foto von ihnen beiden schicken, das sie mir versprochen hatten. Auf dem Bild trug John eine Melone und hatte sich einen Schnurrbart aus Papier angeklebt, Sean war in die amerikanische Flagge gewickelt, und Yoko trug einen großen Hut und ein altmodisches Kleid, in dem man sie sonst nie sah. Sie liebten es, andere Leute zu überraschen.«

John hatte zwar ein absolutes Zuckerverbot über Sean verhängt, doch er selbst aß mit Leidenschaft Schokolade, und oft bat er Besucher aus England, ihm die Süßigkeiten mitzubringen, die er mit Kindheitserinnerungen verknüpfte. Auch andere Lebensmittel, die in New York nicht erhältlich waren, ließ er sich mitbringen. Als er 1977 seinen Sohn Julian in North Wales anrief, sprach er auch mit einer Freundin aus Akademie-Zeiten, Helen Anderson. Er fragte sie, ob sie noch einen Schal vom Liverpool Art College besitze, den sie ihm schicken könnte.

»Wann kommst du wieder hierher?« fragte Helen.

»Demnächst, in absehbarer Zeit«, sagte John.

Die Urwands im Café La Fortuna hatten wenig Interesse an Popmusik, aber Vincent machte John mit anderen Musikrichtungen vertraut. Er nahm ihm ein Band mit Achtundsiebzigerplatten auf. Es waren Songs von Al Jolson, Benny Goodman, Mae West, Duke Ellington und Jazz von

»Every day, in every way, I'm getting better and better«, schreibt John im April 1979 auf eine Postkarte an Julian. Diese Formulierung entstammt einem seiner letzten Songs, »Beautiful Boy«, aufgenommen auf seinem vorletzten Album, *Double Fantasy*.

V._Chanson de la Mariée
"O mon cher petit oreiller
Doux témoin de mes rêves roses"

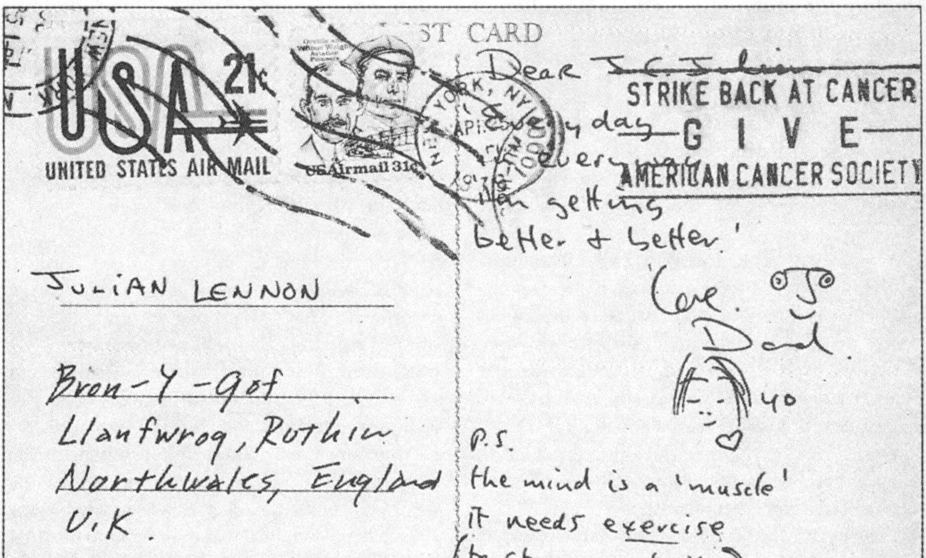
POST CARD
USA 21c
UNITED STATES AIR MAIL
USAirmail 31c
NEW YORK, NY
STRIKE BACK AT CANCER
GIVE
AMERICAN CANCER SOCIETY
Dear ~~J.C.~~ Julian
'every day in every way I'm getting better & better.'
Love. Dad.
40
P.S.
the mind is a 'muscle'
it needs exercise
(to strengenthit.)
JULIAN LENNON
Bron-Y-Gof
Llanfwrog, Ruthin
Northwales, England
U.K.

Fats Waller und Louis Armstrong. »Ich führte ein langes Gespräch mit John über die Oper und die klassische Musik; es stellte sich heraus, daß ihm die Musik, die ich spielte, mit der Zeit wirklich gefiel: Bing Crosby, der Jazzgeiger Stephane Grappelli und Gracie Fields mit dem Song ›Now Is The Hour‹.« Durch seine häufigen Besuche gehörte John im Café »zur Familie«. Yoko nahm sogar ihre Mutter mit ins La Fortuna, wenn diese aus Japan zu Besuch kam. Sie wollte ihr einen Eindruck vermitteln, wie John und sie lebten.

John hatte in dieser Phase überhaupt nichts mehr mit Rockmusik zu tun. Johns und Yokos Lieblings-Song und - Film war damals Barbra Streisands »The Way We Were«.

Zu seinem achtunddreißigsten Geburtstag schenkte Yoko John etwas ganz Besonderes: eine Wurlitzer-Jukebox, die in den fünfziger Jahren in Amerika weit verbreitet war. Sie konnte nur Achtundsiebzigerplatten spielen, und zeitlich fiel dieses Geschenk mit Johns zunehmendem Interesse an nostalgischer Musik zusammen. Der erste Schwung Platten, den er für die Jukebox bestellte, bestand hauptsächlich aus Hits der fünfziger Jahre: Bobby Darin, Frankie Laine, Johnnie Rays »Little White Cloud That Cried« und alle Platten von Bing Crosby, die erhältlich waren, Bing Crosbys »Please« hatte John achtzehn Jahre zuvor gehört, als die Beatles gerade anfingen, und dieser Song hatte ihn zu dem ersten großen Hit der Beatles inspiriert, »Please Please Me«. Zu Johns Lieblingen gehörte auch »As Time Goes By« von Dooley Wilson.

Silvester 1979 stand die Wurlitzer-Jukebox im Mittelpunkt von Johns neuestem Unterfangen. Gemeinsam mit Elliot Mintz hatte er beschlossen, einen kleinen Privatclub zu eröffnen, der Club Dakota heißen sollte. In einem kleinen Raum sollte das Äquivalent des Privatclubs eines Engländers aufgezogen werden. Elton John hatte ihm zum Geburtstag ein elektronisches Yamaha-Klavier geschenkt, und John wollte vor einem kleinen Kreis von Freunden spielen.

Die einzigen Mitglieder des Club Dakota waren John Lennon und Elliot Mintz. Als Yoko an jenem Silvesterabend das einzige Mal in diesem Club erschien, trug John einen Frack und seine braungelbe Schulkrawatte von der Quarry Bank High School. Der Reiz des Clubs bestand für John in seiner Exklusivität. Hier brach er sogar das Abkommen mit Yoko, keinen Alkohol zu trinken, und gönnte sich eine Flasche alten Cognac.

Ein weiteres häufiges Vergnügen waren ihre Frühstücke im Plaza Hotel. Dort hatten die Beatles gewohnt, als sie 1964 zum ersten Mal nach Amerika gekommen waren. Nach einem späten Frühstück im Edwardian Room des Hotels begaben sich John und Yoko in den Tearoom und wurden von den Streichern mit »The Way We Were« und »As Time Goes By« begrüßt, während sie Händchen hielten. Der Geiger aus dem Plaza kam an Seans siebtem Geburtstag ins Dakota, um »Happy Birthday« für ihn zu spielen.

Seit er 1976 die Einwanderungserlaubnis erhalten hatte, dachte John immer häufiger an Liverpool. Fast jeden Abend rief er Tante Mimi an. Oft versicherte er ihr, er habe einen gewaltigen Triumph über das Monster Beatles gefeiert. Mehrfach versuchte er, seine Tante zu überreden, in eine der Wohnungen im Dakota zu ziehen. »Keine Angst, John. *Mich* bringt da niemand hin. Ich mochte die Amerikaner noch nie. Und *du* solltest auch nicht dort leben. Komm zurück nach England.« John sagte ihr, daß ihm New York lieber sei, aber inzwischen wußte er, daß es keinen Sinn hatte, mit Mimi zu streiten.

Weltweit hatten die Beatles-Fans John als Einsiedler betrachtet, seit er seine Green Card für Amerika bekommen hatte. Von seinen Reisen nach Japan, Hongkong, Singapur und Südafrika war nichts bekannt. Yoko und er reisten incognito als Revd. Fred und Ada Ghurkin. Außerhalb des Dakota war nur Tante Mimi über Johns Reisen informiert. Wenn John in New York war, rief er Mimi um Punkt halb zehn abends britischer Zeit an; in New York war es halb fünf nachmittags. »Ich wußte, daß er es war«, sagt Mimi. »Fast jeden Abend hat es auf die Minute um diese Zeit geläutet. Er rief aus Kairo, aus Tokio oder von den Bermudas an. Er hat mir immer seine

Telefonnummer hinterlassen und gesagt, ich könnte R-Gespräche mit ihm führen, aber das wollte ich nie...«

An Seans viertem und Johns neununddreißigstem Geburtstag, am 9. Oktober 1979, gaben die Lennons in der Tavern on the Green, einem schicken Restaurant im Central Park, eine Party. Eine Fotografie von John mit seiner Schulkrawatte wurde von einem Fan an Mimi geschickt. Sie fühlte sich in ihrer Theorie bestätigt, daß John sentimental war. Anfang 1980 rief John Mimi an und sagte ihr, was er alles von ihr haben wolle. Mimi sagte, er brauche nicht zu warten, um Dinge von ihr zu erben, sondern könne heute schon haben, woran er hänge. Diesmal überbot sich John in seiner Sentimentalität. Er wollte jedes einzelne Bild oder Stück Geschirr, das er mit seiner Jugend verknüpfte, außerdem alle Fotografien, die von Mimi existierten. Keine alte Tasse und kein Salzstreuer aus Mimis Haus in Liverpool blieb von Johns detaillierter Aufzählung verschont, alles ließ er sich zuschicken. Zur selben Zeit erzählte er Freunden von seinem Vorhaben, eine Geschichte im Stil der *Forsyte Saga* über seine eigene Familie zu schreiben.

Mimi hat ihren »Enkel« Sean zwar nie gesehen, aber sie muß jede Einzelheit über ihn gewußt haben. Fast jeden Abend teilte ihr John haarklein jede Belanglosigkeit mit, die es über seinen Sohn zu berichten gab. Mimi riet John, er solle nicht denselben Fehler wie sie machen und sich zu sehr an den kleinen Jungen klammern.

1980 betonte John im Lauf des ganzen Jahres immer wieder, wie sehr er seine Tante für ihre Strenge und die Sorge um ihn liebte und respektierte. »Du hast recht gehabt«, sagte er zu ihr. »Aber ich wußte, daß ich malen und zeichnen kann... und auch schreiben. Ich werde dieses Jahr vierzig. Eine letzte Platte werde ich noch aufnehmen, Mimi, und dann werde ich wieder schreiben.«

# 8.
# *Die Musik: 1972–1980*

»Ich mußte einfach von diesem Karussell abspringen.«

»Nobody told me there'd be days like *these!*« sang John auf einer Platte, die Yoko vier Jahre nach seinem Tod herausbrachte. »Everybody's smoking and no one's getting high... everybody's talking and no one's saying a word... there's U.F.O.'s over New York and I ain't too surprised... Strange days indeed!«
In diesem Song, auf den man tanzen konnte und dessen Text um Klassen besser war als jeder zeitgenössische Rock'n'Roll, zeigte sich Lennons Können.
»Nobody Told Me« war von ebenso großer Bedeutung für die achtziger Jahre wie die psychedelischen Hymnen, die er früher geschaffen hatte, für die sechziger Jahre. John Lennons posthum herausgegebenes Album war aussagestärker als alles, was in der Popmusik von lebenden Künstlern zur selben Zeit produziert wurde. Der Song, den John für Yoko schrieb, »Grow Old With Me«, und das Album *Milk And Honey* bewiesen Johns Freunden – und auch all denen, die *Double Fantasy* als rührselig abgetan hatten –, daß Lennon ein Meister geblieben war.
*Double Fantasy* und *Milk And Honey* enthalten Lennons bewegendste Liebeslieder, denn sie sind in der Zeit entstanden, als John glücklicher Ehemann und Vater war. Diese Alben spiegeln präzise wider, wie er sich nach 1980 fühlte. Doch der Mann, der neun Jahre vorher nach New York gekommen war, befand sich auch jetzt noch auf der Suche nach neuen geistigen Horizonten und produzierte eine erstaunlich provokative Musik und Texte, in denen sich deutlich sein Hang zeigte, sich aus Überzeugung für Dinge einzusetzen.
Alle Anregungen, die Lennon aus seiner neuen Umgebung schöpfte, flossen in sein Album *Some Time In New York City* ein, das 1972 herauskam. Jerry Rubin, der politische Aktivist, mit dem sich John angefreundet hatte, brachte ihn mit einer New Yorker Hardrock-Band zusammen, Elephants Memory (drei Songs dieser Gruppe wurden in den Soundtrack des Films *Midnight Cowboy* aufgenommen). Lennon stürzte sich, politisch und musikalisch verjüngt, in die Arbeit und stellte das Album in neunzehn Tagen fertig. Es war ein überstürzter Entschluß, den Lennon später noch bereuen sollte. Energie birst aus dem Album *Some Time In New York City*, besonders aus dem Song »New York City«, der Lennons Begeisterung für seine neue Heimat ausdrückt. Von diesem Lied geht eine übersprudelnde Vitalität aus, die einen sogar über Plattheiten hinwegsehen läßt wie: »His name is David Peel/And we found that he was real.« Yokos Songs auf dieser Platte haben einen ganz eigenen Reiz. »Sisters, O Sisters« und »We're All Water« zeichnen sich durch die Texte aus. »Sunday Bloody Sunday« und »The Luck Of The Irish« sind Lennons

Neben dem gigantischen Gitarrenmodell in der Record Plant in New York, in der das Album *Double Fantasy* teilweise abgemischt wurde, wirkt John mit Haut und Haar wie ein Rocker.

Kenntnis der irischen Gemeinde in Liverpool entsprungen; Lennon drückt seine Wut über die Besetzung Nordirlands durch britische Truppen aus. Wie vorherzusehen war, stellte er die IRA als die Helden hin.

Das Album fällt dort ab, wo Lennon sich auf platte und abgedroschene Slogans zurückzieht. Er, der so lange andere angeführt hatte, ließ sich jetzt mitführen. Rubin und Hoffman wiesen ihm die Richtung, und beide waren wohl kaum objektiv. Sie setzten sich für gute Zwecke ein, doch »John Sinclair«, »Angela« und »Woman Is The Nigger Of The World« sind Beispiele für eine erschreckend einseitige Sicht. Natürlich war die Art, wie »subversive Elemente« behandelt wurden, der Nixon-Administration durchaus vorzuwerfen – und schließlich sollte Lennon selbst eines der Opfer werden –, und es war auch wichtig, daß jemand von Lennons Rang diese Ungerechtigkeiten anprangerte. Dylans Single »George Jackson« von 1971 wurde von einem vergleichbaren Zorn angefeuert, aber Dylan war so weise, seine diesbezüglichen Empfindungen auf eine Single zu beschränken. Lennon hatte im Lauf seiner Karriere immer wieder bewiesen, daß er einer der entschlossensten Sprecher der Rock-Szene war, dem es gelang, Probleme als guter Beobachter und mit trockenem Humor klar und deutlich darzustellen. In dieser Hinsicht konnten es nur wenige seiner Zeitgenossen mit ihm aufnehmen. Es war entmutigend, ihn die Slogans anderer Leute endlos wiederholen zu hören.

Lennon ärgerte sich über die Kritik an diesem Album – die Texte seien primitiv –, obwohl er selbst immer behauptet hatte, er könne es nicht leiden, wenn man seine Songs »verschlang und analysierte wie die Mona Lisa«. Er sagte, »I Want To Hold Your Hand« sei primitiv gewesen; er könne durchaus mehr surrealistisches Material schreiben wie »I Am The Walrus«, wenn er von Lob abhängig sei. Was ihn bei seiner Ankunft in New York motivierte, war, wie leicht man dort politische Songs schreiben und sie gleich auf den Markt bringen konnte – ganz das, was er sich immer gewünscht hatte. »Die meisten Leute drücken sich aus, indem sie am Wochenende Fußball spielen oder schreien. Aber ich sitze hier in New York und höre, daß in Irland dreizehn Menschen erschossen worden sind, und ich reagiere augenblicklich darauf. Und so, wie ich nun einmal bin, reagiere ich mit einem Vierertakt mit einem Gitarrenbreak in der Mitte«, sagte er zu Roy Carr vom *New Musical Express*. »Ich sage nicht: ›Mein Gott, was geht da vor, wir sollten etwas unternehmen.‹ Ich lege los mit ›It was Sunday Bloody Sunday/And they shot the people down...‹ Es ist nicht wie mit der Bibel. Es ist jetzt aus. Es ist vorbei. Es ist fertig.« Ihm ging es in erster Linie um Musik als einer Form der Kommunikation.

Zur Verteidigung des Albums muß man seine Spontaneität anführen. Lennon sagte: »Als wir dieses Album machten, wollten wir schließlich nicht das Brandenburger Konzert oder das Meisterwerk schlechthin produzieren, das alle immer zu schreiben, zu malen, zu zeichnen oder zu filmen versuchen... Daher sage ich nur: AWOPBOPALOOBOP Haut ab aus Irland.«

*Some Time In New York City* war zu der Zeit die Verwirklichung von Lennons Idealplatte; sie sollte die Aktualität einer Tageszeitung besitzen und sich um die laufenden Ereignisse drehen. Das Cover des Albums war wie die *New York Times* aufgemacht. Doch zu Lennons Ruf trug das Album nicht gerade bei. Seite eins wurde 1969 bei dem UNICEF-Konzert im Lyceum aufgenommen. Die Seite enthält eine unbekannte Version von »Cold Turkey«, gefolgt von Yokos Schreien: »Britain killed Hanratty«. Auf der zweiten Seite war die Jam Session mit Zappa und eine interessante Version von »Well (Baby Please Don't Go)« aus den Cavern-Zeiten wieder ausgegraben.

Lennon wurde schnell klar, daß er zu weit gegangen war. Er hatte die Objektivität verloren, und sein Können hatte darunter gelitten. 1975 sagte er zu dem New Yorker Autor Peter Hammill: »Es hat [meine Arbeit] fast *ruiniert*. Es war keine Lyrik mehr, sondern nur noch Journalismus. Und im Grunde genommen fühle ich mich als Dichter. Dann habe ich angefangen, es auf einer anderen Ebene ernst zu nehmen, und ich habe mir

gesagt: ›Ja, ich setze mich mit den Geschehnissen auseinander, stimmt's?‹«
Lennon hatte der Kritik eine breite Angriffsfläche geboten, und die Besprechungen des Albums waren eine harte Erfahrung für ihn. Kurz vor Weihnachten 1972 kam in Großbritannien mit Verspätung Johns und Yokos Single »Happy Xmas (War Is Over)« heraus. Die Single-Neuheit kurz vor Weihnachten hat dort Tradition. Die Lennons nahmen ihren Slogan »War Is Over, If You Want It« wieder auf und machten ein Weihnachtslied daraus. Auf der Platte singt der Kinderchor der Gemeinde Harlem mit.
Erst Ende 1973 hatte Lennon wieder genug Selbstvertrauen gefaßt, um ein neues Album herauszubringen. *Mind Games* war eine Rückkehr zur Melodik von *Imagine* und eine klare Abwendung von der Polemik des vorangegangenen Albums. Dieses Projekt war Lennon so wichtig, daß er erstmals ein Album selbst produzierte. Er versammelte die besten Session-Musiker um sich, die in New York aufzutreiben waren. Namen wie Jim Keltner, David Spinozza, Michael Brecker und Sneaky Pete Kleinow fanden sich regelmäßig auf Alben von Bob Dylan, Ry Cooder, den Rolling Stones, Bruce Springsteen und den Flying Burrito Brothers. Der Titelsong, der verkündigte: »Love is the answer, and you know that for sure«, zeigt deutlich den Versuch, zu früheren Glanzleistungen und musikalischer Fülle und Dichte zurückzukehren. John war immer einer der größten Rock'n'Roll-Sänger, obwohl er von seinen eigenen stimmlichen Fähigkeiten wenig hielt und seine Stimme nicht leiden konnte. Auf »Tight A $«, dem zweiten Stück auf der Platte, kommt Lennons Stimme in der Rückkehr zum Rock'n'Roll besonders gut heraus. Der Song ist nicht so hart, wie er sein könnte (der Hintergrund ist viel zu geschliffen), doch Lennons Stimme ist großartig und gibt dem Ganzen Schwung. »Bring On The Lucie (Freda People)« ist ein weiterer dieser behutsamen Rocker. »OK boys, let's go over the hill«, kündigt Lennon an, ehe er sich in den Riff stürzt. Aber er geht nicht weit genug und fällt wieder in hohle Slogans zurück. Das Dobrospiel reißt den Song wieder raus.
»Out The Blue« ist ein wunderbar verhaltenes Liebeslied, das Johns schmerzliche Hingabe an Yoko ausdrückte. »All my life's been a long slow knife/I was born just to get to you.« Dieses Gefühl war auch aus »I Know (I Know)« herauszuhören. Erste Anzeichen für Lennons Bemühen, die Kluft zwischen Westen und Osten zu überbrücken, finden sich im Schuljungen-Japanisch von »Aisumasen (I'm Sorry)« und in »You Are Here«; Kiplings Maxime »Osten ist Osten, und Westen ist Westen, und nie wird das Paar zusammenkommen« wurde hier umgestoßen. Lennon hält daran fest, daß das Paar zusammenkommen wird: »From distant lands, one woman one man...«
*Mind Games* enthält mehrere erfreuliche Nummern, darunter nicht zuletzt den Titelsong, doch die Platte krankt an zu vielen mittelschnellen Rock-Nummern, und es fehlt ihr an lyrischer Intensität. Den früheren radikalen Lennon gab es nicht mehr – zum Trost bot er eine stille »Nutopian International Anthem« an. Den Dichter von Liebesliedern, wie er sich auf *Imagine* gezeigt hatte, gab es ebensowenig mehr wie den geständnisfreudigen Troubadour auf *Plastic Ono Band*. Ende 1973 klang Lennons Musik, als fehle es ihm an Inspiration und Antrieb. Nach dem Erscheinen des Albums begann Johns Trennung von Yoko.
*Walls And Bridges*, erschienen im Oktober 1974, war ein offener Brief an die nicht anwesende Yoko. Viele der Songs waren flehentlich, eine untypische Rolle für John. Das Album hatte mehr Pfiff als *Mind Games*, was großenteils Bobby Keyes' lässigem Saxophonspiel und einer insgesamt guten Instrumentierung zu verdanken ist. Das Album war geschrieben und aufgenommen worden, als Lennon gerade aus einem »Sumpf« auftauchte, der in seinem Ausmaß an Dylan Thomas erinnerte. Sein alter Freund Harry Nilsson war mit ihm versackt. Sie kannten einander schon lange. Schon 1968 hatte Lennon ihm zu dem phantasievollen Beatles-Medley auf seinem Album *Pandemonium Shadow Show* gratuliert, und wenige Monate vor Erscheinen von *Walls And Bridges* hatten sie in Kalifornien an Nilssons Album *Pussy Cats* zusammengearbeitet.

John bei einem Gitarren-Break.

*Walls And Bridges* erschien in einer hinreißenden Aufmachung. Auf dem Cover waren Zeichnungen des zwölfjährigen John Winston Lennon, die Hülle war ein phantasievoller Ausschneidebogen, mehrfach auffaltbar, ein Textheft lag bei, und es gab jede Menge Aphorismen von Dr. Winston O'Boogie (das scherzhafte Pseudonym, das John manchmal benutzte). Elton John, ein glühender Lennon-Anhänger und zu der Zeit der erfolgreichste Musiker Großbritanniens seit den Beatles, spielte auf der Hit-Single »Whatever Gets You Thru The Night« mit, die zugleich auch die beste Nummer des ganzen Albums war. Diese freche Rock-Nummer hatte einen entsprechend respektlosen Text: »Whatever gets you thru the night, s'alright, s'alright.«

Auf den langsameren Songs wie »Old Dirt Road« und »Nobody Loves You (When You're Down And Out)« klang Lennon sentimental. Auf »Bless You« machte er sogar einen regelrecht abgeschlafften Eindruck. »# 9 Dream« war eine Art Weiterentwicklung von »Aisumasen«. Der Song hatte die erforderliche Traumatmosphäre, die dem Text entsprach, und es drehte sich ebensosehr um die Zahl neun, die Lennon immer als Glückszahl angesehen hatte, wie um seine Gemütsverfassung.

»Scared« hätte, was den Text betraf, von Lennons erstem Album stammen können. Lennon legte sich bloß: »I'm scared... No bell, book or candle/Can get you out of this... I'm tired of being so alone/No place to call my own/Like a rollin' stone.« »Going Down On Love« war eine flehentliche Bitte an Yoko: »Your love has gone... And you shoot out the light/Ain't coming home for the night.« Im Vergleich zu den matten *Mind Games* war das Album eine entschiedene Verbesserung, aber mit der Musik Lennons aus seinen besten Zeiten konnte es sich keineswegs messen. Zu den damaligen Umständen sagte John: »Dieses letzte Jahr ist für mich persönlich ein außergewöhnliches Jahr gewesen. Mich selbst wundert fast, daß ich überhaupt *irgend* etwas zustande gebracht habe. Musikalisch war ich im absoluten Chaos. Das kam auf *Walls And Bridges* deutlich raus. Ich war ohne jede Inspiration, und das Album hat eine Aura von erbärmlichem Elend.«

Es ist auffallend, daß zwei der größten Stars der siebziger Jahre, Elton John und David Bowie, eine entscheidende Rolle dabei spielten, den aus der Bahn geworfenen Lennon wieder aufzurichten. Elton half John, indem er ihn dazu brachte, an Thanksgiving 1974 im Madison Square Garden mit ihm aufzutreten, und Bowie richtete ihn auf, indem er Lennon bat, ihm bei den Sessions zu helfen, bei denen sein Album *Young Americans* 1975 entstand. Lennon sang im Studio im Hintergrund auf einer seiner Lieblingsnummern, Bowies effekthascherischer Auslegung von »Across The Universe«. Bei »Fame« schrieb neben Bowie der Gitarrist Carlos Alomar und John Lennon mit. Dieser Song wurde Bowies erster Number One Hit in Amerika.

John arbeitet an einer neuen Komposition, Yoko steht ihm bei

Als nächstes Lennon-Album erschien im Februar 1975 *Rock'n'Roll*. Das Projekt hatte ihn seit Jahren gereizt, und die Geschichte dieses Albums geht bis auf die Zeit zurück, als Chuck Berrys Verleger, Morris Levy, Lennon wegen angeblicher Plagiate verklagte. Levy hatte behauptet, »Come Together« auf dem Album *Abbey Road* sei ein Abklatsch von Chuck Berrys 1956 aufgenommenem »You Can't Catch Me«. (In beiden Songs ist der Satz enthalten: »Here comes old flat top.«) Es wurde eine außergerichtliche Regelung vereinbart, nach der sich Lennon verpflichtete, auf einem späteren Album eine gewisse Anzahl von Chuck-Berry-Songs aufzunehmen; das war der Keim zu *Rock'n'Roll*.

1973 stand Lennon künstlerisch und emotional an einem Wendepunkt, und er hatte das Gefühl, einen Produzenten zu brauchen, der ihm vorschrieb, wie er singen sollte, ihm half, das Gefühl für diese Rock-Klassiker wiederzufinden, der ihn

beriet und ihm Anregungen gab. Nach *Some Time in New York City* hatte er Phil Spector fallenlassen; *Mind Games* hatte er selbst produziert. Jetzt trat er wieder an Spector heran und bat ihn, bei seinem neuen Album mitzuarbeiten, das ursprünglich *Oldies But Mouldies* heißen sollte. Der Titel war als Parodie auf den ersten Hit-Zusammenschnitt der Beatles gedacht, der 1966 unter dem Titel *Oldies But Goldies* herausgekommen war. Spector führte zwar ein Einsiedlerdasein, doch er erklärte sich einverstanden, und sie nahmen gemeinsam viele Nummern auf. Doch dann setzte zwischen beiden eine zunehmende Entfremdung ein, und die Sessions zogen sich unglaublich in die Länge. Allein die Studiokosten für die vier Nummern, die nach Johns Meinung noch zu retten waren, betrugen neunzigtausend Dollar. Schließlich verschwand Spector endgültig, und mit ihm die Originalaufnahmen. Es wurde von einem Autounfall geredet, ein Gerücht folgte dem anderen. Selbst John gelang es nicht, an den bewaffneten Wächtern vorbeizukommen, die um Spectors Haus standen. Es dauerte lange, bis er die Bänder wieder an sich bringen konnte, aber Spector, der sich wieder in sein Einsiedlerdasein zurückgezogen hatte, war nicht mehr interessiert an dem Projekt. Lennon raffte seine gesamte Energie zusammen, stürzte sich Ende Oktober 1974 in die Record Plant in New York, produzierte in nicht mehr als vier Tagen zehn neue Nummern und stellte das Album fertig. Schon das Cover-Foto von Jürgen Vollmer war den Preis wert, den man für das ganze Album zahlte. Lennon in einem Hamburger Hauseingang 1961 mit frischem Gesicht, mit Haut und Haar ein Rock'n'Roller. Verschwommene Gestalten eilen vorbei und auf eine Zukunft hin, während Lennon dasteht, als warte er darauf, von der Vergangenheit eingeholt zu werden. Lennon begeisterte sich so sehr für dieses Album, daß er sich mühelos in frühere Zeiten zurückversetzte: »Der ganze Text zu ›Stand By Me‹ und ›Be-Bop-A-Lula‹, das kannte ich alles noch von damals, als ich fünfzehn war, und es ist mir ganz von selbst wieder eingefallen.«

In vieler Hinsicht ist *Rock'n'Roll das* John-Lennon-Album. Selbst als er sich spielerisch mit der Avantgarde und der Radikalpolitik eingelassen hatte, war John im Grunde seines Herzens ein Rock'n'Roller geblieben. Im Rock'n'Roll sah er seine größte Motivation und würdigte immer wieder die Stars, die ihn inspiriert hatten. Was seine eigenen Fähigkeiten als Texter und Komponist anging, war er ausgesprochen bescheiden; er hatte das Gefühl, nie etwas geschrieben zu haben, was sich etwa mit »Whole Lotta Shakin' Goin' On« messen konnte. Nach ausgestandener Friedenskampagne und Urschrei-Therapie stand er jetzt überlegen als der rotzige Rocker da, der es gegen die Welt aufgenommen und beinahe gewonnen hatte. *Rock'n'Roll* ist eine personifizierte Jukebox. Lennon ließ seine ganze Seele in seine musikalischen Wurzeln einfließen. Es ist weit mehr als ein Wiederaufwärmen zwanzig Jahre alter Songs von Chuck Berry und Little Richard. Jeder einzelne Song auf diesem Album ist von John Lennons Persönlichkeit und Dynamik geprägt. Die Rock-Nummern sind härter als alles, was Lennon seit Jahren gebracht hatte, die Balladen zarter. Während sich 1975 der Rock'n'Roll in eine neue Richtung bewegte, blickte John Lennon auf die Geschichte dieser Musik zurück.

Das Album umspannt die glorreichen Jahre des Rock'n'Roll, von Little Richards »Rip It Up« von 1956 bis zu Sam Cookes »Bring It On Home To Me« von 1962. Es umfaßt Johns Jugend, fängt die Tonschwankungen des Senders Radio Luxemburg ein, zieht sich durch die Kunstakademie und Johns Teenager-Bands und reicht bis zur Geburt der Beatles. Diese Songs waren der Soundtrack seines Lebens gewesen, ehe die Welt durchdrehte – »Peggy Sue« von Buddy Holly, »Be-Bop-A-Lula«, »Ready Teddy« und »Bony Moronie«, »Ain't That A Shame« und »Stand By Me«. Seit *Plastic Ono Band* hatte Lennon nicht mehr besser gesungen.

Der ergreifendste Aspekt des Albums ist am Schluß von Seite zwei zu hören. John beendet eine zarte Version von Lloyd Prices »Just Because«; er geht liebevoll mit dem Song um und macht fast eine Parodie auf die Aufnahmeklischees der fünfziger Jahre daraus. Während langsam ausgeblendet wird, sagt er: »This is Dr. Winston O'Boogie saying goodnight from the Record Plant East. We've had a swell time. Everybody here says Hi, Goodbye.« Es war, als hätte John gewußt, daß dieses Album einen Abschluß darstellte. Zu Andy Peebles sagte er: »Als ich das sagte, ist mir etwas durch den Kopf geschossen. Verabschiede ich mich wirklich vom Geschäft? Ich habe mir das Cover angeschaut, das ich ausgesucht hatte, ein Foto von mir selbst bei unserem ersten Aufenthalt in Hamburg. Ich dachte, das ist ja eine ganz kosmische Geschichte. Hier stehe ich mit diesem alten Bild von mir in Hamburg '61, und ich verabschiede mich von der Record Plant, und ich höre so auf, wie ich angefangen habe, indem ich dieses richtige Rock'n'Roll-Zeug singe.«

Yoko war schwanger, und Lennon ließ all seine Energie in die Pflege seiner Frau einfließen. Fünf lange Jahre hörte man nichts mehr auf Platten von ihm. Vierzehn Tage nach Seans Geburt im Oktober 1975 kam *Shaved Fish* heraus. Es war ein gut zusammengestellter Überblick über seine Arbeit seit 1970. Es begann mit »Give Peace A Chance« und endete mit »Happy Xmas«. Alle Facetten seiner Karriere während dieser Jahre waren darauf zusammengefaßt. Lennon als Junkie (»Cold Turkey«), als politischer Aktivist (»Power To The People«), als Idealist (»Imagine«, »# 9 Dream«). Lennon bewies mit diesem Album, daß er das Unmögliche erreicht hatte – er hatte sich seine eigene Identität geschmiedet. Er hatte seine Kunst mit seinem Leben in Einklang gebracht und sich fähig gezeigt, mit seiner Vergangenheit zurechtzukommen.

Während der Jahre, in denen man nichts von Lennon hörte, rissen die Punker die englische Musik-Szene an sich. Die jungen Punks erbosten sich über die Rock-Elite, die sie langweilte. Sie wollten keinen Elvis, keine Beatles und keine

John und Yoko im Studio. Herbst 1980.

Stones mehr. Sie wollten ihre eigenen Helden haben und gaben sich nicht mit Idolen aus zweiter Hand zufrieden, deren Leben und Musik in keiner Beziehung zu ihnen stand.
Zum ersten Mal seit den Anfangszeiten von Bob Dylan und den Beatles kam es in der Musik zu einem Generationenkonflikt. Die anarchistischen Ansätze zum Rock'n'Roll, an denen sich die Sex Pistols und die Clash versuchten, verdrossen viele von der alten Garde. Lennon blieb als eine der wenigen Gestalten des Rock-Establishment üb-

rig, die nicht ins Lächerliche gezogen wurden. Vielleicht war den Punkern klar, daß er sich früher mit Problemen herumgeschlagen hatte, die sich durchaus mit den ihren vergleichen ließen. Lennon hatte anderes zu tun, als sich um den Punk zu kümmern, denn er war ganz und gar damit beschäftigt, Ehemann und Vater zu sein und ein menschliches Wesen zu werden, statt sich hinter Rollen und Überzeugungen zu verstecken.

Während dieser stillen Jahre hörte John Hank Williams, Carl Perkins, Jerry Lee Lewis, die B52s, Lene Lovich, Bruce Springsteen, Madness, John Gielgud, Shakespeare lesend und »alles, was Bing Crosby je gemacht hat«. Er hörte Musik, aber er äußerte sich nicht dazu. Als die Punks ihre eigenen Idole schufen, seufzte er erleichtert auf. »Gott stehe Bruce Springsteen bei, wenn sie beschließen, daß er nicht länger Gott ist... wenn er sich mit seinem eigenen Erfolg konfrontiert sieht und älter wird und immer wieder und immer wieder dasselbe produzieren muß, dann werden sie sich gegen ihn stellen, und ich hoffe, er überlebt es.« John beobachtete den Fall seiner Idole und Zeitgenossen, die der Art von Druck erlagen, dem er sich geschickt entzogen hatte.

In diesen fünf privaten Jahren versickerte Lennons Zorn. Es gibt eine Theorie der Rockmusik, die besagt, ganz große Musik entstünde nur aus Zorn und Frustration, aus der Energie der Jugend. Wirklich ist ein großer Teil der Motivation zum Rock'n'Roll aus diesen Quellen gekommen. Daraus folgt, daß bei einsetzender Bequemlichkeit und Zufriedenheit die ursprünglichen Intentionen sich zerstreuen und verschwinden. Dennoch haben wir nicht das Recht, von unseren Idolen zu erwarten, daß sie für ihre Musik leiden. Sicherheit und Glück werden sich unvermeidlich in ihrer Musik widerspiegeln. Von Zahmheit, Zufriedenheit und Häuslichkeit ist auch das gebändigte Album *Double Fantasy* durchzogen.

»(Just Like) Starting Over«, Lennons erste Single seit fünf Jahren, erschien am 24. Oktober 1980. Trotz aller Umwälzungen in der Musik der letzten fünf Jahre und trotz der Verachtung, die den Idolen der sechziger Jahre entgegengebracht wurde, lief ein Schauer durch die Musikindustrie – Lennon war wieder da! John hatte jetzt musikalisch neue Aussagen zu machen. Sean war fünf, und er wollte das elterliche Glück festhalten, das er erfahren hatte. Außerdem wollte er seinem Sohn ein Geburtstagsgeschenk machen.

Die Songs für das Album entstanden fast alle innerhalb von drei Wochen auf den Bermudas. Lennon feilte nie an seinen Songs. Zu David Bowie sagte er einmal: »Schau, es ist ganz einfach: Sag, was du meinst, laß es sich reimen und leg einen Rhythmus drunter!« John und Yoko gingen ins Studio und schnitten zweiundzwanzig Nummern in zwei Tagen.

*Double Fantasy* kam Ende November 1980 auf dem neuen Label Geffen raus. Glühende Lennon-Fans waren enttäuscht. Sie fanden, das Album zeige nur, wie John und Yoko ihre saubere Wäsche öffentlich waschen. Den von Ängsten besessenen Lennon, den Dichter, der die Sorgen der Welt auf seinen Schultern getragen hatte, gab es nicht mehr. Die Lennons hatten die Songs gerecht untereinander aufgeteilt und boten jetzt häusliches Glück als die Lösung an. Frau und Kind waren nun Lennons ganze Welt. Worüber sonst hätte er schreiben können (oder wollen)? *Double Fantasy* war insofern das aufrichtigste Lennon-Album seit *Plastic Ono Band*, als es Johns Geistes- und Gemütsverfassung offen darlegte. Die Dämonen waren bezwungen. Die Vergangenheit hatte einen festen Platz eingeräumt bekommen. Mit Yoko und Sean hatte Lennon nach vierzig Jahren inneren Aufruhrs Frieden gefunden.

Man muß sich eingestehen, daß *Double Fantasy* keine gute Platte ist. Im Rückblick handelt es sich natürlich um Lennons letzte Äußerung. Die Nummern sind genau so produziert, abgemischt

John und Yoko thronen auf ihrer Lieblingsbank im Central Park. Stundenlang gingen sie durch den Park spazieren und redeten.

und in eine Reihenfolge gebracht, wie es seinen Vorstellungen entsprach. Ein Song wie »Beautiful Boy (Darling Boy)« gewinnt durch die Ermordung eine erschreckende Schönheit. John singt für seinen Sohn: »Close your eyes and have no fear/The monster's gone and your Daddy's here.«

»Starting Over«, der erste Song des neuen Albums, wurde vom Klingeln von Yokos »Wunschglöckchen« eingeleitet. Das war beabsichtigt, um die Ähnlichkeit und die Unterschiede zwischen »Mother« und »Starting Over« zu zeigen. Damals hatten Totenglocken den Untergang angekündigt. Jetzt wies ein heiteres Bimmeln auf die Bereitwilligkeit hin, noch einmal von vorn anzufangen. John entschied sich zu einer herübergeretteten Rock'n'Roll-Stimme in der Elvis-Tradition: »Das war der Sound der fünfziger Jahre, und ich hatte eigentlich nie einen Song geschrieben, der nach dieser Zeit klang, obwohl das meine Zeit war, die Musik, mit der ich mich identifiziert habe. Also dachte ich mir: warum zum Teufel nicht? Zu Beatles-Zeiten hätte man es als einen Witz aufgefaßt. Man mied Klischees. Aber natürlich sind solche Klischees heute keine Klischees mehr.«

»Woman« war eine wunderbar verhaltene Lennon-Ballade, die er in nur fünfzehn Minuten geschrieben hatte; der Song ist schon jetzt ein Klassiker. Er erinnert an die zerbrechliche Schönheit von »Imagine« und gesteht in ergreifender Form ein, daß Yoko »das Kind im Mann« versteht. Lennons Fünfziger-Jahre-Stimme findet sich auch auf »Dear Yoko« wieder. Es ist eine rockige Version von »Oh Yoko!« von 1971 und drückt die Intensität ihrer Beziehung aus: »Without you I'm a one-track mind, dear Yoko/After all is really said and done/The two of us are really one...«

»Watching The Wheels« ist Lennons Antwort an alle diejenigen, die in seinen fünf Jahren des Schweigens Spekulationen über seine Gemütsverfassung angestellt hatten: »Die Leute haben immer gesagt, ich sei faul und würde mein Leben verträumen. Popstars äußerten sich in der Presse empört dazu, daß ich keine Platten aufgenommen habe. Ich konnte es kaum glauben – sie haben sich wie Schwiegermütter benommen...« Diesen Spekulationen setzte Lennon entgegen, was er wirklich getan hatte: »watching shadows on the wall... No longer riding on the merry-go-round/I just had to let it go.« Nach jahrelangem Druck von außen war es Lennon endlich gelungen, vom Karussell abzuspringen und den Rummelplatz zu verlassen.

Es kann trotzdem keine allzu große Überraschung für ihn gewesen sein, daß sein Schweigen andere faszinierte. Der Rock'n'Roll ist ein bekanntermaßen kurzlebiger Beruf. Die einzigen vergleichbaren Rückzieher kannte man von Elvis, der 1958 zur Armee ging, und von Dylan, der 1966 nach seinem Motorradunfall die Abgeschiedenheit suchte. Gerüchte kamen in Umlauf. Der Rockstar, der sich aus dem Geschäft zurückzog, wurde zur mythischen Gestalt. Die Menschen konnten einfach nicht glauben, daß John Lennon, wahrscheinlich der talentierteste Rock-Musiker seiner Generation, *glücklich* damit war, nichts weiter zu tun als Brot zu backen. Ihm wurde klar, daß die Leute immer noch Antworten von ihm erwarteten, aber 1980 konnte er nur noch eine Antwort geben: »Just sitting here watching the wheels go round/I really love to watch them roll...« 1980 sagte er zu *Rolling Stone*: »Diese Räder sind in erster Linie mein ›Getriebe‹. Aber wenn ich mich selbst beobachte, ist das nichts anderes, als würde ich andere beobachten. Es gibt nichts Schwereres, als sich mit sich selbst auseinanderzusetzen. Es ist leichter, ›Revolution‹ und ›Power To The People‹ zu schreien, als sich mit sich selbst zu befassen und herausfinden zu wollen, was wirklich in einem drin ist und was nicht, wenn man sich Sand in die Augen streut.«

Lennon war klar, daß sein neuentdeckter Frieden Enttäuschung bei den Fans bewirken würde, aber er hatte nicht das Bedürfnis, seinen eigenen Gefühlen etwas zu nehmen, um die Fans zufriedenzustellen. »Ich kann heute kein Punk in Hamburg und Liverpool sein. Ich bin inzwischen älter geworden, und ich sehe die Welt mit anderen Augen... Wie Elvis Costello gesagt hat – ›Was ist denn so komisch an Frieden, Liebe und Verständnis?‹«

In der ersten Zeit nach Johns Tod im Dezember 1980 kamen »Starting Over«, »Imagine« und »Woman« in den britischen Hitlisten alle auf Platz eins. Die drei Songs, die John 1974 mit Elton John gespielt hatte, erschienen auf einer Single, und *The John Lennon Collection* war Weihnachten 1982 das Album Nummer eins. Lennons Name wurde von vielen seiner Schüler immer wieder wachgerufen: auf Elton Johns »Empty Garden«, »Life Is Real« von den Queen und Paul Simons »The Late Great Johnny Ace«.

Paul McCartney nahm auf sein 1982 erschienenes Album *Tug Of War* einen Song für Lennon auf, »Here Today«. Paul gestand die Kluft ein, die sich zwischen den beiden Männern aufgetan hatte, doch von einem Streichquartett begleitet, sang er ohne Scham: »I am holding back the tears no more/I love you.« In einer Unterhaltung mit Alexis Korner sagte Paul über diesen Song: »Das Album wurde als eine Art Huldigung aufgenommen. Darauf bin ich gar nicht gekommen, aber ich mache jetzt selbst eine Huldigung daraus. Und gerade weil es so ist, nehme ich an, John wäre der erste gewesen, der über dieses Zeug gelacht hätte... Er hätte wahrscheinlich gelacht und gesagt, wir seien ohnehin Welten voneinander entfernt... aber das waren wir nicht. Ich weiß, daß du, wenn du jetzt und hier bei uns wärst, sagen würdest: ›Oh, ein Haufen Mist.‹ Aber du weißt selbst, daß es nicht nur Bluff war. Wir haben einander wirklich gekannt, wir haben einander wirklich nahegestanden... Zwischen John und mir gab es immer diese Konkurrenzgeschichten, von denen ich weiß, daß sie sehr gut für mich waren, und ich glaube, daß er diese Sachen auch als sehr gut für sich selbst zu würdigen wußte.«

Als der Schock über den Mord an Lennon abebbte, kam im Januar 1984 das Album *Milk And Honey* heraus. Es war im August 1980 bei den Sessions zu *Double Fantasy* aufgenommen worden und folgt formal seinem Vorgänger; die Nummern sind gerecht zwischen John und Yoko aufgeteilt. Die Single »Nobody Told Me« war Lennons Höchstleistung seit »Imagine«, eine Rocknummer, die sich augenblicklich in den britischen Hitlisten plazieren konnte.

Lennons Songs auf *Milk And Honey* sind rauher als auf *Double Fantasy*. Yoko sagte zu Andy Peebles, die Versuchung für jeden außenstehenden Produzenten hätte darin bestanden, das gesamte Album »überzuproduzieren«, wie es Norman Petty mit Buddy Hollys posthumen Aufnahmen passiert war. Aus dieser Einsicht heraus sind der Charme und die Spontaneität der Songs gerettet worden, insbesondere auf »Grow Old With Me« mit Lennon am Klavier. Die rockigeren Nummern auf diesem Album haben einen Biß, der zeigt, daß Lennon bis zum Schluß ein Rock'n'-Roller war. Der Rock war seine Erbschaft und sein Nachlaß.

Es gibt rührselige Momente wie in »(Forgive Me) My Little Flower Princess«, aber im großen und ganzen zeigt sich eine ergreifende Größe. »I Don't Wanna Face It« führt das Thema weiter, das Lennon in »Watching The Wheels« entwickelt hatte. Lennon rät den Leuten, sich einen neuen Helden zu suchen, weil es ihm reicht: »Say you're looking for a place to go/Where nobody knows your name/You're looking for oblivion, with one eye on the Hall of Fame/I don't wanna face it... Well I can dish it out/But I just can't take it.« Die erste Nummer auf dem Album ist »I'm Stepping Out« – Lennon ähnlich wie der Lonnie Donegan von »Rock Island Line«; doch dann wird traditionelles Blues-Territorium betreten, und in den Texten schwelgt John in seiner Rolle als Hausmann.

Am Schluß von Seite eins wird uns in »Nobody Told Me« die perfekte Ehe vorgestellt. Yokos »O Sanity«, ihr wohl bester Song überhaupt, endet mit dem knappen: »Let it go, cut it out!«

»Borrowed Time« zeigt Lennons Auseinandersetzung mit den Unsicherheiten in einer Welt, die nicht mehr bequem in Schwarz und Weiß unterteilt ist. »The more I see, the less I know for sure«, singt er, wenngleich er auch daran festhält: »It's good to be older.« Für John war »Grow Old With Me« eine schöne Vision seiner Zukunft mit Yoko. Er wollte den Song bereits auf *Double Fan-*

*tasy* aufnehmen, aber er konnte sich nicht für ein Arrangement entscheiden. Im letzten Moment zog er den Titel zurück. Er wollte ihn auf einem späteren Album aufgreifen, und hier erschien diese reizvolle, schlichte Version.

Lennons kleine Spitzen, die vorgeben, nicht für andere Ohren bestimmt zu sein, sein Zählen vor dem Einsatz und die Fetzen aus Studiogesprächen, die den Hörer in dem Gefühl bestärken, an der Wand zu lauschen, geben dem Album zusätzliche Würze. *Milk And Honey* ist reizvoll und tragisch. Die Tragik liegt in dem Umstand, daß John Lennon als Musiker und Dichter gerade dabei war, wieder Fuß zu fassen. Auf das Album *Rock'n'Roll* von 1975 schrieb Dr. Winston O'Boogie ganz schlicht: »Ihr hättet dabeisein sollen.« John Lennons Musik hat uns das ermöglicht und ermöglicht es uns auch weiterhin.

# 9.
# *Das Comeback*

»Das Leben beginnt mit vierzig.«

Im August 1980 breitete sich wie ein Waldbrand das Gerücht aus: John Lennon, der Einsiedler, der Howard Hughes des Rock'n'-Roll, der Mann, der ausgeflippt und Hausmann geworden war und fünf Jahre lang ein mysteriöses, abgeschiedenes Leben geführt hatte, war wieder da. In einem New Yorker Studio nahm er ein neues Album auf, mit Yoko Ono. Inmitten des Wahlfiebers (Carter sollte im November gegen Reagan verlieren) und während im Iran hundert Amerikaner als Geiseln gehalten wurden, erschienen diese Neuigkeiten wie ein Lichtblick. Einen Monat zuvor hatte sich John auf den Bermudas entschlossen, wieder Aufnahmen zu machen. Er hatte diese Reise aus dem Gefühl heraus unternommen, bisher sehr wenig allein getan zu haben. Er entschloß sich, mit einer fünfköpfigen Crew auf seiner Jacht *Isis* zu den Bermudas zu segeln. Die See ist auf der Überfahrt von Newport, Rhode Island, aus zu gewissen Jahreszeiten berüchtigt rauh, und die Mannschaft wurde der Reihe nach seekrank. John mußte das Steuer übernehmen und zeigte sich dieser Aufgabe durchaus gewachsen. »Das Küchengeschirr ist überall herumgeflogen, und die Wellen sind über das Boot geschlagen. Es war wirklich hart«, sagte John später. »Ich dachte, ich sei der Passagier, aber dann mußte ich alles selbst machen.« Als er auf den Bermudas eingetroffen war, berichtete er Tante Mimi telefonisch von den Vorfällen. Er sagte, er habe sich wie ein alter Kapitän von der Sorte gefühlt, wie sie früher in Liverpool herumgelaufen seien. Um seine Moral aufrechtzuerhalten, habe er sich Lieder vorgesungen, hauptsächlich Beatles-Oldies: »Strawberry Fields Forever«, »It's Getting Better«, »Please Please Me«. John hatte vor, sich in dem Haus, das er gemietet hatte, vollständig zu entspannen, zu schwimmen und zu segeln. Aber er hing ständig am Telefon und versuchte, Yoko zu erreichen. Ungläubig nahm er es auf, daß seine Frau manchmal bei Geschäftsbesprechungen war und nicht gestört werden konnte. Hier schrieb John den Song »Losing You«, den er Yoko am Telefon vorspielte.

> Here in some stranger's room
> Late in the afternoon
> Can't even get you on the telephone
> There ain't no doubt about it... I'm losing
> you.

In der Diskothek Forty Thieves und im Radio hörte John viel New-Wave-Musik. Ihm fiel auf, daß nichts an dieser Musik neu war. Schon zehn Jahre zuvor hatte Yoko wesentlich Phantasievolleres im selben Genre geschrieben. Damals hatte man sie als Freak abgelehnt. John überlegte sich, daß die Welt heute soweit sein könnte, Yokos Werke zu verstehen. Das regte ihn dazu an, hektisch und entschlossen Songs zu schreiben. Einer der ersten war »Woman«, sein Hoheslied nicht nur auf Yoko, sondern auf Frauen überhaupt. In den kommenden zwei Wochen sang und spielte er Yoko bei ihren täglichen Telefonaten seine neuesten Kompositionen vor, und sie revanchierte sich mit ihren neuesten Werken. Bei

Johns Rückkehr nach Manhattan hatten Yoko und er insgesamt etwa zwanzig Songs geschrieben. *Double Fantasy* war der Name einer Blume, die John auf den Bermudas in einem botanischen Garten entdeckt hatte.
Bei seiner Rückkehr nach New York war John physisch und psychisch in einer ausgezeichneten Verfassung für die Aufnahme-Sessions. Die Arbeit machte ihm Spaß; zum ersten Mal seit achtzehn Jahren arbeitete er ohne jeden Vertrag. Er hatte die Songs nur für sich selbst geschrieben und produzierte die Platte nur zu seinem eigenen Vergnügen. Erst wenn die Platte vollständig fertiggestellt war, wollten sie sich um ein Label kümmern. Yoko verbot Alkohol im Studio, doch sie sorgte dafür, daß die Musiker bei ihrem Eintreffen Teller mit Sushi und Obst vorfanden. Topfpflanzen und Blumen wurden bestellt, und in einem Raum mit bequemen Stühlen konnten sich alle Beteiligten entspannen. Die Musiker, die John und Yoko zu ihrer Begleitung ausgewählt hatten, waren ihnen wesensverwandt und als Musiker ausgezeichnet: Andy Newmark (Schlagzeug), Hugh McCracken (Gitarre), Earl Slick (Gitarre) und Tony Levin (Baß). Die New Yorker Musiker rissen sich darum, auf John Lennons Comeback-Album mitzuspielen.
Lennon war in Hochform und seine Stimme besser denn je. Nach Beendigung der Sessions existierte genug Material für eine Platte und für Pläne für zwei weitere Platten. Jetzt ging es darum, einen Vertrag mit der richtigen Plattenfirma zu unterschreiben. John wollte nicht mit einer großen Firma arbeiten, nachdem er sich endlich von seinen Verpflichtungen gegenüber EMI/Capitol und Apple befreit hatte. Viele Firmen zeigten großes Interesse an dem Album, aber die meisten wollten die Musik hören, ehe man sich über einen Vertrag einigte. Nach achtzehn Jahren im Musikgeschäft empfand John das als einen Angriff auf seine Integrität. Schließlich ging das Album an David Geffen, der auf reiner Vertrauensbasis einen Vertrag anbot, ohne auch nur einen Ton von der Musik gehört zu haben. Zu Geffens Entdeckungen zählten Joni Mitchell, Jackson Browne und die Eagles. Auf seinem Label Asylum waren außerdem Tom Waits und Linda Ronstadt erschienen. Ehe er die Lennons unter Vertrag nahm, war sein größter Coup der gewesen, Mitte der siebziger Jahre Bob Dylan für zwei Alben von CBS abzuwerben. *Double Fantasy* hob den Ruf seines Labels, und später sollte Geffen Elton John, Asia und Peter Gabriel bekommen.
John war nach seiner Zurückgezogenheit der letzten Jahre mit einem ausgeprägten Lebenswillen von den Bermudas heimgekehrt. Zu viele Prominente seiner Generation waren ihrem eigenen Mythos zum Opfer gefallen und frühzeitig gestorben: Elvis Presley, Jimi Hendrix, Brian Jones, Buddy Holly, Eddie Cochran, James Dean und Marilyn Monroe, um nur einige wenige zu nennen. John glaubte nicht an die Philosophie des schnell Lebens und jung Sterbens. Er wollte kein Held sein. Er wollte weiterhin an seiner Ehe arbeiten, Musik machen und seinen Sohn großziehen. Für 1981 war geplant, daß er im Rahmen einer Konzert-Tournee nach Großbritannien segelte und auch in New York, Los Angeles, San Francisco und Hamburg auftrat. »Ja, diese Tournee wird wirklich Spaß machen«, sagte John. Anläßlich des Erscheinens seines neuen Albums schenkte Yoko John eine goldene Armbanduhr mit der Inschrift: To John. Just Like Starting Over. Love Yoko.«
Als Lennon im Alter von neununddreißig Jahren wieder ein Aufnahmestudio betrat, hatte er eine intellektuelle und physische Reife erlangt, wie kaum ein Rockstar sie jemals erreicht hatte, und doch war nichts von seiner früheren Ausstrahlung verlorengegangen. Er sah keinen Erfolg darin, zugkräftige Maschen beizubehalten. Er hatte es geschafft, sich dem System zu entziehen, das Künstler auskaute und dann wieder ausspuckte. John formulierte seine Ansichten und sein Leben prägnant in seinem neuen Song »Cleanup Time«:

John und Yoko in New York, 6. Dezember 1980.

Moonlight on the water
Sunlight on my face
You and me together
We are in our place
The gods are in the heavens
The angels treat us well
The oracle has spoken
We cast the perfect spell...

The queen is in the counting home
Counting out the money
The king is in the kitchen
Making bread and honey
No friends and yet no enemies
Absolutely free
No rats aboard the magic ship
Of (perfect) harmony
However far we travel
Wherever we may roam
The centre of the circle
Will always be our home.

»Ich habe kein Interesse daran, ein Sexsymbol zu sein«, sagte John. »Für mich war es eine wahre Erleuchtung, als Hausmann zu leben... weil es die totale Umkehrung dessen war, wie ich erzogen worden bin... ich habe es getan, um die Erfahrung zu machen, was es bedeutet, an der Stelle der Frauen zu sein, die das für mich getan haben. Und so wird es in der Zukunft kommen. Ich bin froh, in dem Punkt einer der Vorreiter zu sein.« Er hatte das Gefühl, während einer gewissen Phase die eigentliche Freiheit des Künstlers verloren zu haben, indem er sich »vom Image des Künstlers hatte versklaven lassen«. Für viele Künstler war das ein Grund, sich umzubringen. John sagte, Yoko sei seine innere Befreiung, seine Erlösung und seine Inspiration gewesen.
»Das Leben beginnt mit vierzig, so ist es uns oft genug versprochen worden. Ich glaube auch daran. Ich fühle mich wohl, ich bin... aufgeregt. Es ist, als würde man einundzwanzig und sagte sich: ›Wow, was wird wohl kommen?‹«

John signiert in seinem Büro im Dakota Exemplare von *Double Fantasy*.

# 10.
# Das Ende

»Was bedeutet es, als ein solcher Pazifist erschossen zu werden?«

Am 6. Dezember 1980 ging John nachmittags allein ins Café La Fortuna, um seinen üblichen Cappucino zu trinken und Zeitungen zu lesen. Vincent Urwand neckte ihn freundschaftlich wegen seines Comeback-Albums.

»Sie haben diese wilden Jahre und den Erfolg mit den Beatles hinter sich. Das Geld brauchen Sie nicht. Wozu tun Sie all das? Sie genießen es doch, Ehemann und Vater zu sein.«

John lachte. »Ich habe geschworen, mich um diesen Jungen zu kümmern, bis er fünf ist, und er ist fünf, und ich habe Lust, wieder Musik zu machen«, erwiderte er. »Ich spüre den Drang, es zu tun. Es ist lange her, daß ich einen Song geschrieben habe, aber jetzt stürmen die Songs auf mich ein.« John schickte Vincent ein von Yoko und ihm signiertes Exemplar von *Double Fantasy*.

Am selben Abend rief John Mimi an. Er schwärmte ihr von seiner Platte vor und berichtete ihr von seinen Plänen, eine weltweite Tournee zu organisieren. Mimi, die sich Johns Träume fünfunddreißig Jahre lang angehört hatte, nahm seinen Überschwang nicht allzu ernst, doch John sagte auch, das bedeute, daß er sie bald sehen und Sean mitbringen würde. Zwei Nächte später war John tot.

Die Zahl neun spielte eine wichtige Rolle in Johns Leben.

Er war am 9. Oktober 1940 geboren worden, Sean am 9. Oktober 1975. Am 9. November 1961 hatte Brian Epstein im Cavern in Liverpool erstmals John und die Beatles gesehen, und den Plattenvertrag mit EMI hatte er am 9. Mai 1962 in London zustande gebracht. Ihr Plattendebüt, »Love Me Do«, lief unter der Nummer Parlophone R4949.

John hatte Yoko am 9. November 1966 kennengelernt. Nachdem die Beatles 1970 auseinandergegangen waren, hatten John und Yoko neun Soloalben herausgebracht, bis John sich 1975 zurückzog. Johns und Yokos Wohnung lag in der West 72. Straße in New York City (sieben plus zwei macht neun), und ihre eigentliche Wohnung im Dakota hatte ebenfalls die Nummer 72. Als Student war John jeden Mogen mit dem Zweiundsiebziger-Bus in die Kunstakademie gefahren.

Zu Johns Songs zählten »Revolution 9«, »# 9 Dream« und »One After 909«, wobei er letzteren Song im Haus seiner Mutter in der Newcastle Road 9, Wavertree, geschrieben hatte. Als John dafür sorgte, daß seine Tante Mimi von Liverpool nach Dorset zog, lautete ihre neue Adresse Panorama Road 126, und diese Zahlenkombination erschien John als eine Glückszahl.

Er machte sich sogar darüber lustig, daß einer seiner wichtigsten Songs neun Schlüsselwörter enthielt: »All we are saying is Give Peace A Chance.«

»Ich liebe New York, weil ich hier rumlaufen und mich so frei fühlen kann«, sagte John. Er schlendert mit Yoko durch die Straßen. September 1980.

Als die Beatles 1964 in Paris auf Tournee waren, erhielt John einen Brief mit einer Mordandrohung, der ihn nervös machte: »Ich werde Sie heute abend um neun erschießen.« Am 9. September 1973 verkaufte John Tittenhurst Park an Ringo. Er glaubte, es sei ein Zeichen, daß seine Ehe, »in den Sternen geschrieben« war, daß die Namen John Ono Lennon und Yoko Ono Lennon gemeinsam neunmal den Buchstaben »o« aufwiesen.
Als John am 8. Dezember 1980 um 22.50 Uhr in New York umgebracht wurde, bedeutete der Zeitunterschied von fünf Stunden zu England, daß es dort der 9. Dezember war.

John und Yoko gehörten zu den beliebtesten Bewohnern des Dakota. Es war ihnen von einem Ausschuß des exklusiven Apartmentblocks gestattet worden, dort im Lauf von neun Jahren fünf Wohnungen mit insgesamt vierunddreißig Zimmern zu kaufen. Besonders beliebt waren sie beim Personal, weil sie es nicht herablassend behandelten. Man riß sich fast darum, John Pakete in den siebten Stock zu bringen, weil er bekanntermaßen großzügige Trinkgelder gab. John hatte sein Leben lang jedem getraut. Er erwartete von jedem die Aufrichtigkeit, die er selbst anderen entgegenbrachte, und auf den ersten Blick täuschte er sich oft in anderen Menschen.
Der siebenundzwanzigjährige Jay Hastings arbeitete an der Rezeption in der eichenholzgetäfelten Eingangshalle des Dakota. Jeder Ankömmling kam an ihm vorbei, jedes Paket ging durch seine Hände, und er rief in allen Wohnungen an,

Wenige Tage vor dem Mord in den Straßen von Manhattan. John trägt seine Krawatte von der Quarry Bank High School.

um zu fragen, ob Besuchern der Eintritt gestattet sei.
Im Hochsommer 1980 ließ sich Lennon einen Bart wachsen. Er fragte Jay Hastings darüber aus, was der für die gepflegte Erscheinung seines Barts tue. Hastings beriet ihn, aber wenige Wochen später stand John ohne Bart und ohne Brille im Foyer. Er hatte eine Gitarre bei sich und war auf dem Weg auf die Bermudas. Jay fragte ihn, was aus seinem Bart geworden sei. »Ach, es war ein Foto von mir mit Bart in der Zeitung, und daraufhin hat man mich überall erkannt«, erwiderte John. »Ich will einfach frei rumlaufen! Niemand rechnet damit, daß ich jetzt so aussehe.«
An vielen Abenden hörte Jay Hastings Johns fröhliches Pfeifen, während dieser den Dreißig-Sekunden-Weg von der West 72. Straße zur Eingangshalle des Dakota zurücklegte. »*Bonsoir*, Jay!« begrüßte Lennon ihn oft.
In den ersten Dezembertagen des Jahres 1980 war John besonders gutgelaunt. Am Spätnachmittag ging er meistens ins Studio und arbeitete an den Aufnahmen für *Double Fantasy*; zwischen halb elf und halb zwölf kehrte er mit Yoko zurück. »Ich habe immer gehört, wenn sie die Tür ihrer schwarzen Limousine zuschlugen«, sagt Hastings. »Ich kannte Johns Gang. Und dann habe ich auf dieses Pfeifen gewartet.«
Der Abend des 8. Dezember war besonders mild und lau. John und Yoko hatten fünf Stunden im Studio verbracht, und um 22.48 fuhr ihr Wagen vor dem Dakota vor. José, der Portier, ging hinaus, um die Wagentür zu öffnen. John trat vor Yoko in den Bogengang. Eine Männerstimme rief: »Mr. Lennon?« Als John sich gerade umdrehen wollte, schoß ihm sein Mörder aus einem 38er Revolver fünf Kugeln in den Rücken.
Entsetzliche Szenen folgten. Yoko schrie hysterisch nach einem Krankenwagen. John taumelte die sechs Stufen zu Jay Hastings hinauf. Dort fiel er auf den Fußboden und stöhnte: »Auf mich ist geschossen worden.« Hastings riß sich seine Jakke herunter und deckte John damit zu. Dann drückte er auf eine Alarmtaste, die ihn direkt mit dem Polizeirevier verband. Innerhalb von zwei Minuten traf ein Streifenwagen ein. Man entschloß sich, nicht auf einen Krankenwagen zu warten. Jay Hastings half den Polizisten, John zum Wagen zu tragen, der so schnell wie möglich zum Roosevelt Hospital an der Ninth Avenue fuhr. Die Ärzte versuchten es mit sofortiger Herzmassage, aber es war zu spät. John starb an dem großen Blutverlust.
Im Dakota wurden der Kassettenrecorder und das Band, das John bei seinem Sturz in der Hand gehalten hatte, aufgehoben. Yoko hatte Johns Brille an sich genommen. Die Musik auf dem Band, das John in der Hand gehalten hatte, war für das nächste Album bestimmt. Es war Yokos »Walking On Thin Ice«. Als Yoko aus dem Krankenhaus zurückgekehrt war, faßte sie sich soweit, eine schlichte Botschaft an die verstörte Welt herauszugeben: »John hat die Menschheit geliebt und für sie gebetet. Tut bitte dasselbe für ihn.«
Als die Nachricht seiner Ermordung sich verbreitete, strahlte man weltweit seine Musik aus. Seit dem Mord an Präsident John F. Kennedy im November 1963 war die Welt nicht mehr so aufgewühlt, erzürnt und fassungslos über einen Mord gewesen. Während der allgemeine Schock sich in Wut verwandelte, während Staatsmänner John huldigten, während die Flagge des Dakota ihm zu Ehren auf halbmast hing, wurde die bittere Ironie deutlich: Der Rebell, der endlich Ruhe und Frieden in seinem Leben gefunden hatte, der Frieden und Liebe gepredigt hatte, der Hoffnung gebracht hatte und der mit seiner Kreativität und seiner Selbstironie, seinem Mitgefühl und seiner Ergebenheit an seine Familie Millionen inspiriert und ihnen ein Beispiel gegeben hatte, war durch eine Waffe gestorben.
John wurde im Hartsdale Crematorium, New York State, verbrannt. Millionen trauerten um ihn. Pilgerscharen aus aller Welt machten sich auf den Weg: in die Menlove Avenue, zur Kunstakademie von Liverpool, in die Mathew Street, den früheren Sitz des Cavern-Clubs, und in den New Yorker Central Park.
Auf Yokos Bitte hin versammelten sich vierhunderttausend Menschen im Central Park, gegenüber dem Dakota, und hielten zehn Schweigeminuten ab. Auch nach Hamburg pilgerten die

Fans; Astrid Kirchherr erinnert sich gut an diese für sie so deprimierende Zeit.
John hatte mit einer seltenen Würde überlebt: Er hatte den Übergang geschafft, der so wenigen gelungen war, sich vom jugendlichen Rocker zum Künstler weiterzuentwickeln, und in den ganzen vierzig Jahren hatte er sich nie verkauft. Als er aus den Beatles herausgewachsen war, blieb er sich selbst treu. Die Welt trauerte um den Verlust seiner Arroganz, seines Humors, seiner Wärme, seiner Schwächen und vor allem anderen – seiner Menschlichkeit.

Am 10. Dezember 1980 ließ Yoko, deren entsetzliche Aufgabe es war, dem fünfjährigen Sean die Nachricht beizubringen, folgende Erklärung aus dem Dakota verlauten:

> Ich habe Sean gesagt, was passiert ist. Ich habe ihm das Bild seines Vaters in der Zeitung gezeigt und ihm die Situation erklärt. Ich habe Sean zu der Stelle geführt, an der John lag, nachdem er erschossen wurde. Sean wollte wissen, warum dieser Mensch John erschossen hat, wenn er John mochte. Ich habe ihm erklärt, daß es wahrscheinlich ein verwirrter Mensch war. Sean hat gesagt, wir sollten herausfinden, ob er verwirrt war oder ob er wirklich vorhatte, John zu töten. Ich habe ihm gesagt, daß das Sache des Gerichts ist. Später hat Sean geweint. Er hat auch gesagt: »Jetzt ist Daddy ein Teil von Gott. Ich glaube, wenn man stirbt, wird man viel größer, weil man dann Teil von allem ist.«
> Ich habe Seans Äußerungen nicht mehr viel hinzuzufügen. Das Schweigen zu Johns Gedenken findet am 14. Dezember um 14 Uhr statt, zehn Minuten lang.
> Unsere Gedanken werden bei euch sein.
> In Liebe, Yoko und Sean

Keine der Reaktionen der Öffentlichkeit war so schlicht und ausdrucksstark wie die von Hunderten von Fans, die tagelang eine Totentrauer vor dem Dakota abhielten. Die Fans brachten Kassettenrecorder mit und spielten rund um die Uhr Johns Musik. Für Yoko im siebten Stock jedoch war es kaum zu ertragen. »In der Nacht des Mords«, erinnert sie sich, »hat es angefangen. Als es die ganze Woche weiterging, hat es mich fast um den Verstand gebracht. Tag und Nacht Musik... nach dem, was gerade geschehen war – es war einfach unerträglich.« Aber sie wußte die Briefe der Fans zu würdigen, die bis heute täglich eintreffen.
John hat nie ein Gott, aber auch nie ein toter Märtyrer sein wollen. »Träumt eure eigenen Träume, und tut selbst etwas für euch. Ich kann euch nicht aufwecken. Ihr müßt euch selbst aufwecken«, sagte er. Er hatte auf Gandhi und Martin Luther King als großartige Beispiele für gewaltlose Menschen hingewiesen, die durch Gewalt ums Leben gekommen waren. Er sagte, das habe er nie verstanden. Einer der letzten Sätze, die er zu einem Freund sagte, war: »Was bedeutet es, als ein solcher Pazifist erschossen zu werden?«
In den darauffolgenden Wochen, in denen die Medien weltweit über John berichteten, zog sich Yoko ganz ins Dakota zurück. Nach japanischem Brauch schnitt sie sich als Zeichen des Respekts für ihren Mann das Haar ab. Sie schloß das Schlafzimmer ab, in dem John und sie geschlafen hatten. Nur zwei Gegenstände wollte sie in ihrer Nähe haben – es waren die letzten Geschenke, die sie ihm gemacht hatte: die goldene Uhr mit der Inschrift, die sie ihm einen Monat zuvor geschenkt hatte, und eine winzige amerikanische Flagge, eine Anstecknadel aus roten Rubinen, weißen Diamanten und blauen Saphiren. Man sieht Yoko selten ohne den Diamantanhänger, den John ihr bei Tiffany gekauft hat und den sie auf der Abbildung auf *Double Fantasy* trägt.
Sie erteilte Anweisung, daß kein Bild an den Wänden umgehängt werden durfte. Alles sollte so bleiben, wie John es gewünscht hatte. Bilder von den Beatles oder Goldene Schallplatten hatte es an den Wänden des Dakota nie gegeben. Das einzige Bild, das John als Musiker zeigte, war die Originalfotografie des zwanzigjährigen Lennon,

der in Hamburg in einem Hauseingang steht, mit Haut und Haar ein Rock'n'Roller.
»Ich glaube«, sagte Yoko, als ich sie einige Monate nach dem Mord traf, »daß er in vieler Hinsicht bis zum Schluß ein schlichter Liverpooler war. Er war ein Chamäleon, er hatte einen leicht chauvinistischen Einschlag, aber er war so menschlich. In den vierzehn Jahren, die wir gemeinsam verbracht haben, hat er nie mit dem Versuch aufgehört, sich aus sich selbst heraus zu verbessern. Für mich ist er heute noch am Leben. Der bloße Tod kann John nicht auslöschen.«
John und Yoko haben in diesen vierzehn Jahren wahrscheinlich mehr Zeit miteinander verbracht als die meisten Ehepaare in einem ganzen Leben. Es war kaum überraschend, daß Yoko nach Johns Ermordung schwere Depressionen hatte. Fast drei Monate lang sah sie aus dem Fenster, ernährte sich nur von Pilzen und Schokoladenkuchen und rauchte ihre Nat-Sherman-Zigaretten, bis sie spürte, daß sie wieder etwas tun mußte – entweder wieder, wie bisher, sich um die geschäftlichen Angelegenheiten der Familie kümmern oder eine Platte machen. Sie entschied sich, beides zu tun. Dieser Entschluß hätte John gefallen.
Sie wollte im Dakota bleiben. Hier spürte sie Johns Anwesenheit. Als sie sich aufraffte und die Wohnung wieder verließ, kam sie täglich an der Stelle vorbei, an der John erschossen worden war, doch seine unsichtbare Gegenwart gab ihr innere Kraft.
»Ich empfinde großen Kummer, Haß und Ablehnung«, sagte sie, »aber wohin soll ich diese Gefühle stecken?« Als ich sie einige Monate nach der Tragödie interviewte, war dies ihr erstes Presseinterview seit dem Mord; sie war nervös und zündete sich eine Zigarette nach der anderen an. Sie hatte alle Vorzeichen astrologisch überprüft, ehe sie mit einem Gespräch einverstanden war. Die Interviews erschienen am 12. und 13. August erst im *Daily Mirror* in London, anschließend in Dutzenden von internationalen Publikationen.
Ausgerechnet jetzt hatte sich Yoko, die man während ihrer Ehe angegriffen und verspottet hatte, den Respekt der Welt erworben. »Kannst du dir vorstellen, was für ein Gefühl das ist? Zehn Jahre lang war ich der Teufel«, sagte sie zu mir. »Jetzt bin ich plötzlich ein Engel. Mußte die Welt John verlieren, damit die Menschen ihre Meinung von mir änderten? Wenn es John zurückholen würde, würde ich es vorziehen, weiterhin gehaßt zu werden.«
Um nicht den Verstand zu verlieren, ging Yoko wieder ins Aufnahmestudio. In der Hit Factory nahm sie mit vielen der Musiker, die bei *Double Fantasy* mitgearbeitet hatten, *Season Of Glass* auf. Sie hatte jetzt eine Stimme, die an ihren Emotionen erstickte, und sie sang ihre Kompositionen mit nie gekanntem Kummer und Zorn. »Diese Platte zu machen, war für mich eine Therapie«, sagt sie. »Ich hatte keine andere Möglichkeit zum Überleben. Ich hatte im Studio ständig das Gefühl, John neben mir zu haben.« Ihre Songs »Goodbye Sadness« mit den vier Schüssen und der Sirene des Krankenwagens und »No, No, No« ließen sie den Mord noch einmal durchleben. An einem Punkt schreit sie auf der Platte: »You *bastards*! We had *everything*!« Yoko wollte Johns blutverschmierte Brille auf dem Cover abbilden. Ihre Kritiker fanden das geschmacklos. Yoko stimmte damit nicht überein. »John hätte es gebilligt, und ich kann auch erklären, warum. Ich wollte die ganze Welt daran erinnern, was passiert ist. Andere Leute fühlen sich von der Brille und dem Blut angegriffen? Die Brille ist ein winziger Bestandteil dessen, was passiert ist. Wenn Leuten diese Brille auf den Magen schlägt, dann tut es mir leid. Es gab eine Leiche. Es gab Blut.

Jahrelang hatte Sean seine Eltern gebeten, mit ihm nach Liverpool zu fahren. Im Januar 1984 führte ihn Yoko durch die Stadt und zeigte ihm alle Orte, an denen sich sein Vater früher aufgehalten hatte... die Kunstakademie, das Cavern Mecca, in dem Sean ein Cavern-Button angesteckt wurde, und schließlich das Haus in Woolton, in dem John seine Kindheit verbracht hatte. Dieses Foto, das vor dem Haus aufgenommen wurde, zeigt Yoko und Sean flankiert von ihren ständig anwesenden Leibwächtern.

Julian Lennon legt seine Hände auf die Schultern von Sean Lennon. Bei der Einweihungszeremonie für »Strawberry Fields«, einen Garten im New Yorker Central Park, im März 1984. Ganz links der New Yorker Bürgermeister Ed Koch.

Sein ganzer Körper war blutüberströmt. Auf dem ganzen Boden war Blut. Und das ist die Realität. Ich möchte, daß die Menschen dem ins Gesicht sehen, was passiert ist. Er hat keinen Selbstmord begangen. Er ist ermordet worden. Die Leute fühlen sich von der Brille und dem Blut abgestoßen? John mußte wesentlich mehr akzeptieren, was ihm auf den Magen geschlagen ist.«

Johns Mörder, der fünfundzwanzigjährige Mark David Chapman, der als Sicherheitswächter in einem Krankenhaus und als Drucker gearbeitet hatte, stammte aus Decatur, Georgia, aber er hatte mit seiner Frau Gloria in Honolulu gelebt. Einige Tage vor dem 8. Dezember 1980 war er allein nach New York gekommen. Er wohnte im Olcott Hotel in der 72. Straße West, nur zweihundert Meter vom Schauplatz des Mordes entfernt. An jenem Tag hatte er mit einem Exemplar von Johns und Yokos Album *Double Fantasy* vor dem Dakota herumgelungert, und es war ihm gelungen, ein Autogramm von John zu bekommen. Niemand hatte einen Grund, die Fans, die oft vor dem Dakota standen, als bedrohlich anzusehen.

Bei einem fünfzehnminütigen Verhör vor dem überfüllten Gerichtssaal von Manhattan am 9. Dezember sagte der Staatsanwalt: »Dieser Mann ist zu einem bestimmten Zweck nach New York gekommen. Er hat durchgeführt, was er sich vorgenommen hatte. Chapman hat die Hinrichtung John Lennons kühl, ruhig, rational und intelligent vorausgeplant.« Chapmans Anwalt sagte, der Mörder habe ihm mitgeteilt, er sei immer ein großer Lennon-Fan gewesen. »Er sagte mir, schon mit zehn Jahren habe er Lennon sehr bewundert. Ich habe den Eindruck gewonnen, daß sein Geist verwirrt ist.«

Chapman wurde zu einer lebenslänglichen Haftstrafe verurteilt und zuerst im Rikers Jail, dann im Attica State Prison, New York, inhaftiert, das für seine besonders scharfe Bewachung bekannt ist. Der Häftling Nummer 81A3860 wurde bewacht wie wohl kaum ein anderer Mensch auf Erden, da sich der Zorn anderer Häftlinge gegen den Mörder John Lennons richtete. Immer wieder wollten die Medien die Motive des Mörders ergründen, und täglich trafen neben Haßbriefen Gesuche um Interviews ein. Doch nicht einer der Haßbriefe konnte es mit dem Brief aufnehmen, den Chapman 1983 an Yoko schrieb. Er bat sie um ihre Einwilligung, seine Geschichte schreiben zu dürfen und die Einnahmen des Buches für einen wohltätigen Zweck zu spenden. Yoko war vor Schock betäubt.

Innerhalb der ersten zwei Monate nach Johns Tod traf eine Viertelmillion Beileidsbekundungen im Dakota ein. Von dem Album *Double Fantasy* wurden weltweit in sieben Monaten sieben Millionen Exemplare verkauft. Johns Freund, der Sänger und Songwriter Harry Nilsson, startete eine Kampagne für das Verbot von Handfeuerwaffen in Amerika.

In den Monaten nach Johns Tod fand Yoko in Johns Schubladen und Büchern Notizen, die er ihr geschrieben, die sie jedoch nie gesehen hatte. »Mother, vergiß nicht, daß die Uhren eine Stunde vorgehen... Daddy.« – »Vergiß nicht, daß der Kessel aufgesetzt ist.« – »Mother, ich bin in einer Stunde zurück.« Sie spricht von John zwar häufig unter Tränen, aber nur in der Gegenwartsform. Es dauerte drei Jahre, bis sie es ertrug, sich die Songs anzuhören, die sie für das Nachfolge-Album von *Double Fantasy* aufgenommen hatten.

Mimi, die an einer Erkrankung der Atemwege litt, verkaufte Sandbanks in Dorset und zog zu ihrer Schwester Anne, die in der Nähe von Liverpool lebt. Immer wenn sie Johns Stimme im Radio hört, schaltet sie den Apparat aus. »Darüber komme ich nie hinweg«, sagt sie.

Liverpool erwies seinen vier berühmtesten Bürgern besonders wenig Ehre. Erst 1982 wurden vier Straßen nach ihnen benannt, darunter der John Lennon Drive. Als 1984 eine Statue enthüllt wurde, ging das auf private Initiativen zurück und nicht auf städtische Institutionen.

1982, zwanzig Jahre nach dem Erscheinen der ersten Beatles-Platte, begründete die Performing Right Society in Großbritannien das John-Lennon-Stipendium. Bei einer jährlichen Preisverleihung werden Arbeiten an Aufnahmetechniken im Fachbereich Musik der Universität von Surrey ausgezeichnet. John war Mitglied der Performing Right Society, einem Zusammenschluß von Komponisten, Schriftstellern und Musikverlegern. Dieses Stipendium wurde von zwei Männern angeregt, die zu Beginn von Johns Karriere eine große Rolle spielten: George Martin und Dick James.

1984 besuchte Yoko mit Sean Liverpool und spendete zehntausend Pfund für die Studienbeihilfe am Polytechnikum in Liverpool, das früher die Kunstakademie gewesen war. Sie zeigte Sean alle Orte, die in Johns Leben eine Rolle gespielt hatten; sie besuchten auch Tante Mimi, die Sean noch nie gesehen hatte. »Ganz wie John«, sagte Mimi unter Freudentränen, als sie Sean sah.

John hinterließ sein Vermögen, das zur Zeit seines Todes auf hundertfünfzig Millionen Dollar geschätzt wurde und täglich durch die Einnahmen an Tantiemen von Plattenverkäufen und seinen Kompositionen um fünfzigtausend Dollar größer wird, zur Hälfte Yoko. Die Begünstigten der anderen Hälfte seines Vermögens wurden nicht genannt. Johns Testament enthielt die Klausel, daß jeder genannte Begünstigte, der Einwände erheben oder gerichtliche Schritte unternehmen würde, nichts bekommen sollte. Es ist anzunehmen, daß viele Wohltätigkeitsorganisationen zu den Begünstigten zählen.

John und Yoko waren aktive Mitglieder der Spirit Foundation, die Geld für die verschiedensten Zwecke bereitstellt, von Altersheimen über Hilfe für behinderte Kinder. Zehn Prozent ihres Einkommens gingen automatisch an diese Stiftung. Ein Jahr vor seinem Tod hatte John tausend Dollar für eine Kampagne gespendet, die dazu beitragen sollte, die Polizisten von New York mit kugelsicheren Westen auszurüsten.

Yoko tut weiterhin anonym viel für Wohltätigkeitsorganisationen. 1983 beschloß sie, ihr Leben zu vereinfachen. Nach dem Verkauf des Hauses in West Palm Beach und der Farmen plante sie, etwa drei Millionen Pfund für Waisenhäuser und andere gemeinnützige Zwecke auf der ganzen Welt zu stiften, darunter auch für das Heim der Heilsarmee in den Strawberry Fields.

Ein dreieckiges Stück Land im New Yorker Central Park wurde John zu Ehren »Strawberry Fields« getauft. Bei dem Einweihungszeremoniell durch einen Bewunderer John Lennons, Bürgermeister Ed Koch, am 21. März 1984, brach Yoko zusammen. Dieses Projekt hatte sie kurz nach Johns Tod in Angriff genommen. Sie hatte an Staatsoberhäupter in aller Welt geschrieben und darum gebeten, eine Pflanze, einen Stein oder ähnliches aus dem jeweiligen Land für »Strawberry Fields« im Central Park zu schikken. »Das ist die schönste Ehrung, die wir John erweisen können«, sagt Yoko. Es war die Stelle, an der sie sich nach ihrem letzten gemeinsamen Spaziergang hingesetzt hatten, um sich zu unterhalten. Auch Julian Lennon, der gerade in New York sein Debüt-Album aufnahm, wohnte den Feierlichkeiten bei.

John Lennon war nicht nur ein Genie. Er war hingebungsvoll und grenzenlos integer und unglaublich aktiv: Das bestätigt bereits ein Blick auf den Umfang seines Lebenswerks. Es war ihm verhaßt, vergöttert zu werden; doch am 8. Dezember 1980 starb ein Mensch, dessen Musik unsterblich ist.

# *Texte klassischer Songs von John Lennon*

## Help!

Help! I need somebody
Help! Not just anybody
Help! You know I need someone
Help!
When I was younger, so much younger than today
I never needed anybody's help in any way
But now these days are gone I'm not so self assured
Now I find I've changed my mind
I've opened up the doors.
Help me if you can, I'm feeling down
And I do appreciate you being 'round
Help me get my feet back on the ground
Won't you please please help me?
And now my life has changed in oh so many ways
My independence seems to vanish in the haze
But every now and then I feel so insecure
I know that I just need you like I've never done before.
Help me if you can, I'm feeling down
And I do appreciate you being 'round
Help me get my feet back on the ground
Won't you please please help me?
When I was younger, so much younger than today
I never needed anybody's help in any way
But now these days are gone I'm not so self assured
Now I find I've changed my mind
I've opened up the doors.
Help me if you can, I'm feeling down
And I do appreciate you being 'round
Help me get my feet back on the ground
Won't you please please help me?
Help me, help me.

## I'm A Loser

I'm a loser, I'm a loser
And I'm not what I appear to be.
Of all the love I have won or have lost
There is one love I should never have crossed,
She was a girl in a million my friend
I should have known she would win in the end.
I'm a loser, and I lost someone who's near to me
I'm a loser, and I'm not what I appear to be.
Although I laugh and I act like a clown
Beneath this mask I am wearing a frown.
My tears are falling like rain from the sky
Is it for her or myself that I cry?
I'm a loser, and I lost someone who's near to me
I'm a loser, and I'm not what I appear to be.
What have I done to deserve such a fate?
I realize I have left it too late.
And so it's true pride comes before a fall
I'm telling you so that you won't lose all.
I'm a loser, and I lost someone who's near to me
I'm a loser, and I'm not what I appear to be.

## In My Life

There are places I'll remember
All my life, though some have changed
Some forever, not for better
Some have gone, and some remain.
All these places had their moments
With lovers and friends I still can recall
Some are dead and some are living
In my life I've loved them all.
But of all these friends and lovers
There is no one compares with you
And these memories lose their meaning
When I think of love as something new.
Though I know I'll never lose affection
For people and things that went before

I know I'll often stop and think about them
In my life I'll love you more.
Though I know I'll never lose affection
For people and things that went before
I know I'll often stop and think about them
In my life I'll love you more.
In my life I'll love you more.

## Norwegian Wood (This Bird Has Flown)

I once had a girl
Or should I say
She once had me.
She showed me her room
Isn't it good, Norwegian wood.
She asked me to stay and she told me to sit anywhere
So I looked around and I noticed there wasn't a chair.
I sat on a rug, biding my time, drinking her wine.
We talked until two, and then she said
›It's time for bed.‹
She told me she worked in the morning and started to laugh
I told her I didn't, and crawled off to sleep in the bath.
And when I awoke
I was alone, this bird had flown.
So I lit a fire
Isn't it good, Norwegian wood.

## Please Please Me

Last night I said these words to my girl
I know you never even try girl
Come on, come on, come on, come on
Please please me woh yeh like I please you.
You don't need me to show the way love
Why do I always have to say love
Come on, come on, come on, come on
Please please me woh yeh like I please you.
I don't want to sound complaining
But you know there's always rain in my heart
I do all the pleasing with you
It's so hard to reason with you
Woh yeh, why do you make me blue?
Last night I said these words to my girl
I know you never even try girl
Come on, come on, come on, come on
Please please me woh yeh like I please you
Woh yeh like I please you
Woh yeh like I please you.

## You've Got To Hide Your Love Away

Here I stand, head in hand
Turn my face to the wall
If she's gone I can't go on
Feeling two foot small.
Everywhere people stare
Each and every day
I can see them laugh at me
And I hear them say
Hey, you've got to hide your love away
Hey, you've got to hide your love away.
How can I even try?
I can never win
Hearing them, seeing them
In the state I'm in.
How could she say to me
Love will find a way?
Gather round all you clowns
Let me hear you say
Hey, you've got to hide your love away
Hey, you've got to hide your love away.

## Strawberry Fields Forever

Let me take you down
'cos I'm going to Strawberry Fields
Nothing is real
And nothing to get hungabout
Strawberry Fields forever
Living is easy with eyes closed
Misunderstanding all you see
It's getting hard to be someone

But it all works out
It doesn't matter much to me
Let me take you down
'cos I'm going to Strawberry Fields
Nothing is real
And nothing to get hungabout
Strawberry Fields forever
No one, I think, is in my tree
I mean, it must be high or low
That is you can't, you know, tune in
But it's alright
That is, I think it's not too bad
Let me take you down
'cos I'm going to Strawberry Fields
Nothing is real
And nothing to get hungabout
Strawberry Fields forever
Always, no, sometimes, think it's me
But, you know, I know when it's a dream
I think, er, no, I mean, er, yes
But it's all wrong
That is, I think I disagree
Let me take you down
'cos I'm going to Strawberry Fields
Nothing is real
And nothing to get hungabout
Strawberry Fields forever
Strawberry Fields forever
Strawberry Fields forever.

## Lucy In The Sky With Diamonds

Picture yourself in a boat on a river
With tangerine trees and marmalade skies
Somebody calls you, you answer quite slowly
A girl with kaleidoscope eyes
Cellophane flowers of yellow and green
Towering over your head
Look for the girl with the sun in her eyes
And she's gone.
Lucy in the sky with diamonds
Lucy in the sky with diamonds
Lucy in the sky with diamonds
Follow her down to a bridge by a fountain
Where rocking-horse people eat marshmallow pies
Everyone smiles as you drift past the flowers
That grow so incredibly high
Newspaper taxis appear on the shore
Waiting to take you away
Climb in the back with your head in the clouds
And you're gone.
Lucy in the sky with diamonds
Lucy in the sky with diamonds
Lucy in the sky with diamonds
Picture yourself on a train in a station
With plasticine porters with looking-glass ties
Suddenly someone is there at the turnstile
The girl with kaleidoscope eyes
Lucy in the sky with diamonds
Lucy in the sky with diamonds
Lucy in the sky with diamonds
Lucy in the sky with diamonds
Lucy in the sky with diamonds
Lucy in the sky with diamonds
Lucy in the sky with diamonds
Lucy in the sky with diamonds
Lucy in the sky with diamonds.

## A Day In The Life

I read the news today, oh boy
About a lucky man who made the grade
And though the news was rather sad
Well I just had to laugh
I saw the photograph
He blew his mind out in a car
He didn't notice that the lights had changed
A crowd of people stood and stared
They'd seen his face before
Nobody was really sure if he was from the House of Lords
I saw a film today, oh boy
The English army had just won the war
A crowd of people turned away
But I just had to look
Having read the book
I'd love to turn you on.
Woke up, fell out of bed
Dragged a comb across my head
Found my way downstairs and drank a cup

And looking up I noticed I was late
Found my coat and grabbed my hat
Made the bus in seconds flat
Found my way upstairs and had a smoke
And somebody spoke and I went into a dream.
I read the news today, oh boy
Four thousand holes in Blackburn, Lancashire
And though the holes were rather small
They had to count them all
Now they know how many holes it takes to fill the Albert Hall
I'd love to turn you on.

## Across The Universe

Words are flowing out like endless rain into a paper cup
They slither wildly as they slip away across the universe
Pools of sorrow, waves of joy
Are drifting through my opened mind
Possessing and caressing me
Jai Guru Deva OM
Nothing's gonna change my world
Nothing's gonna change my world
Nothing's gonna change my world
Nothing's gonna change my world
Images of broken light which dance before me like a million eyes
They call me on and on across the universe
Thoughts meander like a restless wind inside a letter-box
They tumble blindly as they make their way across the universe
Jai Guru Deva OM
Nothing's gonna change my world
Nothing's gonna change my world
Nothing's gonna change my world
Nothing's gonna change my world
Sounds of laughter, shades of love
Are ringing through my opened ears
Inciting and inviting me
Limitless, undying love which shines around me like a million suns
It calls me on and on across the universe
Jai Guru Deva OM
Nothing's gonna change my world
Nothing's gonna change my world
Nothing's gonna change my world
Nothing's gonna change my world
Jai Guru Deva, Jai Guru Deva, Jai Guru Deva
Jai Guru Deva, Jai Guru Deva, Jai Guru Deva.

## Revolution

You say you wanna revolution
Well, you know we all wanna change the world
You tell me that it's evolution
Well, you know we all wanna change the world
But when you talk about destruction
Don't you know that you can count me out?
Don't you know it's gonna be alright, alright, alright?
You say you got a real solution
Well, you know we'd all love to see the plan
You ask me for a contribution
Well, you know we're all doing what we can
But if you want money for people with minds that hate
All I can tell you is brother, you have to wait.
Don't you know it's gonna be alright, alright, alright?
You say you'll change the constitution
Well, you know we all want to change your head
You tell me it's the institution
Well, you know you better free your mind instead
But if you go carrying pictures of Chairman Mao
You ain't gonna make it with anyone anyhow.
Don't you know it's gonna be alright, alright, alright?
Alrigth, alright, alright, alright
Alright, alright, alright, – alright!

## Glass Onion

I told you about Strawberry Fields
You know, the place where nothing is real
Well here's another place you can go

Where everything flows
Looking through the bent-backed tulips
To see how the other half live
Looking through a glass onion
I told you about the walrus and me – man
You know that we're as close as can be – man
Well here's another clue for you all:
The walrus was Paul
Standing on the Cast Iron Shore – yeah
Lady Madonna trying to make ends meet – yeah
Looking through a glass onion
Oh yeah, oh yeah, oh yeah!
Looking through a glass onion
I told you about the fool on the hill
I tell you man, he's living there still
Well here's another place you can be
Listen to me!
Fixing a hole in the ocean
Trying to make a dovetail joint – yeah
Looking through a glass onion.

## The Ballad Of John And Yoko

Standing in the dock at Southampton
Trying to get to Holland or France
The man in the mac said you've gotta go back
You know they didn't even give us a chance
Christ! You know it ain't easy
You know how hard it can be
The way things are going
They're gonna crucify me
Finally made the plane into Paris
Honeymooning down by the Seine
Peter Brown called to say, you can make it OK
You can get married in Gibraltar, near Spain
Christ! You know it ain't easy
You know how hard it can be
The way things are going
They're gonna crucify me
Drove from Paris to the Amsterdam Hilton
Talking in our beds for a week
The news people said, say what're you doing in bed?
I said we're only trying to get us some peace
Christ! You know it ain't easy
You know how hard it can be
The way things are going
They're gonna crucify me
Saving up your money for a rainy day
Giving all your clothes to charity
Last night the wife said, oh boy, when you're dead
You don't take nothing with you but your soul
Think!
Made a lightning trip to Vienna
Eating chocolate cake in a bag
The newspapers said, she's gone to his head
They look just like two gurus in drag
Christ! You know it ain't easy
You know how hard it can be
The way things are going
They're gonna crucify me
Caught the early plane back to London
Fifty acorns tied in a sack
The men from the Press said, we wish you success
It's good to have the both of you back
Christ! You know it ain't easy
You know how hard it can be
The way things are going
They're gonna crucify me
The way things are going
They're gonna crucify me.

## Julia

Half of what I say is meaningless
But I say it just to reach you, Julia
Julia, Julia, oceanchild, calls me
So I sing a song of love, Julia
Julia, seashell eyes, windy smile, calls me
So I sing a song of love, Julia
Her hair of floating sky is shimmering, glimmering in the sun
Julia, Julia, morning moon, touch me
So I sing a song of love, Julia
When I cannot sing my heart
I can only speak my mind, Julia
Julia, sleeping sand, silent cloud, touch me
So I sing a song of love, Julia

Hmm hmm hmm calls me
So I sing a song of love for Julia
Julia, Julia.

## Give Peace A Chance

Two, one two three four
Everybody's talking about
Bagism, Shagism, Dragism, Madism, Ragism, Tagism, Thisism, Thatism, Ismism
All we are saying is give peace a chance
All we are saying is give peace a chance
Everybody's talking about
Ministers, sinisters, banisters and canisters
Bishops and fishops and rabbis and popeyes
Bye bye, bye bye
All we are saying is give peace a chance
All we are saying is give peace a chance
Let me tell you now
Everybody's talking about
Revolution, evolution, masturbation, flagellation, regulation, integration, meditation, United Nations, congratulations
All we are saying is give peace a chance
All we are saying is give peace a chance
Everybody's talking about
John and Yoko, Timmy Leary, Rosemary, Tommy Smothers, Bobby Dylan, Tommy Cooper, Derek Taylor, Norman Mailer, Alan Ginsberg, Hare Krishna, Hare Hare Krishna
All we are saying is give peace a chance
All we are saying is give peace a chance
All we are saying is give peace a chance
All we are saying is give peace a chance
All we are saying is give peace a chance
All we are saying is give peace a chance
All we are saying is give peace a chance
All we are saying is give peace a chance
All we are saying is give peace a chance
All we are saying is give peace a chance
All we are saying is give peace a chance
All we are saying is give peace a chance
All we are saying is give peace a chance
All we are saying is give peace a chance.

## Cold Turkey

Temperature's rising
Fever is high
Can't see no future
Can't see no sky.
My feet are so heavy
So is my head
I wish I was a baby
I wish I was dead.
Cold turkey has got me on the run.
My body is aching
Goosepimple bone
Can't see nobody
Leave me alone.
My eyes are wide open
Can't get to sleep
One thing I'm sure of
I'm in at the deep freeze.
Cold turkey has got me on the run.
Cold turkey has got me on the run.
Thirty-six hours
Growing in pain
Praying to someone
Free me again.
Oh I'll be a good boy
Please make me well
I'll promise you anything
Get me out of this hell.
Cold turkey has got me on the run.

## Mother

Mother, you had me
But I never had you
I wanted you
You didn't want me
So I, I just gotta tell you
Goodbye, goodbye.
Father, you left me
But I never left you
I needed you
You didn't need me
So I, I just gotta tell you
Goodbye, goodbye.

Children, don't do
What I have done
I couldn't walk
And I tried to run
So I, I just gotta tell you
Goodbye, goodbye.
Mama don't go, daddy come home
Mama don't go, daddy come home
Mama don't go, daddy come home
Mama don't go, daddy come home
Mama don't go, daddy come home
Mama don't go, daddy come home
Mama don't go, daddy come home
Mama don't go, daddy come home
Mama don't go, daddy come home
Mama don't go, daddy come home

## God

God is a concept by which we measure our pain
I'll say it again
God is a concept by which we measure our pain – yeah
I don't believe in magic
I don't believe in I Ching
I don't believe in Bible
I don't believe in tarot
I don't believe in Hitler
I don't believe in Jesus
I don't believe in Kennedy
I don't believe in Buddha
I don't believe in mantra
I don't believe in gita
I don't believe in yoga
I don't believe in kings
I don't believe in Elivs
I don't believe in Zimmerman
I don't believe in Beatles
I just believe in me
Yoko and me
And that's reality.
The dream is over
What can I say?
The dream is over
Yesterday
I was the dreamweaver
But now I'm reborn
I was the walrus
But now I'm John
And so, dear friends
You'll just have to carry on
The dream is over.

## Isolation

People say we got it made
Don't they know we're so afraid?
Isolation
We're afraid to be alone
Everybody got to have a home
Isolation
Just a boy and a little girl
Trying to change the whole wide world
Isolation
The world is just a little town
Everybody trying to put us down
Isolation
I don't expect you to understand
After you've caused so much pain
But then again, you're not to blame
You're just a human, a victim of the insane
We're afraid of everyone
Afraid of the sun
Isolation
The sun will never disappear
But the world may not have many years
Isolation

## Working Class Hero

As soon as you're born they make you feel small
By giving you no time instead of it all
Till the pain is so big you feel nothing at all
A working class hero is something to be
A working class hero is something to be
They hurt you at home and they hit you at school
They hate you if you're clever and they despise a fool
Till you're so fucking crazy you can't follow their rules

A working class hero is something to be
A working class hero is something to be
When they've tortured and scared you for twenty odd years
Then they expect you to pick a career
When you can't really function you're so full of fear
A working class hero is something to be
A working class hero is something to be
Keep you doped with religion and sex and T.V.
And you think you're so clever and classless and free
But you're still fucking peasants as far as I can see
A working class hero is something to be
A working class hero is something to be
There's room at the top they are telling you still
But first you must learn how to smile as you kill
If you want to be like the folks on the hill
A working class hero is something to be
A working class hero is something to be
If you want to be a hero well just follow me
If you want to be a hero well just follow me.

## My Mummy's Dead

My mummy's dead
I can't get it through my head
Though it's been so many years
My mummy's dead.
I can't explain
So much pain
I could never show it
My mummy's dead.

## Imagine

Imagine there's no heaven
It's easy if you try
No hell below us
Above us only sky
Imagine all the people
Living for today.
Imagine there's no countries
It isn't hard to do
Nothing to kill or die for
And no religion too
Imagine all the people
Living life in peace.
You may say I'm a dreamer
But I'm not the only one
I hope someday you'll join us
And the world will be as one.
Imagine no possessions
I wonder if you can
No need for greed or hunger
A brotherhood of man
Imagine all the people
Sharing all the world.
You may say I'm a dreamer
But I'm not the only one
I hope someday you'll join us
And the world will live as one.

## Crippled Inside

You can shine your shoes and wear a suit
You can comb your hair and look quite cute
You can hide your face behind a smile
One thing you can't hide is when you're crippled inside
You can wear a mask and paint your face
You can call yourself the human race
You can wear a collar and a tie
One thing you can't hide is when you're crippled inside
Well now you know that your cat has nine lives, babe
Nine lives to itself
You only got one, and a dog's life ain't fun
Mama, take a look outside
You can go to church and sing a hymn
You can judge me by the colour of my skin
You can live a lie until you die
One thing you can't hide is when you're crippled inside
Well now you know that your cat has nine lives, babe
Nine lives to itself
You only got one, and a dog's life ain't fun

Mama, take a look outside
You can go to church and sing a hymn
Judge me by the colour of my skin
You can live a lie until you die
One thing you can't hide is when you're crippled inside
One thing you can't hide is when you're crippled inside
One thing you can't hide – is when you're crippled inside.

## Jealous Guy

I was dreaming of the past
And my heart was beating fast
I began to lose control
I began to lose control
I didn't mean to hurt you
I'm sorry that I made you cry
I didn't want to hurt you
I'm just a jealous guy
I was feeling insecure
You might not love me any more
I was shivering inside
I was shivering inside
I didn't mean to hurt you
I'm sorry that I made you cry
I didn't want to hurt you
I'm just a jealous guy
I didn't mean to hurt you
I'm sorry that I made you cry
I didn't want to hurt you
I'm just a jealous guy
I was trying to catch your eyes
Thought that you was trying to hide
I was swallowing my pain
I was swallowing my pain
I didn't mean to hurt you
I'm sorry that I made you cry
I didn't want to hurt you
I'm just a jealous guy
Watch out, I'm just a jealous guy
Look out, babe, I'm just a jealous guy.

## Give Me Some Truth

I'm sick and tired of hearing things
From uptight, short-sighted, narrow-minded hypocrites
All I want is the truth
Just gimme some truth
I've had enough of reading things
By neurotic, psychotic, pig-headed politicians
All I want is the truth
Just gimme some truth
No short-haired, yellow-bellied son of Tricky Dicky
Is gonna mother-hubbard, soft-soap me
With just a pocketful of hope
Money for dope
Money for rope.
No short-haired, yellow-bellied son of Tricky Dicky
Is gonna mother-hubbard, soft-soap me
With just a pocketful of hope
Money for dope
Money for rope.
I'm sick to death of seeing things
From tight-lipped, condescending, mummy's little chauvinists
All I want is the truth
Just gimme some truth now
I've had enough of watching scenes
Of schizophrenic, egocentric, paranoiac, prima donnas
All I want is the truth now
Just gimme some truth
No short-haired, yellow-bellied son of Tricky Dicky
Is gonna mother-hubbard, soft-soap me
With just a pocketful of soap
It's money for dope
Money for rope
Aah, I'm sick to death of hearing things
From uptight, short-sighted, narrow-minded hypocrites
All I want is the truth now
Just give me some truth now
I've had enough of reading things
By neurotic, psychotic, pig-headed politicians

All I want is the truth now
Just gimme some truth now
All I want is the truth now
Just gimme some truth now
All I want is the truth!
Just gimme some truth!
All I want is the truth!
Just gimme some truth!

## How Do You Sleep?

So Sgt Pepper took you by surprise
You better see right through that mother's eyes
Those freaks was right when they said you was dead
The one mistake you made was in your head
How do you sleep?
How do you sleep at nights?
You live with straights who tell you you was king
Jump when your mama tell you anything
The only thing you done was Yesterday
And since you've gone you're just Another Day
How do you sleep?
How do you sleep at nights?
How do you sleep?
How do you sleep at nights?
A pretty face may last a year or two
But pretty soon they'll see what you can do
The sound you make is Muzak to my ears
You must have learned something in all those years
How do you sleep?
How do you sleep at nights?

## Oh Yoko!

In the middle of the night
In the middle of the night I call your name
Oh Yoko!
Oh Yoko!
My love will turn you on.
In the middle of a bath
In the middle of a bath I call your name
Oh Yoko!
Oh Yoko!
My love will turn you on
Our love will turn you on.
In the middle of a shave
In the middle of a shave I call your name
Oh Yoko!
Oh Yoko!
My love will turn you on.
In the middle of a dream
In the middle of a dream I call your name
Oh Yoko!
Oh Yoko!
My love will turn you on
Our love will turn you on.
In the middle of a cloud
In the middle of a cloud I call your name
Oh Yoko!
Oh Yoko!
My love will turn you on.
Oh Yoko!
Oh Yoko!
Oh Yoko!

## Woman Is The Nigger Of The World

Woman is the nigger of the world
Yes she is... think about it
Woman is the nigger of the world
Think about it... do something about it.
We make her paint her face and dance
If she won't be a slave, we say that she don't love us
If she's real, we say she's trying to be a man
While putting her down we pretend that she's above us.
Woman is the nigger of the world
Yes she is...
If you don't believe me, take a look at the one you're with
Woman is the slave of the slaves
Ah yeah, better scream about it.
We make her bear and raise our children
And then we leave her flat for being a fat old mother hen
We tell her home is the only place she should be

Then we complain that she's too unworldly to be our friend.
Woman is the nigger of the world
Yes she is...
If you don't believe me, take a look at the one you're with
Woman is the slave to the slaves
Yeah, alright.
We insult her every day on T.V.
And wonder why she has no guts or confidence
When she's young we kill her will to be free
While telling her not to be so smart we put her down for being so dumb
Oh well, woman is the nigger of the world
Yes she is...
If you don't believe me, take a look at the one you're with
Woman is the slave to the slaves
Yes she is...
If you believe me, you better scream about it.
We make her paint her face and dance
We make her paint her face and dance
We make her paint her face and dance
We make her paint her face and dance
We make her paint her face and dance
We make her paint her face and dance
We make her paint her face and dance.

## Sunday Bloody Sunday

Well it was Sunday bloody Sunday
When they shot the people there
The crys of thirteen martyrs
Filled the free Derry air.
Is there anyone amongst you
Dare blame it on the kids?
Not a soldier boy was bleeding
When they nailed the coffin lids!
Sunday bloody Sunday
Bloody Sunday's the day!
Well, you claim to be majority
Well, you know that it's a lie
You're really a minority
On this sweet emerald isle.
When Stormont bans our marches
They've got a lot to learn
Internment is no answer
It's those mother's turn to burn!
Sunday bloody Sunday
Bloody Sunday's the day!
Sunday bloody Sunday
Bloody Sunday's the day!
Well, you Anglo pigs and Scotties
Sent to colonize the North
You wave your bloody Union Jack
And you know what it's worth!
How dare you hold to ransom
A people proud and free?
Keep Ireland for the Irish
Put England back to sea!
Sunday bloody Sunday
Bloody Sunday's the day!
Sunday bloody Sunday
Bloody Sunday's the day!
Well, it's always bloody Sunday
In the concentration camps
Keep Falls Road free forever
From the bloody English hands!
Repatriate to Britian
All of you who call it home
Leave Ireland for the Irish
Not for London or for Rome!
Sunday bloody Sunday
Bloody Sunday's the day!
Sunday bloody Sunday
Bloody Sunday's the day!
Sunday bloody Sunday
Bloody Sunday's the day!
Sunday bloody Sunday
Bloody Sunday's the day!

## Out The Blue

Out the blue you came to me
And blew away life's misery
Out the blue life's energy
Out the blue you came to me
Every day I thank the Lord and lady
For the way that you came to me
Anyway it had to be

Two minds one destiny
Out the blue you came to me
And blew away life's misery
Out the blue life's energy
Out the blue you came to me
All my life has been a long slow knife
I was born just to get to you
Anyway I survived
Long enough to make you my wife
Out the blue you came to me
And blew away life's misery
Out the blue life's energy
Out the blue you came to me
Like a U.F.O. you came to me
And blew away life's misery
Out the blue life's energy
Out the blue you came to me.

## The Luck Of The Irish

If you had the luck of the Irish
You'd be sorry and wish you were dead
You should have the luck of the Irish
And wish you was English instead!
A thousand years of torture and hunger
Drove the people away from their land
A land full of beauty and wonder
Was raped by the British brigands!
Goddamn, goddamn!
If you could keep voices like flowers
There'd be more shamrock all over the world
If you could drink dreams like Irish streams
Then the world would be high as the mountain of Mourne.
In the 'Pool they told us the story
How the English divided the land
Of the pain and the death and the glory
And the poets of old Ireland.
If we could make chains with the morning dew
The world would be like Galway Bay
Let's walk over rainbows like leprechauns
The world would be one big Blarney Stone.
Why the hell are the English there anyway?
As they kill with God on their side
Blame it all on the kids and the I.R.A.
As the bastards commit genocide
Aye, aye, genocide!
If you had the luck of the Irish
You'd be sorry and wish you were dead
You should have the luck of the Irish
Yes, you'd wish you was English instead!
Yes, you'd wish you was English instead!

## Attica State

What a waste of human power
What a waste of human lives
Shoot the prisoners in the towers
Forty-three poor widowed wives.
Attica State, Attica State, we're all mates with Attica State.
Media blames it on the prisoners
But the prisoners did not kill
›Rockefeller pulled the trigger‹
That is what the people feel.
Attica State, Attica State, we're all mates with Attica State.
Free the prisoners, nail the judges
Free all prisoners everywhere
All they want is truth and justice
All they need is love and care.
Attica State, Attica State, we're all mates with Attica State.
They all live in suffocation
Let's not watch them die in sorrow
Now's the time for revolution
Give them all a chance to grow
Attica State, Attica State, we're all mates with Attica State.
Come together, join the movement
Take a stand for human rights
Fear and hatred clouds our judgement
Free us all from endless night.
Attica State, Attica State, we're all mates with Attica State.
Attica State, Attica State, we all live in Attica State.
Attica State, Attica State, Attica, Attica, Attica State.

## Scared

I'm scared, I'm scared, I'm scared
I'm scared, so scared
I'm scared, I'm scared, I'm scared
As the years roll away
And the price that I paid
And the straws slip away
You don't have to suffer
It is what it is
No bell, book or candle
Can get you out of this, oh no!
I'm scarred, I'm scarred, I'm scarred
I'm scarred
I'm scarred, I'm scarred, I'm scarred
Every day of my life
I just manage to survive
I just wanna stay alive
You don't have to worry
In heaven or hell
Just dance to the music
You do it so well, well, well!
Hatred and jealousy, gonna be the death of me
I guess I knew it right from the start
Sing out about love and peace
Don't wanna see the red raw meat
The green-eyed goddamn straight from your heart!
I'm tired, I'm tired, I'm tired
Of being so alone
No place to call my own
Like a rolling stone.

## Steel And Glass

(This here is a story about your friend and mine – who is it? Who is it?)
There you stand, with your L. A. tan
And your New York walk, and your New York talk
Your mother left you when you were small.
But you're gonna wish you wasn't born at all
Steel and glass
Steel and glass
Steel and glass
Steel and glass
Your phone don't ring, no one answers your call
How does it feel to be off the wall?
Well, your mouthpiece squawks as you spread your lies
But you can't pull string if your hands are tied.
Well, your teeth are clean but your mind is capped
You leave your smell like an alley cat
Steel and glass
Steel and glass
Steel and glass
Steel and glass.

## Nobody Loves You (When You're Down and Out)

Nobody loves you when you're down and out
Nobody sees you when you're on cloud nine
Everybody's hustlin' for a buck and a dime
I'll scratch your back and you scratch mine
I've been across to the other side
I've shown you everything, I got nothing to hide
And still you ask me, do I love you?
What it is, what it is
All I can tell you is, it's all showbiz
All I can tell you is, it's all showbiz.
Nobody loves you when you're down and out
Nobody knows you when you're on cloud nine
Everybody's hustlin' for a buck and a dime
I'll scratch your back and you knife mine
I've been across the water now so many times
I've seen the one-eyed witchdoctor leading the blind
But still you ask me do I love you?
What you say, what you say
Everytime I put my finger on it, it slips away
Everytime I put my finger on it, it slips away.
Well I get up in the morning and I'm looking in the mirror to see
Then I'm lying in the darkness and I know I can't get to sleep.
Nobody loves you when you're old and grey
Nobody needs you when you're upside down
Everybody's hollerin' 'bout their own birthday

Everybody loves you when you're six foot in the ground.

## Beautiful Boy (Darling Boy)

Close your eyes
Have no fear
The monster's gone
He's on the run and your daddy's here
Beautiful, beautiful, beautiful
Beautiful boy
Beautiful, beautiful, beautiful
Beautiful boy
Before you go to sleep
Say a little prayer
Every day in every way
It's getting better and better
Beautiful, beautiful, beautiful
Beautiful boy
Beautiful, beautiful, beautiful
Beautiful boy
Out on the ocean, sailing away
I can hardly wait
To see you come of age
But I guess we'll both just have to be patient
It's a long way to go
A hard row to hoe
Yes, it's a long way to go
But in the meantime
Before you cross the street
Take my hand
Life is what happens to you
While you're busy making other plans
Beautiful, beautiful, beautiful
Beautiful boy
Beautiful, beautiful, beautiful
Beautiful boy
Before you go to sleep
Say a little prayer
Every day in every way
It's getting better and better
Beautiful, beautiful, beautiful
Beautiful boy
Darling, darling, darling
Darling Sean
(Goodnight Sean, see you in the morning, bright and early!)

## Watching The Wheels

People say I'm crazy doing what I'm doing
Well they give me all kinds of warnings to save me from ruin
When I say that I'm OK, well they look at me kind of strange
Surely you're not happy now you no longer play the game?
People say I'm lazy, dreaming my life away
Well they give me all kinds of advice, designed to enlighten me
When I tell them that I'm doing fine watching shadows on the wall
Don't you miss the big time, boy, you're no longer on the ball?
I'm just sitting here watching the wheels go round and round
I really love to watch them roll
No longer riding on the merry-go-round
I just had to let it go
People asking questions lost in confusion
Well I tell them there's no problems, only solutions
Well they shake their heads and they look at me
As if I've lost my mind
I tell them there's no hurry, I'm just sitting here doing time
I'm just sitting here watching the wheels go round and round
I really love to watch them roll
No longer riding on the merry-go-round
I just had to let it go
I just had to let it go
I just had to let it go.

## Woman

Woman, I can hardly express
My mixed emotions at my thoughtlessness
After all, I'm forever in your debt
And woman, I will try to express
My inner feelings and thankfulness
For showing me the meaning of success
Woman, I know you unterstand
The little child inside the man
Please remember my life is in your hands
And woman, hold me close to your heart
However distant, don't keep us apart
After all, it is written in the stars
Woman, please let me explain
I never meant to cause you sorrow or pain
So let me tell you again and again and again
I love you – yeah, yeah
Now and forever
I love you – yeah, yeah
Now and forever
I love you – yeah, yeah
Now and forever
I love you – yeah, yeah
Now and forever.

## Borrowed Time

When I was younger
Live in confusion and deep despair
When I was jounger
Live in illusion of freedom and power
When I was jounger
Full of ideals and broken dreams (my friend)
When I was younger
Everything simple but not so clear
Living on borrowed time
Without a thought for tomorrow
Living on borrowed time
Without a thought for tomorrow
Now I am older
The more that I see
The less that I know for sure
Now I am older
The future is brighter and now is the hour
Living on borrowed time
Without a thought for tomorrow
Living on borrowed time
Without a thought for tomorrow
Good to be older
Would not exchange a single day or a year
Good to be older (you bet)
Less complications, everything clear
Living on borrowed time
Without a thought for tomorrow
Living on borrowed time
Without a thought for tomorrow.

## Grow Old With Me

Grow old along with me
The best is yet to be
When our time has come
We will be as one
God bless our love
God bless our love
Grow old along with me
Two branches of one tree
Face the setting sun
When the day is done
God bless our love
God bless our love
Spending our lives together
Man and wife together
World without end
World without end
Grow old along with me
Whatever fate decrees
We will see it through
For our love is true
God bless our love
God bless our love.

# *Chronologie 1940 – 1980*

| | |
|---|---|
| *1933* | |
| 18. Feb. | Yoko Ono in Tokio geboren. |
| *1938* | |
| 3. Dez. | Johns zukünftige Mutter, Julia Stanley, die in einem Kino arbeitet, heiratet im Standesamt Mount Pleasant in Liverpool den Seemann Alfred (Fred) Lennon. |
| *1939* | |
| 10. Sept. | Cynthia Powell in Blackpool geboren. |
| *1940* | |
| 9. Okt. | John Winston Lennon um 18.30 Uhr in der Entbindungsklinik in der Oxford Street in Liverpool geboren. |
| *1941* | |
| Frühjahr | John wird der Pflege seiner Tante Mary Smith (Tante Mimi) und seines Onkels George in der Menlove Avenue 251 in Woolton übergeben. |
| *1942* | |
| April | Fred Lennon, der seit der Geburt seines Sohnes lange Zeit auf See zugebracht hat, verläßt seine Familie endgültig. Julia Lennon zieht mit ihrem neuen Freund, John Dykins, zusammen. |
| *1945* | |
| September | John wird in die Dovedale Primary School in Liverpool eingeschult. |
| *1946* | |
| Juli | Fred Lennon kehrt unerwartet zurück und nimmt John in der Absicht, nie mehr zurückzukommen, nach Blackpool mit. Johns Mutter Julia spürt die beiden auf und stellt ihren fünfjährigen Sohn vor die Wahl, bei seinem Vater oder bei seiner Mutter zu bleiben. Schließlich entscheidet er sich für Julia, die ihn nach Liverpool mitnimmt und ihn wieder zu Tante Mimi bringt. |
| *1952* | |
| Juli | John verläßt die Dovedale Primary School. |
| September | John wird in der Quarry Bank High School eingeschult. |
| *1955* | |
| Juli | Johns Onkel George Smith stirbt. |
| *1957* | |
| Mai | John bildet mit Schulfreunden die Skiffle-Gruppe Quarry Men. |
| 24. Mai | Erster öffentlicher Auftritt der Quarry Men bei einem Straßenfest in der Rosebery Street in Liverpool. |
| 6. Juli | Paul McCartney sieht sich bei einem Gemeindefest der Kirche von Woolton einen Auftritt der Quarry Men an und lernt John Lennon kennen. Später spielt er bei der Gruppe mit. |
| Juli | John wird im Liverpool College of Art angenommen und lernt dort bald Cynthia Powell, seine spätere Frau, und Stuart Sutcliffe kennen, der sein engster Freund und ein zukünftiger Beatle werden sollte. |

*1958*

6. Feb. Nachdem er sie bei einem Auftritt in der Wilson Hall, Garston, Liverpool, gesehen hat, schließt sich George Harrison den Quarry Men an.

15. Juli Julia Lennon stirbt vor Mimis Haus in der Menlove Avenue bei einem Verkehrsunfall.

*1959*

29. Aug. Die Quarry Men (John, Paul, George und Ken Brown) spielen am Abend seiner Eröffnung im Casbah Club, den Mona Best leitet, die Mutter des zukünftigen Schlagzeugers der Beatles, Peter.

15. Nov. Die Gruppe, die sich inzwischen in Johnny and the Moondogs umbenannt hat, fällt beim Vorspielen vor dem »Star-Macher« Carroll Levis im Manchester Hippodrome durch.

*1960*

5. Mai Die Gruppe, die sich jetzt The Silver Beetles nennt, fällt bei einem weiteren Wettbewerb durch, bei dem es um eine Begleitgruppe für Billy Fury geht. Statt dessen dürfen sie jedoch einen anderen jungen Sänger, Johnny Gentle, auf einer Schottland-Tournee begleiten.

20. Mai Diese Tournee – die erste der Gruppe – beginnt.

2. Juni Für ihr erstes »professionelles« Engagement im Neston Institute ändert die Gruppe ihren Namen in Beatles um.

Juli John geht vom Liverpool College of Art ab.

16. Aug. Die Beatles fahren nach Hamburg und spielen zwei Tage später im Nachtclub Indra.

5. Dez. Nach vier Monaten in Hamburg und einem Streit mit dem dortigen Arbeitgeber kehrt John ohne einen Penny nach Liverpool zurück. George war ausgewiesen worden, weil er nicht volljährig war; Paul und Pete Best hatten Anweisung bekommen, das Land zu verlassen, nachdem sie angeblich einen Brand in ihrer Unterkunft verursacht hatten.

*1961* Die Beatles geben ihr Debüt im Cavern Club, einem Jazz/Beat-Keller im Zentrum von Liverpool.

Juni Die Single »My Bonnie« von Tony Sheridan, auf der ihn die Beatles begleiten, erscheint in Deutschland.

6. Juli Die erste Ausgabe des *Mersey Beat*, der Musikzeitschrift aus Liverpool, erscheint. John trägt dazu einen Artikel auf der Titelseite mit der Überschrift »Being a Short Diversion on the Dubious Origins of Beatles« bei. Im Lauf der zwei kommenden Jahre schreibt er Gedichte und Artikel für diese Zeitschrift.

1. Okt. John und Paul machen vierzehn Tage Ferien in Paris.

28. Okt. Brian Epstein, der Besitzer eines Plattenladens in Liverpool, erfährt von der Existenz der Beatles.

9. Nov. Epstein hört sich mittags einen Auftritt der Beatles im Cavern an.

3. Dez. Epstein lädt die Beatles in seinen Laden ein und bietet sich ihnen als Manager an.

*1962*

1. Jan. Die Beatles fahren nach London, um bei der Decca probezuspielen. Erst im März erfahren sie, daß sie durchgefallen sind. Auch von etlichen anderen großen Plattenfirmen werden sie abgelehnt.

24. Jan. Brian und die Beatles schließen einen offiziellen Vertrag miteinander ab.

| | |
|---|---|
| 1. Feb. | Das erste Engagement, das Epstein für die Beatles organisiert hat: Sie treten in einem kleinen Café in West Kirby, Cheshire, für achtzehn Pfund auf. |
| 2. Feb. | Der erste offizielle Auftritt der Beatles außerhalb von Liverpool, in Manchester. |
| 8. März | Die Gruppe ist zum ersten Mal auf einem BBC-Sender zu hören, in der Sendung *Teenager's Turn* auf der Welle für Unterhaltungsmusik. |
| 10. April | Stuart Sutcliffe stirbt im Alter von einundzwanzig Jahren in Hamburg an einer Gehirnblutung. |
| 9. Mai | Brian Epstein schließt für die Beatles einen Plattenvertrag mit Parlophone ab, einem kleinen Label von EMI. |
| 4. Juni | Epstein und die Beatles unterschreiben den Vertrag mit EMI. |
| 6. Juni | Die erste Aufnahme-Session der Beatles in den Abbey Road Studios, London N.W.8. |
| 16. Aug. | Die Beatles schieben ihren Schlagzeuger Pete Best ab. |
| 18. Aug. | Ringo Starr scheidet bei Rory Storm and the Hurricanes aus und übernimmt den freien Platz als Schlagzeuger der Beatles. |
| 22. Aug. | Ein Filmteam des Fernsehsenders Granada hält ein paar Minuten eines Auftritts der Beatles im Cavern fest. |
| 23. Aug. | John Lennon heiratet im Standesamt Mount Pleasant in Liverpool Cynthia Powell. Noch am selben Abend treten die Beatles mit John abmachungsgemäß in Chester auf. |
| 4. Sept. | »Love Me Do«, die erste Single der Gruppe, wird aufgenommen. |
| 1. Okt. | Epstein und die Beatles unterzeichnen einen Management-Vertrag für fünf Jahre. |
| 5. Okt. | »Love Me Do« kommt auf den Markt. |
| 17. Okt. | Die Beatles geben ihr Fernsehdebüt in dem Regionalprogramm Nordwest *People and Places* des Senders Granada. Sie singen »Love Me Do«. |
| 27. Okt. | »Love Me Do« taucht in der Singles-Hitliste von *Melody Maker* auf Platz 48 auf. |
| 17. Dez. | Die Beatles unternehmen ihre fünfte und letzte Reise nach Hamburg, um dort in Clubs zu spielen. |
| *1963* | |
| 19. Jan. | Die Beatles geben ihr überregionales Fernsehdebüt in *Thank Your Lucky Stars*. |
| 2. Feb. | Beginn der ersten Großbritannien-Tournee mit Helen Shapiro. |
| 11. Feb. | In einer elfstündigen Session nehmen die Beatles ihre erste LP auf. |
| 22. Feb. | Northern Songs wird gegründet. Dort werden alle zukünftigen Lennon-McCartney-Kompositionen veröffentlicht. |
| 2. März | »Please Please Me«, die zweite Single der Gruppe, schafft es in der Hitliste von *Melody Maker* auf Platz eins. |
| 8. April | Um 6.50 Uhr wird Cynthia und John Lennon im Sefton General Hospital in Liverpool ein Sohn geboren, John Charles Julian. |
| 28. April | John und Brian Epstein fliegen für einen zwölftägigen Urlaub nach Spanien. |
| 4. Mai | Die erste LP der Beatles, *Please Please Me*, wird eine Number One. |
| 18. Juni | Bei der Party zu Pauls einundzwanzigstem Geburtstag in Huyton, Liverpool, schlägt John Bob Wooler vom Cavern zusammen. |
| 21. Juni | Der Zwischenfall zwischen John und Bob Wooler macht Schlagzeilen im *Daily Mirror*. |
| 29. Juni | Johns erster Solo-Auftritt im Fernsehen in der *Juke Box Jury* der BBC. (Die Aufzeichnung für die Sendung fand am 22. Juni statt.) |

| | |
|---|---|
| 3. Aug. | 292. und letzter Auftritt der Beatles im Cavern. |
| 8. Aug. | Yoko Ono und ihrem Mann, Anthony Cox, wird eine Tochter, Kyoko, geboren. |
| 13. Okt. | Erste Anzeichen der Beatlemania, als die Beatles in *Sunday Night at the London Palladium* auftreten. |
| 31. Okt. | Hysterie auf dem Flughafen Heathrow, als die Beatles nach einer Reihe von Konzerten aus Schweden zurückkehren. |
| 4. Nov. | Die Beatles treten in der Royal Variety Performance im Prince of Wales Theatre in London auf. John gibt seinen berühmten Kommentar ab. |
| 27. Dez. | In der *Times* werden John und Paul als »die herausragendsten englischen Komponisten des Jahres 1963« bezeichnet. |
| *1964* | |
| 1. Feb. | »I Want To Hold Your Hand« führt die Hitlisten in *Billboard* an, der führenden Musikzeitschrift der Vereinigten Staaten. |
| 7. Feb. | Massenhysterie empfängt die Beatles bei ihrer Landung auf dem Kennedy-Flughafen zu Beginn ihrer Amerika-Tournee. |
| 9. Feb. | Schätzungsweise 73 Millionen Menschen sehen den Fernsehauftritt der Beatles in der *Ed Sullivan Show*. |
| 11. Feb. | Das erste Konzert der Beatles in Amerika im Coliseum, Washington D. C. |
| 2. März | Zurück in England, beginnen die Beatles mit den Dreharbeiten zu ihrem ersten Spielfilm, *A Hard Day's Night*. |
| 23. März | Bei Jonathan Cape erscheint Lennons erstes Buch, *In His Own Write* (dt.: In seiner eigenen Schreibe). Es wird auf Anhieb ein Publikumserfolg und bekommt gute Kritiken. |
| 4. April | Die Beatles belegen die fünf ersten Plätze auf der Singles-Hitliste von *Billboard*. |
| 23. April | John zu Ehren wird im Dorchester Hotel in London ein Foyle's Literary Luncheon abgehalten. Johns Rede, von der man sich den Höhepunkt der Veranstaltung verspricht, dauert nur fünf Sekunden. |
| 19. Juni | Charles Curran, ein Abgeordneter der Konservativen, stellt vor dem Parlament die Behauptung auf, Johns Buch werfe ein Licht auf die unzureichende Schulbildung in Liverpool, und Lennon selbst sei Analphabet. |
| 6. Juli | Premiere des Films *A Hard Day's Night* in London. |
| 10. Juli | Liverpool ehrt seine vier berühmten Söhne mit einem Empfang im Rathaus. Ihr Weg vom Flughafen Speke in die Innenstadt wird von schätzungsweise 100000 Fans gesäumt. |
| 15. Juli | John und Cynthia kaufen ihr erstes Haus, Kenwood, in Weybridge, Surrey. |
| 19. Sept. | Oxfam druckt 500000 Weihnachtskarten von einer Zeichnung, die Lennon gestiftet hat. |
| *1965* | |
| 9. Jan. | John tritt in Peter Cooks und Dudley Moores *Not Only... But Also* auf, einer Fernsehsendung der BBC. Er liest seine Gedichte vor und wird von Moore und Norman Rossington begleitet. |
| 15. Feb. | John besteht seine Fahrprüfung und bekommt einen Führerschein. |
| 18. Feb. | Northern Songs verkauft Aktien an der Londoner Börse. |
| 22. Feb. | Die Dreharbeiten zum zweiten Spielfilm der Beatles, *Help!*, beginnen (aus steuerlichen Gründen) auf den Bahamas. |
| 18. März | John gibt seinem früheren Schulfreund und einstigen Quarry Man Pete Shotton |

20000 Pfund; gemeinsam gründen sie die Hayling Supermarkets Ltd. und eröffnen den ersten Supermarkt auf Hayling Island vor der Küste von Hampshire.

12. Juni — Aus dem Buckingham Palace verlautet, daß die vier Beatles den königlichen Orden (MBE) verliehen bekommen.

13. Juni — Aus Entrüstung über die Ordensverleihung an die Beatles werden mehrere Orden zurückgeschickt.

24. Juni — *A Spaniard In The Works* (dt.: Ein Spanier macht noch keinen Sommer), Johns zweites Buch mit Gedichten und Nonsens-Prosa, wird von Jonathan Cape verlegt.

29. Juli — Weltpremiere von *Help!* in London.

3. Aug. — John kauft Tante Mimi einen Bungalow in Poole, Dorset. Im Oktober verläßt sie Liverpool und zieht in dieses Haus.

15. Aug. — 56000 Fans besuchen ein Konzert der Beatles im Shea Stadium in New York. Das Ereignis wird für das Fernsehen aufgezeichnet.

26. Okt. — Die Beatles bekommen im Buckingham Palace den Orden »Member of the British Empire« verliehen.

31. Dez. — Fred Lennon, Johns Vater, bringt bei Pye Records seine erste und einzige Single unter dem Titel »That's My Life (My Love And My Home)« heraus; die Single ist ein künstlerischer und kommerzieller Flop.

*1966*

1. März — Weltpremiere von *The Beatles at Shea Stadium* im BBC-Fernsehen.

4. März — Im Londoner *Evening Standard* wird ein Interview veröffentlicht, das die Reporterin Maureen Cleave mit John durchgeführt hat. Unauffällig mitten in dem Artikel drückt John die Meinung aus, die Beatles seien beliebter als Jesus, und das Christentum sei im Zurückgehen begriffen. Es erfolgt keine Reaktion seitens der britischen Öffentlichkeit.

1. Mai — Die Beatles treten – wie sich nachträglich herausstellen wird, zum letzten Mal – live in Großbritannien auf. Das Konzert im Empire Pool in Wembley wird vom *New Musical Express* veranstaltet.

26. Juni — Die Beatles gehen aus Sentimentalität nach Hamburg und geben dort ein Konzert.

5. Juli — In Manila, der Hauptstadt der Philippinen, kommt es zu Unruhen, nachdem die Beatles angeblich die Frau des Präsidenten beleidigt haben.

29. Juli — Die Zeitschrift *Datebook* veröffentlicht in Amerika aus dem Kontext gerissene Ausschnitte aus Maureen Cleaves Interview mit John.

31. Juli — Rundfunksender in Birmingham, Alabama, verbannen die Musik der Beatles aus ihren Programmen, nachdem sie von Johns Äußerungen über Jesus erfahren haben. Andere Städte im »Bibel-Gürtel« schließen sich bald darauf an. Verbrennungen von Beatles-Platten und -Reliquien werden organisiert.

6. Aug. — Während in Amerika der Tumult, der durch Johns Äußerungen über Jesus entstanden ist, seinen Gipfel erreicht, fliegt Brian Epstein nach New York, um John öffentlich zu verteidigen.

8. Aug. — Die südafrikanischen Sendeanstalten (SABC) verhängen ein Sendeverbot über alle Beatles-Platten.

12. Aug. — Zu Beginn der dritten Amerika-Tournee der Beatles entschuldigt sich John offiziell bei einer Pressekonferenz in Chicago für seine Äußerungen.

29. Aug. — Nach drei Jahren haben die Beatles die Tourneen gründlich satt. Im Candlestick Park in San Francisco kommt es zu ihrem letzten Live-Konzert.

6. Sept. In einer Bar in der Nähe von Hannover, nahe dem Drehort des Films *How I Won The War* (dt.: Wie ich den Krieg gewann), wird zur Vorbereitung für Johns erste Filmrolle ohne die anderen Beatles seine Mähne abgeschnitten. Zum ersten Mal trägt er eine Nickelbrille.

19. Sept. Die Dreharbeiten zu *How I Won The War* werden nach Almeria, Spanien, verlegt.

9. Nov. John sucht die Indica Gallery im Masons Yard, Duke Street, London S. W. 1, auf, um sich noch vor der Eröffnung die Ausstellung einer japanischen Künstlerin, Yoko Ono, mit dem Titel *Unfinished Paintings and Objects* anzusehen. Der Galeriebesitzer, John Dunbar, stellt ihm Yoko Ono vor.

*1966*

26. Dez. John tritt in Peter Cooks und Dudley Moores Fernsehsendung *Not Only... But Also* in einem Sketch auf, der am 27. November aufgenommen wurde. Er trägt weiterhin die Nickelbrille aus dem Film *How I Won The War* und wird sie als Bestandteil seines neuen Image beibehalten.

*1967*

17. Feb. Bei EMI erscheint eine revolutionäre neue Beatles-Single, »Strawberry Fields Forever« mit Pauls »Penny Lane« auf der Rückseite. Ironischerweise ist es die erste Platte seit dem vier Jahre zuvor erschienenen »Please Please Me«, die nicht den begehrten ersten Platz erreicht.

20. Mai Die BBC verbannt »A Day In The Life« aus ihren Programmen, weil der Text den Rauschgiftkonsum befürworten könnte.

1. Juni *Sgt. Pepper's Lonely Hearts Club Band*, die bisher ambitionierteste LP der Beatles, erscheint.

25. Juni Die Beatles treten in dem weltweiten TV-Satellitenprogramm *Our World* vor schätzungsweise 400 Millionen Zuschauern auf und singen »All You Need Is Love«.

24. Aug. Einige der Beatles mit ihren Frauen und Verwandten, darunter auch John und Cynthia, hören sich im Hilton Hotel in London einen Vortrag des Maharishi Mahesh Yogi über transzendentale Meditation an.

25. Aug. Die Beatles reisen mit ihren Frauen im Zug von der Londoner Euston Station nach Bangor, North Wales, um dort ein Wochenendseminar des Maharishi über Meditation zu besuchen. Nach einer hektischen Fahrt zum Bahnhof verpaßt Johns Frau Cynthia den Zug um Sekunden. John sieht sie noch, fährt aber ohne sie – ein Symbol für den Zustand ihrer Ehe.

27. Aug. Während sich die Beatles in Bangor aufhalten, wird Brian Epstein in seiner Wohnung in der Chapel Street 24, Belgravia, London S. W. 1, tot aufgefunden. Die Beatles kehren überstürzt nach London zurück.

11. Sept. Im Cornwall beginnen die Dreharbeiten zu dem Fernsehfilm *Magical Mystery Tour*.

30. Sept. John und George erscheinen mit dem Maharishi in der ITV-Sendung *The Frost Programme* von David Frost.

11. Okt. John stellt anonym Zuschüsse für eine Ausstellung in der Lisson Art Gallery, London N. W. 8, zur Verfügung. Die Ausstellung läuft bis zum 14. November und trägt den Titel *Yoko Plus Me*.

17. Okt. John, Paul, George und Ringo erscheinen zum Totengottesdienst für Brian Epstein in der New London Synagogue in der Abbey Road, London N. W. 8.

18. Okt. Weltpremiere von *How I Won The War* in London.

20. Nov. Die BBC sorgt dafür, daß Johns Komposition »I Am The Walrus« nicht im Radio oder im Fernsehen läuft, wenn sie auch offiziell bestreitet, den Titel wirklich aus ihren Programmen verbannt zu haben.

4. Dez. Die Apple-Boutique wird in der Baker Street, London N. W. 1, eröffnet.

16. Dez. John, George und der Maharishi besuchen eine UNICEF-Galavorstellung in Paris.

26. Dez. BBC strahlt die Weltpremiere von *Magical Mystery Tour* aus. Der Film ist der erste öffentliche Mißerfolg der Beatles.

*1968*

5. Jan. John und sein Vater Fred treffen in Johns Haus in Weybridge zusammen. John gibt der bevorstehenden Eheschließung seines Vaters mit der neunzehnjährigen früheren Studentin an der Exeter University, Pauline Jones, seinen Segen. Das Paar verkündet, die Hochzeit müsse eventuell bis zu Paulines einundzwanzigstem Geburtstag aufgeschoben werden, da die Mutter des Mädchens sich weigert, ihre Zustimmung zu geben. Statt dessen reisen die beiden jedoch nach Schottland, das nicht dem englischen Recht untersteht, und heiraten dort.

16. Feb. John und Cynthia fliegen mit George und seiner Frau Pattie nach Rishikesh, Indien, um dort beim Maharishi an einem Kurs über Meditation teilzunehmen. Paul mit seiner Verlobten Jane Asher und Ringo mit seiner Frau Maureen folgen ihnen vier Tage später.

12. April Zwei Wochen eher als geplant verlassen John und George überstürzt mit ihren Frauen Rishikesh. Sie haben das Gefühl, daß der Maharishi keineswegs so heilig ist, wie sie glaubten. Paul, Jane, Ringo und Maureen sind bereits abgereist.

15. Mai John und Paul treten im amerikanischen Fernsehen in der Sendung *Tonight* auf und verkünden die Gründung ihrer Firma Apple. John nutzt die Gelegenheit gleich dazu, den Maharishi öffentlich anzuschwärzen.

15. Juni John und Yoko pflanzen vor der Kathedrale von Coventry im Rahmen der National Sculpture Exhibition zwei Eicheln. Es ist das erste »Event« dieses Paares.

18. Juni John und Yoko erscheinen gemeinsam im National Theatre in London zur Premiere von *In His Own Write*, einem Stück, das Johns Freund, der Schauspieler Victor Spinetti, nach Johns beiden Büchern geschrieben hatte.

21. Juni Apple Corps kauft sich grandiose Büros in der Savile Row, London W. 1.

1. Juli Eröffnung von Johns erster Ausstellung, *You Are Here* (die er Yoko gewidmet hat) in der Galerie Robert Fraser in der Duke Street, London W. 1. Vor der Eröffnung lassen John und Yoko 365 mit Helium gefüllte Ballons über London aufsteigen.

17. Juli Weltpremiere des Zeichentrickfilms *Yellow Submarine* in London.

31. Juli Zwei Tage lang sind kostenlos Waren an die Öffentlichkeit verteilt worden; die Apple-Boutique wird geschlossen.

22. Aug. Cynthia reicht die Scheidungsklage gegen John ein, weil dieser Ehebruch mit Yoko Ono Cox begangen hat.

18. Okt. Polizei-Razzia in der Wohnung am Montagu Square 34, London W. 1, die Ringo gehört, in der aber zu diesem Zeitpunkt John und Yoko leben. Es werden elf Gramm Cannabisharz gefunden. Das Paar wird zudem angeklagt, die Polizei bei der Durchführung des Haussuchungsbefehls behindert zu haben.

19. Okt. Vor dem Marylebone Magistrates' Court werden John und Yoko gegen eine Kaution freigelassen. Die Verhandlung wird auf den 28. November vertagt.

25. Okt. John und Yoko lassen verlauten, daß sie im Februar 1969 ein Baby erwarten.

8. Nov. Cynthia bekommt aufgrund von Johns Ehebruch mit Yoko vom Scheidungsgericht ein vorläufiges Scheidungsurteil zugestellt. Das Scheidungsgesuch ist akzeptiert; es heißt, John habe »großzügige und anständige Vorkehrungen« für seine Frau und sein Kind getroffen.

27. Nov. Yoko hat eine Fehlgeburt. John schläft neben ihr im Queen Charlotte's Maternity Hospital in Hammersmith, London W. 6 auf dem Fußboden.

28. Nov. John bekennt sich vor dem Marylebone Magistrates' Court des unerlaubten Besitzes von Cannabis schuldig. Er wird zu einer Geldstrafe von 150 Pfund zuzüglich Prozeßkosten in Höhe von zwanzig Guineen verurteilt. John und Yoko werden beide für nicht schuldig befunden, die Polizei bei der Ausübung ihrer Pflichten behindert zu haben.

29. Nov. *Unfinished Music No. 1: Two Virgins*, Johns und Yokos erstes gemeinsames Avantgarde-Album, erscheint. Der Inhalt geht im Tumult um die Plattenhülle unter, die das Paar splitternackt zeigt, auf der Vorderseite des Covers von vorn, auf der Rückseite von hinten.

10. Dez. Kenwood, Johns Haus in Weybridge, wird zum Verkauf ausgeschrieben.

11. Dez. John und Yoko wirken in den Wembley-Fernsehstudios bei dem nie fertiggestellten TV-Special der Rolling Stones, *Rock And Roll Circus*, mit.

18. Dez. Beim *Alchemical Wedding*, der Weihnachtsveranstaltung der Underground-Künstler in der Royal Albert Hall, erscheinen John und Yoko in einem großen weißen Sack auf der Bühne.

23. Dez. John und Yoko verkleiden sich als Weihnachtsmann und -frau und teilen bei der Weihnachtsfeier, die Apple in der Savile Row veranstaltet, Geschenke aus.

*1969*

2. Jan. In den Twickenham-Filmstudios beginnen die Aufnahmen für den Film *Let It Be*

3. Jan. 30000 Exemplare von Johns und Yokos *Two Virgins* werden in New Jersey beschlagnahmt mit der Begründung, das Cover-Photo sei pornographisch.

18. Jan. John teilt Ray Coleman in einem Interview für das *Disc and Music Echo* mit: »Apple macht wöchentlich Verluste ... wenn es so weitergeht, sind wir in den nächsten sechs Monaten alle pleite.«

30. Jan. Die Beatles spielen live auf dem Dach des Apple-Gebäudes in der Savile Row. Der Auftritt wird für das Filmprojekt *Let It Be* gefilmt.

2. Feb. Yoko Ono wird auf den Jungferninseln von Tony Cox geschieden.

3. Feb. Gegen Paul McCartneys Willen wird der Amerikaner Allen Klein auf Bestreben von John, George und Ringo hin engagiert, um sich der finanziellen Angelegenheiten der Beatles anzunehmen.

2. März John und Yoko treten in der Lady Mitchell Hall in Cambridge bei einem Avantgarde-Jazzkonzert auf.

20. März John und Yoko fliegen von Paris nach Gibraltar, wo sie nur siebzig Minuten bleiben. Während dieser Zeit werden sie im Gebäude des britischen Konsulats von dem Standesbeamten Cecil Wheeler getraut. Anschließend kehren sie nach Paris zurück. Johns Kommentar: »Alles lief sehr schnell, sehr ruhig und sehr britisch ab.«

24. März — John und Yoko treffen sich in Paris zum Mittagessen mit Salvador Dali.

25. bis 31. März — Johns und Yokos erstes großes »Event« – das Bed-in für den Frieden in Amsterdam. Sieben Tage lang empfängt das Paar in Zimmer 902 des Amsterdam Hilton Journalisten und gibt Hunderte von Interviews.

31. März — John und Yoko fliegen von Amsterdam direkt nach Wien zur Weltpremiere ihres Films *Rape*, den das Fernsehen später am Abend sendet. Vorher wird eine kurze Pressekonferenz im Hotel Sacher abgehalten, um für den Film zu werben. Die beiden erscheinen in einem weißen Sack, nur ihre Stimmen beweisen ihre Identität.

1. April — Zurück in London, erscheinen John und Yoko in *Today*, einer Sendung von Thames Television. Sie fordern den Moderator Eamonn Andrews auf, sich vor den laufenden Kameras mit ihnen ins Bett zu legen.

21. April — Bag Productions, Johns und Yokos Film- und Produktionsgesellschaft, wird gegründet.

22. April — Vor Señor Bueno de Mesquita, dem Commissioner of Oaths, ändert John in einem formellen Zeremoniell auf dem Dach des Apple-Gebäudes seinen zweiten Vornamen von Winston in Ono um.

4. Mai — John und Yoko kaufen Tittenhurst Park, einen Landsitz in Sunningdale, Ascot, Berkshire. Im Lauf des August ziehen sie ein.

8. Mai — John, George und Ringo unterzeichnen einen Vertrag mit Allen Klein, der sich um ihre Geschäftsangelegenheiten kümmern soll. Paul weigert sich zu unterschreiben.

9. Mai — *Unfinished Music No. 2: Life With The Lions*, das zweite »experimentelle« Album von John und Yoko, erscheint auf dem Label Zapple, dem neubegründeten Label für Avantgarde-Platten bei Apple.

16. Mai — Johns Antrag auf ein Visum für die Vereinigten Staaten wird aufgrund seiner Drogenanklage im November 1968 abgelehnt. Er wollte mit Yoko ein Bed-in in New York veranstalten.

24. Mai — John und Yoko fliegen mit Kyoko, Yokos Tochter aus ihrer Ehe mit Tony Cox, auf die Bahamas, um im Sheraton Oceanus Hotel ein Bed-in für den Frieden zu veranstalten. Sie verlassen die Insel nach weniger als vierundzwanzig Stunden, da sie weiter von den Vereinigten Staaten entfernt liegt, als John gedacht hatte, und weil 30 Grad bei hoher Luftfeuchtigkeit nicht gerade die idealen Voraussetzungen dafür sind, sieben Tage lang im Bett zu bleiben.

25. Mai — Die Lennons treffen in Toronto ein. Am Flughafen werden sie von der kanadischen Einwanderungsbehörde zweieinhalb Stunden lang festgehalten. Gegen eine Kaution läßt man sie schließlich gehen.

26. Mai — Die Lennons fliegen nach Montreal und kündigen an, daß sie beabsichtigen, im Queen Elizabeth Hotel ein Bed-in abzuhalten. John lädt den kanadischen Premierminister Pierre Trudeau ein, sich ihnen anzuschließen und auch Eicheln für den Frieden einzupflanzen. Dazu Trudeau: »Ich weiß nichts von seinen Eicheln, aber ich würde ihn gern sehen, wenn er hier in der Gegend ist. Er ist ein guter Dichter.«

26. Mai bis 2. Juni — John und Yoko halten im Queen Elizabeth Hotel in Zimmer 1742 ein weiteres siebentägiges Bed-in ab.

30. Mai — Die australischen Rundfunksender (ABC) boykottieren die neue Beatles-Single

mit der Begründung, sie sei blasphemisch. Es geht um »The Ballad Of John And Yoko«.

1. Juni — In ihrem Bett nehmen John und Yoko »Give Peace A Chance« auf. Ein ganzer Raum voller Menschen assistiert ihnen dabei, darunter die Smothers Brothers, Timothy Leary, der kanadische Radha Krishna Temple, Derek Taylor, Murray The K und der dortige Rabbi.

2. Juni — John und Yoko verlassen das Hotel am frühen Nachmittag und begeben sich zu einer Universitätsveranstaltung zum Thema Frieden nach Ottawa. Am späteren Abend fliegen sie nach London zurück.

1. Juli — Nach einem Besuch bei Johns Tante in Durness, Sutherland, Schottland, haben John, Yoko, Kyoko und Julian, Johns Sohn, in Golspie einen Autounfall, in den kein zweites Fahrzeug verwickelt ist. Sie werden ins Lawson Memorial Hospital eingeliefert. Johns Gesichtsverletzung wird mit siebzehn Stichen genäht, Yokos mit vierzehn, Kyokos mit vier. Julian steht unter Schock.

2. Juli — Cynthia fährt nach Schottland, um Julian zurückzuholen.

3. Juli — John und Yoko liegen noch mit den Unfallfolgen im Krankenhaus und können die Presseveranstaltung für ihre Plastic Ono Band in der Chelsea Town Hall, London, S. W. 1, nicht besuchen. An ihrer Stelle stehen Plexiglasröhren da, in denen sich Mikrophone, Bandgeräte und Verstärker befinden.

4. Juli — »Give Peace A Chance«, Johns erste Solo-Single, kommt heraus.

6. Juli — John, Yoko und Kyoko fliegen in einem eigens gecharterten Hubschrauber vom Golspie Hospital nach London zurück. Johns Kommentar gegenüber der begeisterten Zeitung von Golspie: »Wenn man einen Autounfall hat, sollte man versuchen, es so einzurichten, daß er sich im Hochland abspielt. Das Krankenhaus dort war einfach prima.«

10. Sept. — Im New Cinema Club im Institute of Contemporary Arts (ICA) in der Londoner Pall Mall werden einen Abend lang Filme von John und Yoko gezeigt: *Self Portrait*, *Smile*, *Honeymoon*, *Two Virgins* und *Rape*. Während der gesamten Vorführung sitzt ein nicht identifizierbares Paar in einem weißen Sack auf der Bühne. Niemand ist sicher, ob es sich dabei um John und Yoko handelt. Die Reaktion des Publikums wird mit einer versteckten Infrarot-Kamera aufgenommen.

12. Sept. — Sehr kurzfristig werden John und Yoko gefragt, ob sie live in einem Rock 'n' Roll Revival-Konzert in Toronto auftreten würden, das für den kommenden Tag festgesetzt ist. John trommelt eilig Eric Clapton, Klaus Voormann und Alan White zusammen, und gemeinsam mit ihnen bilden John und Yoko eine provisorische Plastic Ono Band.

13. Sept. — Die Plastic Ono Band fliegt von Heathrow nach Toronto und probt während des Fluges. Noch am Abend desselben Tages erscheinen sie im Varsity Stadium auf der Bühne und spielen »Blue Suede Shoes«, »Money«, »Dizzy Miss Lizzy«, »Yer Blues«, »Give Peace A Chance«, eine neue Lennon-Komposition, »Cold Turkey« sowie zwei längere Kompositionen von Yoko, »Don't Worry, Kyoko« und »John, John (Let's Hope For Peace)«.

25. Sept. — Nach Verhandlungen, die sich über Monate hingezogen haben, verlieren John und Paul ihre Aufsicht über Northern Songs und somit die Rechte auf ihre sämtlichen bisherigen sowie auf einen großen Teil ihrer zukünftigen Kompositionen an Lew Grades A. T. V. Music.

Oktober John lädt seinen Vater in sein Haus, Tittenhurst Park, ein. Es wird sein letztes Zusammentreffen mit ihm.

12. Okt. Yoko verliert ein Kind, das sie für den Dezember erwartet hatte. Es ist ihre zweite Fehlgeburt. Sie wird ins King's College Hospital, Denmark Hill, London S. E. 5 eingewiesen.

3. Nov. Im Nash House, London S. W. 1, werden unter dem zusammenfassenden Titel *Something Else* einen Abend lang Filme von John und Yoko gezeigt. Ein zweiter solcher Abend findet eine Woche darauf, am 10. November, statt.

7. Nov. Johns und Yokos *Wedding Album* erscheint bei Apple. Die aufwendige Verpakkung enthält nicht nur eine Platte, sondern auch eine Kopie der Heiratsurkunde, diverse Fotos, zwei Texthefte, ein Poster und eine Fotografie von einem Stück Hochzeitstorte.

13. Nov. Eine Gruppe von Hippies reist nach Irland, um sich Dornish, eine kleine unbewohnte Insel vor der Küste von County Mayo, anzusehen. Es ist ihnen angeboten worden, dort pachtfrei zu leben – von John Lennon, der die Insel 1966 für 1500 Pfund gekauft hatte.

25. Nov. (am 26. November verlautet) »Aus Protest gegen die Einmischung Großbritanniens in die Nigeria-Biafra-Geschichte, gegen unsere Unterstützung Amerikas in Vietnam und dagegen, daß ›Cold Turkey‹ in den Hitparaden nach unten rutscht«, schickt John seinen Orden an den Buckingham Palace zurück. Unterschrieben ist sein Brief: »Mit freundlichen Grüßen, John Lennon of Bag«.

27. Nov. Aus dem Buckingham Palace verlautet, daß Mr. Barry Hearn, der seinen Orden 1965 zurückgab, als die Beatles mit dieser Auszeichnung geehrt wurden, als Reaktion darauf, daß John den Orden zurückgegeben hat, darum bittet, seinen Orden wieder annehmen zu dürfen. Leider ist der Orden im Buckingham Palace nicht aufzufinden.

1. Dez. John und Yoko machen das Angebot, einen zehn Meter langen Wohnwagen als Schule für Zigeunerkinder zu kaufen, der in Caddington in der Nähe von Luton, Bedfordshire, aufgestellt werden soll.

3. Dez. John Lennon wird aufgefordert, in dem Tim Rice/Andrew Lloyd Webber-Musical *Jesus Christ Superstar*, das in der St. Paul's Cathedral aufgeführt werden soll, die Rolle des Jesus zu spielen.

4. Dez. Rice und Lloyd Webber ziehen ihr Angebot zurück. Die Begründung lautet, die Rolle stehe einem unbekannten Schauspieler besser an.

9. Dez. Apple läßt verlauten, daß John und Yoko einen Film über James Hanratty machen werden, den überführten und hingerichteten »A6«-Mörder. Die Behauptung wird aufgestellt, dieser Film werde Tatsachen ans Licht bringen, die bisher nie enthüllt worden seien.

11. Dez. Vor dem Kensington Odeon, in dem die Premiere von *The Magic Christian* stattfindet, verblüfft John eine Schar von zweihundert Menschen, indem er mit einem Schild herumläuft, auf dem »Großbritannien hat Hanratty ermordet« steht. In *The Magic Christian* spielt Ringo Starr mit.

12. Dez. *The Plastic Ono Band – Live Peace in Toronto 1969* erscheint bei Apple.

14. Dez. Ein weißer Sack mit der Aufschrift »Ein stummer Protest für James Hanratty«, in dem sich zwei anonyme Gestalten winden (John und Yoko?) wird zum Speaker's Corner im Hyde Park gebracht. Dort fordert Hanrattys Vater zu einer öffentli-

chen Ermittlung bezüglich der Hinrichtung seines Sohnes auf. Später wird ein Gesuch in der Downing Street Nr. 10 abgegeben.

15. Dez. Die Plastic Ono Supergroup – John, Yoko, George Harrison, Eric Clapton, Billy Preston, Keith Moon und viele andere – spielt bei einem *Peace for Christmas*-Konzert im Lyceum Ballroom in London, dessen Einnahmen der UNICEF zugute kommen.

16. Dez. Weltweit werden in elf Städten gewaltige Poster ausgehängt, auf denen steht: »War Is Over! If You Want It. Happy Christmas from John and Yoko.«

23. Dez. Zum drittenmal in den letzten sieben Monaten sind John und Yoko in Kanada. In Ottawa halten sie eine einundfünfzigminütige Privatkonferenz mit Premierminister Trudeau ab. Sie beschreiben ihn als »schöner, als wir erwartet hatten«, und fügen hinzu: »Wenn alle Politiker so wären wie Trudeau, gäbe es den Weltfrieden.«

24. Dez. John und Yoko sind wieder in England und schließen sich einem Sit-in mit Fasten vor der Rochester Cathedral in Kent an, das als Aufruf für den Frieden und als Hinweis auf die Armut auf Erden gedacht ist.

29. Dez. John und Yoko fliegen in das kleine Dorf Aalborg in Dänemark, um im Haus von Anthony Cox und seiner neuen Frau Belinda mit Kyoko Ferien zu machen.

30. Dez. I.T.V. sendet *Man Of The Decade*, eine sechzigminütige Fernsehsendung, die aus drei zwanzigminütigen Teilen besteht. Es geht um John F. Kennedy, Mao Tse-Tung und John Lennon. In dem Bericht über John ist ein längeres Interview enthalten, das kurz zuvor in Tittenhurst Park aufgenommen worden war.

*1970*

5. Jan. John läßt aus Dänemark verlauten, daß alle zukünftigen Einkünfte aus seinen Songs und Platten dazu benutzt werden, den Frieden auf Erden zu propagieren.

15. Jan. In der London Arts Gallery in der New Bond Street, London W. 1, wird eine Ausstellung mit vierzehn Lithographien von John Lennon eröffnet.

16. Jan. Beamte von Scotland Yard konfiszieren acht der Lithographien, die für erotisch und anstandswidrig angesehen werden.

19. Jan. Es heißt, daß die Verkäufe von *Bag One*, Johns vierzehn Lithographien, seit der Polizeirazzia enorm angestiegen seien. Dreihundert Mappen sind für je 550 Pfund zum Verkauf angeboten.

20. Jan. John und Yoko, die noch in Dänemark sind, lassen sich in der Scheune von Anthony Cox' Bauernhof im Norden Jütlands die Haare schneiden.

22. Jan. Alle vierzehn Lithographien von John werden in der London Gallery in Detroit, USA, ausgestellt – es erfolgt keine Reaktion.

27. Jan. John, der wieder in England ist, schreibt an einem einzigen Tag seinen neuen Song »Instant Karma!«, nimmt die Single noch am selben Tag auf und mischt sie ab. Produzent ist Phil Spector. Nur zehn Tage später kommt die Platte auf den Markt.

28. Jan. Die Ausstellung von Johns Lithographien in London – nur sechs der Bilder werden gezeigt – findet ihr termingerechtes Ende.

4. Feb. John und Yoko tauschen in einem Zeremoniell ihre abgeschnittenen Haare, die säuberlich in Plastikbeuteln verpackt sind, mit dem Black-Power-Führer Michael X. gegen blutbefleckte Shorts, die Muhammad Ali beim Boxen getragen hat. Das Zeremoniell findet auf dem Dach von X's »Black House« in Holloway, nördlich

| | |
|---|---|
| | von London statt. John und Yoko wollen das eingetauschte Stück versteigern, um Geld für den Frieden einzunehmen. |
| 11. Feb. | John zahlt die ausstehenden Geldstrafen (1344 Pfund) zu denen neunundsechzig Menschen verurteilt worden waren, die bei den Protestkundgebungen gegen die Rugby-Mannschaft Südafrikas mitgewirkt hatten, als diese Mannschaft im Dezember 1969 in Schottland antrat. |
| 12. Feb. | Die Plastic Ono Band erscheint live in der BBC-Sendung *Top Of The Pops* mit »Instant Karma!«. Die Show wurde am 11. Februar aufgenommen. |
| 25. Feb. | Der London Arts Gallery wird eine gerichtliche Vorladung wegen der Ausstellung von Johns Lithographien zugestellt – »eine ungehörige Ausstellung, die sich nicht mit dem Metropolitan Police Act von 1839 vereinbaren läßt«. |
| 22. März | In einem Interview mit der französischen Zeitschrift *L'Express* eröffnet John, daß die Beatles 1965 vor der Ordensverleihung in den Toiletten des Buckingham Palace Marihuana geraucht haben. Ein Sprecher des Palastes äußerte dazu knapp: »Es liegt doch auf der Hand, daß auch bei Ordensverleihungen Toiletten zur Verfügung stehen.« |
| 29. März | John äußert telefonisch eine Botschaft, die an 8000 Menschen ausgestrahlt wird, die sich im Rahmen der Kampagne für Atomwaffenabrüstung (CND) im Victoria Park, Bethnal Green, östlich von London, versammelt haben. Bei diesem Anlaß erklärt er auch, daß Yoko im Oktober ein Baby bekommen wird. (Sie erleidet dann allerdings erneut eine Fehlgeburt.) |
| 1. April | Im Verfahren gegen die London Arts Gallery vergleichen Verteidiger John Lennons Werke mit jenen von Picasso. |
| 10. April | Paul McCartney verkündet, daß er die Beatles verläßt. |
| Ende April | John und Yoko fliegen nach Los Angeles, um sich vier Monate lang einer Urschrei-Therapie bei Arthur Janov zu unterziehen. |
| 27. April | Der Prozeß um die Lithographien wird zugunsten der London Arts Gallery entschieden. Die Ausstellungsobjekte werden wieder ausgehändigt. |
| 13. Mai | Weltpremiere des Beatles-Films *Let It Be* in New York. Keiner der vier ist anwesend. |
| 1. Aug. | Johns erste Frau Cynthia heiratet den italienischen Hotelier Roberto Bassanini. |
| 8. Dez. | John gibt der Zeitschrift *Rolling Stone* ein Mammut-Interview. |
| 11. Dez. | *Plastic Ono Band*, Johns herbes und brillantes erstes wirkliches Solo-Album, erscheint. |
| 31. Dez. | Auf Pauls Betreiben hin beginnt ein Verfahren vor dem Hohen Gerichtshof in London, mit dem Ziel, die Partnerschaft zwischen den Beatles aufzulösen. |
| *1971* | |
| 21. Jan. | *Rolling Stone* veröffentlicht den ersten Teil des ausgedehnten Interviews mit John Lennon. Der zweite Teil folgt am 4. Februar. |
| 3. März | Die South African Broadcasting Corporation (SABC) hebt endlich das Verbot auf, das sie am 8. August 1966 über die Musik der Beatles verhängt hatte. John Lennons Kompositionen, seine Solo-Arbeiten und die Songs, die er selbst singt, bleiben jedoch weiterhin auf der schwarzen Liste. |
| 12. März | Paul gewinnt in London den Prozeß gegen die Beatles. James Douglas Spooner wird zum Sachwalter der geschäftlichen und finanziellen Angelegenheiten der Beatles ernannt. Allen Klein ist ausgeschaltet. |

| | |
|---|---|
| 23. April | In Palma, Mallorca, werden John und Yoko vor ein Gericht gestellt und wegen der angeblichen Entführung von Kyoko, Yokos Tochter, verhört. Nachdem das Mädchen von einem Spielplatz verschwunden war, hatte Anthony Cox Anklage erhoben. |
| 3. Mai | John und Yoko machen auf dem Rückflug von Trinidad nach Mallorca Halt im Flughafen Heathrow, um dort die Richter zu treffen, die über das Sorgerecht für Kyoko entscheiden. |
| 15. Mai | Welturaufführung zweier weiterer Bag Productions, *Apotheosis (Balloon)* und *Fly* bei den Filmfestspielen in Cannes. John und Yoko sind anwesend. |
| 1. Juni | John, dem am 31. Mai ein Visum mit einer Laufzeit von neun Monaten für die Vereinigten Staaten ausgestellt worden ist, fliegt mit Yoko sofort nach New York, um Kyoko zu suchen und sich um das Sorgerecht für sie zu bemühen. |
| 6. Juni | John und Yoko treten im Fillmore East in New York City überraschend mit Frank Zappa und den Mothers of Invention auf. |
| Juli | John nimmt sein Album *Imagine* auf – sieben Tage in Tittenhurst Park, zwei Tage in der Record Plant in New York. |
| 15. Juli | John und Yoko geben eine Autogrammstunde in dem riesigen Kaufhaus Selfridge's in der Oxford Street, London, um die Neuauflage von Yokos Buch *Grapefruit* zu lancieren. |
| 17. Juli | John und Yoko werden für die TV-Show *Parkinson* von der BBC interviewt. Nachträglich stellte sich heraus, daß dies ihr letzter öffentlicher Auftritt vor ihrem endgültigen Verlassen Englands war. |
| 19. Juli | John und Yoko geben eine Pressekonferenz in den Büroräumen von Apple zum Thema *Grapefruit*. |
| 11.–31. Aug. | In dem großen Saal des Alexandra Palace in London findet das *Art Spectrum* statt, ein gemischtes Programm moderner Kunst. In diesem Rahmen werden fünf der Filme von John und Yoko vorgeführt. |
| 11. Aug. | Mehr als 1000 Demonstranten, darunter John und Yoko, marschieren vor dem Ulster Office in London auf. Sie teilen sich in zwei Gruppen auf: Die eine unterstützt die Herausgeber von *Oz*, gegen die Anklage wegen Veröffentlichung einer obszönen Underground-Zeitschrift erhoben worden ist; die andere Gruppe demonstriert gegen den Einsatz von Truppen und gegen die Internierungen in Nordirland. John sagt: »Die beiden Dinge lassen sich nicht voneinander trennen.« |
| 12. Aug. | John und Yoko stiften 1000 Pfund für den »fighting fund« der Schiffsbaugewerkschaft von Upper Clyde (Schottland); dort weigern sich die Arbeiter, die Arbeit niederzulegen, nachdem man sie entlassen hat. |
| 3. Sept. | John sagt im amerikanischen Fernsehen in der *Dick Cavett Show*, die Beatles seien auseinandergegangen »wegen der Beatlemania und der schreienden Massen, die die Musik übertönt haben, nicht wegen Yoko Ono«. |
| 8. Okt. | Johns Album *Imagine* erscheint. |
| 9. – 27. Okt. | Yokos Ausstellung *This Is Not Here*, an der John künstlerisch mitgearbeitet hat, findet im Everson Museum of Art in Syracuse, New York, statt. Ein Sonderbeitrag des Fernsehens über diese Ausstellung wird am 11. Mai 1972 gesendet. |
| 6. Nov. | Nach größeren Demonstrationen in New York City findet ein Benefiz-Konzert für die Opfer der Aufstände im Attica-Gefängnis statt. Bei dieser Veranstaltung im Apollo Theatre kommt es überraschend zu einem Auftritt von John und Yoko. |

(Am 13. September, vier Tage nachdem Wächter als Geiseln genommen worden waren, hatten sich 1000 Soldaten unter erheblichem Einsatz von Tränengas Zutritt in das Gefängnis verschafft und achtundzwanzig Häftlinge und neun Geiseln getötet.)

11. Dez. John und Yoko treten in der Chrysler Arena in Ann Arbour, Michigan, bei einem Benefiz-Konzert für den linken Schriftsteller John Sinclair auf, der wegen Besitzes von zwei Marihuana-Zigaretten 1969 zu zehn Jahren Gefängnis verurteilt worden war. Fünfundfünfzig Stunden später, am 13. Dezember, wird Sinclair gegen eine Kaution freigelassen.

15. Dez. John und Yoko besuchen einen Empfang zu Ehren von U Thant, dem Generalsekretär der Vereinten Nationen, der in den Ruhestand geht.

18. Dez. John und Yoko fliegen nach Houston, Texas, um Kyoko zu suchen.

22. Dez. Houston, Texas. Anthony Cox wird zu fünf Tagen Haft verurteilt, weil er sich geweigert hat, Yoko Kyoko sehen zu lassen.

*1972*

13. Jan. John und Yoko erscheinen im amerikanischen Fernsehen in der *David Frost Show*.

5. Feb. John und Yoko schließen sich bei Temperaturen, die weit unter dem Gefrierpunkt liegen, den vierhundert Demonstranten an, die sich vor dem Gebäude der British Overseas Airways Corporation (BOAC) versammelt haben, um den Boykott von britischen Exporteuren durch die Gewerkschaft der Fluggesellschaften zu unterstützen – ein Protest gegen die britische Nordirland-Politik.

14.–18. Feb. John und Yoko übernehmen die Rolle der Moderatoren in der *Mike Douglas Show* im amerikanischen Fernsehen. Jeden Abend bringen sie Interviews und Musik; in einer der Sendungen spielt John live und jammt mit einem seiner Teenager-Idole, Chuck Berry.

17. Feb. Der fünfundvierzigminütige Farbfilm, den John und Yoko von der Kampagne zur öffentlichen Ermittlung im Falle der Hanratty-Hinrichtung gedreht haben, wird in der Krypta von St. Martin in the Fields in London vorgeführt.

29. Feb. John und Yokos Visa für die Vereinigten Staaten laufen ab. Man bewilligt ihnen die übliche Verlängerung von fünfzehn Tagen, damit sie einen neuen Antrag stellen können.

3. März Yoko bekommt endlich das Sorgerecht für Kyoko zugesprochen, doch Anthony Cox flieht mit dem Kind und ist nicht auffindbar.

6. März Durch Betreiben des Deputy Attorney General wird eine vorübergehende Verlängerung der Visa von John und Yoko aufgehoben. Der vierjährige Kampf der beiden gegen das Ausweisungsverfahren beginnt.

16. März John und Yoko bekommen aufgrund der Rauschgiftanklage von 1968 eine Aufforderung zur Ausreise zugestellt.

22. April John und Yoko halten eine Ansprache an die Menschenmenge, die sich aus Protest gegen die Bombardierung Nordvietnams zur National Peace Rally in New York versammelt hat.

27. April (verlautet am 29. April) John Lindsay, der Bürgermeister von New York City, setzt sich in einem Brief an den Commissioner of Immigration and Naturalization in Washington, D. C., dafür ein, daß das Ausweisungsverfahren gegen John und Yoko eingestellt wird. Er sagt, dieses Verfahren sei eine »schwerwiegende Ungerechtigkeit«, und er fügt hinzu, der wahre Grund für diese Ausweisung sei nicht

Johns Anklage wegen Rauschgiftbesitzes in London 1968, sondern der, daß dieses Paar »sich mit lauter und kritischer Stimme zum Tagesgeschehen äußert«.

11. Mai — John behauptet als Gast in der *Dick Cavett Show*, er werde von Regierungsbeamten verfolgt und sein Telefon werde abgehört.

17. Mai — Bei einem Verhör im Rahmen des Ausweisungsverfahrens sagt John: »Ich weiß nicht, ob es eine Gnade gibt, um die ich flehen kann, aber wenn es so ist, hätte ich diese Gnade gern für uns beide und unser Kind.«

12. Juni — *Some Time In New York City*, Johns und Yokos zorniges und hochpolitisches Album, erscheint in Amerika. Sein antibritischer Inhalt in Verbindung mit Streitigkeit um das Copyright verhindern ein gleichzeitiges Erscheinen in England. Dort kommt es erst am 15. September heraus.

2. Juli — Johns und Yokos Anwälte bereiten ein abschließendes Plädoyer vor, in dem sie die Gründe darlegen, aus denen das Paar in den USA bleiben will.

4. Juli — Am amerikanischen Unabhängigkeitstag schreibt Lord Harlech, der frühere britische Botschafter in den USA, ein Gesuch für John an die amerikanische Einwanderungsbehörde.

30. Aug. — Im Madison Square Garden in New York City finden zwei *One To One*-Konzerte statt. Die Einnahmen sollen behinderten Kindern und Erwachsenen zugute kommen. John und Yoko treten mit der Band Elephants Memory auf. Weitere Gäste sind Stevie Wonder, Roberta Flack und Sha Na Na. Die Einnahmen belaufen sich auf eineinhalb Millionen Dollar, die 60000 Dollar inbegriffen, die die Lennons gestiftet haben. Eine Aufzeichnung des Konzerts wird am 14. Dezember 1972 im Fernsehen gesendet.

6. Sept. — John und Yoko treten mit Elephants Memory in einer Sendung von Jerry Lewis auf, in der zu Spenden für an Muskeldystrophie Erkrankte aufgerufen wird.

23. Dez. — *Imagine*, ein Film, der mit dem Album gleichen Titels erscheinen sollte, erlebt seine verspätete Welturaufführung im amerikanischen Fernsehen.

*1973*

22. Jan. — Northern Songs und Maclen Music in London und New York verklagen John auf mehr als eine Million Dollar. Die Anklage stützt sich darauf, er habe, angespornt von Allen Klein, ein Abkommen von 1965 bewußt gebrochen. In besagtem Abkommen ging es um die Exklusivrechte an seinen Kompositionen, ganz gleich, ob er sie allein oder mit anderen gemeinsam geschrieben hatte. Umstritten sind fünf Songs, alle mit Yoko gemeinsam geschrieben. Ono Music Ltd. beansprucht die Hälfte des Copyright.

23. März — John wird aufgefordert, die Vereinigten Staaten innerhalb von sechzig Tagen zu verlassen, doch Yoko wird die Genehmigung erteilt, ihren festen Wohnsitz in den USA beizubehalten. Das Paar ist nicht im Gerichtssaal anwesend, läßt jedoch von der Westküste verlauten: »Wir haben gerade unseren vierten Hochzeitstag gefeiert und sind nicht darauf vorbereitet, in getrennten Betten zu schlafen. Peace and Love, John und Yoko.«

24. März — John legt offiziellen Widerspruch gegen den Ausweisungsbefehl ein.

31. März — Der Management-Vertrag, den John, George und Ringo mit Allen Klein und seiner Firma ABCKO abgeschlossen haben, läuft aus und wird nicht verlängert.

28. Juni — Allen Klein und ABCKO Industries verklagen John auf 508000 Dollar für angeblich nicht zurückgezahlte Vorschüsse.

| | |
|---|---|
| 9. Sept. | Tittenhurst Park, Johns und Yokos Haus in Ascot, wird zum Verkauf angeboten. |
| 18. Sept. | Ringo Starr kauft Tittenhurst Park. |
| Oktober | John und Yoko trennen sich nach viereinhalbjähriger Ehe. John geht nach Los Angeles. |
| Okt.–Dez. | John nimmt mit Phil Spector als Produzenten ein geplantes Album mit Rock'n'-Roll-Klassikern auf. Die Sessions platzen, übrig bleibt ein Alkohol-Alptraum. Spector brennt mit den Bändern durch. Nach langem Ringen bringt John die Bänder im Juni 1974 wieder an sich. |
| 24. Okt. | John verklagt die Regierung der Vereinigten Staaten und fordert ein Eingeständnis oder Gegenbeweise dafür, daß er und/oder sein Anwalt Leon Wildes vom FBI überwacht und ihre Telefonate gesetzwidrig abgehört wurden. |
| 2. Nov. | John, George und Ringo leiten vor dem Hohen Gerichtshof gesetzliche Schritte gegen Allen Klein ein (dem John den Spitznamen grABCKO gegeben hat) und klagen auf Schadenersatz wegen rufschädigender Verdrehung der Tatsachen. Klein reagiert mit einer Gegenklage wegen nicht erstatteter Gelder, Gebühren und Prozente. |
| 16. Nov. | Johns Album *Mind Games* kommt auf den Markt. |
| 11. Dez. | John läßt der finanziell gefährdeten englischen Undergroundzeitschrift *IT* (früher *International Times*) tausend Pfund zukommen. Acht Monate später geht die Zeitung ein. |
| *1974* | |
| 1. Feb. | Es wird verlautbart, daß die Kosten für alle drei Anträge, Michael X. (mit richtigem Namen Michael Abdul Malik) nicht zu hängen, von John getragen wurden. X. wurde des Mordes in Trinidad für schuldig befunden. (Nach zahlreichen weiteren Anträgen und langen Beratungen wurde Malik am 16. Mai 1975 hingerichtet.) |
| März–Mai | Chaos und Trunkenheit gewinnen bei den Aufnahmen von Harry Nilssons Album *Pussy Cats*, das John in der Record Plant in Los Angeles produziert, die Oberhand. Alkohol und üble Szenen herrschen auch in dem Haus in Santa Monica vor, das die beiden mit Keith Moon und Ringo Starr teilen. |
| 13. März | John wird aus dem Troubadour Nachtclub in West Hollywood geworfen, nachdem er die Smothers Brothers während ihres Auftritts beschimpft und beleidigt hat. Von seinem Zechkumpan Harry Nilsson angespornt, will John sich auf Ken Fritz, den Manager der Smothers Brothers, und auf Brenda Mary Perkins stürzen, eine Kellnerin und Fotografin, die versucht, einen Polaroid-Schnappschuß von John zu machen, während er aus dem Club geworfen wird. |
| 27. März | Der District Attorney von Los Angeles weist die Anklage ab, die Brenda Mary Perkins gegen John erhebt, weil er sie angeblich während des Tumults im Troubadour geschlagen hat. |
| 17. Juli | John wird wieder angewiesen, die Vereinigten Staaten innerhalb von sechzig Tagen zu verlassen. Er reicht Widerspruch ein. |
| 31. Aug. | John sagt vor Gericht das aus, was der Allgemeinheit in den vergangenen Monaten klar geworden ist: daß die Nixon-Regierung ihn nicht wegen seiner Rauschgiftanklage in London abschieben wolle, sondern aufgrund des Irrglaubens, er gehöre zu den Organisatoren einer Antikriegsdemonstration, die beim Parteitag der Republikaner 1972 angeblich hätte stattfinden sollen. |

4. Okt. Johns Album *Walls And Bridges* kommt heraus.

8. Okt. John trifft sich mit Morris Levy, dem Geschäftsführer einer Plattenfirma mit Musikverlag, um sich mit ihm über eine außergerichtliche Einigung zu unterhalten. Es geht um seine Copyright-Verletzung der Chuck-Berry-Komposition »You Can't Catch Me« in dem Song »Come Together«, den er für das Beatles-Album *Abbey Road* 1969 aufgenommen hatte. Die Rechte für diesen Song lagen bei Morris Levy.

1. Nov. John ersucht einen Bundesrichter um das Recht, Recherchen bei der Einwanderungsbehörde in Zusammenhang mit der angeblichen politischen Vendetta anstellen zu dürfen, die von dem früheren Attorney General John N. Mitchell angeführt wurde und einsetzte, nachdem John 1972 begonnen hatte, die Demokraten zu unterstützen.

16. Nov. »Whatever Gets You Thru The Night« erreicht Platz eins der Singles-Liste von *Billboard* und ist somit Johns erste Number One in den Vereinigten Staaten als »Solist«. Elton John, der auf dieser Aufnahme Klavier spielt, hatte John das Versprechen abgenommen, bei einem zukünftigen Konzert mit ihm aufzutreten, falls die Nummer auf den ersten Platz gelangen sollte.

28. Nov. John hält sein Versprechen: Er erscheint während Elton Johns Konzert an Thanksgiving im New Yorker Madison Square Garden unangekündigt auf der Bühne und singt drei Songs.

27. Dez. John verbringt die Tage bis Neujahr mit seinem Sohn Julian und May Pang im Disneyland, Los Angeles.

*1975*

Januar John kehrt nach New York zurück und zieht wieder zu Yoko ins Dakota. Kurz darauf wird Yoko schwanger.

9. Jan. Die Geschäftsbeziehungen der Beatles werden vor dem Hohen Gerichtshof in London endlich abgebrochen.

Mitte Jan. David Bowie ist in New York, um sein Album *Young Americans* aufzunehmen. Er bittet John, auf seiner Version des Lennon-Songs »Across The Universe« Gitarre zu spielen. Während sie zusammenarbeiten, schreiben sie auch »Fame« und nehmen die Nummer auf.

8. Feb. Im amerikanischen Fernsehen wird für den rechtlich umstrittenen Raubdruck des Lennon-Albums *Roots* Werbung gemacht, der bei Morris Levys Label Adam VIII bestellt werden kann.

21. Feb. EMI/Capitol bringen eilig Johns Album *Rock'n'Roll* auf den Markt, eine Gegenmaßnahme zu *Roots*. Wieder kündigt sich ein großer Prozeß an, als Levy auf 42 Millionen Dollar Schadenersatz klagt.

1. März John und Yoko zeigen sich bei der jährlichen Grammy-Award-Verleihung in Los Angeles erstmals seit ihrem Neubeginn wieder gemeinsam in der Öffentlichkeit.

6. März John läßt verlautbaren, daß seine achtzehnmonatige Trennung von Yoko »kein Erfolg war« und daß er wieder zu ihr nach New York gezogen ist.

18. April BBC sendet ihr berühmtes *Old Grey Whistle Test*-Interview mit John im Fernsehen.

13. Juni Im amerikanischen Fernsehen wird ein Sonderbeitrag mit dem Titel *Salute to Lew Grade* ausgestrahlt. John singt live »Imagine« und »Slippin' And Slidin'«, begleitet von einer »zweigesichtigen Band« – Johns nicht gerade subtiler Seitenhieb auf Grade. Dies ist sein letzter Live-Auftritt vor einem Publikum.

19. Juni John verklagt Attorney General John N. Mitchell und andere Vertreter des amerikanischen Gesetzes aufgrund der verursachten Ausweisung wegen »willkürlicher strafrechtlicher Verfolgung«.

13. Juli Von einem New Yorker Gerichtshof werden John insgesamt 144700 Dollar Schadenersatz für eingebüßte Tantiemen und Rufschädigung durch die Herausgabe des Album *Roots* zugesprochen.

23. Sept. Johns Ausweisungsverfahren wird aus humanitären Gründen vorübergehend eingestellt – Yokos Schwangerschaft hat ein kritisches Stadium erreicht.

7. Okt. Der New York State Supreme Court stimmt mit zwei zu eins dafür, die Ausweisung zurückzuziehen. Die Einwanderungsbehörde wird angewiesen, Johns Gesuch um eine unbefristete Aufenthaltserlaubnis noch einmal zu durchdenken. Der Oberrichter fügt hinzu: »Das Gericht kann eine willkürliche Ausweisung, die auf geheimnisvollen politischen Gründen basiert, nicht gutheißen.«

9. Okt. Im Alter von zweiundvierzig Jahren und nach drei Fehlgeburten bringt Yoko im New Yorker Hospital an Johns fünfunddreißigstem Geburtstag ihr erstes Kind von John zur Welt – einen Sohn, den sie Sean Taro Ono Lennon taufen. »Ich fühle mich größer als das Empire State Building«, sagt John.

*1976*

5. Jan. Mal Evans, der frühere Roadmanager, Helfer, Kumpel und Vertraute der Beatles, wird in Los Angeles von der Polizei erschossen.

6. Feb. Johns Plattenvertrag mit EMI/Capitol läuft aus und wird nicht verlängert. Zum ersten Mal seit fast fünfzehn Jahren ist John an keine Vertragsbedingungen gebunden.

1. April Freddy Lennon, Johns Vater, stirbt im Alter von dreiundsechzig Jahren im Brighton General Hospital, England.

April Während Ringo Starr in Los Angeles sein Album *Rotogravure* aufnimmt, sucht John zum letzten Mal für vier Jahre aus kommerziellen Gründen ein Studio auf: Er spielt Klavier auf seiner eigenen Komposition »Cookin' (In The Kitchen Of Love)«.

27. Juli Johns Kampf darum, in den USA zu bleiben, ist endlich ausgestanden, seinem Antrag, sich in den USA seßhaft zu machen, wird stattgegeben. Er bekommt die »Green Card« zugestellt (Nummer A17-597-321). Der Richter, Ira Fieldsteel, unterrichtet ihn darüber, daß er 1981 die amerikanische Staatsbürgerschaft beantragen kann.

20. Sept. Der New Yorker Veranstalter Sid Bernstein, der Mann, der hinter den Amerika-Tourneen der Beatles in den sechziger Jahren stand, gibt eine ganzseitige Annonce in der *International Herald Tribune* auf, in der er die Beatles auffordert, sich noch einmal zu einem Wohltätigkeitskonzert zusammenzutun – mögliche Einnahmen 230 Millionen Dollar.

Okt. John zieht sich in die »Versenkung« zurück, seine Phase als Hausmann beginnt.

*1977*

10. Jan. Alle ausstehenden Prozesse zwischen den Beatles/Apple Corps und Allen Klein/ABCKO werden durch eine außergerichtliche Regelung beigelegt, die Apple fünf Millionen Dollar und ABCKO 800000 Dollar kostet.

20. Jan. John und Yoko besuchen die Gala zum Amtsantritt von Präsident Jimmy Carter in Washington D.C.

Juni Die Familie Lennon reist für fünf Monate nach Japan.

*1978*

4. Feb. John und Yoko geben mehr als 178 000 Dollar aus, um mehrere Grundstücke in Delaware County, New York, zu erwerben, die sie als Feriendomizil und zur Zucht von Holsteinkühen benutzen wollen. Sie beginnen, jede Wohnung zu kaufen, die im Dakota-Gebäude frei wird.

16. Juni John bemüht sich vergeblich zu verhindern, daß die Londoner Zeitung *News of the World* Auszüge aus *The Twist of Lennon* abdruckt, dem Buch, das seine erste Frau Cynthia geschrieben hat.

*1979*

27. Mai John und Yoko geben ganzseitige Anzeigen mit der Überschrift: »Ein Liebesbrief von John und Yoko. An die Menschen, die uns fragen, was, wann und warum« in der *New York Times*, der Londoner *Sunday Times* und einer japanischen Zeitung auf.

9. Sept. Sid Bernstein fleht die Beatles in einem öffentlichen Aufruf an, noch drei Konzerte zu geben, die in Kairo, Jerusalem und New York stattfinden sollen, um die vietnamesischen »boat people« zu unterstützen. Es seien Einnahmen bis zu 500 Millionen Dollar möglich.

21. Sept. Kurt Waldheim, UNO-Generalsekretär, schließt sich dem Aufruf an und bittet die Beatles ebenfalls, zugunsten der »boat people« zu spielen.

15. Okt. John und Yoko stiften tausend Dollar für eine Kampagne, die Polizisten New Yorks mit kugelsicheren Westen auszurüsten.

31. Dez. Bag Productions, Johns und Yokos Film- und Produktionsgesellschaft, die 1969 gegründet wurde, wird gemeinsam mit etlichen anderen Projekten der späten sechziger Jahre aufgelöst.

*1980*

28. Jan. John und Yoko kaufen sich eine Villa am Meer in Palm Beach, Florida.

20. März John und Yoko feiern in West Palm Beach, Florida, ihren elften Hochzeitstag. John schenkt Yoko ein Herz aus Diamanten und 500 frische Gardenien. Yoko schenkt John einen alten Rolls-Royce, ein Liebhaberstück.

23. Mai Um Unabhängigkeit zu erlangen und sein Selbstvertrauen herauszustreichen, macht John allein in Kapstadt, Südafrika, Urlaub.

Juli John und eine fünfköpfige Crew segeln auf der *Isis*, Lennons neunzehn Meter langer Jacht, zu den Bermudas. Während des Aufenthalts dort beginnt er wieder zu komponieren.

2. Juli Eine Holsteinkuh, die in Johns und Yokos Besitz war, erzielt einen absoluten Rekordpreis, der noch nie da war: 265 000 Dollar. Steve Potter kauft sie auf den New Yorker State Fairgrounds in Syracuse, New York.

4. Aug. John und Yoko begeben sich in die Aufnahmestudios der Hit Factory in Manhattan, um ihr seit sechs Jahren erstes Album aufzunehmen.

Sept. Über drei Wochen verteilt, wird das Mammutinterview mit John und Yoko für den *Playboy* durchgeführt.

22. Sept. David Geffen, früher in führender Position bei Warner Brothers und Asylum Records, schließt mit John und Yoko einen Vertrag für sein neues unabhängiges Platten-Label Geffen Records ab und teilt mit, daß ihr neues Album *Double Fantasy* heißen wird.

| | |
|---|---|
| 29. Sept. | Erstveröffentlichung eines »Comeback-Interviews« in *Newsweek*. |
| 9. Okt. | Yoko läßt zu Johns vierzigstem und Seans fünftem Geburtstag eine Liebeserklärung in den Himmel von Manhattan schreiben. |
| 17. Nov. | *Double Fantasy* erscheint. |
| 5. Dez. | John gibt *Rolling Stone* ein Interview. |
| 6. Dez. | Der BBC-Diskjockey Andy Peebles fliegt nach New York, um ein langes Rundfunk-Interview mit John und Yoko aufzuzeichnen. |
| 8. Dez. | John gibt dem Rundfunksender RKO Radio ein Interview. |
| 8. Dez. | (in England bereits der 9. Dezember) John Ono Lennon wird erschossen. |

# *Diskographie*

Teil I: 1962–1966

Jeder kommerziell herausgegebene Song, den John Lennon in dem Zeitraum geschrieben und/oder gesungen hat, den dieses Buch abdeckt, ist in dieser Liste enthalten. Sämtliche Beatles-Titel, die im Lauf jener Jahre herauskamen, sind genannt. Es geht um John Lennons Plattenkarriere, wie *er* selbst sie plante. Diese Diskographie umfaßt daher nicht die zahlreichen Zusammenschnitte und nachträglichen Ausgaben, Demobänder und Live-Alben, die in dieser Phase aufgenommen wurden, aber erst später auf den Markt kamen. Diese Alben waren marktwirtschaftlich bedingt und stehen nicht in bezug zu Lennons chronologischer Abfolge von Songs, wie sie hier widergespiegelt werden soll.
Die Auflistung gründet sich also auf das Erscheinen von Platten in Großbritannien, wie sie von den Beatles selbst geplant waren. Diese Gruppe hatte immer klare Vorstellungen davon, was als Single und was als Nummer eines Albums konzipiert werden sollte. In Großbritannien kamen dabei so gut wie keine Überschneidungen zustande. Doch in Amerika gelang es Capitol Records durch raffinierte Marketing-Praktiken und häufige Wiederholungen von Songs, beträchtlich mehr Singles zu produzieren und auch »neue« Alben herauszubringen, ohne zusätzliches Material zu verwenden.
Songs, die entweder ganz von John Lennon geschrieben wurden oder bei denen er mitgeschrieben hat, sind in Großbuchstaben ausgedruckt. Songs dagegen, zu denen John nur wenige Worte, einen Satz oder eine Formulierung beigetragen hat – und davon gibt es viele – werden ihm *nicht* zugeschrieben.

## *Singles*

*Oktober 1962*
»Love Me Do«/»P.S. I Love You«
*Januar 1963*
»PLEASE PLEASE ME«/»ASK ME WHY«
*April 1963*
»FROM ME TO YOU«/»THANK YOU GIRL«
*August 1963*
»SHE LOVES YOU«/»I'LL GET YOU«
*November 1963*
»I WANT TO HOLD YOUR HAND«/»THIS BOY«
*März 1964*
»Can't Buy Me Love«/»YOU CAN'T DO THAT«
*Juli 1964*
»A HARD DAY'S NIGHT«/»Things We Said Today«
*November 1964**
»I FEEL FINE«/»She's A Woman«
*April 1965*
»TICKET TO RIDE«/»YES IT IS«
*Juli 1965*
»HELP!«/»I'm Down«
*Dezember 1965**
»DAY TRIPPER«/»WE CAN WORK IT OUT«
*Juni 1966*
»Paperback Writer«/»RAIN«
*August 1966**
»Yellow Submarine«/»ELEANOR RIGBY«

*kennzeichnet eine Platte mit zwei A-Seiten

*Alben*

*März 1963*

### Please Please Me

»I Saw Her Standing There«, »MISERY«, »Anna (Go To Him)«, »Chains«, »Boys«, »ASK ME WHY«, »PLEASE PLEASE ME«.

»Love Me Do«, »P.S. I Love You«, »Baby It's You«, »DO YOU WANT TO KNOW A SECRET«, »A Taste Of Honey«, »THERE'S A PLACE«, »Twist And Shout«.

*November 1963*

### With the Beatles

»IT WON'T BE LONG«, »ALL I'VE GOT TO DO«, »All My Loving«, »Don't Bother Me«, »LITTLE CHILD«, »Till There Was You«, »Please Mister Postman«.

»Roll Over Beethoven«, »Hold Me Tight«, »You Really Got A Hold On Me«, »I WANNA BE YOUR MAN«, »Devil In Her Heart«, »NOT A SECOND TIME«, »Money (That's What I Want)«.

*Juli 1964*

### A Hard Day's Night

»A HARD DAY'S NIGHT«, »I SHOULD HAVE KNOWN BETTER«, »IF I FELL«, »I'M HAPPY JUST TO DANCE WITH YOU«, »And I Love Her«, »TELL ME WHY«, »Can't Buy Me Love«.

»ANY TIME AT ALL«, »I'LL CRY INSTEAD«, »Things We Said Today«, »WHEN I GET HOME«, »YOU CAN'T DO THAT«, »I'LL BE BACK«.

*Dezember 1964*

### Beatles For Sale

»NO REPLY«, »I'M A LOSER«, »BABY'S IN BLACK«, »Rock and Roll Music«, »I'll Follow The Sun«, »Mr. Moonlight«, »Kansas City/Hey-Hey-Hey-Hey!«

»EIGHT DAYS A WEEK«, »Words Of Love«, »Honey Don't«, »EVERY LITTLE THING«, »I DON'T WANT TO SPOIL THE PARTY«, »WHAT YOU'RE DOING«, »Everybody's Trying To Be My Baby«.

*August 1965*

### Help!

»HELP!«, »The Night Before«, »YOU'VE GOT TO HIDE YOUR LOVE AWAY«, »I Need You«, »Another Girl«, »YOU'RE GOING TO LOSE THAT GIRL«, »TICKET TO RIDE«.

»Act Naturally«, »IT'S ONLY LOVE«, »You Like Me Too Much«, »Tell Me What You See«, »I've Just Seen A Face«, »Yesterday«, »Dizzy Miss Lizzy«.

*Dezember 1965*

### Rubber Soul

»DRIVE MY CAR«, »NORWEGIAN WOOD (THIS BIRD HAS FLOWN)«, »You Won't See Me«, »NOWHERE MAN«, »Think For Yourself«, »THE WORD«.

»WHAT GOES ON«, »GIRL«, »I'm Looking Through You«, »IN MY LIFE«, »Wait«, »If I Needed Someone«, »RUN FOR YOUR LIFE«.

*August 1966*

### Revolver

»Taxman«, »ELEANOR RIGBY«, »I'M ONLY SLEEPING«, »Love You Too«, »Here, There and Everywhere«, »Yellow Submarine«, »SHE SAID SHE SAID«.

»Good Day Sunshine«, »AND YOUR BIRD CAN SING«, »For No One«, »DOCTOR ROBERT«, »I Want To Tell You«, »Got To Get You Into My Life«, »TOMORROW NEVER KNOWS«.

*Verschiedenes*

*Juni 1964*

### Long Tall Sally *(EP)*

»Long Tall Sally«, »I CALL YOUR NAME«.
»Slow Down«, »Matchbox«.

*Dezember 1966*

### A Collection Of Beatles Oldies *(LP)*

Enthält nur eine bis dahin nicht erhältliche Nummer: »Bad Boy«.

Echte Sammler brauchen natürlich auch zwei Nummern von der Aufnahmesession 1961 in Hamburg, zu der die Beatles vorwiegend als Begleitung von Tony Sheridan herangezogen wurden. Eine dieser Nummern ist die erste Lennon-Komposition, die je aufgenommen und veröffentlicht wurde; George Harrison hat daran mitgeschrieben. Es handelt sich um die Instrumentalnummer »CRY FOR A SHADOW«. Nummer zwei ist »Ain't She Sweet«, gesungen von Lennon.

Songs, die John Lennon geschrieben oder an denen er mitgeschrieben hat, die er jedoch nicht selbst kommerziell aufnahm, sondern anderen Künstlern »schenkte«: »BAD TO ME«: Billy J. Kramer and the Dakotas, 1963

»HELLO LITTLE GIRL«: The Fourmost, 1963

»I'M IN LOVE«: The Fourmost, 1963

## Teil II: 1967–1984

### *Singles*

*Februar 1967*
»Penny Lane«/»STRAWBERRY FIELDS FOREVER« *(The Beatles)**

*Juli 1967*
»ALL YOU NEED IS LOVE«/»BABY, YOU'RE A RICH MAN« *(The Beatles)*

*November 1967*
»Hello, Goodbye«/»I AM THE WALRUS« *(The Beatles)*

*März 1968*
»Lady Madonna«/»The Inner Light« *(The Beatles)*

*August 1968*
»Hey Jude«/»REVOLUTION *(The Beatles)*

*April 1969*
»Get Back« *(The Beatles with Billy Preston)*/»DON'T LET ME DOWN« *(The Beatles)*

*Mai 1969*
»THE BALLAD OF JOHN AND YOKO«/»Old Brown Shoe« *(The Beatles)*

*Juli 1969*
»GIVE PEACE A CHANCE«/»Remember Love« *(Plastic Ono Band)*

*Oktober 1969*
»COLD TURKEY«/»Don't Worry Kyoko (Mummy's Only Looking For Her Hand In The Snow)« *(Plastic Ono Band)*

*Oktober 1969*
»Something«/»COME TOGETHER« *(The Beatles)**

*Februar 1970*
»INSTANT KARMA!«/»Who Has Seen The Wind?« *(Lennon/Ono with the Plastic Ono Band)*

*März 1970*
»Let It be«/»YOU KNOW MY NAME (LOOK UP THE NUMBER)« *(The Beatles)*

*März 1971*
»POWER TO THE PEOPLE« *(John Lennon/Plastic Ono Band)*/»Open Your Box« *(Yoko Ono/Plastic Ono Band)*

*November 1972*
»HAPPY XMAS (WAR IS OVER)« *(John and Yoko/The Plastic Ono Band with the Harlem Community Choir)*/»Listen, The Snow Is Falling« *(Yoko Ono and the Plastic Ono Band)***

*November 1973*
»MIND GAMES«/»MEAT CITY« *(John Lennon)*

*Oktober 1974*
»WHATEVER GETS YOU THRU THE NIGHT« *(John Lennon with the Plastic Ono Nuclear Band)*/»BEEF JERKY« *(John Lennon with the Plastic Ono Nuclear Band/Little Big Horns and Booker Table and the Maitre D's)*

*Januar 1975*
»# 9 DREAM«/»WHAT YOU GOT« *(John Lennon)*

*April 1975*
»STAND BY ME«/»MOVE OVER MS.L« *(John Lennon)*

*Oktober 1975*
»IMAGINE«/»WORKING CLASS HERO« *(John Lennon)*
*Oktober 1980*
»(JUST LIKE) STARTING OVER« *(John Lennon)*/ »Kiss Kiss Kiss« *(Yoko Ono)*
*Januar 1981*
»WOMAN« *(John Lennon)*/»Beautiful Boys« *(Yoko Ono)*
*März 1981*
»WATCHING THE WHEELS« *(John Lennon)*/»I'm Your Angel« *(Yoko Ono)*
*November 1982*
»LOVE«/»GIVE ME SOME TRUTH« *(John Lennon)*
*Januar 1984*
»NOBODY TOLD ME« *(John Lennon)*/ »›O‹ Sanity« *(Yoko Ono)*
*März 1984*
»BORROWED TIME« *(John Lennon)*/»Your Hands« *(Yoko Ono)*
*Juli 1984*
»I'M STEPPING OUT« *(John Lennon)*/»Sleepless Night« *(Yoko Ono)*

* Kennzeichnet eine Platte mit zwei A-Seiten
** Steht für: erschienen in den USA im Dezember 1971

## *Alben*

*Juni 1967*

### Sgt. Pepper's Lonely Hearts Club Band

»Sgt. Pepper's Lonely Hearts Club Band«, »WITH A LITTLE HELP FROM MY FRIENDS«, LUCY IN THE SKY WITH DIAMONDS«, »Getting Better«, »Fixing A Hole«, »SHE'S LEAVING HOME«, »BEING FOR THE BENEFIT OF MR. KITE!«.
»Within You Without You«, »When I'm Sixty-Four«, »Lovely Rita«, »GOOD MORNING GOOD MORNING«, »Sgt. Pepper's Lonely Hearts Club Band« *(Reprise)*, »A DAY IN THE LIFE«. *(The Beatles)*

*November 1968*

### The Beatles

»Back in the U.S.S.R.«, »DEAR PRUDENCE«, »GLASS ONION«, »Ob-La-Di, Ob-La-Da«, »Wild Honey Pie«, »THE CONTINUING STORY OF BUNGALOW BILL«, »While My Guitar Gently Weeps«, »HAPPINESS IS A WARM GUN«.
»Martha My Dear«, »I'M SO TIRED«, »Blackbird«, »Piggies«, »Rocky Raccoon«, »Don't Pass Me By«, »Why Don't We Do It In The Road«, »I Will«, »JULIA«.
»Birthday«, »YER BLUES«, »Mother Nature's Son«, »EVERYBODY'S GOT SOMETHING TO HIDE EXCEPT ME AND MY MONKEY«, »SEXY SADIE«, »Helter Skelter«, »Long Long Long«.
»REVOLUTION 1«, »Honey Pie«, »Savoy Truffle«, »CRY BABY CRY«, »REVOLUTION 9«, »GOOD NIGHT«. *(The Beatles)*

*November 1968*

### Unfinished Music No. 1: Two Virgins

»TWO VIRGINS NO. 1«, »TOGETHER«, »TWO VIRGINS NO. 2«, »TWO VIRGINS NO. 3«, »TWO VIRGINS NO. 4«, »TWO VIRGINS NO. 5«, »TWO VIRGINS NO. 6«.
»HUSHABYE HUSHABYE«, »TWO VIRGINS NO. 7«, »TWO VIRGINS NO. 8 «, »TWO VIRGINS NO. 9«, »TWO VIRGINS NO. 10«. *(John Lennon and Yoko Ono)*

*Januar 1969*

### Yellow Submarine

»Yellow Submarine«, »Only A Northern Song«, »All Together Now«, »HEY BULLDOG«, »It's All Too Much«, »ALL YOU NEED IS LOVE«.
(Der Rest des Albums besteht aus Original-Filmmusik von George Martin

*Mai 1969*

### Unfinished Music No. 2: Life With The Lions

»CAMBRIDGE 1969«.
»NO BED FOR BEATLE JOHN«, »BABY'S HEART-

BEAT«, »TWO MINUTES SILENCE«, »RADIO PLAY«. *(John Lennon and Yoko Ono)*

*September 1969*

### Abbey Road

»COME TOGETHER«, »Something«, »Maxwell's Silver Hammer«, »Oh! Darling«, »Octopus's Garden«, »I WANT YOU (SHE'S SO HEAVY)«.
»Here Comes The Sun«, »BECAUSE«, »You Never Give Me Your Money«, »SUN KING«, »MEAN MR. MUSTARD«, »POLYTHENE PAM«, »She Came In Through The Bathroom Window«, »Golden Slumbers«, »Carry That Weight«, »The End«, »Her Majesty«. *(The Beatles)*

*November 1969*

### Wedding Album

»JOHN AND YOKO«.
»AMSTERDAM«. *(John and Yoko)*

*Dezember 1969*

### Live Peace in Toronto 1969

»Blue Suede Shoes«, »Money (That's What I Want)«, »Dizzy Miss Lizzy«, »YER BLUES«, »COLD TURKEY«, »GIVE PEACE A CHANCE«.
»Don't Worry Kyoko (Mummy's Only Looking For Her Hand In The Snow)«, »John John (Let's Hope For Peace)«. *(The Plastic Ono Band)*

*Mai 1970*

### Let It Be

»Two Of Us«, »DIG A PONY«, »ACROSS THE UNIVERSE«, »I Me Mine«, »DIG IT«, »Let It Be«, »MAGGIE MAE«.
»I'VE GOT A FEELING«, »ONE AFTER 909«, »The Long and Winding Road«, »For You Blue«, »Get Back«. *(The Beatles)*

*Dezember 1970*

### John Lennon/Plastic Ono Band

»MOTHER«, »HOLD ON«, »I FOUND OUT«, »WORKING CLASS HERO«, »ISOLATION«.
»REMEMBER«, »LOVE«, »WELL WELL WELL«, »LOOK AT ME«, »GOD«, »MY MUMMY'S DEAD«. *(John Lennon)*

*Oktober 1971*

### Imagine

»IMAGINE«, »CRIPPLED INSIDE«, »JEALOUS GUY«, »IT'S SO HARD«, »I DON'T WANT TO BE A SOLDIER«.
»GIVE ME SOME TRUTH«, »OH MY LOVE«, »HOW DO YOU SLEEP?«, »HOW?«, »OH YOKO!« *(John Lennon/Plastic Ono Band [with the Flux Fiddlers])*

*September 1972*

### Some Time In New York City*

»WOMAN IS THE NIGGER OF THE WORLD«, »Sisters, O Sisters«, »ATTICA STATE«, »Born In A Prison«, »NEW YORK CITY«.
»SUNDAY BLOODY SUNDAY«, »THE LUCK OF THE IRISH«, »JOHN SINCLAIR«, »ANGELA«, »We're All Water«. *(John and Yoko/Plastic Ono Band with Elephants Memory and The Invisible Strings)*
»COLD TURKEY«, »Don't Worry Kyoko (Mummy's Only Looking For Her Hand In The Snow)«. *(John and Yoko/Plastic Ono Band with a cast of thousands)*
»Well (Baby Please Don't Go)«, »JAMRAG«, »SCUMBAG«, »AU«. *(John and Yoko/Plastic Ono Band with Frank Zappa and the Mothers of Invention)*

*November 1973*

### Mind Games

»MIND GAMES«, »TIGHT A $«, »AISUMASEN (I'M SORRY)«, »ONE DAY (AT A TIME)«, »BRING ON THE LUCIE (FREDA PEOPLE)«, »NUTOPIAN INTERNATIONAL ANTHEM«.
»INTUITION«, »OUT THE BLUE«, »ONLY PEOPLE«, »I KNOW (I KNOW)«, »YOU ARE HERE«, »MEAT CITY«. *(John Lennon)*

*Oktober 1974*

### Walls And Bridges

»GOING DOWN ON LOVE«, »WHATEVER GETS YOU THRU THE NIGHT«, »OLD DIRT ROAD«, »WHAT YOU GOT«, »BLESS YOU«, »SCARED«.
»#9 DREAM«, »SURPRISE, SURPRISE (SWEET BIRD OF PARADOX)«, »STEEL AND GLASS«, »BEEF JERKY«, »NOBODY LOVES YOU (WHEN YOU'RE DOWN AND OUT)«, »Ya Ya«. *(John Lennon)*

*Februar 1975*

### Rock 'n' Roll

»Be-Bop-A-Lula«, »Stand By Me«, »Rip It Up/Ready Teddy«, »You Can't Catch Me«, »Ain't That A Shame«, »Do You Want To Dance«, »Sweet Little Sixteen«.
»Slippin' and Slidin'«, »Peggy Sue«, »Bring It On Home To Me/Send Me Some Lovin'«, »Bony Moronie«, »Ya Ya«, »Just Because«. *(John Lennon)*

*Oktober 1975*

### Shaved Fish

»GIVE PEACE A CHANCE«, »COLD TURKEY«, »INSTANT KARMA!«, »POWER TO THE PEOPLE«, »MOTHER«, »WOMAN IS THE NIGGER OF THE WORLD«.
»IMAGINE«, »WHATEVER GETS YOU THRU THE NIGHT«, »MIND GAMES«, »#9 DREAM«, »HAPPY XMAS (WAR IS OVER)«, »GIVE PEACE A CHANCE (live reprise)«. *(John Lennon/Plastic Ono Band)*

*November 1980*

### Double Fantasy

»(JUST LIKE) STARTING OVER«, »Kiss Kiss Kiss«, »CLEANUP TIME«, »Give Me Something«, »I'M LOSING YOU«, »I'm Moving On«, »BEAUTIFUL BOY (DARLING BOY)«.
»WATCHING THE WHEELS«, »I'm Your Angel«, »WOMAN«, »Beautiful Boys«, »DEAR YOKO«, »Every Man Has A Woman Who Loves Him«, »Hard Times Are Over«. *(John Lennon and Yoko Ono)*

*November 1982*

### The John Lennon Collection

»GIVE PEACE A CHANCE«, »INSTANT KARMA!«, »POWER TO THE PEOPLE«, »WHATEVER GETS YOU THRU THE NIGHT«, »#9 DREAM«, »MIND GAMES«, »LOVE«, »HAPPY XMAS (WAR IS OVER)«.
»IMAGINE«, »JEALOUS GUY«, »Stand By Me«, »(JUST LIKE) STARTING OVER«, »WOMAN«, »I'M LOSING YOU«, »BEAUTIFUL BOY (DARLING BOY)«, »WATCHING THE WHEELS«, »DEAR YOKO«. *(John Lennon)*

*Dezember 1983*

### Heart Play – Unfinished Dialogue

(Conversation. Tracks not banded.) *(John Lennon and Yoko Ono)*

*Januar 1984*

### Milk And Honey

»I'M STEPPING OUT«, »Sleepless Night«, »I DON'T WANNA FACE IT«, »Don't Be Scared«, »NOBODY TOLD ME«, »›O‹ Sanity«.
»BORROWED TIME«, »Your Hands«, »(FORGIVE ME) MY LITTLE FLOWER PRINCESS«, »Let Me Count The Ways«, »GROW OLD WITH ME«, »You're The One«. *(John Lennon and Yoko Ono)*

## *Verschiedenes*

*Dezember 1967*

### Magical Mystery Tour *(EP)*

»Magical Mystery Tour«, »Your Mother Should Know«, »I AM THE WALRUS«.
»The Fool On The Hill«, »FLYING«, »Blue Jay Way«. *(The Beatles)*

*Dezember 1969*

### No One's Gonna Change Our World *(LP)*

(Album mit verschiedenen Künstlern. Enthält eine frühe Version von »ACROSS THE UNIVERSE«.)

*Juli 1971*

### Elastic Oz Band *(Single)*

(B-Seite: »DO THE OZ«, *John Lennon/Plastic Ono Band unter einem Pseudonym)*

*März 1981*

### Elton John/John Lennon *(Single)*

»I Saw Her Standing There«, »WHATEVER GETS YOU THRU THE NIGHT«, »LUCY IN THE SKY WITH DIAMONDS«.
(Anmerkung: »I Saw Her Standing There« wurde bereits vorher, im Februar 1975, als B-Seite

von Elton Johns »Philadelphia Freedom« herausgebracht.)
*(Elton John Band mit John Lennon und den Muscle Shoals Horns)*

*Steht für: erschienen in den USA im Juni 1972

Songs, die John Lennon geschrieben oder an denen er mitgeschrieben hat, die er jedoch nicht selbst kommerziell aufnahm, sondern anderen Künstlern »schenkte«: »THE BALLAD OF NEW YORK CITY« – *David Peel and the Lower East Side*, 1972
»COOKIN' (IN THE KITCHEN OF LOVE)« – *Ringo Starr*, 1976
»FAME« – *David Bowie*, 1975
»GOD SAVE US« – *Bill Elliot and the Elastic Oz Band*, 1971
»I'M THE GREATEST« – *Ringo Starr*, 1973
»(IT'S ALL DA-DA DOWN TO) GOODNIGHT VIENNA« – *Ringo Starr*, 1974
»MUCHO MUNGO« – *Harry Nilsson*, 1974
»ROCK AND ROLL PEOPLE« – *Johnny Winter*, 1974

## *Gastauftritte*

John Lennon spielte oft als Gast-Star auf den Platten anderer Künstler mit. Es folgt eine Auswahl von Titeln, auf die John selbst Einfluß genommen hat.

David Bowie: »ACROSS THE UNIVERSE« und »FAME«, 1975
Elephants Memory: *Elephants Memory*, 1972
Elton John: »LUCY IN THE SKY WITH DIAMONDS« und »ONE DAY (AT A TIME)«, 1974
Harry Nilsson: *Pussy Cats*, 1974
Yoko Ono: Alle Alben vor 1981 – *Yoko Ono/Plastic Ono Band*, 1970, *Fly*, 1971, *Approximately Infinite Universe*, 1973, *Feeling The Space*, 1973. Alle Singles, darunter auch »Walking On Thin Ice«, 1981, die John am Abend seiner Ermordung produziert hatte.
David Peel und die Lower East Side: *The Pope Smokes Dope*, 1972

# *Danksagung*

Teil I

Der Autor und sein Verleger danken Bill Harry, dem Herausgeber und Verleger von *Mersey Beat*, für seine freundliche Genehmigung, John Lennons erste veröffentlichte Texte abzudrucken; Michael Oldfield, dem Herausgeber von *Melody Maker* für Auszüge aus Interviews mit John Lennon in der obengenannten Veröffentlichung; und Patrick Humphries, der zu dem Kapitel über Johns Musik einen großen Teil beigetragen hat. Die Äußerungen Paul McCartneys zu Johns Beziehung mit Brian Epstein in Kapitel 11 verdanken ihren Abdruck der freundlichen Genehmigung von Capital Radio und dem Interviewer Roger Scott.

Das Copyright der Texte zu den Songs »Help!«, »I'm A Loser«, »In My Life«, »Norwegian Wood (This Bird Has Flown)« und »You've Got To Hide Your Love Away« liegt bei Northern Songs Ltd., und sie werden mit der freundlichen Genehmigung von A.T.V. Music, 19 Upper Brook Street, London W1, abgedruckt. Das Copyright des Textes von »Please Please Me« liegt bei Dick James Music und wurde mit deren freundlicher Genehmigung abgedruckt.

Teil II

Der Autor und die Verleger danken David Sheff und Barry Golson und der Zeitschrift *Playboy* für die Genehmigung, Auszüge ihres 1980 entstandenen Interviews mit John Lennon und Yoko Ono abdrucken zu dürfen; *Melody Maker* für die Genehmigung zum auszugsweisen Abdruck mehrerer Interviews mit den Lennons; Patrick Humphries, der einen Teil zu dem Kapitel über Johns Musik beigetragen hat; Roger Scott und Capitol Radio, London, für die in Kapitel 2 enthaltenen Äußerungen Paul McCartneys zum Auseinandergehen der Beatles; und L. G. Wood, dem früheren Direktor von EMI Records, für die Leihgabe von Johns Brief und eine Liste seiner Songs.

Das Copyright der Texte zu den Songs »Strawberry Fields Forever«, »Lucy In The Sky With Diamonds«, »A Day In The Life«, »Across The Universe«, »Revolution«, »Glass Onion«, »Julia«, »The Ballad Of John and Yoko«, »Give Peace A Chance«, »Cold Turkey«, »Mother«, »God«, »Isolation«, »Working Class Hero«, »My Mummy's Dead«, »Imagine«, »Crippled Inside«, »Jealous Guy«, »Give Me Some Truth«, »How Do You Sleep?« und »Oh Yoko!« liegt bei Northern Songs; sie werden mit der freundlichen Genehmigung von A.T.V. Music, 19 Upper Brook Street, London W1, abgedruckt. Das Copyright der Texte von »Out The Blue«, »Scared«, »Steel and Glass« und »Nobody Loves You (When You're Down and Out)« liegt bei Lennon Music/A.T.V. Music; der Abdruck erscheint mit freundlicher Genehmigung von A. T. V. Music. Das Copyright der Texte von »Woman Is The Nigger Of The World«, »The Luck Of The Irish«, »Attica State« und »Sunday Bloody Sunday« liegt bei Ono Music/Lennon Music; der Abdruck erfolgt mit freundlicher Genehmigung von Warner Bros. Music und A. T. V. Music. Das Copyright der Texte von »Beautiful Boy (Darling Boy)«, »Watching The Wheels« und »Woman« liegt bei Lenono Music/Warner Bros. Music; sie werden mit freundlicher Genehmigung von Warner Bros. Music abgedruckt. Das Copyright der Texte von »Borrowed Time« und »Grow Old With Me« liegt bei Ono Music; sie werden mit freundlicher Genehmigung von Warner Bros. Music abgedruckt.

# *Verzeichnis der Illustrationen*

Teil I

Mit Lionel Bart beim Foyle's Literary Luncheon *(Keystone Press)*

Der Bungalow in Poole, den John seiner Tante Mimi kaufte *(Tom Hanley)*

Mit dem Produzenten Walter Shenson bei den Dreharbeiten zu *A Hard Day's Night (David Hurn/The John Hillelson Agency)*

Einsatzbereit bei den Dreharbeiten zu *A Hard Day's Night (David Hurn/The John Hillelson Agency)*

Ein nachdenklicher John bei den Dreharbeiten zu *Help! (Rex Features)*

Regisseur Richard Lester und John bei den Dreharbeiten zu *Help! (Rex Features)*

Die Ankunft auf dem Kennedy-Flughafen vor dem ersten Triumphzug der Beatles durch Amerika *(Dezo Hoffmann/Rex Features)*

In Paris *(Dezo Hoffmann/Rex Features)*

John und Paul lesen einen Bericht über ihr erstes erfolgreiches Jahr *(Rex Features)*

In der amerikanischen *Ed Sullivan Show (Dezo Hoffmann/Rex Features)*

John und Cynthia treffen in der New Yorker Peppermint Lounge ein *(Camera Press)*

»Postkarte« an den Autor, abgeschickt aus Genua während einer Europatournee

Mit George Martin bei den Aufnahmen von *A Hard Day's Night (Robert Freeman)*

In der Limousine der Beatles *(Tom Hanley)*

Johns Vater Freddy Lennon *(Popperfoto)*

Bei einer Pressekonferenz *(Dezo Hoffmann/Rex Features)*

Mit Harold Wilson im Variety Club *(Keystone Press)*

In Almeria, Spanien, bei den Dreharbeiten zu *How I Won The War (Cynthia Lennon)*

Yoko, wie John sie zum ersten Mal sah *(Adrian Morris)*

Teil II

John in einem NYC-T-Shirt *(Bob Gruen/Star File)*

John vor seinem Haus in Weybridge *(Henry Grossman/Colorific!)*

Während einer Party bei Brian Epstein in Belgravia *(Dezo Hoffmann/Rex Features)*

John beugt sich aus dem Zug *(Syndication International)*

Cynthia Lennon in Euston Station *(Rex Features)*

Mit dem Maharishi Mahesh Yogi vor dem Bahnhof von Bangor *(Times Newspaper)*

John und Julian mit dem psychedelischen Rolls-Royce *(Keystone Press)*

Porträt von John und Yoko von Tom Blau

Mit Yoko Ono während der Eröffnung von Johns erster Ausstellung *(Rex Features)*

John, wie Don McCullin ihn sah *(John Hillelson Agency)*

Werbung für Yokos Buch *Grapefruit* bei Selfridge's *(Keystone Press)*

Von John ausgefüllter Stimmzettel von *Disc and Music Echo*

Mit Julian und Yoko während der TV-Aufnahmen zu *Rock And Roll Circus (Rex Features)*

John und Yoko beim Verlassen des Marylebone Magistrates' Court *(Kenneth Mason/Daily Telegraph)*

John und Yoko vor Tittenhurst Park *(Tom Blau/Camera Press)*

Paul McCartneys Brief an den *Melody Maker*

Johns Songvorschläge für EPs.

John und Yoko auf dem Dach des Apple-Gebäudes *(David Nutter/Camera Press)*

Bed-in im Amsterdam Hilton *(Popperfoto)*

Mit Yoko auf der Bühne des Lyceum in London *(Barry Plummer)*

John und Yoko in ihrem Apple-Büro *(Times Newspaper)*

Johns Zeichnung für *Disc and Music Echo*

John am Telefon im Apple-Büro *(Popperfoto)*

John lernt Kyoko, Yokos Tochter, kennen *(Times)*

John und Yoko mit Tony Cox und seiner zweiten Frau auf Mallorca *(Rex Features)*
John und Yoko vor dem Rückflug von Mallorca *(Rex Features)*
Johns Reaktion auf spanische Mieder-Reklame *(Rex Features)*
John und Yoko bei den Filmfestspielen in Cannes *(Claude Breuer/John Hillelson Agency)*
John und Yoko vor Tittenhurst Park *(Richard Di-lello/Camera Press)*
Tittenhurst Park: das Gästezimmer *(Tom Hanley)*
Tittenhurst Park: das Badezimmer *(Tom Hanley)*
Tittenhurst Park: das Schlafzimmer *(Tom Hanley)*
In der BBC-Sendung *Top of the Pops* *(Rex Features)*
Mit Paul McCartney in den Abbey Road Studios *(Henry Grossman/Colorific!)*
John in seinem Studio in Tittenhurst Park *(Tom Hanley)*
Einladungskarte für eine Party anläßlich des Starts der Plastic Ono Band
Mit Yoko und Tom Paxton beim Bob-Dylan-Konzert auf der Isle of Wight *(Popperfoto)*
John und Yoko bei den Proben für das »One to One«-Konzert *(Bob Gruen/Star File)*
John am Klavier in Tittenhurst Park *(Tom Hanley)*
John und Yoko mit Fahrrädern in Greenwich Village *(Ben Ross/Camera Press)*
John und Yoko in ihrer Wohnung in Greenwich Village *(Ben Ross/Camera Press)*
Johns Antwort auf einen Leserbrief im *Melody Maker*
John und Yoko bei einer Demonstration *(Associated Press)*
Mit Yoko bei den Watergate-Vernehmungen *(Associated Press)*
John mit seiner »Green Card« *(Bob Gruen/Star File)*
John in Kalifornien *(Scope Features)*
John am Swimmingpool in Kalifornien *(Michael Brennan/Scope Features)*
Mit Julian und May Pang in Kalifornien *(Scope Features)*
John bei der Premiere des Musicals *Sgt. Pepper's Lonely Hearts Club Band* in New York *(Ann Phillips/John Hillelson Agency)*
Johns Reaktion auf die Kritik Todd Rundgrens in einem Interview mit dem *Melody Maker*
John und Yoko küssen sich *(Allan Tannenbaum/John Hillelson Agency)*
Mit Yoko und dem einen Monat alten Sean *(Bob Gruen/Star File)*
John und Yoko vor dem Dakota *(Allan Tannenbaum/John Hillelson Agency)*
Eine Postkarte aus Japan an Julian *(Allan Tannenbaum/John Hillelson Agency)*
John, Yoko und Elliot Mintz in Japan *(Nishi F. Saimaru)*
John und Yoko in New York, 1980
Eine Postkarte, die Johns Ringkampf mit einem Schwein zeigt
John und Yoko in einem New Yorker Café *(Lilo Raymond)*
Eine Postkarte von John an Julian
John in der New Yorker Record Plant *(Bob Gruen/Star File)*
John beim Gitarrespielen *(David Spindel)*
John am Klavier *(Bob Gruen/Star File)*
Mit Yoko am Mischpult *(David Spindel)*
John und Yoko auf einer Bank im Central Park *(Allan Tannenbaum/John Hillelson Agency)*
John und Yoko in New York, Dezember 1980 *(Bob Gruen/Star File)*
John signiert Exemplare des Albums *Double Fantasy* in seinem Büro im Dakota *(Allan Tannenbaum/John Hillelson Agency)*
Ein Bummel mit Yoko *(David McGough/London Features International)*
John in Manhattan, wenige Tage vor dem Mord *(Lilo Raymond)*
Yoko und Sean in Liverpool *(Pictorial Press)*
Julian und Sean bei der Einweihung von »Strawberry Fields«, dem Gedenk-Garten im Central Park *(Bob Gruen/Star File)*

# Register

## Q



## R



## S

Knaur

BART MILLS

# TINA TURNER

Vom Country-Girl zur Rock-Lady

Band 2346 · 192 Seiten · ISBN 3-426-02346-6